U0841993

邢福义文集

语法文章(中编)

第二卷

邢福义 著

华中师范大学出版社

新出图证(鄂)字10号

图书在版编目(CIP)数据

邢福义文集. 第二卷/邢福义著. —武汉：华中师范大学出版社，2018.12
ISBN 978-7-5622-8397-3

Ⅰ. ①邢… Ⅱ. ①邢… Ⅲ. ①语言学—文集 Ⅳ. ①H0-53

中国版本图书馆CIP数据核字(2018)第235942号

邢福义文集　第二卷
ⓒ 邢福义　著

责任编辑：向　力	责任校对：罗　艺
封面设计：胡　灿	
编辑室：学术出版中心	
出版发行：华中师范大学出版社	电话：027-67863220/7792
电话：027-67863426(发行部)	社址：湖北省武汉市洪山区珞喻路152号
网址：http://press.ccnu.edu.cn	邮箱：press@mail.ccnu.edu.cn
印刷：湖北新华印务有限公司	督印：王兴平
开本：710mm×1000mm　1/16	字数：560千字
版次：2018年12月第1版	印次：2018年12月第1次印刷
印张：39	定价：156.00元

欢迎上网查询、购书

敬告读者：欢迎举报盗版，请打举报电话027-67861321

目 录

【A 组】

现代汉语语法研究的两个"三角" ······ 1
现代汉语语法问题的两个"三角"的研究
　——1980 年以来中国大陆现代汉语语法研究的发展 ······ 13
现代汉语语法研究的"小三角"和"三平面" ······ 28
现代汉语语法研究的三个"充分" ······ 41
从基本流向综观现代汉语语法研究四十年 ······ 55
小句中枢说 ······ 66
说名词赋格 ······ 89
从句法组织看现代汉语的丰富、优美与精炼 ······ 100
汉语语法结构的兼容性和趋简性 ······ 107
汉语语法研究之走向成熟 ······ 118
汉语语法研究的展望 ······ 126

【B 组】

时间词"刚刚"的多角度考察 ······ 141
现代汉语数量词系统中的"半"和"双" ······ 157
"半"的词性判别和词形规范 ······ 176
形容词的 AABB 反义叠结 ······ 183
形容词动态化的趋向态模式 ······ 198
从海南黄流话的"一、二、三"看现代汉语数词系统 ······ 213
从语言不是数字说起 ······ 229
说"您们" ······ 234
说"兄弟"和"弟兄" ······ 247

时间方所 · 262

【C组】
现代汉语的特殊格式"V地V" · 272
汉语里宾语代入现象之观察 · 289
"有没有VP"疑问句式 · 306
南片话语中述谓项前移的现象 · 317
从"似X似的"看"像X似的" · 329
NVN造名结构及其NV｜VN简省形式 · 339
南味"好"字句 · 359
否定形式和语境对否定度量的规约 · 372
方位结构"X里"和"X中" · 382
"很淑女"之类说法语言文化背景的思考 · 401
V为双音节的"V在了N"格式 · 416

【D组】
汉语复句格式对复句语义关系的反制约 · 431
现代汉语转折句式 · 446
汉语复句与单句的对立和纠结 · 464
《红楼梦》中的"因p，因q" · 485
"更"字复句 · 492
"却"字和"既然"句 · 511
关系词"一边"的配对与单用 · 522
复句 · 539
选择问的句群形式 · 552
选择问句群与前引特指问的同指性双层加合 · 564

【E组】
毛泽东语言运用的群众性原则 · 581
关于毛泽东著作语言的分析 · 588
关于"一个星期的第一天" · 599
汉语语法教学与测试的若干问题 · 603
关键在于怎么讲语法 · 616

【A 组】

现代汉语语法研究的两个"三角"

近年来,现代汉语语法研究有很大的进展。研究中,学者们主要不是采用静态的孤立分析法,而是越来越注意采用动态的比较分析法,对语法事实进行多角度的考察。在多角度的考察里,两个"三角"的考察特别值得重视。为了方便,本文把这两个"三角"叫作 A 三角和 B 三角。作图表示:

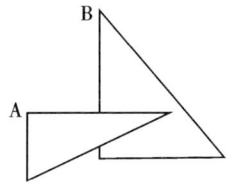

1 关于 A 三角

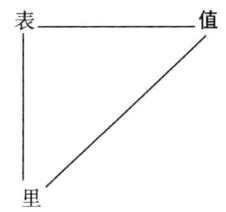

"表"指语表形式,"里"指语里意义,"值"指语用价值。

1.1 表里辨察: 由表察里,由里究表,表里互证。

举例来说:

如果你是牛郎,我就是织女!

→如果你是牛郎,我却是织女!(×)

如果你是老虎,我就是武松!

→如果你是老虎,我却是武松!(√)

上例表明,"如果"假设句并非完全可以进入转折词。

问:在什么情况下,"如果"假设句可以进入转折词?

答:首先要排除一般的"如果"假设句。能进入转折词的"如果"假设句只有一类,即以"如果说……那么……"作为代表形式的一类。这类复句,表示说法上的假设与结论的关系。"如果"后边一般出现"说"字。有时可以不出现"说"字,但实际上留有其空位,可以补上。如上例,"如果"后边可以加"说",整个复句可以说成"如果说……那么……"。再看一例:

(1)假如这张脸上曾有过一些美的东西的话,今天却已荡然无存了。(周梅森《小镇》)

这一例可以说成:"如果说……那么,今天却已荡然无存了。"

问:是不是所有的"如果说……那么……"复句都可以进入转折词?

答:当然不是。开头所举的例子就已说明了这一点。要寻找出"如果说……那么……"复句在语表形式上出现转折词"却"的条件,必须对其语里关系进行反复的观察(图示见下)。

第1步,观察到"如果说……那么……"句式有两种语里关系:"比较"和"解说"。只有前一种具备进入转折词的条件。如:

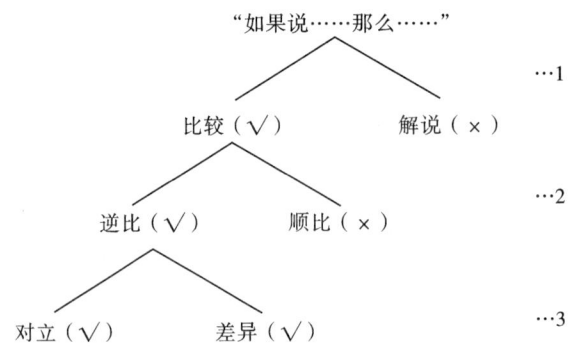

如果说他是一条龙,那么,你就是一条虫!

如果说他是一条龙,那么,一定是一条富于活力的龙!

前一例是"比较","就是"可以说成"却是";后一例是"解说","一定是"不能说成"却(一定)是"。又如:

(2) 如果说我有一点野心,(那么)这野心就是成为一个颅脑外科、心脏外科、显微外科专家。(魏雅华《本案不公开审判》)

这一例是后分句对前分句进行解说,不能出现转折词。

第2步,观察到"比较"又有"顺比"和"逆比"两种情况。只有"逆比"才具备进入转折词的条件。如:

如果说他是一条龙,那么,你就是一条虫!

如果说他是一条龙,那么,你也是一条龙!

前一例是逆比,后一例是顺比。后一例不能进入转折词。又如:

(3) 如果说她是反毛泽东思想,(那么,)你也同样是。(刘炜《弱者》)

这一例也是顺比,也不能出现转折词。

第3步,观察到"逆比"又有"对立"和"差异"两种情况。但由于无论是对立还是差异都会形成矛盾,因此都可以进入转折词。如:

如果说他是一条龙,那么,你就是一条虫!

如果说他是一条龙,那么,你就是一条更强壮的龙!

前一例是对立性逆反,后一例是差异性逆反。前一例的"就"固然可以换成"却",后一例的"就"同样可以换成"却"。

总而言之,逆反性语义关系是假设句中转折词"却"出现的必要条件。获得这一认识的过程,也就是由表察里、由里究表、表里互证的过程。

1.2 考究语值:考察和研究语里相同而语表互异的不同说法的语用价值。

还是以"如果说……那么却……"的句式来说。弄清这一句式成立的条件和规律,这是最基本也是最重要的;但是,做到了这一点,对于这一句式的认识还没有完结。

问:"如果说……那么却……"和逆反性的"如果说……那么就……"在语义关系上完全相同,既然如此,"如果说……那么却……"

的说法有什么存在的必要?

答:这就涉及这一句式的语用价值的问题了。跟"如果说……那么就……"相比较,"如果说……那么却……"能够使隐性的逆反关系显性化,从而鲜明地突出事物之间的对立或差异。这一特定的语用价值,决定了它的存在价值。

如果说林华是尖子,那么,张胜便是尖子中的尖子!

如果说林华是尖子,那么,张胜却是尖子中的尖子!

前一句用假设语气在比较中进行推断,表明林华强,张胜更强;后一句同样用假设语气进行推断,但由于用了"却",便突出了后分句对前分句的逆反性,表明即使林华很强,张胜却更强。显然,比较地说,后一句更有抑林扬张的作用。

描写语法事实,这样靠表里辨察。但在弄清语法规律的基础上,进一步了解所研究的对象的语用价值,对语法事实的认识就会更加圆满。下面再以时间词"刚刚"为例来谈谈。

"刚刚"有两个:刚刚1=刚;刚刚2=刚才。前者是时间副词,后者是时间名词。

他们都还刚刚起床!(=刚)

他们刚刚都还坐在这儿!(=刚才)

从语义上看,"刚刚1"指明动作的始发点,表示动作发生不久;"刚刚2"指明跟"现在"相对的时间距离,表明情况发生在说话前不久。"刚刚2"所指明的时点,总是跟"现在"相对;而它所表示的"前不久",总是很短的时间,可以是三两分钟之前,也可以是几个小时之前,但一般不会超过半天。"刚刚1"不同。一方面,它表示的是动作发生不久,所谓"不久",可以是时间极短(刚刚起床就遭到了暴徒的袭击|刚刚睁开眼睛就立即冲了出去),也可以是时间较长(刚刚参加工作|刚刚进入专业作家的行列);另一方面,它指的是动作的始发点,不一定跟说话的"现在"的时间相对(昨天早晨,他们刚刚起床,就遭到了暴徒的袭击|那时候,我刚刚参加工作,真是初生牛犊不怕虎)。

语义不同，语法上也存在许多对立或差异。比如：

	刚刚1	刚刚2
作定语	—	＋
用在主语前边	—	＋
用在形容词短语前边	—	＋
用在"都、还"前边	—	＋
用在"都、还"后边	＋	—
跟时间名词后边出现	＋	—
修饰时间名词	＋	—
带"刚刚"的结构修饰"时候"	＋	—

"刚刚2"可以作定语（我永远忘不了刚刚那件事），"刚刚1"只能作状语。

作状语的"刚刚2"可以用到主语前边（刚刚他们都还坐在这儿），"刚刚1"不能这么用（＊刚刚他们都还起床）。

作状语的"刚刚2"可以用在形容词短语前边（她刚刚很伤心），"刚刚1"没有这样的用法。

在谓语部分出现"都、还"时，如果是"刚刚2"，一定用在前边，而不能用在后边（他们刚刚都还活着｜＊他们都还刚刚活着）；相反，如果是"刚刚1"，一定用在后边，而不能用在前边（他们都还刚刚死去｜＊他们刚刚都还死去）。

"刚刚1"是时间副词，可以跟在时间名词后边出现（上午，刚刚报到，校长就接见了我）。"刚刚2"是时间名词，它跟别的时间名词互相排斥。

"刚刚1"还可以修饰时间名词，中间隐含"到"的意思（刚刚早晨，公园里就热闹起来了）。"刚刚2"没有这样的用法。

带"刚刚1"的结构，还可以作"时候"或"那一年"之类的定语（刚刚参加工作的时候，我胆子很小）。"刚刚2"没有这样的用法。

此外，有的时候，"刚刚1"和"刚刚2"对时量补语的要求也形成对立：

刚刚 1 不久｜没一会儿｜没几分钟……

刚刚 2 好久｜好一会儿｜好几分钟……

前者有缩小意味，后者有夸大意味。例如：

(4) 上工的铃刚刚响过，张三就把电门合上了。（陈村《一天》）

(5) 他刚刚……曾经牵着毛驴来这儿转悠。（张一弓《寻找》）

例（4）里是"刚刚 1"，可以说成"上工的铃刚刚响过不久"，"不久"不能换为"好久"；例（5）里是"刚刚 2"，可以说成"他刚刚曾经牵着毛驴来这儿转悠了好久"，"好久"不能换为"不久"。

通过表里辨察，我们可以弄清楚"刚刚 1"和"刚刚 2"在语义语法上的对立和差异，但是，为了对"刚刚"的认识更加全面、更加完整，还有必要考究"刚刚"的语用价值。

首先是表意上的价值。"刚刚 1"和"刚"相比较，"刚刚 1"往往可以特别突出地强调动作在一刹那间发生。如：

(6) 刚刚和这辆卡车错过，迎面又来了一辆同样的运输原木的卡车。（白桦《一支枯竭了的歌》）

这里用"刚刚 1"比用"刚"更能强调时间的短促。如果换成"刚"，在表意的准确鲜明上稍逊于原句。

其次是节律上的价值。"刚刚 1"和"刚"相比较，有的时候，双音节的"刚刚 1"可以加强语句的节奏感和音乐美。如：

(7) 刚刚背道而驰，马上迎头碰到。（高晓声《巨灵大人》）

这里用"刚刚 1"，前后分句具有对称美。如果换成"刚"，念起来则十分别扭。

再次是语体上的价值。"刚刚 2"和"刚才"相比较，"刚刚 2"的口语色彩更浓，更适合于拉家常式的顺口叙说。如：

(8) 刚刚这个球是扣出了界外。（中央电视台播出的排球赛解说）

这里用"刚刚 2"，显得随便顺口，和谐自然。如果改用"刚才"，似乎"文"了一点。

一个语言形式存在的根据，在于它在自己所处的系统中有着独特的价值。"如果说……那么却……"句式是这样，时间副词"刚刚 1"

和"刚刚 2"也是这样。

2 关于 B 三角

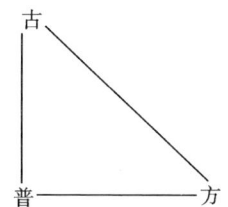

"普"指现代汉语共同语——普通话,"方"指现代汉语方言,"古"指古代汉语——包括上古、中古和近代。如果以现代汉语共同语为研究对象,那么,A 三角只是限于现代汉语共同语的小三角,B 三角则是在 A 三角外部形成的一个大三角。

2.1 横看方言:立足于普通话,看所研究现象在方言里有什么样的表现。

比如时间副词"刚刚",是普通话里的词。《现代汉语词典》收了这个词,指出它相当于副词"刚"①;根据《现代汉语词典》压缩改编而成的《现代汉语小词典》也收了这个词,指出:"㊀刚(副词);㊁刚才。"② 这两部词典都没在"刚刚"词条里加"〈方〉",可见把它当作普通话里的词。但是北京话里没有"刚刚"③,这个词是从北京以外的方言进入普通话的。"刚刚"到底在哪些方言中使用,不同的方言中"刚刚 1"和"刚刚 2"是否都存在区别,方言里的"刚刚"和进入了普通话的"刚刚"是否还有差别,我们目前还没弄清楚。如果能弄清楚这些问题,自然会有助于加深对"刚刚"的认识。

再以"有没有×"这一格式来说。这一格式有种种情况:

	Np
有 没 有	Vp
	Ap
	NV

"有没有Np"：有没有情况？有没有大学毕业生？｜"有没有Vp"：有没有增加？有没有减少？有没有扩大？有没有缩小？｜"有没有Ap"：有没有这么高？有没有这么严重？｜"有没有NV"：有没有鸡叫？有没有犬吠？（主谓作宾）有没有人反对？有没有什么事情让你放不下心？（兼语）

近年来，有一类新的"有没有Vp"逐渐成为"普通话"④：

有没有看过这本书？

有没有听说过这件事？

这一类"有没有Vp"，相当于"是否Vp"，而"有没有增加？""有没有减少？"一类则相当于"是否有所Vp"。看几个实例：

(9) 这种根本观点有没有过时，会不会过时呢？（邓小平《讲讲实事求是》）

(10) 绝大多数人在扪心自问：自己是不是像他那样工作和生活的？自己有没有给他以帮助？（苏叔阳《故土》）

(11) 司机回头急看，显然是看装载警卫队的大卡车有没有跟上来。（刘白羽《第二个太阳》）

这里的"有没有Vp"都相当于"是否Vp"。

这类"有没有Vp"来自闽、粤等地方言。"有没有"问行为的实现与否。

有时，问行为实现的经验性，相当于"是否曾经"。Vp部分常带"过"。

您有没有跟她谈过？

=是否曾经跟她谈过？

有时，问行为实现的已然性，相当于"是否已经"，Vp指反复出现的一次性行为。

娜娜有没有出嫁？

=是否已经出嫁？

有时，问行为实现的延续性，相当于"是否已经并且正在"，Vp指眼前发生的事情。

向后看看！警察有没有追上来？
＝是否已经追上来？＋是否正在追上来？

总之，"有没有"所造成的是表明行为实现的时态的一种选择问句。在闽、粤方言里，答话人既可以回答"没有 Vp"，也可以回答"有 Vp"。甚至"有 Vp"也可以带"吗"提问，构成是非问句。如：

（12）你有仔细考虑吗？（叶尾娜《幺哥的婚事》）

从普通话的角度研究现代汉语的"有没有×"句式，对新的一类"有没有 Vp"不能不用特殊的眼光来看待。这类"有没有 Vp"给普通话带来了一个特殊的选择问句式，也使"有没有"的性质和功能发生了微妙的变化。方言里的说法自然不会完全为普通话所接受，但深入了解方言里的种种说法，对加深了解这类特殊句式显然大有好处。

2.2 上看古汉：立足于现代汉语，看所研究的现象在古代汉语里有什么样的表现。

比如时间词"刚刚"，作为口语词，进入书面语的时间肯定比较晚。而且，它在白话作品中出现的形式也跟现代汉语略有差异。如：

（13）上回丢了玉，几乎没有把我的命要了！刚刚儿的有他拿了去，你也活不成，我也活不成了。（曹雪芹《红楼梦》）

"刚刚"带"儿"，后边还带"的"。在白话作品中，"刚刚"的使用情况到底怎么样？如果能有全面的了解，显然可以从另一个角度帮助我们更好地认识现代汉语里的"刚刚"。

下面，再以"像×似的"这一结构为例来谈谈。

这一结构，有人叫做比况结构，有人认为是动宾结构。说是比况结构，自然是认为由动宾结构跟"似的"组成比况结构。例如张寿康《说结构》一文，把动宾结构和比况结构（"像小老虎似的"）列为两个不同的类⑤。又如中山大学中文系主编的《现代汉语》："比况结构：由结构助词'一样''似的'等跟前面的'像……''好像……''如同……''犹如……'共同组成。"⑥说是动宾结构，则是认为由动词"像"跟比况结构"×似的"组成动宾结构。如张斌《现代汉语》："比况结构经常与'像''如''跟'一类的动词配合使用，构成一个述宾短语。'像太阳一样''如雷鸣一般''跟苹果似的'。"⑦

从结构上组合的松紧看，一般地说，"像×"和"×似的"都能成立，但在特定条件下，比如在×是"指量名"结构的时候，就只能说成"像×"，而不能说成"×似的"。这表明，总的说来，"像×"的结合程度要紧一点。因此，认为是"似的"附在"像×"后边组成比况结构，似乎具有解释力。如：

他那样子，就像大猩猩似的。
他那样子，就像这只大猩猩似的。

"像大猩猩"可以说，"大猩猩似的"也可以说；但"像这只大猩猩"可以说，"这只大猩猩似的"就不能说了。

从结构中词语之间的语义关系看，"似"和"像"同义，可以连用为"像似"⑧，"像×似的"等于"似×似的"。认为"像×"后边再用"似的"强调一下，组成比况结构，比较自然；认为"像（似）"的宾语中又包含"似（像）"，这就不大好理解了。看这个例子：

（14）眼前赫然是一头大雕……全身羽毛疏疏落落，似是被人拔去了一大半似的。（金庸《神雕侠侣》）

这只能解释为比况结构，而不好解释为动宾结构。因为，既然前边的动词用了"似是"，作为动宾结构，它的宾语就不应该又包含"似"。

在古代白话作品中，既可以看到"像×似的"，也可以看到"如×相似"。"像×似的"和"如×相似"是等值结构，结构关系应该是一样的。如：

（15）谈到起更时候，一庭月色，照满书窗，梅花一枝枝如画在上面相似，两公子留连不忍相别。（吴敬梓《儒林外史》）

太田辰夫《中国语历史文法》讨论古代汉语同动词问题时提到"表示类似的同动词常用与之相呼应的助词"，所举的例子中有一个是："他各各气宇如王相似。"⑨（《祖堂集》）讨论近代白话作品中的同动词问题时，太田辰夫又把"像×似的""如×相似"等等作为同类现象放在一起来观察。他并列了七个例子，其中三个是："那眼脑恰像个贼也似的。"（《合汗衫》）"倒像拌嘴似的。"（《红楼梦》）"若打死一个人，

如同捏杀个苍蝇相似。"(《生金阁》)⑩

现代作家的作品,有的摹仿近代白话作品的文笔,也可以看到"如×相似"的用法。比如金庸的小说中,"像×似的"的说法固然比较多,"如×相似"的说法也不少。略举几例:

(16) 只是蒙古兵的射手守得犹如铁桶相似,当真是寸土必争。(金庸《神雕侠侣》)

(17) 最后是个和尚,相貌十分丑陋,下巴向前挑出,犹如一把铁铲相似……(金庸《倚天屠龙记》)

(18) 三人分进合击,此来彼往,六支判笔宛如十二支相似。(金庸《飞狐外传》)

"如×相似"只能划分为"如×│相似"。如果划分为"如│×相似",认为"×相似"是"如"的宾语,比方"如(动)→画在上面相似(宾)""犹如(动)→一把铁铲相似(宾)",这是说不通的。这类例子帮助我们断定:现代汉语里的"像×相似"还是整个分析为比况结构较为适宜。

3 结束语

深入挖掘和揭示汉语语法事实,这是当前汉语语法研究的根本课题。胡明扬《当前国内外语言研究的趋向》指出:"从汉语研究的现状来看,尽管这些年来取得了相当大的成就,但是从总的来说,对汉语的基本语言事实还远远没有描写清楚,更谈不上其他了。"⑪这是个十分中肯的估价。几年前,吕叔湘先生为《语言教学与研究》题词,写了"务实"二字⑫;最近,朱德熙先生为《语言教学与研究》题词,还是写了"务实"二字⑬。这是值得深思的。

两个"三角"的研究,是深入挖掘和揭示汉语语法事实的需要。本文只是举些简单的例子,作了十分粗浅的解说。需要特别指出的是:不同的学者,在研究方法上一定会有不同的特点;即使是同一个学者,由于题目不同,要求不同,具体的研究方法也会有所不同。而且,两个"三角",特别是普方古大三角,并不是任何时候、研究任何问题都非要撑起来不可的。但是,无论如何,多角度的立体研究越来越成为学者们的共同点,加强多角度的立体研究,会把研究工作推向纵深,这是毫无疑义的。

注释:

①中国社会科学院语言研究所词典编辑室编:《现代汉语词典》,商务印书馆1973年版,第322页。

②中国社会科学院语言研究所词典编辑室编:《现代汉语小词典》,商务印书馆1981年版,第168页。

③这是1989年10月在美国夏威夷参加第22届国际汉藏语言学会议时马希文先生告诉我的。

④在注③提到的同一时间,我问马希文先生,"有没有看过这本书"之类说法讲北京话的人能不能接受,他说能接受。他并且说,特别是句子中动词带上"过"时,说起来很自然。

⑤张寿康:《说结构》,《中国语文》1978年第4期,第237页。

⑥中山大学中文系主编:《现代汉语》,广西人民出版社1983年版,第275页。

⑦张斌主编:《现代汉语》,中央广播电视大学出版社1983年版,第276页。

⑧例如:"那虎……像似也有些惧怕,大吼一声,飞奔入山去了。"(凌濛初:《初刻二刻拍案惊奇》,岳麓书社1988年版,第52页。)

⑨[日]太田辰夫:《中国语历史文法》,蒋绍愚、徐昌华译,北京大学出版社1987年版,第184页。

⑩[日]太田辰夫:《中国语历史文法》,蒋绍愚、徐昌华译,北京大学出版社1987年版,第185页。

⑪胡明扬:《当前国内外语言研究的趋向》,《语文教学与研究》1989年第3期,第121页。

⑫见《语文教学与研究》1984年第3期上吕叔湘先生的题词。

⑬见《语文教学与研究》1989年第3期上朱德熙先生的题词。

(原载《云梦学刊》1990年第1期,又载中国人民大学复印资料《语言文字学》1990年第9期)

现代汉语语法问题的两个"三角"的研究
——1980年以来中国大陆现代汉语语法研究的发展

1980年以来,现代汉语语法研究取得了很大的进展。事物的发展总会有继承性,80年代的研究和以往的研究不可能没有这样那样的联系;但是,另一方面,事物的发展总会有阶段性,80年代的研究跟以往的研究相比较,确实有了较大的变化。现在,现代汉语语法研究最值得注意的特点是学者们已经普遍地接受了多角度的研究思路和研究方法,而趋向成熟或比较定型的则是两个"三角"的研究。

一 概观

1981年到1991年,前期以北京密云语法学术讨论会(1981年5月)为标志,后期以《世界汉语教学》和《语言教学与研究》编辑部主办的北京清华园语法研究座谈会(1991年3月)为标志,中间经历了整整十年的时间。密云会议算是开端,清华园座谈会算是小结。

这十年,在现代汉语语法研究史上也许可以看作是重要的过渡时期。跟50年代、60年代的情况完全不同,这十年里全国性的研究活动频繁开展,研究势头显得生机勃发。这里应该特别提到的是三辈协进和六种活动。

(一)三辈协进

以现在50来岁到60来岁的学者为第二辈,算中年学者。那么,年龄大些的是第一辈,算老年学者。年龄小些的是第三辈,算青年学者。这三辈学者在 80 年代的研究工作中起到了互补性的作用。老一辈学者,吕叔湘先生和朱德熙先生站在整个研究的最前列,起着引导作用。吕叔湘《汉语语法分析问题》(1979),朱德熙《现代汉语语法研究》(1980)、《语法讲义》(1982),二位先生的论文和在一些会议上的讲话,对 80 年代的研究有重大的影响。中年一辈学者,是梯队中"干活"的主要力量,近二十位学者发表过在某一方面或某种程度上具有拓新意义的值得重视的论文。其中,以在《中国语文》上发表长篇论文的情况来说,以陆俭明、李临定、邢福义为最多。青年一辈学者,80 年代中期以后相当活跃。马庆株、邵敬敏、陆丙甫、李宇明、周小兵、袁毓林等发表的论文,表明了他们有良好的发展前景。老中青三辈学者是团结协进的。大家在学术上不会没有不同的意见,但在相处上却相当和谐。这么大一个国家,这么大一个语法学界,能够互相沟通、互相补足,造成了一个具有良好学术气氛的局面,这是十分可喜的现象。

(二) 六种活动

1. 析句方法的讨论

这次讨论由《中国语文》发起,从 1981 年第 2 期发表华萍《评"暂拟汉语教学语法系统"》一文开始,到 1992 年第 3 期结束。后由《中国语文》编辑部将有关论文结集成一本《汉语析句方法讨论集》(上海教育出版社 1984 年版)。

2. 全国语法和语法教学讨论会

全国语法和语法教学讨论会于 1981 年 7 月在哈尔滨举行。会议讨论教学语法问题,主要内容是讨论在学校语法教学中已经使用了二十多年的"暂拟汉语教学语法系统"的缺陷和改进办法。会议所触及的种种问题引起了语法学家们深深的思考。后由张志公先生主编出版了一本《教学语法论集》(人民教育出版社 1982 年版)。

3. 现代汉语语法学术讨论会

这是全国性的以中年语法学者为主体的学术研讨活动。发起人是

李临定、邢福义、龚千炎、饶长溶、于根元等，后来陆俭明、范继淹、刘月华、徐枢、施关淦等也成为讨论会的主要骨干。讨论会已举行六次，一般由《中国语文》编辑部和某个单位联合举办，每次会议之后出一本论文集，全都列入"中国语文丛书"。第一次会议于1981年5月在北京密云举行，第二次会议于1982年6月在北京香山举行，第三次会议于1984年7月在延吉举行，第四次会议于1986年10月在北京西山举行，第五次会议于1988年5月在北京槐树岭举行，第六次会议于1990年10月在合肥举行。已出版《语法研究和探索（一）》（北京大学出版社1983年版），《语法研究和探索（二）》（北京大学出版社1984年版），《语法研究和探索（三）》（北京大学出版社1985年版），《语法研究和探索（四）》（北京大学出版社1988年版）。《语法研究和探索（五）》和《语法研究和探索（六）》也由北京大学出版社出版，即将同读者见面。开头两次会议，吕叔湘先生和朱德熙先生都出席参加，并报告论文。就现代汉语语法研究说，这个讨论会是贯穿整个80年代的最重要的系列性讨论会，今后还将不断地定期举行。

4. 中国语言学会年会

中国语言学会于1980年10月在武汉成立，至今已举行了五届年会：第一届，1981年10月，成都；第二届，1983年5月，合肥；第三届，1985年7月，昆明；第四届，1987年12月，广州；第五届，1989年11月，杭州。每届年会之后都由商务印书馆出一期《中国语言学报》，已出三期，将出第四、第五期。每期有关现代汉语语法的论文只有一两篇，但都很有分量。

5. 句型和动词学术讨论会

句型和动词学术讨论会于1985年11月在厦门举行，由中国社会科学院语言研究所主办。参加会议的主要是中年语法学者，性质跟现代汉语语法学术讨论会相似，人们往往把它算在现代汉语语法学术讨论会的系列会议之内。后出版了一本《句型和动词》（语文出版社1987年版）。

6. 青年语法学术讨论会

这是全国性的以青年语法学者为主体的学术研讨活动,已举行了两次。第一次会议于 1986 年 9 月在武汉举行,由萧国政、李宇明等主持。会议邀请朱德熙先生作了学术讲演。吕叔湘先生给会议写了贺信。后出版了一本《语法求索》(华中师范大学出版社 1989 年版)。第二次会议于 1990 年 5 月在上海举行,由邵敬敏主持,会议名称为"第二届现代语言学及现代汉语语法研讨会"。吕叔湘、朱德熙两位先生给会议写了贺信。将出论文集一本。

这十年,现代汉语语法研究的总体情况可以这么概括:研究对象两"侧重";研究视点多角度;研究方法讲印证;研究思路较开放。

第一,研究对象两侧重。

一是侧重北京口头语言。朱德熙《现代汉语语法研究的对象是什么》(《中国语文》1987 年第 5 期)强调"北京口语语法的研究是现代汉语语法研究的基础",并从多方面进行了论证。朱先生的主张发人深思,产生了积极影响。尽管他的主张并非人人可以完全接受,但在研究对象的严格性和科学性上无疑促使现代汉语语法研究跨上了一个新的台阶。

二是侧重共通性作品语言。普通话"以典范的现代白话文著作为语法规范",罗常培、吕叔湘两位先生曾解释为以"现代的有代表性的作品里的一般用例"为语法规范①。邢福义主编《现代汉语》(高等教育出版社 1986 年版)讲"语法规范"时提出了一个附加的说法:"适用于全国'东、西、南、北、中'各个地方,为现代汉民族全体人民所共同使用"。即:作品语言-方言因素和个人因素=一般用例(+东、西、南、北、中)= 共同语语法规范。应该指出:作品语言≠书卷语言。作品语言既包括书卷语言,也包括口头语言。完全没有进入文学作品的语言,一定是一些很土的话。

这两个"侧重"对于现代汉语语法研究的深入开展起着互补的作用。比如马希文的《关于动词"了"的弱化形式/·lou/》(《中国语言学报》1983 年第 1 期),是一篇研究北京口语语法的好文章,加深了对

"了"这个词的科学认识。但是,从"共同"的角度研究普通话语法显然也是必要的。比如"刚刚"这个词,据马希文先生说,北京话里没有。但是,《现代汉语词典》等权威性辞书全都把它作为共同语的词来解释。研究这个词的语法问题,在加强对共同语的认识上,肯定有好处[②]。又如"V在了N"这种格式,可以肯定,近年来全国东、西、南、北、中的文学刊物中每期都有出现,京味作家作品里也常见,甚至语言学家的论文里也采用这种说法:"总的趋势是连调变读走在了单字调转化的前面。"(林焘《北京市郊阴阳平调值的转化》,《中国语文》1991年第1期)"V在了N"既然已进入共同语,起码在书面语中生了根,那么,就有必要总结出它的使用规律来。

第二,研究视点多角度。

同一对象,可以从不同角度进行观察,从不同角度作出判断。比方:研究某种对象,可以交互着眼于语表形式、语里意义和语用价值;还可以把视点放在研究对象的外部,或者由古察今,或者以方证普,或者从非汉语看汉语,等等。

研究视点的多角度,避免了孤立地单线索地解释语法事实的现象,使现代汉语语法研究由静态的片断研究发展成为动态的多角度研究。在多角度的研究里,特别值得总结的是两个"三角"的研究。这个问题,在下一节,即本文的主体部分,将展开来加以介绍和评论。

第三,研究方法讲印证。

研究中重视事物的对立面之间的相互印证,并且把相互印证提到了方法论的高度来认识。80年代最重视的是形式与意义之间的相互印证。龚千炎《中国语法学史稿》指出:"只有走语法形式和语法意义相结合的道路,才能建立起对汉语语法的科学体系。""近十年来我国有不少学者在这方面作了努力,取得了不少成果,因而出现了迅速发展的趋势。""如果从方法论的角度说,则有邢福义研究复句的'表里结合'……;有朱德熙和陆俭明的形式跟意义相互验证的研究原则……;李临定和范方莲也主张'通过意义掌握形式,从形式中看意义';有饶长溶、龚千炎的从结构形式入手,抓住句子的格局后,再着力挖掘其语义结构关系；徐思益也主张从句法结构入手……"③于 1986 年 10 月在北京举行的第四次现代汉语语法学术讨论会，中心议题就是语法研究中意义和形式如何结合的问题。

第四，研究思路较开放。

不作茧自缚，不固步自封。多方面寻求有利于汉语语法研究的理论、方法和角度，在尽可能宽广的范围内拓展汉语语法研究的课题。

一是重视国外理论的引进，并让它在汉语语法研究中生根。关于"格"的理论，关于动词的"向"，关于转换的理论和方法，都在汉语语法研究中显示出较强的生命力。比较地说，朱德熙的论文最能引起人们在理论与方法上的思考。

二是重视跟其他学科的结合，借以加强对语法问题的认识。如语言学内部，语法研究与语义学、语用学、语音学等的结合；语言学外部，逻辑学、心理学、社会学、文化学等也成了语法研究所结合的对象。陆俭明的论文在跟语义学的结合方面最引人注意，邢福义的论文在跟逻辑学的结合方面最引人注意。

三是重视计算机意识的需要，力求语法研究紧跟时代前进的步伐。在这方面，范继淹、马希文的论文最引人注意。

四是结合对外汉语语法教学的需要研究汉语语法，对汉语的一些句型句式作了细致的描写。在这方面，王还、赵淑华、刘月华等人的论著最引人注意。

五是词类研究和单句范围内的研究不断深入，短语研究、复句研究有长足进步，各种疑问句的研究也被提到了日程，并取得了一定的成果。李临定对动词和句型的研究，陆俭明对单句句式的研究，邢福义对复句句式的研究，廖秋忠对篇章语法的研究，都有特色。

二 两个"三角"

80 年代末期，两个"三角"的研究观念基本形成。尽管前几年两个"三角"的说法尚未总结出来，但其观念已或多或少或明或暗地反映在学者们的论著之中。

（一）两个"三角"的内容

A 三角： 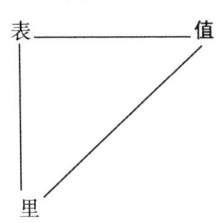 B 三角：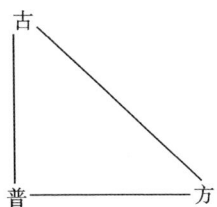

A 三角是"表里值"三角。表指语表形式，为 a 角；里指语里意义或关系，为 b 角；值指特定形式的语用价值，为 c 角。语表、语里、语值，在被当作三个平面的时候，通常叫作语法、语义、语用。

B 三角是"普方古"三角。普指普通话，即现代汉语共同语，为 a 角；方指现代汉语方言，为 b 角；古指古代近代汉语，为 c 角。

A 三角是小三角，研究事物本身的三角联系；B 三角是大三角，在更大的视野里观察乙事物、丙事物跟甲事物的联系。两个"三角"合起来，便是：

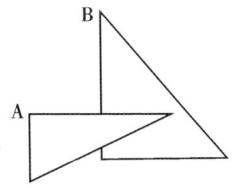

（二）两个"三角"的研究

1. 关于 A 三角

（1）ab 角：表里验证。由表察里，由里究表，表里互验。

语表形式是显露在外的可见形式，语里意义是隐含在内的不可见的关系或内容。比如同是"NP 了"：

　　哟，大学生了！（＋）

　　哟，小学生了！（＋）

　　哟，学生了！（＋）

　　哟，大孩子了！（＋）

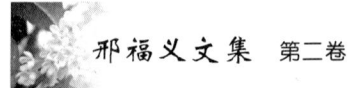

哟，小孩子了！（一）

哟，孩子了！（一）

是否能说，其规律要通过表里验证才能弄清楚①。

形式和意义之间的关系十分复杂微妙，往往必须经过多线索的反复验证，才能准确揭示所研究对象的规律。这里应该特别提到，歧义分解、变换分析、语义特征分析等等，都是表里验证的内容。

歧义分解：同一种形式，往往包含有不同的意义，需要把这样那样的不同意义分解开来，才能作进一步的深入研究。代表性论文，如：朱德熙《汉语句法里的歧义现象》（《中国语文》1980年第2期），吕叔湘《歧义类例》（《中国语文》1984年第5期）。

变换分析：对于同一种形式，追踪其意义的不同而变换出不同的形式。代表性论文，如：李临定《动补格句式》（《中国语文》1980年第2期）、《被字句》（《中国语文》1980年第6期），龚千炎《由"V给"引起的兼语句及其变化》（《中国语文》1983年第4期），饶长溶《动宾组合带宾语》[《语法研究和探索》（三）]。

语义特征分析：对结构相同的现象，抓住关键词语的语义特征来分化出不同的句式。往往层层揭示所研究的对象由语里到语表的对立。特别重视语义上的正负对立，即逻辑上的矛盾关系。这一分析，是对歧义分解的深化，又是对变换分析的有效补充。代表性论文，如陆俭明《"V来了"试析》（《中国语文》1989年第3期）、《语义特征分析在汉语语法研究中的运用》（《汉语学习》1991年第1期）。

此外，语义层次的分析，也是表里验证的内容。跟语表相联系的语里意义，不仅可以分化为若干种意义，而且每种意义都可能处在不同层次之上。邢福义《汉语复句格式对复句语义关系的反制约》："复句语义关系具有二重性，既反映客观实际，又反映主观视点。""主观视点直接决定复句句式，客观实际通过主观视点影响复句句式；反过来说，复句句式直接反映主观视点，间接反映客观实际。"（《中国语文》1991年第1期）。

（2）ac角：由表辨值。语里相同，语表互异，究其语值。

通过表里验证得到的同义形式,有必要进一步揭示它们各自的语用价值,借以深化对它们的认识。对虚词,对单句句式,对复句句式,都可如此。在这方面,邢福义的论文较多地有所探讨。如《时间词"刚刚"的多角度考察》(《中国语文》1990年第1期)、《"NN地V"结构》[《语法研究和探索(四)》]、《"要不是p就q"句式及其修辞作用》(《语言教学与研究》1984年第1期)。

语值有时是修辞值。即特定格式有其特定的修辞效果。如:

①因为挨了批,他才这么沮丧。

②要不是挨了批,他不会这么沮丧。

③肯定挨了批,否则他不会这么沮丧。

上例都表明了"挨了批"和"这么沮丧"之间的因果联系,但它们采用不同的复句句式,在修辞效果上各有特定的语用价值。

语值有时是语境值。即不同句式有适应不同语境的价值。如:

④月光已经流进了屋里,正在侯跃文的脑门上徘徊。(常青、王宗仁《笑的升华》)

⑤麦秸垛晒着太阳,颜色失却了跳跃。(铁凝《麦秸垛》)

"月光已经流进了屋里"和"屋里已经流进了月光"是同义的不同句式,在例④的语境里更适宜于使用前者;"太阳晒着麦秸垛"和"麦秸垛晒着太阳"是同义的不同句式,在例⑤的语境里更适宜于使用后者。

2. 关于B三角

(1) ab角:横看普方。立足于普通话,看所研究的对象在方言里有什么样的表现,以方证普。

朱德熙先生把通常说的助词"的"分析成三个不同的语素,特意从方言里寻找证据。《北京话、广州话、文水话和福州话里的"的"字》(《方言》1980年第3期):"'的$_3$'和'的$_1$、的$_2$'来源不同,只是在北京话里变成了同音的形式。既然如此,我们就应该考察一下,这三个'的'字在方言里有何表现。"文章以广州话、文水话和福州话为例进行考察之后指出:"的$_1$、的$_2$、的$_3$"三分的局面以广州话表现得最清楚。在广州话里,它们读音不同,显然是三个不同的语素。

在山东临淄话中,凡用"V啊不啊"发问的句子都可以用"V啊吧"来代替,"V啊不啊"和"V啊吧"之间存在严格整齐的对应规律。如:他明天来啊不啊?=他明天来啊吧?史冠新《临淄话中的语气词"吧"》(《中国语文》1989年第1期)、吕叔湘《中国文法要略》、赵元任《汉语口语语法》都认为表示疑问语气的"吧"是"不"和"啊"的合音,但没有从现存语言中找到证据。临淄话中的现象不但证实了赵、吕等前辈的结论,也使人明白了"吧"的组成部分"不""啊"在某些方言中仍是可能分开来说的。另外,赵元任先生认为问句中的"吧"是"不啊"的合音,非问句中的"吧"是"罢"的弱化,算两个助词。临淄话中两个"吧"读音不同,这也为赵先生的推测提供了语音形式上的根据。

(2) ac角:纵观今古。立足于现代汉语共同语,看所研究的对象在古代、近代汉语里有什么样的表现,以古证今。

吕叔湘先生的好些论著,在把古今现象串连起来进行分析方面对大家很有启迪。朱德熙《汉语方言里的两种反复问句》(《中国语文》1985年第1期)既有横看普方,又有纵观今古。文章的第二部分追溯"VP不VP"和"可VP"两种反复问句的历史,并且考察了在五部明清时代的白话小说里的分布情况:代表江淮方言的《西游记》《儒林外史》采用"可VP"句式;代表山东方言的《金瓶梅词话》采用"VP不VP"句式;《红楼梦》和《儿女英雄传》里两种句式并存,但并不一定真正反映当时北京口语的实际情况。文章认为:"VP不VP"和"可VP"两种反复问句无论在历史上还是在现代始终互相排斥,不在一种方言里共存。为了证明"像X似的"不应该切分解释为"像(动)|X似的",邢福义《现代汉语语法研究中的两个"三角"》(《云梦学刊》1990年第1期)举出了古代白话作品中"如X相似"的例子,如:如画在上面相似(《儒林外史》),如同捏杀个苍蝇相似(《生金阁》)。这也是以古证今。文章指出:"如X相似""如X似的"和"像X似的"等值同构。"如X相似"只能划分为"如X|相似"。如果划分为"如|X相似",认为"X相似"是"如"的宾语,这是说不通

的。这类例子帮助我们断定：现代汉语里的"像 X 似的"还是整个儿分析为比况结构较适宜。

（三）两个"三角"的评说

1. 两个"三角"反映一套新的研究思路

这是适应于汉语语法特点的研究思路。对于汉语语法，不管现代的、古代的，共同语的、方言的，都具有积极意义。

这种研究思路重视研究的立体性，力求避免现象阐释的孤立感和单调感。它表明现代汉语语法研究由静态研究前进到了动态研究的阶段。研究思路的演进，大体可以分为前 5 年和后 5 年两段。80 年代初期，有析句方法的讨论。讨论的涉及面基本上是成分分析法、层次分析法，这些分析法可以比较出优点和缺点，但不管怎样，它们的基本倾向都是对现象作静态的孤立的分析。从学术发展的角度看，那次讨论的最大收获不是讨论的一些具体结论本身，而是启发学者们继续前进，进一步寻找到了动态的比较分析的思路。1986 年第四次语法学术讨论会集中讨论意义和形式相结合的问题，正是那次讨论的合乎逻辑的发展。从此，学者们更加自觉地注意研究的立体性，发表了不少研究深刻、分析细致的论文。现在，在研究领域，动态分析已成为主流；在教学领域，虽然静态分析仍占主导地位，但对动态分析已有所重视。邢福义主编《现代汉语》（高等教育出版社 1991 年版）中有"语法现象的动态分析"一节，反映了动态分析逐渐进入教材的趋势。

2. 两个"三角"反映一套新的研究方法

方法是解决问题的门路、途径和作法[①]。遵循三角联系的路线观察现象，按照角与角之间相互制约的原则研究问题，这便形成近几年占主导地位的研究方法。当然，各个学者的具体研究方法会存在差异，甚至有很大的差别，但不管怎样，按照"角角相制"的思路和原则深入发掘语法规律，几乎成了所有学者的共同点。

学者们经常提到"语法、语义、语用"三个平面。对三个平面作了总评性论述的代表性论文，是胡裕树、范晓的《试论语法研究中的三个平面》（《新疆师范大学学报》1985 年第 2 期）。三个平面之间所指跟 A 三角的内容基本一致。但是，三个平面似是指研究中的三个不同侧面，而不同侧面之间既可以认为存在相互制约的联系，也可以认为不存在相互制约的联系，至少它们之间的相互制约关系是不肯定的。"表里值"三角概念则明确规定：abc 三角之间具有互相制约、彼此依凭、形成立体的关系；要弄清某种现象，有必要循着三角关系的路线去探求。这就进入了研究方法的范畴。可以认为，从三个平面到两个三角，是观念的演进，也是研究的进展。总结和介绍两个"三角"的研究刚刚开始。邢福义《现代汉语语法研究的两个"三角"》一文写道："近年来，现代汉语语法研究有很大的进展。研究中，学者们主要不是采用静态的孤立分析法，而是越来越注重采用动态的比较分析法，对语法事实进行多角度的考察。在多角度的考察里两个'三角'的考察特别值得重视。""两个'三角'的研究，是深入挖掘和揭示汉语语法事实的需要。……不同的学者，在研究方法上一定会有不同的特点；即使是同一个学者，由于题目不同，要求不同，具体的研究方法也会有所不同。而且，两个'三角'，特别是普方古大三角，并不是任何时候、研究任何问题都非要撑起来不可的。但是，无论如何，多角度的立体研究越来越成为学者们的共同点，加强多角度的立体研究，会把研究工作推向纵深，这是毫无疑义的。"

应该指出，80 年代两个"三角"的研究特别重视实践性，只求对现象的深刻揭示，不拘泥于对名词术语的理解。如什么是语表？语表是不是语法形式？什么样的形式是语法形式？什么是语里？语里是不是语法意义？什么样的意义是语法意义？什么是语值？语值跟修辞效果的关系如何？语值问题跟语境问题有什么牵连？所有这些，学者们还来不及提出明确的界说。有关的理论问题，还有待于通过实践不断地进行总结。

三　展望

(一) 两个"三角"的研究思路和研究方法将不断拓展

两个"三角"的研究方法都只是粗线条的，处于初始发展阶段的。

将来,一方面,思路会越来越清楚,把研究基点放在不同角度而形成的具体方法会越来越明晰和细密。80年代,变换分析法和语义特征分析法已相继把语法研究推向深入,今后它们本身将进一步完善,从而进一步加强表里验证的科学性。估计90年代以后,随着表里值小三角研究和普方古大三角研究的发展,在变换分析法、语义特征分析法等无能为力或力量不足的情况下,必定还会有这样那样的具体方法产生出来,并且通过实践不断升华。另一方面,思路会越来越广阔,三角的内容会有所扩展。比方,小三角是不是只限于"表里值"?事实上,徐枢《"又+形1+又+形2"格式的限制》(《中国语言学报》1988年第3期)讲的主要是语法、语义、语音三个角度。又如邢福义《汉语里宾语代入现象之观察》(《第三届国际汉语教学讨论会论文选》)所讲的"宾语代入现象",不仅跟小三角有关,而且跟发生学有关。再比方,大三角是不是只限于"普方古"?跟别种语言的比较,显然也是汉语语法研究的极为重要的内容。特别是同汉语有亲属关系的汉藏语系中的语言,它们的某些语法现象肯定有助于观察和解释汉语的某些语法事实。当然,怎样"以外证汉",需要做艰苦的探索工作。《民族语文》《语言教学与研究》《世界汉语教学》等杂志发表的有关论文,对现代汉语语法研究的发展将起到不断促进的作用。

(二)随着"三角"研究的深入,研究工作会越来越接触到汉语语法特点的本质

两个"三角"的研究不应该是先入为主的。对于许多问题,应该大胆地重新审视。比方,在汉语语法结构里,名词的地位究竟如何认识,如何评价?到目前为止,大家的共同认识是动词最重要,因此都在研究动词。诚然,就具体的句子说,动词是组织的核心,名词围绕着动词转。从这一点上看,动词无疑是十分重要的。但是,全面地从总体上看,决定汉语语法格局面貌的,似乎是名词,而不是动词。理由是:汉语的动词本身没有什么变化,而不同句式的形成主要决定于动词前后的名词。例如:动词"走"本身没什么变化,它的后边如果出现不同的名词"人、路、汽车"等,就会形成不同的格式(走人丨

走路｜走汽车）；"走＋人"前边，出现不同的名词"明天"和"桥上"，也会形成不同的格式（明天走人｜桥上走人）。汉语没有印欧语那样的形态，汉语里名词对动词来说也许可以看作是一种松散性的外部形态。动词是句子的组织核心，而句法格局面貌却是由名词这种外部形态来确定的。能不能提出一个"名词定格论"？这当然需要进一步研究和论证。这里提出这个问题，是想表明这样的意思：有新的研究思路，会带来新的研究内容，会形成新的方法，也会产生新的理论。新的东西，不能完全靠引进来造就，而应该是可以"输出"的。只有这样，才能逐渐摆脱汉语语法研究对国外理论的依赖性，从而对普通语法学的发展做出贡献。

（三）随着"三角"研究的深入，关于角与角之间如何互相制约的研究会逐步形成一套套具体的或比较具体的操作程序

如"表—里"操作程序，"表—值"操作程序，"普—方"操作程序，"今—古"操作程序等等，它们既存在某种共性，但又各有侧重点和特定的模式。这有利于研究工作的科学化，是汉语语法研究工作者今后所要努力追求的。当然，这需要长时间的努力。

（四）现代汉语语法研究将越来越现实地面临现代科学技术的检验

语法研究的计算机意识问题，将在研究的项目表上占据重要的地位。这将从一个新的角度促进汉语语法理论和汉语语法研究方法的发展和成熟。

（五）务实创新的学风将进一步发扬

80年代，现代汉语语法学界有一个口号贯穿始终，这就是：务实创新。务实的目的是创新，而创新的基础是务实。研究工作，各人有同有异，这是必然的，也是必要的。为了科学的发展，应该主张也应该支持异军突起，应该主张也应该支持提出不同的学说。但是，新学说的出现不能靠说大话、说空话。宁可说三分做七分，也不要说七分做三分。两个"三角"的研究，要求多角度地发掘语言事实，总结语言规律，发展语法科学。要做到这一点，学风上的务实和创新都是必要的条件。老一辈语法学家，如吕叔湘、朱德熙、胡裕树、张斌等，

都是一再强调务实创新的学风的。这一学风的发扬光大，辈辈承传，对于"有中国特色"的现代汉语语法学说的出现，具有十分积极的意义。

注释：

①罗常培、吕叔湘：《现代汉语规范问题》，《现代汉语规范化问题学术会议文件汇编》，科学出版社1956年版。

②这里所说的有关"刚刚"的一些情况，参看邢福义等：《时间词"刚刚"的多角度考察》，《中国语文》1990年第1期，第15页。

③龚千炎：《中国语法学史稿》，语文出版社1987年版，第358~361页。

④邢福义：《说"VP了"句式》，《语文研究》1984年第3期，第21页。

⑤《现代汉语词典》："方法，指关于解决思想、说话、行动等问题的门路、程序等。"中国社会科学院语言研究所词典编辑室编：《现代汉语词典》，商务印书馆1973年版，第275页。

（原载《语言教学与研究》1991年第3期。署名华萍。此文根据在语法研究座谈会上的发言整理修改而成。该座谈会于1991年3月在北京召开，由《世界汉语教学》和《语言教学与研究》编辑部联合举办。）

现代汉语语法研究的"小三角"和"三平面"

本文讨论现代汉语语法研究中"小三角"研究和"三平面"研究的不同之点,重在阐释"小三角"研究。文章包括四个部分:1. 论题导入;2. "小三角"和"三平面"的概念涵义;3. "小三角"和"三平面"的研究思路;4. 三点说明。二、三两个部分是文章的主体,一、四两个部分实际上是文章的前言和后语。

1 论题导入

1.0 本文比较"小三角"和"三平面",阐明"小三角"同"三平面"的相异之处。

1.1 本文的"三平面",一般叫做"三个平面",指语法的句法平面、语义平面和语用平面。之所以简为"三平面",是为了和"小三角"整齐对称。本文的"小三角",指"两个三角"中的"A三角"。所谓"两个三角",包括"表—里—值"A三角和"普—方—古"B三角。跟A三角相对而言,B三角是"大三角"。

对于"两个三角",笔者在几篇文章中作过阐述。见邢福义1990、1992,华萍1991[①②③]。

1.2 近年来,"三个平面"成了我国语法学界最大的热门话题。许多大型全国性学术会议,一再把"三个平面"的讨论确定为中心议题;各种全国性语言学核心期刊,纷纷发表阐述三个平面学说的论文。这是现代汉语语法研究的历史发展的必然。汉语语法缺乏严格意义的形

现代汉语语法研究的"小三角"和"三平面"

态变化,研究现代汉语语法特别需要采用动态的立体的思路和方法,三个平面的讨论正反映了学者们不满足于研究现状的事实,代表着现代汉语语法研究由静态片断分析向动态立体分析前进的发展趋势。

"两个三角"是在"三个平面"的讨论热潮中提出来的。由于好些方面的问题笔者未作深入的阐释,其中的"小三角"很容易被学者们看作从属于三个平面的一种理解模式。比如邵敬敏(1991)曾经指出三个平面有四种理解模式,其中一种就是"三角模式"④。

本文的主要目的是解释"小三角"。由于目前对"三个平面"有种种不同的解说,为了避免混乱,文中关于"三个平面"的论述只根据胡裕树(1992)的观点⑤。胡先生和张斌先生是在我国最早提出"三个平面"学说的学者,是我特别敬重的前辈。我想以学习胡先生的新作《语法研究的三个平面》为前提,说说个人关于"小三角"的一些见解。至于"大三角",跟"三平面"没有瓜葛,本文只在第四部分里论及。

2 "小三角"和"三平面"的概念涵义

2.0 "小三角"和"三平面"的概念涵义有所不同。

2.1 "三平面"的第一个面是"句法平面","小三角"的第一个角是"语表形式",它们并不等同。

胡裕树(1992):"语法的句法平面,是指对句子进行句法分析。比如分析句法结构内部的成分,如主语、谓语等;分析成分之间的结构关系,如主谓结构、动宾结构、偏正结构等;分析充当句法成分的词的功能类别,如名词、动词、形容词等;分析句子结构的类型,如单句、复句、主谓句、非主谓句等。"⑥华萍(1991):"语表形式是显露在外的可见形式。"③句法平面和语表形式相比较,至少有两点不同:

第一,成分之间的结构关系,"三平面"属句法平面,"小三角"属语里意义。比方,如果以"VN"结构为研究对象,那么,在"表—里—值"三角里,VN是显露在外的可见形式,是语表。V和N之间可能是动宾关系，也可能是偏正关系；动宾关系也好，偏正关系也好，就 VN 结构而言都不是显露在外的，都属语里。例如："拍卖字画"和"拍卖市场"，二者语表相同，都是 VN，但有不同的语里关系；前者是动宾，后者是偏正。假如把"字画"记为 N1，把"市场"记为 N2，它们可以同 V"拍卖"组合成语表形式"N1VN2"（字画拍卖市场），这时，"N1V"和"N2"之间的偏正关系，"N1"和"V"之间逻辑上的动宾关系都是语里。

第二，作为研究对象的语法单位，三平面的句法平面主要管句子和句法结构，小三角的语表形式则管任何语法单位的显露在外的可见形式：小到词，大到句群，都视为语表。例如：

"刚刚"——词。这个词的词形 ganggang 是语表形式。如：刚刚（学会写小说）｜刚刚（还在写小说）。

"V1 地 V2"——短语。V1 带上"地"同 V2 组合，是这个结构的语表形式。如：赞许地微笑｜信任地点头｜讨好地鞠躬｜应付地动了一下｜挑逗地哼着小曲。

"（S）‖有没有 VP？"——句子。主语后边的谓语部分用"有没有"同 VP 组合，是这类句子的语表形式。如：你有没有回过老家？｜阿琼有没有出嫁？｜警察有没有追上来？

"与其 p，不如 q。"——复句。以"与其……不如……"为关系标记，是这类复句的语表形式。如：与其这么傻等，不如走路去。｜与其治标，不如治本。｜与其将来闹离婚，不如现在别结婚。｜与其让别人呼来唤去，还不如继续干现在这个工作。

"X 吗？Y 吗？或者 Z 吗？"——句群。句间以"或者"为关系标记，各句句末以"吗"为语气标记，是这类句群的语表形式。如：听听音乐吗？看看电影吗？或者，到公园去转转吗？｜是小弟顶撞过他吗？是小妹伤害过他吗？或者，是老爸无意中得罪了他吗？

2.2 "三平面"的第二个面是"语义平面"，"小三角"的第二个角是"语里意义"，它们并不等同。

胡裕树（1992）："语法的语义平面，是指对句子进行语义分析。

现代汉语语法研究的"小三角"和"三平面"

这里所说的语义,不是指孤立的词的词汇意义(概念意义),而是指词在结构中的深层意义。如施事、受事、工具、处所等等。"⑤ 华萍(1991):"语里意义是隐含在内的不可见的关系或内容。"⑥ 语义平面和语里意义相比较,至少有两点不同:

第一,"三平面"的语义平面,限于指施受关系;"小三角"的语里意义,不限于指施受关系。比如,在小三角看来,复句中分句间的关系也是语里意义,词的语义特征也是语里意义。

第二,"三平面"的语义平面,指的是句法结构的语义平面;"小三角"的语里意义,指的是各种语法单位的语里意义。语法单位不同,语里意义的偏重点也有所不同。这要分三点来说。

A. 复句和句群,语里意义主要表现为语法—逻辑关系。如:"与其 p, 不如 q。"这类复句句式在语里意义上具有择优性和推断性。一方面,这类复句句式表明"弃 p 择 q"的优选关系,p 为落选项,q 为优选项;另一方面,这类复句句式包含有推断关系,等于说:要么 p, 要么 q; p 不好,因此还是 q 好。择优性和推断性都是逻辑关系,但又是受语法格式所制约的"语法—逻辑关系"。比较:

与其让别人呼来唤去,还不如继续干现在这个工作。

如果让别人呼来唤去,还不如继续干现在这个工作。

前一句是择优推断关系,后一句是假设推断关系。它们之所以有不同,是因为受到"与其……"和"如果……"的规约。可知,这里的择优推断关系、假设推断关系之类,都已经不是单纯的逻辑关系。

B. 单句和由单句离析出来的结构,语里意义主要表现为结构关系、施受关系和意向关系。结构关系,指主谓、动宾、偏正等等关系。如"货物推销"这种 NV 组合,有时更像主谓,有时更像偏正。对于这种组合来说,主谓和偏正都是结构关系上的语里意义。施受关系,指动作和相关人物之间的施事、受事、与事、工具、处所等关系。比如"看—O"这类结构,"看星星"中的 O 是受事,"看医生"中的 O 具有施事性质(=让医生看),"看镜子"中的 O 是工具(=用镜子看)。这样的分析,是施受关系上语里意义的分析。意向关系,指句法结构反映在表意指向类型上的语义关系。比如：

有什么任务吗？

有谁动过我的什么东西吗？

这类问句在表意指向上具有二重性：一方面问是非（"有……吗？"），另一方面又有特指（"什么""谁"），跟单纯的是非问句和单纯的特指问句都有所不同。对于这类问句，主语、谓语、施事、受事等等的分析不起作用，必须抓住表意指向上的二重性，联系其语表和语值来加以考察。

C. 词，某个虚词或某个实词，语里意义主要表现为涵盖意义和特征意义。涵盖意义，主要指虚词和接近虚词的词在语义上所涵盖的内容。比方"刚刚"，有两个涵盖意义：1. 表示事件发生的始发点，不一定以说话时间"现在"为参照点。如：他刚刚当上主任。｜他刚刚当上主任，说话的口气就大起来了。2. 表示事件发生在说话前不久，一定以说话时间"现在"为参照点。如：他刚刚还在这儿。｜她刚刚十分生气。特征意义，也叫语义特征，指实词所包含的可以成为区别性特征的意义。比如："学生""科长""春天""暑假"这几个名词，各有各的词汇意义，但都具有"推移性"语义特征，即所表示的概念都是由相对的概念推移而来的："学生"由非学生推移而来，"科长"由非科长推移而来，"春天"由冬天推移而来，"暑假"由暑假前的时间推移而来。正因如此，它们在语法上具有某种同一性：都能够带上"了"，构成"NP 了"句式。如：好啊，学生了！｜好啊，科长了！｜好啊，春天了！｜好啊，暑假了！有的名词不具有推移性语义特征，因而不能进入"NP 了"句式。如不能说：好啊，小孩了！｜好啊，猫子了！

2.3 "三平面"的第三个面是"语用平面"，"小三角"的第三个角是"语用价值"，它们并不等同。

胡裕树（1992）："语法的语用平面，是指对句子进行语用分析。……涉及具体句子的表达，所以是一种动态分析。……能解释为什么同一语义结构在不同的语境里要用不同的句法结构来表示的问题，也能解

现代汉语语法研究的"小三角"和"三平面"

释具体句子所具有的各种各样的表达信息。"⑤华萍（1991）："语值有时是修辞值。即特定格式有其特定的修辞效果。""语值有时是语境值。即不同句式有适应不同语境的价值。"⑥语用平面和语用价值相比较，至少有两点不同：

第一，"三平面"的语用平面要求确认句子中是否有作为独立成分的语用成分，而"小三角"的语用价值没有这个要求。比如，假如"X＋SVP"或"S＋X＋VP"中的 X 是一般所说的独立成分，那么"三平面"便确认它属于语用平面，是语用成分；然而，"小三角"不这么处理。"小三角"重视通过比较揭示"X＋SVP""S＋X＋VP"不同于"SVP"的语用价值，至于把 X 看作独立成分也好，看作别的成分也好，甚至看作状语也好，都不影响对其语值的观察。

第二，"三平面"的语用平面关心的是句子结构中的语用因素，如指出 AB 两句主题和述题安排的不同，或者焦点出现的不同，或者是否出现独立成分之类语用成分；然而，"小三角"的语用价值则特别重视在比较中考察研究对象的语用效应。比如研究"双"，一般以为"双"是量词（一双｜两双），实际上有时是数词（双重压力｜双层岗哨｜双份礼品｜双倍工资）。那么，"数词'双'＋量词"同"数词'两'＋量词"和"数词'二'＋量词"相比较，语用价值有什么不同？又如研究"V 地 V"往往跟"VOV"和"用 V 的 NV"相通（挑逗地说→挑逗她说｜用挑逗的口气说）。那么，"V 地 V"的语用价值何在？再如研究"要不是 p，就 q"复句式，可以发现其内容往往跟"因为 p，所以 q"复句句式相通（要不是周医生在场，我就没命了。→因为周医生在场，所以我才有命）。那么，"要不是 p，就 q"的语用价值是什么？再如研究"N1VN2"和"N2VN1"，可以知道二者有时互相转换而保持语义同一（鲜花开遍原野→←原野开遍鲜花），那么，在语用价值上它们有没有不同？它们对语境的适应性如何？诸如此类的问题，是"小三角"最感兴趣的。在"小三角"看来，一个语法单位能够在语言系统中存在，在语言交际中承传，必然有其语用价值上的根据，不然就会被淘汰。语法研究，必须回答所研究的语法单位到底有什么语用价值的问题,这样才能对语法事实获得深刻的认识。

3 "小三角"和"三平面"的研究思路

3.0 "小三角"和"三平面"的研究思路有所不同。

3.1 就研究指向而言,"三平面"是分割型的,而"小三角"是聚焦型的。

"三平面"注重研究对象的条状分割和块状分割。

首先是条状分割。有三条:一为句法条,由主语、谓语等组成;二为语义条,由施事、受事、工具、处所等组成;三为语用条,由主题和述题组成。比如:"他们的任务完成了。"从句法平面看,"他们的任务"是主语,"完成了"是谓语;从语义平面看,"他们的任务"是受事;从语用平面看,"他们的任务"是主题,"完成了"是述题。

其次是块状分割。有三块:一为句法成分,二为语义成分,三为语用成分。比较:

他们的任务完成了。

看样子他们的任务完成了。

胡裕树(1992):"前者陈述一个客观事实,后者多了个独立成分'看样子',表示说话人的主观推测。独立成分是一种语用成分。"⑤这就从第二个句子中离析出了语用块成分"看样子",剩下的"他们的任务完成了"自然是属于语法块的成分。记得看过一篇研究生的学位论文,文中把在句子中出现的表示可能性必要性的"可能、能够、可以、应该、应当"等等断定为语义成分。据此,若分析这么个句子:"看样子他们能够完成任务",那么,就可以划分出三种块状成分:"看样子"是语用成分,"能够"是语义成分,"他们完成任务"是句法成分。

"小三角"注重研究对象的多角度的聚焦性考察。所谓"聚焦",是指语表、语里、语值三个角度同时聚焦于研究对象,或者说,是指三个角度同时指向同一个研究对象。正如一个演员在独舞时,舞台上不同角度的灯光全都照射到她的身上。

现代汉语语法研究的"小三角"和"三平面"

"焦"在这里只是一种比喻,指的是丰富复杂的语法现象中研究者所选中的研究焦点,或者说,是研究者所选中的研究对象。研究者如果以 A 为研究对象,那么 A 便是表里值三角度的研究聚焦点;同样,如果以 B 或 C 为研究对象,那么,B 或 C 便是表里值三角度的研究聚焦点。比方,如果研究者从句子或句群中选取"大大小小、长长短短、高高矮矮、远远近近、轻轻重重"之类"形容词的 AABB 反义叠结现象"作为研究焦点,那么,既要从语表去考察,又要从语里去考察,还要从语值去考察。

在"小三角"看来,对于任何一种语法单位,包括任何一种在句子中出现的成分,都可以考察其表里值三个角。对于句法成分固然是这样,对于语义成分和语用成分也是这样。比方,假如根据"三平面"的思路把句子中的"能够"确认为语义成分,那么,按"小三角"的思路研究"能够",仍然可以考究其"表—里—值";同样,假如根据"三平面"的思路把句子中的"据说"确认为语用成分,那么,按"小三角"的思路研究"据说",仍然可以考察其"表—里—值"。

3.2 就研究目的而言,"三平面"是离析型的,而"小三角"是验证型的。

"三平面"注重从句子中离析出句法、语义、语用三种因素。由于句法因素和语义因素都是句子本身的因素,而语用因素却是跟语境有联系的因素,因而"三平面"把句法平面和语义平面看作句子内部的平面,认为句法平面和语义平面的分析是静态分析;而把语用平面看作句子外部的平面,认为语用平面的分析才是动态分析。胡裕树(1992):"句子的句法分析和语义分析是一种静态的分析,而语用则要涉及具体句子的表达,所以是一种动态的分析。"⑤

"小三角"注重从表里值相互联系、相互制约上观察事实,论证问题。邢福义(1992):"任何一个语法事实都有其语表形式、语里意义和语用价值。要弄清一个语法事实,有必要由表察里,由里究表,表里验证。这就涉及'表''里'两角。要弄清一个语法事实,往往还有必要考察它在语言表达系统中特定的语用价值,即语里同义,语表异

· 35 ·

形，究其语值。这就在'表''里'两角的基础上进一步撑起了'值'角。"②在"小三角"看来，动态分析的基本做法是三角验证，"表里验证"则是三角验证中最基本的验证。华萍（1991）："歧义分解、变换分析、语义特征分析等等，都是表里验证的内容。"③

所谓"表里验证"，实际上也就是"由表察里，由里究表"。比如"刚刚"，一般都说是副词，其实，如上所说，它涵盖两种语义，可以分为"刚刚1"和"刚刚2"，只有"刚刚1"才是副词，"刚刚2"却是时间名词。在从语里区分出"刚刚1""刚刚2"之后，就应从语表上找到相应的证据。比方要证明"刚刚2"是时间名词，可以在语表上做许多描写，这里只举两个例子：

(1) 刚刚，就在刚刚，我已经把为《绿叶》写的小说《放生》写完了。(陈建功《放生》)

(2)（太太，有一个男人在我们家门口，已经三天了。……）刚刚我去买菜的时候他就在，现在他还在那儿。(琼瑶《黑茧》)

例（1），"刚刚"出现在介词"在"的后边，一起组成介宾结构。这样的"刚刚"只能是时间名词。例（2），"刚刚"用在表时间名词结构"我去买菜的时候"前边，一起组成表时间同位结构。这样的"刚刚"也只能是时间名词。

"表里验证"的起点通常是语表，即先"由表察里"，再"由里究表"。比方研究"一 p，就 q"句式，首先抓住的是这个语表形式。考察其语里意义，可以知道"pq 紧接，间不容发"是这一形式的共同语义关系，但是，内部又存在差异性。为了把这一形式的内部语义差异比较明晰地分化开来，又可以反过来去从语表上寻找相应的形式，使相应的语义关系得到形式上的证明。如：一 p，就 q。（一调查，就发现这些人来头不小。）→刚一 p，就 q。（刚一调查，就发现这些人来头不小。）｜从一 p，就 q。（从一调查，就发现这些人来头不小。）｜稍一 p，就 q。（稍一调查，就发现这些人来头不小。）｜这么一 p，就 q。（这么一调查，就发现这些人来头不小。）｜只要一 p，就 q。（只要一调查，就发现这些人来头不小。）｜如果一 p，就 q。（如果一调查，就

现代汉语语法研究的"小三角"和"三平面"

发现这些人来头不小。)｜等到一 p，就 q。(等到一调查，就发现这些人来头不小。) 若能在表里相互联系、相互制约的关系上把所有这些分化出来的形式都作较为深入的分析，并且进一步弄清楚它们的语用价值，对于"一 p，就 q"句式自然可以得到相当深刻的认识。

"表里验证"的起点有时是语里，即先"由里究表"，再"由表察里"。比方研究反问句，首先抓住的是这种问句"明知故问，意在反面"的内容。考究其语表形式，可以知道绝大多数都是或然性的。比如"难道……吗？"固然经常用来反问("难道我能见死不救吗？")，但有时不一定是反问("难道他真的没去过吗？")。只有一些形式，一定用于反问，比如"……不也是……吗？"("你不也是没去过吗？") 到底各种问句形式对反问内容的制约程度如何，这是语法研究需要回答的问题。要全面回答这个问题，揭示有关的规律，需要做大量的"由里究表—由表察里"的研究工作。

华萍（1991）："形式和意义之间的关系十分复杂微妙，往往必须经过多线索的反复验证，才能准确揭示所研究对象的规律。"③ 如果再加上语值辨察，语法研究工作者所面临的问题自然就更加复杂了。以上只是举例说明"小三角"注重验证。如何具体验证，只有在研究实践中才能找到相对圆满或接近圆满的答案。

4 三点说明

4.0 需要说明跟"小三角"和"三平面"问题有关的三点意思。

4.1 内证和外证

"表—里—值"三角存在于每个语法事实自身，是"小三角"；"普—方—古"三角由"普"里的事实同"方""古"里的可印证事实所形成，涉及外部事实，是"大三角"。作为验证思路和验证办法，对于现代汉语共同语的语法事实来说，"小三角"是内证，"大三角"则是外证。准确点说，大三角的"方"角、"古"角对于"普"角起着外证的作用。比方，有时在论述中可以借助"方"角外证。例如："有没有 VP？"这一疑问句式已经在普通话里站住了脚。考察粤闽方言，可以知道：就"有没有 VP"的语里意义而言，"普"与"粤/闽"无差异；但粤闽方言里还有"有 VP"疑问式和应答式（"你们有说起他儿子的事吗？""我们有说起他儿子的事。"），普通话里则没有。这样的考察，有利于更好地了解目前已经进入了普通话的"有没有 VP？"。又比方，有时在论述中可以借助"古"角外证。例如：研究"因为 p，所以 q"。这类因果句式，可以看到原因标和结果标有明确的分工。如果联系古代与近代汉语来考察，可以知道：古代汉语里"因"可以是原因标（=因为），也可以是结果标（=因此或于是）。近代汉语里，既有"因为……所以……"的用法，又保留古代汉语"因"标因表果两可的用法，有时还出现"因 p，因 q"的说法。如：

（3）公孙居丧三载，因看见两个表叔半世豪举，落得一场扫兴，因把这做人的心也看淡了，诗话也不印刷送人了。（吴敬梓《儒林外史》）

（4）因闻得梨香院的十二个女孩儿中有个小旦龄官唱的最好，因出了角门来找……（曹雪芹《红楼梦》）

这两例都是"因……因……"句式，前一个"因"表原因，后一个"因"表结果。这样的现象，可以帮助我们进一步了解现代汉语的因果句式，知道原因标和结果标的分工到了现代汉语里才真正定型。

当然，用不用"大三角"外证，这要看实际需要。即使是"小三角"内证，如何应用仍然要由实际需要来决定。

4.2 绝对和相对

一个事物一定存在不同的角度，一个语法单位也是这样。这是绝对的。

然而，绝对中往往又包含着一些相对的东西。这里，需要特别指出：

第一，"三角"概念是视角上的概念，属于观念范畴。"三角"是三个角度，三个视点，其中的"角"是软角，不是硬角。这种属于观念范畴的"三角"不等于数学上的三角，正如"三角恋爱"中的三角

现代汉语语法研究的"小三角"和"三平面"

不等于数学上的三角。正因如此，研究中固然需要重视三角验证，但不一定时时处处必须撑开三个角。

第二，各"角"所包含的内容，在特定条件下可以转化。比方，动宾关系在"小三角"中一般属语里，但是，如果以某一动宾结构为研究对象，那么，这一结构的动宾关系便已确认，已被融入了语表。例如讨论"打—O"结构，"打—O"作为动宾结构已被确认，这个动宾结构就成了语表，考察它的语里意义时就不再停留在动宾关系上面，而是深入分析"打—O"之间诸如"打球、打冠军、打主攻手、打时间差、打古巴队"等等具体的动宾关系。

第三，事物和事物之间往往没有绝对的界限，中间现象的存在是正常的。语里意义和语用价值的具体界限在哪里？语里意义有时溶入语表形式，语表形式和语里意义的具体界限在哪里？这样的问题需要深入探讨，以便总结出更多带规律性的东西。只是，不管研究如何深入，都肯定无法全部排除难以确定归属的现象。笔者以为，这不影响三角验证。因为，假设 X 为研究对象中需要求证的因素，那么，不管把 X 看作语里因素，还是把 X 当成语值因素，只要揭示出它有关的规律，求证的结果都有利于认识研究对象。

4.3 相异和互补

"小三角"和"三平面"有相异之处。但是，它们都主张对语法事实做立体的动态的分析，二者不是相忤的，而是互补的。

学术上的任何一种想法，都不可能一下子成熟。"两个三角"的思路和方法，尽管是从许多有成就的学者的研究实践中引发出来的，并且是在"三平面"学说的启示下概括出来的，但作为一种理论，显然还处在初始的阶段。如何把各个概念都进一步明确起来，如何把各个角之间的关系都准确地描写出来，如何建立起三角验证的操作程序，如何完善三角研究的理论系统，都需要时间，需要众多学者付出艰苦的努力。

汉语语法问题的解决，最终取决于对汉语语法事实的有效研究。即使是很好的理论方法上的假设，也必须植根于泥土，理论必须生发于事实。

相信"三平面"和"小三角"都会在研究实践中发挥各自的特定作用,为现代汉语语法规律的深刻揭示做出贡献。

注释:

①邢福义:《现代汉语语法研究的两个"三角"》,《云梦学刊》1990年第1期,第78～84页;邢福义:《语法问题发掘集》,湖北教育出版社1992年版,第369～381页。

②邢福义:《从基本流向综观现代汉语语法研究四十年》,《中国语文》1992年第6期,第439～444页。

③华萍:《现代汉语语法问题的两个"三角"的研究》,《语言教学与研究》1991年第3期,第21～37页。

④邵敬敏:《80年代汉语语法研究的回顾与今后的任务》,《世界汉语教学》1991年第3期,第153～156页。

⑤胡裕树:《语法研究的三个平面》,《语文学习》1992年第11期,第36～38页。

(原载《华中师范大学学报》1994年第2期)

现代汉语语法研究的三个"充分"

前言

本文讨论现代汉语语法研究的三个"充分":1. 观察充分,2. 描写充分,3. 解释充分。笔者写过关于现代汉语语法研究的两个"三角"的文章,本文跟两个"三角"的文章是姊妹篇。笔者认为:两个"三角"是研究深入的思路和方法,三个"充分"是研究深入的要求和目标。只有充分观察,才能有充分的了解;只有充分描写,才能有充分的反映;只有充分解释,才能有充分的认识。两个"三角"和三个"充分"互补互证,互为条件。二者之间的关系大体可以用下图来表示:

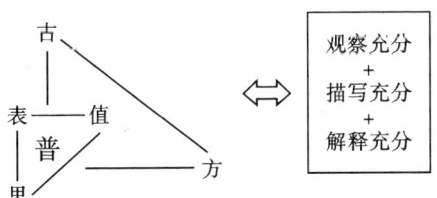

需要说明的是:第一,两个"三角"也好,三个"充分"也好,所讲的都是一般性的原则性的问题。不同学者有不同学者的情况,不同题目有不同题目的要求,在具体的研究工作中,当然不可能千人一面,千篇一律。第二,本文谈三个"充分",这只是反映笔者的追求。就笔者个人的研究实践说,距离三个"充分"的要求实际上是十分遥远的。

一 观察充分

研究一种现象,首先要充分观察这种现象。只有充分观察,才能有充分的了解。

怎样才是充分观察?该观察到的方方面面全都观察到了,所作的观察就算是充分的了。为了做到这一点,观察的思路应尽可能地开放。具体地说,就是:由此及彼,随迹逼近,四面八方地辨察,海阔天空地追踪。

试以"与其 p,不如 q"句式为例[①]。

所谓"与其 p,不如 q"句式,指的是这一类型的复句:"与其再等几小时,不如走路去"这一复句句式,一般都把它跟"宁可 p,也 q"归为一类,并且一起归入选择复句。对于这一句式,乍一看似乎没有什么可说的了,然而,细细观察起来,就可以提出一系列的问题。

问:这一句式是不是仅仅具有选择性?

从语里关系看,这一句式反映的是一个选言直言推理:

与其再等几个小时,不如走路去。

=要么再等几个小时,要么走路去。

再等几个小时不好,

因此,还是走路去为好。

从语表形式看,这一句式前项里的"与其"可以替换为"要是",这一句式的后项"不如……"可以替换为"为什么不……呢":

与其再等几个小时,不如走路去。

→要是再等几个小时,不如走路去。

→与其再等几个小时,为什么不走路去呢?

"要是、如果、假若"之类是引出推断之词,"为什么不……呢"的反问是做出结论之句。实际语言运用中,"要是 p,不如 q"和"与其 p,为什么不 q 呢"的说法都常见。如:

(1)如果一个人这样生活在世界上,还不如把自己泡在福尔

马林药水里保险呢！（李国文《花园街5号》）

（2）与其让我活着去做一具僵尸，为什么不让我躺在这里，用我仅有的短暂生命做一点贡献呢？（顾笑言《洪峰通过峡谷》）

可见，"与其p，不如q"这一句式在关系上既有选择性，又有推断性。

再问：姑且不管推断性，这一句式的选择性有什么特殊之处？跟"或者p，或者q""要么p，要么q"等句式所表示的选择关系相比较，"与其p，不如q"句式明显具有择优性。在这一句式中，前项p已被确定为落选项，后项q已被确定为优选项。当说"与其再等几个小时，不如走路去"的时候，"再等几个小时"是落选项，"走路去"是优选项；当说"与其走路去，不如再等几个小时"的时候，"走路去"是落选项，"再等几个小时"是优选项。对于落选项和优选项，都可以分别添加贬义评论语和褒义评论语。如："与其再等几个小时活受罪，不如走路去痛快些。""与其走路去把人累死，不如再等几个小时人要舒服些。"语言运用中，往往可以见到添加评论语的例子：

（3）与其不愉快地拖着，不如快刀斩乱麻，一刀两断干脆。（贬语："不愉快"；褒语："干脆"）（铁竹伟《红军烂漫曲》）

诚然，把择优性和推断性结合起来看，这一句式是一种择优推断句式。

又再问：作为择优推断句式，择优的标准是什么？

经观察可知，决定优选项和落选项的标准一般是主观认识。AB两事，甲可以以A为优、以B为劣，说成"与其B，不如A"；乙则可以以B为优、以A为劣，说成"与其A，不如B"。正因如此，在一般情况下，如果把前项所说的事情和后项所说的事情互相对调，可以反映说话人的不同认识，而所说的话都是站得住的。比如：

△甲：与其种白杨，不如种柳树。

乙：与其种柳树，不如种白杨。

△甲：与其去上海，不如去广州。

乙：与其去广州，不如去上海。

△甲：与其出国留学，不如留校当助教。
　乙：与其留校当助教，不如出国留学。

又再问：那么，有没有前后项所说的事情不能对调的情况？或者说，有没有前后项所说的事情对调之后说出来的话站不住的情况？

经观察可知，不能对调的情况是存在的。比如："与其将来闹离婚，不如现在别结婚！"不能说成"与其现在别结婚，不如将来闹离婚！"这可以从逻辑关系上找到原因：有"将来"就有"现在"，"现在"存在"别离婚"的选择；没有"现在"就没有"将来"，现在没结婚，就不存在将来闹离婚这种可供选择的情况。又如：

（4）与其爱不成，真不如当初不爱！（蒋子龙《蛇神》）

从"今日"看，"当初"存在"不爱"的选择，可以把"当初不爱"作为一个优选项；如果倒过来说成"与其当初不爱，真不如今日爱不成"，这就站不住，因为假若当初不爱，就不存在今日的爱不成的变化，就不能把"（今日）爱不成"作为一个优选项。

还可以问：在这一句式里，后项的"不如"前边可以出现"还、倒、真"，说成："与其 p，还不如 q""与其 p，倒不如 q""与其 p，真不如 q"它们有什么不同？

　　与其再等几个小时，还不如走路去！
　　与其再等几个小时，倒不如走路去！
　　与其再等几个小时，真不如走路去！

"还不如"强调 q 尽管只是低标准的，但还是比 p 要好；"倒不如"强调 q 对 p 的逆反否定；"真不如"使所作的推断带有慨叹语气。"真"和"还/倒"可以同现。下面是实际用例：

（5）与其让老人看到今天这个安大顺，还不如就让他等原来那个儿子，年复一年地等下去。（胡发云《晕血》）

（6）与其杀上饮血峰，倒不如在铁眉楼稳守阵地……（金庸《卧龙记》）

（7）与其和支搭伙，真不如和大侯了，大侯直来直去，没有那些花花肠子。（何申《乡镇干部》）

现代汉语语法研究的三个"充分"

(8) 哎,(与其来这里当"钦差大臣",)我还真不如不来的好!(张聂尔《将军的世界》)

还可以问:"与其"和"不如"的后边都可以出现"说"。用"说"的说法和不用"说"的说法有什么不同?

与其说再等几个小时,不如说走路去!(+)
→这里与其说是几间破房子,不如说是亲王府邸!(-)

甲和乙之间有变易关系。甲是原来的事物,乙是变易后人们所看到的事物。乙不能跟甲对调。

对他来说,这与其说是升级,不如说是倒霉的开始。(+)
→对他来说,这与其说是倒霉的开始,不如说是升级。(-)

甲和乙之间是表象和后果的关系。甲只表示事物的表面现象,乙则表示事情的后果。甲不能跟乙对调。

看穿着,与其说她是日本姑娘,不如说她更像中国女工!(+)
→看穿着,与其说她(更)像中国女工,不如说她是日本姑娘!(-)

甲和乙之间是写实和比似的关系。是日本姑娘,写实;更像中国女工,比似。乙不能跟甲对调。

问题还可以提出不少。甲问题可以引出乙问题,乙问题可以引出丙问题,大问题可以带出小问题,小问题又可以带出更小的问题。

充分观察,在很大程度上决定于充分设问,借以全方位地多层次地建立观察事物的视点。视点越多,对事物的了解就越多。

二 描写充分

观察,是寻求对事物的了解;而描写,则是对事物作规律性的反映。只有充分描写,才能有充分的反映。

怎样才是充分描写?在题目划定的范围之内,通过描写把应该反映出来的规律性的东西全都反映出来,这就可以算是充分描写。怎样才能做到充分描写?观察到的,不一定都要描写出来;而描写出来的,一定要是观察得特别充分的。如果说，观察的思路要尽可能地开放，那么，描写的范围则应尽可能地封闭。在众多的问题中只限定描写其中一个问题，在一个问题的众多角度中只限定描写其中一个角度，都是描写范围的封闭。其目的，是把论题封闭在（或者说划定在）一个小范围内，以便进行穷尽性的描写。

封闭的范围小到什么程度，可以因人而异，因题而异。一般地说，要考虑能力、时间、篇幅、深度等因素。初学做研究工作的人，往往不善于封闭论题，致使题目过大，内容浮泛，文章没做到点子上。在这方面，笔者有过多次教训。

1956年12月，笔者21岁，写了《试谈动词作状语》一文，七千字，寄给了《中国语文》。文中用较多的语言事实描写了四种"动词作状语的方式"：1. 动词＋着＋动词，2. 动词＋地＋动词，3. 动词＋趋向动词＋动词，4. 动词＋动词。半年后《中国语文》寄还稿子，并附了编辑部的意见。意见说，所谈动词作状语的方式大多有争论，只有动词带"地"作状语的现象可以深入做文章，希望写成一文再寄编辑部看看。1958年10月，笔者写成了《谈动词带"地"作状语》一文，三千多字。文章主要描写作状语的动词和作中心语的动词之间的意义关系：1. 状语表明中心词动作的方式，2. 状语表明中心词动作的情况，3. 状语表明中心词动作的状态，4. 状语表明中心词动作所附带的感情和语气。文章也从结构的角度简单地提到了四种情况：1. 动词直接通过"地"修饰中心词，2. 动词重叠成AABB形式之后再通过"地"修饰中心词，3. 动词受别类词修饰后再通过"地"修饰中心词，4. 两个单音动词带上趋向动词、关联副词或语气助词之后再通过"地"修饰中心词。此文在寄给《中国语文》几个月之后被退回。退稿意见说：文章着重从意义的角度讨论问题，没有意思。

1991年，为了出《语言研究》创刊十周年专辑，《语言研究》编辑部约稿，我写成了《现代汉语的特殊格式"V 地 V"》(《语言研究》1991年第1期)，一万五千字，总算对三十多年来"耿耿于怀"的一件心事有了个交代。前两稿之所以失败，最根本的原因是主攻目标不明，

现代汉语语法研究的三个"充分"

不善于攻其一点,不善于在攻其一点时从现象到本质地充分描写其规律性的东西。这一稿,进一步封闭描写的范围,限定所讨论的"V地V"格式是"及物动词+地+动词或动词结构"的格式,即及物动词带"地"作状语的格式。

假如把作状语的及物动词叫做"状位V",那么,关于状位V起码得回答三个问题:

一问:状位V有没有限制?

回答:有限制。限于两类:一类是有度差意识性心理动词。这类动词所表示的意念有程度高低的差别,因此可以接受程度副词的修饰,包括:"羡慕、崇敬、钦佩、信任、同情、感激、挑剔、蔑视"等等。另一类是无度差意向性行为动词。这类动词所表示的意念不存在程度高低的差别,不能受程度副词的修饰,包括"试探、乞求、挽留、纠正、嘲弄、挑逗、抢白"等等。如:

(9) 柳曼萍那双充满讥笑、不怀好意的眼睛,时刻都在挑剔地注视着她,使她欲躲不得。(黑子《阴影》)

(10) 张魁忙把他重新按到椅子上,挽留地说:"老哥!能不能这样就走……"(从维熙《春之潮汐》)

"挑剔"是有度差意识性心理动词,能受"十分"之类程度副词的修饰;"挽留"是无度差意向性行为动词,不能受"十分"之类程度副词的修饰。

二问:"地"字跟状位V的状语身份有何联系?

回答:作为状语的标志,"地"对状位V的状语身份具有强制性和规定性。首先,甲动词和乙动词本来不能直接组合,"地"字可以强制地使用它们组合成"V地V",使甲动词成为状语。如:敬佩笑着(一)→敬佩地笑着(+)。其次,甲动词和乙动词可以直接组合,但像是连动结构,加"地"形成"V地V"之后就可以明确规定甲动词为状语。如:赞许说→赞许地说。

三问:状位V同宾语的关系如何?

回答:状位V由于带了"地",它的后边一般不能出现形式上的宾语。但是，它的意念上的宾语总是出现在上下文之中。比如：

想起腊子，他赞许地连连点头。

他赞许地看着这个不服输的孩子。

同是"赞许"，前一例里它的意念宾语是上文的"腊子"，后一例里它的意念宾语是下文的"这个不服输的孩子"。

在某种情况下，状位 V 后边虽然有"地"，但也还可以带上形式上的宾语。如：

卖弄地说

→卖弄自己地说

卖弄才华地说

假如把作述语的动词或动词结构叫做述位 V，那么，关于述位 V 起码得回答三个问题：

一问：述位 V 的结构和性质到底是怎么样的？

回答：述位 V 可以是一个动词，也可以是一个动词结构。就动词说，可以是及物动词，也可以是不及物动词。如：

服从地听着　　（听：动词，及物）

服从地站着　　（站：动词，不及物）

反抗地抓起木棍（抓起木棍：动词结构，其中"抓"及物）

反抗地哭个不停（哭个不停：动词结构，其中"哭"不及物）

二问：述位 V 在语义上有什么特点？

回答：述位 V 表示人们比较具体的外露性行动。常见的是跟人体某个部位如嘴、眼、手、脚等相联系的一些行为动作。如：

挑逗地唱着淫荡小曲　（唱：嘴）

鄙视地回望他们一眼　（回望：眼）

应付地按了一下电铃　（按：手）

试探地踢了一下木门　（踢：脚）

三问：述位 V 和状位 V 在语义上有何联系？

回答：述位 V 和状位 V 的关系是外露具体动作和潜在意识活动的配合关系。述位 V 表示发自人体某一部分的具体动作，而状位 V 则表

现代汉语语法研究的三个"充分"

示伴随这一具体动作而产生的有关神情、神色、情态等等的潜在性意识活动。同一个述位 V，可以有不同的状位 V，即伴随某一具体动作而产生的潜意识活动可以不同，如：乞求地 /嘲弄地 /讨好地——看着他。反过来说，不同的述位 V，可以有相同的状位 V，即伴随不同的具体动作而产生的潜意识活动可以是相同的，如：迁就地——连连点头 /笑了起来 /跑了过来。

假如考察"V 地 V"的同义结构，那么，又可以提出新的问题。

一问："V 地 V"有多少同义结构？

回答："V 地 V"主要有两个同义结构：一个是"用 V 的 NV"，如：挑逗地说＝用挑逗的口气说。另一个是"VOV"，如：挑逗地说＝挑逗他说。

二问："V 地 V"和"用 V 的 NV"之间的关系怎么样？

回答：一般地说，"V 地 V"和"用 V 的 NV"可以互相转化。如：赞许地望着牧羊婆→←用赞许的目光望着牧羊婆。在"用 V 的 NV"格式中，N 位置上出现的是"目光、眼神、眼色、口吻、口气、声调、语气、神气"等名词，它们都表示能够表露某种潜意识活动的事物。同"用 V 的 NV"相比较，"V 地 V"是一种简化的说法，它使跟状位 V 相联系的"目光、口吻"等等词语全都隐去，成了可以意会的内容。由于是意会的东西，理解起来就有一定的灵活性，如果由"V 地 V"转化为"用 V 的 NV"，既可以出现甲名词，也可以出现乙名词。比如"恳求地说"，可以是"语气"，也可以是"声调"，还可以是"口吻"或"方式"。

有时，"眼睛、眼光"之类出现于主语的位置。在这种情况下，"V 地 V"不能或不大能转化为"用 V 的 NV"。例如：

（11）有双明亮的眼睛责备地盯着他们。（鲁书潮《往事》）

（12）……瞳眸里的光挑逗地往他心里钻着。（杜治洪《水手与女人》）

三问："V 地 V"和"VOV"之间的关系怎么样？

回答：在特定条件下，"V 地 V"可以转化为"VOV"。主要条件有二：1. 状位 V 一般都是无度差意向性行为动词。如：抢白地说→抢白他说｜责备地说→责备我说｜试探地说→试探我的心思说。如果状位 V 是纯粹的有度差意识性心理动词，那么"V 地 V"不大能自然地说成"VOV"。如：信赖地说→信赖他说（?）｜鄙视地说→鄙视他说（?）。2. 述位 V 要求用动词"说"。看这个例子：

(13) "……你把它弄出去吧。"母亲哀求地说。（高旭帆《古老的谋杀》）

"哀求地说"可以自然地转化为"哀求他说"。然而，如果述位 V 不用动词"说"，即使是"问、问道"之类，也不大能由"V 地 V"转化为"VOV"。如："打趣地说"可以说成"打趣他说"，"打趣地问"却不能说成"打趣他问"。

同"VOV"相比较，"V 地 V"是隐 O 式，状位 V 主要被强调成为一种方式或情态，所指对象含而不露，理解上有一定的灵活性，"VOV"则是显 O 式，动作及其对象明确清楚。

《现代汉语的特殊格式"V 地 V"》一文，把论题封闭在及物动词带"地"作状语的范围之内，对各个方面的各种事实都试图作规律性的反映。较之前两稿，显然进了一大步。当然，这篇文章不能跟前辈和时贤的佳作相比拟，在笔者自己的文章里也不能算满意之作，但它反映了自己的进步，这一点是有意义的。

能否充分描写，重要因素之一是能否划定合适的描写范围。会做文章的前辈学者总是告诉我们：编教材是"大题小做"，而写论文，则要善于"小题大做"。

三　解释充分

描写偏重于从微观上对语法事实作客观的反映，解释偏重于从宏观上对语法事实作理论的阐明。只有充分解释，才能有充分的认识。

解释大体可以分为归总性解释和先导性解释。不管是哪种解释，其目的都是揭示语法事实的本质属性和本质面貌。解释的充分，不是

现代汉语语法研究的三个"充分"

表现为"多",不是表现为"细",而是表现为"深",表现为具有"一语破的"的概括力。

在充分观察和充分描写的基础之上作出理论上的解释,这是归总性解释。这种解释,注重理论的步步提升。举例来说:

a. 那几年即使天天挨饿,我没叫过一声苦。

(→那几年虽然天天挨饿,我没叫过一声苦。)

b. 甲:我看今天是不行了。

乙:要是明天有可能呢?

甲:既然明天有可能,我们就再等一天吧!

(→要是明天有可能,我们就再等一天吧!)

c. 他不但能够把你捧上去,而且能够把你拉下来。

(→他能够把你捧上去,但又能够把你拉下来。)

d. 要赚就要赚大的,但是,不能随便露底。

(→要赚就要赚大的,因此,不能随便露底。)

由以上语法事实的同类现象和近类现象,经过充分观察,可以得到如下的认识:

a. 在虚拟句式中,p 主观上虚拟为真,客观上不一定非真;

b. 在据实句式中,p 主观上实言为真,客观上不一定确真;

c. 在顺列句式中,pq 间主观上表述为顺,客观上未必全顺;

d. 在逆转句式中,pq 间主观上表述为逆,客观上未必全逆。

这是四条定律性的东西。进一步作理论上的提升,我们就可以断定:复句语义关系具有二重性,既反映客观实际,又反映主观视点。在对复句格式的选用中,起主导作用的是主观视点。复句格式一旦形成,就会对复句语义关系进行反制约②。如果说,前面所说的四条定律性的东西还是属于描写的范畴,那么,这里所作的断定便属于解释的范畴了。以往,一般都以为,有什么样的复句语义关系就会采用什么样的复句格式,似乎复句格式只是为客观实际的逻辑联系所决定。这种认识过于笼统,过于含混,忽视了主观视点的主导作用,忽视了格式对关系的反制约作用。

跟归总性解释走向不同的是先导性解释。先作出一种理论解释，然后通过充分的观察和充分的描写加以证明，这就是先导性解释。这种解释，重在设立理论框架或模式，并据此进行推导和阐述。

先导性解释的重要前提是假设。当然，一个假设的提出，总要根据已经掌握的一部分事实。比方，我们可以提出这么个假设：汉语里，决定句法格局的是名词，而不是动词。根据是：就汉语的一个个具体的句子而言，动词往往是组织的核心，往往是"结构核"，这没问题；问题是，汉语的动词没有形态，汉语句法格局的形成，主要不是取决于动词本身，而是取决于动词前后的名词的不同配置。同一个动词，后边出现不同的名词（下文 a），或者后边出现同一个名词而前边出现不同的名词（下文 b），或者前后出现的名词位置互易（下文 c），或者后边连用的两个名词有所变化（下文 d），都往往在句法上造成不同的格局。如：

a. 打排球　（"排球"是"打"的常规宾语）
　　打美国队（＝跟美国队打排球）
　　打奥运会（＝在奥运会上打排球）
　　打时间差（＝用时间差的战术打排球）
b. 桥上走人（＝桥上供人走）
　　明天走人（＝明天人走路）
　　瓷杯泡茶（＝用瓷杯泡茶＝在瓷杯里泡茶）
　　井水泡茶（＝用井水泡茶≠在井水里泡茶）
c. 太阳晒着稻草堆（施事性主动宾句）
　　稻草堆晒着太阳（受事性主动宾句）
　　鲜花开遍了原野（施事性主动宾句）
　　原野开遍了鲜花（存现性主动宾句）
d. 赞扬小李的老师（有歧义。动宾：赞扬—小李的老师
　　　　　　　　　　　　　　　偏正：赞扬小李的—老师）
　　赞扬小李的刚出生的孩子（无歧义。动宾：赞扬—小李的刚出生的孩子）

现代汉语语法研究的三个"充分"

围剿土匪的部队(有歧义。动宾:围剿—土匪的部队
　　　　　　　　　　偏正:围剿土匪的—部队)
围剿土匪的计划(无歧义。偏正:围剿土匪的—计划)

目前,一般都以为动词最重要,不大注意研究名词,包括不大注意研究名词的各种次类和名词的语义特征。假如我们提出一个"名词定格论"来解释汉语名词决定句法格局的事实,主张既要着力研究动词更要着力研究名词,然后进一步加以求证,这样的解释便是先导性解释了。

归总性解释和先导性解释各有优缺点。归总性解释偏重于"立地",它以充分观察事实和充分描写事实为先行条件,显得实在、牢靠;不过,有可能存在理论高度不够的欠缺。先导性解释偏重于"顶天",它先建立理论框架、理论模式或理论基点,居高临下,理论色彩很浓,理论意义很强;不过,有可能存在顾此失彼甚至挂一漏万的毛病。要弥补两种解释可能存在的不足之处,都必须在"充分"上下功夫。从事实出发研究问题时,应尽可能地对事实作足够的理论解释;从假设出发研究问题时,应注意充分观察和充分描写语言事实。只有这样,才能"顶天＋立地"。

理论解释的加强,有赖于两个方面:一、引进国外理论。国外理论的引进和吸收,对促进现代汉语语法研究的深入开展无疑具有极大的意义。但是,不能生搬硬套。不能以为:国外理论＋汉语事实＝解释充分。二、创建自己的理论。根据自己语言的特点,不排除接受国外理论的启示,总结出一套自己的理论,一套能够充实和发展普通语法学的理论,一套在学术交往中能够跟国外理论对等交流的理论,这才是我们应该追求和必须追求的。当然,这不是轻而易举的事。

四　结束语

根据三个"充分"的要求,沿着两个"三角"的思路研究问题,定能推进现代汉语语法研究的不断深入。

任何论著都不可能穷尽真理。观察也好，描写也好，解释也好，绝对的"充分"是不可能的。本文谈三个"充分"，目的在于强调：在尽可能的条件下，要观察得更充分一点，描写得更充分一点，解释得更充分一点。

任何个人都有这样那样的局限性。笔者学力有限，本文的阐述只是一孔之见，相当肤浅，但是，不管怎样，三个"充分"的要求本身，肯定是正确的。

注释：

①邢福义、卢卓群：《"与其 p，不如 q"择优推断句式》，《语法研究和探索》，湖北教育出版社 1992 年版。

②邢福义：《汉语复句格式对复句语义关系的反制约》，《中国语文》1991 年第 1 期，第 1 页。

（原载《湖北大学学报》1991 年第 6 期）

从基本流向综观现代汉语语法研究四十年

《中国语文》于1952年创刊,已经创刊四十周年。1966年停刊,是十四年;1978年复刊,现在是1992年,恰恰也是十四年。从前十四年到后十四年,《中国语文》上发表的现代汉语语法文章基本上能反映我国这一领域研究的历史发展。如果把事物的历史发展比喻成为河流,那么,任何事物的历史发展都有其基本流向。本文联系《中国语文》,综观四十年来现代汉语语法研究的从静态片断分析到多角验证分析的基本流向。

一 一个目标

四十年的语法研究,始终向着一个目标。这就是:汉语语法事实的客观规律性。

汉语语法事实的客观规律性,在抽象程度上,有不同的层级。抽象到最高的程度,是对汉语语法特点的本质面貌的认识;抽象到一定的程度,是对某类现象或某种事实的本质属性的反映。毋庸讳言,即使在今天,许多事实尚未得到深刻的揭示,有的重要现象甚至尚未被发掘出来,至于真正从事物的本质上全面而精确地认识现代汉语语法,更是还有很大的距离;然而,又可以断言,研究工作已经有了很大的进展,研究工作的成果显示了研究工作一直在一步步地朝着目标逼近。从根本上说,四十年来《中国语文》上发表的现代汉语语法论文都是为了揭示现代汉语语法事实的客观规律性。不管是从前十四年看后十四年,还是从后十四年的今天看后十四年的起始阶段,都可以清楚地看到，对许多问题的认识已经不断深入了，并且还将继续深入下去。比方关于动词和动词句的文章，据我的不很精确的统计，前十四年发表二十八篇，后十四年发表五十六篇，数量上翻了一番。从内容看，后十四年的文章讨论动词重叠的表达功能，讨论时量宾语和动词的类，讨论祈使句式和动词的类，讨论单向动词及其句型，讨论由"V给"引起的兼语句及其变化，用语义特征分析法考察"V来了"，如此等等，其广度和深度都远远超过前十四年。动词研究的深化，既能让人们更好地了解动词，又能帮助人们更加深入地认识汉语语法的相关特点，还可以进一步引起人们对于其他问题的思考，如关于名词的思考。假若有两个名词（N1N2）和一个动词（V），词面形式不变，那么，可以有六种排列配置格局。各种V和N适应这六种格局的情况如何，适应的结果反映什么语法关系，这里面既有动词问题，更有名词问题。如果穷根究底进行探索，又由此及彼伸展研究触角，全方位地开展细致的研究工作，达到目标的可能性就更大。

在逼近目标的过程中，四十年语法研究的主流是分析语法事实。这一主流反映我国语法学界为了达到研究目标而崇尚的务实学风。吕叔湘先生和朱德熙先生，分别为《语言教学与研究》创刊五周年纪念和创刊十周年纪念题词，都是"务实"。《中国语文》编辑部在《中国语文200期纪念刊文集》一书的"后记"中指出："创新和务实本是相互联系的，不务实也就谈不到创新，创新要以务实为基础。"回顾和总结四十年的语法研究，对务实学风应该给予充分的肯定。理论显然是十分重要的，但必须像开采矿藏那样做扎扎实实的发掘工作，这样才能真正认识事物的客观规律性。以复句问题来说，我们长期为复句与单句的划界所困扰。1957年，《中国语文》上开展过一场单复句划界问题的讨论；1979年，《中国语文》编辑部在《汉语研究四十年》这篇文章中又提到"单复句的划界问题"，认为是"还需要进行全面深入的研究"的问题之一[①]。最近，我们具体分析了八篇中学课文，根据明确的标准，把大家不会有任何争议的典型单句和复句提取出来，剩下的是可能有这样那样争议的纠葛现象。统计表明：纠葛现象最多的达百分之四十以上，都超过典型单句和典型复句的平均数。通过对事实的考察，认识到单复句之间既有对立又有剪不断理还乱的纠葛，这就可以让我们懂得，不要闷头闷脑地去做企图把二者一刀两断的徒劳无功的努力，而应该对复句自身的规律性从各个方面进行深入的发掘，作出有利于深刻认识复句的描写和解释。

二　两个"三角"

分析语法事实，揭示客观规律，需要有可取的思路和有效的办法。从研究思路和分析方法上看，四十年的语法研究反映了从静态分析到动态分析的不断演进的历程。

动态分析的基本做法是"多角验证"。从 80 年代末期以来，特别值得重视并且已经形成了雏形的是两个"三角"的验证。第一个"三角"是"表—里—值"三角。任何一个语法事实都有其语表形式、语里意义和语用价值。要弄清一个语法事实，有必要由表察里，由里究表，表里验证。这就涉及"表""里"两角。要弄清一个语法事实，往往还有必要考察它在语言表达系统中特定的语用价值，即语里同义，语表异形，究其语值。这就在"表""里"两角的基础上撑起了"值"角。第二个"三角"是"普—方—古"三角。普通话即现代汉语共同语里的一个语法事实，往往可以在方言或古代近代汉语里找到印证的材料。研究现代汉语共同语语法，为了对一个语法事实作出更加令人信服的解释，一方面可以立足于普通话，横看方言，以方言证普通话；另一方面可以立足于今，上看古代近代汉语，以古证今。两个方面结合起来，便以"普"为基角，撑开了"方"角和"古"角。"表—里—值"三角是存在于每个语法事实自身的三个角度，是"小三角"；"普—方—古"三角是由所研究的事实同方言的、古代近代汉语的可印证事实形成的三个角度，是"大三角"。"小三角"和"大三角"可以结合使用，但题目不同，要求不同，在实际研究工作中往往有所侧重。至于各角之间的规律性联系如何验证，不同语法学家所用的具体方法自然可以大同小异、小同大异甚至截然不同。两个"三角"的比较具体的内容，请参看拙作《现代汉语语法研究的两个"三角"》②，《现代汉语语法问题的两个"三角"的研究——1980年以来中国大陆现代汉语语法研究的发展》（署名：华萍）③。

两个"三角"的验证分析，是为了弥补静态片断分析的缺陷而兴起并得到发展的。所谓静态片断分析，指的是对某个语言事实进行自身的成分分析或层次分析。静态片断分析是语法分析的起点，不会作静态片断分析就等于没有掌握语法分析的基本功，但是，仅仅领先片断分析，无法深入揭示语法规律。如：

你想死我们了！
你气死我们了！
你害死我们了！

这三个句子，不管用成分分析法、层次分析法还是层次成分分析法，分析的结果都完全一样，然而它们的隐性语法关系并不相同。假如要研究"你想死我们了"这一类句子，只有进行表里验证，进行语值辨察，才能弄清其特殊规律和特殊作用。

【普】
今天晚上演电影吧？
他明天来吧？

【方】
今后晌演电影啊不啊？　　今后晌演电影噢不啊？
他明天来啊不啊？　　　　他明天来噢不啊？④

普通话里问句末尾的"吧"，吕叔湘先生和赵元任先生都认为是"不啊"的合音。山东临淄方言中，可以说"吧"，也可以说"不啊"。（"吧"或"不啊"前边出现"噢"或"啊"。）以方言证普通话，临淄方言的说法可以帮助证明"吧"是"不啊"的合音的论断。仅仅依靠静态片断分析做不到这一点。

【今】
各位先生，各位同志们……（毛泽东《在陕甘宁边区参议会

的演说》）

向所有……文艺家们表示崇高的敬意。（周扬《我国社会主义文学艺术的道路》）

他笼络着一群他所认为可以做喽罗的大夫们。（曹禺《明朗的天》）

内战一开，那些打定了主意的投降主义者们容许你们再抗日吗？（毛泽东《评国民党十一中全会和三届二次参政会》）

【古】

各位叔叔哥哥们都吃了饭了。（《红楼梦》）

且凡老少房中所有亲侍的女孩子们，更比待家下众人不同……（《红楼梦》）

……见宝玉和一群丫头小子们那里玩呢。（《红楼梦》）

只见凤姐儿在门前站着……看着十来个小厮们搬花盆呢。（《红楼梦》）

清河县里有几个奸诈的浮浪子弟们，都来他家里薅恼。（《水浒》）

八戒……把那些妇女们唬得跌跌爬爬。（《西游记》）

"们"字定型较晚，跟名词配合使用比跟代词配合使用还要晚。《水浒》《西游记》《红楼梦》中已有"表不定数量的词语＋名词＋们"的说法。可知，现代汉语里的"各位先生们"之类不能说是"五四"以后才出现的欧化说法。而且，在现代汉语里，"几个……们""十来个……们"这样的说法反而没有了。这是"以古证今"。这样的证明作用，也是静态片断分析无能为力的。

四十年来，多角验证分析有一个发展过程。发展是渐变的，发展过程中的不同阶段不可能截然划分。大体说来，有三段：

1. 引发阶段。50 年代到 60 年代可以看作引发阶段。这一阶段有两个特别值得注意的事实：第一，中国科学院语言研究所现代汉语小组《语法研究上要求加强协作》一文在《中国语文》1959 年第 3 期上发表，文中列出五十三个问题，涉及很多语言事实，希望大家进行研究，写成专题论文。文章指出："我们研究语法的主要精神是遵守意义和形式相结合这个原则。"第二，《中国语文》发表了好几篇很有分量的论文。如朱德熙的《说"的"》（1961 年第 12 期），《论句法结构》（1962 年第 8—9 期），吕叔湘《关于"语言单位的同一性"等等》（1962 年第 11 期）。这些论文对语法研究的推进产生了很大的影响。

2. 上升阶段。1978 年到 1989 年可以看作是上升阶段。1978 年《中国语文》复刊，1989 年《中国语文》发表综述性的《汉语研究四十年》。这一阶段，有较大关系的事相当多：第一，吕叔湘《汉语语法分析问题》1979 年出版，书中鲜明地反映了强调由静态研究进到动态研究的思想。第二，1981 年到 1982 年，《中国语文》发起析句方法的讨论；其间，1981 年 5 月第一次现代汉语语法学术讨论会在北京密云召开，1981 年 8 月全国语法和语法教学讨论会由张志公先生主持在哈尔滨举行。这些学术活动，侧重点有些不同，但都敏感地、不同程度而又相当普遍地把学者们引向对动态分析的思考。第三，胡裕树主编的《现代汉语》增订本 1981 年出版，书中强调必须区分"语义的、语用的、语法的"三种不同的语序。1985 年，胡裕树、范晓《试论语法研究的三个平面》强调要使语法研究做到形式与意义相结合，动态与静态相结合，描写性与实用性相结合⑤。第四，1986 年 10 月，第四次现代汉语语法学术讨论会在北京西山举行。会议确定的中心论题是围绕意义探讨语法研究中意义和形式如何结合的问题。会上，提到了"除了形式和意义之外，还要注意语用的价值"的问题⑥。第五，老一辈学者，中年一辈学者，还有一部分青年学者，发表了不少很有分量的论文，不仅广度和深度大大超过从前，而且讲究多角度的观察和描写。特别是，朱德熙先生着意把方言语法现象、古代近代语法现象和北京话语法现象联系起来进行研究，在"普—方—古"大三角研究作了可喜的探索，十分富于启示性。《汉语研究四十年》一文综述了十多年来现代汉语语法研究在理论和方法上的种种进展，指出"所有这一切，都是为了探求一种把形式和意义更好结合起来的、适合汉语实际的研究方法"，同时还指出"有的研究工作者提出了突破共时和历时的严格区

分、将横向的各方言之间的比较和纵向的古今语法之间的比较相结合的一种研究路子"。这里既提到了小三角的问题,也提到了大三角的问题。可以认为,经过十来年的实践,到了80年代末期,两个三角的思路和方法已经形成了轮廓。

3. 发展阶段。1990年开始,进入了进一步发展的阶段。如果说,上个阶段重在实践,重在通过具体的研究实践摸索研究的路子,那么,这个阶段则开始了更多的思辨,注意了研究思路、研究方法的全局性的审视。值得注意的事实有三:第一,三个平面的理论得到进一步拓展和深化。1990年5月,第二届现代语言学及现代汉语语法研讨会在上海举行,会议安排了"语义与语法""语用与语法""新方法和新理论的探索"三个专题的讨论[7]。

1990年10月,第六次现代汉语语法学术讨论会在合肥举行,对三个平面的讨论是这次会议的热点[8]。1991年,《中国语文》发表两篇有分量的论文:文炼《与语言符号有关的问题——兼论语法分析中的三个平面》[9],施关淦《关于语法研究的三个平面》[10]。第二,两个三角的概念提了出来。主要的是上面提到的两篇文章:《现代汉语语法研究的两个"三角"》(1990),《现代汉语语法问题的两个"三角"的研究》(1991)。"两个三角"是涵盖面更大、概括力更强的概念。比如朱德熙《北京话、广州话、文水话和福州话里的"的"字》[11],这篇重要论文所用的方法只用"三个平面"的概念很难统括得起来。第二,动态研究和动态分析得到前所未有的强调。1990年5月,吕叔湘先生在给第二届现代语言学及现代汉语语法研讨会的贺信中指出,语法研究应在静态研究的基础上加强动态研究[12]。1991年5月,高等教育出版社出版高等师范学校教学用书《现代汉语》(邢福义主编),书中有一节专讲"语法现象的动态分析",讲了"表里验证""语值辨察""歧义分解""纵横比较"等问题。这是在全国性教材中第一次用较多篇幅写上了动态分析的内容,尽管阐述和用例还有待于进一步完善。"动态分析"涵盖面比"两个三角"更大,但基本内容其实就是"两个三角"的分析。

"两个三角",反映的是我国语法学者们在研究实践中通过不断摸索而逐渐形成的在一定程度上具有中国特色的思路和办法。这自然只是一种命名。即使不叫做"两个三角",这种动态的多角验证的思路和办法也已经成了客观存在的事实。

三 "三个充分"

有效的办法和正确的要求,是达到特定目标的必不可少而又相辅相成的两个方面。如果说,"两个三角"是我国语法学者经过多年摸索而寻找到的有效办法,那么,"三个充分"就是我国语法学者经过多年的实践而认识到的正确要求。

所谓"三个充分",指的是:观察充分,描写充分,解释充分。只有充分观察,才能有充分的了解;只有充分描写,才能有充分的反映;只有充分解释,才能有充分的认识。"三个充分"和"两个三角"互为条件,互成因果。一方面,观察、描写、解释得越充分,三角验证所得的结论就越准确,越可靠;另一方面,三角验证的办法越成熟、越科学,就越利于做到观察充分、描写充分和解释充分[13]。

这里应该特别提道:"观察"是"描写"和"解释"的基础。没有充分的观察,就不可能有精确细微的描写,也不可能有一语破的的解释。就"描写"和"解释"之间的关系说,二者很难截然分开,一般都是描写中有解释,解释中有描写。不过,从研究工作的侧重点看,有的偏向于描写,有的偏向于解释。由于四十年来我国语法研究以研究语法事实为主流,研究工作的侧重点实际上放在描写上面,《中国语文》显然将重点放在扶植立足事实描写精细的论文上。80年代一开始,吕叔湘先生就指出:"不能说现在关于汉语语法的事实搞得差不多了,可以一心一意研究理论了。很多事实还不清楚。"[14]在刚刚进入90年代的时候,朱德熙先生又指出:"有一种流行的说法,语言学的目的不是描写事实,而是解释事实。能解释事实当然很好。可是要解释事实,先得知道有哪些事实需要解释。要是对事实是什么还茫然,那怎么谈得上去解释呢?等而下之,有的理论不但解释不了事实,反而歪曲事

实以迁就理论。"⑮今天,我们完全可以理直气壮地认定,四十年来我国语法学界所坚持的基本点是正确的,四十年来所走过的路子是实实在在的。

当然,也要承认,"解释"对于我国语法学界来说确是需要加强的一个环节。事实上,近几年的《中国语文》已经注意到了这个问题,发表了十篇左右有分量的偏重理论解释的论文。这是一种新的演变。只有这样,才能使观察充分、描写充分、解释充分三者完美地结合起来,才能把语法研究推向一个又一个新的高度。需要明确的是:怎样理解"解释"?

首先,解释大体可以分为:1. 归总性解释;2. 先导性解释。在充分观察和充分描写的基础上作出理论上的解释,这是归总性解释。这种解释,注重理论的步步提升。先作出一种理论解释,然后加以求证,这是先导性解释。这种解释,重在设立理论框架或模式,并据此进行推导和阐述。两种解释的走向有所不同,但不管哪种解释,其目的都是揭示语法事实的本质属性和本质面貌。解释的充分,不表现为"细",而表现为"深",表现为具有"一语破的"的概括力。

其次,先导性解释的重要前提是假设。这一解释,"居高临下",理论色彩很浓,理论意义很强,但很容易存在顾此失彼甚至挂一漏万的毛病。为了使论断立于不败之地,必须注意充分观察和充分描写语言事实。满足于创造和提出具有"美感"的系统或定律,却经不起语言事实的检验,理论再新也无用。

再次,引进国外理论对加强现代汉语语法研究的解释力很有好处。60年代以来我国学者不断引进国外理论,带动了研究方法的不断更新,这个工作还要继续下去,并且还要加强。但是,不能把理论"引进"当成理论"创新"的全部内容,不能以为"国外理论 + 汉语例子 = 解释充分"。更重要的是,应该根据自己语言的特点,总结出适合自己语言的理论,在理论上变被动为主动,变单方面引进为双方面可以互相交流。中国的学者,一代代努力下去,这一点不会做不到的吧?

学问无止境。任何论著,都不可能穷尽真理。"观察"也好,"描写"也好,"解释"也好,绝对的"充分"都是不可能的。强调三个充分,自然只是希望尽可能观察得更充分一点,描写得更充分一点,解释得更充分一点,总之,目的在于强调从主观上尽可能地使研究的成果更接近于真理。

四 结语

从静态片断分析到动态多角验证分析是我国四十年来现代汉语语法研究的基本流向。研究已经有了十分可喜的进展。朝着全面揭示现代汉语语法事实的客观规律性的目标,根据"三个充分"的要求,沿着以"两个三角"为代表的动态的多角验证的路子继续前进,现代汉语语法研究一定还会出现更新的面貌。

如果"存异求同",我国语法学者在研究的基本流向上具有明显的共同之处;如果"撇同看异",我国语法学者在研究视点、研究风格和研究的具体方法上又有这样那样的不同。近年来,不同之处表现得越来越明显。发展下去,有可能形成不同的流派。一旦真正形成不同的流派,现代汉语语法研究将会得到更加迅速的发展。

《中国语文》的前十四年和后十四年基本上客观地反映了现代汉语语法研究前引后接不断延伸的发展线索。相信再过一个十四年,人们定会看到,《中国语文》又为现代汉语语法研究的深入做出更新的贡献,使这条线索延伸得更接近于目标。

注释:

①《中国语文》编辑部:《汉语研究四十年》,《中国语文》1989年第5期,第321页。

②邢福义:《现代汉语语法研究的两个"三角"》,《云梦学刊》1990年第1期,第78~84页。

③华萍:《现代汉语语法问题的两个"三角"的研究》,《语言教学与研究》1991年第3期,第21~37页。

④史冠新:《临淄话中的语气词"吧"》,《中国语文》1989年第1期,第

44页。

⑤胡裕树、范晓：《试论语法研究的三个平面》，《新疆大学学报》1985年第2期，第17页。

⑥《中国语文》编辑部：《现代汉语语法学术讨论会在北京举行》，《中国语文》1987年第1期，第78页。

⑦见《中国语文》1990年第5期的报道。

⑧见《中国语文》1991年第1期的报道。

⑨文炼：《与语言符号有关的问题——兼论语法分析中的三个平面》，《中国语文》1991年第1期，第83～87页。

⑩施关淦：《关于语法研究的三个平面》，《中国语文》1991年第6期，第411～415页。

⑪朱德熙：《北京话、广州话、文水话和福州话里的"的"字》，《方言》1980年第3期，第161～165页。

⑫邱伟：《第二届现代语言学及现代汉语语法研讨会在上海举行》，《中国语文》1990年第5期，第399页。

⑬邢福义：《现代汉语语法研究的三个"充分"》，《湖北大学学报》1991年第6期，第61～69页。

⑭吕叔湘：《扎扎实实做好语法研究》，《语法研究和探索（一）》，北京大学出版社1983年版。

⑮吕叔湘、朱德熙：《对当前汉语研究的感想和希望》，《汉语学习》1990年第4期，第1页。

（原载《中国语文》1992年第6期）

小句中枢说

前言

  汉语语法系统由汉语各类各级语法实体的内外规则所构建。在汉语各类各级语法实体中,小句居于中枢地位。从这个意义上说,汉语语法系统是小句中枢语法系统。本文分三个部分展开:1. 本文小句之所指。主要解释小句这一基本概念。2. 小句地位之考察。提出鉴别一个语法实体是否处于中枢地位的三个条件,并分别讨论。3. 从小句三律看小句。小句三律是:成活律—包容律—联结律。文章列出小句三律的公式,共六条。了解小句三律,有利于更进一步认识处于中枢地位的小句。文章末尾有个结语。

一 本文小句之所指

  本文借用了"小句"这个现成的术语,但有特定的内涵和外延,跟通常所说的有所不同。本文的"小句"主要指单句,也包括结构上相当于或大体相当于单句的分句。本文把充当句子成分的主谓短语排除在小句之外。理由是:第一,主谓短语既然已经充当句子成分,它就失去了"句"的性质和功能,就不再是"句"。第二,能够成句的构件语法单位可以是短语,也可以是词;可以是主谓短语,也可以是其他短语。因此,不好只把充当成分的主谓短语当成小句,否则,容易导致一个结论:只有主谓短语跟"句"有联系,其他短语跟"句"没

小句中枢说

有联系。

汉语语法系统中有各类各级语法实体。包括：1．语素；2．词；3．短语；4．小句；5．复句；6．句群；7．句子语气。语法实体分两大类：一大类是语法单位，表现为或长或短的音节。语法单位包括前六种语法实体，其中语素、词和短语是构件语法单位，小句、复句和句群是表述语法单位。另一大类是句子语气。句子语气不表现为音节，它跟特定句调相联系，使小句得以成立，是致句实体。跟作为语法单位的其他实体相比较，句子语气是不可切分的实体，没有书面语形式的实体。

汉语语法规则，表现在各类各级语法实体的"构成"和"组合"两个方面。一方面是语法实体的"构成"规则。这是指这种那种语法实体本身的构成规则，对于某种语法实体来说是内部规则。另一方面是语法实体的"组合"规则。这是指语法实体与语法实体之间的组合规则，对于某种语法实体来说是外部规则。构成规则和组合规则，往往可能是相同事实的两个不同着眼点。比方，假如 Z 语法实体由 a、b 实体所构成，那么，如果以 Z 为着眼点，考察 Z 如何由 a、b 所构成，这便是 Z 的构成规则问题；假如 a 和 b 组合成 Z，考察的着眼点是 a 如何同 b 组合成 Z，或者是 b 如何同 a 组合成 Z，这便是 a、b 之间的组合规则问题。

小句是最小的具有表述性和独立性的语法单位。它是七种语法实体中的一种实体，是六种语法单位中的一种语法单位。

这种语法单位具有表述性。一个小句能够表明说话的一个意旨。"意旨"，不一定都表现为判断，但都跟判断存在着某种联系。比如："你很认真。""你好认真！""你认真点！""你认真吗？"基本构件都是"你"和"认真"，但说话意旨有所不同。第一句表明一个陈述，是直接表示一个判断；第二句表明一个感慨，是以一个直接判断为基础表示对事实的慨叹；第三句提出一个要求，不是对事实的判断，但潜在地或间接地跟"你不够认真""你是应该认真的"之类判断相联系；第四句提出一个疑问，更不是对事实的判断，但潜在地或间接地跟"你可能是不认真的"之类判断相联系。即使是由一个叹词构成的疑问句或感叹句，实际上也跟深潜的判断存在联系。比如："哦？""哼！"在特定语境中它们可能分别跟"想不到会有这种事""你这是痴心妄想"之类的判断存在联系。

　　这种语法单位是最小的但具有独立性的表述语法单位。在具有表述性的语法单位中，跟复句和句群相对而言，小句是最小的。复句也好，句群也好，起码包含两个小句。例如：他站在这异乡的街上，他的心却回到家乡去了。（柳青《梁生宝买稻种》）他为什么不进旅馆去呢？难道所有的旅馆都客满了吗？（柳青《梁生宝买稻种》）前一例是复句，包含两个小句，它们都是分句；后一例是句群，包含两个小句，它们都是单句。但是，另一方面，一个小句不被包含在另一个小句之中，充当分句的小句与小句之间也不存在包含被包含的关系。凡是被包含在小句之中充当了一个成分的语法单位，不是小句，因为它已失掉了"句"的身分。

　　这种语法单位带有特定的句子语气，包括陈述、感叹、祈使、疑问等语气。即使是充当分句的小句，它们在复句里面也各有自己的语气。例如：你是田家的媳妇，我就不是田家的媳妇吗？（孙健忠《城角》）好冷，我受不了。（孙健忠《城角》）城上风紧，快下城吧！（姚雪垠《李自成》）这里有三个复句。前一个是"陈述语气＋疑问语气"，中间一个是"感叹语气＋陈述语气"，后一个是"陈述语气＋祈使语气"。

　　顺带指出：小句是"句"，复句也是"句"。但是，"句子"这个概念在实际语言运用中有广义和狭义两种用法。有时统指所有的句，这是广义用法；有时只指小句，这是狭义用法。

二　小句地位之考察

　　在由各类各级语法实体所构成的汉语语法系统中，小句居于中枢地位。《现代汉语词典》解释道：中枢，在一个事物系统中起总的主导作用的部分[①]。小句，正是在构成汉语语法系统的各类各级语法实体中

小句中枢说

起主导作用的语法实体。

考察一种语法实体在整个语法系统中是否居于中枢地位，起码必须考虑三个方面的条件。通过对这三个方面的条件的考察，小句的中枢地位可以得到认定。

【条件一】某种语法实体，在各种语法实体中，所具备的各种语法因素是否最为齐全？

小句最符合这一条件。一方面，就构成基础而言，小句既包含词和短语，又带有句子语气。另一方面，就构成结果而言，小句既包含各种各样的变异结构，又包含各种各样的语用因素，而且，它所反映的各个方面的语法规律实际上就是汉语语法的基本规律。

再看其他语法实体：首先，句子语气不包含词和短语，词和短语不包含句子语气。仅从这一点就可以知道，它们在包含语法因素的种类上无法跟小句相比拟。其次，复句和句群的构成基础是小句。它们只是包含"句"，却不能像小句那样直接包含除了某些句间关系词语之外的各种各样的语法因素。因此，比较地说，还是小句所包含的语法因素最为齐备。

【条件二】某种语法实体，是否处于"联络中心"的位置，跟其他语法实体都有直接联系？

只有小句具备这一条件。在说话方式上，小句同语气相联系；在内部构件上，小句同词和短语相联系；在外部组合上，小句同复句和句群相联系。

再看其他语法实体：首先，就复句和句群而言，它们同句子语气的联系建立在小句同语气发生联系的基础之上。小句同句子语气的联系才是基本联系。其次，就词和短语而言，它们同句子语气没有联系。词或短语一带上句子语气便成为小句，而在小句里词或短语只有构件单位的资格。再次，就词和短语同复句和句群的联系而言，它们之间顶多只有间接的联系。词也好，短语也好，它们首先要带上句子语气形成小句，然后才有可能产生复句或句群。

【条件三】某种语法实体，对于其他语法实体是否都有"控他性"，为其他语法实体所从属或依托?

只有小句,能够控制和约束其他所有语法实体,成为其他所有语法实体所从属或所依托的语法实体。即:

小句控他性简析:

(一)句子语气,粘附于小句。

准确点说,句子语气粘附于小句直接构件,从而形成小句。比如"他当了科长"是小句直接构件,陈述语气或疑问语气若粘附于这个构件,就会形成陈述句或疑问句:"他当了科长。""他当了科长?"如果"他"和"当了科长"都被当做小句直接构件,分别粘附上疑问语气,就会形成两个疑问句:"他?""当了科长?"没有小句,语气无所依托。句子语气作为一类语法实体,在跟词和短语相对而言的时候才能显示其独立性;对于小句来说,它只是小句的有机组成部分。

(二)复句和句群,依赖于小句。

复句由小句和小句联结而成。复句的成立,依赖于小句的成立。比如:"*数百个工程师在这股强大动力的推动下,一个新型的汽车制造厂终于胜利投产了。"这个复句,第一小句"数百个工程师在这股强大动力的推动下"怎么样?还没说完。应该添加"日夜奋战"之类词语。这个例子中出现的毛病,通常被形象地说成"中途易辙""另起炉灶"。显然,只有组成复句的各个小句都构造好了,整个复句才没有问题。

句群由两个或两个以上的句子构成。"群"中的"句",可能是以单句身分出现的小句,也可能是由小句以分句身分联结而成的复句,即可能有"单句+单句""单句+复句""复句+复句"等等形式。但是,无论如何,句群总是以小句作为最基本的构成单位。没有小句,当然没有复句,也不会有句群。

小句中枢说

（三）词，受控于小句。

词可以属于词汇系统，独立存在于句子之外。词典中的词，可以只解释其意义而不管句子。但是，作为语法单位的词，属于语法系统。由于汉语的词缺乏形态变化，语法系统中的词只有在小句的控制约束之下才能明确显示其语法特性和语法职能，才能发挥特定的语法作用。这个问题，可以从很多方面来论证。这里只提两点。

第一，词性的句规约。"入句显类"和"入句变类"，都是词性句规约的重要表现。例如：

(1) 这是一个<u>标志</u>，<u>标志</u>着人类正在走向互相了解，走向互相尊重。（边震遐《化剑为犁》）

(2) 甭<u>林黛玉</u>了，你班主任说你全面发展……（王益山等《走出黄昏》）

例(1)，"标志"有两个词性。前头的"标志"出现在宾语部分里，受"一个"修饰，这一语法环境把它规约为名词；后头的"标志"出现在谓语部分里，带"着"，又带宾语，这一语法环境把它规约为动词。这是"入句显类"。例(2)，"林黛玉"本来是名词，"甭X了"的格式强制它临时变成了动词。这是"入句变类"[2]。

第二，功能的句规约。撇开显类变类的问题不说，凡词入句，其语法功能总要受到句法位置、句法环境的规约。学者们承认，汉语里词的组合能力是词的语法功能的最重要的一个方面；学者们又承认，汉语里动词既可以充当谓语或谓语中心，也可以充当主语宾语或主语中心宾语中心。如果把这两点联系起来考察，就可以明显看到存在"句规约"的问题。比方说：谓语位置对动词的规约是自由宽松的，主语宾语位置对动词的规约则是严紧的，使动词受到很大束缚的。例如"演奏"，虽然用作谓语、用作宾语都仍然是动词："张先生演奏"（作谓语，可以带上宾语：张先生演奏古曲），"张先生指挥演奏"（作宾语，也可以带上宾语：张先生指挥演奏古曲）；但是，用在谓语位置上时可以出现"正在演奏、没有演奏、演奏不演奏"等形式，用到"指挥"后头作宾语之后却不能再出现这些形式。可见，句规约的不同，决定了词在使用上的自由与不自由。

（四）短语，从属于小句。

在结构上，短语的结构类型全部为小句的结构类型所包容。分析小句，可以得到短语结构的所有类型；分析短语，却得不到小句结构的所有类型。参看下一节里"包容律"的有关论说。

在使用上，短语的具体组合为造句的具体需要所决定。绝大多数的短语，都是自由短语。它们具有组合的临时性和可变性。就是说，这样那样的短语，它们究竟由哪个结构成分跟哪个结构成分组合而成，完全取决于小句表述意旨的临时需要，相当灵活。比方，单独说"跑钱""跑票"，听起来也许一下子不大明白，但如果出现在这样的小句之中："我这几天要～。(哪有心思跟你们聊天！)"意思就明确了："跑钱"，为弄到钱而奔跑；"跑票"，为弄到票（车票/机票/戏票）而奔跑。语言运用中常见这样的例子：

（3）想当官就得"跑官"。（王益山等《走出黄昏》）

"跑官"，为弄到官职而奔跑。

在语义上，短语的语义内涵为小句的结构格局所显示。比如"跑电"，只有一种结构关系（动宾），但有两种语义内涵。"小心，这根线跑电！"主语是"这根线"，跑电是走电/漏电。"我这几天要跑电！供电局的关系能不理顺？"主语是"我"，跑电是为弄到电而奔跑。又如"学习文件"，有两种结构关系，因而有两种语义内涵。"我们下午学习文件。"这里被安置在谓语部分，是动宾结构，表示行为：学习→文件。"我们下午领学习文件。"这里被安置作为"领、买"一类动词的宾语，是定心结构，表示事物：学习〈的〉文件。可见，短语进入小句，其语义内涵的显示受到小句结构格局的规约。

三　从小句三律看小句

小句有三律：成活律—包容律—联结律。就小句的形成和生效而言，小句存在成活律；就小句同短语和词的关系而言，小句存在包容

小句中枢说

律；就小句同复句句群的关系而言，小句存在联结律。考察小句三律，有助于进一步了解小句的中枢地位。

（一）小句成活律

居于汉语语法系统中枢地位的小句，在构成和使用中存在能否成活的问题。小句成活律，揭示小句成型和生效的必要条件。基本规律有二。

成活律一：句子语气＋可成句构件语法单位＝小句成型。

成活律二：句子语气＋可成句构件语法单位＋意旨的有效表述＝小句生效。

1. 关于成活律一

小句的成型，有两个方面的必要条件，二者不可或缺。

A. 句子语气

有了句子语气，小句才能成立；有了不同的句子语气，小句才能形成各种各样的语气类型。比方：｜又看到一个亮点｜——没有句子语气，这只是可成句的构件语法单位，还不成为小句。假若甲告诉乙一个事实："又看到一个亮点。"这时这个语法单位带上了陈述语气（有相应的语调），才形成了属于陈述句的一个小句。假若几个人注视着远方，甲忽然惊叫："又看到一个亮点！"这时这个语法单位带上了感叹语气（有相应的语调），才形成了偏向感叹句的一个小句。假若乙问甲："又看到一个亮点？"这时这个语法单位带上了疑问语气（有相应的语调），才形成属于疑问句的一个小句。

B. 可成句的构件语法单位

可成句的构件语法单位指的是：具有能够反映一个"意旨"的潜力的词或短语。一个词，如果具有这种潜力，只要有表述的需要，就可以同特定的句子语气相结合，形成小句，即"单词句"。同样，一个短语，如果具有这种潜力，在有表述需要的时候，可以同特定的句子语气相结合，形成小句。由短语构成的小句包含各种各样的结构关系。有的构件语法单位不具有成句的潜力，比如"加以""和""吗"这样的词，由于它们很难单独跟某一"意旨"联系起来，因而很难同特定语气相结合形成小句。

2. 关于成活律二

小句的生效，还需要第三个必要条件：意旨的有效表述。成型的句子，不一定是能够成活的句子。有的句子，已经成型，但如果存在这样那样的毛病，便会失效，成为病句。

意旨的有效表述，是指通过所用的小句有效地把说话的意旨或意图表述出来。这需要顾及两个方面的因素。一个方面是小句的内部因素。主要包括：应该具备的成分不可缺少；成分之间配搭得当；语法手段使用正确。常见的病句，或者成分残缺，或者配搭不当，或者不能正确使用语法手段，都是未能调整好内部因素。另一个方面是小句的外部因素。主要指的是语境，包括对话语境和上下文语境。在许多情况下，语境可以弥补小句内部因素的不足。有的小句，孤立看成分不齐备，但有了语境的补足便可以成活。比方，孤立地看"我不是"，缺少判断宾语，意思不清；如果出现在特定语境之中，情况便不同：

[对话] 甲：你是他的同伙？乙：我不是。（＝我不是他的同伙。）

甲：你是他的亲戚？乙：我不是。（＝我不是他的亲戚。）

[上下文] 我父亲是公司董事长，可我不是！（＝我不是公司董事长！）

我哥哥只想当个副手，但我不是！（＝我不是只想当个副手！）

这里的"我不是"，都能有效表述意旨。

表述是否有效，跟希望取得的效果有关。把话说得清楚而准确，这固然是有效的；为了让对方摸不着头脑，有意把话说得模糊含混，这也是有效的。

(二) 小句包容律

从结构关系的联系看，不管是短语还是复合式合成词，其结构关系都为小句所包容。小句包容律，揭示小句对"短语—合成词"的包容关系。包容律表明"小句—短语—合成词"为什么结构关系基本一

小句中枢说

致,同时也表明"短语—合成词"的结构关系可以认为是小句结构关系的投影。基本规律有二。

包容律一:小句－句子特有因素＝短语。

包容律二:小句－句子特有因素－短语常备因素＝合成词。

1. 关于包容律一

小句,除了包容短语所具备的种种结构,还带有"句子特有因素"。主要包括以下五种。

A. 句子语气

从小句得出短语,首先要减去句子语气。这里有两个前提:第一,假设小句的直接构件是短语。如果小句的直接构件是词,减去小句语气之后得出的自然不会是短语。第二,假设构件语法单位和句子语气是可以分离的。就实际情况而言,一个构件语法单位(不管是短语还是词)只要单独从口头上念出来,就会带上某种语气。一般是陈述语气。所谓减去句子语气,是从理论上说的。当我们把某语法单位作为一个短语来分析的时候,我们已经撇开了这个短语念出来时所带的语气。

还需要指出:第一,减去句子语气,包括减去显示和强调某种语气的语气助词。汉语语法著作,在讲短语的时候,都把带语气助词的结构排斥在外。比方"有人吗"和"有人吧",都会处理为动宾短语,撇开"吗""吧",而不会说是"吗"字短语和"吧"字短语。第二,从理论上减去句子语气,包括从理论上减去跟结构中某些特定形式词存在必然联系的句子语气。比如:

一辆小轿车。(不出现跟某种语气相联系的特定形式词)

一辆好漂亮的小轿车!("好"是跟感叹语气相联系的特定形式词)

一辆什么样的小轿车?("什么样"是跟疑问语气相联系的特定形式词)

当把"一辆好漂亮的小轿车""一辆什么样的小轿车"作为定心短语来分析的时候,我们不考虑"好""什么样"所表示的感叹语气和疑问语气。

· 75 ·

B. 复句关系词语

从小句得出短语，第二个要减去的因素是典型的复句关系词语。这是因为，小句和小句联结成为复句，甚至在小句的两个成分之间，有时使用了这类不属于短语的语法形式。例如：

（4）李晖<u>虽说</u>是高干子女，干起活来<u>却</u>没有那种自视清高的娇气劲儿。（郑万隆《红灯黄灯绿灯》）

（5）<u>只有</u>杨新，<u>才</u>对代销店与施工队的关系感兴趣。（贺寒星《高空跳板》）

前一例是复句，由两个小句构成，两个小句分别带有"虽说"和"却"。在减去句子语气的同时减去这两个关系词语，才得到短语"李晖是高干子女"和"干起活来没有那种自视清高的娇气劲儿"。后一例是单句，只有一个小句。首先减去句子语气，同时减去其中的"只有……（才）……"，才得到短语"杨新对代销店与施工队的关系感兴趣"。

C. 语用成分

从小句得出短语，第三个要减去的因素是小句中的语用成分。小句语用成分有两类：一类是独立成分，包括呼语、感叹语和各种各样的插说成分。例如：你这种人，<u>老兄</u>，实在没出息！｜你这种人，<u>哼哼</u>，实在没出息！｜你这种人，<u>依我看</u>，实在没出息！｜你这种人，<u>总而言之</u>，实在没出息！减去句子语气，并且减去"老兄""哼哼""依我看""总而言之"，得出"你这种人实在没出息"，这才是短语。另一类是外位成分。例如：<u>这碗酒</u>，你把它喝下去！｜我实在拿他没办法，<u>这个死不要脸的人</u>！"这碗酒"是前外位成分，"这个死不要脸的人"是后外位成分。减去外位成分的办法有二：一是直接删除，二是让外位成分把句中的"它""他"之类替换出来。在减去句子语气之后再减去外位成分，得出"你把它喝下去""你把这碗酒喝下去""我实在拿他没办法""我实在拿这个死不要脸的人没办法"，这才是短语。

带语用成分的结构，一般都被排除在短语之外。这当然只是一个对语法事实如何处理和如何摆布的问题，有很大程度的人为性。不过，这么处理和摆布，可以将麻烦问题放到句子结构的分析中去解决，避

免短语问题的复杂化,这不能不说是一个可取的招数。这也恰恰反映了小句问题可以包容短语问题的事实。

D. 成分逆置现象

从小句中得出短语,第四个要减去的因素是句子中成分逆置的现象。比方主语和谓语、状语和心语,通常按前主后谓、前状后心的次序顺置。由于语用的需要,把主语放到谓语后边,把状语放到心语后边,这是逆置。例如:

(6) 多么好,<u>生活</u>!(柯岩《奇异的书简》)

(7) 祝福吧,<u>为那些平凡的妻子和母亲</u>。(艾之明《火种》)

逆置现象,短语里不存在。上面的小句,减去句子语气,并且减去逆置现象,得出"生活多么好"和"为那些平凡的妻子和母亲祝福",这才成为主谓短语和状心短语。

E. 成分共用法所造成的特殊状况

从小句中得出短语,第五个要减去的因素是成分共用法所造成的特殊状况。

成分共用法,是指甲成分和乙成分共用于丙成分的一种句法。这种句法大量进入现代汉语书面语,并且得到发展,跟"五四"以后翻译外语作品有关。从语用上说,这是一种可以增强语言表达效果的经济凝炼的有用句法;从结构上看,这一句法造成了许多特殊状况,有的突破了短语的通常建立的模式。比如:

(8) 不论中国是否愿意和是否能够成为"超级大国",将军的善意却是无可非议的。(边震遐《化剑为犁》)

这个例子的前一小句(分句)里,包含有:

是否愿意和是否能够成为"超级大国"

(是+否→愿意)+(是+否→能够)→成为"超级大国"

这里遇到了问题:"是否愿意"或"是否能够"的结构关系是什么?"是否愿意和是否能够成为'超级大国'"的结构关系又是什么?如果当成短语,它们的结构关系实在难于断定。这种超越了通常罗列的短语覆盖面的特殊状况,宜于放在小句句式分析中作深入的发掘。

这正是因为，小句分析可以涵盖短语分析，短语分析却不能代替小句分析。

  2. 关于包容律二

  小句减去句子特有因素，再减去短语常备因素，便可以得到合成词。

  需要明确：第一，在跟小句的关系上，短语有直接成句短语，也有间接成句短语。减去句子特有因素之后直接得到的短语，这是直接成句短语；包含在直接成句短语之中的短语，是间接成句短语。讨论短语结构关系和合成词结构关系的联系时，短语既指直接成句短语，也指间接成句短语。第二，合成词有两种，一种是复合式合成词，一种是附加式合成词。包容律中的合成词，主要指复合式合成词。附加式合成词，由词根和前缀或后缀构成，有的跟小句结构关系没有牵连，比如"老三""第三""胖子""花儿"之类。但是，有的附加式合成词，如"非卖品""突击手"，其前缀、后缀还有较强的词汇意义，仍然可以看到跟小句结构关系有牵连的痕迹。第三，短语常备因素，是跟合成词相对而言的。有两类：一类是结构因素。即：短语构件的组合比较灵活，构件之间往往可以插入"的""了"等等语法成分。如"看花鼓戏"是短语，既可以说成"看电影、看球赛、看画展"，也可以说成"听花鼓戏、演花鼓戏、唱花鼓戏"，还可以说成"看了一场花鼓戏""看过南风剧组新创作的花鼓戏"。另一类是音节因素。即：短语音节较多，有的音节很多。除了少量名词（如"解放军、冲锋枪"），凡是上了三个音节的，一般都会是短语。

  从汉语发展史上看，复合式合成词跟短语有直接的传承关系。上古汉语里，主要是单音节词。单音节词和单音节词组合成为短语，经过语言实践中的反复结合使用，就出现词化倾向，进一步就形成复合词。许嘉璐主编《古代汉语》指出："复合词大都经过临时组合的阶段。最初只是两个单音词临时组合成词组，由于经常连用而逐渐凝固成为一个整体。……不要以今律古，误解了原意。"比如"消息""响应""睡觉"是复合词，在下面的例子中却是词组短语：

小句中枢说

(9) 天地盈盈，与时<u>消息</u>。(《周易·丰卦》)

(10) 天下云集而<u>响应</u>······(贾谊《过秦论》)

(11) 云鬓半偏新<u>睡觉</u>，衣冠不整下堂来。(白居易《长恨歌》)

"消"是减，"息"是增长；"响应"是"像回声一样应和"，"响"指回声；"睡觉"是睡眠醒来，"觉"是醒的意思[③]。

现代汉语里，合成词随着社会的发展而不断涌现。就复合式合成词而言，都是由短语减去短语常备因素而形成的。以 1949 年以来出现的新词来举例：体检←体格检查｜体改←体制改革｜环保←环境保护（主谓）；表态←表明态度｜扶贫←扶助贫困户｜纠偏←纠正偏差和错误（动宾）；会标←会议标帜｜邮编←邮政编码｜硬卧←硬席卧铺（定心）；简介←简单介绍｜彻查←彻底清查｜顶替←顶名代替（状心）；逼和←逼得讲和｜拓宽←拓展宽大｜引进←吸引进来（心补）；调研←调查研究｜短缺←短少缺乏｜供求←供给和需求（联合）；拆迁←拆除搬迁｜筹拍←筹划拍摄｜围观←围拢来观看（连动）；送审←送交上级审查｜劝退←劝说不够标准和条件的人退出（兼语变式←兼语）。

假如用 A 代表短语第一类常备因素构件组合灵活，用 B 代表短语第二类常备因素音节较多，那么，可以列成三个基本公式：

　　短语－AB＝合成词

　　短语－A 　＝定型短语

　　短语－B 　＝近似短语词

对于短语，如果同时减去构件组合灵活因素和多音节因素，从而出现构件组合相对稳定的双音节单位，这便成为合成词。比如：毛泽东的著作（短语）→毛泽东著作（短语）→毛著（合成词）。如果只减去构件组合灵活因素，保留多音节因素，从而出现构件组合相对定型的单位，这便成为定型短语，包括专名、成语、惯用语等。比如：由国际大学生联合会举办的世界性运动会（一般短语）→世界大学生运动会（定型短语，专名）。如果只减去短语的音节较多的因素，从而出现构件组合相对灵活的双音节单位，这便成为近似短语词的现象。比如"吃饭｜走路｜讲话｜唱歌"，它们的构件单位有时各自保持独立性，得承认它们是短语，但它们也可以出现在这样的语言环境之中："吃饭（走路/讲话/唱歌）时不要东张西望！"这里的"吃饭/走路/讲话/唱歌"重在表明"吃、走、讲、唱"的动作，有词的倾向。

如果说，短语反映小句的基本结构关系，那么，合成词，特别是复合式合成词，便是反映小句—短语的基本结构关系。由于短语和复合式合成词具有传承关系，二者之间自然存在纠结现象，不可能一刀两断。某些语法单位，有时似乎既可以认为是短语，又可以认为是合成词。这时只存在怎么操作、怎么处置的问题，而不存在这样科学、那样不科学的问题。我们以为，在两可情况下，两个音节的可以处理为合成词（或者当成短语词），三个或三个以上音节的可以处理为短语（有的是定型短语）。

（三）小句联结律

从小句跟更大的语法单位的联系看，小句的联结是复句和句群的构成基础。小句联结律揭示小句的联结同"复句—句群"的产生二者之间的因果联系，并且反映出汉语"流水句"的基本面貌。基本规律有二。

联结律一：小句联结＋小句分句化＝复句。

联结律二：小句直接间接联结＋句子集群化＝句群。

1. 关于联结律一

小句和小句相互联结，可以产生复句。单独说："小李跟他有亲戚关系。"这是一个小句形成一个单句。单独说："小李不应该单独找他。"这也是一个小句形成的单句。如果两个小句按不同关系联结起来，就出现关系不同的复句："既然小李跟他有亲戚关系，小李就不应该单独找他。""尽管小李跟他有亲戚关系，但小李不应该单独找他。"

"小句分句化"，这是促使复句得以形成的动态条件。指的是：语义关联、结构简省、关系配标三因素，使分句带有不同于单句的特点。

A. 语义关联

同一个复句中的分句，共同形成一个关系集合。比方，"既然A，就B"，这是一个推论因果关系的集合；"尽管A，但B"，这是一个容

忍性让步转折关系的集合。由于受到语义关联的制约,有的语言片断尽管形式上完全相同,充当单句和充当分句的意义却可能有所不同。例如:

他没考好。(单句)

名牌大学怎么会录取他?(单句)

他没考好,名牌大学怎么会录取他?(复句)

作为单句,"他没考好"是否定他已经考好,"名牌大学怎么会录取他"是否定名牌大学会录取他。进入复句,"他没考好""名牌大学怎么会录取他"分别成为分句,由于它们发生语义关联,共同形成一个反证性因果推论的集合,它们表示了相反的意思:他已经考好了,名牌大学已经录取他了。

B. 结构简省

由于分句与分句有语义关联,它们可以互相依赖而有所简省。后分句的简省可以依赖于前分句,前分句的简省可以依赖于后分句。比如:

你们不想邀请〔　〕,〔　〕为什么不直截了当告诉他?

前分句简省了"他",后分句简省了"你们"。这类结构有所简省的分句,已对所在结构产生依赖性,不能无条件地独立表述意旨。

C. 关系配标

由于一个复句形成一个关系集合,有时为了清楚表明特定关系,在形式上就配给表明相应关系的标志。这就是"关系配标"。比如,同是"他为人正派"和"大家信任他",二者若组成复句,可以根据表述需要配上不同的关系标:因为他为人正派,所以大家信任他。|既然他为人正派,大家就会信任他。|如果他为人正派,大家就会信任他。|只要他为人正派,大家就会信任他。|只有他为人正派,大家才会信任他。关系配标从形式上扣合了小句与小句,使小句显现出明确的分句身分,表明它成了一个复句关系集合中的一个组成部分。比方,单说"因为他为人正派",便意味着有个与之配合的"所以 X";反之,单说"所以大家信任他",便意味着有个与之配合的"因为 X"。

复句里的分句，起码具有语义关联的特点。如果同时具有语义关联和结构简省的特点，或者同时具有语义关联和关系配标的特点，分句身分就更为明显。如果语义关联、结构简省、关系配标三种因素同时具有，分句的身分就特别明显了。

2. 关于联结律二

小句联结，这仍然是形成句群的实体基础。不过，对于句群来说，小句联结有两种情况：一种是小句直接联结，一种是小句间接联结。小句直接联结，是小句和小句直接集结成为句群。换句话说，句群所包含的句子都是由小句充当的单句。小句间接联结，是小句和小句先联结成为复句，然后再联结成为句群。在这种情况下，集结成群的句子可能都是复句，也可能是单句和复句都有。总而言之，句群是比复句更大的语法单位，但句群不一定都由复句集结而成。说到底，构成句群的最基本的单位还是小句。

如果说小句联结是句群产生的实体基础，那么句子集群化便是促使句群得以形成的动态条件。所谓句子集群化，指的是：句子集结成群，共同接受群体关系的制约。一方面，集结成群的句子，相互间存在语义关联。同一个句群中的句子，共同表达一层意思，实际上也共同形成了一个关系集合。不过，作为大于复句的单位，句群所表明的关系集合跟复句有同也有异。主要相异之处有三：第一，句群所包含的关系毕竟是句间关系，而不是句内关系，因此稍为松散。第二，句群所包含的各个句子之中，往往存在一个中心句。第三，有的关系集合，比如"问答"关系的集合，一般不会在复句中出现。另一方面，句子的集结成群，形式上往往借助于特定的关联手段。句群的关联手段可以归纳为三种：第一，一般关系词语。指常用来标示复句关系的词语。比如复句中常见"因为……所以……""虽然……但是……"，句群中可以单用其中一个："A。B。所以，C。D。""A。B。但是，C。D。"第二，句间承传词语。指构成句子与句子之间的关联性插说成分的词语。例如："A。B。C。由此看来，D。""A。B。C。更有甚者，D。"句间承传词语主要是实词性关联手段。还包括"同样｜另外｜还

小句中枢说

有｜再说｜幸而｜不料｜质言之｜比方说｜特别是｜其结果｜除此之外｜与此同时｜退一步说｜恰恰相反｜反过来说｜换句话说｜举例来说｜综上所述｜归根结蒂｜总而言之｜一言以蔽之"等等。第三，脉络显示词语。指在句子之间互相呼应形成脉络的对某类意义有特别显示作用的词语。主要也是实词性的。例如："（气候）A。（春天）B。C。（夏天）D。E。""（讲台）A。（左侧）B。C。（右侧）D。E。"句间脉络显示，包括人物脉络显示、时间脉络显示、方所脉络显示、数量脉络显示、顺序脉络显示、行为脉络显示、性状脉络显示等等。

四　结语

（一）汉语语法是汉语各类各级语法实体的构成规则和组合规则的总和。汉语各类各级语法实体共七种：六种是表现为音节的语法单位，包括构件语法单位"语素—词—短语"和表述语法单位"小句—复句—句群"；另一种是不表现为音节的跟特定语调相联系的句子语气。在由这七种语法实体所构成的汉语语法系统中，处于中枢地位的是小句。

（二）小句是最小的具有表述性和独立性的语法单位。小句主要指单句，也包括跟单句相当或基本相当的分句。本文通过三个方面的考察，肯定了小句在汉语语法系统中的中枢地位。即：第一，在各种语法实体中，小句这种语法实体所具备的语法因素最为齐全；第二，在各种语法实体中，只有小句跟其他语法实体都有直接联系，处于"联络中心"的位置；第三，在各种语法实体中，只有小句能够控制和约束其他所有语法实体，成为其他所有语法实体所从属、所依托的核心实体。句子语气，粘附于小句；复句和句群，依赖于小句；语法系统中的词，受控于小句；短语，从属于小句。

（三）小句有三律：成活律—包容律—联结律。小句三律是各种语法实体以小句为核心形成的。了解小句三律，可以加深对汉语语法系统中小句的中枢地位的认识。小句三律的基本公式：

成活律一：句子语气＋可成句构件语法单位＝小句成型。
　　　　　　二：句子语气＋可成句构件语法单位＋意旨的有效表述＝小句生效。
　　包容律一：小句－句子特有因素＝短语。
　　　　　　二：小句－句子特有因素－短语常备因素＝合成词。
　　联结律一：小句联结＋小句分句化＝复句。
　　　　　　二：小句直接间接联结＋句子集群化＝句群。

（四）小句包容词和短语，对于短语和复合式合成词来说，它们的结构关系实际上（包括语言历史演变）都是小句结构关系的直接投影或间接投影。以小句为基础，可以联结成复句，可以联结成句群，可以进一步联结成更大的句群。汉语小句的联结，有如河里流水，波连波，浪跟浪，似断似连，断连之间有相当大的随意性。这反映汉语这种没有严格意义的形态变化的语言在篇章句法上的流水式特色。正因为汉语篇章句法具有流水式特色，有的文章可以只在开头出现一个主语，后头一个接一个地跟着说出承前简省的小句。也正因为汉语篇章句法具有流水式特色，甲的话语中的句群，可以在用词全然相同的情况下，被乙加以改组。比如："张一非我子也，家财尽与我婿，外人不得争占。""张一非，我子也，家财尽与。我婿外人，不得争占。"（皆见《初刻二刻拍案惊奇》初刻卷三十三，岳麓书社 1983 年版）这是个文言例子，但类似现象在现代汉语里是存在的。

注释：

①中国社会科学院语言研究所词典编辑室编：《现代汉语词典》，商务印书馆 1994 年版，第 1497 页。

②邢福义：《词类问题的思考》，《语言研究》1989 年第 1 期，第 5 页。

③许嘉璐主编：《古代汉语》上，高等教育出版社 1992 年版，第 75 页。

主要参考文献

[1]《中国语文》杂志社. 汉语析句方法讨论集 [M]. 上海：上海教育出版社，1984.

[2] 吕叔湘. 汉语语法分析问题 [M]. 北京：商务印书馆，1979.

[3] 吕叔湘. 现代汉语八百词 [M]. 北京：商务印书馆，1980.

[4] 朱德熙. 语法丛稿 [M]. 上海：上海教育出版社，1990.

[5] 张涤华，胡裕树，张斌，等. 汉语语法修辞词典 [M]. 合肥：安徽教育出版社，1988.

[6] 王维贤. 语法学词典 [M]. 杭州：浙江教育出版社，1992.

[7] 许嘉璐. 古代汉语 [M]. 北京：高等教育出版社，1992.

[8] 李行健，曹聪孙，云景魁. 新词新语词典 [M]. 北京：语文出版社，1993.

[9] 李达仁，李振杰，刘士勤. 汉语新词语词典 [M]. 北京：商务印书馆，1993.

[10] 邢福义. 词类问题的思考 [J]. 语言研究，1989 (1)：1-11.

[11] 邢福义. 复句与关系词语 [M]. 哈尔滨：黑龙江人民出版社，1985.

[12] 田小琳. 句群和句群教学论文集 [M]. 天津：新蕾出版社，1986.

（原载《中国语文》1995年第6期）

【邢按】

商务印书馆于2016年出版的拙著《汉语语法学》修订本，"导言"中增加了一小节。特录于下，以供参考：

"本位"和"中枢"

"本位"和"中枢"，意思相关，但不等同。本位，重在指某种理论观点的出发点；中枢，重在指事物相互联系的中心环节。独立地看，汉语语法的各种实体都很重要，只要符合研究者阐述己见的需求，任何一种都可以选择作为"本位"。但是，相互联系起来看，作为"中心环节"的"中枢"，只能是其中的一种。以小句为中枢，管控其他各种语法实体的组配，显示这样那样的规律，这是汉语语法的特色之所在。因此，本书采用"中枢"说，而不采用"本位"说。下面，对几种"本位"说略作解释。

（一）关于"词本位"

从1898年的《马氏文通》起，中国学者讲汉语语法，基本上都是以词为本位。20世纪50年代出现的《暂拟汉语语法教学系统》，影响极为广泛，实际上影响至今。根据这个《系统》编成的汉语语法课本，跟《马氏文通》一样，也是从词类讲起的。可参看《语法和语法教学》《汉语知识》等书。这表明，从总体看，"词本位"实为主流传统。

词是组句的基础，没有词，哪来句？以词作为出发点来研究汉语语法，无可非议。但是，"词"不能起到"中枢"的作用，因此不能有"词中枢"的提法。汉语的词，本身缺乏语法形态，其语法性质，要在入句以后才能显示。如"永远"，所有标注词类的词典都认定为副词。其实，这是以偏概全。"永远（地）失去了"，"永远"是副词；"永远（的）丰碑"中的"永远"，却是非谓形容词；"从古代到现代直到永远"中的"永远"，却具有时间名词的性质。另外，顺带一提：基于词本位的汉语语法著作，都把名词、动词、副词、连词等类别概括为两个上位概念：实词和虚词。对这两个概念的解释，是词义的虚实，见仁见智，没有语法标准。小句中枢语法系统不同：先从句法问题讲起，然后才讲词类问题，而名词、动词、副词、连词等类别被概括为两个上位概念：成分词和非成分词。这样的上位概念，才能反映汉语语法的特色。（本书后边第一章第一节"小句的中枢地位"中，将进一步解说"词受控于小句"。）

（二）关于"句本位"和"词组本位"

先说"句本位"。

1924年，黎锦熙教授《新著国语文法》问世，提出了"句本位"。黎先生很敏感，认识到了句子在汉语语法中的地位和作用。然而，问题有二。首先是，"句"应该包括小句和复句，但黎先生的著作中，讲词类时只指小句。特别重要的是，黎先生的"句本位"并没有着力于揭示汉语语法的特色，却套用英语的词类认定标准，来判别汉语的词类。比如"辛苦"，按黎先生"依句辨品"的办法，修饰名词时应判为形容词（"辛苦的工人"），修饰动词时

应判为副词("辛苦地建造")。然而,在汉语里,"辛苦"不管用在哪里,都可以说成"很(/非常/特别)辛苦",副词是不能受"很、非常、特别"之类的修饰的。正因为解释不通汉语事实,"句本位"说只流行了一段时间。

再说"词组本位"。

20世纪80年代初期,朱德熙教授提出"词组本位"。词组本位,即短语本位。朱先生的见解,在他的专著《语法讲义》之中,有较为明显的反映。词组比词大,包含各种各样的语法现象。以词组作为出发点探究汉语语法问题,是可以的,应该的,无可非议的。然而,不能提"词组中枢"(或"短语中枢")。有时,词组的语法性质,跟词的情况相类似,要在入句以后才能显示。如"出口手机",在"我们向国外出口手机"里,是动宾结构;在"我们买到了一些出口手机"里,是偏正结构。又如"咬死了猎人的狗",在"老虎咬死了猎人的狗"里,是动宾结构,在"这是一只咬死了猎人的狗"里,是偏正结构。"词组本位"说流行的时间不长,影响不太大。(本书后边第一章第一节"小句的中枢地位"中,将进一步解说"短语从属于小句"。)

(三)关于"字本位"和"语气本位"

首先要提及"字本位"。

"字本位"是徐通锵教授在20世纪90年代提出来的。他的《语言论——语义型语言的结构原理和研究方法》中有所阐释。有学者写文表示支持。不过,徐教授在去世之前来不及撰写出一部"字本位"的汉语语法专著,因而没能让人了解字本位语法系统到底是什么样子。其实,以字为出发点研究汉语语法,这也是有用的。比方说,外国留学生学习汉语,有的教师从帮助学生认识汉字开始,就取得了较好的效果。然而,不能提"字中枢"。汉语语法学中,不管是哪一方面的概念,都无法脱离小句去理解"字"的语法作用。

其次要提到,能不能提"语气本位"?

任何成活的小句，都不会没有语气（以及语调）。语气实际上参与了语法系统的建构，是语法实体之一种。但是，由于语气的研究不能只依靠耳朵及其他相关的感觉，必须借助于高科技的手段，因此至今没有人提出这样的研究命题。假设（这里说的是"假设"）有人提出"语气本位"，主张从语气出发对汉语语法进行探索，自然也应该大力支持。但是，可以提"语气本位"，却不能提"语气中枢"，因为语气成不了中枢。

总之，从研究的出发点说，"字本位""词本位""词组本位""句本位""小句本位"等等提法都可以作出贡献；但是，从语法实体的相互关系看，只有"小句中枢"才符合汉语的面貌。打个比方。办好一所大学，有三个重要视点：学生，教师，师生互动。出发点不同，学生本位也好，教师本位也好，师生关系本位也好，都可以选择为研究基点。但是，如果讲中枢，只能说"师生的互动"才是中枢，"学生中枢"和"教师中枢"都有失于偏颇。

2015年5月30日

说名词赋格

说名词赋格

导言

本文从"动词核心,名词赋格"的基本论断出发,讨论名词赋格的若干现象。文章在拙著《汉语语法学》有关章节的基础上删增修改而成。

构件语法单位进入句子,便成为句子的组成部分,被配置在显示特定句法功能的关系位置之上。如果讨论句子成分如何配置,那么,便是从句子块状分割的角度看句子格局,了解构件单位入句后经过功能配置而形成的不同成分,从而了解句子整体与部分的布局面貌。假若换一个角度,讨论句子如何形成核心,以及如何围绕核心赋予句子特定的格局,那么,便是从内在机制的角度考察句子的布局。打个比方:对于砖头、瓦片、木料等等房屋构件,考察它们怎样配置成屋顶、墙壁、门窗等等,这是块状分割式的观察;考察它们如何撑起框架,它们如何相互作用致使房屋得以建成,这便是内部机制的观察了。

除了单词句,小句都有核心,一般为动词。然而,单独一个动词核心,无法在形式上形成明确的句子格局。汉语里,最重要的两类实词是动词和名词。仅就动词和名词的关系而言,由于动词本身没有什么形态变化,要形成句子格局,不仅需要有动词核心,还需要名词的多方面配合。从确定句子格局的意义上说,围绕动词进行建构的名词可以看作是一种广义的形态。这两类词在句子中的分工与配合,形成句子内在机制的最基本的脉络,可以概括为八个字:"动词核心,名词赋格。"所谓赋格，指的是赋予句子特定的格局。

名词赋格现象，几乎涉及整个现代汉语语法系统。本文只以跟动宾关系有牵连的"单名赋格""双名赋格"现象为例，作些"测验"，略加解说。

一 单名占位赋格

单名赋格是一个名词对一个动词的句法赋格。单名占位赋格是单名赋格的一种，指的是：动词前后某一位置为一个名词所占据，如果名词有变动，句法结构便被赋予不同的格局。

［测验一］V（常项）＋N（变项）

喂养婴儿	喂养办法
围剿土匪	围剿计划
调查情况	调查报告
打印文件	打印步骤

N 是变项，可以是 Na 或 Nb，前边的 V 不变。结果：前头一组是动宾结构，后头一组是定心结构。可见，作为变项的 N，其不同的语义特征决定了 VN 组合的不同格局。下面的例子更有意思：

| 领导群众 | 领导干部 |
| 指导学生 | 指导教师 |

"群众"和"干部"，"学生"和"教师"，它们都指人，而且是相对的概念，然而，由于它们具有不同的语义特征，尽管前头的"领导""指导"保持不变，也分别形成了动宾结构和定心结构。看几个实际用例：

（1）丁不三哈哈大笑，道："乖孩子，孝顺孙儿。……"（金庸《侠客行》）

（2）玉儿毕竟还是个孝顺儿子！（金庸《侠客行》）

（3）为人子的孝顺父母，为父母的关怀子女，原是人之常情。（金庸《侠客行》）

说名词赋格

这里,"孝顺孙儿""孝顺儿子"是定心结构,"孝顺父母"是动宾结构。同是"孝顺",只要跟表示下辈的"儿子""女儿""孙女""外孙"等组合,就会成为定心结构;只要跟表示上辈的"爸爸""妈妈""爷爷""奶奶"等组合,就会成为动宾结构。

[测验二] V(常项)+N-O(变项)

  吃饺子
   动词+对象格宾语 =把饺子吃掉
  吃筷子
   动词+工具格宾语 ≠把筷子吃掉
         =用筷子吃
  吃馆子
   动词+处所格宾语 ≠把馆子吃掉
         ≠用馆子吃
         =在馆子吃

N一定充当宾语,因此标为N-O。N-O是变项,可以是甲名词或乙名词,前边的V不变。结果:具体的动宾格局有所不同。可见,"V+N"所构成的具体的动宾格局到底如何,最终要看用了一个什么样的名词。

还可以作进一步的比较:

  吃馆子 吃食堂

"馆子"和"食堂"都和"吃"有明确的联系,因此"吃馆子""吃食堂"都常说。但是,二者也有不同。在通常情况下,说"吃馆子",等于说"到馆子里去吃",吃的人在馆子里。说"吃食堂",不一定等于说"到食堂里去吃"。不是家里自己起伙,而是在食堂搭伙,从食堂端饭菜回家一家人一起吃,也可以说"吃食堂"。

  吃馆子 吃山洞

跟"馆子"相比较,"山洞"同"吃"缺乏明确的必然的联系,因此通常不说"吃山洞"。然而,在特定语境中也可以这么说:那天风雨交加,一家人躲进了一个山洞。我从此病倒,在近两年的时间里,天天睡山洞，吃山洞。——说"吃山洞"，等于说"在山洞里吃（饭）"。

"吃馆子、吃食堂、吃山洞"中的"吃"无任何变化，不同之处是"馆子、食堂、山洞"这三个不同的名词所赋予的。三者虽然都是"动词＋处所格宾语"，它们的不同属于较深层次上的不同，不过，从语里关系和可能变换出来的语表形式的联系看，这种不同仍然隐含着互有差异的句法格局。再看下面的实际用例：

（4）吃茅池儿也许是这个世界上最下三烂的行当了，但这并不是说它因此就不需要先进的企业管理。（陈铁军《老杂碎》）

"茅池儿"是厕所。这个名词的语义，决定了"吃茅池儿"这个动宾结构在语义上相当于"靠厕所吃饭"。

二 单名移位赋格

单名移位赋格是单名赋格的另一种，指的是：动词前后某一位置为一个名词所占据，如果这个名词往前或往后移位，句法结构便被赋予不同的格局。

［测验一］V＋N　→　N＋V

　　　　闭上嘴巴　——　嘴巴闭上

　　　　睁开眼睛　——　眼睛睁开

　　　　摇动左脚　——　左脚摇动

VN是动宾格式，NV成了主谓格式。其中，N为人或动物的某一部分或某一部位，V为操纵N或受N操纵的行为活动。陈述句里，VN中的宾语N受事性更强，NV中的主语N施事性更强。比较：他靠在沙发上，不停地摇动左脚。（给人的感觉是左脚被摇动）他靠在沙发上，左脚不停地摇动。（给人的感觉是左脚自己在摇动）祈使句里，它们的区别很微小。比如"睁开眼睛！""眼睛睁开！"似乎没有太多的不同。

［测验二］

　　　　研究民俗　——　民俗研究

说名词赋格

调查方言 —— 方言调查
考察现状 —— 现状考察

　　VN 是动宾格式，NV 是定心格式。VN 具有述谓性，可以充当谓语（你研究民俗，他调查方言，我考察现状，刚好可以互相配合）；NV 具有指称性，用于主语和宾语，常出现在"进行"之类动词后边（进行民俗研究｜进行方言调查｜进行现状考察）。由于具有指称性，NV 特别容易成为书刊名、文章篇名或报刊专栏名。例如：《鲁迅研究》《论语译注》《名著欣赏》《词义辨析》《问题讨论》《书刊评介》《来信选登》《会议报导》《往事回忆》《小园追记》《股票漫谈》《天气预测》。N 和 V 之间，很容易插入"之"或"的"。

［测验三］

出身贫农 —— 贫农出身
出身行伍 —— 行伍出身
出身名门 —— 名门出身

　　V 限于"出身"一词，N 限于"贫农、中农、富农、地主、资产阶级"和"行伍、吹鼓手、名门、官宦人家"等名词或名词结构。VN 是动宾格式，NV 则是状心格式。VN 具有述谓性，可以充当谓语：你出身贫农｜我出身行伍｜她出身名门；NV 也具有述谓性，可以充当谓语：你贫农出身｜我行伍出身｜她名门出身。"你贫农出身"之类说法里，"你"是主语，"出身"是谓语中心，"贫农"之类是状语。

　　单名移位赋格现象，有时还出现在比较复杂的结构之中。比如：

门卫吓得瘫倒在地。
吓得门卫瘫倒在地。

　　"门卫"用在句首，构成主谓结构；"门卫"移位句中，构成心补结构。这两例都不是只出现一个动词，即都不是只由一个动词和一个名词相对待，但是无论如何，还是一种单名移位赋格现象。可见单名移位赋格现象并不那么单纯。看几个实际用例：

　　（5）北风越刮越紧，冻得郭襄的小脸苹果般红。（金庸《神雕侠侣》）

(6) 高泓载着他的妹妹,不断唠叨妹妹乃小胖子一个,沉甸甸的挺压车,<u>气得高苑使劲捶打他</u>。(方方《行云流水》)

(7) 老徐有严重的心脏病,他硬是带着药,领着子女在星期天给单位一位老知识分子去打煤饼,结果自己累得犯了病,昏迷不醒,被送进了医院,<u>感动得老知识分子见人就说:还是共产党好啊</u>!(峻高《个人问题》)

这三例,分别跟"郭襄冻得……""高苑气得……""老知识分子感动得……"之间有名词移位关系。名词一旦移位到动词后边形成动补结构,句子便由主谓句转变为非主谓句。

三　双名同位赋格

双名赋格是两个名词对一个动词的句法赋格。双名同位赋格是双名赋格的一种,指的是:两个名词在同一位置跟一个动词相对待,赋予句法结构特定格局。

[测验一]　V+N1·N2　→　V+N2·N1

　　给小莲苹果　　给苹果小莲
　　送张松鞋子　　送鞋子张松

两个名词同在宾语位,它们分别是指人名词和指物名词。甲、乙名词互换位置,不变动意义,却由于 N1N2 位次的不同,会形成两种双宾语格式:一是"动词+对象宾语·处置宾语",一是"动词+处置宾语·对象宾语"。其中,对象宾语指人,处置宾语指物,而处置宾语可以通过加"把"字往前移位:把苹果给<u>小莲</u>｜把鞋子送<u>张松</u>。看个实际用例:

(8) 房子租给了人家,大安的父母就用租金接济水生上了学。水莲父母也总是<u>给些粮食大安家</u>,平素锅里碗里也就不那么分彼此的。(赵金禾《请你吃咸菜》)

"给些粮食大安家"是"动+处置宾语·对象宾语",等于说"给大安家一些粮食",可以说成"把一些粮食给大安家"。

说名词赋格

"动词+指物处置宾语·指人对象宾语"的格式,主要见于方言。特别是把指人对象宾语换成人称代词"我、你、他"之类,普通话说法和方言说法的区别更明显:

给他苹果(普)

给苹果他(方)

[测验二] V+N1·N2 → V+N2·N1

分给了一位老师一班新生　分给了一班新生一位老师

配给了一台机子一套资料　配给了一套资料一台机子

两个名词结构同在宾位,它们要么都是"人·人",要么都是"物·物"。二者互换位置,全都构成"动词+对象宾语·处置宾语"的格式,只是语义关系有所不同:居前的名词结构是对象宾语,居后的名词结构是处置宾语。即:

各把一班新生分给了一位老师　各把一位老师分给了一班新生

各把一套资料配给了一台机子　各把一台机子配给了一套资料

如果说"给小莲苹果"的说法可以用"给谁什么"来提问,其中的指人名词回答"谁"的问题,指物名词回答"什么"的问题,那么,那样的提问不适用于这里所说的现象:是"人·人"的,居后指人名词不能回答"谁"的问题;是"物·物"的,居前指物名词不能回答"什么"的问题。究其原因,还是取决于名词的语义。如果是人与人、物与物之间在相互作用上具有可双向性,即甲既可作用于乙,乙亦可作用于甲,就可以形成这样的双宾语格式。

"动+双宾"后边,有时还可以再出现动词,造成更为复杂的情况。比如,两个名词分别指人和指物时,不管它们的位序如何,后边有时会再出现另一个动词:

V+N1N2+V

V+N2N1+V

这两个说法里,第一个动词用"给";第二个动词,跟两个宾语之

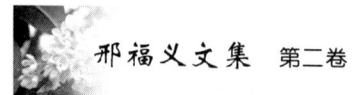

间分别有施事、受事的关系。例如：

给小莲苹果吃

给苹果小莲吃

上例，对于第二动词"吃"来说，"小莲"是施事，"苹果"是受事。这是普通话口语里常出现的两个较复杂而又相当特殊的格式，似乎都可以认为是特殊的兼语式。其中前后两个动词没有任何变化，只是由于两个名词位次的不同，具体格局并不一样。

四 双名移位赋格

双名移位赋格是另一种双名赋格，指的是：两个名词共同由动词后位移到动词前位，赋予句法结构特定格局。

[测验一] V＋N1·N2 → N1·N2＋V

天天吃<u>苹果香蕉</u>

<u>苹果香蕉</u>天天吃

两个名词都表示事物。出现在动词后位时，是共同组成联合短语作受事宾语；位移到动词前边时，成了联合短语充当受事主语。如果加"地"，居于动词前位的联合名词又会转变为状语：<u>苹果香蕉</u>地天天吃。

[测验二] V＋N1·N2 → N1·N2＋V

经常跑<u>广州深圳</u>

<u>广州深圳</u>经常跑

两个名词都表示处所。出现在动词后位时，是共同组成联合短语作处所宾语；位移到动词前边时，成了联合短语充当处所状语。如果加"地"，居于动词前位的联合名词仍然是状语：<u>广州深圳</u>地经常跑。

名词，特别是事物名词，其基本功能并非占据状位。一旦由动词后位移到动词前位，并加"地"成为状语，便取得特殊语用价值。看个实际用例：

（9）李小姐，果然名不虚传！我姓朱，叫我老朱好了，不要

说名词赋格

书记、省长地叫,改改习惯吧。(章世添《子规》)

跟"(不要)叫书记、省长"相比较,"(不要)书记、省长地叫"显得特意突出了"书记、省长"的叫法,说话语气上略有夸张。

五　双名隔位赋格

双名隔位赋格也是一种双名赋格,指的是:两个名词隔开用在一个动词的前位和后位,赋予句法结构特定的格局。

[测验一] N1(变项)＋V＋N2(常项)

　　技师绘制图表

　　电脑绘制图表

　　义务绘制图表

N1是变项,可以是N1－a,N1－b,或N1－c。后边的V＋N2不变。上例,N1有"技师""电脑""义务"的变化。V"绘制"和N2"图表"都不变。结果:句法格局有变化。第一、第二句都是主动宾句式,但第一句的主语是施事,第二句的主语是工具,第二句可以说成"用……",两句合起来可以说成"技师用电脑绘制图表"。第三句是状动宾句式;第一、第二句都可以说成"图表由技师/电脑所绘制",第三句却不能说成"图表由义务所绘制"。

[测验二] N1(后移)＋V＋N2(前移)

　　烈日晒着行人

　　行人晒着烈日

两个名词是人物名词和事物名词。N1后移,N2前移,二者互易而不变动句子基本语义。结果:句法格局不同。前一例,是施事性主动宾句式;后一例,是受事性主动宾句式。

　　外宾住一招

　　一招住外宾

两个名词分别是人物名词和处所名词。二者互易,句子基本语义不变。结果:前一例是施事句。后一例,是特殊类型受事句,重在

· 97 ·

"供用",等于说"一招供外宾住"。

　　桂花开遍了桂子山
　　桂子山开遍了桂花

两个名词分别是事物名词和处所名词。二者互易,句子基本语义不变。结果:前一例是施事句,后一例是存现句。

看两个实际用例:

(10) 自古<u>英雄出少年</u>(一部电影名称)

(11) 老弟,<u>将门出虎子</u>。服了!(陈国凯《天道有情》)

前一例,"英雄"是人物名词,"少年"尽管也是人物名词,但在这里具有方所性,等于说:自古英雄出于少年;若进行主宾互易,便成为"自古少年出英雄",等于说:自古少年里往往能产生出英雄。后一例,其结构相当于"少年出英雄","将门"具有方所性,"虎子"借喻为人。如果主宾互易,便成为"虎子出将门",相当于"英雄出少年"。

人们常说,汉语的语序是固定的。然而从实际情况看,不能以此当成绝对的结论。在动词不变和句子基本语义不变的前提下,观察主宾位置两个名词互易所引起的句法格局的变异,有利于辩证地更加深入地看待汉语语序。

六　结束语

(一) 名词赋格现象,丰富复杂。到底有多少,目前还是个未知数;本文讨论的五类现象,只是其中的一部分。即使是本文讨论的五类现象,也只是举例性的。事实上,每一类现象都是一个或若干个专题研究的题目。

(二) 名词赋格现象,跟名词的语义特征密切相关。从研究的角度说,研究清楚名词的语义特征,是解释清楚名词赋格有关规律的必要条件。从教学的角度说,名词赋格现象表明,学习汉语语法,必须跟语义的学习同时进行,换句话说,必须进行语法语义的双轨教学。单线条地学习语法,很难达到掌握汉语语法规律的目的。举个例子:

(12) 张老师知道王校长很想转正，教了那么多年的民办，一直没转正，谁不想？（施祥生《天上有个太阳》）

"民办"即民办教师，"教了那么多年的民办"等于说以民办教师的身份教了那么多年的小学，其中"那么多年的民办"是"身份"宾语。如果根本不懂"民办"的意思，就不能正确理解"教了那么多年的民办"这样的动宾格局。

（三）在汉语词类系统中，特别重要的词类除了动词和名词，还应该算上介词。可以认为，动词、名词和介词，是汉语的三大词类。作为虚词，介词是在动词和名词两大实词之间起中介组结作用的重要语法成分。上文由"给小莲苹果"提到"把苹果给小莲"，便是在动名组合的基础上增添了介词。许多句式，往往都是借助介词来确定的。因此，如果把研究目标扩大到介词，那么，可以这么说：动词核心，名词赋格，介词定式。指出这一点，是为了强调在研究动词和名词的关系的基础上，研究介词的必要性。

主要参考文献

[1] 吕叔湘. 句型和动词学术讨论会开幕词 [M] // 中国社会科学院语言研究所现代汉语教研室. 句型和动词. 北京：语文出版社，1987.

[2] 李宇明. 存现结构中的主宾互易现象研究 [J]. 语言研究，1987（2）：14 29.

[3] 邢福义. 汉语语法学 [M]. 长春：东北师范大学出版社，1997.

（原载《李新魁教授纪念文集》，中华书局1998年版，略有改动）

从句法组织看现代汉语的
丰富、优美与精炼

凡是发达的语言，都是丰富、优美而精炼的语言。汉语是世界上高度发达的语言之一。作为联合国大会和安理会的六种工作语言之一种，汉语的丰富、优美与精炼是举世公认的。

汉语包括古代汉语和现代汉语，现代汉语包括共同语和方言，现代汉语共同语由语音、词汇、语法等要素所构成。在一篇短短的文章里，不可能涉及汉语的各个方面。本文只从句法组织的角度，举出一些语言事实，谈谈现代汉语共同语即普通话中跟题目有关的一些问题。

一

现代汉语有丰富多彩的同义句法形式。不同的句法形式，为语言运用中根据不同需要进行有效优选提供了可能性。

（1）因为及时落实政策，大家的心情才这么舒畅。

（2）要不是及时落实政策，大家的心情就不会这么舒畅。

（3）幸亏及时落实政策，否则大家的心情就不会这么舒畅。

同是显示"及时落实政策"和"大家心情舒畅"之间的因果联系，可以用"因为……才……"的因果句式，也可以用"要不是……就……"的假设句式，还可以用"幸亏……否则……"的假言逆转句式。不同的形式基本意思相同，但又具有不同的情味，可以准确表达说话人的微妙的心态。看这个例子：

(4) 要不是生病，一辈子也别想吃你做的饭。（王金屏《编辑夫人》）

生病是坏事，然而却引出了意想不到的好结果。采用"要不是……（就）……"的说法，可以加强说话的反证力量，突出"生病"对"吃你做的饭"具有决定性的影响，既很好地表达了感激的心意，又使话语显得轻松幽默，富于风趣。如果说成"因为生病，这辈子才能吃到你做的饭"，这就显得太平淡，味道就没有那么足。再看这个例子：

(5) 幸好"四人帮"打倒了，幸好马局长是个明白人，否则，他起码也是一个"萧伯仲的黑后台、大红伞"。（杨燮仪《无名小卒》）

这里用了"幸好……否则……"的说法。这一说法也具有反证性，但它还特别突出了表示庆幸的心情。如果采用"因为……所以……"的因果句式，就比较平淡；如果采用"要不是……就……"的假设句式，庆幸心情的意味就没有那么突出。

复句里，用什么样的关系词语构成什么样的复句句式，甚至同类复句句式中的关系词语是单用还是双用，是否需要连用，有没有必要换用，都是极为讲究的。单句里，句子的组织更加灵活多样。句式的变换，语词的移位，成分的简省，成分的共用，都可以造成丰富多彩的同义句式。仅以句式变换来说：

(6) 我们消灭了敌军三个连。

(7) 我们把敌军三个连消灭了。

(8) 敌军三个连被我们消灭了。

(9) 敌军被我们消灭了三个连。

例（6）是主动宾句，例（7）是"把"字句，例（8）是"被"字句，例（9）也是"被"字句，但动作涉及的具体对象仍然留在宾语位置。它们的基本意思相同，但在表达上有着细微的差别。

同是主动宾句，在特定条件下可以主宾互易，形成不同的句式，反映不同的表达重点：

(10) 月光已经流进了屋里。

（→屋里已经流进了月光。）

(11) 麦秸垛晒着太阳。

（→太阳晒着麦秸垛。）

前一例见于常青、王宗仁《笑的升华》(《百花洲》1994 年第 1 期 211 页)，是一般的施事句；后一例见于铁凝《麦秸垛》(《收获》1986 年第 5 期 4 页)，是存现句。前一例如果说成"屋里已经流进了月光"，便变成存现句；后一例如果说成"太阳晒着麦秸垛"，便变成一般的施事句。再看这个例子：

(12) 柳树、洋槐、矢车菊，整条街落满了黄叶。在那片小树林里我曾经发疯一般地唱歌。"五月的鲜花开遍了原野，鲜花下掩埋着志士的鲜血……"（张廷竹《树叶飘落在月台上》）

"整条街落满了黄叶"是存现句，若说成"黄叶落满了整条街"，便成为一般施事句；"五月的鲜花开遍了原野"是一般施事句，若说成"原野开遍了五月的鲜花"，便成了存现句。可见，存现句和一般施事句的同义性，为作者的灵活选用句式提供了很大的方便。

同是主动宾句，在特定条件下如果主宾互易，不仅会出现一般施事句和存现句的变异，而且还可能造成特殊说法。比方，"我们想死你了"可以说成"你想死我们了"：

(13) 雪儿望着父亲，然后低下头去，找了一根树枝，在地上写："你是我父亲？"柳静言点点头。雪儿又看了他好一会儿，然后写："爸爸，你想死我们了！"（琼瑶《哑妻》）

上例"你想死我们了"等于"你让我们想死了"，表达了"我们想死你了"的意思。作为雪儿询问的对象，"你"首先出现在主语的位置上。母女俩年年月月想着的是"你"，现在面对着的正是"你"，因此，最迫切的是要把"你"先说出来。"你想死我们了"比"我们想死你了"更能表达思念深切的微妙心情。"你"字之后接下来当然也可以说"让我们想死了"，但比较地说，"想死我们了"更加口语化，语气更为自然。

二

现代汉语有增强美感的句法组织手段。这在造句和用词两大方面

从句法组织看现代汉语的丰富、优美与精炼

都有许许多多的表现。

首先,语句的组织往往讲求音乐性,讲求谐调美。有的语句注意声调的平衡交替,造成节奏上的美感。如按并列结构组造而成的"张三李四""成千上万""山清水秀"这样十分平常的说法,声调都是"平平仄仄",听起来十分悦耳。有的语句注意相互间的对应谐调。如对偶、排比、对照等等,往往在语流中适当穿插,给人以美的享受。看这个例子:

(14) 冬天里,母牛生了小牛。五爷叫花老婆守空房,自己在饲养室陪着牛住,怕牛冻着,把被子搭到牛身上。老婆给他送饭,五爷吃了一半留一半叫牛吃了。五爷又冷又饿,牛又暖又饱。五爷瘦了,母牛小牛肥了。五爷的事上级知道了,就表扬他,选他当模范……(乔典运《香与香》)

饲养员五爷的心灵很美;作者在叙述中插入以"名+形"为主体的两组对照句"五爷又冷又饿,牛又暖又饱""五爷瘦了,母牛小牛肥了",使话语特别富于感情,语言也很美。

其次,从用词方面看,现代汉语有各色各样富于形象性和表现力的词语可以用到句子结构之中。且不说动词和形容词,也不说音响形象极强的象声词,这里只谈谈数量词。

众所周知,量词的广泛运用是现代汉语的特点之一。量词有很强的表现力。看这个例子:

(15) 朋友们你一言,我一语,购物单越开越长:

衬衣　　　十二件

袜子　　　三打

三角裤　　两打

牙膏　　　十筒

肥皂　　　十条

洗衣粉　　五袋

卫生纸　　一捆

手纸　　　二十卷

抗皱霜　　十瓶
....

(戚小彬《外面的世界》)

"衬衣十二件"等都构成主谓句。谓语里"件、打、筒、条、袋、捆、卷、瓶"等量词的运用，既明确地表达了数量关系，又使语言具有形象性，其中绝大多数的量词都能引起人们具体形象的联想。再看这个例子：

(16) 一阵"吱吱咯咯"的骚动后，癞子冬被一群女人架出来按在地上，然后一台台大屁股坐了下去。"嗷哟！嗷哟！"地板上传来癞子冬几乎气绝的叫声。(张力《空军》)

上例写一群妇女跟癞子冬开玩笑。"一台台大屁股"，句子结构中活用了量词"台"。不用"个"而用"台"，使人联想到一台台大机器，话语显得很生动，很风趣。

数词也有特殊的作用。句子的组造，往往可以穿插进数词。例如：

(17) 他经过三番踌躇，九次斗争，也总算是硬着头皮报了名。(吴若增《银河》)

(18) 鼻子下有嘴，逢人便问路；但是三拐四弯，五盘六绕，七出八进，九曲十环，我就像陆逊陷入诸葛亮的八阵图，没有黄承彦指识迷津便找不到出路。(刘绍棠《大河小镇》)

例 (17)，前"三"后"九"，分别配以量词"番"和"次"，强调出了报名之前思想斗争之激烈。例 (18)，连续使用"三"和"四"，"五"和"六"，"七"和"八"，"九"和"十"，极言了弄得晕头转向的情景。显然，这样的语句是表现力很强的语句，也是很生动、很优美的语句。

三

现代汉语的句法结构倾向于满足"辞达而已"的要求。丰富的内容，可以凝结在简短的句法结构之中。举例来说：

(19) 黄耀祖一拍大腿，瞪了眼望着我们："到陈文贵家去，

从句法组织看现代汉语的丰富、优美与精炼

去吃陈文贵!"(何士光《蒿里行》)

(20)她也有二十七岁了,身上的伤也这么重,怎么能让她去打奥运会呢?(鲁光《中国男子汉》)

吃他陈文贵=让他陈文贵破财请我们吃饭;打奥运会=参加奥运会在奥运会上打球。此外,用烟斗抽烟可以说"抽烟斗",把衣服用品装进箱子里可以只说"装箱子",从坟墓里盗窃珠宝财物可以只说"盗墓",到车站迎接远方来客或来自远方的亲人可以只说"接车"。"吃陈文贵"之类都是动宾结构。

(21)萧万昌站在一边吸烟,这时责备地看了儿子一眼。(张炜《秋天的愤怒》)

(22)"这方圆几百里,谁不知道康永裕!"桑木叶佩服地说。(陈芜《追花》)

责备地看了儿子一眼=用责备的眼光或带着责备的神情看了儿子一眼;佩服地说=用佩服的口吻或怀着佩服的心情说。此外,用试探的办法打了几枪,可以只说"试探地打了几枪";用讨好的方式或带着讨好的神气笑了笑,可以只说"讨好地笑了笑";带着反抗的神气和怀着反抗的心情扭着头,可以只说"反抗地扭着头"。"责备地看……"之类都是动词带"地"作状语的特定结构。

(23)"足球!你这一把年纪了还足球?"(莫怀戚《都有一块绿茵》)

(24)春雨春风,秋风秋实。几年过去,原先破烂不堪的江城三中……以其名列前茅的高考升学率恢复了"尖子中学"的声誉。(曾德厚《琵琶缘》)

例(23),仅仅一个名词"足球"用在"还"字后边,就表达了"还要踢足球"的意思。例(24),"春雨""春风""秋风""秋实"四个名词分为两组连用,所表达的意思大大超出了四个名词本身的意思。凡是名词句或以名词为核心的句子,表意都很丰富。而名词句或以名词为核心的句子是有许许多多的类型的。

现代汉语里长话短说的现象不胜枚举。在武汉的菜场上,听到有人

· 105 ·

这么说:"武汉的乌鱼越来越贵了,都是广东人吃贵的!"广东人喜欢吃乌鱼,武汉受到影响,也贵了。"吃贵"这个动补结构,其含义显然不是"吃"和"贵"的直接相加,它凝结了事物间一串因果关系的内容。

汉语重"意"不重"形"。形式上框架简明,没有繁多的标记;表意上灵活多样,隐性语法关系十分丰富。现代汉语的句子词约而义丰,跟汉语语法的特点不无关系。

四

现代汉语是丰富、优美、精炼的语言,我们每个使用现代汉语的人都有责任维护其纯洁和健康。特别是作家,由于文学作品影响很大,作家们应力求避免笔下出现语言运用的混乱现象。举几个例子来说:

*(25)以后我更加到花子家去,花子娘就时常留我吃饭。(《花城》1985年第3期)

*(26)时而说是,时而说非,时而像有所苗头,时而又叹气否定。(《长城》1985年第2期)

*(27)薛梅企图让她兄弟和地委某个在这次人事改革中希望当第一把手的女儿结婚。(《小说家》1985年第4期)

*(28)无论他们竭尽讨好奉承之能事,老太太依然如故。(《小说家》1987年第3期)

例(25),动词结构"到花子家去"不应接受程度副词"更加"的修饰。例(26),"有所X"的结构中应出现动词,而"苗头"却是名词。例(27),"和什么人的女儿结婚"应该补上"的干部"之类,说成"和地委某个……大有希望当第一把手的干部的女儿结婚",句子才完整。例(28),前分句用"无论",是无条件让步句。但用了"无论",前分句里必须出现"怎样"之类词语。不然,就得把"无论"改为"即使",使整个复句转变为虚拟让步句。

(原载《语文建设》1991年第6期)

汉语语法结构的兼容性和趋简性

汉语语法结构的兼容性和趋简性

本文讨论汉语语法结构，用的是现代汉语的语料。

本文包括四个部分：1. 兼容性；2. 趋简性；3. 趋简兼容的思考；4. 结束语。笔者认为，汉语语法结构在形式选用上具有趋简性，往往显现为减法，在语义蕴含上具有兼容性，往往显现为加法。趋简与兼容，互为条件，服从于语用原则。

一　兼容性

同样一个语法结构，可以包容多种意义。所谓"同样一个语法结构"，概括了程度不同的种种情况。以简单的短语结构为例来说。

（一）结构槽为 XY

X 和 Y 都是变项。前后槽框 X 和 Y，它们所装载的词语是可变动的。这样的结构槽，形成"主谓""动宾""动补""定心""状心"等等结构。这是一类概括程度特别高的结构，X 和 Y 之间的语义关系多得无法全部列举。四十多年前，《中国语文》连载的《语法讲话》中就指出："动词和宾语的关系是说不完的。"实际上，不仅动宾结构如此，动补、主谓、定心、状心等结构何尝不是如此？它们的语义关系都只能粗线条地描写个大概。

（二）结构槽为 XA

X 是变项，A 是常项。X 在前，槽框里的成分可以变化；A 在后，槽框里的成分固定不变。例如"X 边"，X 是变项，"边"是常项：

(1) 司机和他的车停在<u>路边</u>，他打一桶清水，兜头泼在车上，

车一下新了。(红柯《奔马》)

(2) 去什么地方玩都可以,就是不能到<u>河边</u>去玩,不能爬到树上去玩。(余华《我的故事》)

"路边"是路上靠边的位置,属于路,车并没有停到路的外边;"河边"是岸上或地上靠河的位置,不属于河,人并没有进入河水里头。

(三) 结构槽为 AX

A 是常项,X 是变项。A 在前,槽框里的成分固定不变;X 在后,槽框里的成分可以变化。比如"铲 X","铲"是常项,X 是变项:

(3) 深圳金鹏首场以一绝妙的传球<u>铲球</u>成功,获得初胜。(徐勋林《冲甲之路》)

(4) 第 11 分钟,金鹏后卫<u>铲人</u>犯规,被判任意球。(徐勋林《冲甲之路》)

"铲球""铲人"有所不同:"球"和"人"都是铲这个动作所涉及的对象,但是,铲球是倒地把球铲出,是攻防的一种方式;铲人是把脚铲到对方球员身上,是犯规的动作。再比较:

(5) 书记三天两头<u>跑县城</u>,说是跑项目,贷款花了几大笔,可就没见个影子。(韦晓光《摘贫帽》)

(6) 里面坐的,显然是些常在那条公路上<u>跑车</u>的司机。(梁晓声《司马敦》)

上例都是"跑 X"。"跑县城"是往县城跑,"县城"表方所;"跑项目"是为获得项目而奔波,"项目"表目的;"跑车"是开着车跑来跑去,"跑"和"车"之间有使动关系。

(四) 结构槽为 AB

AB 都是常项,槽框里的成分都固定不变。例如:

[a] 村里₁——村子里头。(村里有几棵枣树。)

村里₂——村政府或村领导。(村里不准他外出。)

[b] 考司机₁——考验司机的水平或胆量。(在这路上开车,可要考司机了!)

汉语语法结构的兼容性和趋简性

考司机₂——通过考试，成为司机。（我想考司机，将来开出租车养家糊口！）

[c] 我的书画₁——我收藏的书画（我的书画都是重金收购的。）

我的书画₂——我创作的书画（我的书画都是离休后学着乱涂的。）

我的书画₃——我表演写字画画（一开始是他的魔术，接着是我的书画。）

此类结构槽，采取同一语表形式，形成相同或基本相同的结构关系，可是具体的语义内容有所不同。再比较下例中两个"是的"：

（7）"你说，今天你们打牌，汪翠娟赢了钱是吗？""<u>是的</u>。不过，她只赢了几千元，数目并不大。"（陈浩泉《选美前后》）

（8）四平的女人不解地说："好好的，永生家的送你鱼干吗？"……她歪着头提示说："一样样地想，比如，准生证……"四平村长说："永生的儿子都六岁了，还要什么准生证。"四平的女人说："建房证呢？"四平村长说："永生的房子是去年春天才盖的，再要建房证，不可能。"……女人说："这不是，那不是，总得有个<u>是的</u>，你再想想永生家的求你办过什么事吗？"（张继《村长与鱼》）

前一例，"是的"是"是＋语气助词"，"的"起加强肯定语气的作用；后一例，"是的"是"是＋结构助词"，实际上等于说"总得有个<u>是是的</u>"。

汉语里相当多的结构槽在语义蕴含上具有兼容性。概括性越高，兼容能力越强。

二　趋简性

表示同样一种语义蕴含，尽管全量形式和简化形式都可以采用，但人们更多地选择简化形式。简化有多种多样的途径和办法，比较明显的有以下几种。

（一）谓词隐匿

把体词和体词之间的谓词隐去，剩下"体词＋体词"的结构槽。

比较:

(9) 喂! 一手交钱, 一手交货! (鲁迅《药》)

(10) 一手钱一手货! (电视连续剧《金融潮》)

前一例谓词"交"显现, 后一例谓词"交"隐匿。又如:

(11) 县长大中华, 局长红塔山, 科长红山茶, 乡长牡丹花。一天两三包, 自有人给他。(楚良《故乡是非》)

(12) 一任穷知县十万白花银是封建时代, 现在, 一个县长多少钱?(楚良《故乡是非》)

前一例等于说: 县长<u>抽</u>大中华, 局长<u>抽</u>红塔山, 科长<u>抽</u>红山茶, 乡长<u>抽</u>牡丹花。一天<u>抽</u>两三包, 自有人给他。后一例等于说: 封建时代一任穷知县<u>得(收入)</u>十万白花银, 现在, 一个县长<u>得(收入)</u>多少钱?

(二) 结构移变

把比较复杂的结构槽加以简化, 使之移变成为比较简单的结构槽。比如:

(13) 往年棉花<u>卖议价</u>……(楚良《故乡是非》)

(14) 她猛一抬头, 发现窗外已经漆黑一片, 而<u>窗里</u>却明亮如昼。(王安忆《我爱比尔》)

前一例的"卖议价", 是由复杂形式"用议价的方式卖出去"移变而成的简化形式。后一例的"窗里", 是由复杂形式"以窗为界线的屋子里"移变而成的简化形式。这里的"窗里", 不能说成"窗中", 不同于"窗里嵌着一弯月牙"中的"窗里"。

(三) 成分扣合

把相同的成分扣合在一起, 使之为另外两个或几个成分所共用。比如:

(15) 贺兄, 我<u>找得你好苦</u>哇。(古龙《金刀亭》)

(16) 你<u>害得我不够</u>吗?(陈浩泉《选美前后》)

"找得你好苦"由"找你, 找得好苦"扣合而成。其中"找"同宾语性成分"你"和补语性成分"好苦"相对待, 为二者所共用。"你好苦"并非整个充当补语。"害得我不够（吗）"由"害我，害得不够（吗）"扣合而成。其中，"害"同宾语性成分"我"和补语性成分"不够"相对待，为二者所共有。"我不够"并非整个而充当补语。一部电视连续剧中，一位男士对一位女士说："小姐，我也忍得你很久了！"这是同样的结构。

（四）分句删减

把复句中的某个分句删减掉，形成较为特殊的特定复句句式。通常是删减三个分句中的第二个分句。例如：

因为他找到了后台，<u>他才免受处分</u>，否则他过不了这一关。

→因为他找到了后台，否则他过不了这一关。

既然他人品不好，<u>就不应该重用他</u>，你为什么却让他升官呢？

→既然他人品不好，你为什么却让他升官呢？

前一例，删减了中间一个分句"他才免受处分"，于是出现了"因为"和"否则"同现的特定复句句式；后一例，删减了中间一个分句"就不应该重用他"，于是出现了"既然"和"却"同现的特定复句句式。

语法结构的选用，从全量形式到简化形式的过程，是趋简的过程。其结果，使汉语语法的结构形式在总体上显现出趋简性的特点。

三　趋简兼容的思考

（一）趋简与兼容，互为条件

一方面，结构形式的趋简，导致结构语义的兼容。比方说，李小松给朋友打电话："春毓吗？我李小松！"等于说，我是李小松。又比方说，"我"给大家分配联络的对象："你汪国盾，他萧宇汤，我李小松。"这时等于说，我联络李小松；假若是给演员分配剧中角色："你汪奶奶，他萧大伯，我李小松。"这时又等于说，我演李小松。这样，"我是李小松""我联络李小松""我演李小松"等等都可以采用趋简形式"我李小松"；"我李小松"这个结构槽，自然就兼容了多种语义关系。

另一方面，语义兼容的可能性，又提供结构趋简的可能性。比方，"人称代词＋名词结构"的语义容量，为人们在不同意义上选用这一形式成为可能。例如：

(17) 苏青爱上了大兵的消息，像疯狂的子弹击中了历史所。绝大多数人都对这样的爱情感到不可思议。

"他<u>高中生</u>，你<u>研究生</u>，差距太大了。"

"这有什么，只要我喜欢。"

（王石《雁过无痕》）

上例的含义是："他是高中生，你是研究生。"假若换个语境："他找了个高中生？咳！他<u>高中生</u>，你<u>研究生</u>，差距太大了。"其含义便成为："他只找了个高中生，你却找了个研究生，差距太大了。"

事实表明，汉语语法重于意而简于形。在结构形式的选择上，常用减法；在结构语义的容量上，则常用加法。能不能认为，汉语语法在形式上显现为减法语法，而在涵量上显现为加法语法呢？

有艺术家说过，中国的国画，是一种减法绘画。山水画上，往往留有大块空白，许多意思就隐匿在空白处里。汉人的绘画语言和汉人的有声语言、文字语言似乎有惊人的相似之处。这里面，是不是还有我们还没有认识清楚的学问？

当然，任何事物都不会处在绝对化的关系之中。趋简和减法，兼容和加法，也不是绝对的。有时，趋简的形式也不一定兼容多种内容；反过来说，一个结构形式所兼容的也不一定来自趋简。它们之间错综复杂的联系，还需要深入的研究。

（二）趋简与兼容，服从于语用原则

我们使用汉语，一贯遵守一条语用原则。这就是：借助言语背景，言语尽可能经济简练。

首先是借助言语背景。离开了言语背景，某种特定结构与某种特定语义的联系往往会得不到落实。比方，如果离开上文所举例子的言语背景，"局长红塔山"的意思是多可的。趋简形式依赖言语背景的程度，决定于人们的常识。常识性越弱的事情，所用趋简形式对言语背

汉语语法结构的兼容性和趋简性

景的依赖性就越强。比如"教室"和"馆子"都表示方所,但如果要说"吃教室",那么,跟说"吃馆子"比较起来,就必须更多地交代言语背景。

其次是尽可能经济简练。"尽可能"就是能简则简。比方在结构移变中,简掉一个字是简,简掉许多语词也是简。看下面的例子:

(18) 让小弟去找一下阿楠的父亲,看看他们<u>知不知道</u>这件事。(裘山山《无罪辩护》)

(19) 可如果你朝中有人……在换届时就没有人提出你的年龄问题,于是你就可以再干一届。一届就是四年。<u>四年就是一任美国总统</u>。(钟道新《权力的成本》)

(20) 病房里摆四张床,同病相怜,一会儿就熟了。一床初产,孩子大,老秤十斤十两,于是<u>一刀切开</u>。(王小克《梦幻人生》)

前一例,"知不知道"是"知道不知道"的结构移变。这一说法,有"破词"的嫌疑,因此有学者提出过批评。然而,汉语语法的趋简性有一股强烈的冲击力,根本不管是否破词的理论,人们就是喜欢使用"可不可以""愿不愿意""同不同意""喜不喜欢"这一类的结构槽。中间一例,"四年就是一任美国总统",由"四年就是当了一任美国总统的时间"移变而成,"尽可能"地压缩掉了不少语词。由于背景明确,因而意思清楚,而且显得俏皮。后一例,"一刀切开"指的是用手术刀把腹切开,把孩子取出来。压缩掉的语词更多,更体现了尽可能经济简练的原则。

近来有个"吃床饭"的说法。例如:

(21) 倒是袁副局长解了围,说:"我看就<u>吃床饭</u>。"

"吃床饭?"大家一脸的问号。

袁副局长不紧不慢地把"吃床饭"的吃"法"道了出来。"<u>吃床饭</u>"就是在发票上提高住宿费,把剩余部分的钱,用来当伙食。

大家听了都说"吃床饭"这法子好。

(韦晓光《摘贫帽》)

仅仅"吃床饭"三个字，容纳了多少内容！由于有明确的交代，它的意思是清楚的。如果使用久了，大家都熟悉了，就会像"吃筷子"之类一样，人们不会有"一脸的问号"的。

两千多年之前，孔子（前511—前479）就说过："辞达而已矣。"（《论语·卫灵公》）意思是说，言辞足以达意就够了。所谓"辞达而已"，实际上也就是我们上面所说的语用原则。后来，《世说新语·文学》主张："辞约而旨达。"再后来，苏轼（1037—1101）也指出："辞至于能达，则文不可胜用矣。"（《与谢民师推官书》）可见，汉语的遣词造句，汉语语法结构的使用和发展，深受语用原则的影响。这一点自古如此，反映了汉族人使用汉语的共同心态。

（三）趋简与兼容，增加了研究难度

语法结构形式和语法结构涵义，如果总是单纯的一对一的关系，自然容易描写，容易说明。然而，汉语的许多语法结构，由于形式的趋简而合一，由于语义的兼容而繁复，于是就造成了错综复杂的局面。研究汉语语法结构，往往可以看到：一般与特殊同现，正规与异常共存，清晰与模糊俱在。

首先是一般与特殊同现。以存现句中的动宾结构槽来说，其中的宾语一般是不确指的。比如"山那边来了两个人"，"两个人"并不确指张三李四。但是，也有特殊现象。例如：

（22）那里果真坐着苏廉和王若姬。（晓苏《黑色背景》）

上例的宾语是确指的，规律性何在，如何解释？

其次是正规与异常共存。以"X里"和"X中"这两个结构槽来说：如果是动词，通常进入"X中"的结构槽，比如"谈判中，审议中，手术中"，不说"谈判里，治疗里，手术里"，这是正规情况。然而，也有这样的现象：

（23）如今这小子竟然有胆回国，只能往死里整治他。（梅毅《赫尔辛基的逃亡》）

"往死里整治"，"死"是动词，但只能说"死里"，不能说"死中"，这便是个别的异常情况了。规律性何在，如何描写？

再次是清晰与模糊俱在。在一个结构槽所兼容的种种语义关系中,可能有的是清晰的或相对清晰的,有的是模糊的或相对模糊的。以"NN 地 VP"这个结构槽来说,比较:

烟头纸屑地扔了一地。

烟头纸屑地弄得屋子乱糟糟的。

烟头纸屑地满地都是。

前一例,"烟头纸屑"和"扔"关系清晰,它们在逻辑上有直接的动宾关系;中间一例,"烟头纸屑"和"弄"之间,不存在逻辑上的动宾关系,它们之间压缩掉了一些东西,关系略显模糊;后一例,"烟头纸屑"和"满地都是"之间,压缩掉的东西更多,二者之间的关系就更加模糊了。规律性何在,如何分析?

其实,以上的概括还不足以充分说明问题的复杂性。如果面对这样那样的具体事实,还可能遇到各有特殊性的麻烦。比方说,一般以为,动词重叠形式后边不会再出现结果补语。可是,据储泽祥(1994),《红楼梦》《儿女英雄传》里就已出现了这样的说法:

(24)现在人多手乱,鱼龙混杂,倒是这么一来,你们也<u>洗洗清</u>。(曹雪芹、高鹗《红楼梦·下》)

(25)这个话,你们姐儿俩竟会明白了?难道这个什么"右传""左传"的,你们也会<u>转转清楚</u>了?(文康《儿女英雄传·下》)

"洗洗清""转转清楚"都是"动词重叠形式+结果补语"。近年来,这样的用法渐渐多了起来:

(26)你的头有点乱了,让我替你<u>做做好</u>。(徐卓人《秀发》)

(27)他们这是干的什么事嘛!我去跟他们<u>说说清楚</u>!(孙春平《古辘吱嘎》)

1996年七八月间的一个晚上,中央电视台现场直播乒乓球两位女选手的擂台赛,笔者还听到了这样的说法:

(28)桌面上有了汗水,服务员跑上去<u>揩一揩干净</u>。(中央电视台乒乓球赛解说人的口头说法)

这里动词重叠式中还多了一个"一"字。所有这类现象的形成,恐怕也是来自趋简性的结构移变:"做做"和"做好"一压缩,就成为"做做好";"揩一揩"和"揩干净"一压缩,就成为"揩一揩干净"。然而,这么一来,动补结构槽自然就更加复杂了。

总之,趋简和兼容,减法和加法,增加了汉语语法结构分析的难度。趋简程度越大,兼容内容越多,线索就越杂错,头绪就越纷乱,因而分析就越困难。

四 结束语

要更加深刻认识汉语语法结构的兼容性和趋简性,还必须分门别类更加细致地弄清楚各种各样的事实,做好事实发掘的工作。

目前,事实的发掘仍然是汉语语法研究的最基本的工作。在我们看来,汉语语法事实的发掘起码包括以下四个方面的含义:第一,从众多的事实中发掘出值得研究的事实;第二,从值得研究的事实中发掘出规律性;第三,从所得的规律中发掘出理论问题;第四,从发掘规律和理论的过程中总结出研究思路和研究方法。可以认为,汉语语法事实的发掘是汉语语法研究的根基,甚至可以认为,汉语语法事实的发掘本身就是汉语语法研究。事实发掘的程度,反映研究的深度。离开了事实的发掘,谈不上理论的建树,也谈不上汉语语法研究的成熟。

主要参考文献

[1] 中国科学院语言研究所语法小组. 语法讲话 [J]. 中国语文,1953 (1): 16-20.

[2] 中国语文编辑部. 汉语的词类问题:第二集 [M]. 北京:中华书局,1956.

[3] 朱德熙. 语法讲义 [M]. 北京:商务印书馆,1982.

[4] 季羡林. 探求正未有穷期 [J]. 世界汉语教学,1996.

[5] 陆宗达. 关于语法规范化的问题 [C] // 现代汉语规范问题学术会议秘书处. 现代汉语规范问题学术会议文件汇编. 北京:科学出版社,1956.

[6] 储泽祥. 交融中的VVA叠动动结式 [C] // 双语双方言：三. 香港：汉学出版社, 1994.

[7] 邢福义. 汉语里宾语代入现象之观察 [J]. 世界汉语教学, 1991 (2)：76-84.

[8] 邢福义. 方位结构"X里"和"X中" [J]. 世界汉语教学, 1996 (4)：4-15.

[9] 邢福义. 现代汉语 [M]. 北京：高等教育出版社, 1991.

（原载《世界汉语教学》1997年第3期）

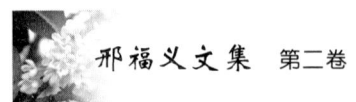

汉语语法研究之走向成熟

本文为《汉语学习》创刊 15 周年而写作。15 年来，《汉语学习》为我国汉语语言学的发展和成熟作出了重要的贡献。在迎来这个刊物 15 周岁的时候，谈谈有关的问题，应该是很有意义的。

"二十世纪是中国现代语言学由诞生、发展到成熟的重要时期。在世纪之交的时刻，总结近百年来我国语言学各领域的研究成果、经验教训，找出其规律，向世界展示中国语言学的风貌，并进而展望二十一世纪将出现的前景，是十分必要的。"① 这几句话，见于《语文建设》1994 年第 11 期上关于组编出版《二十世纪的中国语言学丛书》的一则报道。这是令人鼓舞的几句话。

这几句话中最重要的关键词，当是"成熟"。成熟的标志是什么，我国语言研究的成熟程度到底如何，似乎应该有个认识。本文仅就现代汉语语法研究的"走向成熟"谈谈两点浅见。

一 解"走向成熟"

走向成熟，意味着初步繁荣。

《马氏文通》于 1898 年问世，成就了作为一门科学的汉语语法学的第一个篇章。近 100 年来，汉语语法研究大体可以分为三个时期：（一）套用期（十九世纪末期至二十世纪三十年代末期），大约 40 年。基本倾向是套用国外语法学体系，略加增减修补，形成汉语语法学体系。代表著作是马建忠《马氏文通》(1898)，黎锦熙《新著国语文法》(1924)。（二）引发期（二十世纪三十年代末期至七十年代末期），大

汉语语法研究之走向成熟

约40年。基本倾向是引进国外语法理论，用以观察和描写汉语语法事实，生发出比较注重汉语语法事实的语法学系统。现代汉语语法方面的代表著作是王力《中国现代语法》(1943)和《中国语法理论》(1945)，吕叔湘《中国文法要略》(1942—1944)，高名凯《汉语语法论》(1948)，丁声树等《现代汉语语法讲话》(1961)，张志公主编《汉语课本》三、四、五册(1956—1957)。(三)探求期(二十世纪七十年代末期开始)，大约已有20年。基本倾向是接受国外理论的启示，注重通过对汉语语法事实的发掘探索研究的路子，追求形成具有中国特色的研究思路和研究方法。现代汉语语法方面的重要著作是吕叔湘《汉语语法分析问题》(1979)、朱德熙《现代汉语语法研究》(1980)和《语法讲义》(1982)。探求期是代表现代汉语语法研究新起点的一个重要阶段。严格地说，许许多多重要的富于启示性的论述不是出现在一本一本形成系统的著作里，而是出现在一篇一篇进行专题性探讨的论文里。撰写论文的学者，包括老一辈的吕叔湘、朱德熙、张志公、胡裕树、张斌等先生，也包括一批中年学者和青年学者。

汉语语法研究是沿着"开拓和创业，继承和发展"的轨道前进的。创业艰难，发展更不易。今天，经过几代人的艰苦努力，终于形成了初步繁荣的局面。要把这初步繁荣的局面全面地描写出来，等于要写一部当代现代汉语语法研究史，这显然不是一篇小文章所能做到的。马庆株同志写过一篇《走向成熟的现代汉语语法学》，总结出了以下八个方面：①理论建树初具规模；②对象明确，方法更新；③队伍壮大，生机勃勃；④视野扩大，领域拓宽；⑤精细描写，深入发掘；⑥成果丰硕，形式多样；⑦空前普及；⑧学术会议经常举行[2]。我同意庆株的总结。这里，想换个角度，指出近来自己感觉特别突出的我国语法学界已经形成的"三思考"：

第一，群体性思考。

针对范围相对确定而论域并不很大的问题，许多学者从不同角度、不同侧面进行研究。比方，关于趋向动词和相关的句法结构，顺手一翻，就看到了好些篇幅较大的论文：刘月华《关于趋向补语"来"、"去"的几个问题》(《语言教学与研究》1980 年第 3 期)、《表示状态意义的"起来"与"下去"比较》(《世界汉语教学》1987 年第 1 期)、《趋向补语的语法意义》[《语法研究和探索（四）》，北京大学出版社 1988 年版]、《几组意义相关的趋向补语语义分析》(《语言研究》1988 年第 1 期)；吴洁敏《谈非谓语动词"起来"》(《语言教学与研究》1984 年第 2 期)；刘叔新《试论趋向范畴》[《语法研究和探索（三）》，北京大学出版社 1985 年版]；孟综《动趋式语义举例》(《句型与动词》，语文出版社 1987 年版)；陆俭明《"V 来了"试析》(《中国语文》1989 年第 3 期)；萧国政《同一语义指向的"动/趋来"》(《现代汉语补语研究资料》，北京语言学院出版社 1992 年版)；邢福义《形容词动态化的趋向态模式》(《湖北大学学报》1994 年第 5 期)；等等。有一些专著，比如李临定《现代汉语动词》（中国社会科学出版社 1990 年版）、陈建民《现代汉语句型》（语文出版社 1986 年版），用了相当多的笔墨讨论了有关的问题。还有许多高等学校的学报，也发表了不少讨论有关问题的文章。像这样不约而同地把注意力指向一个相同的目标，自然而然地会形成对问题的群体性思考，从而形成了问题研究的战略包抄、各个击破的有利形势。

第二，独立性思考。

对于一些重大的问题，学者们已开始摆脱心理束缚，大胆地进行独立思考。比方，关于汉语语法的特点及相关的问题，龚千炎兄指出：一个人的看法也许只反映局部，但综合众人的观点就比较全面了。

请看下面多位学者的论述："汉语是一种非形态语言，显性语法形式不多，作为一种补偿，隐性语法形式和有关的语义语法范畴就会多一些"（胡明扬）；"汉语的本质特点在于，由于缺乏严格意义的形态变化，因而结构独特，灵活多变，颇多隐含，着重意念"（龚千炎）；"由于汉语缺乏形态，这就造成了汉语名词、动词、形容词的多功能现象……汉语词类与句子成分一对多对应"，"句子的构造原则跟词组的构造原则基本上一致"（陆俭明）；"汉语是一种非形态语言，句子的各成分之间的关系往往是隐含的，缺乏显露在外的形态标志"，"总的看来，现代汉语语法结构的特点是简略而繁复"（李临定）；"汉语没有印欧语那样的形态，汉语里名词对动词来说也许可以看作是一种松散性的外部形态。动词是句子的组织核心，而句法格局面貌却是由名词这种外部形态来确定的"（邢福义）；"汉语是一种语义型语言，不必纳入到语法型语言的结构框架中去分析。它宜以临摹性原则为基础去开展句法结构的研究"（徐通锵）③。

这样的独立性思考，带有鲜明的个性特点。80年代以来，独立性思考所涉及的点面之多而广，已经构成了把汉语语法研究推向成熟的理论条件。

第三，开拓性思考。

对于汉语语法事实的研究，学者们在努力发掘有关规律的同时，重视在理论与方法上作开拓性的思考。以比我稍微年轻一点的马庆株同志来说，他的研究就十分实在，而且富于开拓性。他的《汉语动词和动词性结构》（北京语言学院出版社1992年版）一书，汇集了他的9篇论文。我的感觉是，这9篇论文每一篇都有新点子。邵敬敏、朱晓亚二位同志指出："微观和宏观是一对对立统一体，《汉语动词和动词结构》一书较好地把握住了两者的关系。作者重视微观方面，有对事实的描写，但又不停留在对事实描写的层次上，而是从事实中找出规则，得出有理论意义的结论。"④邢公畹先生还指出："马庆株同志的《自主动词和非自主动词》一文，在现代汉语语法研究中引进了亲属语言对比的方法，使研究跨进了一大步。"⑤我十分同意这样的评价。

万紫千红才是春。可喜的是，善于进行开拓性思考的学者不是一两个，而是一批。老一辈的学者固然不断在作示范，中年一辈的学者成果也不少，新时期学者们的成果更是越来越多。

群体性思考、独立性思考和开拓性思考的结合，使现代汉语语法研究进入了一个新的思考阶段。而新的思考阶段的出现，正是研究初步繁荣的结果，也是研究走向成熟的标帜。

二解 "走向成熟"

走向成熟，意味着尚未成熟。因为，毕竟还在"走"，只是"向"。

成熟与不成熟，对于一门科学或一种艺术来说，学派或流派是否形成，这恐怕是突出的评判标准。比方说，我国的京剧表演艺术已经达到了成熟的高峰，最基本的表现就是：一提到"梅派"和"程派"，稍有京剧表演艺术知识的人就会知道这是两个具有各自特点的著名流派。又比方说，我国的书法艺术早已达到了成熟的高峰，最基本的表现就是：一提到"颜体"，稍有书法艺术知识的人就会知道它是不同于"柳体""欧体"等的有独特风格的书写体，甚至还会知道颜真卿"打破了'书贵瘦硬'的传统书风，开创了二王体系之外的新体"⑥。

不可否认，汉语语法研究已经走过了相当长的一段路，特别是80年代以来已经取得了相当丰硕的成果，但是，又应该清醒地看到，这门学科距离真正成熟还相当遥远。现在，面临的问题，归纳起来说，是"二求"和"二怕"。

先说"二求"。第一，求创建理论和方法；第二，求把事实弄清楚。这是互补互促而又互成因果的两个问题。没有理论和方法的成熟，一门学科不可能是成熟的。而理论和方法的创建，是学者们长期深入研究的成果，是有效地进行群体性思考、独立性思考和开拓性思考的结晶。因此，必然带有鲜明的个性，带有学派的印记，反映一派学者的思想体系、研究特点和总体成就。另一方面，没有对事实的清楚了解，理论和方法的创建便成为空中楼阁。现代汉语语法研究至今尚未成熟，自成体系的理论和方法尚未创立起来，最根本的原因还是对事实的了解基本上仍然处于朦胧的状态。

再说"二怕"。第一，怕保守；第二，怕浮躁。行动上的保守，源于思想上的障碍。我们的思想障碍，大概表现在两个方面。一方面是在国外理论的高峰面前不敢有超越的意识；另一方面是在前辈的成就高峰面前不敢有超越的念头。对于国外理论，我们的确要好好学习和

汉语语法研究之走向成熟

借鉴。事实上,国外理论对我国语法研究已经起了、正在起着并将继续起到巨大的推进作用。诚然,今后为了实现我国语言文字研究的现代化,更需要强调与国际接轨,更需要强调研究工作中对国外理论的引进和吸收。然而,怎样才能更好地"与国际接轨",恐怕还存在一个如何理解的问题。如果仅仅是在"引进吸收"上下功夫,没有自己的创造,恐怕还不行。真正适合于我国语言文字的理论和方法,恐怕最终只能产生在我国语言文字的沃土之上。有一位电子工业方面的专家告诉我:"高新技术的引进,对我们国家的飞速发展来说很有必要。可是,如果只是引进再引进,我们就永远只能跟在别人的后头跑。世界上有些本来并不怎么先进的国家,近年来一方面引进,一方面又千方百计绕到前边,因而有些技术已经领先于世界了。"我深受启发。科学技术尚且不能引进再引进,作为汉语大本营的中国,自然更不能仅仅依靠引进国外理论来研究汉语。湖南师范大学外语系副教授贺凯林同志,前不久给我一封信,谈到她看了一篇国外学者的文章,作者是中国内地出去的。信中感慨地说:"汉语研究的根在中国本土,特别是方言,离了这块沃土,研究就少了生气,少了灵气,也少了活力。当年周总理要才旦卓玛回西藏,故土的培育、滋润使她几十年后在年近花甲之时唱起歌来不仅不减当年风采,而且增添了更耐人寻味的藏族情韵。"这几句话,说得好极了。我总感到,我们应该特别强调"研究植根于汉语泥土,理论生发于汉语事实"。不然,我国的汉语语言学就可能永远处于附庸的地位,不会有跟国外理论对等交流的时候。至于我们前辈学者的成就,我们自然更要好好学习和继承。但是,学术总要发展,总要前进,总要不断推陈出新。"否定—超越—再否定—再超越",这才是学术发展的正常公式。我们的尊敬的前辈,寄希望于后辈的,是接过他们手中的"火把",继续往前奔跑。如果在学术研究中也搞"凡是",只敢在原有的圈子中"跳舞",那么,这样的后辈恐怕会让前辈失望的。

浮躁包括浮夸和急躁。急躁不行,浮夸更不好。学科的成熟,学派或流派的形成,需要众多学者一代接一代地作长时期的努力,不可能毕其功于一役。水到才能渠成,主观上再着急也没用。由于现代汉语语法研究中存在的问题实在太多,有同志可能产生悲观心态,甚至怀疑起汉语到底有没有语法来,这主要是对汉语语法研究的艰苦程度认识不足。至于浮夸,这是学风问题。特别是动不动就宣称自己创建了新学科,创建了理论新体系,这对学术发展百害而无一利。历史是最公正的裁判。是不是创建了新学科,是不是创建了新体系,只能让研究实践和研究历史来做结论。言语的巨人不是真正的巨人,任何一个严肃的学者都总是一步一个脚印地走路,一步一个脚印地爬山,用走路和爬山的记录来证明自己。当然,走路不能全靠双脚,双脚如何迈动,如何才能走出新的路子,还要靠脑子来出主意。这就是老前辈们一再告诫我们的:务实+创新!

简短结束语

《汉语学习》走过了实实在在的15年。15年来,不断地推出有价值的学术论文,这是"实实在在"的基本表现。此外,还有好些值得赞赏的做法。比方,设"问题征答"一栏,引导大家弄清楚语言事实,并思考相关的理论问题;设"研究生论坛"一栏,为青年学者创造发表见解的机会,以利于我国语言学队伍的成长壮大;团结全国语言学工作者,为大家提供耕耘的园地,尽可能地让园地显得生机勃发,丰富多采。所有这些,都表明《汉语学习》作为全国中文核心期刊是当之无愧的。办刊物难,办好学术刊物尤难。如果用下棋来比喻办刊物,那么,《汉语学习》是把棋下活了。

现代汉语语法研究正在一步步地走向成熟。相信《汉语学习》在现代汉语语法研究不断走向成熟的过程中,一定会发挥越来越大的作用!

注释:

①航耶:《书讯》,《语文建设》1994年第11期,第32页。
②马庆株:《走向成熟的现代汉语语法学》,《中国语文研究四十年纪念文集》,

北京语言学院出版社 1993 年版。

③龚千炎：《吕叔湘与新时期的汉语语法研究——庆祝吕叔湘先生九十华诞》，《汉语学习》1994 年第 5 期，第 3 页。

④邵敬敏、朱晓亚：《〈汉语动词和动词结构〉读后》，《中国语文》1994 年第 6 期，第 473 页。

⑤邢公畹：《论语言普遍性的研究》，《中国语文》1990 年第 6 期，第 406 页。

⑥欧阳中石、徐无闻主编：《书法教程》，高等教育出版社 1994 年版，第 167 页。

（原载《汉语学习》1995 年第 1 期，有删节）

汉语语法研究的展望

一　目标

汉语语法研究，始终向着一个目标。这就是：汉语语法事实的客观规律性。

1898 年《马氏文通》的出版，标志着汉语语法学作为一门科学的历史的开始。从 1898 年到现在，在将近一百年的历史发展过程中，不断地涌现出有才华、有成就的语法学者，其中最突出的代表人物当是：马建忠、黎锦熙、王力、吕叔湘、朱德熙。这些代表人物对汉语语法事实的客观规律的揭示没有质的不同，只有量的差别。所谓没有质的不同是说：他们目标一致，都想更好揭示汉语语法实施的客观规律性；所谓只有量的差别是说：由于受到时间、环境、学术条件等方面的制约，他们对揭示汉语语法事实的客观规律性所做的贡献只有小一些和大一些的不同。后来居上，这是事物发展的必然。汉语语法研究史上的两位前辈，马建忠和黎锦熙这两位"模仿"类型的大师，在"模仿"的时候视线是对着目标的。以马建忠来说，他建立的"助字"系统、"介字"系统，都是注意到了汉语语法事实的研究成果。即使是他的"字无定义，故无定类"的论断，尽管是不够科学的，然而，不能否认，他提出这个论断，本来是想解决汉语语法的实际问题的。再以黎锦熙来说，且不提他的好些实际研究成果很有价值，即使是他的"句本位"学说和"凡句，依句辨品，离句无品"的学说，虽然学术界采取否定的态度，但是也应看到，他提出这些论断主观上还是为了解决汉

汉语语法研究的展望

语语法的实际问题。

汉语语法事实的客观规律性，在抽象程度上有不同的层级。抽象到最高的程度，是对汉语语法特点的本质面貌的认识；抽象到一定的程度，是对某类现象或某种事实的本质属性的反映。到目前为止许多事实尚未得到深刻的揭示，有的重要现象尚未被发掘出来，更谈不上真正从事物的本质上全面而精确地认识现代汉语语法。以动词和动词问题来说，近年来的研究成果表明，对许多问题的认识已经不断深入了。然而，是否可以打句号了呢？远远没有。许多问题仍然是问号。比方说：

第一，怎样正确认识和看待用作主语宾语的动词？

就对汉语语法事实的分析来说，如何认识和看待用作主语宾语的动词的性质，已经相继出现了三个有代表性的说法，即：转成名词、动词名物化、动词的正规用法。按照黎锦熙《新著国语文法》的"句本位"语法体系，通常用作动词的词，如果充当主语宾语，就成为名词。这一说法影响语法教学的时间将近三十年。由于把词类和句子成分硬性对应的做法明显不符合汉语语法的客观事实，50年代中期出现的"暂拟汉语教学语法系统"提出了"动词名物化"的说法。这一说法影响语法教学的时间又有二十多年。由于"名物化"的说法在理论上、教学上都存在这样那样的问题，学者们又否定了这一说法。80年代初期出现的"汉语语法教学系统提要"不再采用"名物化"的说法，肯定动词既可以作谓语（或成为谓语中心），也可以作主语宾语（或成为主语宾语的中心）。这就是说，作谓语和作主语宾语都是动词的正规用法。好些学者还撰文指出，动词可以无变化地充当谓语和主语宾语，这是汉语的特点。近十年来这样的解释似已成了定论。然而，这样的解释是否完全符合汉语语法实际？凭语感，人们总觉得作主语宾语的动词有点特别之处；论事实，人们也会看到作主语宾语的动词并不是那么自由的。1992年4月，在中国语文四十年学术讨论会上，沈家煊先生发言时指出，任何语言里动词作主语宾语都要受到限制。这个论断，一语破的。英语里作主语宾语的动词所受的限制是显性的，形式化了的，而汉语里作主语宾语的动词所受的限制却是隐性的，潜匿化了的。只有把有关的规律准确揭示出来，人们才能获得准确的认识。

第二，汉语动词十分丰富复杂，能够覆盖全部动词的语法特点是什么？

这涉及什么是动词什么不是动词这个最最基本的问题。

"出品"一词，《现代汉语词典》未注明词类，但分成两个条目，分别注释为"制造出来产品"，"生产出来的物品；产品"。这等于说有动词和名词两种用法。朱德熙先生对此提出批评。朱先生指出："出品"是地地道道的名词，《现代汉语词典》误以为有动词用法，是只从对词义的朦胧的感觉出发，没有考虑它的功能和分布[①]。朱先生的批评无疑是值得重视的。这一批评，表明动词的研究由朦胧的感觉阶段进步到了科学分析的阶段。不过问题还没有最终解决。首先，朱先生把"出品"划归名词，是根据排他法。即："出品"要么是动词要么是名词，它不可能是动词，因此只能是名词。那么，为什么不可能是动词？因为"出版"之类是动词，而在功能和分布上"出品"和"出版"之类不同。如：不出版＼出版没有＼已经出版（了）＼出版（了/过）许多书＼出不出版＼＼*不出品＼*出品没有＼*已经出品了＼*出品（了/过）许多书＼*出不出品。问题在于：符合"不 AB、AB 没有、已经 AB 了……"这套格式的固然一定是动词，不符合这套格式的是不是就一定不是动词？比如"出身"，"他出身贫农＼他贫农出身"中的"出身"肯定不是名词而是动词或动词结构，但不能说"不出身＼出身没有＼已经出身了……"；又如"起源"，"起源于汉代"中的"起源"肯定不是名词而是动词或动词结构，但不能说"不起源＼起源没有＼已经起源了……"；再如"出落"，"半年没见，小妞儿出落得更漂亮了"中的"出落"肯定不是名词而是动词，但不能说"不出落＼出落没有＼已经出落了……"事实上，上述这套格式对于动词来说是充足条件，却不是必要条件。其次，朱先生把"出品"划归名词还配合使用了类比法，指出"出品"和"产品、制品"一样是地地道道的名词，"中国出品"和"中国产品、中国制品"一样是名词性偏正结构。确

汉语语法研究的展望

实,如果限于用上述这套格式来检验,"出品"和"产品、制品"显然具有统一性和同一性,然而,如果换个大角度来观察,又可以看到它们的差异性:中国产品大受欢迎\中国制品大受欢迎*中国出品大受欢迎(作主语);他们大量订购中国产品\他们大量订购中国制品*他们大量订购中国出品(作宾语)。"中国产品、中国制品"能自然地充当主语宾语,"中国出品"却不能。能够充当主语宾语的词语不一定是名词性质的,但是根本不能充当主语宾语的词语,其名词性质就大可怀疑了。总之,"出品"到底是不是动词,到底如何给它定性,还需要进一步讨论。

朱先生是一位杰出的语法学家,他的研究成果代表一个重要发展阶段的一个重要流向。朱先生的文章尚且存在令人感到不够圆满的地方,可见透彻解决汉语语法问题之不易。

汉语语法研究跟其他许多学科的研究一样,必然会通过不断的"否定之否定"而得到长足的发展。但是,不管怎样发展,汉语语法研究的总的目标永远不会改变。汉语语法研究的发展,必将是也只能是不断地逼近准确而全面地揭示语法事实客观规律性这一总的目标。

二 要求

研究语法,不能缺少三个环节:观察语法事实,描写语法事实,解释语法事实。相应地,总要面临三个要求:观察充分,描写充分,解释充分。

"观察"是语法研究工作的基本环节。只有充分观察,才能有充分的了解。

有人说,现代汉语我天天讲,时时用,何必还要费力去观察?对于一个语法研究工作者来说,这是糊涂话。因为,如果不"费力"去观察,能够抓到的只是脑子里经常装着的最最一般的现象,想依靠它们来精细地描写语法规律是远远不够的。举个例子来说。笔者和丁力、汪国胜、张邱林三位合写过一篇《时间词"刚刚"的多角度考察》

(《中国语文》1990年第1期),文中把"刚刚"分为"刚刚1"和"刚刚2","刚刚1"是时间副词,"刚刚2"是时间名词。文章的第二部分,从语法角度考察"刚刚",从造句功用、相对位次、对VP的要求这三个方面描写了"刚刚1"和"刚刚2"的差异。文章提到,"刚刚2"能够充当定语和独词句,能够用在主语前边,能够出现在"刚刚+很+形容词"的格式之中,等等。所以这些,确实都是"刚刚1"的语法特点,但是仔细想想,总觉得还有必要找到一条特别强有力地证明"刚刚2"只能是时间名词而不可能是时间副词的理由。后来,有意识地观察语言事实,发现了这样的用例:

太太,有一个男人在我们家门口,已经三天了。……刚刚我去买菜的时候他就在,现在他还在那儿,就在门外的电线杆底下。(琼瑶《十个故事》83页,百花文艺出版社1988年版)

这里,"我去买菜的时候"复说"刚刚","刚刚"和"我去买菜的时候"同指一个时点。"我去买菜的时候"肯定是表示时间的名词结构,跟它同位复指的"刚刚"自然只能是时间名词,不可能是时间副词。在写《时间词"刚刚"的多角度考察》的时候,如果已观察到这样的用例,那么,文章对"刚刚2"的描写就会精细一点。

描写是展示研究成果和显示研究深度的最基本的环节。只有充分描写,才能有充分的反映。

如果说观察是寻求对事物的了解,那么描写便是对事物作规律性的反映。描写的深浅,表明对规律性东西了解的深浅。比方说,描写现代汉语的转折句式,如果把转折句式同并列句式、递进句式、假设句式、推断句式、条件倚变句式、虚拟性让步句式、无条件让步句式等等对立起来,只描写一个小圈子里的常规事实,那么,肯定是肤浅的,而且也是片面的。假如既描写常规事实,又描写许许多多的异合现象,如:

既p,又q。+但(却)=既p,但(却)又q。
既p,也q。+但(却)=既p,但(却)也q。
一边p,一边q。+但(却)=一边p,但(却)一边q。

汉语语法研究的展望

一面 p，一面 q。＋但（却）＝一面 p，但一面却 q。
一方面 p，另一方面 q。＋但（却）＝一方面 p，但另一方面却 q。
不但不 p，反而 q。＋却＝不但不 p，却反而 q。
如果说 p，那么 q。＋却＝如果说 p，那么却 q。
越 p，越 q。＋却＝越 p，却越 q。
既然 p，（就）q。＋却＝既然 p，却 q。
即使 p，也 q。＋但（却）＝即使 p，但（却）也 q。
宁可 p，也 q。＋但（却）＝宁可 p，但（却）也 q。
无论 p，都 q。但（却）＝无论 p，但（却）（都）q。

这样就可以比较全面地反映现代汉语转折句的种种情况。如果对上面种种异合现象的规律都作出细致的描写，那么，相对说来也就比较充分了。

描写的指向总是具体的事实。不重视研究事实的人，也往往不重视对事实的描写，认为描写没有什么理论。这又是一种糊涂的观念。对于这一点，朱德熙先生作过精辟的论述。朱先生指出："有一种流行的说法，语言学的目的不是描写事实，而是解释事实。能解释事实当然很好。可是要解释事实，先得知道有哪些事实需要解释。要是对事实是什么还茫然，那怎么谈得上去解释呢？等而下之，有的理论不但解释不了事实，反而歪曲事实以迁就理论。"[2]

解释是高层次地揭示规律、描绘事物本质面貌的重要环节。只有充分解释，才能有充分的认识。

比较地说，描写偏重于从微观上对语法事实作客观的反映，解释则偏重于从宏观上对语法事实作理论的阐明。在实际研究工作中，"描写"和"解释"很难截然分开。一般都是描写中有解释，解释中有描写。不过，从研究工作的侧重点看，有的偏重于描写，有的偏重于解释。由于以往我国语法研究工作的侧重点实际上放在描写上面，因此，解释是需要着力加强的一个环节。

大体地说，解释可以分为两种：1. 归总性解释；2. 先导性解释。

归总性解释，是在充分观察和充分描写的基础之上作出理论上的解释。这种解释，注重理论的步步提升。先导性解释，是先作出一种理论解释，然后加以求证。这种解释，重在设立理论框架或模式，并据此进行推导和阐述。两种解释的走向有所不同，但不管哪种解释，其目的都是揭示语法事实的本质属性和本质面貌。解释的充分，不是表现为"细"，而是表现为"深"，表现为具有"一语破的"的概括力。

归总性解释和先导性解释各有优缺点。归总性解释偏重于"立地"，它以充分观察事实和充分描写事实为先行条件，显得实在、牢靠，不过，有可能存在理论高度不够的欠缺；先导性解释偏重于"顶天"，它以假设为前提进行推导，居高临下理论色彩很浓，理论意义很强，但很容易存在顾此失彼甚至挂一漏万的毛病。要弥补两种解释可能存在的不足之处，都必须在"充分"上下功夫。从事实出发研究问题时，应尽可能对事实作足够的理论解释；从假设出发研究问题时，应注意充分观察和充分描写语言事实。只有这样，才能"顶天＋立地"。

理论解释的加强，有赖于两个方面：其一，引进国外语法理论。国外理论的引进和吸收，对促进汉语语法研究的深入开展具有极大的意义。但是，不能生搬硬套，不能以为"国外理论＋汉语例子＝解释充分"。其二，创建自己的理论。根据自己语言的特点，不排除接受国外理论的启示，总结出一套自己的理论，一套能充实和发展普通语法学的理论，一套在学术交往中能够跟国外理论对等交流的理论。从今以后，这将成为我国语法学者的一种抱负和追求。

三个"充分"是我国语法学者经过多年实践而认识到的正确要求。当然，学术山峰无极顶，任何人任何论著都不可能穷尽真理。"观察"也好，"描写"也好，"解释"也好，绝对的"充分"都是不可能的。但是，有一点可以肯定，研究的深入必然带来要求的提高。为了使研究成果更接近于真理，今后的语法研究必然会更加强调三个充分，强调观察得更充分一点，描写得更充分一点，解释得更充分一点。

三　思路

　　分析语法事实，解释客观规律，既要有正确而严格的要求，更要有宽展而有效的思路。80年代以来，研究的实践越来越证明，对于汉语语法研究来说，"多角验证"的思路是既宽展又有效的。

　　"多角验证"的基本内容，是两个"三角"的验证。它们都重视研究的立体性，强调从动态中通过研究不同角度之间的联系揭示规律。

　　第一个"三角"是"表—里—值"三角。这个三角代表"语表形式""语里意义""语用价值"三个角度。任何一个语法事实都有其语表形式、语里意义和语用价值。要弄清一个语法事实，有必要由表察里，由里究表，表里验证。这就涉及"表""里"两角。要弄清一个语法事实，往往还有必要考察它在语言表达系统中特定的语用价值，即语里同义，语表异形，究其语值。这就在"表""里"两角的基础上进一步撑起了"值"角。这个"三角"存在于每个语法事实自身，是"小三角"。

　　第二个"三角"是"普—方—古"三角。这个三角代表"普通话""方言""古代近代汉语"三个角度。普通话即现代汉语共同语里的一个语法事实，往往可以在方言或古代近代汉语里找到印证的材料。研究现代汉语共同语语法，为了对一个语法事实作出更加令人信服的解释，一方面可以立足于"普"，横看"方"，以"方"证"普"；另一方面可以立足于今，上看古汉，以"古"证今。两个方面结合起来，便成为以"普"为基角，撑开了"方"角和"古"角。这个"三角"是由所研究的事实同方言的、古汉的可印证事实形成的三个角度，涉及外部事实，是"大三角"。

　　以两个"三角"为基本内容的多角验证的思路，以及相应产生的方法，可以弥补静态片段分析的方法所存在的缺陷。所谓静态片段分析，指的是对某个语言事实进行自身的成分分析或层次分析。诚然，静态片段分析是语法分析的起点，不会作静态片段分析就等于没掌握

语法分析的基本功,但是,仅仅依靠静态片段分析,无法深入揭示语法规律。比方说:

你把人害死了!

你把人看死了!

你把人气死了!

你把人想死了!

这四个句子,不管用成分分析法、层次分析法还是层次成分分析法,分析的结果都完全一样,然而它们的隐性语法关系并不相同。假如要研究"你把人想死了"这一类句子,只有进行表里验证,进行语值辨察,才能弄清其特殊规律和特殊作用。再比方:

[普]

(1) 眼前纷纷扰扰,又似从林影中闪出一两个人似的。(白羽《十二金钱镖》)

(2) 两人犹似杀猪似的大喊大叫,不住翻滚。(金庸《鹿鼎记》)

[古]

(3) 你这花子,两耳朵似竹签也似,愁听不见。(兰陵笑笑生《金瓶梅词话》)

(4) 若不用心体验,便似一场闲话也似,这般说过去了便无益。(许衡《直说大学要略·鲁斋遗书》卷三)

"似 X 似的"和"像 X 似的"等义同构,"似 X 似的"有助于考察"像 X 似的"内部结构成分的组合配置。金元以来的作品中有"似 X 似的"的说法,这表明"似 X 似的"的类似说法古已有之。这样的证明作用,是静态片段分析无能为力的③。

以两个"三角"为基本内容的多角验证的思路,已经并且必将引发具体研究方法的不断更新。所谓方法,是解决问题的门路、途径和作法④。遵循三角联系的路线观察现象,按照"角"与"角"之间相互制约的原则研究问题,定会相应形成和产生这样那样具体的研究方法。以"表—里—值"小三角来说,光是"表—里"两"角"就涉及十分复杂微妙的关系。怎样进行表里验证?变换分析法是表里验证的一种

汉语语法研究的展望

方法,语义特征分析法同样是表里验证的一种方法。80年代,变换分析法和语义特征分析法已相继把汉语语法研究推向深入,今后它们将进一步完善,进一步加强表里验证的科学性。同时,随着多角立体研究的深入,研究工作会越来越接触到汉语语法的本质。"角"与"角"之间如何互相制约的研究,会逐步形成一套具体的或比较具体的操作程序,如"表—里"操作程序,"表—值"操作程序,"普—方"操作程序,"今—古"操作程序,等等。跟所有这些操作程序的研究和总结有密切的关联,为了适应研究深入的需求,必定还会有这样那样具体的方法产生出来,并且通过实践不断升华。

在具体的研究工作中,不同的学者在所有的具体方法上一定会有不同的特点,即使是同一个学者,由于题目不同,要求不同,具体的研究方法也会有所不同。而且,两个"三角",特别是"普—方—古"大三角,并不是任何时候,研究任何问题,都要撑起来不可的。但是,无论如何,多角度的立体研究会为越来越多的学者所接受和使用,会把研究工作推向纵深,这是毫无疑义的。

四 局面

80年代,现代汉语语法研究出现了一个繁荣的局面。从90年代起,在15到20年的时间里,现代汉语语法研究将会出现一个新的繁荣局面。这主要表现在:研究实力的加强;活动质量的提高;风格特点的发展;学术派别的孕育。

(一) 研究实力的加强

80年代在现代汉语语法研究中起领头作用和主干作用的老一辈学者和中年一辈学者,绝大多数在未来15到20年的时间里将从研究阵地上退下来。现在有的青年一辈或者接近中年一辈的学者,将逐渐顶上去,成为主力,成为带头人。

有的学者对90年代以后现代汉语语法研究的发展不太乐观,认为会出现一个低谷。根据是,在后继队伍中看不到像王力、吕叔湘或朱德熙这样的人才。这是一种简单的类比法。孤立地把人和人作简单的类比,从而得出悲观的结论,这是不正确的。

历史总在发展,学术研究也总要不断推向深入,一辈的学者有一辈学者的特点。分析一辈学者能否继续把研究工作推向前进,要看其整体实力,不能孤立地比较一个张三和一个李四。试问:清代曹雪芹写了一部《红楼梦》,后来的哪个作家和哪种作品能够相比?中国的文学创作不是照样不停地发展吗?

在我国语法学界,现在的青年一辈和接近中年一辈的学者,是一代"新时期学者"。他们全都是"文革"之后"出师"的新人。他们之中的绝大多数,是现代汉语专业语法方向的硕士研究生,有的还是博士研究生。他们人数较多,受过良好的专业训练,具有比较合理的知识结构,外语也比较好。在整体力量上,这一辈的学者超过了现在的中年一辈的学者。他们充实研究队伍,将大大加强整个语法学界的研究实力。他们全面登上舞台,一定能演出更加富于新意的好戏。

当然,新时期学者们应该知道,并不是每一个人都很强,有的甚至是很弱的。每一辈学者中都会产生一两个、三四个相对说来比较突出的人物。假如每个人都力争成为比较突出的人物,那么,这个队伍的实力就更强,最突出的人物就显得更加突出。这样,新时期学者们就能作出更大的具有历史意义的贡献。

(二)活动质量的提高

80年代以来现代汉语语法研究的重要特点之一,是全国性学术活动频繁开展,研究势头显得生机勃发。今后的学术活动,估计将着力于从两个方面提高质量。

一方面,加强语法事实的专题讨论。

80年代以来涉及语法问题的学术会议相当多。只以"现代汉语语法学术讨论会"来说,这个以中年语法学者为主体的系列性的学术讨论会,贯穿整个80年代,并已延伸入90年代。现已举行过:1. 密云会议(1981年5月,北京密云);2. 香山会议(1982年6月,北京香山);3. 延吉会议(1984年7月,吉林延边大学);4. 西山会议

汉语语法研究的展望

(1986年10月,北京西山);5. 槐树岭会议(1988年5月,北京槐树岭);6. 合肥会议(1990年10月,安徽合肥);7. 天津会议(1992年10月天津南开大学)等。已经出版的和即将出版的中国语文丛书《语法研究和探索》(一)、(二)、(三)、(四)、(五)、(六)、(七),是这七次会议的论文集。

已经举行的语法讨论会,在拓宽视野、活跃思想、交流成果、互相促进等方面打开了路子,取得了可贵的经验。但是,存在一个问题,就是:涉及面过宽,影响了讨论的深度。因此,讨论的专题化成了今后开展学术讨论的必然趋势。现代汉语语法的许多问题,都是需要通过多次专题讨论才能取得比较深入的认识的。比如重叠问题,疑问句问题,名词的排列配置对句法结构的影响问题,现代汉语的数量词系统问题,等等。确定一个专题,大家从各方面各个角度深入研究,小题大作,以小见大,由实引论,写出论文来互相交流,而且每个专题都连续举行两三次讨论会,必能更加迅速地推动现代汉语语法研究的发展。

另一方面,加强研究经验的理论总结。

如果说,"现代汉语语法学术讨论会"这一类会议是对语法事实进行研究的会议,那么,"清华园语法研究座谈会"便是对语法研究进行研究的会议。这个会议,由《世界汉语教学》和《语言教学与研究》两个编辑部主办,于1991年3月在北京清华园宾馆举行。会议的主题是"80年代与90年代的中国现代汉语语法研究",具有总结经验展望前景的性质。

1992年4月,中国社会科学院语言研究所和《中国语文》编辑部在北京联合举办"中国语文研究四十年学术讨论会"。会上报告的关于汉语语法的论文,也是总结经验展望前景的论文。

这两次会议开了很好的头。通过这两次会议,人们感受到了从理论上总结研究经验的必要和重要。估计今后这样的会议会得到加强。一旦这一类型的会议形成两条腿走路的学术活动的格局,现代汉语语法研究的前景会更好,造就有中国特色的理论和方法的步伐会更快。

（三）风格特点的发展和学术派别的孕育

在80年代的语法研究中，学者们渐渐地或多或少地显示了各自的风格特点。可以预料，90年代以后不同的风格特点将会有比较明显的发展。粗线条的描绘，大概有以下几种情况。

1. 理论源流

在这方面，主要风格有二：（1）"引入型"风格。引入国外理论，创造性地运用于汉语事实。（2）"生发型"风格。研究植根于本国泥土，理论生发于汉语事实。

2. 论证倾向

在这方面，主要风格有二：（1）"宏观型"风格。以设立理论框架为起点，分析事实，严密求证。（2）"微观型"风格。以发掘语法事实为起点，细描规律，提升理论。"引入型"风格可以重在宏观，也可以重在微观；同样，"生发型"风格可以重在微观，也可以重在宏观。

3. 研究触角

在这方面，主要风格有二：（1）"本体型"风格。研究现代汉语语法本体的问题，揭示现代汉语语法规律的方方面面。（2）"开放型"风格。把语法问题的研究同设计语言的研究、文化语言学问题的研究、对外汉语教学问题的研究等等结合起来。不管是"本体型"还是"开放型"风格，在走向选择上都有"引入"和"生发"、"宏观"和"微观"的区别。

不同的风格特点，孕育着不同的学术派别。一旦风格特点得到充分的发展，学术派别就会形成。

怎样才能形成学术派别？在笔者看来，起码应该具备三个条件：第一，有自己的学术领地，提出标帜性的理论和主张；第二，有鲜明的治学特点，形成一套自己的研究方法；第三，有良好的学风形成一支富有活力的队伍。

我国语法研究的深入，特别需要出现不同的学术派别。只要形成这样那样的学术派别，我国的语法研究定会出现更加繁荣的局面。这不是轻而易举的事。这里只是说"孕育"。学术派别的"孕育"，必须

经历一个很长很长的历史阶段,需要一辈接一辈学者作坚持不懈的努力。但是,有作为有志气的学者,肯定愿意为此付出毕生的心血。放眼未来,这样的局面总有一天会出现的。

五 结语

80年代以来现代汉语语法研究的繁荣,成了今后现代汉语语法研究进一步发展的新的起点。朝着全面揭示现代汉语语法事实的客观规律性的目标,根据三个"充分"的要求,沿着以两个"三角"为代表的动态的多角验证的路子继续前进,在今后15到20年的时间里,现代汉语语法研究一定还会出现更新的面貌。继续发展下去,我国语法学界很可能形成不同的派别。一旦真正形成不同的流派,现代汉语语法研究就会在人们眼前展示出更加美好的前景。

对于未来,我们充满信心。

注释:

①朱德熙:《词义和词类》,《语法研究和探索》(五),语文出版社1991年版,第3~7页。

②朱德熙:《对当前汉语研究的感想和希望》,《汉语学习》1990年第4期,第1页。

③关于"似X似的"和"像X似的",参看邢福义:《从"似X似的"看"像X似的"》,《语言研究》1993年第1期,第1~6页。这里所用的两个"古"的例子,转引自江蓝生:《助词"似的"的语法意义及其来源》,《中国语文》1992年第6期,第445页。

④"方法,指关于解决思想、说话、行动等问题的门路、程序等。"中国社会科学院语言研究所词典编辑室编:《现代汉语词典》,商务印书馆1973年版,第275页。

主要参考文献

[1] 华萍. 现代汉语语法问题的两个"三角"的研究[J]. 语言教学与研究,

1991 (3): 21-37.

[2] 邢福义. 现代汉语语法研究的三个"充分"[J]. 湖北大学学报, 1991 (6): 61-69.

[3] 邢福义. 从基本流向综观现代汉语语法研究四十年[J]. 中国语文, 1992 (6): 439-444.

[4] 陆俭明. 汉语句法分析方法的嬗变[J]. 中国语文, 1992 (6): 430-438.

(原载马庆株编《语法研究入门》,商务印书馆1999年版)

【B组】

时间词"刚刚"的多角度考察

0 前言

本文讨论时间词"刚刚"。一般认为,时间词"刚刚"相当于"刚"。实际上,可以分化为"刚刚₁"和"刚刚₂",前者相当于"刚",是时间副词,后者相当于"刚才",是时间名词。本文对时间词"刚刚"作语义的、语法的、语值的多角度考察,包括三大部分:1.从语义的角度考察"刚刚"。这一部分描写"刚刚₁"和"刚刚₂"的语义特点和比较它们的差异。2.从语法的角度考察"刚刚"。这一部分从造句功用、相对位次、对VP的要求三个方面揭示"刚刚₁"和"刚刚₂"在语法上的差异。3.从语值的角度考察"刚刚"。这一部分从表意上的价值、节律上的价值、语体上的价值三个方面阐述"刚刚"的语用价值。

"刚刚"有时表示"仅仅/恰好"之类的意思(声音很小,<u>刚刚</u>可以听到│身高一米六,<u>刚刚</u>达到标准),因跟时间概念无关,而且情况比较单纯,不必讨论。

1 从语义的角度考察"刚刚"

1.0 时间词"刚刚"实际上跟两个时间概念相联系。根据表意功能、同义替换形式及语法特征的不同,"刚刚"可以分化为两个:"刚刚$_1$",主要表示事件发生时间的始发点,可以用时间词"刚"来替换;"刚刚$_2$",表示事件发生在说话前不久,可以用时间词"刚才"来替换。例如:

刚刚$_1$

他们都<u>刚刚</u>过了春节就出发了。

→他们都<u>刚</u>过了春节就出发了。

→﹡他们都<u>刚才</u>过了春节就出发了。

刚刚$_2$

他们<u>刚刚</u>都出发了。

→﹡他们<u>刚</u>都出发了。

→他们<u>刚才</u>都出发了。

为了便于考察,先明确下列几个概念:

1) 事件时间——受"刚刚"修饰的动词性词语所表示的事件的发生时间。

2) 指称点——"刚刚"所表示的时间位置。

3) 参照点——"刚刚"往往表示在某一时点前不久,这某一时点即参照点。

1.1 关于"刚刚$_1$"

"刚刚$_1$"的指称点同事件时间存在极为密切的关系。只要是"刚刚$_1$",其指称点都处在事件时间的始发点上。例如:

(1) 三个人<u>刚刚</u>举杯相碰,酒杯就都在半空静止了……(贾平凹《浮躁》)

(2) 小芸<u>刚刚</u>分到科里。(王安林《办公室里有蜜蜂》)

事件时间为"举杯相碰""分到科里"所发生的时间,指称点处于"举杯相碰""分到科里"的始发点上。这两例又代表两种情况:1. 指称点和事件时间完全叠合。这时,事件时间往往是非连续的,或持续极短的:事件刚一发生,马上停止或转向结束。如例(1)。2. 指称点和事件时间不完全叠合。这时,事件时间持续较长,"刚刚"所指的只是这一时间最开始的那个时点。如例(2)。

时间词"刚刚"的多角度考察

"刚刚₁"的参照点为某一不确定的时间,受具体语言环境包括特定词语的制约。

有时参照点为说话时间,指称点处于说话前不久。如:

(3)"你怎么才回来?""讨论会<u>刚刚</u>结束。"

(4) 两个新毕业的大学生,<u>刚刚</u>分配到文化局不久……(苏叔阳《假面舞会》)

这两例,"刚刚"所表示的时间都以说话时间为参照点。

有时参照点是过去某时点,指称点不是处于说话前不久,而是处于过去某时点前不久。如:

(5) 那件事出现得很突然。当时武光东<u>刚刚</u>率领一个代表团访问日本归来。(水运宪《裂变》)

(6) 总理笑了笑,摇摇头。这位历史的伟人<u>刚刚</u>见到延安街头要饭的孩子。(闵国库《在倾斜的版图上》)

例(5),参照点由特定词语"当时"显示,"当时"是过去某时点,即"那件事出现"所处的时间,而"刚刚"所表示的指称点则处于"当时"这一参照点前不久的时间。例(6),参照点由具体语言环境显示,等于说"那时,总理笑了笑,摇摇头",而指称点则处于这一参照点前不久。

1.2 关于"刚刚₂"

"刚刚₂"的作用同"昨天、上午"之类一样,用来确认事件时间的位置,其指称点同参照点存在固定而明确的联系。只要是"刚刚₂",其指称点总是处于说话时间——即参照点前不久。如:

(7) 他<u>刚刚</u>在粮店卖完花生,曾经牵着毛驴来这儿转悠。(张一弓《寻找》)

(8) 我想<u>刚刚</u>她一定又是在呆呆凝望着那群鸽子在飞翔的。(张抗抗《塔》)

"他……牵着毛驴来这儿转悠"的时间,"她……呆呆凝望着那群鸽子在飞翔"的时间,都是"刚刚"。只有一点不同:前者是说话人亲眼看到的事实,后者是说话人的推断。

· 143 ·

1.3 "刚刚₁"和"刚刚₂"的比较

首先,"刚刚₂"的参照点是固定的,而"刚刚₁"的参照点却是灵活的。说"刚刚₂",参照点一定是说话时间;说"刚刚₁",参照点既可以是说话时间,也可以不是说话时间。比较:

刚刚₁

伤口<u>刚刚</u>痊愈。　　　　　　　　　(说话时间)

当时,伤口<u>刚刚</u>痊愈。　　　　　　(过去时间)

刚刚₂

伤口<u>刚刚</u>还在出血呢。　　　　　　(说话时间)

＊当时,伤口<u>刚刚</u>还在出血呢。　　(过去时间)

由于"刚刚₁"的参照点不一定跟说话时间存在固定的联系,尽管"刚刚₁"有时表示说话前不久的意思,但在特定的句法结构中这种意思就会被消除。比如:

句法结构Ⅰ:"刚刚……的时候"

　　a. 游乐场<u>刚刚</u>开放。

　　b. 游乐场<u>刚刚</u>开放的时候,一天要接待好几万人。

　　a. 她<u>刚刚</u>上大学。

　　b. 她<u>刚刚</u>上大学的时候,看什么都新鲜。

a 句里,表示事件始发点位于说话前不久的意思;b 句里,这一意思被"……的时候"的句法结构所消除,只强调事件时间的始发点,说话人只是说在这一始发点上发生了什么事情。

句法结构Ⅱ:"刚刚……就……"

　　a. 他的论文<u>刚刚</u>发表。

　　b. 他的论文<u>刚刚</u>发表,就引起了国内外学术界的广泛注意。

　　a. 他<u>刚刚</u>当上科长。

　　b. 他<u>刚刚</u>当上科长,穿着就讲究起来了。

a 句里,表示事件始发点位于说话前不久,但在 b 句里,一进入"刚刚……就……"的句法结构,说话前不久的语义便被消除,说话人只是指明事件的始发点。

时间词"刚刚"的多角度考察

其次,"刚刚$_1$"和"刚刚$_2$"都跟"前不久"的语义相联系,但"不久"所反映出来的说话人的心理特征却大不相同。

"刚刚$_2$"的"不久"基本上是一种客观陈述,听话人据此可以大致把握它所表示的时间距离的位置:可能是几分钟前,两三小时前,绝对不会超过一天,一般也不会超过半天。例如:

(9) 刚刚她这两句话,是那么成熟与机智,可想而知,今天晚上的会面,也是她一手促成的。(水运宪《裂变》)

(10) 他将刚刚他怎样丢钱和拾到十块钱的事情都告诉了妈妈。(杜宣《好孩子毛小弟》)

"刚刚$_1$"的"不久"在很大程度上是一种主观描述,听话人只能根据具体语境和具体事件来推测它所表示的时间距离的位置:可能是几秒钟、几分钟、几小时前,也可能是几天、几月,甚至几年前。例如:

(11) 我们前面那辆汽车的尾灯已经亮了,刚刚刹住车……(德兰《真》)

(12) 这也难怪,刚刚交替过来,省长的处境是很困难的。(水运宪《裂变》)

前一例有上下文的提示,一般指几秒钟前。后一例就很难把握:"交替过来"可能是几天前,也可能是几月前,甚至可能是一年前。

一段时间距离,究竟算长还是算短,往往受个人心理状态的制约,反映其主观意识、主观情绪。"刚刚$_1$"这个时间词,是可以把"长"当"短"来强调的。看下面的对话:

父亲:刚刚学过四则混合运算,怎么就不会做了?

儿子:都学过一个学期了,谁还记得!

"一个学期",在儿子看来是够长的了,但父亲却用"刚刚$_1$"来强调,这显然反映出描述的主观色彩。

总之,由于"刚刚$_1$"偏重于指明事件发生的始发点,而"刚刚$_2$"总是用来确认事件发生在说话时间不久前的时间,它们的本质语义特点是有所不同的。

2 从语法角度考察"刚刚"

2.0 "刚刚₁"是时间副词,"刚刚₂"是时间名词,它们在语义上有不同,在语法上也呈现出好些差异①。下文主要从三个方面考察它们语法上的差异:

1) 造句功能——指能够充当什么句子成分,能否成为独词句。
2) 相对位次——指跟某些成分或某些词语相对待时所处的位次。
3) 对 VP 的要求——VP 指受"刚刚"修饰的动词或动词结构。

2.1 造句功能

时间副词"刚刚₁"只能充当状语,时间名词"刚刚₂"不仅能充当状语,还能充当定语和独词句。例如:

(13) 同时,对小桂,又隐隐地产生了厌恶感;原来你刚刚₂的动作是为了………(张贤亮《早安!朋友》)

(14) 大家想起刚刚₂办公室里的情景,不禁毛骨悚然。(王安林《办公室里有蜜蜂》)

上例"刚刚"用在名词或名词结构前边作定语。

(15)(其中一个护士用漠然的口气截住我焦急的询问:)"走啦。他非得要求出院。刚刚₂。"(张辛欣《在同一地平线上》)

上例"刚刚"独用,可以分析为独词句。

顺带指出:"刚刚₁"和"刚刚₂"都可以作状语,这一点上它们是相同的。但是,在复句里,如果"刚刚₁"和"刚刚₂"用于前分句,而后分句有个跟它们对应使用的时间词,那么,跟时间副词"刚刚₁"对应使用的往往是时间副词"立即"之类,跟时间名词"刚刚₂"对应使用的往往是时间名词"现在"之类。即:

S 刚刚₁VP,(S) 立即 VP。
S 刚刚₂VP,(S) 现在 VP。

比较:

(16) 他刚刚₁跑到车站,小伙子们马上把他拉回去了。

时间词"刚刚"的多角度考察

(17) 他刚刚₂跑来车站,现在又不知跑到哪里去了。

又如:

(18) 那位病人刚刚还咳嗽不止,现在好多了。

(19) 苏三荡刚刚还喧嚣杂遝,此刻却是一片死一般的沉默。

这里的"刚刚"跟"现在、此刻"对应使用,是时间名词"刚刚₂"。

2.2 相对位次

2.2.1 跟某种成分相对待时所处的位次

首先,"刚刚₁"总是出现在主语后边,不能出现在主语前边;"刚刚₂"既可以出现在主语后边,也可以出现在主语前边。例如:

(20) 上工的铃刚刚₁响过,张三就把电门合上了。(陈村《一天》)

→ *刚刚₁上工的铃响过,张三就把电门合上了。

(21) 路灯刚刚₂还很亮,过了这点时光就变得不大亮了。(陈村《一天》)

→ 刚刚₂路灯还很亮,过了这点时光就变得不大亮了。

"刚刚₂"用在主语前边时,可以有较明显的停顿,书面上加逗号:

(22) 刚刚,它们还只是一些模糊不清、躲躲闪闪的剪影。(于家达《青凌凌的黄河水》)

其次,用于谓语部分时,"刚刚₁"可以出现在一般状语后边,甚至可以出现在连动式结构中间,"刚刚₂"则要求出现在前边②。例如:

(23) 他在饭店刚刚₁吃完饭,不想就碰着一个人……(贾平凹《浮躁》)

(24) 我们各自都有几柜书,有着共同年龄的女儿——她们又同样兴奋地刚刚₁接到重点大学的"录取通知书"。(罗达成《少男少女的隐秘世界》)

上例"刚刚₁"用在一般状语后边。"刚刚₂"没有这种位次。

(25) 他拍着他那叠谱纸,像他家新买了钞票机刚刚₁印出了票子。(张欣《投入角色》)

(26) 七十年代末期他从乡下回来刚刚₁复职……（熙高《燃烧的暴风雪》）

上例"刚刚₁"用在连动结构"新买了钞票机印出了票子""从乡下回来复职"中间。"刚刚₂"没有这种位次。

2.2.2 跟某些副词相对待时所处的位次

"还、都、又"这几个副词，它们跟"刚刚"的位次关系是绝对的。它们如果跟"刚刚"同现，那么，"刚刚₁"一定出现在它们的后边，"刚刚₂"一定出现在它们的前边。比较：

小孙女还刚刚₁学说外语呢！

小孙女刚刚₂还学说外语呢！

再看两个例子：

(27) 这些兵其实都刚刚学喝酒，对各种酒什么味并不能辨清……（周大新《走廊》）

(28) 昨天下了一场雨，下午机关又刚刚进行过大扫除，整个办公室便窗净几亮。（王安林《办公室里有蜜蜂》）

例(27)，"刚刚"用在"都"后边，是时间副词"刚刚₁"。如果"都"用到"刚刚"后边，如说"这些兵刚刚都学喝酒"，"刚刚"便成了时间名词"刚刚₂"。例(28)，"刚刚"用在"又"后边，是时间副词"刚刚₁"，句首还出现了时间名词"下午"。如果"又"用在"刚刚"后边，如说"机关刚刚又进行大扫除"，"刚刚"便成了时间名词"刚刚₂"。由于"刚刚₂"是相当于"刚才"的时间名词，句首的时间名词"下午"就不能再出现。

有两点需要说明：

第一，"刚刚"和"才"有时连用，或者说"才刚刚"，或者说"刚刚才"。这是同义连用格式，"才"是时间副词，"刚刚"用在后边时固然是时间副词，用在前边时也是时间副词。如：

(29) 当炮火开始全线轰响的时候，潘荪才刚刚₁走到了41高地的山脚。（周大新《走廊》）

(30) 我也刚刚₁才到。（刘震云《塔铺》）

第二，能跟"刚刚₁""刚刚₂"同现的副词并不总是一样的。比方，"刚刚₁"可以跟"别"同现，"刚刚₂"却排斥"别"；相反，"刚刚₂"可以跟"正在"同现，"刚刚₁"却排斥"正在"。如：

(31) 这可不是闹着玩的，别刚刚₁出了劳改队，又进了阎王殿。

→ *S 刚刚₂别……

(32) 我刚刚₂正在洗漱，忽见一道黑影从我眼前闪过。

→ *S 正在刚刚₁……

2.3 对 VP 的要求

2.3.1 意义方面的要求

有的动词在意义上是一种"过程动词"，所表示的行为可以往参照点之后延续。"刚刚₂"总是表示说话前不久的时间，它的后边不能出现这种过程动词；"刚刚₁"则总是表示行为的始发点，因此，它的后边可以出现这种过程动词。例如：

(33) 老秀才晚年得子，深怕断了香火，匆匆在邻村选中一个姑娘，便逼着刚刚₁成年的儿子结婚。(边震遐《秋鸿》)

(34) 达师傅又翻一次身，眼前又出现一个莫雨，这次是……一个刚刚₁发胖的、好脾气的中年妇女。(铁凝《六月的话题》)

有的动词本身不是过程动词，但如果整个 VP 相当于这种过程动词，同样不能跟"刚刚₂"配合，只能跟"刚刚₁"配合：

(35) 我们的读者中肯定有许多是刚刚₁做爸爸妈妈的。

(36) 而且，在福冈举行的亚洲女排锦标赛上，他就给刚刚₁经过新老更替的中国女排泼了一盆冷水。(鲁光《中国男子汉》)

2.3.2 结构方面的要求

"刚刚＋动＋时段补语"的结构，"刚刚₁"和"刚刚₂"对时段补语的要求有所不同。

时段补语如果采取"数＋量"的形式，用"刚刚₁"时，"数＋量"可以表示较短时段，也可以表示较长时段；用"刚刚₂"时，"数＋量"只能表示较短时段。如：

(37) 这些农民，什么时候准备的雨伞？雨才刚刚₁下了几分钟啊！（闵国库《在倾斜的版图上》）

(38) 刚刚₁出来几天，就常常被一种说不清、道不明、莫名其妙的情绪搅得睡不安然。（冯苓植《落凤枝》）

"几分钟"时段较短，"几天"时段较长。"刚刚₂……几分钟"能说（他刚刚₂还在这儿坐过几分钟），"刚刚₂……几天"却不能说（他刚刚₂还在这儿坐过几天）。

时段补语如果不是"数+量"，或者不是单纯的"数+量"，那么，用"刚刚₁"时，时段补语采用带有缩小意味的"不久、不一会儿"之类形式，如：

我刚刚₁坐下不久，这催命鬼又来了！

我刚刚₁坐下不一会儿，这催命鬼又来了！

相反，用"刚刚₂"时，时段补语可以采用夸大意味的"好久、好一会儿"之类的形式。比如"他刚刚曾经牵着毛驴来这儿转悠"（参看例7），其中用"刚刚₂"可以说成例（39），却不能说成例（40）：

(39) 他刚刚曾经牵着毛驴来这儿转悠了好一会儿。

(40) 他刚刚曾经牵着毛驴来这儿转悠了不一会儿。

有时"刚刚"所修饰的不是典型的 VP。"刚刚₁"和"刚刚₂"对非典型 VP 表现出不同的选择性。

如果是"刚刚＋很＋形容词"，那么，一定是"刚刚₂"修饰"很＋形容词"。如"路灯刚刚还很亮"（例21）。又如：

我刚刚很生气。

她刚刚非常伤心。

如果是"刚刚＋（到＋）时间名词"，那么，一定是"刚刚₁"修饰时间名词，其中隐含"到"的意义。如：

(41) 刚刚₁九点，公园里就人满为患了。（李云良《牌友》）

(42) 刚刚₁早晨，空气又粘又脏，站里站外的人……吆喝着挤来挤去。（孟晓云《多思的年华》）

时间词"刚刚"的多角度考察

3 从语值角度考察"刚刚"

3.0 一个语言符号存在的根据就在于它在自己所处的系统中有着独特的价值,不然,它就会成为多余的东西,就会被淘汰。

"刚刚"和"刚"构成一对同义词,"刚刚"和"刚才"构成一对同义词。为什么有了"刚"和"刚才",还需要"刚刚"?这个问题要从语用价值的角度来回答,而回答了这个问题,我们对"刚刚"的认识就会更加全面、更加完整。

3.1 表意上的价值

"刚刚"和"刚"都表示动作的始发点。但是,比较地说,"刚刚$_1$"往往可以特别突出地强调动作的速发性。

证据一:当行为间的连接在事实上"间不容发"的时候,用"刚刚$_1$"比用"刚"能给人更加鲜明的感觉,更加强烈的印象。例如:

(43)他<u>刚刚$_1$</u>醒来,呐喊一声就摇头晃脑地打起来。(张炜《古船》)

(44)<u>刚刚$_1$</u>和这辆卡车错过,迎面又来了一辆同样的运输原木的卡车。(白桦《一支枯竭了的歌》)

这里的"刚刚$_1$",如果换成"刚",在表意的准确鲜明上就稍逊于原句。

证据二:"刚刚 X 就 Y"和"刚 X 就 Y"都表示 X 与 Y 的先后紧接,但在"刚刚 X 就 Y"里,后项一定可以出现"立即、突然"之类表示瞬间速发的词语。如:

(45)他<u>刚刚$_1$</u>迈进中圣门,顾客们立即蜂拥而来,簇拥在他的周围……(石坚、马津海《市长李瑞环》)

(46)棋子<u>刚刚$_1$</u>摆好……忽然传来一阵清脆细柔的鸣声:"唧!唧!唧……"(边震遐《秋鸿》)

(47)陆母<u>刚刚$_1$</u>坐下,突然弹射而起!

(48)<u>刚刚$_1$</u>进屋想看个仔细,猛地嗡隆一声,腾起一块绿云。

(李亚南《蓝瞳》)

有时,前项用了"刚刚₁",后项虽然不出现"立即、忽然"之类,但可以补上。如:

(49)龟山弘吉刚刚₁苏醒过来,他就(立即)到司令部告状去了。(王星泉《白马》)

(50)刚刚₁脱下外衣,就(忽然)听见有人敲门。(水运宪《裂变》)

在"刚 X,就 Y"里,后项不一定都能够顺当地使用"立即、突然"之类词语。如:

(51)刚走到火车站,小虎就睡着了。(姜滇《市长夫人》)

→ *刚走到火车站,小虎就立刻睡着了。

→ *刚走到火车站,小虎就突然睡着了。

证据三:"刚刚₁"和"刚"都可以用在"动词语+时间名词语"前面,但其中的名词语有些微妙差别。

如果述说的仅仅限于始发点上发生的上事情,不涉及以后紧接着发生的反向变化,那么,用"刚刚₁"时,时间名词往往表示短暂的时间,用"刚"时,时间名词语可以表示较长的时间。比较:

(52)刚刚₁按铃那一刹那,她的心怦怦直跳,不知命运到底如何摆布自己。

(53)刚当教师那年,我二十一岁,我的学生视我为"大姐""大朋友"。(钱怡《爱在北大荒》)

"一刹那"时间极短,句子后项可以出现"忽地、猛地"之类词语:她的心忽地怦怦直跳;"那年"时间较长,句子后项可以出现"常常"之类词语:我的学生常常视我为"大姐""大朋友"。

有时,所用名词语在词面上相同或基本相同,但所表示时间实际上有短长的差异。例如:

(54)等阿猫刚刚₁骑上墙头的时候,忽然间,听得一缕笛声远远飘来……(边震遐《秋鸿》)

(55)白天明刚分到新华医院时,常常到这筒子楼里来找郑柏

年。(苏叔阳《故土》)

同是"时、时候",前一例"时候"相当于"那一瞬间",后项用了"忽然间",后一例"时"可以换成"那一年",后项用了"常常"。

有意思的是,如果所述说的事情事实上后来并非如此,那么,"刚刚₁"后边可以出现"一年"之类,但从整个语境看,却是强调情况很快就发生了变化。这时,在说话人的心理感觉上,"一年"之类所表示的时间仍然是短促的。比如,可以比照例(55),造出这么个句子:"白天明刚刚分到新华医院的头一年,对什么事情都十分认真。"又如:

(56)多丽刚刚上班的前半年,瑞心因她的乐观笑容而羡慕她的幸福。……(林湄《女人啊!女人!》)

"头一年"也好,"前半年"也好,跟"刚"相对而言,用"刚刚"更有强调作用。

3.2 节律上的价值

"刚"是单音词,"刚刚"是双音词。在某种情况下,双音词"刚刚₁"可以加强语句的节奏感和音乐美。看例子:

(57)春分刚刚₁过去,清明即将到来。(郭沫若《科学的春天》)

(58)刚刚₁背道而驰,马上迎头碰到。(高晓声《巨灵大人》)

用"刚刚",前后分句节奏匀称,读起来顺口悦耳,如果改用"刚",就会失去对称美。

双音词"刚刚₁"的使用,有时还为了适应语流中音节配合的需要。看例子:

(59)太阳刚刚₁落山,西边的天上飞起一大片红色的霞朵。(路遥《人生》)

(60)柳杭的春天来得早,积雪刚刚₁消融,绵绵的春雨便湿润了大地。(闵国库《在倾斜的版图上》)

在这样的语流中用"刚刚₁"同其他双音词配合使用,具有谐调美。如果把"刚刚₁"换为"刚",读起来没那么顺口。

3.3 语体上的差异

"刚刚₂"和"刚才"意思没有区别,音节完全相同。它们的细微差别，表现在言语的语体色彩上面。"刚刚$_2$"是口语词，用于口头述说的话语当中；"刚才"是语体上的中性词，既通用于口语，也通用于书面语。说话时，使用"刚刚$_2$"，往往可以更好地适应谈话语体的需要，使语句更能上口。看几个例子：

(61) 刚刚$_2$这个球是扣出了界外。(中央电视台播出的排球赛解说)

(62) 白思弘？你刚刚$_2$不是说白思弘跟罗晓莉好吗？(张贤亮《早安！朋友》)

(63) 柏子叔公，刚刚$_2$你……你说的秋……秋秋鸿，是咋格东西啊？(边震遐《秋鸿》)

以上例子口语色彩都很浓。在顺口叙说、顺口提问中这么使用"刚刚$_2$"，语体上显得十分和谐。

反过来看，在书面色彩较浓的环境里，就不宜用"刚刚$_2$"，而应该用"刚才"。如：

(64) 代表们刚才所提的一系列建议，我们将充分予以考虑。

这里，"所提的一系列建议""充分予以考虑"都是典型的书面语说法。如果把其中的"刚才"换成"刚刚$_2$"，不仅失去了庄重的色彩，而且觉得说着别扭。

再比较下面两个例子：

(65) 但是我想，刚才说的军队要整顿，要安定团结，要落实政策，这些原则是不会错的。(《邓小平文选》)

(66) 我刚刚$_2$说的"无论从哪方面"，一是说……二是说……(黄小初《永远走红的汽车》)

前一例是"刚才说的……"，后一例是"刚刚说的……"。前一例见于十分庄重严肃的场合，用"刚才"在语体色彩上显得和谐得当；后一例是"拉家常"的场合说的，"刚刚$_2$"更显得随便顺口。

4 结语

4.1 从语义的角度看："刚刚$_1$"相当于"刚"，表示事件时间的始发点。"刚刚₁"还可以表示事件始发点处于"某时点前不久",但"前不久"侧重主观描述,"某时点"既可以是说话时间,也可以是过去某时点。在关系的必然性上,"刚刚₁"同过去、同说话时间没有本质的联系。"刚刚₂"相当于"刚才",表示事件发生在说话前不久。"刚刚₂"用来确定事件发生的时间位置,不具有表示事件时间始发点的作用。"刚刚₂"所表示的"前不久"侧重客观陈述;在关系的必然性上,"刚刚₂"同过去与说话时间有着本质的联系。

4.2 从语法的角度看:"刚刚₁"是时间副词,"刚刚₂"是时间名词,它们在造句功用上,在跟某种语言成分相对待时所处的位次上,在对 VP 的要求上,都表现出互相对立或互有差异的一些语法特征。比方,"刚刚₁"只能作状语,"刚刚₂"还能充当定语和独词句。再比方,"刚刚₂"可以用在主语前边,"刚刚₁"不能用在主语前边;如果跟"还、都、又"同现,"刚刚₂"一定在前边,"刚刚₁"一定用在后边。又比方,VP 里如果包含时量补语,用"刚刚₁"时时量补语采取带有缩小意味的"不久、不一会儿"之类形式,用"刚刚₂"时时量补语采取带有夸大意味的"好久、好一会儿"之类形式。

4.3 从语值的角度看:跟"刚"和"刚才"相比较,"刚刚₁"和"刚刚₂"都具有独特的语用价值。"刚刚₁"在运用中主要从表意上、节律上显示其价值;"刚刚₂"在运用中主要从语体色彩上显示其价值③。

注释:

①"刚才"是时间名词,相当于"刚才"的"刚刚₂"也是时间名词。凡是用"刚刚₂"的地方都能换为"刚才",但不能反过来说只要是"刚才"都能换成"刚刚₂"。这种情况并不奇怪。在时间名词里,各个时间名词的有效使用面有大有小。跟"刚才"比,"刚刚₂"的有效使用面要小一些;跟"昨天、上午"之类比,"刚才"的有效使用面又要小一些。本文只考察"刚刚₁"和"刚刚₂"的语法上的差异,不涉及"刚刚₂"和"刚才"互换条件的全面描写问题。

②我们这里用的是"一般状语"的概念。有些表示语气的状语,比方表示推测语气的"似乎、好像"之类,"刚刚₂"可以出现在后边,也可以出现在前边,"刚刚₁"却只能出现在后边。比较:

小两口似乎刚刚$_2$还在吵嘴。

小两口刚刚$_2$似乎还在吵嘴。

小两口似乎刚刚起床。

＊小两口刚刚似乎起床。

③本文从语义、语法、语值三个角度考察了"刚刚$_1$"和"刚刚$_2$"。它们在语音上是否有所不同，这个问题待作进一步的考察。《现代汉语词典》中，"刚刚"只有一个义项：刚$_2$（副词）。标音：gāng·gang。在"根据《现代汉语词典》压缩改编而成的"《现代汉语小词典》中，"刚刚"一词有两个义项：刚（副词）；刚才。读音皆标为：gāng。尽管《现代汉语小词典》"刚刚"一词的"刚才"义项下所举的例子（"他刚刚走，你快追吧！"）实际上相当于"刚刚才"，"刚刚"还是副词，但这部词典毕竟肯定了"刚刚"有时相当于"刚才"，可以认为义项下面的用例不是穷尽遍举的。

主要参考文献

[1] 中国社会科学院语言研究所词典编辑室. 现代汉语词典［M］. 北京：商务印书馆，1973.

[2] 中国科学院语言研究所词典编辑室. 现代汉语小词典［M］. 北京：商务印书馆，1981.

[3] 吕叔湘. 现代汉语八百词［M］. 北京：商务印书馆，1980.

[4] 北京大学中文系1955、1957级语言班. 现代汉语虚词例释［M］. 北京：商务印书馆，1982.

[5] 邢福义. 关于副词修饰名词［J］. 中国语文，1962（5）：215-217.

[6] 周小兵. "刚＋V＋M"和"刚才＋V＋M"［J］. 中国语文，1987（1）：18-20.

（原载《中国语文》1990年第1期，跟丁力、汪国胜、张邱林合写，略有修补）

现代汉语数量词系统中的"半"和"双"

导言

《HSK 常用词汇一览表》把"半""双"二词的词性分别标注为数词和量词。本文是对《一览表》的说法的补足。文章把"半"和"双"放在现代汉语数量词系统中来考察,试图通过数量词系统更好地理解"半""双",又试图透过"半""双"加深对数量词系统的认识。

"数词+量词"构成现代汉语词类系统中一个特殊的子系统——数量词系统。其基本特点,表现在:第一,数词和量词定型组合,共同外向;第二,数词和量词相互规定,相互促成。

首先,"数词+量词"成了一个定型组合的结构,已近似于短语词,因而通常叫做"数量词"。句法组合中,"数量词"在同三大实词名动形发生组合关系时,做为一个整体结构"一致对外"。一般是显性的,如:九架飞机(数量→名),飞机九架(名←数量);三次访问(数量→动),访问三次(动←数量);万丈高(数量→形),高万丈(形←数量)。有时是隐性的,如:九人(=九个人:数[量]→名),三渡天险(=三次渡过天险:数[量]→动),写封信(=写一封信:[数]量→名),这封信(=这一封信:这[数]量→名)。

其次,在"数词+量词"的结构中,"数"规定"量","量"规定"数"。换句话说,数词对量词的性质有促成作用,量词对数词的性质也有促成作用。我们常常看到这样的结构框架:

数 X→名

X量→名

如果已知项为"数",未知项X一定是"量"。比如:"三X书",已知其中的"三"是数词,那么,X一定是"本、册、页、箱、柜"等量词。有的形式通常是名词,一进入这种结构,也会被促成量词。如:"三书架书","书架"通常是名词,这里却被促成了量词。反之,如果已知项为"量",未知项X如果不是"这、那"等指示代词,或者不是"大、小、整、满"之类形容词,那么,排除了"这箱书(可以说成'这一箱书')、整箱书(可以说成'整整一箱书')、满箱书(可以说成'满满一箱书')"等情况,X不可能不是数词。

两种情况有点特殊:

其一,单音量词重叠式AA,可以直接跟名词组合,有时不好再加数词。不过,它本身包含"每一"或"多"的意思,实际上表示一种隐性的数量关系。如:门门功课都是100分(=每一门功课)│天上是朵朵白云(=多朵白云)。

其二,"数"和"量"之间,有限地接纳"大、小、满、整、厚、长"等少数几个形容词。如:一大摊,一小滴,一满碗,一整箱,一厚摞,一长溜。陆俭明(1988)有详细论述,可参看。

在现代汉语里,"半"和"双"属于数量词系统。它们有时是数词,有时是量词,有时是数量混沌现象。

一 数词系统中的"半"

数词系统是数量词系统的一个分支。考察数词系统中的"半",需要用三个标准来检测数词。这就是:1.可否直接进入"X量"中X的位置;2.可否进入"第X"中X的位置;3.可否进入"从X开始"中X的位置。

  a. 一 二 三 四 五 六 七 八 九 十 十一 十二……

  b. 两 半 许多 无数

现代汉语数量词系统中的"半"和"双"

  c. 零

  d. 百　千　万　亿

  检测上面的数词，可以知道：

  a组是＋＋＋。这是最典型的数词。既可以表示统数，也可以表示序数。比如"三个、十杯"、"第三、第十"和"从三开始、从十开始"等都能说。这类数词中，单纯数词共十个，即"一～十"。从属于典型数词的有一个"几"。"几"本是疑问数代词，有时用来表示不定小数目，可以说"几个、几杯"，也可以说"第几"和"从几开始"。

  b组是＋－－。这是一组无次第数词，只表示统数，不表示序数。可以说"两个、半个、许多个、无数个"，但不能说"第两、第半、第许多、第无数"和"从两开始、从半开始、从许多开始、从无数开始"。由疑问代词转化而来的表示不定数目的"多、多少、若干"，性质相同。

  c组是？－＋。只有一个"零"。"零"是个不成数的离量数词。可以说"从零开始"，但不能说"第零"。特别是，由于它不成数，一般不会跟量词组合，即一般"离量"。如一般不说"零个、零杯"。除非大人这么问小孩："三个加三个等于几个？三个减三个等于几个？"小孩也许会回答说："三个加三个等于六个。三个减三个等于零个。"

  "从X开始"这一格式可以帮助分化数词，但不能用来确认数词。因为别类词也可以进入这一格式："从今天开始｜从你开始｜从学步开始。"认定"零"是数词，是由于它是数字对应体系中的一个词，比如"三减三等于零"；而且，在特殊语境中，不是绝对不能出现"零个"之类的说法。

  d组是？？？。共四个。通常以数词的构词成分的身分出现：一百｜三千｜五万｜七亿｜亿万。一般情况下，如果没有"一、三、五"等的参与，不仅不能说"第百、第千、第万、第亿"，也不大能说"从百开始、从千开始、从万开始、从亿开始"或"百个、千个、万个、亿个"。当然，在文言性或诗歌性语句中，"酒逢知己千杯少""黄金万两"之类说法十分自然，但从常见用法上说，它们毕竟具有"一般不

· 159 ·

独立活动"的特殊性。

从上可知,"半"在数词系统中是无次第数词。它同"两、许多、无数"同类,都只用于统数,不具备跟"第"组合的功能,不能作为数数开始的一个数。

在此基础上,应该知道以下几点:

第一,从表意上说,"半""两"和"许多""无数"又是两小类。"半""两"是有定统数词,"半"即二分之一,"两"即一加一;"许多""无数"是无定统数词,由于表多数,而且是双音节,往往独用,但也往往跟量词结合使用。《HSK常用词汇一览表》把"许多""无数"都注为形容词,但形容词不能跟量词组合,它们应该都是数词。数词"多、多少、若干"也是无定统数词。

第二,"半"一般跟物量词组合。但是,"半"的意义是二分之一,它的组合对象必须是表示跟确定数量或确定实体相联系的可二分单位的量词。比较:

  半打(＋) 半点(＋) 半群(—) 半些(—)

"打"跟十二有固定联系,"点"可以代表一个确定实体,它们都可以跟"半"组合;"群"和"些"都不表示确定的实体或数量,它们都不能跟"半"组合。

物量词所表示的单位是否跟确定数量、确定实体相联系,往往要看NP的语义。如:

  一个苹果 一个馒头 → 半个苹果 半个馒头
  一个情况 一个念头 → 半个情况(?) 半个念头(?)

"苹果、馒头"是确定实体,可以说"半个";"情况、念头"不是确定实体,一般不说"半个"。

在物量词里,表示度量衡单位的量词,全都跟确定数量相联系。按说它们应该全都可以跟"半"组合,然而,却有一个"丈"是例外:

  半斤 半两 半吨 半磅 半钱 半厘 半亩
  半斗 半升 半里 半米 半寸 半尺 半丈(?)

"半尺、半寸"等能说,"半丈"却一般不说。这也许是习惯使然,

现代汉语数量词系统中的"半"和"双"

说不出为什么。

第三,"半"一般不跟动量词组合。这是因为,动量词所表示的单位不跟确定数量或确定实体相联系。比如:

半下(?) 半次(?) 半遍(?) 半趟(?)

一个量词形式,有时表示物量,有时表示动量。能否同"半"组合,跟表示物量还是表示动量有关。比如:

昨晚电影只放了一场→昨晚电影只放了半场(＋)

昨晚她们大哭了一场→昨晚她们大哭了半场(－)

"半晌"似乎是"半＋动量词"。比如:"段正淳深思半晌。"其实,"晌"尽管不是物量词,但也不是一般的动量词。严格地说,它是一个时量词,它所表示的时段尽管模糊,但有一定的长度,因此可以用"半"分段。

第四,在对情况作否定性强调的场合,"半"可以同任何量词组合,形成超常搭配现象。这是为了取得特殊的语用效果。比如,一般不说"半个念头",不说"半次",然而却有下面的说法:

我有什么念头?我半个念头也没有!

我去过几次?我半次也没去过!

二 量词系统中的"双"

量词系统是数量词系统的另一个分支。考察量词系统中的"双"需要用三个标准来检测量词。这就是:1. 能否直接进入"数 X(NP)"或"(VP)数 X"格式中 X 的位置;2. 能否重叠表"每";3. 能否加特定形容词作量的评估。

a. 个 位 顶 根 件 颗 面 台 项 盏 张 只 株 桩 堆 股 群 帮 伙 卷 类 列 排 批 段 串 摊 套

b. 样 种 对 双 打 斤 两 尺 寸 磅 里 亩 分 秒

  c. 些　撮　抹　搂

  d. 成　倍　次　下

  检测上面的量词,可以知道:

  a组是+++。这是最有代表性的一般量词,占量词的绝大多数。它们能直接进入"数 X":一个(馒头),一堆(废铁);又能重叠表"每":个个(都很大),堆堆(像个小山);还能加"形"评估:一大个,一小堆。跟封闭性较强的典型数词相比较,一般量词有较大的开放性,数量较多。

  b组是++-。这是一组"可叠不可估"的量词,数量不很多。这组量词,包括空泛义量词"样、种",定数义量词"对、双、打"和"斤、两、尺、寸、分、秒"等。定数义量词中,大部分是度量衡单位。它们能直接进入"数 X":一样(礼品),一种(怪说法),一对(鸽子),一双(鞋子),一斤(苹果),一分/一秒(钟);能重叠表"每":样样(礼品都很贵重),种种(说法各有道理),对对(相亲相爱),双双(都系上红带子),斤斤(计较),分分秒秒(想着你);但是不能加"形"评估:一大样(×),一小种(×),一大对(×),一小双(×),一大斤(×),一大分(×),一小秒(×)。

  c组是+-+。这是一组"可估不可叠"的量词,数量很少,这组量词,一般只包括少量义的"些"和由动词转来的一些量词。它们能直接进入"数 X":一些(钱),一撮(黄土),一抹(白云),一搂(麦秆);能加"形"评估:一大些,一小撮,一小抹,一大搂;但是不能重叠表"每":些些(×),撮撮(×),抹抹(×),搂搂(×)。

  d组是+--。这是一组"既不可叠又不可估"的量词,数量很少。这组量词,只包括表示分数和倍数的量词"成、倍"和意义比较虚灵的动量词"次、下"等。它们能直接进入"数 X":三成(利息),两倍(水),(看了)三次,(摸了)两下;但是不能重叠表"每",不能加"形"评估:成成(×),一大成(×),倍倍(×),一大倍(×),次次(×),一大次(×),下下(×),一大下(×)。(说明:动量词"次、下"可以说成"一次次、一下下",却不能只说"次次、下下"。)

现代汉语数量词系统中的"半"和"双"

能直接进入"数 X",是一个量词必须具备的条件。但是,应该注意:第一,表物量时,后边必须能出现 NP。第二,"数 X"中间不能再出现一个明显是物量词的词。比如"十三人",这也是"数 X",但后边不能再出现作为计数对象的 NP,中间却可以出现明显是物量词的"个":"十三个人"。"人"不是量词。

如果换一个角度来观察量词,又可以看到:量词可以用"NP 成 X"格式来分化。有的量词表示凝合单位,能进入"NP 成 X"中的 X 的位置;有的量词表示独体单位,不能进入"NP 成 X"格式。例如:一堆废品→废品成堆;一群观众→观众成群;一套房间→房间成套;一双筷子→筷子成双。│一件废品→废品成件(×);一位观众→观众成位(×);一个房间→房间成个(×);一根筷子→筷子成根(×)。量词"些",既非凝合单位,亦非独体单位,也不能进入上述格式:一些用品→用品成些(×)。

从上可知,在量词系统中,"双"是个"可叠不可估"的量词,并且是一个可以进入"NP 成 X"格式的凝合单位量词。

实际语言运用中,"双"和别的物量词往往对举使用。下面是个特意配置数量组合的例子:

(1) 空旷的竹屋中,竟有五粒明珠,四重门户,三滩鲜血,两双脚印,一具蒲扇!(古龙《护花铃》)

这里列出"五 X""四 X""三 X""两 X""一 X",分别嵌进物量词"粒""重""滩""双""具"。

"双"和"对"同义,但同事物的配搭有一定的习用性,二者有时不能互换。应该特别指出的是:

第一,用"双"、用"对"有时似乎语用价值略有不同。看这两个例子:

(2) 昨晚是陈姐的一双儿女在家陪我……(叶永烈《梁实秋·韩菁清情书选》)

(3) ……你写作,我学习。啊!那该是多么令人羡慕的一双呢!(叶永烈《梁实秋·韩菁清情书选》)

· 163 ·

这里用"一双",更多的人也许会用"一对"。"双"和"对"都跟成双配对相联系,但"双"似乎更强调"成双","对"似乎更强调"配对"。

第二,"一双"有时只强调"两个",只跟"成双"的意义相联系,不跟"配对"的意义相联系。如:

(4) 来一个杀一个,来两个杀一双!

这里的"一双"不能说成"一对",它的后边不能再出现名词。

三 量词"半"和数词"双"

(一)"半",《HSK常用词汇一览表》中只标为数词。然而,"半"还可以是量词。对于量词"半",可以从两个方面加以考察。

1. "半"可以进入"数 X(NP)"格式中 X 的位置。这是个量词的位置。

作为量词,"半"仍然表二分之一的量。出现在它前边的数词,只能有两个。

一个是"一",形成的数量组合是"一半"。跟一般的表物量数量组合一样,"一半"可以充当定语及主语、宾语等。例如:

(5) 可麦客要存心整治谁,能毁掉一半收成。(朱小平《桑树坪纪事》)

(6) 我拿水给你喝时,见到你一半脸孔。便只一半容貌,便是世上罕有的美人儿。(金庸《天龙八部》)

例(5)和例(6)中三个"一半"都充当定语。

(7) 说起腊八粥,我们煮了两包,吃不完,一半放进塑胶罐,放在冰箱的上层冻起来……(叶永烈《梁实秋·韩菁清情书选》)

(8) 大家抢新闻,一半是为了我,一半是你的名气太大……(叶永烈《梁实秋·韩菁清情书选》)

上例三个"一半"都充当主语。

(9) 叶子已经落了一半……(徐广泽《胡梦颠倒》)

现代汉语数量词系统中的"半"和"双"

(10) 刘副官太黑了,瞎老汉至少要分给他一半……(林希《丑末寅初》)

上例一个"一半"充当宾语,另一个"一半"充当远宾语。

"一半"口语里常儿化,书面上有时加"儿"字:

(11) 别说现在还没离婚,就是到离那一天,他的东西也得掰给你一半儿。(厉夏、方金《古船·女人和网》)

(12) 悬赏一千捉逃犯呀,知情举报分一半儿呀!(林希《丑末寅初》)

上例都写成"一半儿"。

另一个是"两"。形成的数量组合是"两半"。"两半"一般充当"分成"义动词的宾语。例如:

(13) 小豆倌儿在围裙上揩揩手,把瓜接过,分成两半……(厉夏、方金《古船·女人和网》)

(14) 门是杉树劈的,约七尺长的树段从中破为两半,钉成一扇厚门。(野莽《乌山景色》)

前一例"两半"充当"分成"的宾语,后一例"两半"充当"破为"的宾语。

"两半"有时和"一半""另一半"总分衔接,照应使用:

(15) 门轻轻地被关上了,世界被分成两半,一半被发脾气的大自然主宰着,另一半盛着人们的痛苦欢乐……(杨洪坛《今夜雨纷纷》)

上例"两半"作宾语,"一半"和"另一半"充当后边两个分句的主语。

"两半"书面上也可以写成"两半儿":

(16) 嗨,我能一劈两半儿吗?(厉夏、方金《古船·女人和网》)

2. "一半"中的"半",可以作量的"加形评估"。这跟一般量词情况相同,但又有独特之处。

有时说成"一大半":

(17) 我最伤脑筋的是我的稿件……搬一回,舍弃一大半……

165

(叶永烈《梁实秋·韩菁清情书选》)

（18）令狐冲听得岳灵珊无事，已放了一大半心……（金庸《笑傲江湖》）

上例两个"一大半"分别充当宾语和定语。

有时说成"一小半"：

（19）一种可能，是敌占地区将占中国本部之大半，而中国本部完整的地区只占一小半。（毛泽东《论持久战》）

（20）这句话还只说对了一小半。（金庸《笑傲江湖》）

上例两个"一小半"都充当宾语。如果"一小半"后边出现名词，比如"同意的只有一小半人"，"一小半"便充当定语。

"一大半"和"一小半"都可以省去"一"，只说"大半"和"小半"。如例（19）中已出现"大半"的说法。又如：

（21）我们离别已有三十六天，大半已经熬过。（叶永烈《梁实秋·韩菁清情书选》172页）

（22）第一招不用学，第三招只学小半招好了。（金庸《笑傲江湖》）

前一例等于说"一大半时间"，后一例等于说"一小半招式"。

有时还可以说"一多半"或"一少半"。例如：

（23）大热的天却戴着一顶白礼帽，帽檐儿拉得很低，又戴着一副黑镜，一副面孔竟被遮住了一多半……（林希《丑末寅初》）

（24）老巩把核桃打了一多半的时候，他觉得腰那里有些酸疼。（晓苏《黑灯》）

上例都只出现"一多半"。如果改成"一少半"，也行。不过，还没有看到"一少半"的书证。

能在数量组合中插入"多（少）"，这是"一半"独有的。再举几例，借以说明这一用法并非仅仅出现于个别作者的笔下：

（25）我不是已经孤身生活了七年吗？再加四年，一共十一年，已经过了一多半了呀！（廖静文《往事依依》）

（26）……"小上海旅店"的字号也打出去了，欠着银行的六

现代汉语数量词系统中的"半"和"双"

万元,已经还上了四万。也就是说,这小楼和里面的装备,已经挣回来一多半了。(马秋芬《远去的排水》)

(27)她……接着收拾剩下一多半的那些炖菜和馒头。(玛拉沁夫《爱,在夏夜里燃烧》)

上例都用了"一多半"。这种"数<多>量"格式,尚未引起注意。陆俭明《数量词之间插入形容词情况考察》这篇专题论文,也没有提及。

"一多半"("一少半")也可以省去"一",说成"多半"("少半")。如:

(28)路两边,是多半已经收割了的庄稼地。……这是一个让庄稼人咧开大嘴笑的好年景!(厉夏、方金《古船·女人和网》)

(29)……一张藤床就设在窗下,床边有周全的家具,多半也都是藤子结合着木板制成器的。(野莽《乌山景色》)

上例的"多半"相当于"一多半"。

在量词系统中,"半"和"些"同类,是个"可估不可叠"的量词。它不能重叠,如不能说"半半"。此外,它不能直接同指示代词"这、那"组合:虽然可以说"这一半、那一半",却不能说"这半、那半"。可见,它比包括"些"在内的其他量词受到更大的限制。

说明三点:

第一,"大半个"之类中的"半",是数词。比如:

(30)宽宽的雨衣帽子遮住来人大半个脸……(杨洪坛《今夜雨纷纷》)

(31)金斗一边发着感慨,一边不由分说把我剩下的大半碗三下五除二送进肚。(朱小平《桑树坪纪事》)

这类说法中,"大半"后边出现量词,层次关系是"大|半个",不是"大半|个",不能说成"一大半个"。

第二,"大半生"之类中的"半"是数词。例如:

(32)胡九爷凭着自己大半生的处世经验,给朱七出着主意。(林希《丑末寅初》)

· 167 ·

（33）你老人家扑腾了大半辈子……你该歇歇了。（厉夏、方金《古船·女人和网》）

这类说法中，"大半"后边出现近似量词的"生、辈子"之类，不能说成"一大半生、一大半辈子"。

第三，"多半"有时是副词。比如：

（34）……其中顶多一架轰炸机，两架护航机，威力有限。假如统共只有一架，多半就是侦察机，跑不跑的都无所谓了。（中英杰《京广线的随机蒙太奇》）

（35）这两年苏富比的瓷器预展，方月每次躬逢其盛，多半由姚茫陪着……（施叔青《窑变》）

副词"多半"表示"也许、大概"之类推测语气，或者"通常、一般"之类述说意思，不能说成"一多半"。

（二）"双"，《HSK常用词汇一览表》中只标为量词。然而，"双"还可以是数词。对于数词"双"，可以从两个方面加以考察。

1. 数词"双"出现于"X 量（NP）"中的 X 的位置上。这个位置上的"双"，不可能是量词。

"双＋量＋NP"格式中，常用的量词是"重、层、份、倍"等。如：

  双重身份 双重人格 双重压力 双重负担
  双层板壁 双层屏障 双层岗哨 双层防线
  双份礼品 双份工资 双份奖金 双份报酬
  双倍价格 双倍时间 双倍精力 双倍收成

有时，出现在"双"和 NP 之间的不一定是典型的量词，甚至不一定是量词，但它们至少接近于量词。如：

  双架床 双轨制 双料货 双胞胎
  双边关系 双轮马车 双向飞碟 双门冰箱

举几个实际用例：

（36）在这双重角色的扮演中，男人心中不会平似秋水……（胡平《八十年代中年男女的情感世界》）

现代汉语数量词系统中的"半"和"双"

(37)……方月从巴丙顿道搭乘双层巴士,沿着拐弯的山路回旋下去,那种眩晕的快感不再使她觉得新鲜……(施叔青《窑变》)

(38)那么,(零用钱)我都双倍给你,好吗?(廖静文《往事依依》)

(39)俄乌两国领导人举行双边会谈。(中央电视台《新闻联播》)

这里的"双",由于后边出现了量词"重、层、倍"和接近于量词的"边",其数词性质是十分明显的。

"双"的后边有时出现"十",说成"双十"。如:

(40)孔雀妃子成名已久,这姑娘最多不过双十年华……你怕是认错人了吧?(古龙《护花铃》)

(41)双十年华,正值人生中最最美丽的时日,你便如此懊恼灰心,莫非是……?(古龙《护花铃》)

"双十"即"两个十"。"两个十"跟"两个亿"的说法一样,本是数词的"十、亿"等临时被当做计量单位,带上量词性。"双十"中的"双",无疑只能判定为数词。

"双+量"和 NP 之间,有时用"的",这不影响"双"的数词性质:

(42)可是要是她赶了回来……面临她的将是双重的灾难。(金力明《第九封信》)

(43)……我们的行为也显示出一种双重的忠诚。(周励《曼哈顿的中国女人》)

2. 在语用价值上,数词"双"重在强调非"单一"的数,"双"字结构常用来给事物命名,具有较浓的书面语色彩。

首先,"双"强调非"单一"。

(44)山区房屋为了取暖,都设双重门:里面的叫屋门,外面的叫风门。……夜里打开这双重门,那声响自然是不小的。(玛拉沁夫《爱,在夏夜里燃烧》)

(45)……男人们便有了双重压力,动辄左右受制……(胡平《八十年代中年男女的情感世界》)

· 169 ·

"双重门"指里面的屋门和外面的风门,"双重压力"指中年男人所受到的来自父母儿女的压力和来自"妻管严"的压力。尽管"双"所表示的数目只是"二",但由于它的作用在于强调非单一,因而给人的感觉是多。

其次,"双"字结构有时用来命名,书面语色彩较浓。

汉语缩略语往往采用数字概括的结构。"二""两""双"这三个同义数词,它们在用于命名性缩略结构时有各自的特点。请观察李行健等《新词新语词典》中列举出来的"X+量+NP"的一些命名性结构:

"二"字结构

二次能源　二次污染　二等残废

二部制(把学生分为两部分轮流在校上课)　二元结构

"两"字结构

两个凡是　两个估计　两个决裂　两个开放　两个文明

两种教育制度(全日制和半工半读或半农半读)

两类不同性质的矛盾

两点论　两面派　两面性　两条龙　两张皮

"双"字结构

双重国籍　双重领导　双重征税

比较可知:"二"字命名性结构往往表示序数。也有表示统数的,如"二部制、二元结构",但数量少些。"两"字命名性结构一定表示统数。跟"两"搭配使用的是很普通的量词"个"或"种、类、点、面、条、张"等。"双"字命名结构也一定表示统数,但一般跟"重"和"向、部"等搭配使用,书面语色彩比"两"字结构要浓。正因如此,学术性的或带学术味的说法中,多用"双"字结构作为术语或指称事物。比如,现代汉语语法论著中,常见"双重否定句""双部句""双向动词""双向谓词"等术语。在"双"后边出现了有点量词性的词或某个名词的,还有"双价动词、双性动词、双格动词、双目谓词、双合助字、双联复句、双宾结构、双主语句"等等。又如,家用空调机,有的是具有既可制冷又可制热两种功能的。假如甲问乙:你家安了什么样的空调机?乙会这么回答:"双制"的。

四 "半""双"的数量混沌

现代汉语数量词系统里有一个特别值得注意的现象,这就是:"数量扭结"。现象不多,却能从一个侧面反映出数量词系统在汉语词类系统中的特殊面貌。

"数量扭结",主要情况有二:(1)"数量合一",包括两个词:"俩"和"仨"。即:"两个"合一,成为"俩";"三个"合一,成为"仨"。(2)"数量混沌",包括两个词:"半"和"双"。有的时候,这两个词似数似量,其词性处于混沌状态。

先说"半"。

数词"半"和量词"半"都表示"二分之一"的意思,词性上的区别,表现在所受到的量词规约或数词规约的不同。然而,"半"有时脱离量词规约或数词规约,即跳出"半+量"或"数+半"的框架,直接同名、动、形等词发生关系,却仍然表示"二分之一"的意思或跟"二分之一"的意思有关。具体情况,大体如下:

a. "半"直接修饰 NP:

　　半仙　半子　半价　半路　半空　半山

b. "半"直接修饰 VP:

　　房门半掩　眼睛半闭　半开玩笑　气得半死

c. "半"直接修饰 AP:

　　半透明　半清醒　须发半白　徐娘半老

d. "半"充当主语或宾语:

　　半男半女　半师半友　赛事过半　人数过半

脱离规约的"半",一般都处于似数似量的混沌状态。看几个实际用例:

(46)一个半成人捧着饭碗,蹲在墙头上,边吃边看扶乩。(陈源斌《北撤河东》)

(47)……行政院改组,半换新人,市长也换了。(叶永烈《梁实秋·韩菁清情书选》)

(48)铜锁没命地奔跑在半憔悴的山丘上。(厉夏、方金《古船·女人和网》)

(49)梁岩跟着跑过来,半是担心,半是诧异。(宋树根《虎啸龙吟》)

(50)喜怒参半?好像还不是……(黎峰《"四·二四"疑案》)

上例里,"半成人""半换新人""半憔悴"中作定语、状语的"半","半是担心,半是诧异"和"喜怒参半"中作主语、宾语的"半",都很难明确地断定是数词还是量词。

对于这样的"半",如果要求要么归入数词要么归入量词,怎么办?这只能权衡比较,择善而从。首先,就单用能力而言,数词强于量词。单音数词,作定语、状语、主语、宾语的都有:一敌兵被射中了。(定)我这是三到贵山庄。(状)最重要的事,一是找到大哥,二是弄到粮食。(主)困难有二:没有渡河的船只,这是一;没有本地的水手,这是二。(宾)单音量词,只在特定环境中单用:1. 在"动+(一)量+名"动宾结构中作定语("写封信""借本书");2. 在"成"类动词后边作宾语("成批""成帮""成群结队");3. 在"论"类动词后边作宾语"卖肉论斤""卖布论尺""买苹果论个";4. 出现在成语格言之类语句之中("片言只语""寸金难买寸光阴")。其次,就语义重点而言,数量扭结现象在语义上都偏重于表数。上面说过,数量合一和数量混沌现象都是数量扭结现象,而数量合一现象是偏重于表数的。明显的证据是:"俩"等于"两个",但书面上往往可以见到"小俩口"的写法。当然这是不对的写法,但透过这写法可以知道人们倾向于把"俩"当成一个数词。我们认为,从数量词系统的总体看,单用的"半"应该更偏向于数词,在面临"非此即彼"的选择时,似乎可以统统算作数词。事实上,前文已经把"(大)半辈子"中的"半"当做数词来举例了。

再说"双"。

量词"双"和数词"双"都跟"两个"的意思有关。词性上的区

现代汉语数量词系统中的"半"和"双"

别,表现在所受到的数词规约和量词规约的不同。然而,"双"有时脱离数词规约或量词规约,即跳出"数+双"或"双+量"的框架,直接同名、动、形等词发生关系,却仍然跟"两个"的意思有关。具体情况,大体如下:

 a. "双"直接修饰 NP:
  双目 双手 双脚 双颊 双剑 双雕
 b. "双"直接修饰 VP:
  父母双亡 一马双驮 二人双战大恶人
 c. "双"直接修饰 AP:
  才貌双全 色艺双绝 思想业务双丰收

脱离规约的"双",处于数量混沌的状态。看两个实际用例:

 (51) 嫂子,你是双身子,往后,有重活儿,吱一声。(厉夏、方金《古船·女人和网》)

 (52) "华都会晤"签下的合同书,给陈斌源留下了……双显名的殊荣。(朱炬烽《"秋菊"出世记》)

"双身子"有两个人体的意思,也有母子成双的意思;"双显名"有两个方面都显名的意思,也有"小说原著作者"和"电影改编作者"成对儿显名的意思。

跟"半"的情况大体相同,单用的数量混沌的"双"一般偏向于数词。证据是,它全都容易改说成"两"或者跟"两"的意义相通,却不全都转说成"一双"。比较:

 (53) 苏小个子肩头搭条手巾,双手抱膀……(厉夏、方金《古船·女人和网》)

 (54) 香草羞赧地捂住双颊。(厉夏、方金《古船·女人和网》)

"双手",可以说成"两手",也可以说成"一双手";"双颊",可以说成"两颊",但不能说成"一双颊"。至于修饰VP和AP的"双",更不可能说成"一双"。比如"父母双亡"是父母两个都去世了,"思想业务双丰收"是思想和业务两方面都丰收,其中的"双"没有转为"一双"说法的可能。

即使是"双手、双脚、双腿"之类,所指事物可以说"一双",但"双"还是偏向于数词。这可以从数词的对照使用中得到证明。例如:

(55) 一个紫袍人……喝道:"……瞧我不打断你的两腿。"木婉清吃了一惊,心道:"哼,你要打断段郎的双腿……"(金庸《天龙八部》)

"两腿""双腿"对照使用,"双"的数词倾向是明显的。

如果一定要在数词和量词二者之间作出抉择,那么,根据基本倾向,单用的"双"一般可以算作数词。前文已把"双主语"中的"双"当做数词来分析。只有三种情况,单用的"双"一定是量词。1. 用在"动+(一)量+名"结构中作定语:"碗边有双筷子。"2. 用在"成"字后边作宾语:"好事成双。"3. 用在"论"字后边作宾语:"卖鞋子论双。"这三种情况,符合前面说过的量词单用的规律。

值得注意的是,"双双"有时是量词重叠形式,表示"每一双"的意思,但有时是数量混沌形式:

(56) 她跟着榆娃双双远走高飞……开始一种美滋滋的新生活。(朱小平《桑树坪纪事》)

(57) 两人双双坐在这儿,啥意思?(马秋芬《远去的冰排》)

这里的"双双",不是"每一双"。它更多地跟"两"的语义相联系,似乎也偏向于数词。

五 小结

(一)现代汉语数量词系统是现代汉语词类系统中一个特殊的子系统。数词和量词的定型组合,相互规约,决定了数量词系统的"数不离量,量不离数"的基本面目,决定了数量词系统的"数量结伴,共同外向"的基本功能,也决定了一般情况下可以"据数辨量,或者据量辨数"的识别标准。现代汉语词类系统中,没有另外两类词像数词和量词那样具有"联盟式"的结合关系。

(二)"半"在同量词结合使用时是明显的数词,在同数词结合使

现代汉语数量词系统中的"半"和"双"

用时是明显的量词。数词"半",用于统数,不用于序数,同它结合使用的量词表示跟确定数量或确定实体相联系的可二分的单位。量词"半",限于跟数词"一"和"两"结合使用。它不能重叠,不能在隐去"一"的情况下跟"这、那"直接组合。"一半"可以嵌入形容词"大、小、多"作量的评估。"一多半"的说法值得特别注意。

(三)"双"在同数词结合使用时是明显的量词,在同量词结合使用时是明显的数词。量词"双",表示不可估的定数凝合单位。作为定数单位,不能加"大、小"等作量的评估;作为凝合单位,可以用在"成"的后边作宾语。数词"双",用于统数,不用于序数,一般跟"重、层、份、倍"等量词结合使用。在强调跟"单一"相对的意义时,在组造学术性用语时,使用数词"双"有特定的语用价值。

(四)"半""双"有时单用。单用的"半""双",除了一些特定情况,一般都是数量混沌现象。从总体上看,"半"和"双"的数量混沌现象都偏向于表数。

(五)通过对"半"和"双"的观察可以知道:数量词系统中的各个词,既有共同性,又有差异性。一方面,各个词分别在数词系统和量词系统中占据特定的位置,呈现出各自的特点;另一方面,有的词在数词和量词之间形成"扭结"状态,比如"俩"和"仨"的数量合一,"半"和"双"的数量混沌,反映出"联盟式"结合关系的加深。在现代汉语词类系统中,甲类词和乙类词的"扭结"现象,为数量词系统所独有。

参考文献

[1] 陆俭明. 数量词中间插入形容词情况考察[A] // 第二届国际汉语教学讨论会论文选. 北京:北京语言学院出版社,1988.

[2] 国家对外汉语教学领导小组办公室汉语水平考试部. HSK常用词汇一览表[A] // 汉语水平考试大纲. 北京:现代出版社,1989.

[3] 李行健. 新词新语词典[M]. 北京:语文出版社,1989.

(原载《语言教学与研究》1993年第4期)

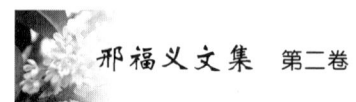

"半"的词性判别和词形规范

四十多年前,吕叔湘先生写《中国文法要略》,在谈"数量"问题时,用一小节讨论了"半"[1]。尽管只有二百多字的篇幅,但所举的现象覆盖面相当大。

笔者写过《现代汉语数量词系统中的"半"和"双"》一文[2],曾在北京香山第四届国际汉语教学讨论会上宣读。论文宣读之后,德国洪堡大学贾腾教授、北京语言学院陈亚川教授、北京大学陆俭明教授等几位先生提了几个问题,其中关于词性判别和词形规范两个问题有必要作进一步的阐述。

本文一、二两个部分分别讨论"半"的词性判别和词形规范,每个部分的末尾都联系吕先生在《中国文法要略》中提到的现象。

一 "半"的词性判别

《现代汉语数量词系统中的"半"和"双"》一文中关于"半"的性质的描述,基本意思可以归纳为以下三点:

第一,"半"既可以是数词,又可以是量词。当它同量词结合使用的时候,数量框架把它规约为数词;当它同数词结合使用的时候,数量框架把它规约为量词。例如:

(1) 一根油条两个人吃,哥哥吃半根,弟弟吃半根。
(2) 一根油条分成两半,哥哥吃一半,弟弟吃一半。

"半根"中的"半"是数词,"一半、两半"中的"半"是量词。作为量词,"半"在跟数词"一"结合使用的时候可以嵌入"大、小、

"半"的词性判别和词形规范

多":一大半,一小半,一多半。

第二,有的时候"半"字单用,跳出了数量结构的框架,脱离了数词和量词的规约。这时,"半"的词性处于"数量混沌"的状态。例如:

(3) 房门半开,房里似乎没有人。

"半开",如果理解为开了二分之一,"半"似乎是数词,如果理解为开了一半,"半"似乎是量词。这里的"半"似数似量,可数可量,是数量混沌的现象。

第三,从总体上看,数量混沌的"半"偏向于数词。因此,如果一定要在数词和量词二者之间选择其归属,可以认为它是数词。比如"房门半开"中的"半",在承认它属于数量混沌现象的前提下,可以算作数词。

问题是:"房门半开"的"半"为什么不可以干脆归入副词?

首先,修饰动词或形容词是副词的必要条件,但不是充足条件。并非凡是修饰动词或形容词的词都是副词。修饰动词或形容词的"半"跟副词有所不同,这有两点反映。

一点反映是:经过变换,"半"可以恢复作为数量框架结构成分的身分。例如:

(4) 刚过中年,头发已经半白了。

(5) 他们的秘密,实际上已经半公开了。

变换个说法,例(4)可以说成:"刚过中年,头发已经白了一半了。"例(5)可以说成:"他们的秘密,实际上已经公开了一半了。"

另一点反映是:"半"和"一"对举使用,"一"肯定是数词,"半"不应该不是数词。例如:

(6) 会上那些裁判员,没有一个是一知半解的,他们的学问渊博,有正确的审美观点。(叶圣陶《含羞草》)

例(6)的"一知半解","一"和"半"都修饰动词,但不能因此说它们都是副词。

其次,单用的"半"不仅可以修饰动词或形容词,如"半公半开"

"半掩蔽";而且可以修饰名词,如"半夜""半价";还可以充当主语和宾语,如"半师半友(半为师半为友)""人数过半"。如果把修饰动词形容词的"半"判为副词,把修饰名词的"半"判为形容词,把作为主语的"半"判为名词,这便成了"依句辨品",这样的处理办法早已为语法学界所否定;如果把修饰动词形容词的"半"判为数词,这又会缺乏统一的判别标准,必然使人产生既然可以这样(把修饰动词形容词的判为副词)为什么不能那样(把修饰名词和充当主语宾语的分别判为形容词和名词)的疑问。

再次,单用的"半"不管分布在什么位置之上,它的语义都是保持一致的。虽然有时实在一点,有时虚灵一点,但总是表示二分之一的意思或者跟二分之一的意思有关。例如:

半夜,仍然没有动静。

→夜已过半,仍然没有动静。

"半夜"里"半"作定语,"过半"里"半"作宾语。这两个"半"的意义是相同或相通的,很难说它们属于两个不同的词类。又如:

半信半疑

→疑信参半③

半新半旧

→新旧参半④

"半信半疑、半新半旧"里的"半"作状语,"疑信参半、新旧参半"中的"半"作宾语。这两个"半"的意义没有什么不同,很难说后者仍然属于数量词系统,而前者已变成了副词。看个实例:

(7)历史像一只黑白各半的两色球,滚动起来时会儿黑时会儿白……(曹黎民《迷朦的春天》,《中篇小说选刊》1993年第2期129页)

"黑白各半"相当于"半黑半白",两个结构中的"半"在意义上是具有同一性的。

意义的同异,是判别词性时应该考虑的一个不可忽视的因素,特别是在对一些词性模糊的词进行判别的时候。对于意义相同相通的词,

"半"的词性判别和词形规范

如果在语法特点上没有足够的根据把它们分别归入不同的类,那么,宁可把它们归为一类。这样,便于在说明一般情况之后解释一些特殊情况。

顺带指出:王希杰《数词·量词·代词》一书⑤提出了几条辨别数词"半"和副词"半"的形式标准:

"半"也是副词。用在动词和形容词的前面。(例子略)

作为数词,可构成"一A半B"式四字格。(例子略)

作为副词,可以构成"半A半B"。(例子略)

这几条标准似乎解决不了问题。首先,既然用在动词形容词前面的"半"都是副词,那么,"一知半解"是"一A半B"格式,其中的"半"用在动词前面,为什么仍然是数词?其次,既然以用在动词形容词前面作为标准来判别"半"是副词,那么,"半师半友"是"半A半B"格式,其中的"半"用在名词前面,为什么也是副词?再次,即使是"半信半疑""半新半旧"之类,"半"用在动词、形容词前面,但可以变换为"疑信参半""新旧参半",如果"半"是副词,副词能变换到宾语的位置上去吗?

在《中国文法要略》中,吕先生提到了"半亩",又提到了"一半",实际上肯定了"半"有时作数词,有时作量词。吕先生还指出:"用作动词或形容词的加语,文言只用一个'半'字,白话说'一半'。"举了"半渡"的例子。可见,吕先生也把单独修饰动词或形容词的"半"看作数量范畴中的一个词,而不是当成了副词。

二 "半"的词形规范

笔者在《现代汉语数量词系统中的"半"和"双"》中指出:"'一半'口语里常儿化,书面上有时加'儿'字","'两半'书面上也可以写成'两半儿'。"例如:

(8)……他的东西也得掰给你一半儿。(厉夏、方金《古船·女人和网》,中国戏剧出版社1993年版88页)

(9) 嗨,我能一劈两半儿吗?(厉夏、方金《古船·女人和网》,中国戏剧出版社1993年版78页)

北京口语里,量词"半"是儿化的。那么,量词"半"的规范形式是否应该是"半儿"?

量词儿化问题比较麻烦,是否以儿化形式作为词的规范形式,值得讨论。

大多数作家,包括使用北京口语的作家,在书写儿化量词时往往不写"儿"。比如"一点",北京话说"一点儿",但老舍《骆驼祥子》中只写"一点":

(10) 那辆车也真是可爱……给祥子以最顺心的帮助,他与它之间没有一点隔膜别扭的地方。

(11) 可是他和城里人一样的只会抱怨粮食贵,而一点主意没有。

(12)(祥子)时时想到一个什么意思,或一点什么滋味,或一些什么感情,都很渺茫,而又亲切。

大多数语法学家,在讲量词时,也一般不管"儿"。比如"一点儿",其中的量词只有朱德熙《语法讲义》记作"点儿"[6],其他有影响的著作,如张志公主编《汉语知识》[7],胡裕树主编《现代汉语》[8],黄伯荣、廖序东主编《现代汉语》[9],都记作"点"。

如果严格根据北京口语,儿化的量词不仅仅是"点儿"和"半儿"。下面是从贾采珠《北京话儿化词典》[10]中摘录的几条:

遍儿 量词,表示一个动作的整个过程:念一遍儿、看两遍儿。(58页)

点儿 5)量词,表示少量或程度:吃点儿、喝点儿、干点儿、一点儿半点儿、那么点儿……(67页)

件儿 2)量词:一件儿两件儿。(88页)

堆儿 2)量词,表示成堆的:那边有一堆儿人。(236页)

朵儿 2)量词,多用于花朵、云彩、蜻蜓等:一朵儿云彩、两朵儿蜻蜓。(296页)

"半"的词性判别和词形规范

条儿 4)量词:一条儿肥皂、两条儿香烟、三条儿意见。(379页)

上面的"念一遍儿",朱德熙《语法讲义》只记为"念一遍"[11]。可见,朱先生虽然根据北京口语记了"点儿",却并没有严格根据北京口语记"遍儿"。

上例的"件儿""堆儿""朵儿""条儿",陆俭明《数量词中间插入形容词情况考察》一文在列举量词时都只记作"件""堆""朵""条",没管"儿"。特别是,陆先生的文章中有不一致的记法。"片(儿)",文章开头记为"片儿":"只切了一片儿肉。"文章中间只记为"片":"切了一大/小片肉。"[12]可见,陆先生也没有严格根据北京口语来记儿化的量词。

基础方言中的种种形式,都是必须深入研究的对象。然而,是否都确定为共同语的规范形式,这需要考虑可能性、必要性等各方面的因素。量词的儿化,大多数使用共同语的人都不用,或者不怎么用,而且儿化的范围连语法学家们都见仁见智,这就不好强求一致。因此,还是把不儿化的量词定做规范形式(基本形式?)较为适宜。当然,写作者在写作中是否采用量词儿化形式,采用到什么程度,可以来点"自由化",由写作者自己作决定。至于外国人学汉语,首先应该让他们掌握基本词形。要是他们学着"操京腔",采用儿化形式,这是"更上一层楼"的京味化的问题了。

在《中国文法要略》中,吕先生既举了"一半"的例子,也举了"一半儿"的例子:"你吃一半,我吃一半。""一半儿昏迷,一半儿醒。(元人曲)"吕先生是在讲"一半"时带出"一半儿"的现象的。可见,吕先生也认为基本形式是"一半"。

三 两点意思

本文实际上表明两点意思:

(一)词性判别,对于一些语法特征不足为据的词,似乎可以采取"同义依归"的原则。即:一个"词的形式",如果在不同句法位置上保持意义的同一性，而语法上又缺乏判为"同形异类"的两个词的充足理由，那么，宁可判为一个词。词性判别中，不要一有麻烦就走向"依句辨品"。

（二）"普通话"的词形规范，从大多数人的使用情况考虑，似乎应该强调"从众可行"的原则。作为我国国语的"普通话"，是现代汉民族通用的语言，为现代中国和全世界华人普遍接受，普遍使用。凡是在"通用"的普通话中不可能接纳的语言形式，即使在基础方言里常用，也不应认定是基本形式。

注释：

①吕叔湘：《中国文法要略》，商务印书馆1956年版，第138～139页。《中国文法要略》分三卷，上卷1942年初版，中卷、下卷1944年初版。

②邢福义：《现代汉语数量词系统中的"半"和"双"》，《语言教学与研究》1993年第4期，第36～56页。

③中国社会科学院语言研究所词典编辑室编：《现代汉语词典》，商务印书馆1973年版，第27页、第91页。《现代汉语词典》第27页有"半信半疑"，第91页有"疑信参半"。

④李国炎等编：《新编汉语词典》，湖南人民出版社1988年版，第25页。《新编汉语词典》第25页有"新旧参半"。

⑤王希杰：《数词·量词·代词》，人民教育出版社1990年版，第38～39页。

⑥朱德熙：《语法讲义》，商务印书馆1982年版，第49页。

⑦张志公主编：《汉语知识》，人民教育出版社1979年版，第94页。

⑧胡裕树主编：《现代汉语》，上海教育出版社1981年版，第321页。

⑨黄伯荣、廖序东主编：《现代汉语》，甘肃人民出版社1983年版，第322页。

⑩贾采珠：《北京话儿化词典》，语文出版社1990年版，第58页、第67页、第88页、第236页、第296页、第379页。

⑪朱德熙：《语法讲义》，商务印书馆1982年版，第51页。

⑫陆俭明：《数量词中间插入形容词情况考察》，《第三届国际汉语教学讨论会论文选》，北京语言学院出版社1988年版，第333～335页。

（原载香港《语文建设通讯》1993年第4期）

形容词的 AABB 反义叠结

前言

本文讨论"大大小小、长长短短"之类反义叠结现象。

现代汉语里，AABB 复叠现象相当多，使用频率相当大。就形容词说，有两类：1. 一个双音形容词的 AABB 重叠；2. 两个单音形容词的 AABB 叠结。看这个例子：

(1) 村道成东西向，窄窄儿的，仅可通过一辆大卡车，<u>清清爽爽</u>不见污物……树上架着玉米棒儿，金黄金黄，<u>高高低低</u>，错落有致。（裴积荣《冯家村》）

"清爽"是一个双音节形容词，"清清爽爽"是形容词的 AABB 重叠式；"高"和"低"是两个单音节形容词，"高高低低"是形容词的 AABB 叠结式。二者在结构上和语义上都有很大的不同。

在现代汉语形容词研究中，关于形容词的 AABB 重叠现象已有较多的成果，对于形容词的 AABB 叠结现象却还需要作深入的发掘。为了观察得细一点，反映得充分一点，本文把讨论的对象封闭在形容词"反义叠结"的范围之内，而且叠结的形容词都是典型的形容词。文章从三个方面展开：1. 结构组织；2. 语义关系；3. 句法功能。

一 结构组织

（一）构成基础

形容词的 AABB 反义叠结形式用来形容"性状兼容，有 A 有 B，

AB对立"的事物，所形容的事物具有可感性，大都是可视性很强的占据一定空间的事物。形式的构成，是具有反对意义的两个单音节形容词的叠结。可以图示为：

AA＞＜BB

例（1）的"高高低低"即"高高＞＜低低"。又如：

（2）那底下有数不清的<u>深深浅浅</u>的沟壑。（扎西达娃《西藏：系在皮绳扣上的魂》）

（3）柜子里都是书，<u>厚厚薄薄</u>的书，箱子里都是衣服，<u>长长短短</u>的衣服。（储福金《我是一个魔术师》）

（4）（她透过密密的苇杆子看到……）一根根粗粗细细的苇杆子把油倌格成<u>宽宽窄窄</u>的长条条。（熊正良《红河》）

"深深浅浅、厚厚薄薄、长长短短、粗粗细细、宽宽窄窄"都是两个单音节形容词的 AABB 反义叠结。

构成 AABB 反义叠结形式的两个单音形容词在配对上有时有变化。比如 A 为"高"，B 可以是"低"或"矮"：高高低低，高高矮矮；B 为"瘦"，A 可以是"胖"或"肥"：胖胖瘦瘦，肥肥瘦瘦。

（二）构件位序

形容词的 AABB 反义叠结形式，其构件有的是强态性的，有的是弱态性的。强态性形容词，表示分量足、程度高、密度大、可取性强等方面的性状，如"大、高、深、厚、粗、宽、浓、甜"等等；弱态性形容词，表示分量差、程度低、密度小、可取性弱等方面的性状，如"小、矮、浅、薄、细、窄、淡、臭"等等。

按照强态性形容词和弱态性形容词的排列位序，叠结形式可以分为两类：①"强弱"型；②"弱强"型。以"＋"号标示强，以"－"号标示弱，可以图示为：

①＋ AA＞＜－BB

②－ AA＞＜＋BB

请看一览表：

["强弱"型]（甲组）粗，细，粗粗细细；长，短，长长短短；

形容词的 AABB 反义叠结

大,小,大大小小;高,低,高高低低;高,矮,高高矮矮;厚,薄,厚厚薄薄;宽,窄,宽宽窄窄;深,浅,深深浅浅;远,近,远远近近。(乙组)饱,饿,饱饱饿饿;肥,瘦,肥肥瘦瘦;肥,窄,肥肥窄窄;干,湿,干干湿湿;贵,贱,贵贵贱贱;好,差,好好差差;好,坏,好好坏坏;好,破,好好破破;黑,白,黑黑白白;红,白,红红白白;快,慢,快快慢慢;老,嫩,老老嫩嫩;亮,暗,亮亮暗暗;美,丑,美美丑丑;浓,淡,浓浓淡淡;胖,瘦,胖胖瘦瘦;强,弱,强强弱弱;甜,苦,甜甜苦苦;咸,淡,咸咸淡淡;香,臭,香香臭臭;新,旧,新新旧旧;圆,扁,圆圆扁扁("圆"和"扁"在特定语境中意义有对立,但不是严格的反义词,姑且算作"准反义"列入本表)。

["弱强"型]冷,暖,冷冷暖暖;冷,热,冷冷热热;轻,重,轻轻重重;穷,富,穷穷富富;穷,阔,穷穷阔阔;软,硬,软软硬硬;死,活,死死活活("有的题目比较死,有的题目相当活,死死活活的题目都有好些个");松,紧,松松紧紧;松,严,松松严严;稀,密,稀稀密密。

进入一览表的形容词,都能受"很"类程度副词的修饰,是典型的形容词;一览表中的 AABB,在基本功能上都跟形容词一致,是典型的形容词 AABB 反义叠结形式。

这个一览表,以国家对外汉语教学领导小组办公室汉语水平考试部编制的《HSK(汉语水平考试)常用词汇一览表》为基础进行检测和归纳。《HSK 常用词汇一览表》中共有单音形容词 205 个。能进入本文一览表的典型的单音形容词 71 个,可以构成 AABB 反义叠结形式 41 个。

观察上面的一览表,可以知道:

1. "强弱"型是占绝对优势的基本形式。在 41 个 AABB 中,"强弱"型 31 个,超过 75.6%,"弱强"型只有 10 个,不到 24.4%。

2. "+-"和"-+"的构件位序,粗略地说,可以这么概括:可衡量性状形容词,可目视状态形容词,偏向"+-";不可见性质形容词,弱态而非去声,往往居前,偏向"-+";去声字对构件位序有

较大影响,特别是"阴阴去去"对构件位序具有强制性。具体点说:

①表示可衡量性状的,AABB 一般是＋－型。请观察甲组各例。可衡量性状形容词的重要特点是:强态的可加数量修饰(或者直接用度量衡单位,或者借用起度量衡作用的单位),弱态的不行。如:五尺长, * 五尺短,长长短短;四寸高, * 四寸矮,高高矮矮;三里远, * 三里近,远远近近;一拳头大, * 一拳头小,大大小小;一手指粗, * 一手指细,粗粗细细。只有表示可衡量性状的"轻轻重重"是"－＋"。

②表示可目视状态的,AABB 一般也是＋－型。如乙组中的"肥肥瘦瘦、胖胖瘦瘦、肥肥窄窄、好好破破、黑黑白白、红红白白、快快慢慢、老老嫩嫩、亮亮暗暗、美美丑丑、浓浓淡淡、新新旧旧、圆圆扁扁",共 13 个。只有表示可目视状态的"稀稀密密"是"－＋"。

③表示不可见性质的,弱态而读去声,位序在后,即先强后弱,AABB 是＋－型。如乙组中的"饱饱饿饿、干干湿湿、贵贵贱贱、好好差差、好好坏坏、强强弱弱、咸咸淡淡、香香臭臭",共 8 个。只有一个"甜甜苦苦",位序在后的"苦"是表弱态的上声字。

④表示不可见性质的,弱态而非去声,位序在前,即先弱后强,AABB 是－＋型。如"冷冷暖暖、冷冷热热、穷穷富富、穷穷阔阔、软软硬硬、死死活活、松松紧紧、松松严严"。上面提到的"甜甜苦苦","苦"是弱态而非去声,但位序在后,然而"苦苦甜甜"不是不能说,而"苦苦甜甜"是"－＋"。

⑤两个具有反对意义的单音形容词,只要一个字读阴平,一个字读去声,一律排成"阴＋去"。如:

＋AA＞＜－BB　　　　－AA＞＜＋BB

粗粗细细(可衡量)　　　轻轻重重(可衡量)

新新旧旧(可目视)　　　稀稀密密(可目视)

上例都是"阴阴去去",有的是＋－,有的是－＋。可衡量的"轻轻重重"和可目视的"稀稀密密",因受"阴阴去去"的强制而成为－＋。

形容词的 AABB 反义叠结

3. "＋－"和"－＋"的构件位序，只能说是相对稳定的。有的稳定性强一些，有的并非不存在灵活性。特别是，在两个 AABB 顶针回环时，构件位序可以发生反向变化。例如：

(5) 我们都被蒙住了眼睛。只觉得车子<u>快快慢慢</u>，<u>慢慢快快</u>，跑了大约半个钟头才停了下来。

(6) 入秋以来，天气<u>冷冷热热</u>，<u>热热冷冷</u>，实在受不了！

前一例，＋－ → －＋；后一例，－＋ → ＋－。这表明，＋－型也好，－＋型也好，在特定的语用环境中可能发生变异。

二 语义关系

（一）格式涵义

作为特定的语法单位，形容词 AABB 反义叠结形式表示对立性状的兼容，并带有"多"的附加意义。比如：

(7) 河底朝天的地方也开裂了<u>粗粗细细、长长短短</u>的缝隙，水洼边河土仍很稀软。（陈源斌《天惊维扬》）

"粗粗细细"表示兼容不只一种状态，其中有"粗"有"细"，而"粗"和"细"是对立的。"长长短短"类推。

在大多数情况下，这类反义叠结形式所表示的性状既兼容 AB，又兼容中间情态，明显带有"多"的附加意义。

(8) 在这宽阔无边的大平原上，<u>远远近近数不清</u>的<u>大大小小</u>的村庄里，没有她的一个亲人，除了二姑。（陈忠实《四妹子》）

"远远近近"和"大大小小"，既兼容"远、大"和"近、小"，又兼容不远不近、不大不小的中间情态，都显示了"多"的附加意义。

"多"的附加意义跟"性状兼容"的语义具有因果联系，客观地蕴含于格式本身。

在语言运用中，对于跟 AABB 有关的事物，人们可以强调其多，也可以表明其少，都不影响客观存在的格式本身的涵义。比如：

(9) 无数个<u>大大小小</u>晶莹圆润的珍珠，有的缀成字句，有的

缀成图画。(古龙《一剑镇神州》下册)

(10) 两个着四个口袋军衣的年轻人提了<u>大大小小</u>几个旅行包，这时正往检票处去。(罗国明《当你活着的时候》)

前一例说"无数个"珍珠，后一例说"几个"旅行包。尽管分别用了大数字和小数字，"大大小小"本身总是表示"多"。

(二) 相关因素

AABB 的格式涵义在外部关系上受到相关因素的制约。相关因素有两个：一个是 NP，一个是 VP。NP 是经常起作用的因素，VP 是有时起作用的因素。

如果说 AABB 表示性状兼容，那么，相关 NP 所表示的便是性状兼容物。可以分为两类：1. 群体性状兼容物。整个群体具有 A－B 范畴的性状特征。2. 独体性状兼容物。一个独体兼容 A－B 范畴的性状特征。例如：

(11) （许多）<u>宽宽窄窄</u>的红条儿……在风中哗哗地动。(阎连科《鲁耀》)

(12) 浓黑的头发往后拢成一个<u>圆圆扁扁</u>的大髻……依旧很有点风韵。(程乃珊《银行家》)

上例的"红条儿"是群体性状兼容物，例子里可加"许多"；上例的"大髻"是独体性状兼容物，例子里用了"一个"。

有时，同一个 NP 可以表示群体物，也可以表示独体物。这要在特定语境中辨别。比较：

山路　我家乡<u>高高低低</u>的山路数不清！(群体)
　　　这条<u>高高低低</u>的山路似乎永无尽头！(独体)
玻璃管　<u>粗粗细细</u>的玻璃管到处都是。(群体)
　　　这个玻璃管吹得<u>粗粗细细</u>的，有啥用！(独体)

对于 NP 来说，AABB 所表示的性状特征往往是本体性状特征，有时是非本体性状特征。比较：

灯笼　大大小小的灯笼　（大大小小——本体特征）
　　　高高低低的灯笼　（高高低低——非本体特征）

形容词的 AABB 反义叠结

  木桩 粗粗细细的木桩 （粗粗细细——本体特征）
     深深浅浅的木桩 （深深浅浅——非本体特征）

  本体性状特征是事物自身具有的性状特征，不受外来的跟制作该事物无关的行为活动的影响；非本体性状特征是事物本身不具有的性状特征，受外来的跟安放分布意义有关的行为活动的影响。本体性状特征的相关因素是 NP，非本体性状特征的相关因素同时是 NP 和 VP。"大大小小的灯笼"，"大大小小"的相关因素是"灯笼"；"高高低低的灯笼"，"高高低低"的相关因素既是"灯笼"（灯笼可高可低），又是外来的"挂"的动作（可挂高可挂低）。再看这个例子：

  (13) 围绕着礁石，渔船<u>远远近近</u>撒开一大群。（草明《爱情》）

  "远远近近"的相关因素既是 NP"渔船"，又是 VP"撒开"。"远远近近"表示"渔船"的非本体性状，这一性状的形成依赖于外来的具有安放意义的行为活动"撒开"。

  不管 NP 是群体还是独体，所说的性状特征是本体的还是非本体的，AABB 的基本意思都是"有 A 有 B"。然而，由于 NP 有群体和独体的分别，"有 A 有 B" 又有各种具体的涵义，表示各种不同情况的性状兼容。

  先说 AABB 和群体 NP。

  跟群体 NP 相配应的 AABB，一般表示"有的 A 有的 B"。如：

   a   b
  长长短短的木棍   大大小小的面包车
  深深浅浅的沟壑   软软硬硬的口香糖

  a 类是"有的个体 A，有的个体 B"。NP 所表示的各个事物在 A—B 范畴上总是存在着性状差异性，蕴涵着各个事物在性状差异性上的比较。说话人以 NP 所表示的各个事物为注意对象，将 A—B 范畴中的不同性状赋予 NP 所表示的不同个体事物。比方"长长短短的木棍"，个体木棍之间存在着长短差异性的比较，有的长，有的短，有的不长不短；说话人以不同个体木棍为注意对象，是说不同个体木棍具有不同的长短特征。

b 类是"有的小类 A，有的小类 B"。NP 所包容的各小类在 A—B 范畴上存在差异性，蕴涵着这小类那小类在性状差异性上的比较。说话人以 NP 各小类为注意对象，将 A—B 范畴的不同性状特征赋予 NP 各小类，各小类中的个体不再作为注意的对象。比方"软软硬硬的口香糖"，如果说话人是指不同小类口香糖具有不同的软硬特征，则各小类口香糖总是存在着软硬差异性的比较，有的软，有的硬，有的不软不硬；尽管各小类仍由不同个体口香糖构成，但个体口香糖不再作为说话人注意的对象。

值得注意的是，在同一句法结构中，AABB 可能表示"有的个体 A，有的个体 B"，也可能表示"有的小类 A，有的小类 B"，从而产生多义语言现象。比如"大大小小的牡丹花"，说话人可能以一个个牡丹花为注意对象，指不同个体的牡丹花大小不一，也可能以牡丹花的不同小类为注意对象，指不同小类的牡丹花大小不一。这要在具体的语境中才能判别。

跟群体 NP 相配应的 AABB，有的时候表示"有时 A 有时 B"。比如"担子轻轻重重换着挑"，"轻轻重重"有"时轻时重"的意思。又如：

(14) 现在的时装无一定格局，长的时行过了就时行短的，<u>长长短短轮着来</u>……（程乃珊《银行家》）

上例等于说"时长时短轮着来"。

再说 AABB 和独体 NP。

跟独体 NP 相配应的 AABB，一般表示"有部位 A 有部位 B"。如：

宽宽窄窄的河床

深深浅浅的一条水沟

NP 表示独体事物，其不同部位在 A—B 范畴上存在性状差异性，蕴涵着部位与部位在性状差异性上的比较。说话人以 NP 所表示的独体事物的不同部位作为注意对象，将 A—B 范畴的不同性状特征赋予独体事物的不同部位。说"宽宽窄窄的河床"，是说河床本身有的部位宽有的部位窄，当然也包含有的部位不宽不窄或不那么宽不那么窄的意思。

独体事物的不同性状通常是线性联结的,而且通常是不规整的。"圆圆扁扁的一个大髻"之类比较特殊,不同部位表现为非线性物的不同侧面,是说有一个侧面 A 有一个侧面 B。

跟独体 NP 相配应的 AABB,有的时候表示"有时 A 有时 B"。如"那箫声高高低低,愈变愈奇","高高低低"有"时高时低"的意思。又如:

(15) 病人很高兴,以为肛瘘已长好,但"好景不长",隔不了几天,外部又出现红肿……就是这样<u>好好坏坏</u>,始终不肯断根。(姚德鸿等《肛门直肠病知识》)

"好好坏坏"等于说"时好时坏"。

跟独体 NP 相应和跟群体 NP 相应的 AABB 都可以表示时 A 时 B,说话人都以不同时段作为注意对象,但前者合指独体事物在不同时段的性状变异,后者分指群体事物中个体事物在不同时段的性状变异,二者有所不同。

跟独体 NP 相配应的 AABB,有的时候还表示"A 中有 B,B 中有 A,AB 交融"。如:

(16) 这玩艺儿,闻起来臭,吃起来香,<u>香香臭臭</u>的,怪有味道!

(17) 做学问就像喝咖啡,甜中有苦,苦中有甜,<u>甜甜苦苦</u>,味道十足!

这时,独体 NP 所具有的 AB 对立性质特征在相同的时空中相互交融。这种情况限于嗅觉和味觉。群体 NP 和 AABB 之间没有这样的语义关系。

三　句法功能

(一) 定语功能

形容词 AABB 反义叠结形式的基本功能是充当定语。通常表示事物的状态,有时表示事物的性质。例如:

(18)……把大大小小的衣物都放在离炕挺老远的土仓子上。（陈映实《山里的世界》）

(19)……打开来看，里边全是大大小小的票子。（刘庆邦《走窑汉》）

例(18)，"大大小小"作"衣物"的定语，表示状态；例(19)，"大大小小"作"票子"的定语，形容票面价值，并不计较票子外形上的大小，是表示性质。

作定语的AABB往往跟表数词语配合使用。假如表数词语表示大数目，便强调出事物和相关性状特征皆多。如：

(20)这二十年间，香港发生过许许多多大大小小离奇古怪的事情。（三苏《目睹香港二十年怪现状》）

"许许多多"表明事情多，"大大小小"表明情态多。

作定语的AABB可以两项连用，从不同角度描写事物的性状特征。如：

(21)幸而在抄家之前，他把那已经书写了十来年的《中华棋谱大全》手稿……塞进一大堆长长短短、粗粗细细的柴爿之中。（王晓玉《阿花》）

例(21)：长长短短＋粗粗细细→柴爿。

作定语的AABB可以同时修饰两个或几个名词。这时，不同类型的事物共同组成一个群体NP，被赋予A—B范畴的性状特征。如：

(22)桌上、榻上、地下，到处放满了诸般药材，以及大大小小的瓶儿、罐儿、缸儿、钵儿，看来梁子翁喜爱调弄丹药。（金庸《射雕英雄传》）

例(22)：大大小小→瓶儿＋罐儿＋缸儿＋钵儿。

作定语的AABB和作中心语的名词都可以两项连用或多项连用，形成多范畴性状特征和多类型客体事物的交互组合关系。如：

(23)街沿上东一张竹榻，西一铺躺椅，兼之高高矮矮、大大小小的板凳、竹凳、方凳、长条凳，载着一个个摇着蒲扇的男女老少，组成了一个绝对平等地挣扎于同等高温之中的上海滩共和

形容词的AABB反义叠结

世界。(王晓玉《阿贞》)

例(23):高高矮矮+大大小小→板凳+竹凳+方凳+长条凳。

应该指出:表示非本体性状特征的AABB也可以直接充当NP的定语。有两种情况:

第一,非本体性状AABB作定语的格式出现于存现句,句中的动词有安放分布的意义。比较:

墙上挂着一串串高高低低的辣椒。(存现句)

*我挂上了一串串高高低低的辣椒。

地上插着不少深深浅浅的木桩。 (存现句)

*我插上了不少深深浅浅的木桩。

第二,非本体性状AABB作定语的格式出现于非存现句,AABB和事物之间在关系上隐含安放分布意义的行为的预设。比较:

拔出许多深深浅浅的木桩(预设"插")

*扛着许多深深浅浅的木桩(不预设)

取下一串串高高低低的辣椒(预设"挂")

*买了一串串高高低低的辣椒(不预设)

(二)状述补功能

1. 形容词AABB反义叠结形式有时充当状语。例如:

(24)围墙上高高矮矮的站着六个人,黑暗之中却看不清楚面目。(金庸《射雕英雄传》)

(25)港湾中大大小小的停泊着六七艘船。(金庸《射雕英雄传》)

(26)盛隆昌最先想置的是地产,远远近近地买。(陈源斌《天惊维扬》)

上例的"高高矮矮、大大小小、远远近近"都是状语。

作状语的AABB常见于存现句。有的表示宾语NP的本体性状特征,如例(24)"高高矮矮",例(25)"大大小小"。有的表示宾语NP的非本体性状特征,如例(1),可以改说成:"树上高高低低地架着玉米棒儿,金黄金黄,错落有致。"这里的"高高低低"是状语。

作状语的AABB也常见于施事性主动宾句。如例(26),若说成

"盛隆昌远远近近地买了许多田产",便是明显的施事性主动宾句。在这类主动宾句中,跟 AABB 相关的动词主要有四类:(一)得失性动词。如:"我大大小小地购买了十多个鱼缸。""他新新旧旧地卖掉了十多件衣服。"AABB 表示宾语 NP 的本体性状特征。(二)制作性动词。如:"我在山上深深浅浅挖了许多坑。""他一生中厚厚薄薄写了几十本书。"AABB 表示宾语 NP 的本体性状特征。(三)经历性动词。如:"这个家族穷穷阔阔地经历了几代人的盛衰荣辱。""那些年我们只能饱饱饿饿地打发着日子。"AABB 表示主语 NP 的本体性状特征。(四)安置性或敲打性动词。如:"我深深浅浅地插上了不少木桩。""他轻轻重重地敲响了那面牛皮大鼓。"AABB 受到动作行为的明显影响,只是表示跟宾语 NP 相关的有时相当隐晦的非本体性状特征。

作状语的 AABB 也可以用于"主动"句。如果主语是受事,可以转化为存现句或施事性主动宾句。如:"一串串红辣椒高高低低地挂在墙上。(→墙上高高低低地挂着一串串红辣椒。)""田产远远近近地买。(→S 远远近近地买田产。)"如果主语是明显的施事,状语 AABB 表示主语 NP 的本体性状特征或者非本体性状特征。例如:

(27) 只要收音机一响,德明家的孩子就会跑到小婶家来,高高矮矮地站着坐着,呆呆地望着。(储福金《九明家的女人》)

(28) 到破晓天明,村中几只公鸡远远近近的此啼彼和……(金庸《射雕英雄传》)

2. 形容词 AABB 反义叠结形式有时充当述语。例如:

(29) 面前这位女人……讲话文文雅雅,口气软软硬硬,实在摸不透是哪种身分。(王晓玉《阿花》)

(30) 有蒲扇一宽一仄,有口哨深深浅浅。(何立伟《一夕三逝》)

例(29)(30)的"软软硬硬、深深浅浅"都是述语。

作述语的 AABB 可以前加"应该"之类词语,以带上符合某种特定要求的语义和如意的感情色彩。比如:"舞厅的灯光应该亮亮暗暗,闪烁不定。""打这种毛衣,毛线就得粗粗细细,粗细交错着打。"

作述语的 AABB,如果不是出现在上下排比或前后对仗的句法格局之中，或者如果不是跟着出现补充解说的后续句，往往要带上"的"字。比如："这女人叫人摸不透，口气软软硬硬的！""舞厅的灯光就应该亮亮暗暗的！"

作述语的 AABB，大都表示主语 NP 的本体性状特征，但也可以表示非本体性状特征。比较：你看看，这边的几个灯笼，大大小小的！（太不好看了！）你看看，这边的几个灯笼，高高低低的！（太不好看了！）

上文说过，AABB 可以顶针回环。顶针回环的格式，通常见于述位。比如：急行军的八天里，衣服干干湿湿，湿湿干干，可谁也顾不上这些。｜这十来天，他饱饱饿饿，饿饿饱饱，没吃过一顿好饭。｜一个月来，班上的纪律松松严严，严严松松，学生的学习成绩普遍下降了。

3. 形容词 AABB 反义叠结形式有时充当补语。例如：

（31）这时，只见一个脸上涂得红红白白，头发烫得曲曲弯弯的女人，撞进办公室……（程乃珊《银行家》）

例（31），"（脸上）涂得红红白白"是述补结构，"红红白白"是补语；"（头发）烫得曲曲弯弯"是述补结构，"曲曲弯弯"是补语。

作补语的 AABB，其中心词是动词。常见的动词有三类：（一）制作性动词。如例（31）中的"涂"。又如："那家小吃店馒头做得大大小小，麻花搓得粗粗细细，油条炸得长长短短，面条下得咸咸淡淡，没多少人去买。"AABB 表示相关 NP 的本体性状特征。（二）安置性动词。如："你看你，把灯笼挂得高高低低的！""稻谷铺得厚厚薄薄的，不容易晒干。"AABB 表示相关 NP 的非本体性状特征。（三）搞弄性抽象动词。如："这种空调机质量太差，时好时坏，把人搞得冷冷热热的，容易感冒。""你把钟表弄得快快慢慢的，到底是什么原因？"AABB 或者间接或者直接表示相关 NP 的本体性状特征。"搞、弄"有时相当于"制作"，但这里的"搞、弄"意义抽象虚灵，没有"制作"的意思。

作补语的 AABB，带有"不如意"的感情色彩。比如例（31）"脸上涂得红红白白","红红白白"给人不愉快的感觉。不过,如果在动词前边加上"应该"之类词语,也可以使 AABB 带上符合某种特定审美要求的语义,从而使感情色彩由"不如意"向"如意"偏转。如:"演滑稽戏嘛,脸上应该涂得红红白白,这样才能把观众逗乐。""草书的笔画就该粗粗细细,不然就太呆板了。"

四 结语

(一)两个单音词的 AABB 叠结形式,是现代汉语里相当活跃的形式。情况复杂多样,涉及这个那个不同的词类,包涵这种那种不同的语义,具有这样那样不同的语法功能。深入观察种种叠结形式,无疑可以深化对于现代汉语语法结构和语法手段的了解。然而,要全面弄清种种叠结形式,并不容易。如果把全部叠结形式看成一个"面",那么,本文所讨论的形容词 AABB 反义叠结形式只能说是其中比较小的一个"点"。当然,这是相当重要的一个"点"。

(二)本文所讨论的形容词 AABB 反义叠结形式,由两个单音节形容词以 AABB 的方式叠结而成,两个单音节形容词在语义上相互对立。有的单音节形容词不能受"很"类程度副词的修饰,如"真、假、正、副"等等,不在本文讨论的范围;有的单音节形容词能受"很"类词的修饰,但不能跟别的单音形容词构成反义关系,如"黄(脸很黄,黄得可怕)、蓝(天很蓝,蓝得出奇)"等,也不属于本文讨论的范围。

(三)形容词 AABB 反义叠结形式具有"性状兼容,有 A 有 B,AB 对立"的涵义,带有"多"的附加意思。其涵义,在外部关系上受到两个相关因素的制约:一个是 NP,这是经常起作用的因素;另一个是 VP,这是有时起作用的因素。

(四)形容词 AABB 反义叠结形式经常充当定语,有时也充当状语、述语和补语。这种叠结形式偶尔充当主语和宾语,但情况较为特殊。如:

(32)没调教的东西,一群懒坯,大大小小都没家似的。(储

福金《九明家的女人》)

(33) 臭豆腐的特色就是香香臭臭，闻着臭，吃起来香。

例（32）是 AABB 作主语，具有指称性。"大大小小"指称人，性质上相当于"老老小小"或"老老少少"。例（33）是 AABB 作宾语，用在"是"字后边。这样的句子不是不能说，但总觉得是勉强造出来的。

（五）本文所说的形容词 AABB 反义叠结形式，在整体功能上具有形容词的性质，是一种凝固性很强的形式。其构成基础虽然是两个单音形容词，但叠结之后却不同于一般的短语，似乎已经凝固成了接近于词的语法单位。

应该指出：有的单音形容词既能受"很"的修饰，又能跟别的单音形容词构成反义关系，但它们的 AABB 叠结形式在整体功能上却不是形容词性质的。这样的叠结形式共有四个：老老小小，多多少少，迟迟早早，早早晚晚。第一个是名词性的，后三个是副词性的。它们是非典型的形容词 AABB 反义叠结形式，不是本文讨论的对象。其中的"早早晚晚"也许是时间名词"早"和"晚"的叠结，只不过容易跟形容词的叠结形式相混罢了。

参考文献

[1] 卞觉非. AABB 重叠式的语义、语法、修辞和语用功能 [C] // 中国语文杂志社. 语法研究和探索：三. 北京：北京大学出版社，1985.

[2] 国家对外汉语教学领导小组办公室汉语水平考试部. HSK 常用词汇一览表 [S] // 国家对外汉语教学领导小组办公室汉语水平考试部. 汉语水平考试大纲. 北京：现代出版社，1989.

[3] 陆志韦. 汉语的并立四字格 [J]. 语言研究，1956（1）：45-82.

（原载《中国语文》1993 年第 5 期，与李向农、丁力、储泽祥合作，略有改动）

形容词动态化的趋向态模式

0 前言

笔者在《现代汉语语法知识》《词类辨难》和《形容词短语》中,都专节讨论过形容词的动态化问题①。为了加深对形容词动态化的了解,本文专题讨论现代汉语里形容词的趋向态模式,即"形容词+趋向动词"。文章包括三个部分:1. 兴发态:"A起来";2. 垂临态:"A下来";3. 延展态:"A下去"。文章末尾有个结语。

关于"A起来""A下来""A下去",刘月华先生写过两篇文章②。本文讨论问题的角度跟刘月华先生有所不同。有些说法,比如有关A同"起来、下来、下去"的能否组合的说法,跟刘先生略有差异。对于刘先生论文中已作详细描写的问题,本文在附注中略作说明。

1 兴发态:"A起来"

1.0 "A起来"——这是形容词动态化的兴发态模式。这一模式的构成,基本条件是形容词带上表示抽象时间趋向的"起来"。例如:

(1) 村庄在他的眼前大起来……(墨白《幽玄之门》,《收获》1992年第5期31页)

(2) 包谷米真的珍贵起来……(刘云夔《四海之内》,《当代》1993年第5期145页)

1.1 "A 起来"表示性状的兴发。有两种情况。

1.1.1 事物由于时点移位而兴发某种性状。这是常见情况。如例(1)(2)。又如：

(3) 郑德来的心情渐渐好起来……（何申《下海》，《当代》1993年第5期114页）

(4) 臭的情绪突然坏起来……（墨白《幽玄之门》，《收获》1992年第5期31页）

"郑德来的心情"，本来并不好，由于时点移位，"好"的性状兴发；"臭的情绪"，本来并不坏，由于时点移位，"坏"的性状兴发。

1.1.2 事物由于地点移位而兴发某种性状。这是有时见到的情况。例如：

(5) 我们大约又前进了六七米远，这儿藤蔓和荆棘稀疏起来……（文兰《转弯处发生车祸》，《小说界》1985年第4期96～97页）

(6) 那石洞弯弯曲曲，走了两丈多远，终于开阔起来……（古龙《金刀亭》第三章）

由于地点移位，藤蔓和荆棘的状态，在走路人走了六七米远之后兴发为"稀疏"（起来）；石洞的状态，在走路人走了两丈多远之后兴发为"开阔"（起来）。比较：

还没到端午，气温明显高起来。

还没到三亚，气温明显高起来。

同是气温"高起来"，前一例是时点移位的兴发，后一例是地点移位的兴发。

1.2 "A 起来"中的 A，表示有级差的可以逐渐加强的性状。即：

A ⇒轻度级 A→加深级 A→极度级 A

常见的 A，是单音节或双音节的能满足上述语义要求的形容词。

(7)（他的文章，一开始都是平淡的……）读下去，色香味浓起来……（乌波《秋风乍起》，《当代》1993年第5期126页）

(8) 干得顺手，大家心情都愉快起来……（何申《下海》，《当代》1993年第5期119页）

"浓"是单音节形容词，可以是：有些浓→更加浓→特别浓。"愉快"是双音节形容词，可以是：有些愉快→愈发愉快→无比愉快。

有时 A 是带叠音成分的三音节形容词，或者是两个形容词的并列结构。它们同样能满足上述语义要求。如：

(9) 想着，竟痴呆呆起来。（徐卓人《小说二题》，《当代》1993 年第 5 期 72 页）

上例带"起来"的 A 是"痴呆呆"。"痴呆呆"的状态也有级差，可加强：有些痴呆呆→愈发痴呆呆。

(10) 姑娘却笑得开心而妩媚……让他们站着的那片草地美丽干净起来。（刘云夔《四海之内》，《当代》1993 年第 5 期 135 页）

(11) 过去的年龄所无法感知的事情，逐渐地清晰和明朗起来……（张廷竹《远土已黄，近草更绿》，《当代》1993 年第 6 期 23 页）

"美丽干净起来""清晰和明朗起来"都是"形容词并列结构＋起来"。并列结构中每个形容词都具有"有级差，可加强"的语义特点。

值得注意：

1.2.1 一对反义形容词，不管是积极义的还是消极义的，只要语义上"有级差，可加强"，二者都能说成"A 起来"。比如上面例举过的"好起来"和"坏起来"。又如：

　　　　大方・小气 → 大方起来（＋）・小气起来（＋）
　　　　清楚・糊涂 → 清楚起来（＋）・糊涂起来（＋）
　　　　认真・马虎 → 认真起来（＋）・马虎起来（＋）
　　　　舒服・难受 → 舒服起来（＋）・难受起来（＋）
　　　　谦虚・傲慢 → 谦虚起来（＋）・傲慢起来（＋）
　　　　整洁・凌乱 → 整洁起来（＋）・凌乱起来（＋）

反之，如果不具有"有级差，可加强"的语义特点，不能说"A 起来"。如：

　　　　真・假 → 真起来（－）・假起来（－）
　　　　必然・偶然 → 必然起来（－）・偶然起来（－）
　　　　显然・—— → 显然起来（－）・——

形容词动态化的趋向态模式

  彻底・──→ 彻底起来（−）・────
  基本・──→ 基本起来（−）・────
  主要・──→ 主要起来（−）・────

1.2.2 "不 A 起来"有时能说，有时不能说。能不能说，取决于"不 A"是否在语义上"有级差，可加强"。比如：

[A]
  舒服・不舒服 ─→ 舒服起来（＋）・不舒服起来（＋）
  高兴・不高兴 ─→ 高兴起来（＋）・不高兴起来（＋）
  认真・不认真 ─→ 认真起来（＋）・不认真起来（＋）
  规矩・不规矩 ─→ 规矩起来（＋）・不规矩起来（＋）

[B]
  热烈・不热烈 ─→ 热烈起来（＋）・不热烈起来（−）
  漂亮・不漂亮 ─→ 漂亮起来（＋）・不漂亮起来（−）
  坦然・不坦然 ─→ 坦然起来（＋）・不坦然起来（−）
  微妙・不微妙 ─→ 微妙起来（＋）・不微妙起来（−）

有的 A，一般跟"不"结合使用，即采用"不 A"的形式。如：

（12）杜天林待久了，渐渐有些<u>不耐烦</u>起来。（古龙《金刀亭》第七章）

上例出现"不耐烦起来"。由于一般不单说"耐烦"，因而通常也不大能说"耐烦起来"。

1.3 作为形容词的动态化用法，"A 起来"既包含时间性，又包含度量性。

如果时间性成分和度量性成分都显现于语表，便形成下列句式。换句话说，"A 起来"事实上处在下列句式的语境之中。即：

  （S）[时间][变得][度量] A [了] 起来

1.3.1 从动态化角度看，"A 起来"包含时间性。在语表形式上，有三点反映。

第一，"A 起来"前头可以出现"变得"。例如：

（13）马义新的脑子<u>变得</u>复杂起来……（陈桂棣《悲剧的诞

生》,《当代》1993年第6期44页)

(14) 二少奶的脸在火光中变得鲜活起来。(张廷竹《远土已黄,近草更绿》,《当代》1993年第6期14页)

第二,"A起来"前头可以出现时间词。例如：

(15) 临近新的一个学期,S师院校园里已经开始热闹起来……(刘云夔《四海之内》,《当代》1993年第5期148页)

(16) 自从来了林艺虹,关少伟和大家的关系渐渐微妙起来。(何继青《文戏》,《中篇小说选刊》1993年第5期46页)

如果时间词和"变得"同现,那么,时间词用在前边：二少奶的脸在火光中渐渐变得鲜活起来。

第三,"A起来"中间可以出现"了"。例如：

(17) 会议一共开了五天,她和他熟了起来……(乌波《秋风乍起》,《当代》1993年第5期126页)

(18) 情势渐渐紧张了起来……(古龙《金刀亭》第三十八章)

用了"了",A的前边仍然可以出现时间词和"变得"：二少奶的脸在火光中渐渐变得鲜活了起来。

1.3.2 作为形容词的动态化用法,"A起来"包含度量性。在语表形式上,A的前头可以出现度量词。例如：

(19) 他说出这一句话,面色忽然变得很是严肃起来……(古龙《金刀亭》第三章)

(20) 一层红晕浮上郭玲子的面颊,使她显得更加年轻妩媚起来。(张廷竹《远土已黄,近草更绿》,《当代》1993年第6期37页)

出现"很是、更加"的位置,可以换用"愈发、无比、有些"等。

如果度量词和时间性三因素(时间词＋变得＋了)同时显现,度量词出现在"变得"后边：二少奶的脸在火光中渐渐变得愈发鲜活了起来。

1.4 "A起来"的否定形式是"没A起来"和"A不起来"。

"没A起来"是对已然兴发态的否定,否定词"没"出现在"A起来"前边；"A不起来"是对将然兴发态的否定,否定词"不"出现在

"A起来"中间。例如：

(21) 车上新增加了四个人，但气氛并没有因此活跃起来。（文兰《转弯处发生车祸》，《小说界》1985年第4期84页）

(22) 这时帐篷里还没有完全明亮起来。（文兰《转弯处发生车祸》，《小说界》1985年第4期118页）

这里是"没有（因此）活跃起来"，"没有（完全）明亮起来"。若用"不"字否定，便成为：

气氛始终活跃不起来。

帐篷里还是明亮不起来。

对将然兴发态的否定，也可以在"A起来"前边用"不能、无法"之类：

气氛始终不能活跃起来。

帐篷里还是无法明亮起来。

二 垂临态："A下来"

2.0 "A下来"——这是形容词动态化的垂临态模式。这一模式的构成，基本条件是形容词带上表示抽象时间趋向的"下来"。例如：

(23) 天暗下来，舞厅的彩灯一闪一闪……（何申《下海》，《当代》1993年第5期120页）

(24) 她很快就平静下来……（刘云夔《四海之内》，《当代》1993年第5期147页）

2.1 "A下来"表示性状的垂临。"暗下来"，事物性状垂临于"暗"；"平静下来"，事物性状垂临于"平静"。

事物性状，或者是积极面性状，或者是消极面性状，或者积极消极分不清。"A下来"，跟积极面、消极面性状没有必然联系。如"舒服"和"难受"，积极面性状"舒服"固然不能说"舒服下来"，消极面性状"难受"也不能说"难受下来"；再如"安定"和"混乱"，积极面性状"安定"不仅可以说"安定起来"，而且可以说"安定下来"，消极面性状"混乱"却只能说"混乱起来",不能说"混乱下来"。

如果从可上升趋势和可下垂趋势来观察,事物性状大致有两类:一是高涨面性状;二是低沉面性状。跟"A下来"相联系的,是低沉面性状。不过,由于低沉面性状有两种情况,"A下来"所表示的垂临也有两种情况:

2.1.1 回归性垂临

A被说话人当做低沉面性状,而且被看成事物的本然性状。"A下来"表示事物性状由高涨面向低沉面采取降势回归,包含有"恢复"之类的意思。即:

　　　　　(S) A下来。=(S) 恢复A。｜(S) 归于A。

如"她很快就平静下来",等于说"她的心情很快就恢复平静","平静"被看成事物的本然性状。又如:

(25) 骑了一段车,冷静下来,她又觉得不应该这样怪他。(裘山山《城市情人》,《当代》1993年第5期96页)

(26) 他急促地吐出一口烟,竭力在使自己镇静下来。(阎明国《快乐岛之约》,《当代》1993年第6期126页)

(27) 一俟安定下来,就接他们母子去做随军家属。(张廷竹《远土已黄,近草更绿》,《当代》1993年第6期8页)

"冷静下来、镇静下来、安定下来"都有"恢复"的意思。

2.1.2 变移性垂临

A被说话人当做低沉面性状,但并不被看成是事物的本然性状。"A下来"表示事物性状由高涨面向低沉面的降势转变,包含"转变"之类意思。即:

　　　　　(S) A下来≠(S) 恢复A。｜(S) 归于A。
　　　　　(S) A下来=(S) 转A。　｜(S) 变A。

比如,对于"天色"来说,"亮"和"暗"都是可能性性状。"天暗下来",等于说"天色转暗",不等于说"天色恢复暗"。又如:

(28) 姜玲兴奋的情绪一下子凉下来……(何申《下海》,《当代》1993年第5期120页)

(29) 宝贝的眼色灰下来……（阎明国《快乐岛之约》，《当代》1993年第6期126页）

(30) 他双眸中的绿色幽火渐渐暗淡下来了。（张廷竹《远土已黄，近草更绿》，《当代》1993年第6期8页）

2.2 "A下来"和"A起来"有时可以互换使用，基本意义不变，语用价值有所不同③。

对于具体的形容词来说，表示高涨面性状和低沉面性状不一定是非此即彼的。一般情况是：有的形容词只表示高涨面性状，如"亮"和"激动"；有的形容词所表示的性状却有两可性，既可以是高涨面的，也可以是低沉面的，如"黑"和"安定"。比较：

没到6点钟，天就黑下来了。

没到6点钟，天就黑起来了。

当说"黑起来"的时候，人们把"黑"看成是可上升的高涨面性状；当说"黑下来"的时候，人们把"黑"看成是可垂临的低沉面性状。又如：

(31) 戏谑平衡了山里人的心灵倾斜，众人又规矩下来。（侯钰鑫《山鬼与花妖》，《当代》1993年第5期184页）

(32) 宣传科长脸色缓和下来……（何继青《文戏》，《中篇小说选刊》1993年第5期46页）

"规矩下来"可以说成"规矩起来"，"缓和下来"可以说成"缓和起来"。这两例用"A下来"，是因为说话人在视点上把"规矩""缓和"看成低沉面性状。

从语用上说，在"A起来""A下来"同义的情况下，二者给人的不同感觉是相当明显的："A起来"重在上扬兴发，"A下来"重在下抑回转。比较：

(33) 于公子一见此情，面色倏地凝重起来……（古龙《金刀亭》第五章）

(34) 于公子的面色陡然凝重下来……（古龙《金刀亭》第五章）

例(33)(34)见于同一本书的同一页上。两例意义全同，但前例

用"起来",后例用"下来"。再看这两个例子:

(35) 回到座位上足足抽了一支烟,罗彪才镇静下来。(阎明国《快乐岛之约》,《当代》1993年第6期134页)

(36) 不容人们的神经松弛下来,暴激成浪的狂涛劈头盖脑倾泻而下。(阎明国《快乐岛之约》,《当代》1993年第6期137页)

这里用"镇静下来""松弛下来",都表明一种回收势态;如果说成"镇静起来""松弛起来",便表明一种兴发势态了。

2.3 在时间性和度量性上,在否定形式上,"A下来"和"A起来"基本上相同,只是用"A下来"的语法环境中不怎么能出现"变得"。比较:

宽松下来　　　　　　　　宽松起来
已经宽松了下来　　　　　已经宽松了起来
已经更加宽松了下来　　　已经更加宽松了起来
已经变得更加宽松了下来(?)已经变得更加宽松了起来(+)
没宽松下来　　　　　　　没宽松起来
宽松不下来　　　　　　　宽松不起来

再看这个例子:

(37) 那个时候天已经完全黑下来了……(墨白《幽玄之门》,《收获》1992年第5期41页)

如果加上"变得",可以说成:"那个时候天已经变得完全黑了起来了。"但不怎么能说成:"那个时候天已经变得完全黑了下来了。"

3　延展态:"A下去"

3.0 "A下去"——这是形容词动态化的延展态模式。这一模式的构成,基本条件是形容词带上表示抽象时间趋向的"下去"。例如:

(38) 等花生吃完了,火也弱下去。(墨白《幽玄之门》,《收获》1992年第5期33页)

(39) 坟头在他猛烈的袭击下渐渐矮小下去……(墨白《幽玄

之门》,《收获》1992年第5期40页)

3.1 "A下去"表示性状的延展。如"弱下去",是"弱"这一性状逐渐延展;"矮小下去",是"矮小"这一性状逐渐延展。

"A下去"的使用,有三种情况:

3.1.1 独立使用

"A下去"独立使用,前后不出现连续使用或对照使用的"A起来""A下来"。这时一般表示已然性延展,具体点说,表示事物性状已经往低沉面逐渐延展。其中的A是"弱、小、淡、矮、低、薄、少"之类形容词。如例(38)(39)的"弱下去""矮小下去"。又如:

(40)娘的锤子声在他入睡之际渐渐淡弱下去。(墨白《幽玄之门》,《收获》1992年第5期34页)

3.1.2 后续使用

"A下去"紧跟"A起来"或"A下来"使用。这时表示事物性状在兴发之后或者在垂临之后继续延展。"A下去"和"A起来""A下来"的A是同一个形容词。表现形式为:

S已经A起来,还会继续A下去。

S已经A下来,还会继续A下去。

如果"A下去"紧跟"A下来"使用,其中的A是低沉面的"弱、小、平静"之类。比如:

火势逐渐弱下来,还会继续弱下去。

战场上已经平静下来,今后一段时间里肯定还会继续平静下去。

如果"A下去"紧跟"A起来"使用,其中的A可以是高涨面的"强、大、活跃"之类。比如:

我们已经强大起来,定会继续强大下去。

市场经济已经活跃起来,肯定还会继续活跃下去。

3.1.3 对照使用

"A下去"和"A起来"对照使用,其中的A具有对立意义,形成异向反差。在这种情况下,"A下去"所表示的性状延展可能是已然的，也可能是将然的。例如：

我们一天天好起来，敌人一天天烂下去。（已然）

计划一实现，我们可以硬起来，对方定会软下去。（将然）

在排列位序上，往往是先"A起来"后"A下去"，但有时也可以是先"A下去"后"A起来"。例如：

（41）他的咳声渐渐少了下去。他的声音洪亮起来。（乌波《秋风乍起》，《当代》1993年第5期129页）

（42）目前虽然是敌强我弱，只要打下去，必然是敌人一天天弱下去，我们一天天强起来。（胡金福《平型关风云》，《当代》1993年第5期15页）

前一例表示已然性性状延展，后一例表示将然性性状延展。这两例都是"A下去－A起来"。

3.2 "A下去"的使用范围大于"A下来"。

在组合能力上，一般地说，"A下去"更接近于"A下来"。但是，由于"A下去"可以成为将然性的后续用法，可以进入"还会继续A下去"的格式之中，因而，"A下去"的使用范围实际上大于"A下来"。比较：

[A]	[已经A起来]	[已经A下来]	[还会继续A下去]
热	热起来（＋）	热下来（－）	热下去（＋）
冷	冷起来（＋）	冷下来（＋）	冷下去（＋）
贵	贵起来（＋）	贵下来（－）	贵下去（＋）
贱	贱起来（＋）	贱下来（＋）	贱下去（＋）
混乱	混乱起来（＋）	混乱下来（－）	混乱下去（＋）
安定	安定起来（＋）	安定下来（＋）	安定下去（＋）
紧张	紧张起来（＋）	紧张下来（－）	紧张下去（＋）
松懈	松懈起来（＋）	松懈下来（＋）	松懈下去（＋）

有的反义词，所表示的性状可以分出积极面和消极面，但分不出向上兴发的高涨面和向下垂临的低沉面。在这种情况下，"A起来""A下去"都可以说，"A下来"却不能说。这更表明"A下去"的实际使

形容词动态化的趋向态模式

用范围大于"A下来"。例如：

[A]	[渐渐A起来]	[还要继续A下去]	[渐渐A下来]
潮湿	潮湿起来（＋）	潮湿下去（＋）	潮湿下来（－）
干燥	干燥起来（＋）	干燥下去（＋）	干燥下来（＋）
成熟	成熟起来（＋）	成熟下去（＋）	成熟下来（－）
幼稚	幼稚起来（＋）	幼稚下去（＋）	幼稚下来（－）
主动	主动起来（＋）	主动下去（＋）	主动下来（－）
被动	被动起来（＋）	被动下去（＋）	被动下来（－）
踏实	踏实起来（＋）	踏实下去（＋）	踏实下来（－）
轻浮	轻浮起来（＋）	轻浮下去（＋）	轻浮下来（－）
灵活	灵活起来（＋）	灵活下去（＋）	灵活下来（－）
死板	死板起来（＋）	死板下去（＋）	死板下来（－）

同类现象：细心，粗心；好看，难看；认真，马虎；舒服，难受；谦虚，傲慢；慎重，轻率；深刻，肤浅；整洁，凌乱；清楚，糊涂。

3.3 在时间性、度量性和否定形式上，"A下去"和"A下来"情况相同，但在语值上，它们有差异。

跟"A下来"一样，使用"A下去"的语法境域中不大能出现"变得"。如：

弱小下来	弱小下去
已经弱小了下来	已经弱小了下去
已经更加弱小了下来	已经更加弱小了下去
已经变得更加弱小了下来（?）	已经变得更加弱小了下去（?）
没弱小下来	没弱小下去
不可能弱小下来	不可能弱小下去

在"A下去"和"A下来"同义的时候，这两个形式的区别表现于语用价值的不同。"A下来"，表明客体事物的性状向主体人物的主观辖域之内垂临；"A下去"，表明客体事物的性状往主体人物的主观辖域之外延展。前者重在往内承受，后者重在往外推延。比较：

（43）他望着那群人慢慢地从他的视线里小下来……（墨白

· 209 ·

《幽玄之门》,《收获》1992年第5期30页)

(44) 他望着那辆汽车在隔江公路上<u>小下去</u>……

前一例说的是客体事物在主体人物主观辖域范围"视线里"的性状变异,用"小下来",不好用"小下去";后一例说的是"隔江公路上"客体事物在主体人物主观辖域之外的性状变异,用"小下去",不好用"小下来"。再比较:

(45) 娘没有说话,她呆呆地立在那里一直看着那片云彩的颜色<u>淡弱下去</u>……(墨白《幽玄之门》,《收获》1992年第5期31页)

(46) 娘没有说话,她呆呆地看着那片云彩的颜色在自己的视线里<u>淡弱下来</u>……

前一例用"淡弱下去",重在云彩的颜色渐渐淡弱以至在视线之外消失;后一例用"淡弱下来",重在云彩的颜色在视线之内渐渐淡弱以至消失。

四 结语

4.1 现代汉语形容词动态化的趋向态模式有三个,即"A 起来""A 下来"和"A 下去"。现代汉语趋向动词有单音节的,有双音节的,一共26个④。但只有其中双音节的"起来""下来""下去"三个才可以跟形容词组合,表示性状动态化。有的词,经常用作形容词,但如果不是同"起来""下来""下去"组合使用,那么,便成为动词带趋向动词的用法,而不是形容词动态化用法。比较:

他<u>清醒起来</u>了。

他<u>清醒过来</u>了。

前一例是形容词动态化用法,后一例是动词带趋向动词的用法。

4.2 形容词动态化的趋向态模式有三性:时间性,度量性,抽象趋向性。时间性和度量性是所有形容词动态化模式的共性,抽象趋向性则是趋向态模式的特性。加强对趋向态模式的研究,可以从一个侧面更好地了解形容词动态化,有利于深化对动词的认识,对形容词的

认识，以及对动词与形容词之间纠结现象的认识。

4.3 事物性状的抽象趋向性表现为三个模态：兴发态，垂临态，延展态。就跟形容词的组合能力而言，兴发态"A起来"使用范围最宽；延展态"A下去"次之，在特定格式中靠向"A起来"；垂临态"A下来"使用范围最窄。就语用价值而言，这三个模态各有用场，在实际语言运用中都显示各自的生命力，都有利于表意的精密化。

4.4 形容词的动态化有多种模式。除了趋向态模式之外，还有好些个。略举几例：

(47) 子耕原来并不紧张，经我一顿吓唬，才变得紧张了。（奚青《天有病，人知否》，《当代》1993年第5期58页）

(48) 反胡风、肃反、反右派，我都不曾这般软弱过呀！（公刘《活的纪念碑》，《收获》1992年第5期106页）

(49) 我这位经理却在这里清闲着，真是个希罕事！（李贯通《天下文章》，《当代》1993年第6期161页）

(50) 我也冷，咱俩跑吧，一跑就暖和。（墨白《幽玄之门》，《收获》1992年第5期39页）

(51) 在平型关打一个大仗的设想，终被日趋成熟的条件所促成。（胡金福《平型关风云》，《当代》1993年第5期17页）

(52) 他对家庭已经冷漠……（奚青《天有病，人知否》，《当代》1993年第5期67页）

上例里形容词"紧张""软弱""清闲""暖和""成熟""冷漠"都出现在动态化语法境域里。要全面考察和详细描写形容词动态化现象，还需要分类进行专题研究。

注释：

①邢福义：《现代汉语语法知识》，湖北人民出版社1980年版；邢福义：《词类辨难》，甘肃人民出版社1981年版，第135～138页；邢福义：《形容词短语》，人民教育出版社1990年版。

②刘月华：《表示动态意义的"起来"与"下来"比较》，《世界汉语教学》1987年预刊第1期，第14～16页；《几组意义相关的趋向补语语义分析》，《语言

研究》1988年第1期，第1～17页。

③刘月华先生指出："起来"可以结合的形容词很广，"下来"可以结合的形容词面很窄。刘先生对"起来""下来"跟形容词结合的情况做了细致的考察和描写。参看刘月华：《表示动态意义的"起来"与"下来"比较》，《世界汉语教学》1987年预刊第1期，第14～16页。

④26个趋向动词：来、去、上、下、进、出、回、过、开、起、上来、下来、上去、下去、进来、进去、出来、出去、回来、回去、过来、过去、开来（打开来）、开去（引开去）、起来、起去（甲乙都躺在床上，甲对乙吼道：爬起去！）

（原载《湖北大学学报》1994年第5期）

从海南黄流话的"一、二、三"看现代汉语数词系统

前言

现代汉语数词系统，总体具有简匀性，内部又存在差异性。

现代汉语数词系统中，"一、二、三"是计数开始的三个数目字。很简单的三个词，实际上并不那么简单。本文讨论北京话和海南黄流话的"一、二、三"，考察其差异，并谈谈有关现代汉语数词系统的若干问题。

全文包括四个部分：1. 现代汉语数词系统的简匀性。这一部分描写构成数词系统的统数系统和序数系统的基本面貌。2. 北京话中的"一、二、三"。这一部分从语法角度分析"一、二、三"的不同之处。3. 海南黄流话中的"一、二、三"。这一部分指出海南黄流话中的"一、二、三"在语法上反映出来的更多的差异性。4. 关于现代汉语数词系统的思考。这一部分指出现代汉语数词系统既有简匀性又有变异性，对表数形式和表数方法，对典型形式和非典型形式，对联系亲属语言观察汉语，都有所思考。

一 现代汉语数词系统的简匀性

现代汉语数词系统，包括统数系统和序数系统。所谓统数，指统计数目多少的数；所谓序数，指排列次序先后的数。比如，"三人"的

"三"是统数,"三哥"的"三"是序数。

(一) 统数系统

统数系统由两类形式按两种方法构成其基本面貌。

统数系统中存在两类形式:①个位数形式,②段位数形式。个位数形式,指小于"十"的表数形式,包括"一"至"九"等;段位数形式,指在数目字组合中起十进划段作用的形式,包括"十""百""千""万"等。个位数形式和段位数形式都是汉语里的基本数目字,但是它们在统数系统的构成方法上各有其特定的作用和地位。

统数系统的构成,有两种方法:①累积十进法,②段位系连法。前者是计数方法,后者是结构方法。

内容上,以累积的办法逢十进一,这是累积十进法。具体点说,就是:由一累积到九,加一进为十;由十累积到九十,加十进为百;由一百累积到九百,加一百进为千;由一千累积到九千,加一千进为万。即:

[九] + [一] = 十个一 = 一十

[九十] + [十] = 十个十 = 一百

[九百] + [一百] = 十个百 = 一千

[九千] + [一千] = 十个千 = 一万

结构上,以段位数形式为系连点,通过添加个位数形式,构成复合表数形式。这是段位系连法。具体办法:或者同时前加后加个位数形式,或者只在前边加上个位数形式,或者只在后边加上个位数形式。如:

个位+段位+个位:三十三　三百三　三千三　三万三

个位+段位:三十　三百　三千　三万

段位+个位:十三

用段位系连法构成的复合表数形式中,可以出现多个段位:

三百二十一(出现两个段位:百丨十)

四千三百二十一(出现三个段位:千丨百丨十)

五万四千三百二十一(出现四个段位:万丨千丨百丨十)

从海南黄流话的"一、二、三"看现代汉语数词系统

(二) 序数系统

序数系统由统数形式加"第"构成其基本面貌。统数系统是基础系统,序数系统是衍生系统。即:

第+统数形式=序数形式

"第三"是序数形式,"第三十三"也是序数形式。在理论上,"第三万三千三百三十三"这样的序数形式完全可以成立,只是,由于事实上一般不会出现数目这么大的次序,因此这么长的序数形式在语言的实际运用中不大可能出现。

有的时候,序数形式直接采取统数形式,实际上是借用统数形式表示序数,隐含有"第"字。可以通过同义变换把"第"字补出。如:

三楼=第三层楼　四车厢=第四节车厢

五中=第五中学　六铺位=第六个铺位

总起来看,现代汉语数词系统,由个位数形式和段位数形式按照累积十进法和段位系连法构成统数系统基本面貌,又由"第+统数形式"的组合构成序数系统的基本面貌。诚然,就基本面貌而言,现代汉语数词系统是简明而匀称的。

二　北京话中的"一、二、三"

汉语语法系统中存在一个带普遍性的事实,这就是任何一个子系统都不是绝对整齐划一的。汉语语法系统中的数词系统,自然既有简匀的一面,又有变异的一面。比较:

[汉语]

一	第一	一月	星期一
二	第二	二月	星期二
三	第三	三月	星期三
四	第四	四月	星期四
五	第五	五月	星期五
六	第六	六月	星期六

[英语]

one	first	January	Monday
two	second	February	Tuesday
three	third	March	Wednesday
four	fourth	April	Thursday
five	fifth	May	Friday
six	sixth	June	Saturday

可知，不管是单纯用于统数和序数，还是用来表示月份和时日名称，汉语都保持"一、二、三、四、五、六"等在形式上的一致。跟英语的说法有所不同，汉语数词表述系统在更大程度上表现出了简明匀称的一面。

但是，另一方面，这种简明匀称并不是绝对的，一贯到底的。仅就普通话计数开头的三个数目字"一、二、三"而言，就是如此。它们不仅各有自己的语义内涵，从语法上看，也有不同的表现。

（一）"一"和"二、三"

首先，表示序数，有时"一"不同于"二、三"。尽管"一、二、三"都可以加上"第"表示显性序数（第一、第二、第三），并且都可以隐去"第"表示隐性序数。如：一（第一点）、二（第二点）、三（第三点），一号、二号、三号，一栋、二栋、三栋等。但是，人物关系的排行里不用"一"，只用"二、三"等。如：

老大（＊老一）　老二　老三

大哥（＊一哥）　二哥　三哥

大师兄（＊一师兄）　二师兄　三师兄

其次，在跟段位数形式"十"组合时，"一"稍微不同于"二、三"。"一、二、三"都可用在"十"的后边：十一、十二、十三；但是，"二、三"可用在"十"前边，"一"不大用：十个（＋）→一十个（？）｜二十个（＋）｜三十个（＋）。

再次，在跟量词结合使用时能否简省上，"一"跟"二（两）、三"也有不同。"数＋量"的结构如果出现在动宾之间，"一＋量"可省

从海南黄流话的"一、二、三"看现代汉语数词系统

"一","二(两)+量"或"三+量"不能省"二(两)"或"三"。比较:

  喝一杯酒,吃一碗面。 喝杯酒,吃碗面。
  喝两杯酒,吃两碗面。 ————
  喝三杯酒,吃三碗面。 ————

又次,在数量叠用的简省形式上,"一"跟"二(两)、三"也有不同。"一量"可以按 ABAB 形式叠用,并且可以简省为 ABB 形式;"两量""三量"也可以按 ABAB 形式叠用,但不能简省为 ABB 形式。比较:

  一个一个地进去 一个个地进去
  两个两个地进去 ————
  三个三个地进去 ————

(二)"二"和"一、三"

首先,在跟"统数"和"序数"概念相联系的时候,"二"不同于"一、三"。"一、三"总是采用统一形式,"二"则有异化的同义形式。具体地说,不管用于统数或序数,"一、三"形式不变("一个、第一,三个、第三")。"二"的情况有所不同:①"二"有异化的同义形式"两"。"两"专门用于统数(两个│两碗)。②"二"还有同义形式"双"。"双"也专门用于统数(双份工资=两份工资),但组合能力有限,而且有特定语用价值[①]。③"二"一般只自由地用于序数("第二│二楼│二车间")。它有时也用于统数,然而,就现代汉语而言,这样的"二"或者是出现在一些习惯配搭格式里(如"您二位"),或者是出现在一些术语性或文言性较强的说法里(如"二重复句│二元论│一分为二"),或者是偶尔跟量词结合,听起来总觉得不如用"两"更合乎习惯(如"买了二斤面│扯了二尺红头绳")。

其次,在表示序数的特殊格式"一而再,再而三"里,"二"被换成了"再"。没有"一而二,二而三"的说法。由"一而再"和"再而三",还凝结成了"一再"和"再三"两个频率副词。可知,即使在序数系统中,"二"也有不同于"一、三"的地方。

还有一点需要提及。"两点钟",指的是在一点钟之后三点钟之前的那个钟点,换句话说,它跟序数相联系。既然如此,为什么不说"二点钟",而说"两点钟"?这是一个很有意思的事实。"一点钟""两点钟""三点钟"之类是一种较为特殊的接近于短语词的结构,其中的"一、两、三"等其实是统数词,"点"是量词,"钟"是有"时间"意义的名词,"X点钟"的层次结构实际上是"X十点丨十钟"。因为"点"是量词,所以可以有"一点半钟""两点半钟""三点半钟"这样的说法;也因为"点"是量词,说"两点钟"更合乎习惯,说"二点钟"则不合乎习惯。"一点钟""两点钟""三点钟"这类结构,是借统数形式来代表时点由少到多的递增,因而形成了看似统数实表序数的特殊现象。

（三）"三"和"一、二"

首先,不管是表示统数还是表示序数,不管是出现在段位数形式前边还是后边,"三"都保持形式上的完全一致。这一点,"三"和"四"至"九"具有共性,表明汉语个位数开头两个形式有所变异,而"三"及其他形式却是完全简匀的。

其次,在跟"个"组合表示统数的凝结形式上,"三"不同于"一、二"。"三个"可以说成"仨"(sā),"一个"没有这样的形式。"二个"本来不怎么说,它自然不可能有凝结形式;"两个"固然可以说成"俩"(liǎ),但"两个"毕竟不是"二个"。

再次,在跟量词"半"的结合上,"三"也不同于"一、二(两)"。"一半"常说,"两半"也常说,"二半"偶尔也说,可是,没有"三半"的说法。不过,如果数量之间插入"大"或"小","一大半""一小半""两大半""两小半"固然能说,"三大半""三小半"也能说。比如:三个月饼都切成两半,他拿走了三大半,只给你留下这三小半。

还有一点值得注意:"三"可以跟"张"这个特定的姓构成"张三"。"张三"是习惯上形成了固定组合的泛指性称代,其中"三"的表数作用已经消失。"一"和"二"使用中没有形成类似的固定组合。

从海南黄流话的"一、二、三"看现代汉语数词系统

倒是"四"可以跟"李"构成固定组合"李四",并且"张三"和"李四"经常连用,共同用来泛称。

三　海南黄流话中的"一、二、三"

海南黄流话中的个位数形式,从语法角度看,"一、二、三"有更多的不同。

黄流指黄流乡,在海南西南端,往东一百里左右便是三亚。笔者是黄流人,17岁离开黄流,到海口市广东琼台师范学校读书,19岁离开海口到武汉。黄流于西汉元封元年(前110年)属交州株崖郡临振县,后不断变更,民国元年(1912年)起属崖县,到1958年划归乐东黎族自治县,居住的全是说海南话的汉族人。黄流话跟其他地方的海南闽语相比较,比如跟海口、文昌一带的方言相比较,在语音上有一些差别。笔者1952年初到海口时,跟海口、文昌等地的同学交谈,就略有语言障碍。不过,就数词而言,还是一致的。这里以黄流话为依据来讨论数词问题,不敢肯定对所有海南闽语都绝对具有普遍性,但起码可以反映海南闽语中存在的有关事实。

海南闽语跟其他地区的闽语方言一样,存在大量文白异读现象。文白异读反映了方言读音层次上的差别,白读音又叫说话音,文读音接近读书音。值得注意的是说话音。下面是海南黄流话里"一、二、三"的说话音,以及本文在文字表述中为了醒目所采用的表示形式。"一""二"分别有两个读音形式,也许来历不同,本文暂不讨论。

一A:iat^{43}　——　表示形式为　[一 iat]
　B:it^{5}　——　表示形式为　[一 it]
二A:no^{54}　——　表示形式为　[二 no]
　B:ji^{33}　——　表示形式为　[二 ji]
三:ta^{23}　——　表示形式为　[三 ta]

观察海南黄流话的"一、二、三",可以知道以下一些情况。

(一)关于"三"

海南黄流话的"三",跟北京话一样,采用统一形式。"四"至

"九"的情况跟"三"相同。略有不同的是：与"三"有联系的概念，在北京话里有两个合音形式，不但"三个"可说成"仨"（sā），"三十"也可说成"卅"（sā），而海南黄流话没有这样的合音形式。

（二）关于"二"

海南黄流话的"二"有［no⁵⁴］和［ji³³］两种说法，其分工比北京话的"两"和"二"更为严格。如上所说，在北京话里，经常用于序数的"二"有时也用于统数，但在海南黄流话里，单用的［二 ji］却一定表示序数。看两组例子：

〈甲组〉 二话 二重性 二元论 二项式 二极管 二人转 二部制 二氧化碳 "二为"方向

〈乙组〉 二线 二副 二房 二把手 二传手 二拇指 二机局 二等公民 二道贩子

上面的词语，摘自《现代汉语词典》和《新词新语词典》[②]。甲组中的"二"都表统数，乙组中的"二"都表序数，但在北京话里，它们采取完全同一的形式。海南黄流话不同，它们的说话音是有严格区别的：

〈甲组〉＝no⁵⁴ 不说［二 no］话 事物具有［二 no］重性 他买的是［二 no］极管

〈乙组〉＝ji³³ 退居［二 ji］线 他已调到［二 ji］机局 我不想做［二 ji］等公民

如果上看古代近代汉语，我们还可以知道，"二"的数概念在用作序数的严格程度上，古代近代汉语宽于北京话，更宽于海南话。即：古代近代汉语＞北京话＞海南话。例如：

(1) 玄德曰："二弟不知音耗，妻小陷于曹贼……安得不忧？"（罗贯中《三国演义》）

(2) 关公曰："……容我入城见二嫂，告知其事……"（罗贯中《三国演义》）

(3) 二夫人于门内痛哭曰："想皇叔休矣！二叔恐我姊妹烦恼，故隐而不言。"（罗贯中《三国演义》）

从海南黄流话的"一、二、三"看现代汉语数词系统

（4）玄德曰："休错疑了。岂不见你二兄诛颜良、文丑之事？"（罗贯中《三国演义》）

上例里出现了"二弟""二嫂""二夫人""二叔""二兄"。同是"二"，前三个表示统数，等于说"二位弟弟""二位嫂嫂""二位夫人"；后两个表示序数，"二叔""二兄"都指关羽，表示排行在张飞之前。当然，"二弟"等也可以表示序数，相反，"二叔"等也可以表示统数。

北京话里，"二叔""二哥（＝二兄）"固然表示序数，"二弟""二嫂"也表示序数。即使是"二夫人"，一般也用在表示次序的意义上。如果书面语中出现表示统数的"二弟""二嫂"之类说法，那是文言说法的杂入。

海南黄流话里，更有语音形式区别它们。在海南话的口语词汇中，"二弟""二嫂"之类总是表示序数，不存在表示统数的说法。即使是文言说法杂入口语，语音形式也完全不同：

序数　ji^{33}［二 ji］弟　　［二 ji］嫂　　［二 ji］叔（排行第二）
统数　no^{54}［二 no］弟　　［二 no］嫂　　［二 no］叔（两个）

北京话里，"二班""二车厢"是歧义形式，有时指统数，有时指序数。然而，在海南黄流话里，不同的白读形式把统数和序数区分得十分清楚。如：

这里就有［二 no］班学生。（统数。＝这里就有两个班的学生。）
这里就有［二 ji］班学生。（序数。＝这里就有第二班的学生。）

（三）关于"一"

海南黄流话里，不仅"二"分化为［二 no^{54}］和［二 ji^{33}］，而且"一"还分化为［一 iat^{43}］和［一 it^{5}］。二者分工明确："一 iat"单用，一定表示统数；"一 it"单用，一定表示序数。例如：

我们村里出了一个（［一 iat］个）大学生。——统数
我们村里出了第一个（第［一 it］个）大学生。——序数
此一杯（［一 iat］杯）酒，是阿娘要你喝的。——统数
此第一杯（第［一 it］杯）酒，是阿娘要你喝的。——序数

· 221 ·

北京话里，"一班""一车厢"也是歧义形式，可能指统数，也可能指序数。海南黄流话里，由于"一"字有不同的白读形式，统数和序数分得很清楚。如：

　　这里就有〔一 iat〕班学生。（统数。＝这里就有一个班的学生。）

　　这里就有〔一 it〕班学生。（序数。＝这里就有第一班的学生。）

　　木瓜装了整整〔一 iat〕车厢。（统数。＝木瓜装了整整一个车厢。）

　　我们的铺位在〔一 it〕车厢。（序数。＝我们的铺位在第一车厢。）

（四）关于跟段位数形式的组合

海南黄流话"一、二"在跟段位数形式"十、百、千、万"等组合时有一定程度的分化。大体说，"十"的后边和前边一般用〔一 it〕〔二 ji〕，"百、千、万"的前边一般用〔一 iat〕〔二 no〕。

先说"一"。

① "十"的后边和前边都用〔一 it〕。

　　十〔一 it〕

　　〔一 it〕十〔一 it〕（"十一"比"一十一"常说）

② "百、千、万"的前边一般都用〔一 iat〕。

　　〔一 iat〕百〔一 it〕十〔一 it〕

　　〔一 iat〕千〔一 iat〕百〔一 it〕十〔一 it〕

　　〔一 iat〕万〔一 iat〕千〔一 iat〕百〔一 it〕十〔一 it〕

③ "百、千、万"的前边和后边有时都用〔一 it〕。这时后边的〔一 it〕是简省形式，表示"一十""一百"或"一千"。

　　〔一 it〕百〔一 it〕　　（＝一百一十）

　　〔一 it〕千〔一 it〕　　（＝一千一百）

　　〔一 it〕万〔一 it〕　　（＝一万一千）

再说"二"。

从海南黄流话的"一、二、三"看现代汉语数词系统

① "十"的前边用 [二 ji],"百、千、万"等前边用 [二 no]。
　　[二 ji] 十　　　[二 no] 百
　　[二 no] 千　　　[二 no] 万

② "十"的后边用 [二 ji]。这时的 [二 ji] 是"十"以外的个位数。
　　十 [二 ji]
　　[二 ji] 十 [二 ji]
　　[二 no] 百 [二 ji] 十 [二 ji]
　　[二 no] 千 [二 no] 百 [二 ji] 十 [二 ji]
　　[二 no] 万 [二 no] 千 [二 no] 百 [二 ji] 十 [二 ji]

③ "百、千、万"的前边和后边有时都用 [二 no]。这时后边的 [二 no] 是简省形式,表示"二十""二百"或"二千"。
　　[二 no] 百 [二 no] (=一百二十)
　　[二 no] 千 [二 no] (=一千二百)
　　[二 no] 万 [二 no] (=一万二千)

(五) 关于包含"一"的非数词

有些词不是数词,但包含"一"。海南黄流话里,居前的偏向于读 [一 iat],居后的偏向于读 [一 it]。例如:

〈甲组〉　一般　一致　一律　一样　一切　一起　一早　一旦
　　　　一定
　　　　一度　一概　一共　一贯　一经　一连　一再　一直

〈乙组〉　单一　统一　唯一　专一　万一

上面的词,属于副词、形容词等词类,都不是数词。其中的构词成分"一",北京话采取同一语音形式,海南黄流话里却有分别:甲组"一"在前,读成 [一 iat];乙组"一"在后,读成 [一 it]。

四　关于现代汉语数词系统的思考

通过对北京话和海南黄流话里"一、二、三"的观察,可以看到,现代汉语数词系统既有简匀一致的一面，又有变化差异的一面。由此，可以引发对整个系统的种种思考。

(一) 表数形式和表数方法的思考

首先，不仅个位数形式存在差异性，段位数形式也存在差异性。比方，"十"跟"百、千、万"就有所不同。一方面，"十"可以作为一个数词单独同量词、同"第"组合：十个，第十。在这一点上，"十"跟个位数形式相同。北京话里，"百、千、万"等段位数形式通常只用作复合表数形式的结构成分，一般不能单独同量词结合，更不能单独同"第"结合：百个、千个、万个、亿个（?），第百、第千、第万、第亿（×）。文言性句子"酒逢知己千杯少"之类中有"千杯"之类的说法，但通常的说法应是"一千杯"。另一方面，在由个位数形式和段位数形式按段位系连法构成的复合表数形式中，"十"可以居于领头位置，如"十一、十二、十三"（点数的时候也可以有"一十一、一十二、一十三"的说法），"百、千、万"等段位数形式却一般不能居于领头位置，如北京话里"一百三十"不能说成"百三十"，"一千三百"不能说成"千三百"，"一万三千"不能说成"万三千"。海南黄流话里有"百三"的说法，等于说"一百三十"，但限于两个音节，一般不说"百三十"。

其次，不仅表数形式存在差异性，表数方法也存在差异性。具体点说，段位数形式同累积十进法的关系不完全是简匀的。作为段位数形式，除了"十、百、千、万"，还有"亿"和"兆"。古人以十万为亿，十亿为兆③。这就是说，"十→百→千→万→亿→兆"全都是十进的。然而，现代汉语情况不同。"一亿"是"一万万"，而"一兆"则是"一百万"④。这就是说，"万"之上的"亿"或"兆"都已不受累积十进法的约束，累积十进法只在"十、百、千、万"这四个段位中保持简匀性。

第三，各个段位形式在段位系连法中的表现并不完全一致。比方：a. 在跟个位数形式组合时，"十"可以居于领头位置，"百、千、万、亿、兆"一般不能居于领头位置。这在上面已经提到。b. "十"后边

从海南黄流话的"一、二、三"看现代汉语数词系统

的个位数形式表示实际个位数,"二十三"中的三就是三个;"百、千、万"后边有时也出现个位形式,但实际上隐含下级段位数,如"二百三、二千三、二万三"实际上等于"二百三十、二千三百、二万三千"。c. "十、百、千"的系连形式可以跟"万""亿"或"兆"组合,"万、亿、兆"的系连形式却不能跟"十""百"或"千"组合。比如可以说"二十二万(亿/兆)""二百二十二万(亿/兆)""二千二百二十二万(亿/兆)",但没有"二亿十(百/千)"之类的说法。d. 作为现代汉语最高段位形式的"亿",可以接受带"个"数量结构的修饰。如:多少个亿?二十个亿。其他段位形式没有这一用法。

(二)典型形式和非典型形式的思考

除了构成简匀系统基本面貌的典型形式,还有其他形式。

就统数系统而言,有一些特殊形式。

比方,表示个位数的形式,上文已提到的"双"比较特殊。还有一个"几",具有特殊性。"几"总是跟不定数相联系,表意上不同于"一"至"九"等,用法上也有不同于"一"至"九"等的地方。例如:

他很发表过几篇文章。

他没发表过几篇文章。

这类肯定或否定的句式中出现了"几",却不能或不大能出现"一"至"九"。北京话里"两"可以替换上例的"几",但这时的"两"已变成了"几"的同义词。海南话里的[二 no]不能替换上例的"几"。

又比方,"零"和"半(个)、许多(个)、无数(个)"等数词,它们既不是段位数形式,也不是个位数形式。它们都以这样那样的特殊性,在现代汉语数词系统中占据着特定的位置。还有一个"多",在"他懂多种外语"里显然是数词,但不一定是个位数形式,更不可能是段位数形式;在"十多、一百多、两千多"这样的结构里,它用在段位数形式后边,但不能用到段位数形式的前边。由"十多"又可以带出"十来(个)、百余(种)"之类,其中的"来"和"余"在数词系统中的地位更为微妙。

就序数系统而言，也有一些特殊形式。

比方，"首先""其次""再次"列举事项时经常用来表示次序，相当于"第一""第二""第三"。但是，"第一、第二、第三"之类序数词可以跟量词结合，语法上具有明显的数词特征，如"第一个、第二个、第三个，第一层、第二层、第三层"，而"首先、其次、再次"却不能跟量词组合，顶多只能认为是序数系统的外围形式。

又比方，许多学者经常把"初"和"第"相提并论，认为都是表示序数的前缀性的语法成分。诚然，"初"可以跟"一"至"十"组合成：初一、初二、初三、初四、初五、初六、初七、初八、初九、初十。然而，"初一、初二"之类已经成了时间名词，它们根本不能跟"第一、第二"之类那样同量词组合，顶多也只能认为是序数系统的外围形式。

(三) 联系亲属语言进行的思考

戴庆厦先生指出："藏缅语族是汉藏语系的语族之一，与汉语的渊源关系一向为国内外学者所承认。"[5]翻阅戴庆厦、徐悉艰二位先生的《景颇语语法》一书，深感汉语语法研究可以从外族语言的现象得到启示。景颇语是藏缅语族中的一个重要语支。景颇语里，"三"至"十"形式上没有分化。"一"有 AB 两个形式。

A 形式为：$la^2\ ngai^3$

B 形式为：mi

此外，还有一个词头 la′-，也表示"一"的概念，但使用范围极窄。

A 与 B 两个形式的不同之处，主要表现为：①"一"限制名词时，不能只用 A 或者只用 B，而是必须 AB 连在一起使用。②"一"和量词一起限制名词时，用 B，不用 A。③用于带词头 la′-（表示"一"）的固定数量结构如"一年""一抱"之类时，用 B，不用 A。④用于构成合成统数词如"二十一"之类时，只能用 A，不用 B。⑤限制千位数以上的段位数形式时，用 B。⑥表示约数、序数时，用 A，不用 B。

从海南黄流话的"一、二、三"看现代汉语数词系统

景颇语里的"二",一般形式为:

la² hkong³

此外,还有一个词头 ni-,也表示"二"的概念。ni- 不能单用,只能与百位数形式和时间单位量词结合使用,表达"二百、两晚、两天、两个早上"等意思⑥。

再看其他民族语言的情况。白语(云南),"一"和"二"都有分化⑦。布依语(贵州西南部红水河和南盘江以北的地区),"一"和"二"也有分化⑧。瑶语(广西、湖南、云南、广东、贵州等地),变异范围更大,从"一"到"九"都有两套⑨。

特别需要提到黎语。如上所说,现在黄流属于乐东黎族自治县。黎语里,"一"有 AB 两个形式:

A 形式为:tsheɯ³

B 形式为:tsɯ²

单独使用或者在"十、百、千、万"之后要用 A 形式,在量词或"百、千、万"之前要用 B 形式。此外,还有一个 la′,也表示"一",只用在"十、百、千、万"之前,前边不能再有数词,而且段位数形式后边还要求有数目字,如出现在"一百二十"这样的说法之中⑩。

以上种种现象,要么表明亲属语言之间存在先天性的亲属关系,要么表明亲属语言之间存在后天性的相互影响的关系。如何做结论,还需作深入的研究。现在,根据手头所掌握的材料,起码可以知道,一方面,汉语和其他亲属语言有相同之处:一般都是开头两个数字有变异;另一方面,也有相异之处:汉语里不管是北京话还是其他方言,开头两个数字的变异是统数序数的分化,少数民族语言则情况有所不同。因此,似乎可以这么断定:汉语和汉藏语系的民族语言有相似之处,关系亲近;汉语各方言之间有更加密切的关系。

归总起来说,如果能够把汉语数词系统里这样那样的形式、这种那种的因素全都弄清楚,既从简匀性中看到变异性,又从变异性中看到简匀性,让所有的形式和因素都归列于一个系统之中,那么,就可以对汉语数词系统得到明晰的认识。如果进一步把汉语数词系统放到

整个汉藏语系的背景中来作些考察，也许研究工作更有意义。当然，这只是一种追求，一种理想。笔者学力不够，要达到目的，需要众多学者的共同努力。

注释：

①邢福义：《现代汉语数量词系统中的"半"和"双"》，《语言教学与研究》1993年第4期，第36～56页。

②中国社会科学院语言研究所词典编辑室编：《现代汉语词典》，商务印书馆1994年版；李行健等主编：《新词新语词典》（增订本），语文出版社1993年版。

③杨伯俊、何乐士：《古汉语语法及其发展》，语文出版社1992年版，第187页。

④中国社会科学院语言研究所词典编辑室编：《现代汉语词典》，商务印书馆1994年版，第1371页、第1461页。

⑤戴庆厦：《藏缅语族语言研究》，云南民族出版社1990年版，第418页。

⑥戴庆厦、徐悉艰：《景颇语语法》，中央民族学院出版社1992年版，第95～98页。

⑦徐琳：《白语简志》，民族出版社1984年版。

⑧喻翠容：《布依语简志》，民族出版社1980年版。

⑨毛崇武等编著：《瑶族语言简志》，民族出版社1982年版。

⑩欧阳觉亚、郑贻青：《黎语调查研究》，中国社会科学出版社1983年版。

（原载《方言》1995年第3期，略有改动）

【邢按】

近年来，网上出现"一哥"之类说法，有其特定的语用价值。在家里，对自己的大哥，一般不会称为"一哥"。

2016年3月25日

从语言不是数字说起

从语言不是数字说起

前不久,打开电视机,看到正在播放解放初期拍摄的歌剧《白毛女》。喜儿在唱。字幕上,印出了这么两句唱词:

有钱人结亲讲穿戴

我爹没钱不能买

过两天,读《光明日报》,在1995年5月17日第10版上看到一篇谈《白毛女》的文章,文章引用的是"文革"期间拍摄的芭蕾舞剧《白毛女》的唱词,上述两句唱词已有改动。即:

有钱人结亲讲穿戴

我爹钱少不能买

"没钱"改成了"钱少"。为什么?其理由,肯定是:既然没钱,怎么能买红头绳?既然能买红头绳,怎么能说"没钱"?因此,说"钱少"才准确。这样的形式逻辑推论,把语言应用中复杂多变的现象简单化了。

首先,应该知道:语言不是数字。说得更通俗一点,说话不是做算术。"没钱"和"有钱"是相对比而存在的。唱词的上一句,就是"有钱人结亲讲穿戴";接下来,才是"我爹没钱不能买"。按照《现代汉语词典》的解释,"有钱"是"富有钱财"的意思。只有够买二尺红头绳的钱,这样的人绝对不是有钱人,而是穷人。人们常说:"穷人没钱。"这里的"没钱",绝对不是一个子儿也没有。人们又常说:"有钱出钱,没钱出力。"这么说的时候,"没钱"也并不排斥可能有两三块钱,甚至可能有十多二十块或更多一点的钱。

其次,应该知道:语言运用中,词语的涵义受到语境的制约。"没钱"这个词语，总要用在特定的语境之中。由于受到特定语境的规约，"没钱"的实际含义往往就是钱少或钱不够。比方："我没钱买汽车。"等于说我没买汽车的钱，但不排斥可能有买自行车的钱。"我没钱买自行车。"等于说我没买自行车的钱，但不排斥可能有买衬衣的钱。"我没钱买衬衣。"等于说我没买衬衣的钱，但不排斥可能有买红头绳的钱。在诸如此类的说法中，若死抠"钱少""钱不够"这类字眼，就不大容易组织成顺口说出的简练流畅的句子。又比方，有一位老太太这么讲述她的一段经历："那一年，我到美国看儿子。没多久，害了一场大病，需要住院治疗。我儿子没钱，急得吃不下，睡不着。就在这个节骨眼上，得到了医院几位大夫的慷慨帮助。……"这里的"我儿子没钱"，并不意味着连吃饭的钱或买一双皮鞋的钱也没有。假如改成"我儿子钱少"，反而不够自然。再比方，甲对乙说："走，走，到酒楼啜一顿去！"乙说："我不去。"甲强拉不放。乙恼火地大声说："我没钱！"乙的话，并不意味着他身上连买车票回家的钱也没有。假如乙恼火地大声说："我钱少！"反而显得别扭。恐怕绝大多数的人都不会这么说。同样的，在"有钱人结亲讲穿戴"这样的语境之中，说"我爹没钱"，实际上等于说没有购买穿的戴的之类东西的钱。死抠字眼，说成了"我爹钱少"，反而使人感到过于咬文嚼字。

第三，应该知道：语言有语言表述系统，"没钱"不是一个孤立的事实。语言表述系统中的"没"或"无"，可能是"零"，但也可能不是"零"。这样的例子俯拾即是。比如：

睡觉？没地方！——没有睡觉的地方，但不一定没有可以坐的地方。

我没精力！——这并不等于说一点精力也没有。不然，岂不是断了气？

天很热，没有风。——这是人的一般感觉。事实上，"树欲静而风不止"！

这孩子怎么不长头发？——绝对不是头上一根头发也不长。几根黄毛总会有的！

从语言不是数字说起

在一部武打小说中,有个人物这么说:"爹爹,有力使力,无力使智。"(诸葛青云《霹雳蔷薇》)这里的"有力"和"无力"也是相对而言的。"无力"是说武功没那么高,不是说一招半式也不会,更不是说一点力气也没有。再看下面的实际用例:

(1)她很抱歉地说她没时间坐了。(梁晓声《表弟》)

(2)(欧阳飘雪:)"你们厂都有哪些设备呢?"(罗小虫:)"空架子,什么也没有。"(张欣《首席》)

前一例,"没时间"是对陪对方坐着聊天来说的,并不是说她真的一点时间也没有;后一例,"什么也没有"是跟比较新一点的设备对比着说的,并不是说厂里连一两件被淘汰了的旧机器也没有。

第四,应该知道:语境规约因素是多种多样的。有时,规约因素表现为显性或隐性的相关词语,如上面提到的"睡觉,没地方""有力使力,无力使智"之类;有时,却可能只是人们的心理预设,甚至可能只是人们的情绪氛围。如例(2),之所以说"什么也没有",是由于有个心理预设:较新的设备才算设备。再例如:

(3)飘雪对母亲说起这件事,只不过是儿女私情,无人倾诉,断没有让母亲干预的意思。(张欣《首席》)

(4)她家很穷,什么东西也拿不出来,听说你来,一定叫我把她心爱的东西(一只布娃娃)送给你。(张欣《首席》)

前一例,说话者把"人"预设为别人,因此才说"无人倾诉",只"对母亲说起"。若死抠字眼,就会提出问题:难道母亲不是人?后一例,说话者把"东西"预设为值钱的东西,因此才说"什么东西也拿不出来",只拿出"她心爱的东西"——一只布娃娃。若死抠字眼,就会提出问题:难道布娃娃不是东西?再看鲁迅笔下的用例:

(5)可是我实在无话可说。……但是,我还有要说的话。……呜呼,我说不出话,但以此记念刘和珍君。(鲁迅《记念刘和珍君》)

既然"无话可说",怎么可能又"有要说的话"?既然前面已经说了那么多的话,为什么又说"我说不出话"?如果按照简单的形式逻辑进行推论,岂不前后矛盾?然而,鲁迅的这篇文章数十年来作为范文供人们阅读，从未有人提出过这样的问题。为什么？这是因为特定的情绪氛围指明了"无话可说""说不出话"表达的是无法言表的愤怒，而"有要说的话"表达的则是需要见于言辞的抨击。这里，看似前后违逆的言语，恰好能够充分地表达出感情的真实。

第五，还应该知道：语言应用中的任何一个事实，都蕴含着语言应用的理论问题。对事实进行理论发掘，可以使认识从感性阶段提高到理性阶段。比方从"没钱"之类事实看到语言不是数字，看到词语涵义受到语境的规约，这就触及了语言特点及其研究方法的重大理论命题。

不同的事实，蕴含的理论问题往往有所不同。如果说"没钱"之类事实可以让我们看到 A 种理论问题，那么，另一类事实却可能会让我们看到另一种理论问题。比方：

   他把小张打破了。（－） 他把冰箱打破了。（＋）
   他把小张的头打破了。（＋） 他把冰箱的门打破了。（＋）
   他把小张的手打破了。（＋） 他把冰箱的左侧打破了。（＋）
   他把小张的脚打破了。（＋） 他把冰箱的后头打破了。（＋）

都是整体和部分的关系，为什么涉及整体时有的能说有的不能说，而涉及部分时却都能说？再比较：

   他把疯狗打破了。（－） 他把酒杯打破了。（＋）
   他把老鼠打破了。（－） 他把瓶子打破了。（＋）
   他把毒蛇打破了。（－） 他把汽车打破了。（＋）
   他把蜈蚣打破了。（－） 他把房子打破了。（＋）

可知，有生命的动物，都不能说"打破"。至于动物的各个部分，如"头、手、脚"等，由于它们本身不是动物，因此，跟一般的非动物具有共性。反过来说，由于非动物没有生命，因此可以说"打破"，却不能说"打死"。比如，不能说"把酒杯打死了"，也不能说"把小张的头打死了"。如果有这么两句话，它们都成立，那么，其中的名词一定具有不同的涵义：

   妈妈，弟弟把小白兔打破了。
   妈妈，弟弟把小白兔打死了。

从语言不是数字说起

前一句的"小白兔"一定是石膏之类做的,后一句的"小白兔"一定是有生命的。

由此可见,名词同动词结构能否组合,有时取决于名词的语义特征。语义特征问题,特别是名词的语义特征问题,是我国语法学界目前需要重点研究的重要课题,当然也是应用语言学在解释语言应用中有关疑难时需要重点研究的理论问题。

最后,做个小结。

语言应用研究,应该多注意实际问题,哪怕是很小很小的似乎不成问题的问题;同时,应该由小见大,多在理论发掘上下功夫。宏观性研究是有必要的,但研究工作不能老是大而化之。另一方面,不能老是停留在现象的孤立分析上面,停留在就事论事的感性认识层次上面。如果把种种事实放在动态的具有内在规律性的语言运用体系中来考察,发掘出相关的理论问题,并且形成理论系统,那么,不仅对实际问题,比如语言规范化的问题,能够做出有说服力的结论,而且对整个学科建设,对我国应用语言学的走向成熟和形成特点,定将起到强有力的推动作用。

(原载《语言文字应用》1995年第3期)

说"您们"

前言

汉语的方言宝库是十分丰富的。这些年来,笔者在从事现代汉语语法研究的过程中,越来越感到方言研究的重要,感到方言现象可以给现代汉语语法研究提供多方面的宝贵的启迪。

对于"您们",语言学界所持的态度有四种:①否定,②肯定,③避而不谈,④不完全否定,也不直截了当地肯定。笔者有机会主编过两部教材:一部为大学本科学生使用的《现代汉语》,高等教育出版社1991年;另一部为大学专科学生使用的《现代汉语》,高等教育出版社1986年第1版,1993年第2版。在这两部教材中,都肯定了"您们"。

吕叔湘先生特别注意这个"您们"。《中国语文》1982年第2期,发表吕先生以吴蒙笔名所写的短文《"您们"、"妳"、"二"和"两"》。主要指出:第一,"您们"在私人信件中相当常见,已经有二三十年的历史;第二,文学作品中有时出现"您们"。《中国语文》1982年第4期,又发表吕先生以方若笔名所写的短文《关于"您们"》。主要指出:第一,老舍、王蒙、从维熙等人的作品中,也有"您们"。第二,有的北京市中学教师说,中学生里有人在口头上说"您们"。第三,有些老北京人说,"您们"在口语中确出现过,主要见于三句话:①您们吃了饭吗?②您们请回吧!③给您们添麻烦了。后一篇文章对前一篇文章的论说有所更改和补充。显然,吕先生是越来越倾向于肯定的。

说"您们"

一 从事实和理论两方面看"您们"

一个语法现象能否成立,一看事实上是否有根据,二看理论上是否能解释。

从事实上看,情况是:

第一,在口语上,老北京人证实确有使用,北京市中学教师又证实现在的中学生也说。吕先生尽管只列出三个例子,但这么三个例子也已至少能够表明"您们"有时上了口。

第二,在书面上,著名作家的笔下一再出现"您们"。吕先生文章所列举的文学作品中的例子,有这么些:

(1)尝到劳动滋味的人有福了,因为社会主义的幸福是您们的|谨向您们致贺,向一切劳动人民致敬,并祝新年之禧!(老舍《贺年》)

(2)您们是国家的精华和希望。您们失去了太多的时间,我相信您们会夺回来。(王蒙《蝴蝶》)

(3)您们给了我们生活的勇气和前进的力量!(从维熙《伞》)

(4)您们要是相信我,就听我说一句话。(赵金九《乡村酒肆》)

如果把视线引向文学作品,那么,只要留心,就会发现,使用"您们"的现象绝对不是个别人的偶发行为。再看两个例子:

(5)老长辈们,我一定改邪归正,您们住手吧!(刘绍棠《一河二刘》)

(6)我扭过头说:"您们就看好吧!"(肖亦农《红橄榄》)

前一例,作者刘绍棠是北京市通县人,1936年生;后一例,作者肖亦农是河北保定人,1954年生,在北京大学中文系读过书。

第三,在电视广播的语言媒介上,已经运用开来。最有力的证据是:

(7)老师您们好!(中央电视台《综艺大观》节目)

中央电视台1995年9月10日晚上黄金时间播出《综艺大观》节目

112期,这是庆祝教师节的专场。节目里一再出现一个大蛋糕,蛋糕上用长方形框格框出五个红色大字:"老师您们好"。而且,节目主持人还用浑厚的男中音深情地大声把这五个大字念了出来。《综艺大观》是许多人都特别爱看的节目。影响之大,不言而喻。

从理论上看,"您们"使用和组造不是没有根据的。

第一,"您们"的使用,遵循语用需要的价值法则。

一个现象,能否在语言系统中生存和定根,取决于这个现象是否有它的特定的难以取代的语用价值。在实际语言运用中,"您们"恰恰有难以取代的语用地位。比方,给三个长辈或需要表示尊重的先生写一封信,光说"您",似乎概括不了三个人;若说"您三位",似乎不大像现代人在说话;若说"你们",又显得不够尊敬。于是,只好用"您们"。看个具体例子:

(8) 有您们这些好朋友的帮助,相信事情能办成。(饶长溶先生给笔者的信,1995年10月12日)

饶长溶先生信中之所以不用"你们",显然是因为他觉得用"您们"更能表达尊重的情味;之所以不用"您",显然是因为他觉得用"您们"更能明确地表示复数。可见,"您们"的使用,为现代汉语语用系统的需要所决定,可以给语言增添积极的因素。

第二,"您们"的组造,遵循语言形式的类化法则。

语法现象的系统性有很强的类化作用。当一个特定系统趋向于匀整,只剩下小块空缺,这小块空缺便可能接受类化的强烈影响而得到填补。现代汉语里,人称代词的"三身"系统十分匀整,"您们"的使用既是客观上表意的需要,在理论上也是系统性的类化结果,具有填补空缺的作用。看表:

第一人称	第二人称	第三人称
我 我们 咱 咱们	你 你们 您 (↑) 您们	他 他们 她 她们 它 它们

这样的类化现象,并不是现在才有的。在凌濛初《拍案惊奇》中,

就多次出现"吾每"或"吾们"。"吾每"即"吾们"。例如：

(9) 大家笑道："这家子被我们说得动火了……"铁里虫道："……吾每只一个钱白纸告他一状，这就是五百两本钱了。"（二刻卷十：赵五虎合计挑家衅　莫大郎立地散神奸）

(10) 他看见是吾每的好友，自不敢轻。……吾每且落得开怀快畅他一晚……（二刻卷八：沈将仕三千买笑钱　王朝议一夜迷魂阵）

(11) 这样好月色，快开门出来，吾们同去吃酒。（二刻卷九：莽儿郎惊散新莺燕　诌梅香认合玉蟾蜍）

上例全都引自秦旭卿标点的《初刻二刻拍按惊奇》，岳麓书社1988年版本。其中既有"我们"，也有"吾每"或"吾们"。"吾每"或"吾们"明显是类化而成的形式。

总之，应该承认，现代汉语代词系统已经很难排斥"您们"。

二　从发展的角度看"您们"

那么，如何解释汉语发展史上的"您们"呢？

这个问题，可以以向熹《简明汉语史》所提供的材料来作些讨论。该书讲"近代汉语代词的发展"时讨论了"您"。其中有三点意思值得注意：

第一，"您"最早见于宋元话本和金元诸宫调里。语音上，"您"是"你们"的合音。宋元时期"您"跟敬称没有必然联系，对"反贼"说话也称"您"。比如：

(12) 黄巢反贼，您若会事之时，束手归降。（《五代史平话·唐史上》）

第二，"您们"可以用于第二人称复数，相当于"你们"，也可以用于第二人称单数，相当于"你"。比如：

(13) 您文武百官计议，怎生退了番兵？（马致远《汉宫秋》三折）

(14) 母亲，您孩儿来家了也。(无名氏《桃花女》楔子)

第三，早期"您"还可以加"每"成为"您每"，"您每"即"您们"，但不一定表示复数。比如：

(15) 朱五看了这诗道："秀才，您每下第不归故乡？"(《五代史平话·梁史上》)

(16) 您每休把原商量的意思坏了。(《元朝秘史》卷三)

最不利于"您们"成立的是："您"是"你们"的合音。但是，语言的运用，决定于多方面的因素，并不是"1＋1＝2"的简单的算术关系。上述近代汉语里的语言事实，实际上已经从语表形式、语里意义和语用价值三个角度，为现代汉语里"您们"的成立准备了有利的条件。

首先，从语表形式看，"您"尽管是"你们"的合音，包含有"们"，但这并不影响"您"的后边再出现表示复数的语法形式"们"。近代汉语里就已经出现了"您每"，而且有的"您每"是表复数的。这一点，还可以用造字的现象做个类比。比如"采"，本是上"爪"下"木"，"爪"即"手"，但为了更加明确地表示这一用手的行为，又特意加"扌"，成为"採"。尽管"採"是文字问题，"您们"是语言问题，但在形式上加"扌"和加"们"，其格局是相同的。

其次，从语里意义看，"您"尽管本来是"你们"的复合，本身可以表示复数，但这并不影响"您"的后边再加上一个"们"，借以明显地强调出复数的意义。近代汉语里的事实已经表明，"您"有可单可复的用法。既然可单可复，就允许加"们"来明确地表示复数。比如"学生"可单可复，可以说成"学生们"。又比如"咱"，这个代词本身既可指单数，也可指复数，但并不因为它可指复数而影响后边可以出现"们"，说成"咱们"。这就是说，"咱"可以用于复数，而"咱们"则明确地表示复数。"您们"的语义构造和"咱们"的语义构造是相同的。

第三，从语用价值看，在近代汉语里，"您"在表示复数的时候，后边往往出现同位成分"二位""诸位"等等，说成"您二位""您诸位""您文武百官"之类。然而，在使用现代汉语的普通场合，这种文

说"您们"

绉绉的说法已经消失。这样,就造成"您"的后边留有空位。由于说现代汉语的普通人,已经意识不到"合音"这回事,因此便很自然地以为:既然"您"表示尊敬,那么对方如果不只一个人,就有必要加上一个"们"。这完全是现代人们在交际生活中的语用需要。

总而言之,往上联系近代汉语进行考察,对如何看待现代汉语里已成事实的"您们"也是有利的。从发展上看,"您"由不一定表示尊称到表示尊称,"您们"由不一定表示复数到表示复数,实现了专门化和定型化,这是一种进步。

三 从方言的角度看"您们"

那么,"您们"这种复数尊称现象,在现代汉语里是不是孤立的现象?方言里的情况如何?能不能从方言里得到支持?这就有必要对方言现象有所了解。

笔者翻阅了手边十多种方言词典、方言志或方言专著。许多方言里没有跟"您"相当的尊称形式。有的,第二人称只有"你",复数形式是"你们";有的,第二人称只有"你",表示复数时不是加"们",而是加另外一个语素。如我的家乡方言海南闽方言,有"我""你""他",复数说成"我人""你人""他人"。

长沙方言里,"你"的复数是"你们","你"的敬称是"你嘚家"。"你嘚家"即"你老人家",表意上相当于"您",但结构上是个同位短语。这个同位短语是专指性词汇单位,用于特定交际场合专指特定的一个人,因此不会有复数形式,不能说"你嘚家们"。

特别值得注意的是武汉方言。武汉方言中有个"你家",念快了,就是[nia42]。书面上,朱建颂《武汉方言研究》写作"你家",著名表演艺术家何祚欢在他的作品里写作"您驾"。何祚欢是武汉人,用武汉方言说书,是武汉市乃至湖北省家喻户晓的人物。结合语流来观察"你家",可以看到,这个词有"实用"和"虚用"两种用法。

首先,是实用用法。在语流中,起实际称代的作用。有两种情况:

第一，直接称代有必要表示尊敬的听话人，用"你家"。第二，面对听话人，指称值得尊敬的第三者，在"你家"前头加个"他"，说成"他你家"。第三者在不在场，都可以这么说。何祚欢的作品里，写成"他驾"，这可以看作是"他你家"在文字形式上的处理。

其次，是虚用用法。在语流中，起实际称代之外的作用。有两种情况：第一，用于句中，充当断续间隔中的填补成分。比如：他一来，我就你家忙着倒茶，害怕你家得罪了他。第二，用于句末，充当打招呼的成分。有表达尊重对方的语气，但绝对不等于"您"。比方，甲问：今天杀不杀猪？乙答：今天不杀你家，明天杀你家。正因为有虚用用法，武汉话里的"你家"就容易引人注意。清末小说《二十年目睹之怪现状》，作者吴趼人是广东佛山人。小说中，在描摹武汉人说话时，就故意加"你家"。如：

(17) 姑娘老子道："这是多少？你家。"总理道："一百吊。"姑娘老子陪笑道："请你家高升点罢，你家。"总理道："督办赏识了你的女儿，后来的福气正长呢，此刻争甚么。"姑娘老子道："是，你家。高升点，你家。……你家一百吊，我只落了八十吊，你家。请高升点，你家。"（人民文学出版社1978年版409页）

这里出现八个"你家"，只有两个是实用，即：请你家高升点罢｜你家一百吊，我只落了八十吊。其他六个，都是虚用。

现在，只看实用用法。

"你家"单用指代（前边不出现"他"），相当于"您"。作为第二人称代词，使用"你家"和"你"时在上下尊卑的人际关系上是很讲究的。何祚欢在他的"相信能把它说成'书'"的长篇小说《失踪的儿子》里，有充分的反映。比如：

(18) （父亲韩同璋：）"哼！我说你个杂种是喜欢操心，爱找不自在。……"

（儿子韩春泰：）"爹……他们把您驾看成财主，我们那是个么财主吵……"

（武汉出版社1994年版41页）

说"您们"

这里,儿子对父亲用"您驾",父亲对儿子用"你"。特别是后边连着个粗俗词"杂种",更不可能说成"您驾个杂种"。如果下辈对上辈用"你",便是有意表示不尊重,或者下意识地以为根本不必表示尊重。比方,儿媳妇云香平常跟公公韩同璋讲话总是用"您驾",有一次跟公公吵架,却改用"你",公公气得打了她一嘴巴。书里写道:

(19) 老同璋忍不可忍,也顾不得了,破口骂道:"有娘养无娘教、没上没下的东西!开口就是'你你你'!……"(51页)

关于复数形式,有两点特别值得注意:

第一,一般的第二人称"你",复数形式是"你们";表示尊重的第二人称"你家(您驾)",复数形式是"你家们(您驾们)"。朱建颂《武汉方言研究》中有明确的记载。

第二,一般的第三人称"他",复数形式是"他们";表示尊重的第三人称"他你家",复数形式是"他你家们"。朱建颂《武汉方言研究》中也有明确的记载。

在实际语言运用中,跟"你"和"你家"一样,"你们"和"你家们(您驾们)"在是否表示尊重上分得很清楚。看《失踪的儿子》中的例子:

(20) 你们放小心一点!……你们顶好莫走出门去,走出去了,吃了亏该鬼背时!(190页)

(21) 师父师娘您驾们作证,不怪我对不起春泰哥……(140页)

从《失踪的儿子》中可以看到,"您驾们"在句子中的分布跟任何一个人称代词相等。就句法位置而言,它可以见于主语、宾语、兼语、定语、同位语和介词后置成分;就句子的语气类型而言,它可以见于陈述句、询问句、祈使句和感叹句。例如:

(22) 来来来,您驾们都坐着说话。(54页)

(23) 唉,不瞒您驾们……(116页)

(24) 请您驾们委屈些陪着吃两口……(36页)

(25) 您驾们的厚意我心领了。(212页)

(26) 得好处的还不是您驾们当东家的!(133页)

(27) 我就不敢妄自尊大给您驾们敬酒了。(106页)

上例里"您驾们"分别充当主语、宾语、兼语、定语、同位语前项和介词的后置成分。又如：

(28) 您驾们是晓得的。(172页)

(29) 这两天您驾们蛮恨我吧？(206页)

(30) 您驾们慢慢吃。(36页)

(31) 哦，大哥、二哥，您驾们辛苦啊。(184页)

上例里，"您驾们"分别出现于陈述句、询问句、祈使句和感叹句。

比较地说，"他你家"和"他你家们"的使用频率比较低。这很好理解。因为既然不是面对面地说话，说"他们"或说"他你家们"，称代对象通常听不到，在尊重与否的问题上，没有那么敏感。如果是在敏感的场合，所指的人不只一个，就需要用"他你家们"。《失踪的儿子》中，写成了"他驾们"：

(32)（云香）一杯冷茶首先递向春泰："走干了吧？先喝两口。你陪他驾们坐，我去杀鸡……"(54页)

根据以上的观察，可以得到三点认识：

第一，武汉话的现象表明：普通话中"您们"这一形式不是孤立存在的现象，它可以得到方言中同类现象的支持。从刘兴策《宜昌方言研究》和陈有恒《蒲圻方言》还可以知道，湖北宜昌方言和湖北蒲圻方言中也有跟武汉话的"你家"和"你家们"同类的现象，只是读音稍有不同。书面上，何祚欢把武汉话的"你家们"写成"您驾们"，其中的"您"字明显受到普通话"您"的文字形式的影响，同时也反映了一种潜意识，这就是：把"您家们"和"您们"看成武汉话和普通话可以对译的两个同义形式。

第二，武汉话的现象表明：只要有表示尊重的单数形式，就会有加"们"表示复数的尊重形式。第二人称，有"你家"，就有"你家们"；第三人称，有"他你家"，就有"他你家们"。相反，如果没有表示尊重的单数形式，就不会有加"们"表示尊重的复数形式。比如第一人

说"您们"

称,不能自己对自己表示尊重,因而不可能有"我家"的形式,自然也不可能有"我家们"的形式。又如,湖北宜昌方言中没有第三人称的尊重形式,自然也没有相应的复数形式,而湖北蒲圻方言跟武汉方言情况相同,也有第三人称尊重形式,因此也就有相应的复数形式。这一点,刘兴策《宜昌方言研究》和陈有恒《蒲圻方言》有记载。孝感师范专科学校王志方副教授是湖北应城人,他也告诉笔者,应城方言里的情况跟武汉方言、蒲圻方言完全一样:你家+们=你家们;他你家+们=他你家们。这里,反映了语言运用的共同心理背景,即:尽可能利用特定的语言形式,对所指对象特意表示尊重。诚然,作为现代汉民族共同语,普通话中的"您们"遵循的是同样的法则。

第三,武汉话中的"你家们"是经常见于口语的,朱建颂先生告诉我,"老年人说得还要狠一些"。普通话中的"您们"有所不同,根据上述吕叔湘先生所提供的材料,可知"您们"是北京人口头上偶尔才说的。然而,普通话毕竟并不就是北京话。在提倡文明用语的现代社会,"您们"的使用只有积极意义。因此,最起码应该在书面用语中肯定下来,不能认为是不规范的用法。至于它在口语中的使用频率会不会增长起来,现在自然无法断定。

四 归总性议论

总起来说,我们把普通话里有关事实的分析作为基点,在纵轴上联系近代汉语,在横线上联系方言,形成了一个对"您们"一词的"普—古—方"的三角观察。在这个三角观察里,方言一角起着举足轻重的作用。如果说,没有这一角的观察,照样可以得出结论,那么,有了这一角的观察,就可以使结论站得更稳。

现代汉语语法研究中,方言现象的启迪作用是多方面的。要充分展开来讨论,仅仅一个事实一种现象自然远远不够。从目前语法学界的情况来看,粗线条地说,有三种情况。

有时研究方言现象,是为了从方言中寻找对某个结论的支持。在

"您们"问题上联系方言现象，就是如此。前些年，朱德熙先生在《说"的"》一文中把"的"分为"的1""的2""的3"，后来又分别考察了广州话、文水话和福州话里的"的"字，其目的也是从方言里寻找有力的支持。

有时研究方言现象，是为了更加清楚地阐述普通话里有关现象的规律。笔者写过一篇《从海南黄流话的"一、二、三"看现代汉语数词系统》，就是有这么个目的。又比方，讲感叹句，总要提到句中常用"多""多么""好"等词。这就涉及"好"字感叹句。比方："呵，好香！""乖乖，好险！"然而如果出现这样的句子："这瓜好可爱，好香，好甜，我好喜欢吃！"这就使人感到方言味道很浓。梁实秋出生于北京，但在台湾生活多年，他晚年所写的抒情性文章里经常出现这样的句子："这屋里好静，到处都是你的照片，我看了好喜欢，好爱，好心酸，好惆怅，好遗憾，好痛苦。"（《梁实秋·韩菁清情书选》，上海人民出版社1991年版38页）这显然也是方言味很浓的句子。那么，是不是只要用"好"，句子就有方言味呢？事实并非如此。究竟区别在哪里？只有弄清楚方言里的使用规律，才能更好地阐述普通话里的"好"字句。

有时研究方言现象，还为了在更深的层次上思考有关的实际问题和理论问题。比如，表示情况持续的"在"：

　　普通话：我在看！

　　　　　我在看着！

　　　　　我在看着呢！

"在"在动词前边，动词后边可以出现"着""着呢"。

　　武汉话：他们在说话。（朱建颂《武汉方言研究》用例）

　　　　　房门关着在。（汉剧《打灶神》）

　　　　　小明是不是在看书在？（赵葵欣武汉方言硕士学位论文用例）

"在"有时用在动词前边，跟普通话相同；有时后移，跟普通话有所不同；有时还可以在动词前后都出现，形成"在……在"的格式，这

说"您们"

就相当特殊了。

海南黄流话（一位83岁黄流老人提供的例子）：

还骂人在！——母亲责备一直在骂人的孩子。

你还啼在！——母亲责备孩子不应该再哭了。

"在"绝对不能在动词前边出现。不仅"在"全都出现在句末，而且有许多普通话、武汉话所没有的现象。如：

不熟在。（煮饭）

不吃在。不饱在。（吃饭）

不完在。（写东西，抄东西）

不到在。（走路）

由此可见，汉语里存在丰富复杂的时态结构。研究汉语时态，仅仅孤立地研究一个一个跟时态有关的词，很难全面揭示汉语的时态表述规律。另一方面，如果把汉语方言里的时态表述系统都研究透，肯定具有语言类型学的意义。

笔者对方言的了解很有限，更没有什么研究。以上所谈，不一定对。然而，作为一种研究思路，在现代汉语语法研究中尽可能地从方言现象中接受启迪，深信一定能使研究工作开创出一个新的局面。

主要参考文献

[1] 吴蒙. "您们"、"妳"、"二"和"两"[J]. 中国语义, 1982 (2)：152.

[2] 方若. 关于"您们"[J]. 中国语文, 1982 (4)：320.

[3] 向熹. 简明汉语史：下 [M]. 北京：高等教育出版社, 1993.

[4] 朱建颂. 武汉方言研究 [M]. 武汉：武汉出版社, 1992.

[5] 刘兴策. 宜昌方言研究 [M]. 武汉：华中师范大学出版社, 1994.

[6] 陈有恒. 蒲圻方言 [M]. 武汉：华中师范大学出版社, 1989.

[7] 李荣主编, 鲍厚星, 崔振华, 等. 长沙方言词典 [M]. 南京：江苏教育出版社, 1993.

[8] 梁明江. 海南方言说要 [M]. 海口：海南出版社, 1994.

[9] 朱德熙. 说"的"[J]. 中国语文, 1961 (12)：1-15.

[10] 朱德熙. 北京话、广州话、文水话和福州话里的"的"字 [J]. 方言,

1980 (3): 161-165.

[11] 邢福义. 从基本流向综观现代汉语语法研究四十年 [J]. 中国语文, 1992 (6): 439-444.

[12] 华萍. 现代汉语语法问题的两个"三角"的研究 [J]. 语言教学与研究, 1991 (3): 21-37.

[13] 邢福义. 从海南黄流话的"一、二、三"看现代汉语数词系统 [J]. 方言, 1995 (3): 188-196.

[14] 邢福义. 南味"好"字句 [C] // 双语双方言：三. 香港：汉学出版社，1994.

（原载《方言》1996年第2期，略有改动。选入本书第一组的《语法研究中"两个三角"的验证》一文，在"'两个三角'相结合的事实验证"部分，较为详细地采用了本文的说法；但是，本文发表在前，这里仍然作为单篇录出，是想反映写作的原本状态。）

说"兄弟"和"弟兄"

说"兄弟"和"弟兄"

一 《现代汉语方言大词典》分卷本的记录

据《现代汉语词典》,"弟兄"读 dìxiong,只有一个含义,即加合型:弟弟和哥哥。既可以包括本人,也可以不包括本人。"兄弟"读 xiōngdì 时,是加合型:哥哥和弟弟。但读 xiōngdi 时是一种偏弟型:①偏指弟弟。②称呼年纪比自己小的男子(亲切口气)。③男子跟辈分相同的人或对众人说话时的谦称。

汉语方言里,"兄弟"和"弟兄"使用情况如何?笔者从李荣先生主编的《现代汉语方言大词典》中挑选了地域上有一定代表性的分地词典 23 部,一部一部地查看了一遍。下面是情况记录:

哈尔滨:[兄弟]偏弟型,指弟弟。也称呼年纪比自己小的男子,也用作男子跟辈分相同的人或对众人说话时的谦称。[弟兄]弟弟和哥哥。

乌鲁木齐:[兄弟]①加合型,指哥哥和弟弟。②偏弟型,指弟弟。也称呼年纪比自己小的男子。[弟兄]弟弟和哥哥。

银川:[兄弟]偏弟型,指弟弟。[弟兄]哥哥和弟弟。

西宁:[兄弟]①加合型,指哥哥和弟弟。②偏弟型,指弟弟。[弟兄]哥哥和弟弟。

西安:[兄弟]偏弟型,指弟弟。也称呼年纪比自己小的男子。[弟兄]弟弟和哥哥。

太原:[兄弟]①加合型,指哥哥和弟弟。②偏弟型,指弟弟。也称呼年纪比自己小的男子,也用作男子跟辈分相同的人或对众人说话时的谦称。[弟兄]弟弟和哥哥。

洛阳:[兄弟]偏弟型,指弟弟。也用作男子跟辈分相同的人或对众人说话时的谦称。[弟兄]弟弟和哥哥。又,旧时部队指士兵。

徐州:[兄弟]偏弟型,指弟弟。也称呼年纪比自己小的男子。[弟兄]无。

上海:[兄弟]①加合型,指哥哥和弟弟。②偏弟型,指弟弟。[弟兄]哥哥和弟弟。

南京:[兄弟]偏弟型,指弟弟。[弟兄]弟弟和哥哥。

苏州:[兄弟]偏弟型,指弟弟。[弟兄]弟弟和哥哥。

南昌:[兄弟]①加合型,指哥哥和弟弟。②偏弟型,指弟弟。(不用于面称,面称叫名字。)[弟兄]哥哥和弟弟。又,旧时对士兵的客气称呼。

武汉:[兄弟]偏弟型,指弟弟。[弟兄]弟弟和哥哥。

长沙:[兄弟]加合型,指哥哥和弟弟。又,泛指同辈的男子(兄弟姐妹们│阶级兄弟)。[弟兄]无。

贵阳:[兄弟]①加合型,指哥哥和弟弟。②偏弟型,指弟弟。[弟兄]无。

柳州:[兄弟]无。(有"兄弟嫂""伯叔兄弟"。)[弟兄]哥哥和弟弟。

南宁:[兄弟]加合型,指哥哥和弟弟。[弟兄]无。

广州:[兄弟]加合型,指哥哥和弟弟。[弟兄]无。

东莞:[兄弟]加合型,指哥哥和弟弟。也指"自己人"。[弟兄]无。

梅县:[兄弟]加合型,指哥哥和弟弟。[弟兄]无。

厦门:[兄弟]无。(有"兄弟仔两个""表兄弟""换帖兄弟""隔腹兄弟"。)[弟兄]无。

雷州:[兄弟]无。(有"隔皮兄弟"。)[弟兄]无。

海口:[兄弟]加合型,指哥哥和弟弟。也指男子间相互结交的朋

说"兄弟"和"弟兄"

友,也指结婚时男方邀请的男傧相(做亲家请兄弟),也用作男子跟辈分相同的人或对众人说话时的谦称。[弟兄]无。

二 三个数字与三点认识

(一) 三个数字

根据以上记录,首先可以得到三个基本数字:

1. 23种方言,全都用"兄弟"

事实上,作为词条,"兄弟"只见于20部方言词典。《柳州方言词典》《厦门方言词典》和《雷州方言词典》未单独列出"兄弟",但《柳州方言词典》条目里有"兄弟嫂(359页)|伯叔兄弟(42页)"。《厦门方言词典》条目里有"兄弟仔两个(315页)|表兄弟(170页)|换帖兄弟(325页)|隔腹兄弟(423页)"。《雷州方言词典》条目里有"隔皮兄弟(122页)"。由此推知,这几种方言"兄弟"的说法还是有的。另外,《柳州方言词典》注明"兄弟嫂"即"弟媳",似可推知柳州方言里"兄弟"偏指"弟弟"。

2. 23种方言,只有13种用"弟兄",10种不用

用"弟兄"的13种方言为:哈尔滨方言,乌鲁木齐方言,银川方言,西宁方言,西安方言,太原方言,洛阳方言,上海方言,南京方言,苏州方言,南昌方言,武汉方言,柳州方言。不用"弟兄"的10种方言为:徐州方言,长沙方言,贵阳方言,南宁平话,广州方言,东莞方言,梅县方言,厦门方言,雷州方言,海口方言。凡是用"弟兄"的方言,都相应有"堂弟兄""表弟兄"之类的说法;而不用"弟兄"的方言,自然只能说成"堂兄弟""表兄弟"之类。当然,不能排除徐州、长沙等10种方言也用"弟兄",有的可能是漏收或失收。

3. 23种方言,除去3部词典未作交代,"兄弟"的含义有三种情况,比例为6∶8∶6

第一种情况,"兄弟"只指哥哥和弟弟,即只有加合型含义。有6种方言:长沙方言,梅县方言,南宁平话,广州方言,东莞方言,海

口方言。

第二种情况,"兄弟"只指弟弟,即只有偏弟型含义。有8种方言:哈尔滨方言,银川方言,西安方言,洛阳方言,武汉方言,徐州方言,南京方言,苏州方言。

第三种情况,"兄弟"兼容两种含义,即既指哥哥和弟弟,也可偏指弟弟。有6种方言:乌鲁木齐方言,西宁方言,太原方言,贵阳方言,上海方言,南昌方言。

《柳州方言词典》《厦门方言词典》和《雷州方言词典》未列出"兄弟"的词条加以解释,因此3种方言情况不明。

(二) 三点认识

考察以上的事实,又可以得到三点认识:

1. "兄弟"多北味

"兄弟"的本来意义就是哥哥和弟弟。《尔雅》"释亲"部分解释"兄弟":男子先生为兄后生为弟。(参看朱祖延主编《尔雅诂林》上卷二687页,湖北教育出版社1998年。)然而,只使用这一原始意义的方言,在23种方言里面只有6种方言,占少数。其中,长沙方言靠中南,梅县方言、南宁平话、广州方言、东莞方言、海口方言都靠南。这几种方言在地理上恰好都是通常意义上所说的南方方言。而哈尔滨等8种方言只指弟弟,乌鲁木齐等6种方言既可指哥哥和弟弟,也可指弟弟。详见上文。其中相当大一部分方言在地理上是通常意义上的北方话。

"兄弟"如何延展出"弟弟"的含义,特别是"兄弟"在相当多的方言里如何完全转化为"弟弟",也许需要从语言应用和说话心理等等角度去探索。然而,无论如何,"兄弟"语义的多样化,偏弟型语义的出现,使得"兄弟"多北味。所谓"北味",是指北方官话的味道。当听到把"弟弟"称为"兄弟"的时候,人们可以肯定,说话人不是典型的南方人,或者不是说乡土话的南方人。

2. "弟兄"少靠南

综观23种方言,"弟兄"的使用呈现三种势态:

说"兄弟"和"弟兄"

第一,"弟兄"是跟"兄弟"平行的准均势形式。"弟兄"和"兄弟"同义同用,二者都表示哥哥和弟弟。在上述用"弟兄"的13种方言中,属于这一势态的有5种方言:乌鲁木齐方言,西宁方言,太原方言,上海方言,南昌方言。根据对以北京话为基础写成的文学作品的检视,可知"弟兄"的使用频率明显弱于"兄弟",因此只能说是"准均势";至于各个方言里的具体情况如何,尚需进行全面性的专题考察。

第二,"弟兄"是对"兄弟"有所侵代的强势形式。"弟兄"表示哥哥和弟弟,而"兄弟"则偏指弟弟,这就是说,"兄弟"的本义为"弟兄"所侵代。在上述用"弟兄"的13种方言中,属于这一势态的有8种方言:哈尔滨方言,银川方言,西安方言,洛阳方言,南京方言,苏州方言,武汉方言,柳州方言。《柳州方言词典》没有列出"兄弟",也许可以认为,柳州方言里"弟兄"是特强势形式。

第三,"弟兄"是无势力形式,由"兄弟"独用表意。从上述不用"弟兄"的10种方言看,除了徐州方言靠东稍偏北,长沙方言靠中南,贵阳方言、南宁平话、广州方言、东莞方言、梅县方言、厦门方言、雷州方言和海口方言全都在南边。由此,可以看到一个倾向:"弟兄"一般少靠南,特别是不向南靠海。为了验证这一结论,在上述23种方言之外,笔者又选择了《于都方言词典》《黎川方言词典》《福州方言词典》《建瓯方言词典》《杭州方言词典》《宁波方言词典》和《金华方言词典》,查看了比较靠南的江西、福建、浙江境内的7种方言,果然都不见"弟兄"。

当然,所谓"兄弟"多北味,所谓"弟兄"少靠南,都是就乡土方言而论。南方人写文学作品,实际上一般都是用的共同语,因此,都会突破乡土方言的限制。比如,古龙(1936—1985),原名熊耀华,祖籍江西,出生香港,13岁随父母迁往台湾。他的《多情剑客无情剑》中,有这样的例子:

(1)那李生兄弟和第三批来的四个人霍然长身而起,纷纷拍着桌子骂道……

(2) 大家全出来,来见见我的<u>兄弟</u>,你们可知道我这<u>兄弟</u>是谁么?

(3) 龙啸云忽然大笑道:"<u>兄弟</u>,别说这种话,咱们<u>弟兄</u>几时怕过麻烦。"

这里既有"兄弟",也有"弟兄"。而且,"兄弟"既有加合型的,也有偏弟型的。

3. "兄弟／弟兄"的使用带有人文性

从人文角度说,"兄弟"多北味也好,"弟兄"少靠南也好,都是人文现象。不过,这两点都是对"兄弟"和"弟兄"的使用概貌的描述。事实上,23种方言词典还告诉我们,不同的方言里,"兄弟"和"弟兄"的使用可能还带上这样那样的人文性,可以帮助我们窥测地区性的文化风貌和民俗民情。以下是值得注意的几点。

第一,加合型的"兄弟",可以前加某个特定形式,构成短语词,表示血统关系的远近。如:"亲兄弟""堂兄弟""表兄弟"。然而,闽方言系统中的一些方言,却有形象化的感性说法。比方,海口方言说"同肚兄弟",即亲兄弟;厦门方言说"隔腹兄弟",雷州方言说"隔皮兄弟",即堂兄弟。这种俚俗说法,从产生的源头上看,似乎反映了南方一带本来文化程度不高的历史事实。

第二,偏弟型的"兄弟",可以前加数词或类数词,表示次序,有浓郁的人情味。比如哈尔滨方言,"二兄弟"等于二弟,"二"是数词;又如乌鲁木齐方言,"大兄弟"是排行最前的弟弟,这里的"大"是个类数词。比较而言,"二兄弟"比"二弟","大兄弟"比"大弟",更具口语色彩,口气更亲切。

第三,如果"兄弟"只指弟弟,便出现"兄+弟"的语义空缺,这一空缺便由"弟兄"来补偿。这样,"弟兄"便独自承担表示"兄+弟"意思的任务,表明亲属关系的一些形式便相应地进行调整。比如,武汉方言里,说"叔伯弟兄",不说"叔伯兄弟";说"亲弟兄,明算账",不说"亲兄弟,明算账";说"弟兄两个"而不说"兄弟两个"。当然,有的方言没那么严格,尽管"兄弟"通常偏指弟弟,但在特殊

说"兄弟"和"弟兄"

组合中也指哥哥和弟弟。比如，南京方言里，可以说"兄弟两个"，等于"弟兄两个"；洛阳方言里，也有同样的说法："兄弟二人都上大学了，后年就毕业。"

第四，如果"兄弟"只指"兄+弟"，那么表示"弟弟"意思的方言说法便由"阿弟"之类来承担。这样，便出现这么个状况："弟弟"是各地通用形式，而把"弟弟"说成"兄弟"和"阿弟"，便分别带上北味和南味。"阿"是词头，是一种语法形式。如果说，北味"兄弟"是通过词汇形式的内部语义演化来表示"弟弟"，那么，南味的"阿弟"便是通过语法形式的添加来表示"弟弟"。"阿弟"的说法，上海、厦门、海口、梅县、柳州等等东南一带的方言里都常用。《海口方言词典》还特别指出：弟弟，背称"老弟"，面称常叫名或"阿弟"。到底还有哪些方言情况如此，需要做进一步的调查研究。

第五，某个地区可能还有某种特殊的说法或用法，很值得注意。比方，海口方言说"做亲家请兄弟"，"兄弟"指结婚时男方邀请的男傧相；再比方，南昌方言里"兄弟"有时指弟弟，但不用于面称，面称叫名字；又比方，贵阳方言里"兄弟"既指哥哥和弟弟，又指弟弟，却另有"哥弟"，专指哥哥和弟弟。所有这些，都是深入了解地区民俗民情的有价值的资料。

三 《红楼梦》和《骆驼祥子》里的"兄弟"和"弟兄"

曹雪芹的《红楼梦》，老舍的《骆驼祥子》，它们分别是近代汉语和现代汉语里以北京话为基础写成的比较典范的北方话文学作品。在了解方言情况的基础上，检视这两部作品，有助于对"兄弟"和"弟兄"的释义作总体性的思考。

(一)《红楼梦》的检视

查《红楼梦》1至40回，"兄弟"出现69次，"弟兄"出现12次，"兄弟"为"弟兄"的将近6倍。

· 253 ·

1. 关于"兄弟"

在 69 个"兄弟"中,加合型的共 12 个。用法上,有两种情况:

其一,在肯定句式中使用,通常表示"兄和弟"。如:

(4) 况我来了,自然只和姊妹同处,兄弟们自是别院另室的,岂得去沾惹之理?

(5) 若问起那一房的亲戚,更伤了兄弟们的和气。

(6) 冯紫英笑道:"你们令表兄弟倒都心实。……"

其二,在否定句式中使用,通常表示"兄或弟"。如:

(7) 自幼父母早亡,又无兄弟,只他一个人守着些薄产过日子。

(8) 上无亲母教养,下无姊妹兄弟扶持……

(9) 我又没个亲兄弟亲姊妹。

在 69 个"兄弟"中,偏弟型的共 57 个。用法上,主要有两种情况:

其一,加字修饰。或者加名字修饰,如"宝兄弟";或者加指代修饰,如"我那兄弟";或者加"好"字修饰,如"好兄弟"。看例子:

(10) 凤姐儿说道:"宝兄弟,别忒淘气了。"

(11) 上回宝叔立刻要见的我那兄弟,他今儿也在这里……

(12) 秦氏又嘱了他兄弟一回,方去陪凤姐。

(13) 贾母又说道:"好孩子,叫他来替你兄弟作几根。……"

(14) 宝钗忙劝他:"好兄弟,快别说这话,人家笑话你。"

其二,跟"哥哥"形成并列结构,或者跟"哥哥"对举出现。例如:

(15) 老爷们并众位叔叔哥哥兄弟们也都吃了饭了。

(16) 便是得了奇香,也没有亲哥哥亲兄弟弄了花儿,朵儿,霜儿,雪儿替我炮制。

(17) 我倒像杨妃,只是没一个好哥哥好兄弟可以作得杨国忠的!

(18) 宝钗素知他家规矩,凡作兄弟的,都怕哥哥。

说"兄弟"和"弟兄"

总的说来,偏弟型的"兄弟"都是定指性的,即定指年纪比自己小的具体的人。有些形式重复使用:"宝兄弟"重复使用27次,"环兄弟"重复使用4次,"蔷兄弟"重复使用2次。

2. 关于"弟兄"

表意单纯,就是"兄和弟"。有时重在数量统计。例如:

(19) 几岁了,读什么书,弟兄几个,学名唤什么?

(20) 当日宁国公与荣国公是一母同胞弟兄两个。

(21) 唬的秦钟的两个远房婶母并几个弟兄都藏之不迭。

有时重在相互关系。例如:

(22) 弟兄之间不过尽其大概的情理就罢了……

(23) 细问原由,方知贾雨村……与贾琏是同宗弟兄……

(24) 弟兄们日日一处,要存这个心倒生分了。

值得注意的是,有时用"弟兄",表意比用"兄弟"更为明晰。比如:

(25) 这里贾珍同一家子的弟兄子侄吃过了晚饭,方大家散了。

这里用"弟兄",明显表示"兄和弟"。如果用"兄弟",由于后边是"子侄",很容易被理解成"弟弟"。

(二)《骆驼祥子》的检视

《骆驼祥子》中,"兄弟"出现8次,"弟兄"出现1次,"兄弟"为"弟兄"的8倍。

1. 关于"兄弟"

8个"兄弟"中,加合型的仅2个。即:

(26) 没有父母兄弟,没有本家亲戚,他的唯一的朋友是这座古城。

(27) 他没有父母兄弟,没有朋友。

8个"兄弟"中,偏弟型的有6个。用法上,有两种情况:

其一,指亲弟弟。如:

(28) (小福子)她可是得——无论爸爸是怎样的不要强——

顾着两个兄弟。

(29) 二强子……有了主意: "你要真心疼你的兄弟, 你就有法儿挣钱养活他们! ……"

其二, 指年纪小的男子, 口气亲切。如:

(30) 也不是我攀个大, 你还是小兄弟呢, 容易挂火。

(31) 告诉你吧, 好兄弟, 天下就没有对得起咱们苦哥儿们的事!

(32) 你, 你呀, 我的傻兄弟, 把你放了像放个屁, 把你杀了像抹个臭虫!

比较地说, 《骆驼祥子》中的"兄弟"大大地少于《红楼梦》, 然而, 偏弟型的引申用法却是《红楼梦》里所没有的。这也许跟两部作品所描写的人物范围有关: 《红楼梦》的人物活动范围基本上限于一个大家庭, 而《骆驼祥子》的人物活动范围则是一个大社会。

2. 关于"弟兄"

《骆驼祥子》里"弟兄"只有一个, 表示"兄和弟"的意思:

(33) 没和父亲过一句话, 没有弟兄的护送, 没有亲友的祝贺; 只有那些锣鼓在新年后的街上响得很热闹……

据笔者的考察, 老舍不大使用"弟兄"。他的《茶馆》中, "兄弟"出现6次, "弟兄"却1次也没出现。

(三) 释义的思考

统观方言情况和文学作品情况, 现代汉语共同语里"兄弟"和"弟兄"的用法是集古今万方之大成。根据本文所涉及的材料, 结合《现代汉语词典》的释义, 可以有以下几点思考。

1. 含义与声调

据《现代汉语词典》, 共同语里的"兄弟", 如果含义不同, 轻重音也有所不同。当指哥哥和弟弟(加合型)时, "兄"读阴平, "弟"读去声; 当只指弟弟(偏弟型)时, "兄"读阴平, "弟"字轻读。然而, 方言里, 如果"兄弟"兼容两种含义, 它们的声调并不发生变化。上文提到的乌鲁木齐方言、西宁方言、太原方言、贵阳方言、上海方

说"兄弟"和"弟兄"

言和南昌方言,全都如此。

2. 民俗含义

方言里的特殊民俗含义,不为共同语所吸收。比如,海口方言,"兄弟"有时指"结婚时男方邀请的男傧相:做亲家请兄弟",这是海南闽方言里的特殊用法,不见于《现代汉语词典》。又如南昌方言,"兄弟"有时偏指弟弟,但不用于面称,面称叫名字。这样的特殊用法,也不可能在《现代汉语词典》里说明。

3. 语境含义

"兄弟"的加合型用法,《现代汉语词典》和所有方言词典都解释为"哥哥和弟弟"。然而,在特定语境中,有时则指"哥哥或弟弟",有选择性。从曹雪芹笔下的用法,到现在通行的用法,都可以看到例证。比如,说"他有上十个兄弟姊妹",等于说"兄和弟";而说"他没有一个兄弟姊妹",则等于说"兄或弟"。可知,所谓"加合"只是笼统的说法,在实际语言运用中是可以发生变异的。

4. 引申义的从属

"兄弟"的某个引申义,到底是从属于哪个基本意义,可以讨论。"谦辞(男子跟辈分相同的人或对众人说话时的自称)",比如"兄弟我刚到这里,请多多关照",《现代汉语词典》让它从属于偏弟型"兄弟"。然而,有的方言,比如海口方言,"兄弟"没有偏弟型用法,却可以用作"谦辞"。古语说,皮之不存,毛将安附?既然没有偏弟型用法,"谦辞"就很难说是在弟弟意义的基础上引申出来的。当然,从另一个方面看,普通话里表示谦辞的"兄弟"中"弟"字轻读,在声调上又靠向偏弟型的"兄弟"。那么,结合声调和方言两方面的印证,谦辞"兄弟"是否应该另立为第三个义项?

5. 士兵义及其发展

"弟兄"一词,《洛阳方言词典》除了解释为"弟弟和哥哥",又指出"旧时部队指士兵";《南昌方言词典》除了解释为"哥哥和弟弟",也说是"旧时对士兵的客气称呼"。然而,《现代汉语词典》不提士兵义。实际上,近年来随着社会情况的变化,语言运用中"弟兄"的士兵义有所发展，带上了手下人、打手之类的意思，这并不罕见。看来，《现代汉语词典》不应不管。下面是个很有意思的例子：

（34）欧阳昊<u>弟兄</u>八人，每人手下都有十几个<u>弟兄</u>，呼风唤雨，撒豆成兵……（孙志保《温柔一刀》，《中篇小说选刊》1999年第1期107页）

这里出现两个"弟兄"，前一个指哥哥和弟弟，后一个指打手一类的人物。

四　关于《现代汉语方言大词典》（分卷本）

本文附带说说《现代汉语方言大词典》（分卷本）。这是一部巨型汉语方言辞书。1999年4月5日，这部方言大词典的出版座谈会在人民大会堂举行，笔者应邀参加，并以《汉语方言的百宝箱》为题作了一个简短的发言。出席座谈会之前，笔者特意做了一个小实验，借以测试这部方言大词典可以给自己提供多大的信息量。做法是：挑选"兄弟"和"弟兄"这一对词，首先翻看《现代汉语词典》，接着考察方言大词典中的若干部分卷本，再接着又查看了《红楼梦》《骆驼祥子》《茶馆》等作品中的用法，然后，从不同角度进行了一些思考。本文就是笔者的测试与思考的报告。文章只是粗线条地反映观察之所得，写得并不精细，然而，从个人知识的增长上说，通过写作本文，实在大有所获。笔者感到，这部方言大词典打开了自己的眼界，引动了自己的思路，启发了自己的心智。

人们常说，汉语方言是汉语的一个大宝库。那么，笔者以为，《现代汉语方言大词典》便是汉语方言的一个百宝箱。在利用这部方言大词典的成果的过程中，个人有这么三点突出的感想：第一，部头大的书不一定质量高，质量高的书不一定部头大，而这部两千多万字的方言大词典，却既以部头大显示了它犹如百科全书的涵量，更以质量高表明了它在学术上和实用上的价值。第二，任何高质量的书，其价值都是超学科的。这部方言大词典的价值，绝不限于方言研究本身，它

说"兄弟"和"弟兄"

对于推进整个汉语语言学和普遍语言学的发展具有重大意义,对于从人类学、社会学、文化学、民俗学、民族学、历史学等等角度来研究中国问题,对于运用现代科技手段来分析和处理汉语问题,也大有裨益。第三,质量越高的书,越能赢得读者,越具有学术渗透力。笔者的小实验表明,不同类型的学者都可以从《现代汉语方言大词典》这个百宝箱中获取所企求的可贵营养,它无疑会产生多方位、远距离的辐射式影响。

近年来,在图书评论中,"皇皇巨著""填补空白""前无古人""里程碑"这类词语常被滥用,令人反感。可是,面对《现代汉语方言大词典》,看着由41种分卷本排列而成的一个长蛇阵,我却再也找不到更加合适的形容词语。无论说这部大词典是皇皇巨著,在汉语方言研究发展史上将成为一块里程碑,还是说这部大词典的编纂是史无前例的重大工程,它的出版填补了汉语辞书的大片空白,都绝对不是浮夸的溢美之词。作为一个汉语研究工作者,作为一个实际受益者,笔者由衷地佩服编纂这部大词典的学术远见、组织才能和奉献精神,由衷地感谢这部大词典的主编、副主编、编纂学者和江苏教育出版社,感谢他们献给我们一个"百宝箱",感谢他们做了一件功德无量的大好事。

当然,一部由数十位学者分别用了近十年时间编纂而成的大词典,要在表述方式和写作体例等等方面都保持完全的一致,这是不可能的。这就决定了将来还需要进行相当繁重的修订工作。

在对"兄弟"和"弟兄"的考察过程中,笔者有这么几点意见:

第一,提高词汇系统表述的严密性。

语言是一个系统,词汇系统是语言系统的一个重要分支。不同链节上的词汇形式,是处在相互制约、相互辅助的关系之中的。一个词汇系统中,假若出现某个词语的形式缺位或语义缺位,那么,必然会由另一个词语来补偿。否则,情况便是可疑的。

《厦门方言词典》和《雷州方言词典》,既未列出"兄弟",也未列出"弟兄"。这就令人感到奇怪:"兄+弟"的意义由什么词语来表达?

从这两部词典列出的"兄弟仔两个｜表兄弟｜老兄弟"和"隔皮兄弟、隔腹兄弟"看，不是没有"兄弟"。那么，是不是厦门方言和雷州方言里"兄弟"根本不能单用？还是因为"兄弟"太普通，编纂者觉得没必要立项？这需要作进一步的核实。

《徐州方言词典》列出"兄弟"，未列出"弟兄"。该词典对"兄弟"的解释是：指弟弟；也称呼年纪比自己小的男子。这就是说，"兄弟"是偏弟型，"兄弟"中是存在"兄＋弟"的语义缺位的。既然如此，便应该由"弟兄"来补偿，然而，却看不到"弟兄"。这同样是令人费解的。

第二，加强方言间同异情况的可比性。

很希望各部方言分卷能够在比较中罗列词语条目和词语义项。这个工作做得越细，整部词典的实际价值就越大。以词语义项来说，对于某个词语，假若可能有可选择项 1234，甲分卷可以选择 123，乙分卷可以选择 124，丙分卷不仅全选 1234，而且加上 5。这样，方言与方言之间就具有明晰的可比性。

现在的情况，并不特别理想。比方，"兄弟"的谦辞用法，有的分卷里没提。是不是所说的方言里没有这种用法呢？不敢断定。又比方，"弟兄"的士兵义，许多分卷里没提。是不是那些方言里全都不那么用呢？很难说。再比方，许多分卷里收了"堂兄弟"和"表兄弟"，但《南昌方言词典》里只有"表兄弟"。《银川方言词典》里也只有"表兄弟"，未收"堂兄弟"，但又有"堂叔兄弟"。到底实际情况如何？令人疑惑。另外，《长沙方言词典》解释"兄弟"时说又泛指同辈的男子，如"兄弟姐妹们｜阶级兄弟"，《东莞方言词典》解释"兄弟"时说也指"自己人"，这是不是别的方言没有的情况？也叫人犯疑。

第三，注意索引和正文的相互照应。

《东莞方言词典》索引部分，"平辈"里列出了"虾饺"。翻看正文，对"虾饺"却只有这样的解释："一种用米粉做皮，虾仁做馅儿的半圆形食品，是酒楼饭店常见的点心。"这种有失照应的现象，笔者只看到一例。然而，即使如此，也应引起注意。

最后，很希望《现代汉语方言大词典》的编纂是开放性的。最好不要在41部分卷本上面止步。假如有条件，将来再陆续组织编纂若干部分卷本，"汉语方言的百宝箱"就会更加充实，更能反映汉语方言宝藏的全貌。笔者相信，这绝对不是少数人的期盼！

五　说明

本文写作，主要参考中国社会科学院语言研究所词典编辑室编、商务印书馆1996年出版的《现代汉语词典》修订本，主要查看李荣先生主编、江苏教育出版社出版的《现代汉语方言大词典》（分卷本）中的23种方言词典。按出版次序排列，23种方言词典是：鲍厚星、崔振华、沈若云、伍云姬《长沙方言词典》（1993），叶祥苓《苏州方言词典》（1993），周长楫《厦门方言词典》（1993），沈明《太原方言词典》（1994），汪平《贵阳方言词典》（1994），熊正辉《南昌方言词典》（1994），张成材《西宁方言词典》（1994），黄雪贞《梅县方言词典》（1995），刘村汉《柳州方言词典》（1995），刘丹青《南京方言词典》（1995），周磊《乌鲁木齐方言词典》（1995），朱建颂《武汉方言词典》（1995），陈鸿迈《海口方言词典》（1996），贺巍《洛阳方言词典》（1996），李树俨、张安生《银川方言词典》（1996），苏晓青、吕永卫《徐州方言词典》（1996），王军虎《西安方言词典》（1996），许宝华、陶寰《上海方言词典》（1997），尹世超《哈尔滨方言词典》（1997），覃远雄、韦树关、卞成林《南宁方言词典》（1998），白宛如《广州方言词典》（1998），詹伯慧、陈晓锦《东莞方言词典》（1998），张振兴、蔡叶青《雷州方言词典》（1998）。

（原载《方言》1999年第4期）

时间方所

1 时间

1.0 过去—现在—将来，构成一条时间链。在时间链上，有一个一个时点，有一个一个时段，还有这种那种时态。"时间"范畴，主要涉及时点、时段和时态。

1.1 时点和时段

时间链上的任何一个点，都是时点；时间链上的任何一个段，都是时段。

时点和时段有不同的内涵。

如果把所要表述的时点和时段叫做本位点段，把跟本位点段相对比而存在的点段叫做外位点段，那么，不管是从本位点段本身看，还是从本位点段跟外位点段的关系看，时点和时段在内涵上都存在相互区别的特征。

从本位点段看，在时间链上，时点具有定位性，时段具有历程性。就是说：时点表示在时间序位中所占据的特定的点，时段表示在时间历程中所占据的特定的段。比如：

三点钟——时点。位置在两点钟后在四点钟前。

三小时——时段。历程比两小时短比四小时长。

从跟外位点段的关系看，在时间链上，时点具有位移性，时段具有伸缩性。就是说：如果乙时点是本位时点，甲时点和丙时点便是外位时点，而从甲时点到乙时点到丙时点是位置移动的关系；如果乙时

时间方所

段是本位时段,甲时段和丙时段便是外位时段,而从甲时段到乙时段到丙时段则是历程伸缩的关系。比如:

两点钟→三点钟→四点钟

两小时＜三小时＜四小时

"三点钟"是本位时点,从"两点钟"到"三点钟"是位移,从"三点钟"到"四点钟"也是位移。本位点和外位点之间,不存在甲时间包容乙时间的关系。"三小时"是本位时段,对"两小时"来说是"伸",对"四小时"来说是"缩"。本位段和外位段之间,存在甲时间包容乙时间的关系。

必须指出:时点和时段都有"有定"和"不定"、"绝对"和"相对"、"特指"和"泛指"、"高层次点段"和"低层次点段"等等情况。这些都是需要弄清楚的问题。

比方说,有的时点是有定时点,有的时点是不定时点。如:"三点钟",这是有定时点;"刚才"或"马上",这是不定时点。同样,有的时段是有定时段,有的时段是不定时段。如:"三小时",这是有定时段;"始终"或"刹那间",这是不定时段。

又比方,点段的表示有时具有绝对性,但更多时候具有相对性。所谓具有绝对性,是说:不管出现在什么语言环境中,表示时点的词总是表示时点,表示时段的词总是表示时段;所谓具有相对性,是说:某个词在甲语言环境中可能表示时点,在乙语言环境中可能表示时段,在丙语言环境中甚至似点似段,点段模糊。比如:

刚才——总是表示时点。

片刻——总是表示时段。

春天——表示时点:我春天开了一次刀。

表示时段:我整个春天都住在乡下。

似点似段:春天,一个风和日丽的日子,陈教授家。

还必须指出:时点和时段的表达形式都可以是词或词的组合。"词"和"语"的点段表示的情况和特点,特别需要进行深入的研究。

有时,表示一个时点或时段的语言单位是一个时间词。可以是时间名词，可以是时间副词，也可以是别类的词。

有时，表示一个时点或时段的语言单位是一个时间结构。时间结构是一种"词的组合"。其构成，主要有如下三种形式。

(1) 数量＋X。如：

三个晚上　　　（讨论了三个晚上。）

第三个晚上　　（到了第三个晚上，他不干了。）

X 是时间词。数量部分，如果表示基数，则强调是时段，如果表示序数，则强调是时点。

(2) X＋前、后、时候、里、中、期间等。如：

春节里　　寒假后　　吃饭时候

春节里　　寒假中　　留学期间

X 可以是时间词，也可以不是时间词。X 后附"里、中、期间"等等，通常表示时段；X 后附"前、后、时候"，情况并不单纯，可能表示时点，也可能表示时段。比较：

临睡前，吃一片药。　　　　　　（时点）

解放前，生活很苦。　　　　　　（时段）

敬礼后，他立即转身。　　　　　（时点）

"文革"后，他连任要职。　　　　（时段）

起跑时候，要注意姿势。　　　　（时点）

年轻时候，她很爱打扮。　　　　（时段）

(3) 从＋X＋到＋Y。如：

从早到晚

从二月到三月

从出生到死亡

从读书到工作

这一格式总是表示时段。其中的 X 和 Y，可以是时间词，也可以不是时间词，可以是时点，也可以是时段。整个格式可以表示从某一时点到另一时点的时间历程，也可以表示从某一时段到另一时段的时间段落。

时间方所

可以这么说：现代汉语的时间词，一般没有时点时段的显示标记。只有"长期、瞬间"之类，包含"长、短、期、间"等义素，有表明时段的作用，但数量不多。在时间结构里，存在时点时段的显示标记，但那些标记在点或段的显示上也往往不是绝对的，而是相对的。正因如此，现代汉语的时点和时段的分别，语法环境的制约起着十分重要的作用。

1.2 时态

时态指动作开始、动作进行、动作完成等时间体态。就比较明显的情况而言，现代汉语里表示时态的典型标记是"着、了、过"，它们分别标示进行态、完成态和经验态。"起来"和"下去"有时也是时态标记，它们标示开始态和持续态。此外，能够成为时态标记的还有"来着"和在特定条件下使用的"的"，它们都标示已然。如：

（正在）弹着　　（已经）弹了　　（曾经）弹过
（开始）弹起来　　（继续）弹下去
你刚刚说什么来着？
他什么时候进的城？

现代汉语里到底有哪些时态标记？它们各表示什么语法意义？它们和动词及前边的时间副词一起形成什么样的时态结构？这些都是研究时态必须回答的问题。

进一步研究现代汉语时态，需要考察时态结构在"过去—现在—将来"的时间链上的展示情况。

以说话人说话时间为参照点，说话人说话时间代表"过去—现在—将来"时间链上的"现在"。比如：

她唱着歌，走到李老师面前鞠躬致意。
她唱了歌，走到李老师面前鞠躬致意。
她唱过歌，走到李老师面前鞠躬致意。

这里的"着、了、过"分别表示现在进行、现在完成和现在已成经验。

同样的说法可以出现在"过去"的时间：

昨晚，她唱着歌，走到李老师面前鞠躬致意。

昨晚，她唱了歌，走到李老师面前鞠躬致意。
昨晚，她唱过歌，走到李老师面前鞠躬致意。

这里的"着、了、过"分别表示过去进行、过去完成和过去已成经验。

同样的说法不好直接出现在"将来"的时间：

明晚，她唱着歌，走到李老师面前鞠躬致意。(?)
明晚，她唱了歌，走到李老师面前鞠躬致意。(?)
明晚，她唱过歌，走到李老师面前鞠躬致意。(?)

然而，一方面，是不是时态结构可以自由地出现在"过去"的时间？恐怕不能一概而论。比较：

现在，她唱着歌呢。昨晚，她唱着歌呢。(?)
现在，她唱了歌了。昨晚，她唱了歌了。
现在，她唱过歌了。昨晚，她唱过歌了。

另一方面，是不是时态结构根本不可能进入"将来"的时间里？这也不能绝对化。比较：

明天这时候他张开着嘴巴。(?)
如果明天这时候他张开着嘴巴，你就赶紧给他吃药。
明天这时候他张开了嘴巴。(?)
如果明天这时候他张开了嘴巴，你就赶紧给他吃药。
明天这时候他张开过嘴巴。(?)
如果明天这时候他张开过嘴巴，你就赶紧给他吃药。

这里，时态结构出现在假设结构里头。

V着、V了、V过之类同过去、现在、将来之间的关系到底如何？V的语义对V着、V了、V过之类的构成有什么决定作用，对V着、V了、V过之类能否进入过去和将来的时间起什么样的制约作用？时间副词和句末语气词的使用对V着、V了、V过能否进入过去和将来的时间产生什么样的影响？所有这些，都是有必要作深入研究的课题。

2 方所

2.0 "方"即方位，"所"即处所。"方所"范畴，是由方位和处所两个概念组成的一个范畴。如果说时点、时段、时态是属于时间范畴的概念，那么处所和方位便是属于空间范畴的概念。

2.1 处所和方位

处所指地点，方位指方向和关系位置。比如"枣庄"是处所，指一个地点；"东"是方位，指一个方向和跟"西"相对的关系位置。

处所和方位并非互相排斥。

从处所看，有两个类型：

第一，定域处所。包括：（1）地区类处所，如"海南省""乐东县""黄流乡"；（2）楼馆类处所，如"物理楼""图书馆""少林寺"；（3）部门类处所，如"组织部""中文系""社科院"。不管是哪一类定域处所，都有确定的辖域。

第二，非定域处所。指的是带有方位指示的处所。这类处所，以某一地点和某一事物为参照点，加上方位指示来表明。它们的辖域是不确定的，有时是十分模糊的。比如"树上""门外""枣庄东头"等等。

从方位看，有两种情况：

第一，纯方位。指的是单独使用的方位指示。这是脱离具体语境就不知方位指示的具体参照点的一种情况。比如：

  前：前有小河   后：后有青山

  东头：东头很热闹 西边：西边在下雨

第二，附用方位。指的是附用在具体参照点后边的方位指示。"具体参照点＋附用方位"构成非定域处所。比如：

  树上——非定域处所。"树"是参照点，"上"是附用方位。

  门外——非定域处所。"门"是参照点，"外"是附用方位。

  枣庄东头——非定域处所。"枣庄"是参照点，"东头"是附用方位。

2.2 命名标和方位标

作为方所标记的语言形式都是方所标。方所标有两大类：命名标和方位标。

命名标是用来构成专名性处所词语的方所标记。专名性词语表示定域处所，命名标是一种词汇标。这是一个比较开放的类。例如：

X国　X省　X市　X镇　X县　X村　X庄　X巷　X街
——地区专名

X楼　X馆　X寺　X庙　X殿　X观　X祠　X所　X厅
——楼馆专名

X部　X院　X系　X校　X司　X局　X科　X所　X厅
——部门专名

方位标，即通常所说的方位词，是非定域处所的形式标记。凡是利用方位标构成的处所词语都是非专名性的。方位标起指明方位的作用，作附加成分时都以所附事物为方位参照点。由于不起构成专名的作用，它同其他词语的结合是比较灵活、比较自由的。研究语法问题，主要研究方位标。

现代汉语的方位标又可以分为两类：

（1）典型方位标。这是一种语法标，附在别的语言成分后边时在一定程度上像是词尾。单音节的，一共16个：

上　下　左　右　东　西　南　北
前　后　外　里　内　中　间　底

（2）准方位标。这种方位标也不用来构成专名，但词汇意义强于典型方位标，最多只能算是准语法标。数量不多，位目前还不能明确说出一共多少个。例如：

旁　边　头　面　方
处　角　端　位　部
顶　脚　背　心　腰

命名标和方位标在组合功能上有区别。命名标可以受"全"的修饰，说成"全～所有人"。方位标不能这么办。比较：

全省…全县…全村…全馆…全院…全校…全厅

*全上…*全左…*全东…*全南…*全后…*全内…

*全旁…*全边…*全方…*全端…*全顶…*全位

应该指出：（1）"全上""全下"之类有时能说，但不是修饰关系，

而是主谓关系(相当于"所有的都上""所有的都下")。(2)有的词同形异类,不能混为一谈。比方"全里(所有人)"能说,但这里的"里"是命名标("永安里"),跟"教室里"的"里"不同;"全处(所有人)"能说,但这里的"处"是命名标("教务处"),不是准方位标,跟"拐弯处"的"处"不同。此外,"全面"能说,但"全面"是一个形容词。

准方位标和典型方位标在组合能力上也有区别。

首先,大多数准方位标能受数词修饰,典型方位标全都不能受数词修饰。如:

一旁　两旁　一边　两边　一头　两头　一处　两处　一角　两角

一端　两端　四面　八方　(居)第三位　(胸臀)二部(有轻伤)

这里受数词修饰的都是准方位标。用数词测试典型方位标,虽然"一前一后""一东一西"等能说,但数词和方位词之间是主谓关系,跟"一旁、两边"之类说法的关系不同。

其次,典型方位标能配对组合,准方位标一般不能。如:

上下　左右　东西　南北　东南　西北

西南　前后　里外　内外　中间　底下

这些都是典型方位标的配对组合。准方位标中,有一部分是由人体部位或物体部位引申而成的准方位词,例如"顶(山顶)、脚(山脚)、背(山背)、腰(山腰)、口(街口)、心(街心)",由于本身语义的限制,不能受数词修饰,但它们不能配对表示方位,不同于典型方位标。

从音节上看,在单音方位标的基础上,可以构成复合方位标。以能否受数量结构修饰来检测,复合方位标大多数不能受数量结构检测,是典型方位标,即语法标。下面是复合方位标的构成方式:

A. 标+标。如前边提到的"南北、里外、中间、底下"。它们都是典型方位标。少数"标+标"复合形式有时用来表示概数,是方位标作用的引申,如:上下(五十岁上下),左右(五十个左右),前后(五十年前后)。

B. 之＋标。如："之上、之下、之东、之西、之前、之后、之里、之外、之内、之中、之间"。它们都是典型方位标。"之底"一般不说。

C. 以＋标。如："以上、以下、以北、以南、以内、以外"。它们都是典型方位标。近来有"以远"的说法，如武昌火车站规定"衡阳以远"才给买47次列车的票。"以远"是个比照"以南"之类构成的特殊方位词。

D. 标＋准标。如："上边、下边、东头、西头、左方、右方、里面、外面"。它们也是典型方位词。

E. 准标＋标。如："边上、脚下"。它们附加在双音节或多音节词后边时，是典型方位标：洞庭湖边上｜珠穆朗玛峰脚下。它们附加在单音词后边时，可以认为是处于不同层次的准标和标：江边上→(江＋边)＋上｜山脚下→（山＋脚）＋下。

F. 准标＋准标。如："旁边、方面、部位、方位"。"旁"和"边"能受数词修饰，是准方位标，但结合成"旁边"之后不能受数量结构修饰，是典型方位标。"方"和"面"、"部"和"位"、"方"和"位"结合而成的"方面""部位""方位"都能受数量结构修饰（两个方面｜三个部位｜四个方位），都是准方位标。

3 结语

3.0 时间和方所是有关时空的两在范畴。弄清汉语里时间方所的表达采用一些什么样的形式，形成什么样的表达系统，这是深入认识汉语的重要角度。

3.1 现代汉语的时间表述，主要采用词汇形式。时点和时段，在词这一层面上，基本上没有什么标记；在词的组合这一层面上有一些"点段指示"，但并不是很充分和很明显的。由于缺乏标记，点段的区分通常需要语境来显示。有的时候，即使有语境，也往往存在"似点似段，点段混沌"的状况。从语法上研究时点时段，应该特别重视描绘语法环境制约条件和在不同制约条件下反映出来的种种模式态。比较地说，由于有"着、了、过"等形式，现代汉语的时态在语法上有一定的表现，但是，根据这些形式本身还难于建立一个完整而清晰的时态表述系统。对于时态的研究来说，语法环境的研究仍然具有十分重要的意义。把时态问题放到"过去—现在—将来"时间链上去考察，会有更多的收获。

3.2 现代汉语的方所表述，在形式上存在值得注意的特点，这就是具有较多方所标记。有命名标，这是一种词汇标；有方位标，典型的方位标是语法标，而准方位标也可以认为是准语法标，或词汇语法标。对于语法研究来说，有必要弄清方所标同命名标的不同性质和特点，弄清方所标和准方所标的细微差别和微妙联系，做一番"普查"的工作，整理出一个"标系统"，然后，进一步结合语法环境来考察"方所入句"的种种表现。这样，会有利于全面了解和揭示现代汉语的方所表述系统。

主要参考文献：

[1] 吕叔湘. 中国文法要略 [M]. 北京：商务印书馆，1956.

[2] 文炼. 处所、时间和方位 [M]. 上海：上海教育出版社，1987.

[3] 陈平. 论现代汉语时间系统的三元结构 [J]. 中国语文，1988 (6)：401-421.

[4] 李临定. 现代汉语动词 [M]. 北京：中国社会科学出版社，1990.

[5] 邢福义，丁力，汪国胜，等. 时间词"刚刚"的多角度考察 [J]. 中国语文，1990 (1)：15-23.

[6] 龚千炎. 谈现代汉语的时制表示和时态表示系统 [J]. 中国语文，1990 (4)：251-260.

[7] 王鹏令. 时—空论稿 [M]. 北京：人民出版社，1985.

[8] 廖秋忠. 空间方位词和方位参考点 [J]. 中国语文，1989 (1)：9-17.

（原载马庆株编《语法研究入门》，商务印书馆1999年版。本文应马庆株先生之约，为《语法研究入门》一书而撰写，与李向农、储泽祥合作。）

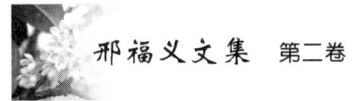

【C组】

现代汉语的特殊格式"V 地 V"

前言

本文讨论"及物动词＋地＋动词或动词结构"的格式,简称为"V 地 V"。前一个 V,代表作状语的及物动词,文中管它叫"状位 V";后一个 V,代表作述语的动词或动词结构,文中管它叫"述位 V"。这是现代汉语里一种相当特殊的格式,本文用较多的语言事实对这一格式进行描写。

本文所说的及物动词,根据这个标准来划定:意念上涉及他物,形式上带宾语或可以在不改变原意的条件下带上宾语。

汉语语法重"意"不重"形"。形式上框架简明,没有繁多的标记;表意上灵活多样,隐性语法关系十分丰富。深入了解"V 地 V"格式,可以在一定程度上深化对于汉语语法,特别是对于现代汉语语法的认识。

1 状位 V

1.1 状位 V 是单个儿的及物动词,有两类。

1.1.1 有度差意识性心理动词。

这类动词主要表示人们的心理活动,包括"羡慕、尊敬、崇敬、敬佩、钦佩、佩服、信任、信赖、关心、同情、感激、感谢、担心、怀疑、挑剔、鄙视、蔑视、怨恨、仇恨、厌恶"等等[①]。例如：

（1）那位连长用手捂了捂胸前的口袋，怜悯地注视着眼下的死者。（蔡原宗《青魂》）

（2）陆梦兰抱起金英，感激地望了一眼昔日的"三岁年庚"，嘴唇翕动了一下。（杨干华《天堂众生录》）

这里的"怜悯、感激"单个儿带"地"作状语，它们都是心理活动动词。

这类动词所表示的意念可以有程度高低的差别，因此，它们可以接受程度副词的修饰。如：怜悯地注视着……→十分怜悯地注视着……｜感激地看了一眼……→十分感激地望了一眼……又如：

（3）他很同情地说："就是嘛！"显然他不赞成没收。（杨绛《丙午丁未年纪事》）

（4）他们非常尊敬地向温显珏点头致意。（李宪《匿名电话》）

心理活动动词"同情、感激"在状位上分别受到表示较高程度的副词"很、非常"的修饰。又如：

（5）他有点崇敬地看了一眼角落里躺着的死者，慢慢走近前去。（蔡原宗《青魂》）

（6）他有点怀疑地看着他，又蹲下身去，上下里外仔细检查藤椅的质量。（杜治洪《水手与女人》）

心理活动动词"崇敬、怀疑"在状位上受到表示较低程度的副词"有点"的修饰。

1.1.2 无度差意向性行为动词。

这类动词表示人们在某种意向支配下所采取的行为，包括"试探、乞讨、讨好、结巴、奉承、挽留、安抚、爱抚、征求、征询、请示、纠正、服从、反抗、嘲弄、挑逗、审视、期待、回忆"等等。例如：

（7）何坤元试探地问了巧秀一声，巧秀忽然伏在案上啜泣。（吴萍《坠子皇后》）

（8）张魁忙把他重新按到椅子上，挽留地说："老哥！你不能这样就走……"（从维熙《春之潮汐》）

这里"试探、挽留"单个儿带"地"作状语,它们都是受某种主观意向支配的行为动词。

这类动词所表示的意念不存在程度高低的差别,它们不能受程度副词的修饰。如:试探地问→﹡很试探地问｜挽留地说→﹡非常挽留地说。又如:

(9)徐文骅看见孙若萍不说话,又征求地问:"要不要进去?"(王东满《在高高的宾馆下面》)

(10)"谁说傻话?没有你教我,哪有我今天?"巧秀反抗地说……(吴萍《坠子皇后》)

(11)小王请示地看着市委书记说道……(柯云路《一个系统工程学家的遭遇》)

上例里意向性行为动词"征求、反抗、请示"的前边全都加不上程度副词。

两类状位V对"V地V"能否向"VOV"转化起着重要的作用(参看4.2)。下面这个例子里有两个"V地V",它们的状位V属于上述两个不同的类:

(12)"你老莫不是身子不自在?"有娃试探地问,担心地摸了下老汉的额头……(京夫《万有娃闯江湖》)

"试探地问"不能说成"十分试探地问","担心地摸……"可以说成"十分担心地摸……"。

1.2 状位V带有状语标志"地"(de)。"地"对状位V的状语身份具有强制性和规定性。

首先,甲动词和乙动词本来不能直接组合,"地"字可以强制地使它们组合成"V地V"的格式,从而强制地使甲动词成为状语。如:

﹡感激笑着	→	感激地笑着
﹡敬佩笑着	→	敬佩地笑着
﹡信任听着	→	信任地听着
﹡怀疑听着	→	怀疑地听着
﹡厌恶看着	→	厌恶地看着

现代汉语的特殊格式"V 地 V"

　　＊怜悯看着　　→　　怜悯地看着

再看两个例子：

（13）他崇拜地看着田福堂……（路遥《平凡的世界》）

（14）柳曼萍那双充满讥笑、不怀好意的眼睛，时刻在挑剔地注视着她，使她欲躲不得。（黑子《阴影》）

要是不用"地"，"崇拜看着田福堂""挑剔注视着她"都不能说。

其次，甲动词和乙动词可以直接组合，但这种组合像是连动结构，加"地"形成"V 地 V"格式之后，就可以明确地规定甲动词为状语。如：

挽留说　　→　　挽留地说

请示说　　→　　请示地说

反抗说　　→　　反抗地说

赞许说　　→　　赞许地说

"挽留说"可以认为是连动结构，前后两个动词之间有解注关系，前一动词表示后一动词的内容。尽管从意义关系看"挽留"像是"说"的状语，但对这类现象的分析起码容易仁者见仁智者见智。然而，加"地"之后，"挽留（地）"一定是状语，这是毫无疑义的。其他例子也是如此。再看几个实例：

（15）他轻轻拍打着司机的肩头，回忆地说：……（徐本夫《将军坟的秘密》）

（16）"哪会有这种事！这话是谁说的？"王子厚安慰地说："说这话的人不懂得政策！"（王岭群《春梦十里牡丹桥》）

"回忆（地）""安慰（地）"肯定是状语；不用"地"，"回忆说""安慰说"可以认为是连动结构。

（17）盛参谋乐哈哈地打趣说：……（蔡原宗《青魂》）

（18）盛武夷睇了他一眼，揶揄地说：……（蔡原宗《青魂》）

"打趣说""揶揄说"可以认为是连动结构，起码会有争论，而如果加"地"，"打趣（地）""揶揄（地）"肯定是状语。

还应该指出：同是一个甲动词，如果让它跟不同的乙动词直接组

275

合，有时能说，有时不能说或不大能说，但不管怎样，加"地"构成"V 地 V"之后，不仅能站得住，而且明确表示了"V（地）"的状语身份。如：

　　试探说　　→　　试探地说
　　?试探敲了门　→　　试探地敲了门

1.3 状位 V 由于带了"地"，它的后边不能出现形式上的宾语，但它的意念上的宾语总是出现在上下文之中。

状位 V 的意念宾语有时见于上文。如：

（19）一个大陆长大的姑娘能够如此忍辱负重，今后必会发达，难得！他赞许地点了点头。（孙砺《都市的骚动》）

（20）"嘻嘻！修这新房，还是乡书记王老蔫撺掇哩！"胡道石见客人神色茫然，从旁解释……柴军想起自家的泥房，赞许地连连点头。（孙峻《蒿村有个柴家院》）

同是"赞许"，前一例里它的意念宾语是上文的那一个大陆长大的姑娘，后一例里它的意念宾语是上文的"这新房"。

状位 V 的意念宾语有时见于下文。如：

（21）荒荒一直仇恨地盯着民兵连长，对李芒的话并没有听到耳朵里去。（张炜《秋天的愤怒》）

（22）他仇恨地望着腊子，有些警惕地弓着身子，慢慢向肖万昌走来。（张炜《秋天的愤怒》）

同是"仇恨"，前一例里它的意念宾语是下文的"民兵连长"，后一例里它的意念宾语是下文的"腊子"。

状位 V 有时可以并用两个，成为"V 地 V 地"或"V、V 地 V"。两个状位 V 的意念宾语在特定语境中也都是明确的。如：

（23）他欠起身冲这位夫人尊敬地、讨好地笑笑，乘机和张小茜站起来告辞。（柯云路《一个系统工程学家的遭遇》）

（24）杨青迟疑了一下，没再说什么，只对他们安慰、信任地笑了笑。陆野明从来没见过她那样的笑，那笑使他一阵心酸……（铁凝《麦秸垛》）

现代汉语的特殊格式"V 地 V"

前一例,"尊敬""讨好"的意念宾语是上文的"这位夫人";后一例,"安慰""信任"的意念宾语是上文的"他们"。

状位 V 也可以跟状位 A(形容词)并用,说成"V 地 A 地 V"或"A 地 V 地 V"。状位 V 可以从上下文找到意念宾语,状位 A 则没有意念宾语。例如:

(25) 两个孩子紧紧偎着少妇的腿,小眼睛胆怯地、乞讨地望着他。(王东满《在高高的宾馆下面》)

"胆怯"是 A[②],没有意念宾语;"乞讨"是 V,它的意念宾语是上文的"他"。

2 述位 V

2.1 述位 V 可以是一个动词,也可以是一个动词结构。就动词说,可以是及物动词,也可以是不及物动词。例如:

服从地听着 (及物)

服从地站着 (不及物)

反抗地抓起木棍 (及物)

反抗地哭个不停 (不及物)

再看两个实例:

(26) 施兴慎又爱抚地看了朱颁富一眼……(崔英愁《竹枝情》)

(27) "怎么啦伙计?抛在路上了?"胖司机关心地问。(水运宪《裂变》)

"看、问"都是及物动词。看谁?问什么?它们所表示的行为总是涉及某种事物。

(28) "哦——"武铁松讨好地笑着:"我懂我懂!"(旷荣怿《弹坑长满青草》)

(29) 等了约莫十分钟光景,果然有一个老人伛偻着身子,试探地走到马路上来了。(周而复《南京的陷落》)

"笑、走"都是不及物动词。它们所表示的行为不存在"笑谁""走什么"这样的及物关系。

2.2 述位 V 表示人们比较具体的外露性行为。常见的是跟人体某个部位如嘴、眼、手、脚等相联系的一些行为动作。

比如，跟"嘴"相联系的有"说、问、骂、唱、笑"等等：

同情地说

担心地问

仇恨地骂他魔鬼

厌恶地哼了一声

挑逗地唱着淫荡小曲

巴结地笑着作揖请安

又如，跟"手"相联系的有"打、拍、摸、敲、写、按"等等：

恳求地打着手势

赞赏地竖起大拇指

信任地拍着我的肩膀

爱抚地摸着我的头发

崇敬地写下了他的光辉一生

应付地按了一下床头的电铃

再看几个例子：

(30) 老拴临出门时，鄙视地回望他一眼。(张峻《蒿村有个柴家院》)

(31) 武铁松感谢地点点头。(旷荣怿《弹坑上长满青草》)

(32) 说完，他蔑视地一耸肩，直朝门外走去。(阎明国《蓝色陷阱》)

"回望"是眼睛的动作，"点点"是头部的动作，"耸"是肩膀的动作。

有的述位 V 带有比喻义，但所表示的行为还是跟嘴、眼、手等相

现代汉语的特殊格式"V 地 V"

联系。如：

(33)"熊样儿！"他厌恶地丢下一句。（陶正《明灭的星群》）

(34) 她决定试探地撩拨一下马亮的情绪，便不阴不阳地说："……"（毛志成《文明机关》）

(35) 他怀疑地扫了李明珠一眼……（宋清海《泥土和白雪》）

"丢"和"撩拨"是手的动作，上例比喻为嘴的动作；"扫"是手的动作，上例比喻为眼的动作。

述位 V 有时不是表示人的行为，但从整个"V 地 V"看，显然是拟人化的说法：

　　大水牯反抗地扭着头

　　小黄狗讨好地摇着尾巴

　　花猫儿信赖地偎在她的怀里

　　一轮冷月怜悯地望着这几个孤儿

2.3 述位 V 和状位 V 的关系是外露具体动作和潜在意识活动的配合关系。即是说，述位 V 表示发自人体某一部分的具体动作，而状位 V 则表示伴随这一具体动作而产生的有关神情、神色、情态等等的潜在意识活动。

同一个述位 V，可以有不同的状位 V，即伴随某一具体动作而产生的潜意识活动可以有所不同；反过来说，不同的述位 V，可以有相同的状位 V，即伴随不同的具体动作而产生的潜意识活动可以是相同的。看下面的图示中述位 V 和状位 V 的交叉配搭关系：

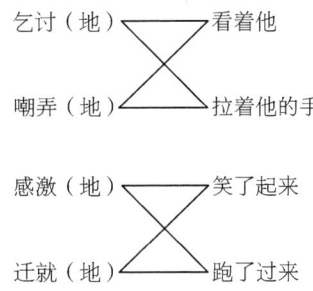

从两个 V 所涉及的对象看，如果述位 V 是及物动词③，它和状位 V 所涉及的对象可以是相同的，也可以是不相同的。如"乞讨地看着他"，"看着"的宾语是"他"，"乞讨"在意念上的宾语也是"他"；又如"乞求地拉着他的手"，"拉着"的宾语是"（他的）手"，"乞求"在意念上的宾语却是"他"。再看几个实例：

(36) 宋亚欧脸一沉，厌恶地瞪了我一眼……（阎明国《蓝色陷阱》）

(37) 很多是大力士，他们会关心地问我："你的箱子呢？捆上了吗？"（杨绛《丙午丁未年纪事》）

前一例，"瞪"的是"我"，"厌恶"的也是"我"；后一例，"问"的是"我"，"关心"的也是"我"。

(38) 幺哥安抚地轻拍着凌姐的肩膀。（叶尾娜《幺哥的婚事》）

(39) 我指着她身边那个姑娘说："你看，她穿黑平绒就好看。""好看！"乡妹点点头，羡慕地说。（杨教《乡妹》）

前一例，"拍"的是"（凌姐的）肩膀"，"安抚"的是"凌姐"；后一例，"说"的是"好看"，"羡慕"的是穿黑平绒衣服的那个姑娘。

3 "V 地 V" 和 "用 V 的 NV"

3.1 "V 地 V" 和 "用 V 的 NV" 是同义结构。一般地说，它们可以互相转化。例如：

(40) 他用赞许的目光望着前面的红卫兵。（赵峻防、纪希晨《中国：1967 年纪事"二月逆流"》）

(41) 赵国栋用信赖的目光盯着"牧羊婆"，那意思是请她拍板。（徐本夫《将军坟的秘密》）

(42) 乔老先生慢慢踱到狄玉霜身边，用乞求的口吻说："副处长女士，让我也听听好吗？"（徐本夫《将军坟的秘密》）

用赞许的目光望着⇔赞许地望着；用信赖的目光盯着⇔信赖地盯

现代汉语的特殊格式"V 地 V"

着；用乞求的口吻说⇔乞求地说。

语言运用中，"V 地 V"和"用 V 的 NV"都常用。比较：

（43）一位民警羡慕地对陈占社说："小陈，这回你立了大功。"（朱纯林《一桩毁容案的报告》）

（44）叶群用羡慕的口吻说："你可一点不显老……"（赵峻防、纪希晨《中国：1967 年纪事"二月逆流"》）

前一例是"羡慕地 V"，后一例是"用羡慕的 NV"。两个说法可以调换。再比较：

（45）钱大钧马上领会了他的意图，安抚地说：……（周而复《南京的陷落》）

（46）"秦队长，"季秘书用安抚的口气说，"有些情况你不了解……"（陈冲《不自然的黑色》）

前一例是"安抚地 V"，后一例是"用安抚的 NV"。两个说法可以调换。再比较：

（47）他挑逗地说："……坚决拿下南京！"（周而复《南京的陷落》）

（48）另一只手轻轻拍着她的肩膀，用挑逗的声调说道：……（文放《台湾黑猫旅社》）

前一例是"挑逗地 V"，后一例是"用挑逗的 NV"。两个说法可以调换。

并列两个 V 的说法，即"V 地 V 地＋V"和"用 V 和 V 的 N＋V"，也可以互相转化。

（49）几个客人用敬仰和期待的目光望着毛泽东。（赵峻防、纪希晨《中国：1967 年纪事"二月逆流"》）

上例，用敬仰和期待的目光望着⇔敬仰地期待地望着。

同样，并列 V 和 A 的说话，即"V 地 A 地＋V"之类和"用 V 和 A 的 N＋V"之类，也可以互相转化：

（50）说到这里又突然打住，用试探、关切的眼神看着我，似

乎想听听我怎么回答。(杨教《乡妹》)

（51）叶群坐不住了，拿起材料递到林彪面前，用两道恼怒和恳求的目光注视着他。(赵峻防、纪希晨《中国：1967年纪事"二月逆流"》)

用试探（V）、关切（A）的眼神看着我⇔试探地关切地看着我；用两道愤怒（A）和恳求（V）的目光注视着他⇔恼怒地恳求地注视着他。

3.2 在"用V的NV"格式中，N位置上出现的是"目光、眼神、眼色、口吻、口气、声调、语调、语气、神气"等名词。它们都表示能够表露某种潜意识活动的事物。上举各例全都如此。再看两例：

（52）莫莫这才……微微抬起头来，用审视的目光打量着眼前这个陌生人。(王岭群《春梦十里牡丹桥》)

（53）谢富治用敬佩的口吻向客人介绍道：……(赵峻防、纪希晨《中国：1967年纪事"二月逆流"》)

把例（52）和例（40）（41）（51）连起来看，可知同是"目光"，可以表露"审视、赞许、信赖、恳求"等等潜意识活动；把例（53）和例（42）（44）连起来看，可知同是"口吻"，可以表露"敬佩、乞求、羡慕"等等潜意识活动。

比较地说，"V地V"是一种简化说法，它使跟状位V相联系的"目光、口吻"等等词语全都隐去，成了可以意会的内容。由于是意会的东西，理解起来就有一定的灵活性，要转化为"用V的NV"，可以出现甲名词，也可以出现乙名词。比如"恳求地说"，可以是"语气"，也可以是"声调"，还可以是"口吻"或"方式"。下面两个例子中的"用恳求的N说"就分别用了"语气"和"声调"：

（54）他用恳求的语气说："好吗？"(夏真、王毅《黑冰》)

（55）那女人几乎是用恳求的声调说，她是来旅游的……(王岭群《春梦十里牡丹桥》)

3.3 跟"用V的NV"完全相同的说法是"以V的NV"。如：

（56）在他看来，我只是……一件有生命的以乞求的眼光招揽

现代汉语的特殊格式"V 地 V"

别人爱慕的物品!(萧冬《C 小调叙事曲》)

"以乞讨的眼光招揽……"即"用乞求的眼光招揽……",可以说成"乞求地招揽……"。

"以"字书面色彩较浓,显得比较庄重,"用"则在任何场合都常用。比较:

(57) 倪院长像在每一次他主持的会议上那样,双手扶着桌沿,耐心地以征询的眼色望着他的部属。(叶辛《家庭奏鸣曲》)

(58) 花瘦娘用征询的眼光瞥视了一下雨徕。(旷荣怿《弹坑长满青草》)

这两例都可以说成"征询地 V"。前一例说的是"倪院长"这个有身份的人"主持会议"这种庄重的事,用了"以"字。但"以"也可以改为"用"。后一例叙述的是一个家庭妇女在普通场合的一个动作,用了"用"。如果改为"以",似乎色彩不怎么谐调。

跟"用 V 的 NV"类似的说法是"带着 V 的 NV"或"怀着 V 的 NV"。如果 N 所指称的事物是"神气"或"心情",一般用"带着"或"怀着"。如:

(59) 她带着鄙视的神气说:"我这次回北京,就听到了选美的传说,肮脏之极,臭不可闻!"(杨教《乡妹》)

"带着鄙视的神气说"可以说成"鄙视地说"。由于用了名词"神气","带着"不好改为"用"。再看这个例子:

(60) 宫冈听出来了,敬佩地伸出右手的大拇指,不断地在小队长面前晃。……野田暗暗计算数字,用钦佩的眼光望着他。(周而复《南京的陷落》)

"钦佩地望着他",可以说成"用钦佩的眼光望着他";"敬佩地伸出右手的大拇指",就要说成"带着敬佩的神气伸出……"或"怀着敬佩的心情伸出……"。

3.4 有时,"眼睛、眼光"之类出现于主语的位置。在这种情况下,"V 地 V"不能或不大能转化为"用 V 的 NV"。比较:

(61) 肖万昌站在一边吸烟,这时责备地看了儿子一眼。(张

283

炜《秋天的愤怒》)

(62) 他感到有双明亮的眼睛责备地盯着他们。(鲁书潮《往事》)

同是"责备地 V",前一例"肖万昌"是主语,可以自然地说成"用责备的眼光 V";在后一例里,"眼睛"用在主语位置上,就不大能说成"眼睛用责备的 NV"。又如:

(63) ……瞳眸里的光挑逗地往他心里钻着。(杜治洪《水手与女人》)

"瞳眸里的光"是主语,述位 V "钻着"是"光"的动作。这里的"V 地 V"无法转化为"用 V 的 NV"。

4 "V 地 V" 和 "VOV"

4.1 "V 地 V" 和 "VOV" 有时是同义结构。在一定条件下,它们可以互相转化。比较:

(64) "不是报酬的问题,你们看错人了。"羚子抢白地说。(王秋海《梦里寻她千百度》)

(65) "我在她这个年纪的时候,什么事没出过?"妈没好气地抢白他说。(海迪《再来四客冰淇淋》)

前一例是"V 地 V",后一例是"VOV"。前一例也可以说成"抢白他说",后一例也可以说成"抢白地说"。

4.2 可以转化为"VOV"的"V 地 V",通常是"V 地说"。准确点说,通常是"无度差意向性行为动词+地+说"。

一方面,状位 V 一般都是无度差意识性行为动词。如果状位 V 是纯粹的有度差意识性心理动词,"V 地 V"不大能自然地说成"VOV"。如:

(66) "这方圆几百里,谁不知道康永裕!"桑木叶佩服地说。(陈芜《追花》)

"佩服"是有度差心理动词,语言运用中一般不讲"佩服他说"。同类的例子:信赖地说→? 信赖他说│鄙视地说→? 鄙视他说│挑剔

现代汉语的特殊格式"V 地 V"

地说→?挑剔他说。

"赞许、夸奖"之类动词有度差,可加程度修饰(很赞许[他] | 很夸奖[他]),但它们不是纯粹的心理动词。它们有时可以用来表示心理活动,如"赞许地点头微笑",有时又可以用来表示类似于"说"的口头行为。在它们用于口头行为时,可以由"V 地说"转化成为"VO 说"。如"夸奖地说",可以说成"夸奖他说":

(67)"你真行!"他便夸奖他说。(陈冲《不自然的黑色》)

另一方面,述位 V 要求用动词"说"。如:

(68)"我晓得是祠堂里的……你把它弄出去吧。"母亲哀求地说。(高旭帆《古老的谋杀》)

"哀求地说"可以转化为"哀求他说"。

如果述位 V 不是动词"说",即使状位 V 是无度差行为动词,"V 地 V"和"VOV"也不大能在严格的条件下相互转化。比较:

(69)我安慰他说,信从乡下到县城……是得走娘那脚的不少日子。(乔瑜《少将》)

(70)一个穿牛仔背心的青年伸出腿,绊了她一下……她麻木不仁,脸上没有丝毫表情……老源安慰地拍拍她的肩膀。(海迪《再来四客冰淇淋》)

前一例,表述为"安慰地说",述位 V 是"说",可以说成"安慰他说";后一例,表述为"安慰地拍拍她的肩膀",述位 V 不是"说",不大能转换成"安慰她拍拍她的肩膀"①。若把"安慰他说"说成"安慰她,拍拍她的肩膀",这就在前后两个 V 之间有了明显的分句停顿,这样的转化就不是严格的了。

如果述位 V 不是动词"说",即使是跟"说"同类的"问、问道"之类,也不大能由"V 地 V"转化为"VOV"。如:

(71)"如果,"周火试探地问,"比方说,这一钻下去打不到石膏……"(陈冲《无言的群山》)

(72)他打趣地问道:"贫下中农不要'臭钱',要不要浇水的规定呀?"(张炜《秋天的愤怒》)

"试探他问""打趣他问道"都不大能说。

4.3 由"V地说"转化为"VO说",其中的O一般是人称代词,最常见的是第三人称"他、她"。如前面所举的"抢白他说""夸奖他说"。又如:

(73)"你是不是外面又养了什么女人?什么好东西?"她挑逗他说。(海迪《再来四客冰淇淋》)

(74)八孃瞪了她一眼,竟当着我责备她说:"你也说句话呀!要么你就哭!丢人呵!……"(鱼山《曹叔》)

有时,"VO说"中的O也用指人名词:

(75)秀子也紧抱住母亲,心里的委屈早烟消了,宽慰母亲说:"妈,不痛。"(冯德英《苦菜花》)

(76)大老表生气地骂了一句,扭脸请示政委说:"政委,他年纪还小,让俺帮帮他吧?"(孙方友《虚幻构成》)

有时,"VO说"中的O也用跟人有关的表示事物的名词结构:

(77)玲玲看我只是沉吟不语,试探我的心思说:"苓苓姐,你不考虑给这个小伙子回封信?"(从维熙《春之潮汐》)

4.4 把"V地V"说成"VOV",意味着把状心结构改写为连动结构。从语用价值看,"V地V"是隐O式,状位V主要被强调成一种方式和情态,所指对象含而不露,理解上有一定的灵活性;"VOV"是显O式,前一个V主要被强调成一种行为,所指对象明确清楚,丁是丁卯是卯。

(78)"要去可以。你敞起嘴巴,莫把我们已经成立烟草公司的事说出去!"我警告他说。(黄济人《九头鸟夜歌》)

(79)有一次,一个乡干部逗笑他说:"孙哥,当年你那出戏扮得好像啊!"(张驰《天书》)

"警告地说""逗笑地说"是状心结构,状位V所指的对象是隐含的;"警告他说""逗笑他说"是连动结构,"警告"和"逗笑"的对象都是显露的。

现代汉语的特殊格式"V 地 V"

作为连动结构,"VO 说"中第一个动词可以带"着"。如:

(80)"你就别说她了。你连你自己怎么回事都不懂呢!"小秦叔挑逗着妈说。(海迪《再来四客冰淇淋》)

应该指出:"V 地 V"和"VOV"中的"地"和 O 一般不能同现:要么用"地",要么用 O。只有一个例外:在 O 是"自己"或"(自己的)才华"之类时,O 的后边还可以出现"地"。如:

卖弄地说
→卖弄自己说
卖弄才华说
→卖弄自己地说
卖弄才华地说

当然,"深表歉意地说"之类也是"VO+地+V",但这样的说法跟本文讨论的现象无关。

5 结语

5.1 现代汉语里常见"V 地 V"格式,某些及物动词可以带"地"作某些动词或动词结构的状语。可以作状语的及物动词有两类,一是有度差意识性心理动词,二是无度差意向性行为动词。它们都表露人的潜意识活动。可以受及物动词修饰的动词或动词结构,不管是否具有或包含有及物性,都表示人们的比较具体的外露性行为,一般是表示跟人体某个部位相联系的行为动作,其中,对于"V 地 V"格式来说特别常用特别能产的是跟"嘴"相联系的"说"。

5.2 汉语的词类和句子成分没有简单的对应关系。及物动词不仅可以用于述位,甚至可以用于状位,这又是一个很好的证据。然而,无论如何不能把及物动词的状位功能同及物动词的述位功能等量齐观。重要的是通过各种各样具体现象的研究把各个词类和各个句子成分之间的基本联系和非基本联系了解清楚,这对于更好地了解汉语语法会大有益处。

5.3 "V地V"和"用V的NV"之类是同义格式。它们通常可以互相转化。某些"V地V"和某些"VOV"也是同义格式，它们一定条件下也可以互相转化。跟"VOV"和"用V的NV"比较说来，"V地V"是有所隐缩的说法。

5.4 汉语语法结构具有很强的意会性。"V地V"格式隐去了状位V的意念宾语和跟状位V相联系的"目光、口吻、语气、神情"等名词，使它们成了可以意会不必言传的东西。这反映语言运用中语法结构重"意"不重"形"的一种趋向。

5.5 现代汉语的"V地V"格式，状位V也可以是不及物动词。如"拼命地干活"，"拼命"是不及物动词。又如：

（81）玛丽慢慢侧过脸来，……沉思地说："我心里很乱……"（黄大荣等《国宝》）

上例作状语的"沉思"是不及物动词。对于"不及物动词＋地＋动词或动词结构"的格式，还有待于再作深入的研究。

注释：

①心理活动动词和形容词的区别，参看拙著《形容词短语》，人民教育出版社1990年版，第4～5页。

②形容词的突出特点是能受程度副词修饰而不能带宾语。根据这一点，"胆怯"和例（50）的"关切"、例（51）的"恼怒"都归入形容词。

③如果述位V是不及物动词，自然不存在跟状位V所涉及的对象是否相同的问题。

④"安慰"有时是及物动词，有时是形容词。形容词"安慰"有"欣慰"的意思，可以加程度修饰，如"收到你的信，家中大小都感到（十分）安慰"。从所在语境看，例（70）的"安慰"显然是及物动词。

（原载《语言研究》1991年第1期）

汉语里宾语代入现象之观察

引言

《中国语文》1952年到1953年连载了中国科学院语言研究所语法小组的《语法讲话》,《语法讲话》中曾经指出:"动词和宾语的关系是说不完的。"[①]有学者对有关论述提出了批评[②]。后来,《语法讲话》由商务印书馆出版单行本(即丁声树等《现代汉语语法讲话》),删去了这句话[③]。

就具体宾语和具体动词的关系而论,动宾关系确实说不完,这句话并没有什么错。不过,对于各种各样的宾语的形成,能否理出头绪,避免给人没有语法规律可讲的感觉?笔者认为,这是有可能的。

本文讨论汉语里宾语代入的现象,对及物动词的非施事宾语作一个初步的探索。

1 及物动词及其常规受事宾语

1.1 及物动词

本文限于讨论及物动词的宾语代入现象。

汉语的及物动词和不及物动词没有绝对的明确的界限。但这不影响我们就典型的及物动词或典型的不及物动词来讨论跟它们有关系的一些问题。

本文涉及的典型及物动词,具备以下三个特性:

a. 求补性。即在语义上要求名词宾语的补足。一个SVO结构,去掉 O 剩下 SV，或者表意不完整，或者改变意思，那么，其中的 V 是及物动词。如：

　　我写谁？我写我二姐！
　　我笑谁？我笑我二姐！

前一例，去掉 O，剩下"我写"，"写"字求补：写什么？写的是什么？后一例，去掉 O，剩下"我笑"，这个"笑"不求补，但原来的"笑"是"嘲笑"，而"嘲笑"是求补的：笑谁？嘲笑的是谁？

　　b. 动作性。即表示人物的具体的外露活动。否则，不是本文涉及的典型及物动词。如：

　　我奶奶在听京戏。
　　我奶奶爱听京戏。
　　我奶奶爱听的是京戏。

"听、爱、是"都具有求补性，但只有"听"是本文涉及的典型及物动词。

　　c. 非单纯趋向性。即不是"来、去、上、下"之类趋向动词。"来、去、上、下"之类具有动作性，也有一定程度的求补性，但跟典型及物动词有很大不同，不在本文讨论的范围。

1.2 常规受事宾语

及物动词的常规受事宾语有两类：一类是对象宾语。在 VO 结构中，O 事物本来已存在，V 动作直接施加于 O 事物。如：

　　挖土　　　　挖野草
　　挖山　　　　挖古墓

对"挖"来说，"土、山、野草、古墓"都是对象宾语。

另一类是目标宾语。在 VO 结构中，或者 O 事物本来不存在，V 动作的目标是造成 O 事物；或者 O 事物本来已存在，V 动作不是直接施加于 O 事物，而是以获得 O 事物为目标。如：

　　挖洞　　　　挖战壕
　　挖沟　　　　挖地道

对于"挖"来说，"洞、沟、战壕、地道"都是通过动作造成的事物，它们都是目标宾语①。又如：

  挖金子   挖蚯蚓

  挖红薯   挖古董

  对于"挖"来说，"金子、红薯、蚯蚓、古董"都是通过动作获得的事物，它们也是目标宾语。

  目标宾语表示通过动作所追求的一个目标，它所代表的事物是人们心目中所追求的某个对象，或者说，是动作者意念上所指向的某个对象。从这个意义上说，目标宾语未尝不可以认为是一种间接的对象宾语。

  对象宾语也好，目标宾语也好，它们都是常规受事宾语，都可以转化为受事主语：

  挖野草→野草挖掉了

  挖地道→地道挖好了

  挖金子→金子挖到了

  所谓"常规"，是就动作和事物之间所建立的常规联系来说的。这种常规联系，为说汉语的人所共同认识和共同接受。只要一提到某个典型及物动词，人们就会按照自己的生活经历想到它要求带上的常规宾语。如果让说汉语的人，特别是让中小学生填空，他们在宾位空格里填上的一般会是常规宾语。如：

  吃→（饭｜菜｜糖……——对象宾语）

  写→（人｜物｜事件……——对象宾语）

    （字｜信｜小说……——目标宾语）

  应该指出，有的及物动词只带对象宾语，不带目标宾语，如"看"；有的及物动词只带第一类目标宾语，不带对象宾语和第二类目标宾语，如"造"。此外，能带第二类目标宾语的及物动词是极少的。

2 及物动词后边非常规宾语的代入现象

2.1 非常规宾语

本文所说的宾语代入现象，指的是代体宾语代入常规宾语的位置

汉语里宾语代入现象之观察

的现象。即：

　　a. 常规式：[及物动词] + [常规宾语]
　　b. 代入式：[及物动词] + [↑]

<代体宾语>

　　代体宾语是可以代入常规宾语的位置的非常规宾语。这类宾语，它所代表的事物一方面跟常规宾语所代表的事物有联系，另一方面又跟动词所表示的动作有联系。比如：

　　用毛笔写字，"毛笔"同时跟"写"和"字"有联系；把字写在黑板上，"黑板"也同时跟"写"和"字"有联系。"字"是常规宾语，"毛笔""黑板"若代入宾语的位置，便成为代体宾语："写毛笔""写黑板"。又如：

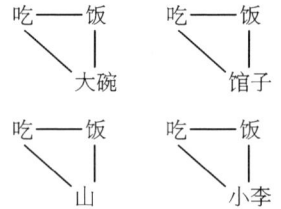

　　用大碗吃饭，在馆子吃饭，靠山吃饭，让小李破财请客吃饭，"大碗""馆子""山""小李"都同时跟"吃"和"饭"有联系。"饭"是常规宾语，"大碗""馆子""山""小李"若代入宾语位置，便成为代体宾语："你吃小碗，我吃大碗。""我可没钱天天吃馆子。""靠山吃山，靠水吃水。""今天吃小李！"关于"吃小李"之类说法，举两个书证：

　　（1）"怎么样？"突然，黄耀祖一拍大腿，瞪了眼望着我们："到陈文贵家去，去吃他陈文贵！"（何士光《蒿里行》，《当代》1987年第1期154页）

　　（2）显然，吃陈文贵，是比吃饭本身更让人津津有味的事情。

（何士光《嵩里行》，《当代》1987年第1期154页）

从跟动词的关系看，有的代体宾语大概可以说是工具宾语，如"吃大碗、写毛笔、抽烟斗"之类；有的代体宾语大概可以算作处所宾语，如"写黑板、吃馆子"之类。但是，相当多的代体宾语很难从语义上归入特定的类。比如"靠山吃山"的"山"是什么类型的宾语？说是处所宾语不大像，说是对象宾语也不大像。又如"今天吃小李"的"小李"是什么类型的宾语？似乎可以说是对象宾语，但跟"饭、菜、糖、蛋"之类"吃"的常规宾语相比较，它又显得太特殊了。再看这两个例子：

去车站迎接乘车前来的客人，"车"同时跟"接"和"客人"有联系。"客人"是常规宾语，"车"若代入宾语位置，便成为代体宾语："接车"。然而，在语义关系上"车"是什么类型的宾语？似乎是对象宾语，但实际上接的是客人而不是车。在医院里病床旁边陪伴照顾病人，"床"同时跟"病人"和"陪"有联系。"病人"是常规宾语，"床"若代入宾语位置，便成为代体宾语："陪床"。然而，在语义关系上"床"又是什么类型的宾语？它显然不是陪的对象，但也很难说它是处所。

2.2 宾语的复杂程度

种类繁多，语义特别，这是在动宾关系上代体宾语的突出特点。汉语的及物动词各有各的意义，不同意义的及物动词所能带上的代体宾语可以同中有异，或者互不相同，甚至差别极大。正因如此，常规宾语的类型是有限的，因为常规宾语跟所有及物动词的共性——以某种事物为对象或目标的及物性发生联系，而代体宾语则极其复杂多样，因为它们跟各个及物动词的具体语义发生联系。如果只看具体的语义关系，代体宾语的类型自然是难于穷尽遍举的。

从上文可知，"吃"和"写"所能带上的代体宾语有所不同，"吃、

写"和"接、陪"所能带上的代体宾语很不相同。有的及物动词,所能带上的代体宾语比"吃、写"等还要多。比如:

打一球

"打"是及物动词,但它的意义太复杂,讨论它的宾语问题,对它的意义范围必须有所限定。现在,我们在"打一球"这一意义范围之内观察"打"的宾语。

"打"后边的"球"是对象宾语,"打球"有"玩球"的意思。《现代汉语词典》用"做某种游戏"来解释"打球、打扑克、打秋千"中的"打"[5],《精选英汉汉英词典》里,汉英部分用 play 来解释"打篮球"中的"打"[6]。下面是鲁光《中国男子汉》中出现的现象。《中国男子汉》是写中国女排教练袁伟民的一篇报告文学,刊登于《中国作家》1985年第1期。

a. 打球(38页、53页)
b. 打奥运会(39页)
c. 打主力(44页)
d. 打表演赛(45页)
   打比赛(52页、53页)
   打球赛(53页)
   打世界超级明星赛(55页)
   打一场决定中国队命运的奥运会决赛(56页)
e. 打世界冠军(46页)
f. 打北京市队(46页)
g. 打日本队(52页)
   打美国队(53页、55页)
   打巴西队(55页)
   打联邦德国队(55页)

以上现象,围绕着"打球"形成了一个丰富多采的"打—O"结构群。其中,"奥运会、主力、决赛、冠军、北京市队、日本队"等等都是代体宾语。有的现象文中只出现一例,但可以类推。如"打奥运

汉语里宾语代入现象之观察

会",可以类推成"打亚运会、打全运会(全国运动会)、打省运会";"打世界冠军"、可以类推成"打亚洲冠军、打全国冠军、打世界亚军";"打主力",可以类推成"打二传手、打主攻手、打副攻手"。除了以上现象,还有这样的说法:

h. 打背溜
　　打时间差
　　打短平快

这类说法,在中央电视台转播排球赛实况的解说词里经常出现。"背溜、时间差、短平快"等都是打排球时的战术名称。

在这个丰富多采的"打—O"结构群里,动宾关系够复杂了。有的"打—O"中的代体宾语很难从语义类型上给它立个名目;有的,孤立地看"打—O",没有什么区别,但实际上并不完全相同;有的,孤立地看"打—O",没有什么区别,但实际上有很大的不同。分别看些实例:

(3) 但她也二十七岁了,身上的伤也这么重,怎么能让她去打奥运会呢?(39页)

(4) 你打不了主力了,就当好替补,像当年的曹慧英、杨希一样,你还可以为"三连冠"出力。(44页)

"去打奥运会"是去参加奥运会在奥运会上打球的意思。从"参加奥运会"看,"奥运会"似乎是对象,从"在奥运会上打球"看,"奥运会"似乎是处所,但就"打奥运会"说,把"奥运会"叫做对象宾语或处所宾语显然都不贴切。"打不了主力"是在打球时担任不了主力的意思。就"打主力"说,"主力"不能认为是对象宾语,但如果专门为它立个名目,叫做"职务宾语"或"职能宾语",那又没有多大意思,因为像这样随文释义地设立名目,汉语里所有宾语的名目又该有多少?

(5) 明天,我们就要跟美国队打决赛了,年轻队员看你这么哭,会怎么想?(53页)

(6) 侯玉珠往场里走,心里是那么兴奋,仿佛她不是去打一

· 295 ·

场决定中国队命运的奥运会决赛，倒轻松得跟平日的训练一样。（56页）

前一例的"打决赛"和后一例的"打……决赛"可以互换。但这两例的"打"和"决赛"之间语义关系并不完全相同：前一例是"进行决赛"的意思，后一例是"参加决赛"的意思。

（7）郎平，你的最大特点是不断地追求。在业余体校时，你盼望进北京青年队。到了青年队，又想打北京市队。打上北京队后，眼睛就盯着国家队。（46页）

（8）输球不要紧，问题是怎么转败为胜。我看，你还是个人得失考虑得多了。明天我们就打美国队了，你的这种委屈情绪必须彻底扭转过来。（53页）

孤立地看，"打北京市队"和"打美国队"完全一样。但是，二者的动宾关系截然不同。"打北京市队"是加入北京市队，北京市队是所在队；"打美国队"是同美国队比赛，美国队是对抗队。

仅从一个"打—O"结构，就可以看到代体宾语种类之繁多，语义之特别。诚然，汉语的动宾关系之所以复杂，有多方面的原因，但是，在很大程度上跟宾语代入现象的复杂多样相联系，这是可以肯定的。

3 代体宾语的形成条件

宾语代入现象的成立，代体宾语的形成，需要满足下列几个条件。

3.1 有三角联系

及物动词同常规宾语固然有联系，代体宾语同及物动词和常规宾语也必须分别存在联系。本文2.1里已作了一些图示，如果概括一下，便可以得到一个三角联系阵图：

本文2.2里列举的种种"打—O"结构，不管其中的代体宾语是怎

么个花样，都无一不受这三角联系阵图的约束。比如"打冠军"和"打日本队"很不相同，但在受三角联系的约束上却没有什么不同：

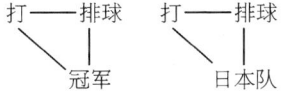

打排球，夺取排球赛冠军，"冠军"同时跟"打"和"排球"有联系；同日本队打排球，"日本队"既跟"排球"有联系，自然也跟"打"有联系。

这种三角联系必须是直接的。如果缺乏直接的三角联系，代体宾语就不能形成，宾语的代入现象就会发生错误。比较：

打主攻手　（＋）

打主裁判｜巡边员（－）

打领队｜教练（－）

打队长（－）

按主攻手的分工打球，主攻手直接参加赛事，"打主攻手"能成立。"裁判"和"巡边员"只干预比赛，不参加比赛，"打裁判、打巡边员"不能成立。"领队"和"教练"只间接参与赛事，不直接参加比赛，"打领队、打教练"也不能成立。担任队长的人往往上场打球，但上场之后是按"主攻、二传"之类的分工打球，"队长"这个行政职务跟打球的关系还是间接的，因此"打队长"也不能成立。

3.2 提供新信息

代体宾语要在常规宾语的基础上向人们提供一个新的信息。从信息量看：

动词＋代体宾语＝动词＋常规宾语＋代体宾语

在"动词＋代体宾语"的格式里，隐含着不言而喻的常规宾语，而代体宾语则提供出跟常规宾语有关的一个新信息。比如"洗热水"，等于用热水洗澡，除了表达洗澡的意思，"热水"的信息是新的。又如"擦珍珠霜"，等于用珍珠霜擦脸，除了表达擦脸的意思，"珍珠霜"的信息是新的。

如果不能提供新的信息,代体宾语不能成立,宾语的代入现象就显得滑稽可笑。比如,用耳机听音乐可以说成"听耳机"("请你放心,我听耳机,不会吵你的!"),用耳朵听音乐却不能说成"听耳朵"。这是因为,"耳机"的信息是新的,可以让别人在听什么的基础上多了解点什么,而"耳朵"本来的作用就是听声音的。

如果不是提供新的信息,一个可以成立的动宾结构里的宾语肯定不是代体宾语。比如"煮热水、制珍珠霜",其中的"热水、珍珠霜"是目标宾语,不是代体宾语;又如"吸鼻子、挥右手、摇摇头",其中的"鼻子、右手、头"可以看作对象宾语的反身宾语(把鼻子吸了一下,把右手挥了一下,把头摇了一下)⑦,也不是代体宾语。"哭鼻子"是惯用语,情况有点特殊。看例子:

(9) 前几天补到咱们连队的新战士李玉明<u>哭鼻子</u>了。(杜鹏程《保卫延安》)

(10) 现在<u>哭着鼻子</u>要求去,说不定住上三天就又<u>哭着鼻子</u>要求回来哩!(马烽《刘胡兰传》)

"哭鼻子"就是"哭","哭着鼻子"就是"哭着"⑧。多了个"鼻子",似乎多了点什么,比方似乎可以让人联想到流鼻涕。但是,"鼻子"无所代,不存在三角联系的问题,不符合代体宾语成立的第一个要求;再说,这里的"哭"是不及物动词,不构成及物动词带宾语的现象。

3.3 不产生误解

代体宾语所提供的新信息必须是不存在歧解的。这就要求,代体宾语在语义关系上绝对不能被认为是对象宾语。比如"吃大碗",不会被认为是把大碗吃到肚里去;"抽烟斗",不会被认为是把烟斗吸到肺里去。再比较:

戴耳机听音乐

→听耳机(+)

戴眼镜看小说

→看眼镜(−)

"听耳机",不会被认为耳机就是听的对象,因此"耳机"作为代体宾语可以成立;"看眼镜",却可以被认为眼镜就是看的对象,因此,"眼镜"作为代体宾语不能成立。

"喝杜康、抽阿诗玛"之类有点特殊,需要特别说一说。这里的"杜康、阿诗玛"有所代:杜康是人,这里代表一种酒;阿诗玛是人,这里代表一种香烟。而且,这类说法不会引起误解,不会被认为是把杜康这个人喝到肚子里去,把阿诗玛这个人吸到肺里去。但是,首先,这里的"杜康"和"阿诗玛"是纯修辞的借代现象。"杜康"即"杜康酒",不构成"喝"与"酒"同另一种事物之间的直接的三角联系;"阿诗玛"即"阿诗玛烟",不构成"抽"与"烟"同另一种事物之间的直接的三角联系。其次,从跟"喝"和"抽"的语义关系说,这里的"杜康"和"阿诗玛"都是典型的对象宾语。因此,这里的"杜康、阿诗玛"之类不是语法上的代体宾语。

3.4 有言语背景

宾语代入现象的出现,总有一定的言语背景。换句话说,只有在特定的言语背景下,代体宾语才能形成,动词和代体宾语之间的语义关系才能确定。比如,如果没有例(3)的言语背景,突如其来说"打奥运会",别人可能感到莫名其妙。又如,如果没有例(7)的言语背景,孤零零地说"打北京市队",别人可能以为是跟北京市队打球,而不知道指的是郎平成了北京市队的一员,在北京市队打球。

言语背景有的常识性较强。就是说,所说的事情为大家所知道,有关的知识已为大家所接受。常识性越强,带有代体宾语的格式的使用频率就越高,人们对这类格式的习惯性也就越大。例如"陪床",有特定的言语背景:到医院去陪伴住院的病人,才叫"陪床";在家里陪伴卧床的病人,就不叫"陪床"。又如"接车",也有特定的言语背景:到车站去迎接远方来客,或者迎接从远方归来的亲人,才叫"接车";到公共汽车站去迎接在市内工作而往返路程很短的妻子,就不叫"接车"。"陪床"也好,"接车"也好,由于人们具备有关的背景知识,不会发生误解,又由于有关的现象经常在生活里出现,这种简练的说法也就成了大家的习惯用法。再看这个例子：

(11) 王仁每日上班下班，<u>抽烟喝茶吹电扇</u>……（许辉《幸福的王仁》，《小说家》1990年第1期82页）

对"抽""喝"来说"烟""茶"是常规宾语，对"吹"来说"电扇"是代体宾语。由于吹电扇、听收音机之类现象已很普遍，已成为人们生活的常识，因此，并列使用"抽烟喝茶吹电扇"，只要不是特意进行分析研究，人们不会对其中的"吹电扇"产生十分特殊的感觉。

言语背景有的特殊性较强。就是说，所说的事情具有个人性和偶发性，对大家说来并未成为一种知识，甚至并未形成一种印象。这种情况下使用的代体宾语，更必须有明确的言语背景，使用时不能不伴随有特定的上下文。比较：

在馆子吃饭

→吃馆子

在教室吃饭

→吃教室

馆子是吃饭的场所，在馆子吃饭是属于常识范围之内的事情。因此，说"吃馆子"，大家很习惯。教室是上课的场所，在教室吃饭是个人的偶发的行为。因此，光说"吃教室"，人们一定很惊讶。但是，如果明确地交代背景：

(12) 那时候，我无处可去，又患着重病。恰好学校停课，几个学生娃子就帮我住进了教室。差不多整整两年，我都睡教室，<u>吃教室</u>。

这样，"吃教室"的说法就站得住了。再比较：

在黑板上写字

→写黑板

在课桌上写字

→写课桌

黑板是供写字用的，"写黑板"已成了生活中的习惯说法；课桌不是供写字用的，"写课桌"的说法必须提供明确的上下文：

(13) 孩子们,你们怎么在课桌上胡乱写字?以后不准再<u>写课桌</u>,知道吗?

这样,"写课桌"的说法也就可以站住了。

常识性和特殊性是相对而言的。有些事,对一些人说来是常识,对另一些人说来可能是很不熟悉的。但是,不管怎样,只要提供言语背景,即使对很不熟悉的事,人们仍然可以理解。例如:

(14) 阿爸沉默了一会儿,先走了。今天他们要去<u>砍山</u>,准备垦一片旱谷的新地。(黄钲《哥喂鸟》,《小说家》1990年第1期132页)

(15) 以前什么都是集体的,……现在可不一样,十指连心,你<u>多犁一下他的牛</u>都心疼,害怕你把牛累倒了,伤倒了,造成莫大损失。(吴继忠《我不求人》,《当代》1984年第1期210页)

城里人肯定不熟悉"砍山""犁……牛"生活,如果听到孤零零地说"砍山""犁……牛",大概都会听不懂。然而,在上面的例子里,由于表述者提供了言语背景,因此人们可以一读就知道:"砍山"相当于"在山上砍树木"("砍树木"是广义的,包括除去杂草荆棘等),"多犁一下他的牛"相当于"用他的牛多犁一下田地"。

4 总　结

4.1 汉语里动宾关系极其复杂。及物动词的宾语,从跟动词的语义关系看,可以分出很多次类,而分出来的次类简直无法具有穷尽性。然而,在典型及物动词众多的次类宾语中,存在着一个重要的事实,这就是,它们有的是常规宾语,有的是代体宾语。常规宾语的类型是有限的,只有对象宾语和对象性很强的目标宾语;代体宾语则变化多端,无法一一命名,但不管是什么情况,凡是代体宾语都一定受三角联系阵图的制约。根据三角联系阵图,可以以简驭繁地解释各种各样的代体宾语,摆脱困惑。

4.2 常规宾语是跟动词建立常规联系的宾语,表示动作的对象或目标；代体宾语是代入常规宾语位置的宾语，表示跟动词和常规宾语都有直接联系的事物。语义上，常规宾语跟所有及物动词的以某种事物为对象或目标的及物性发生联系，而代体宾语则跟各个及物动词的具体语义发生联系。有三角联系，提供新信息，不产生误解，有言语背景，这是代体宾语成立的四个要求。其中，有三角联系是最基本的要求。

4.3 把代体宾语和常规宾语区别开来，可以采用以下的检测方法。

首先，一个 VO 结构，如果一出现表示 V 的对象或目标的宾语（记为 O_1），就可以把原来 V 后边的宾语挤出宾语位置，让它出现在次动词"用、在、到、跟"等后边，居于次宾位，那么，原来的宾语便是代体宾语（记为 O_2）。即：

VO_2
→用 $O_2 VO_1$　　在 $O_2 VO_1$
　到 $O_2 VO_1$　　跟 $O_2 VO_1$

反过来说，如果宾语本身已表示对象或目标，没有别的宾语可以把它挤出 V 后边的宾语位置，并让它出现在"用、在"等后边成为次宾语，那么，它就是常规宾语。比如：

(16)（李向南：）"我白帮你提这么多东西了？"（林虹：）"嫌累了？昨天你管我吃面，今天我请你吃饭。你要吃什么？"（李向南：）"吃馆子？吃什么馆子也比不上我亲手擀的面礼情重啊！"（柯云路《衰与荣》，《当代》1988 年第 1 期 122 页）

"吃馆子｜吃什么馆子"可以说成"在馆子吃饭｜在什么馆子吃饭"，作为代体宾语的"馆子｜什么馆子"可以被"饭"挤出宾位，转居次宾位；至于"吃饭"，作为对象宾语的"饭"却没有别的宾语可以把它挤出宾位并使它转居次宾位。

其次，常规宾语可以用"把"字往前提调[⑥]，代体宾语大多数不能。比方，"吃饭"可以变成"把饭吃完"之类说法，"吃馆子"就不能变成"把馆子吃完"之类说法。少数代体宾语也可以用"把"字往前提调，但它们一旦跟常规宾语同现，就得转为次宾语，因而跟常规

宾语也不会相混。如：

今天辽宁队打湖北队

明天北京队打广州队

"湖北队/广州队"可以用"把"往前提调："把湖北队/广州队打败"。但是，"打湖北队/广州队"等于"跟湖北队/广州队打球"，常规宾语"球"一出现，代体宾语"湖北队/广州队"就必须转成"跟"的次宾语。

4.4 本文只涉及及物动词的常规受事宾语和跟常规受事宾语有关的代体宾语。这当然不意味着其他动词不能带宾语，也不意味着及物动词只能带受事宾语。

事实上，不及物动词也可以带宾语。常见的有两类：①处所宾语。如："你坐沙发，我坐床。"②施事宾语。有的具有供动性，如"一张沙发坐三个人"，等于说"一张沙发可以供三个人坐"；有的具有存现性，如"空中飘着鹅毛般的大雪"，等于说"有鹅毛般的大雪在空中飘着"。看两个实例：

（17）宝雅你听我说，我不是叫你跟我回家去睡猪栏，不是的！（黄钲《哥喂鸟》，《小说家》1990年第1期139页）

（18）就在土坝旁那棵核桃树下，依树站着宝雅！（同上，151页）

例（17）"睡"是不及物动词，"猪栏"是处所宾语；例（18）"站"是不及物动词，"宝雅"是具有存现性的施事宾语。

不及物动词的处所宾语可以由非处所名词充当。例如：

（19）我已经为你铺了一层新禾草，不知够厚不够。怕你睡不惯禾草，我给你买回了一张草席，就搁在我床头，你自己拿去铺上吧。（同上，140页）

"禾草"本来不是处所名词，但在这里具有处所性，等于说"怕你在禾草上睡不惯"。

在"VO＋VO"的连续性结构中，有的可以是及物动词的宾语，有的可以是不及物动词的宾语。如：

（20）第二日上午，王仁仍是开了风扇，吃西瓜，喝酽茶，吸

烟，睡躺椅，翻三国……（许辉《幸福的王仁》，《小说家》1990年第1期184页）

这里连续出现六个"VO"，"睡躺椅"是不及物动词带宾语，其他都是及物动词带宾语。

另一方面，及物动词也可以带施事宾语。有的具有让动性，如"晒太阳"等于说"让太阳晒"，"淋了雨"等于说"让雨淋了"；有的具有供动性，如"一锅饭吃七八个人"等于说"一锅饭供七八个人吃"；有的具有存现性，例如：

（21）体育场外，围着一群人，正在争抢着向一个人购买退票。（苏叔阳《婚礼集》，北京十月文艺出版社，1984年版50页）

"围"是及物动词，"一群人"是施事存现宾语。

本文把讨论的范围限定为典型及物动词及非施事宾语，有两个原因：第一，在汉语的极其复杂的动宾关系中，典型及物动词和非施事宾语之间的关系最为复杂，而且十分微妙，是问题的重点和难点。第二，在笔者看来，对动宾关系的观察不能过于笼统，换句话说，不能笼统地讨论所有的动词和所有的宾语。只有从不同侧面、不同角度多做专题研究，问题才有可能一步一步地得到解决。

注释：

①中国科学院语言研究所语法小组：《语法讲话》（七），《中国语文》1953年第1期，第20页。

②胡明扬："我不明白作者这些话的意图何在，因为读者原来希望从语法中找到一些规律，可是结果是看到一大堆'不一样'的'例子'，愈看愈糊涂。"（见中国语文编辑部编：《汉语的词类问题》第二集，中华书局1956年版，第85页。）

③丁声树等：《现代汉语语法讲话》，商务印书馆1961年版，第34页。

④ 这类目标宾语通常叫做结果宾语。叫做结果宾语没什么不可以，但应注意，结果宾语和结果补语很不相同。凡是结果宾语，都不是单纯地表示动作结果所显示的情态，而是表示通过动作所追求的一个目标。

⑤中国社会科学院语言研究所词典编辑室编：《现代汉语词典》，商务印书馆1973年版，第171页。

⑥朱原等编译：《精选英汉汉英词典》，商务印书馆1986年版，第83页。

⑦ 邢福义：《谈一种宾语》，《中国语文》1960年第12期，第426页。

⑧ 施宝义等编：《汉语惯用词语典》，外语教学与研究出版社1985年版，第240页。

⑨ 按"把"字句的要求，常规宾语被"把"字往前提调之后，动词要带补语、状语或采用重叠形式。

主要参考文献

[1] 丁声树等. 现代汉语语法讲话 [M]. 北京：商务印书馆，1961.

[2]《语文学习》编辑部. 汉语的主语宾语问题 [M]. 北京：中华书局，1956.

（原载《世界汉语教学》1991年第2期）

"有没有VP"疑问句式

1.0 在广港片语言中，常用"有没有VP"疑问句式：

有没有上过四川馆子？

有没有看过《末代皇帝》？

有没有调查过他的背景？

对于这种句式，笔者有个认识过程。1985年5月，在香港参加"普通话（国语）教学与测试研讨会"，提交了论文《普通话语法、词汇、语音测试问题的探讨》。文中提到："你到底有没有这么想过"是方言口语的说法，普通话里应说成"你到底这么想过没有"[①]。后来，《文字改革》杂志约稿，写了《谈谈语法规范化》一文，文中指出："你有没有想过这一点"的说法近来慢慢多了起来，会不会成为一种有特定作用的疑问句的习用格式，还难断定，只好"等着瞧"[②]。

现在，经过多方面的观察，笔者认为：这一句式已有进入普通话的趋势。尽管它能否完全普通化仍然得等着瞧，但目前人们已很爱用这一句式却是可以肯定的。证据如下：

1.1 文学刊物。《收获》和《当代》是分别在上海和北京编辑出版的大型文学刊物。这两个刊物上"有没有VP"句式并不罕见。各举两例：

（1）我想起来了，前些日子，风闻又下来了一个几号通令，叫挨家挨户的检查，看大门上、窗户上<u>有没有</u>贴"忠"字？墙上<u>有没有</u>请宝像？（公刘《井》）

（2）但是，你们<u>有没有</u>看到，另一种像瘟疫一样的污染，也在我们这一代人中间蔓延？（朱联忠《友谊地久天长》）

(3) 你有没有看见我刻的那个猪头，刻得很有灵感呢！（肖马《纸铐》）

(4) 嗯，他有没有向你提起我，我叫刘伯宁？（吴欢《黑夜、森林、傻青》）

别的文学刊物，包括《十月》（北京）、《小说家》（天津）、《春风》（沈阳）、《长城》（石家庄）等等，也时常可以看到"有没有VP"的用例③。各举一例：

(5) 我问她小磕巴有没有给她看小霞的来信，她摇了摇头。（矫健《河魂》）

(6) 演戏和造房子不同，——戏演坏了是要公开批判的，你有没有想过这一点！（陆文夫《临街的窗》）

(7) 你的贞操，有没有受到损害？（竹林《没有热量的萤光》）

(8) 他最担心的是，这些时日来，虞姬有没有嫁人。（宏甲《龙脊》）

1.2 北京籍作家。著名老作家刘白羽是北京人，他在新近完成的第一部长篇小说《第二个太阳》中使用了"有没有VP"句式：

(9) 司机回头急看，显然是看装载警卫部队的大卡车有没有跟上来。（刘白羽《第二个太阳》）

(10) 老秦！你有没有考虑，万一敌人在襄阳、沙市之间阻滞我们？（刘白羽《第二个太阳》）

1.3 北京籍语言学家。语言学家马希文是北京人，北京大学教授，说地道的北京话。1986年10月全国哲学社会科学"七五"规划会议在北京召开，30日上午的语言学科组会议上马希文先生向李荣先生说了下面一句话，笔者当即记了下来：

(11) 这个问题我不知道李先生有没有研究过。

此外，我们还注意到，中央电视台的播讲员有时使用"有没有VP"句式；中央电视台播放的电视剧（非香港或广东、福建一带的电视剧）中也常常出现这一句式。

2.0 总的说来，"有没有VP"中的"有没有"问行为的实现，要求作肯定或否定的回答。具体地讲，有三种情况。

2.1 问行为实现的经验性。相当于"是否曾经"。VP 部分常带"过"。有时"过"可以简省。如：

这些年你<u>有没有</u>回过老家？

这些年你<u>有没有</u>回老家？

＝……是否曾经回过老家？

歪嘴婆<u>有没有</u>说过我的坏话？

歪嘴婆<u>有没有</u>说我的坏话？

＝……是否曾经说过我的坏话？

2.2 问行为实现的已然性。相当于"是否已经"。VP 指非反复出现的一次性的行为，不能带"过"。如：

妮娜<u>有没有</u>出嫁？

＝是否已经出嫁？

≠是否曾经出嫁？

贴上了春联吧？<u>有没有</u>贴"福"字？

＝是否已经贴了"福"字？

≠是否曾经贴过"福"字？

有时，句子里用不用"过"意思不同：

飞机<u>有没有</u>按时起飞过？

＝是否曾经按时起飞过？

飞机<u>有没有</u>按时起飞？

＝是否已经起飞？

2.3 问行为实现的延续性，相当于"是否已经并且正在"。VP 指眼前发生的行为。如：

向后看看！警察<u>有没有</u>追上来？

＝是否已经并且正在追上来？

你的脸好红！<u>有没有</u>发烧？

＝是否已经并且正在发烧？

"有没有"前面如果加时间副词"还"，等于问"是否还在/是否仍

"有没有 VP"疑问句式

然",指行为从过去到眼下的延续。如：

还<u>有没有</u>发烧？

＝是否还在发烧？

还<u>有没有</u>补习英文？

＝是否还在补习英文？

"有没有"后边如果使用"看到/发现/发觉/感觉到/意识到"等动词，其宾语中可以出现时间副词"在"。在这种情况下，尽管宾语表明了客观情况的持续，但对于谓语"看到/发现"等说来，"有没有"只含有"是否已经"的意思。如：

你<u>有没有</u>发现番仔在冲着你笑？

＝是否（已经）发现……

你们<u>有没有</u>感觉到他在一步步地走向毁灭？

＝是否（已经）感觉到……

综观"有没有 VP"的种种用法，"有没有"所造成的是表明行为实现的时态的一种选择问句。当然，同任何问句形式一样，"有没有 VP"的形式也往往被包含在某个陈述之中。如：

（12）我不知版纳身上<u>有没有</u>被泼过盐水。（陈村《象》，《收获》1988 年第 1 期 65 页）

（13）我问象<u>有没有</u>谈过恋爱，他说还没有。（同上，72 页）

3.0 一个方言形式为普通话所接纳，有它本身的原因——内因。"有没有 VP"句式能够较为通用，是因为它具有特定的用途，原有的句式不能完全替代。

3.1 "是否 VP"不能完全替代"有没有 VP"。

首先，"是否 VP"文言色彩较重。普通人在普通场合你问我答，使用口语句式"有没有 VP"才谐调。比方，香港电视连续剧《射雕英雄传》中梅超风向华筝讲述她和陈玄风的爱情故事，华筝同情地问：

后来你们有没有结合？

华筝是个天真烂漫的年轻姑娘，说话时绝对不会采用"后来你们是否结合了"这样文绉绉的口吻。

309

由于"有没有 VP"是口语句式，有时句末可以自然地出现反映口头语气的"啊、哪"之类语气词。如：

(14) 喂，我的孩儿在哪里，你<u>有没有</u>见他哪？（金庸《神雕侠侣》）

这里的"有没有"如果改为"是否"，就会在语体上显得别扭。

其次，"是否 VP"跟行为实现的时态没有必然的联系。比较：

张小姐是否会出去？

＊张小姐有没有会出去？

"有没有 VP"中，VP 部分可以不出现表明行为实现的时态词。如果改说成"是否 VP"，往往必须在 VP 部分添加时态词。比如：

张小姐有没有出去？

≠张小姐是否出去？

＝张小姐是否出去了？

"有没有 VP"中，VP 部分排斥时间副词"曾经/已经"；"是否 VP"中，VP 部分容纳这两个时间副词。比较：

＊张小姐有没有曾经回过老家？

张小姐是否曾经回过老家？

＊张小姐有没有已经下班回家？

张小姐是否已经下班回家？

第三，"有没有 VP"和"是否 VP"中时间副词"还"都可以出现，但位置不一样："还"用在"有没有"的前边，而用在"是否"的后边。如：

(15) 你去看看，他还<u>有没有</u>出冷汗？（梁羽生《塞外奇侠传》）

这里用"有没有"，不能说成"有没有还出冷汗"；相反，如果改用"是否"，可以说成"是否还出冷汗"，却不能说成"还是否出冷汗"。

总之，不管是从语体色彩还是从语法结构上看，"是否 VP"和"有没有 VP"并不等同。

3.2 "VP 没有"也不能完全代替"有没有 VP"。

首先，"VP 没有"中 VP 一般简短，不宜过长。如果 VP 过长，说

"有没有VP"疑问句式

了好一会儿才用"没有"造成选择问句,说的人吃力,听的人也吃力。"有没有VP"可以弥补"VP没有"的不足:由于一开始就已用"有没有"造成了正反选择问句的语势,后边VP的长度有所增大不会影响问句的显豁性。例如:

(16) 你有没有告诉王爷,说是发现了我的秘密?(梁羽生《塞外奇侠传》)

先用"有没有"提出问句的正反选择项,再用VP提出需要作肯定或否定回答的有关行为,意思集中而显豁。如果说成:

(17) 你告诉王爷,说是发现了我的秘密没有?

这样不是不可以,但表达效果比以前一句差些。而且,从可能性上说,"有没有"后边的VP还可以再扩展:

(18) 你有没有告诉王爷,说是发现了我的秘密,看到了许多你不应该看到的东西……?

在这种情况下,更不好说成:

(19) 你告诉王爷,说是发现了我的秘密,看到了许多你不应该看到的东西……没有?

其次,在谓语动词是"看到/发现/发觉/感觉到/意识到"等时,前边如果用"有没有",后边可以有较大的停顿,书面上加逗号。这样可以突出疑问焦点。"看到/发现"之类后边的宾语越长越复杂,疑问焦点越突出。在这一点上,"有没有VP"的表达效果也优于"VP没有"。例如:

(20) 亦芸,你有没有发觉,很多人在看我们?(严沁《祝福年年》)

(21) 不知道我的这位当了父母官的老弟有没有意识到他的哆哆嗦嗦地做着一件早就应该做的事,改变了人的价值观念。(肖马《纸铐》)

第三,作为同义句式,"有没有VP"和"VP没有"可以连用,造成错综用法。这时,它们各具特殊价值,在修辞需要上不好随意替换。比如例(15)的问句,原文后边实际上还有一问,即:

311

(22) 你去看看，他还有没有出冷汗？头上的热退了没有？（梁羽生《塞外奇侠传》）

前后两问句式有变化。如果都改为"有没有 VP"或者"VP 没有"，就显得呆板：

(23) 他还有没有出冷汗？头上的热有没有退完了？

(24) 他还出冷汗没有？头上的热退完没有？

总之，"VP 没有"和"有没有 VP"尽管都是口语句式，都询问行为的实现，但它们的语用价值并不完全相同。

4.0 一个方言形式为普通话所接纳，还有它自身以外的原因——外因。"有没有 VP"句式普通化的外因大致有两个：邻类外因和社会外因。

4.1 邻类外因

普通话里"有没有 VP"有好些相邻的近类句式。这些句式对于把"有没有 VP"引进普通话产生类化作用。

大体说，"有没有"后边可能出现的语言成分总共有四种：NP（名），VP（动），AP（形），NV（名动：主谓）。在普通话里，首先可以看到：

	NP	＋
有没有	VP	？
	AP	＋
	NV	＋

"有没有 NP"，例如：

有没有人？

有没有什么事？

有没有这么高的水平？

有没有鸡叫的声音？

"有没有 AP"，例如：

（水平）有没有这么高？

（距离）有没有这么远？

"有没有 VP"疑问句式

(情况)有没有那么严重?
(气候)有没有那样炎热?

"有没有 NV",例如:

a. 有没有鸡叫?
有没有犬叫?

b. 有没有人反对?
有没有什么事情让你烦恼?①

至于"有没有 VP",是不是原来根本不存在呢?情况不完全如此。比如:

人数有没有增加?
有没有减少?
有没有增加或减少?
差距有没有扩大?
有没有缩小?
有没有扩大或缩小?

这是另一类"有没有 VP"。它重在对事物作静态的断定,表示"是不是有所 VP"的意思。如"人数有没有增加",等于问"人数是不是有所增加"。本文讨论的"有没有 VP",重在对人物行为作动态的叙述,跟它有所不同。不过,二者之间明显具有更多的相似点。有的时候,二者甚至可以采取同样的形式。比方:

有没有后退?

如果是针对静态的结果,在这么个环境中发问:"总的说来,有没有后退?哪些地方有后退?"那么,便是断定性"有没有 VP"。如果是针对动态的行为,在这么个环境中发问:"你刚刚到底有没有后退?"那么,等于问"你刚刚到底是否已经后退",属于叙述性"有没有 VP"。

多种多样的"有没有 X",包括断定性"有没有 VP",为叙述性"有没有 VP"进入普通话准备了属于语言方面的外部条件,使这一句式在运用开来时人们并不感到怪异。

4.2 社会外因

"有没有 VP"的普通化还有其社会的历史的原因。

本来,这一句式我国东南沿海地带的人是常用的,但是,成为比较通用的句式,却是近几年的事。自从我国实行对外开放政策以来,人们通过各种渠道接触到了香港和其他地区或海外的华人(相当大一部分母语为粤语、闽语)习惯使用的语言。一种语言或方言,使用它的人在某个或某些方面具有权威性或吸引力,它就容易为人所模仿,从而发生影响。香港等地经济实力强,其影片、电视片人们爱看。同香港等地在经济、文化等方面的频繁接触,形成了这一句式使用面越来越大的社会外因。

5.0 内因+外因=可接纳性。以上的分析表明,"有没有 VP"句式有可能为普通话所接纳。下面,补充两点意思。

5.1 "有没有 VP"可以说成"有没 VP",这应该是没什么问题的。如:

(25) 谢大侠怎样了?有没见到?(金庸《倚天屠龙记》)

(26) 你有没问他如何失手遭擒?(金庸《倚天屠龙记》)

但是,能不能只从肯定方面用"有 VP(吗)"来提问?比如:

(27) 你有仔细考虑吗?(叶尾娜《幺哥的婚事》)

至少在目前,这样的说法还难于普遍使用开来。此外,港台作家笔下有时见到"有否/有无 VP"的说法,内地作家笔下尚未发现。录以备考:

(28) 阿扁,这只你的,有否给人定了?(李昂《杀夫》)

(29) 陈江水、陈阿清,你们有无满意?(李昂《杀夫》)

5.2 "有没有×"中,"有"和"没有"一般都属于动词。NP 前边的是动词,这很明显;AP 前边的,也可以断定为动词。证据是:

他的水平有没有这么高?

→他有没有这么高的水平?

"有没有 AP"可以向"有没有 NP"变换,"有没有"结构地位不变。根据后一句,可知前一句的"有"和"没有"应该也是动词。

"有没有 VP"疑问句式

在断定性"有没有 VP"中,"有"和"没有"也可以划归动词。证据是:

　　问:今年的产量有没有增加?有没有减少?
　　答:有的地方略有增加/有所增加,有的地方略有减少/有所减少。

"有"前边可以出现程度副词,后边的 VP 可以带"所",这表明它是动词,而跟它相对并举的"没有"自然也是动词。

但是,在叙述性"有没有 VP"中,"有"和"没有"就无法证明是动词了。从实际功能看,它们具有纯状语性⑤,如果以目前通行的教学语法的词类系统为基准,它们似乎可以归入副词,划到然否副词一类。看这个例子:

　　(30)他们<u>有</u>读笔录给我听,但我<u>没有</u>听到这句话。(陈安先《辩护律师》)

上例前分句可以看作对"他们有没有读笔录给你听"的肯定回答,后分句可以看作对"你有没有听到这句话"的否定回答。前分句的"有"接近于"曾经",后分句的"没有"接近于"不曾",把它们都判定为副词是容易接受的。

可以这么说:叙述性"有没有 VP"将给普通话带来一个特殊的句式,将使普通话中的"有"字增加一个词性⑥。这种特殊的选择问句式,正是由肯定副词"有"和否定副词"没有"在 VP 前边连用而构成的。

注释:

①邢福义:《普通话语法、词汇、语音测试问题的探讨》,《华中师范大学学报》1987 年第 5 期,第 142~149 页。

②邢福义:《谈谈语法规范化的问题》,《文字改革》1985 年第 6 期,第 32~33 页。

③《花城》是在广州出版的文学刊物。《花城》上出现"有没有 VP"的用例是必然的,不必举例。

④a 类是主谓作宾句式,NV 是"有没有"的宾语。如"鸡叫"整个儿充当

"有没有"的宾语。b类是兼语句式，N既是V的主语，又是"有没有"的宾语。如"人"一方面是"有没有"的宾语，一方面是"反对"的主语。

⑤关于纯状语性，参看拙著《词类辨难》，甘肃人民出版社1981年版，第15页。

⑥采用不同的语法学家的词类系统，词的归类结果会不一样。这里的"有"和"没有"自然可以不一定判定为副词，但无论如何，它们绝对不是一般的动词。

（原载《华中师范大学学报》1990年第1期）

南片话语中述谓项前移的现象

0 前言

本文收集材料的范围涉及广州、香港、台湾三处。本文把这三处的话语统称为"南片话语"。三处话语自然各有各的具体情况,但它们都存在述谓项前移的现象。

述谓项前移的现象,是跟普通话里的通常说法相对而言的。比较:

[普通话]　　　　　　[南片话]
起始项＋述谓项　　　述谓项＋追补项
麻烦太多　　　　　　太多麻烦
进去不方便　　　　　不方便进去

普通话里,有的起始项是主语;有的起始项尽管不是主语或不能肯定地说是主语,但它们是被评述的对象。由于起始项不一定是主语,后边的述谓项就不一定是谓语,然而,不管怎样,它们总是起着对起始项有所述说或有所评论的作用。

南片话里,述谓项前移。这一来,在普通话里是起始项的,到了南片话里就跟在述谓项的后边,成了追补项:

进去▶不方便
不方便◀进去

本文的考察范围,限于名(NP)、动(VP)、形(AP)三类词语之间的配置:

$$\begin{array}{c} \text{NP} \\ \diagup\quad\diagdown \\ \text{AP}\text{——}\text{VP} \end{array}$$

本文的用例，主要来自受南片话语明显影响的小说或电视剧。小说也好，电视剧也好，总体上跟普通话是一致的，但有时也渗进带有地方色彩的说法。述谓项前移的现象，就带有明显的南片话语的色彩。

1 南 AP＋NP（＝普 NP＋AP）

看例子：

(1) 反正她没有你好命。(台湾电视连续剧《星星的故乡》)

(2) 他说那人重伤。(老天，年纪不轻的人，受得了吗？)(香港严沁《谁伴风行》)

(3) 两人越吵越大声，(又引来另一位学生，穷瞪着我手中的饭盒。)(台湾张系国《沙猪传奇》)

"好＋命""重＋伤""大＋声"都是"AP＋NP"。例(1)等于说"反正她没有你命好"，例(2)等于说"他说那人伤重"，例(3)等于说"两人越吵声越大"。

上例里"好命、重伤、大声"的南片话语色彩跟整个句子的结构情况有关系。一方面，它们是非独立的。如果独立成句："好命！"(感叹句)"(重伤还是轻伤？)重伤。"(陈述句)"大声！"(祈使句)这是普通话的说法。另一方面，它们在句子结构里是整个儿充当人物主语"你、他、他们"之类的谓语的。如果充当别的成分："他受了重伤。"(重伤－宾语)"不许大声说笑。"(大声－状语)这也是普通话的说法。

南片话语中前移的 AP，有时是形容词带上"很、大、最"等程度修饰。如：

(4) 收音机放得很小声，(细微得随风飘散的音乐在草原上回荡着。)(台湾三毛《背影》)

(5) (你要怎么样？)在公共场所说话太大声的人难道抓去坐牢吗？(台湾三毛《背影》)

(6) ("爹！告诉你一个好消息！我三天后就可以去上班！""在哪儿？")"一间洋行，很大规模的。"(香港岑凯伦《幸运星》)

(7) 她就是香港<u>最大规模</u>的天地电影有限公司的总经理——关丽荷。(香港岑凯伦《幸运星》)

很小声=声很小;太大声=声太大;很大规模=规模很大;最大规模=规模最大。

南片话中前移的AP,有的有向动词转化的倾向,AP和NP之间似乎形成了一种相当特别的"动宾"结构。然而,一调换成为普通话的说法,出现在NP后边的AP就完全失去动词的性质了。如:

(8) 你不会嫌我<u>太多话</u>吗?(香港严沁《谁伴风行》)

(9) 人<u>太多烦恼</u>,(很容易苍老的……)(香港陈浩泉《选美前后》)

(10) 翠娟从来没有拍片的经验,这就<u>更多麻烦</u>了。(香港陈浩泉《选美前后》)

例(8)等于说"话太多",例(9)等于说"烦恼太多",例(10)等于说"麻烦更多"。

以"(人)太多烦恼"来说,"多"前边的程度副词"太"规约了"多"的形容词词性,但从跟后边的名词的关系看,"(人)太多烦恼"中的"烦恼"却更像是宾语。

这跟例(1)至例(6)中的"好命、很大规模"等等有所不同,"好命、很大规模"中的"命、规模"是不能分析为宾语的。当然,"很大规模"也好,"太多烦恼"也好,若换成普通话的说法"规模很大"和"烦恼太多",其中的"很大"和"太多"都明显是形容词结构。

2 南 AP+VP(=普 VP+AP)

看例子:

(11) (现在他们都走了,)我们就<u>方便说话</u>了。(台湾电视连续剧《婉君》)

(12) 为了<u>方便</u>和海莲妮拍拖,(他终于要买一辆汽车……)(香港岑凯伦《幸运星》)

(13) 如果你<u>方便留下电话、地址</u>,(以后我们有什么新货到可以通知你……)(香港陈浩泉《选美前后》)

上例都是"方便+VP"。例(11)等于说"我们说话就方便了",例(12)等于说"为了和海莲妮拍拖方便",例(13)等于说"如果你留下电话、地址方便"。

"方便"前边有时加"不"。这时AP是形容词结构"不方便"。如:

(14) 太晚了,<u>不方便招待你</u>。(台湾曾心仪《一个十九岁少女的故事》)

(15) 这一会,你也<u>不方便跟我一块走</u>,是不是?(台湾电视连续剧《含羞草》)

(16) 如果你<u>不方便让我进去</u>,就跟着我们到差馆走一趟吧!(香港陈浩泉《选美前后》)

例(14)等于说"招待你不方便",例(15)等于说"跟我一块走(也)不方便",例(16)等于说"让我进去不方便"。

"方便/不方便"后边可以出现一个主谓结构,但这个主谓结构的核心词是动词,因而这个主谓结构仍然可以看作VP[1]。如:

(17) 这是我们之间的事,<u>不方便第三者介入</u>吧?(香港电影《师姐无敌》)

上例等于说"第三者介入不方便"。"第三者介入"是主谓结构,动词"介入"是结构核[2]。

前移的AP,特别常见的是"方便/不方便",但也可以是"很生气/不生气"或"很高兴/不高兴"之类。如:

(18) 你不生气我偷用你的游泳池?(香港严沁《无怨》)

(19) 他一定很高兴你赶回来了吧?(台湾电视连续剧《含羞草》)

例(18)等于说"我偷用你的游泳池你不生气?"例(19)等于说"你赶回来了他一定很高兴吧?"跟"方便/不方便"略有不同的是:改写成普通话说法时,"很生气/不生气"或"很高兴/不高兴"的主语"你、他"之类要一起后调。

前移的AP,在用上述"方便/不方便"或"很生气/不生气""很

"高兴/不高兴"时,是述语性的。若按普通话说法出现在 VP 后边,VP 往往可以分析为主语;若按南片话说法前移,VP 便可以分析为宾语,"AP+VP"便形成一种相当特别的"形宾"结构。但是,有的时候,前移的 AP 用"这么快/这么早"这样的形容词结构。这时,AP 只是状语性的。如:

(20) 不留下也不必<u>这么快</u>走呀,(现在还早啊!)(香港陈浩泉《选美前后》)

(21) 柏先生,<u>这么早</u>走?(香港严沁《古屋》)

(22) 以后不用<u>太早</u>回来……(香港岑凯伦《幸运星》)

这么快走=走这么快;这么早走=走这么早;太早回来=回来太早。

上例的现象表明:由普通话的"VP+AP"变为南片话的"AP+VP",从句法上看,其中有的 AP 是由补语变为状语。不过,就普通话的"VP+AP"说,AP 即使是补语,也对 VP 有所述说或有所评议,也具有"述谓"的作用。本文谈"述谓项"的前移,不是指严格的句子成分。

3 南 VP+NP(=普 NP+VP)

看例子:

(23) 你真的<u>够钱</u>吗?(香港严沁《无怨》)

(24) (我是个女人,要抱汤先生上床,)既不方便又<u>不够力</u>。(香港严沁《谁伴风行》)

(25) ("我的朋友有风帆,喜欢玩滑浪风帆吗?")"喜欢,就是平衡不好,手又<u>不够力</u>,所以老滑不远。"(香港岑凯伦《爱情帖》)

上例 VP 是"够/不够"。例(23)等于说"(你真的)钱够吗",例(24)等于说"(既不方便)力又不够",例(25)等于说"手力又不够"。

VP 有时是"买"或以"买"为中心的动词结构。如:

(26)("当然,这是名牌中的名牌呢!")"喂,买了多少钱?"(香港陈浩泉《选美前后》)

(27)("只要这对波鞋多少钱啊?")"六百元。别的店子你一定买不到这个价钱。"(香港陈浩泉《选美前后》)

例(26)等于说"是多少钱买(了)的",例(27)等于说"这个价钱一定买不到"。普通话里常说"卖了多少钱""卖不到这个价钱",却不说"买了多少钱""买不到这个价钱"。

VP 有时也可以是"卖"类动词结构。如:

(28)一向稀松、拖沓,卖不出去票的南方话剧团居然也卷进了改革的漩涡。(广东张欣《此剧哪有尾声》)

"卖不出去票"是"VP+NP",等于说"票卖不出去"。普通话里,"卖票""卖不了票"可以说,"卖不出去多少票"也可以说,但是,"卖+不+双音趋向动词+单音名词"的说法,听起来总感觉有些异常。这一说法,先说行为情况,然后补说一下相关的事物,是南片话语的味道。

南 VP+NP 中的 VP,有时不限于"够"义、"买"义和"卖"义。例如:

(29)在香港,我们少唱国内③歌曲。(到武汉演唱的香港歌星向电视观众的讲话,湖北电视台 1991 年 7 月 9 日晚播出。)

"少唱国内歌曲"是"VP+NP",等于说"国内歌曲比较少唱"或"国内歌曲唱得少"。就口语讲,普通话里说"国内歌曲唱得少"更为自然。"国内歌曲唱得少"是"名+动形","少唱国内歌曲"是"形动+名"。在 NP 和 VP 之间,对"国内歌曲"说,"少唱"或"唱得少"是述谓项。从这个例子我们看到:普通话口语说法里位置越后的述谓项,在南片话的说法里位置越前。从这个例子我们还可以看到:在某种特定的情况下,"受事主语+动作"才是普通话的说法,"动作+受事宾语"却是南片话的说法。再看一例:

(30)在电视台,他见得太多豪放粗鲁的女人。(香港林燕妮《浪》)

上例等于说"豪放粗鲁的女人(他)见得太多"。南片话的说法是

"动作+受事宾语",普通话的说法却是"受事主语+动作"。

4 南AP+NP+VP(=普VP的NP+AP)

看例子:

(31) 在上流社会的交际圈子里,马厚才的确太有名气,<u>太多人熟知他的风流史</u>。(香港陈浩泉《选美前后》)

(32) "<u>太多人陪你看电影了</u>。"他笑着摇头,"去打壁球好不好?"(香港岑凯伦《爱情帖》)

(33) "我只休息三天就够了。"怀中说,"<u>太多事等我回去处理</u>……"(香港严沁《无怨》)

上例是"太多人VP"或"太多事VP"。例(31)等于说"熟知他的风流史的人太多",例(32)等于说"陪你看电影的人太多了",例(33)等于说"等我回去处理的事太多"。

有的现象跟上述现象有点不同:

(34) 世上不是<u>太多人对她好</u>,所有人都当她是个可有可无的人!(香港林燕妮《港星之恋》)

上例等于说"对她好的人(不是)太多"。"对她好"的中心词是形容词"好",但是"对她好"整个结构具有动态性,为了处理的简便,可以看作VP。

"太多人熟知他的风流史"之类,像是兼语式:"人"是熟知的主语,同时又像是"多"的宾语。但是,一般所说的兼语式,带兼语的必定是动词,而"多"却是形容词。

作为形容词,"多"带有程度修饰语"太"。如果说成"太多的人熟知他的风流史",便成为普通话的说法,但已加了"的"字,"太多的人"整个儿是NP,整个儿是"熟知……"的主语。如果说成"有很多人熟知他的风流史",这也成为普通话的说法,但已出现了动词"有",形成了"有无"类兼语式①。

前移AP不一定限于"多"类形容词结构。有时也可以是"少"类

形容词结构:

(35) <u>很少朋友打电话给他</u>的,他猜不出会是谁。(香港严沁《谁伴风行》)

(36) ……他反而因此<u>更少机会讲话</u>。(台湾苏伟贞《红颜已老》)

例(35)等于说"打电话给她的朋友很少",例(36)等于说"讲话的机会更少"。

值得注意的是:"很少朋友打电话给他"和"太多人熟知他的风流史"同构,像是兼语式,"更少机会讲话"却跟"太多人熟知他的风流史"不同构,像是连动式。再说,即使是同构的,在用"多"类或"少"类形容词结构时,在能否向普通话"有无"类兼语句转化上也有不同。比较:

有很多朋友打电话给她。

没有很多朋友打电话给她。

*有很少朋友打电话给她。

*没有很少朋友打电话给她。

5 南 $VP_1+NP+VP_2$(=普 VP_2 的 $NP+VP_1$)

看例子:

(37) 要到什么时候才能<u>够钱买房子</u>呢?(台湾电视连续剧《含羞草》)

(38) 就是因为我<u>不够钱买楼</u>……(香港岑凯伦《幸运星》)

(39) 他又担心<u>不够钱坐的士</u>……(香港林燕妮《浪》)

例(37)等于说"买房子的钱才够",例(38)等于说"买楼的钱不够",例(39)等于说"坐的士的钱不够"。南片话的"$VP_1+NP+VP_2$"是连动式,其中的"VP_1+NP"构成动宾结构,充当第一个连动项;改写为普通话的说法,"VP_2 的 $NP+VP_1$"是主谓结构,其中的"VP_2 的 NP"构成定名结构,充当受事主语。

南片话的"$VP_1+NP+VP_2$",VP_1 一般是"够/不够",但也可以

是包含"够"字的"存够/没存够""借够/没借够"之类;VP₂一般是动宾结构,但也可以只用一个动词。如:

(40) 我没有存够钱买房子。(台湾电视连续剧《含羞草》)

(41) 本来,我也看中了饰框里的那套运动服,但却不够钱买。(香港陈浩泉《选美前后》)

例(40),VP₁是"没有存够",其中心词是"存"。不过,即使如此,基本意思还是"不够"。例(41),VP₂只用了一个动词"买"。不过,"买"的宾语显然是承上文而省略。当然也有"不够钱花"这样的说法,"花"的后边根本不能添上宾语,这是因为可以作为宾语的"钱"已在前头的NP位置上出现。

南片话的"VP₁+NP+VP₂",VP₁有时用"足够",但跟用"够"的格式稍有不同。如:

(42) 我足够资格谈恋爱了。(香港严沁《谁伴风行》)

(43) 反正,她足够条件做一个漂亮的妻子……(香港陈浩泉《选美前后》)

例(42)等于说"谈恋爱的资格足够了",例(43)等于说"做一个漂亮的妻子的条件(是)足够(的)"。"足够条件谈恋爱"之类也是连动式,但"足够"的宾语不是"钱",而是"资格、条件"之类。另外,"足够"没有否定形式"不足够"。

用"足够"的格式,如果把"足够"改为"够",可以成为普通话的说法:

(44) 我够资格谈恋爱了!

(45) 反正,她够条件做一个漂亮的妻子!

不过,微妙之处正在这里:只要用"足够",就显得富于"南味"了。

南片话的"VP₁+NP+VP₂",还有一种不是连动式的情况。如:

(46) 妈,到时候吃药了。(香港陈浩泉《选美前后》)

上例等于说"吃药的时候到了",还是"VP₂的NP+VP₁"。先说"到时候",再补说"吃药",这是南片话的说法。根据严格的连动式的定义,"到时候"和"吃药"不能认为构成了连动式,"到时候"似乎只能分析为状语。

6 评说

6.1 跟普通话相比较,南片话存在述谓项前移的现象。述谓项代表说话的着意点,即说话人心目中的表意焦点。述谓项前移的现象表明,说南片话的人在表述某种意思时习惯上先说出着意点,先突出强调点,然后再追补有关的事实。有时是一次追补:不够——钱;有时是一补而再补:不够——钱——买房子。

6.2 南片话的述谓项前移现象,似乎也可以说是主语后移现象或主题后移现象。不过,"这么快走""到时候吃药"之类很难说是主语后移或主题后移,而采用述谓项前移的说法,则能够全部覆盖本文所涉及的这样那样的语言事实。

6.3 南片话中述谓项前移的现象,涉及的范围并不大。作为前移的 AP 或 VP 的形容词或动词,限于"好、大、多、方便、买、卖、够"等十来个词。但是,由于这些词很常用,述谓项前移现象的出现频率就相当大,所形成的句法形式也比较多。研究南片话语法,不能不注意这类现象。

6.4 黄国营《台湾当代小说的词汇语法特点》讨论了台湾小说中有"南味"的词汇语法问题,是一篇材料相当丰富的论文。文章指出,台湾小说中句法上的特殊用法主要有比较句、"有"字句、"用"字句、双重补语句和无"得"复杂补语句,并一一作了介绍[5]。从南片话述谓项前移的现象,我们还可以知道,南片话还在更隐蔽的层次上存在一些特殊的句法现象。以"我们在香港少唱国内歌曲"来说:"少唱国内歌曲"是南片话的说法,但是,其中的 VP 不能只是"唱",不然,"唱国内歌曲"就成了普通话说法。另一方面,整个句子不能是祈使句,或者不能是近似祈使句的劝导句。假如有人用不以为然的口气这么说:"你在香港少唱国内歌曲!"(祈使)"你在香港最好少唱国内歌曲。"

南片话语中述谓项前移的现象

（劝导）那么，也成了普通话的说法。诸如此类的现象启示我们，南片话里可能有不同于普通话但又很难三言两语讲清楚的这样那样的特殊格式。由此看来，对于方言语法的研究，还有必要在更细的线索上进行，还有必要在比较隐蔽的层次上作更深的挖掘。粗线条的描写固然是最基本的工作，但仅仅是粗线条的描写有可能让一些特殊的现象"漏网"。

6.5 南片话语区的作家，他们在小说或电视剧中基本上用的是普通话，但也难免很自然地带进一些"南味"。这种"融合"，形成了南片话语区作家作品语言的特殊风味。当然，"南味"说法既有词汇方面的，也有语法方面的。应该指出的是：第一，就句法格式而言，南片话和普通话在"味儿"上的差异有大小远近的分别。有的说法，"南味"特别足，如"不方便第三者介入"之类；有的说法，跟普通话似乎接近一些，如"卖不出去票"之类。第二，南片话的述谓项前移现象，有时由于受到某个或某些特定词语的制约，不能为普通话说法所简单替代。如："我只是不放心你酒后开车。"（台湾电视连续剧《含羞草》）其中的"只是"把"不放心你酒后开车"整个儿管住了。在不删除"只是"的条件下，不好倒过来说成"你酒后开车我只是不放心"。若把"只是"移到句首，说成"只是你酒后开车我不放心"，这自然可以说，但这句话用在句首的"只是"似是表转折，相当于"不过"，意思上跟原句略有不同。笔者以为，从发展上看，凡是普通话无法简单替代的有特定作用的格式，都存在为普通话所吸收的可能性。

6.6 笔者查阅了手边的八种方言志：（1）温端政《忻州方言志》（语文出版社1985年版），（2）侯精一《长治方言志》（语文出版社1985年版），（3）陈淑梅《英山方言志》（华中师范大学出版社1989年版），（4）陈有恒《蒲圻方言志》（华中师范大学出版社1989年版），（5）李永明《衡阳方言》（湖南人民出版社1986年版），（6）李申《徐州方言志》（语文出版社1985年版），（7）叶祥苓《苏州方言志》（江苏教育出版社1988年版），（8）林连通、陈章太《永春方言志》（语文出版社1989年版）。这八部方言志，1、2、7列举语法例句，3、4、5、6、8讨论语法特点，但都未看到揭示出述谓项前移的内容。其中两部，涉及值得注意的语序问题，一部是《衡阳方言》，涉及这样的现象⑥：

(47) 一眼张就哭，望不上眼。（"眼张"即"睁眼"）

(48) 睡到咯前子（啷）还冒眼张，都快八点哒！（"眼张"即"睁眼"）

另一部是《苏州方言志》，涉及这样的现象⑦：

(49) 隔壁人家火着则。（"火着"即"着火"⑧）

(50) 苏州要到快哉，准备下车吧！（"要到快哉"即"快要到了"）

(51) 带把伞吧，天要落雨快哉。（"要落雨快哉"即"快要下雨"）

(52) 摆摆好，书要滑下来快哉。（"要滑下来快哉"即"快要滑下来"）

笔者有三个问题：(1) 述谓项前移的现象是不是南片话所特有的？(2) 跟普通话语序不同的说法在不同的方言里有什么不同的表现？(3) 哪些说法是跟述谓项前移的现象相似、相近或相关的？笔者相信，这三个问题的圆满回答都必须通过细线索的观察研究才能得到，而圆满回答这三个问题，对于方言语法的了解，对于方言语法和普通话语法的同异的认识，必然会有所深化。

注释：

①邢福义主编：《现代汉语》，高等教育出版社 1986 年版，第 149 页。

②邢福义：《论现代汉语句型系统》，《语法研究和探索（一）》，北京大学出版社 1983 年版，第 186 页。

③国内指内地。——编辑注

④邢福义：《现代汉语语法知识》，湖北人民出版社 1980 年版，第 128 页。

⑤黄国营：《台湾当代小说的词汇语法特点》，《中国语文》1988 年第 3 期，第 194～201 页。

⑥李永明：《衡阳方言》，湖南人民出版社 1986 年版，第 423 页。

⑦叶祥苓：《苏州方言志》，江苏教育出版社 1988 年版，第 330 页、第 340 页。

⑧"火着"就是"着火"，笔者请教过汪平先生。

［原载《双语双方言（三）》，香港彩虹出版社 1992 年版］

从"似X似的"看"像X似的"

分析"像X似的"的结构,语法学界有两种意见。一种认为是动宾结构,即"像"是动,"X似的"是宾;一种认为是比况结构,即动宾结构"像X"和助词"似的"组成一个比况结构。笔者同意后一种分析。本文抓住"似X似的"的语言事实,讨论其结构成分的组合配置关系,用以说明应该如何认识"像X似的"。

一

江蓝生同志《助词"似的"的语法意义及其来源》[①]指出"似的"有两种语法意义,十分正确。本文把江文"似的$_1$"叫做比拟性"似的",把江文"似的$_2$"叫做测断性"似的"。两种"似的"的根本区别在于表意。假如用S代表表述的本体事物,那么,X对S来说具有比拟性联系时,"似的"是比拟性的;X对S来说只起推测断定作用时,"似的"是测断性的。

江蓝生同志的文章,用例十分丰富。从结构的成分组合关系上考虑问题,其中有两个例子特别值得注意。即:

(1)你这花子,两耳朵<u>似</u>竹签儿<u>也似</u>,愁听不见。(兰陵笑笑生《金瓶梅词话》)

(2)若不用心体验,<u>便似</u>一场闲话<u>也似</u>,这般说过去了便无益。(元·许衡《直说大学要略》)

这两例都是比拟性的。

"似X也似",相当于"似X似的"。在现代汉语的文学作品里,有

"似X似的"的用例，比拟性和测断性的都有。前边的"似"，有时说成"犹似、便似、倒似、竟似"或"好似"。

先说比拟性的。例如：

（3）眼看纷纷扰扰，又<u>似</u>从林影中，闪出一、两个人<u>似的</u>。（白羽《十二金钱镖》）

（4）张伯驹走了，可张伯驹这些不硬不软，不重不轻的话，字字句句都<u>好似</u>铅块<u>似的</u>压在了马霁川、穆蹯忱的心上。（郑理《游春图传奇》）

（5）我的课业重到<u>好似</u>天天被人用鞭子在背后追着打<u>似的</u>紧张，这使我非常的不快乐。（三毛《背影》）

（6）冬天的棉鞋便没有横绊扣，它们的形状是胖胖的如同元宝似的一种好玩的东西，穿着它<u>好似</u>踏进温暖的厚棉被<u>似的</u>……（三毛《背影》）

上面四例，第一例是"（又）似X似的"，后三例都是"好似X似的"。

这种比拟性的"似X似的"，X的语义有的时候需要"似的"后边的语言成分的补足。例如：

（7）两人<u>犹似</u>杀猪<u>似的</u>大叫大嚷，不住翻滚。（金庸《鹿鼎记》）

这一例是"犹似X似的"。如果没有后边的"大叫大嚷"，只说"两人犹似杀猪似的"，意思不完整。"两人犹似杀猪似的大叫大嚷"，等于说"两人（犹）似猪被杀时大叫大嚷似的"。

再说测断性的。例如：

（8）最要命的，是那些平日里仅仅点头之交、萍水相逢的同事，忽然间，都变得热情起来，<u>似</u>与她很早就熟得不能再熟了<u>似的</u>。（戚小彬《外面的世界》）

（9）瞧他们的作为，并无伤人之意，<u>倒似</u>在跟徐大哥开玩笑<u>似的</u>。（金庸《飞狐外传》）

（10）棺中丽人头也不回，<u>竟似</u>没有听到他的话<u>似的</u>，依然如从"似X似的"看"像X似的"

飞向前飞掠……（古龙《护花铃》）

上面三例，第一例是"似X似的"，第二例、第三例分别是"倒似X似的"和"竟似X似的"。

表示测断，前边的"似"还可以带上"是"，说成"似是X似的"。例如：

（11）眼前赫然是一头大雕……全身羽毛疏疏落落，似是被人拔去了一大半似的……（金庸《神雕侠侣》）

表示测断，更多的时候用"好似X似的"，例如：

（12）儿子中年了，好似也病着似的。（三毛《背影》）

（13）克里斯站在一家商店门口，手中拎着一串香蕉，好似在沉思似的。（三毛《背影》）

测断性"似的"，不一定都出现在句末。例如：

（14）我笑笑，站起来重新整了一下自己的背包，粗绳子好似陷进肩肉里似的割着，而我不想抱怨什么的。（三毛《背影》）

（15）"克里斯，现在带Echo去参观房子——"老太太又说，好似跟我们玩游戏似的粲然。（三毛《背影》）

这两例，"好似X似的"后边分别出现了"割着"和"粲然"。

应该指出，测断性"似的"也可以跟"似乎"呼应使用，构成"似乎X似的"。例如：

（16）……一下吃了八个大蒸馍杠子。似乎谁吃得多，谁就是不浪费似的。（刘震云《新兵连》）

（17）他过分自尊，过分敏感，似乎如果他对她好，就屈了他的尊，丢了他的脸似的。（胡健《消夏时节》）

（18）瞎子一听女人的声音，立即惊住，接过竹筒后，便扬起头来对住姑娘，似乎他的眼睛能看到姑娘似的。（晓苏《山里人山外人》）

"似乎"是表示测断的语气副词，它的后边不能出现名词或定名结构，在句子里它充当插说成分；"似"是表示比拟或测断的判断动词，"好似、犹似、倒似、竟似"等是动词或动词结构，它们的后边可以出

331

现名词或定名结构，在句子里它们充当述语。下一部分的讨论，不再涉及"似乎"。

二

"似 X 似的"有三个结构成分：一是以"似"为代表的动词，二是以"似的"为代表的助词，三是代表所要表述的客体事物的 X。这三个结构成分是怎样组合配置的？特别是，如何认识比拟性的"似 X 似的"的层次关系？

似 X

X 似的

似 X 似的

"似 X"是动宾结构；"X 似的"是助词结构，通常叫做比况结构。"似 X"和"X 似的"合在一起，成了"似 X 似的"，前后都有"似"，麻烦就来了。第一种可能，是把"似 X 似的"分析为一个动宾结构："似"是动词，"X 似的"是宾语；第二种可能，是把"似 X 似的"分析为比况结构："似 X"是动宾，带上"似的"，构成一个多层次的比况结构。

说"似"是动词，"X 似的"整个儿充当"似"的宾语，很难成立。

"X 似的"也说"X 似"。金元戏曲资料里有用例，现代汉语作品里也有用例：

(19) 把<u>山海似</u>深恩掉在脑后。（江蓝生例，《董西厢》二〔黄钟调·伺香金童·尾〕）

(20) <u>虎狼似</u>恶公人，扑鲁推拥厅前跪。（江蓝生例，《魔合罗》四〔叫声〕）

(21) 兵爷们<u>桩子似</u>傻了，呆了。（詹昊《原因不详》）

(22) 她……浑身微颤，腮上<u>蚯蚓似</u>晶亮东西伸展腰肢往下爬去。（宋安莉《绿梦》）

从"似X似的"看"像X似的"

例（19）（20）见于金元戏曲资料，例（21）（22）见于现代汉语文学作品。它们都是比拟性的。

在意义关系上，X似的＝X似＝似X。如果认为"似X似的"中"X似的"是"似"的宾语，岂不等于说"似"以"似X"为它的宾语？"似（动）→似X（宾）"的理解显然说不通，因此，"似（动）→X似/似的（宾）"的理解自然也说不通。

相反，说"似X"先构成动宾结构，然后再跟"似的"之类构成比况结构，则比较合理。

分析一个结构的各个成分的组合配置，如果首先遇到一个动词，而且是一个带宾动词，那么，就得往后头找出它的宾语；确定了"动＋宾"之后，如果还有剩余成分，那么，剩余下来的成分就应该是属于另一个层次的成分。以例（1）"似竹签儿也似"来说：首先抓住"似"，它的宾语只能是"竹签儿"；"似竹签儿"是动宾结构，后边的"也似"是另一个层次的成分，它对"似竹签儿"起着加强语气的作用。这就是说，"似X似的"之类的组合配置程序是：

似→X（动宾）

似→X（动宾）｜←似的（加强语气）

应该指出："似X似的"有个可以类比的句法，即"是X是也"。这个句法可以作为佐证。看例子：

（23）我乃是邱鸣山火灵圣母是也。（许仲琳《封神演义》）

"乃是邱鸣山火灵圣母"能说，"邱鸣山火灵圣母是也"也能说。把二者合起来，说成"乃是邱鸣山火灵圣母是也"，前后都有"是"，怎么分析？显然，不能说"邱鸣山火灵圣母是也"整个儿是"乃是"的宾语，因为"邱鸣山火灵圣母是也"已相当于"是邱鸣山火灵圣母"，不能说"是"又以"是……"作为它的宾语。按结构成分组合配置的程序，首先抓住"乃是"，往后找到它的宾语"邱鸣山火灵圣母"，确定了"乃是邱鸣山火灵圣母"是动宾结构之后，再确定剩余的"是也"是属于另一个层次的成分，这种剩余成分是一种起着加强语气的作用的同义反复成分。即：

· 333 ·

乃是→X（动宾）

乃是→X（动宾）｜←是也（加强语气）

近代白话作品中，还可以看到"（我）是 X 便是"的说法。例如：

(24) 洒家是关西鲁达的便是。（施耐庵《水浒传》）

(25) 俺是东京八十万禁军教头王进的便是。（施耐庵《水浒传》）

(26) ……我就是你在能仁古刹救的那一对小夫妻，安骥的父亲，张金凤的公公，南河被参知县安学海的便是。（文康《儿女英雄传》）

这类句子，似乎隐藏着"名字叫""号称为"之类跟"的"发生语义照应的成分。"的"字和跟"的"字有关的句法问题，值得讨论。不过，无论如何，不能认为"是"以"X 便是"整个儿作为它的宾语。反之，认为"是 X"是动宾，"便是"是一种同义反复的起强调作用的成分，比较顺当。即：

是→X（动宾）

是→X（动宾）｜←便是（加强语气）

还应该指出："似 X 似的"有几个同类的形式。除了开头提到"似 X 也似"，还有"如 X 也似、如 X 相似、似 X 相似"。它们都可以跟"似 X 似的"互相印证。

一个是"如 X 也似"。如：

(27) 便如掩着那耳朵了去偷那铃的也似。（江蓝生例，元·许衡《直说大学要略》）

(28) 滕生大笑道："好也！好也！……"即出门雇马，如飞也似去了。（凌濛初《初刻二刻拍案惊奇》）

以例（28）来说：念起来是"如飞˘也似"，而不是"如˘飞也似"。从意义关系上看，不能认为"飞也似"整个儿都是"如"的宾语。"如"只管到"飞"，"也似"是对"如飞"的反复强调。

另一个是"如 X 相似"。如：

(29) 他各各气宇如王相似。（释静、释筠《祖堂集》，转引自太田辰夫《中国语历史文法》）

（30）若打死一个人，如同捏杀个苍蝇相似。（武汉臣《生金阁》，转引自太田辰夫《中国语历史文法》）

（31）谈到起更时候，一庭月色，照满书窗，梅花一枝枝如画在上面相似。（吴敬梓《儒林外史》）

（32）木材堆、冰雪堆如一座座小山相似……（金庸《鹿鼎记》）

（33）近身而攻，半截断剑便如匕首相似，也是威力不小。（金庸《神雕侠侣》）

（34）波的一声，双掌相交，俞莲舟只觉对方掌力犹如排山倒海相似……（金庸《倚天屠龙记》）

以例（29）来说，念起来是"如王·相似"，而不是"如·王相似"。特别是，在意义关系上，不可能是"王相似"整个儿充当"如"的宾语。认为"如王"是动宾，"相似"是对"如王"的反复强调，这就很好理解。

再一个是"似 X 相似"。如：

（35）俞莲舟……解开长袍，将无忌抱在怀里，肌肤相贴之际不禁打了个冷战，便似怀中抱了一块寒冰相似。（金庸《倚天屠龙记》）

（36）众侍卫正乱得犹似没头苍蝇相似，突见韦小宝现身指挥，心中都是一定。（金庸《鹿鼎记》）

十分明显，由于前后都出现"似"，如果把"X 相似"整个儿当做"似"的宾语，更使人感到很不合理。分析为"犹似没头苍蝇（动宾）·相似（加强语气）"，这就很好理解。

三

"像"和"似""如"是同义词。《二十年目睹之怪现状》中就有这么一段对话：

姊姊道："……我再问你这个'如'字怎么解？"我道："如，似也，就是俗话的'像'，如何不会解。"（人民文学出版社1978年版186页）

"像X似的",是跟"似X似的"同义、同构的格式[②]。

从表达上说,为了"美感"的需要,人们运用语词时一般都要尽量避免形式上的雷同。不过,有的时候,话不经意地说下来,也有可能出现同一形式前后复用的现象。比方,先来个比拟,再用个"似的"加强比拟的语气,或者先做个测断,再用个"似的"加强测断的语气,一般都会说成"像X似的",不经意时就可以说成"似X似的"。同样的道理,先下个判断,再用个"是也"来加强判断的语气,一般都会说成"乃X是也",如果不经意,就会说成"乃是X是也"。

由于字面形式的前后雷同,"似X似的"只是罕见的现象。但是,这种罕见的现象可以充分显示"似(动)→X似的(宾)"这一分析的不合理,在帮助我们弄清其结构成分的组合配置状况上很有用处。

既然"似X似的"是"似X(动宾)│似的(加强语气)","像X似的"自然也应该是"像X(动宾)│似的(加强语气)"。测断性"像X似的"固然是这样的结构关系,这一点江蓝生同志已经指出;比拟性"像X似的"也是这样的结构关系,这一点正是上文着重分析比拟性"似X似的"所得到的解释。

把"像X似的"分析为"像X│似的",还有利于解释相关联的一些语言事实。比方说:

(一)"像X_1像X_2似的"。

(37)说着,她又亲了荣儿一口,这才转脸瞥了他一眼,那意思<u>像是</u>在嘲弄他,又<u>像是</u>在可怜他,还<u>像是</u>为他怪难受<u>似的</u>。(高尔品《风流误》)

上例三个"像是……"后边只跟一个"似的",显然是:像是X_1像是X_2像是X_3│似的。"似的"明显被排除在"像X"的动宾结构之外。上例是测断性的,但也可以有比拟性的说法:(你看她对他,)像是捏泥人,又像是耍猴子似的。

(二)"如X_1如X_2一般"。

(38)张奎……放声大哭,<u>如醉如痴一般</u>……(许仲琳《封神演义》)

从"似X似的"看"像X似的"

"一样、一般、般"等相当于"似的"。上例两个"如X"后边只跟着一个"似的",只能分析为:"如醉如痴│一般"。如果"如醉一般"分析为"如(动)│醉一般(宾)","如痴一般"分析为"如(动)│痴一般(宾)",那么"如醉如痴一般"怎么分析?

类似的现象:

(39)每次约会沈安妮都睁大眼睛,<u>如梦似醉般</u>聆听沈子平慷慨激昂述说满怀壮志。(张立国《沙猪传奇》)

(40)我好像看见戴眼镜的罗密欧,搀扶着穿高跟鞋的朱丽叶,驾驶着四轮马车,<u>追风似电般</u>赶往教堂结婚。(苏叔阳《婚礼集》)

例(39)是"如梦似醉│般","般"被排除在"如""似"的宾语之外,例(40)是"追风似电│般","般"被排除在"似电"这一动宾结构之外,这也是十分明显的。

有个问题:"像X的样子"跟"像X似的"同义或基本同义,"像X的样子"只能分析为"动+宾",类推过来,是不是"像X似的"也应分析为"动+宾"?比如:

像猩猩的样子

像猩猩似的

其实,议两个形式同义而不同构。"像X的样子"是动宾,可以整个动宾正反相叠提问;"像X似的"不是动宾,不能当做一个动宾结构整个儿正反相叠提问。对于"像X似的"来说,"像"只管到X,"像X"才是动宾,若采用动宾正反相叠的提问方式,只能丢掉"似的",说成"像X不像X"。即:

像猩猩的样子不像猩猩的样子?

＊像猩猩似的不像猩猩似的?

像猩猩不像猩猩?

注释:

①江蓝生:《助词"似的"的语法意义及其来源》,《中国语文》1992年第6期,第445~452页。

②"如 X 似的"跟"像 X 似的""似 X 似的"同义同构。"如 X 似的"的说法较少见,但不是没有。如:这脱不出的忧患,缠绕在心上,如一道伤痕似的刻着。(姜滇:《摄生草》,《当代》1990 年第 3 期,第 65 页)｜拉风匣并不容易,右手拉风匣,左手使铲子把羊粪填入灶口,如拉琴似的须两手配合。(董炳新:《雨连绵》,《中篇小说选刊》1988 年第 1 期,第 179 页)｜……倏然间如着了鳋鱼的尾巴或者给滚水泼了似的被莫名的感觉死死攥住,再也动弹不得。(黄康俊:《"雪鱼"》,《花城》1989 年第 6 期,第 18 页)

(原载《语言研究》1993 年第 1 期)

【邢按】

石安石《评〈现代汉语句法结构与分析〉》一文提到"像……似的"。该文指出:

吴竞存、梁伯枢著《现代汉语句法结构与分析》(语文出版社 1992 年版)是一本研究汉语语法的好书。

…………

凡遇有争议的,本书总是先摆出各种意见,然后加以评论。……又如关于"像……似的"的层次结构,本书摆出两种观点:

像｜野猫似的　　a 述宾
像野猫｜似的　　b "似的"结构

认为就内部成分的组合看,两种分析都可行。接着比较现代汉语中并存的"……似的""像……""像……似的"三种格式,并联系近代汉语中这些格式分流和合流的演变情况,最后得出以 b 式分析为妥的结论。

(见《中国语文》1993 年第 6 期)

NVN 造名结构及其 NV｜VN 简省形式

0 前言

0.1 "NVN 造名结构",是"对象 N＋V＋管界 N"这类结构的简称。如:"军马饲养方法""首长保卫人员"。

这类结构的用途是"造名",整个儿表示一个特定的名目。

这类结构包括三个构成部分:

第一部分:V。限于及物动词。如"饲养、保卫"。

第二部分:前 N。即"对象 N"。指作为 V 的动作对象的事物。如:"(饲养→)军马、(保卫→)首长"。

第三部分:后 N。即"管界 N"。指在特定造名语境中对对象 N 和 V 起管界作用的事物。如:"方法(←军马饲养)、人员(←首长保卫)"。

0.2 "NVN 造名结构"有 NV 简省形式和 VN 简省形式。即:对象 N＋V——NV 简省形式。隐匿了管界 N。如:"军马饲养""首长保卫"。

V＋管界 N——VN 简省形式。隐匿了对象 N。如:"饲养方法""保卫人员"。

本文既从总体上讨论"对象 N＋V＋管界 N",也分别讨论"对象 N＋V"和"V＋管界 N"。

1 "对象 N＋V＋管界 N"

1.0 "对象 N＋V＋管界 N"所统括的语言事实,在语义组合上具有一致性。但是，它们的层次切分和"的"字插入位置，往往受到音节组合上不同情况的影响。

1.1 "对象 N＋V＋管界 N"的语义组合。

在语义组合上，"对象 N"和 V 的关系比 V 和管界 N 的关系更为密切。总的说来，"对象 N＋V"表示实际活动，指明具体内容，而"管界 N"则用来划定实际活动的范围，对实际活动加以界定，是附着在"对象 N＋V"后边的一个语义成分。

一般地讲，V 和对象 N 之间才可以发生动宾关系，V 和管界 N 之间不会发生动宾关系。然而，有的时候，孤立地看，V 同前后两个 N 都可以发生动宾关系，到底哪个会成为划定范围的管界 N，取决于它出现在 V 的后头。这要分两种情况来说。

一种情况是：出现在 V 后头时是管界 N。若跟 V 前头的 N 相对调，便成为对象 N，原来的对象 N 则转化为管界 N。比如：

拟定计划　　　　（V＋对象 N）

拟定提纲　　　　（V＋对象 N）

提纲拟定计划　　（对象 N 提纲＋V＋管界 N 计划）

计划拟定提纲　　（对象 N 计划＋V＋管界 N 提纲）

同类的例子：思路拓展方法—方法拓展思路｜议案改进方法—方法改进议案｜策略选择条件—条件选择策略｜仪器检修工具—工具检修仪器。

这类现象的形成，是由于前后两个 N 可以互为对象和管界。比方，在说"提纲拟定计划"的时候，"提纲"为对象，"计划"成了"提纲拟定"的属于思路想法范围的管界；在说"计划拟定提纲"的时候，"计划"为对象，"提纲"成了"计划拟定"的属于结果范围的管界。如果不存在这样的关系，V 前后两个 N 自然不能互易。比如"方言调查提纲"，不能说成"提纲调查方言"。

另一种情况是：出现在 V 后头时是管界 N。若跟 V 前头的 N 相对调，便成为"主谓宾"格式或近似"主谓宾"的格式。比如：

介绍古迹（V＋对象 N）

NVN造名结构及其NV｜VN简省形式

介绍行家（V+对象N）

古迹介绍行家（对象N古迹+V+管界N行家）

行家介绍古迹（主谓宾结构）

看个实际用例：

(1) 秉德把那两间门面的中药收购店铺租赁给一位吴姓的山里人就回到白鹿村撑持家事来了。(陈忠实《白鹿原》)

这里的"中药收购店铺"，"中药"和"店铺"都可以成为"收购"的宾语（收购中药｜收购店铺），但"店铺"出现在V的后头，便成为管界词语，"中药收购店铺"便成为"对象N＋V＋管界N"。如果说成"店铺收购中药"，就会变成"主谓宾"结构。

再看一个"告示牌"：

```
            路灯维修电话
   汉口  357715    汉阳  561482    武昌  611355
            武汉供电局路灯分局
```

这是武汉市各街道各居民点都可以看到的一个"告示牌"。很有意思：孤立地看，"维修路灯""维修电话"都能说，但排列配置成"路灯维修电话"，便相当于"维修路灯的电话"，"电话"是管界N。要是两个N易位，说成"电话维修路灯"，便是近似"主谓宾"的结构，意思是：可以通过电话让有关部门来维修路灯。

这类现象的形成，是由于V前后两个N可以互易，后移的对象N成了对象宾语，而前移的原管界N则成为主语，或近似主语，具有施事性或工具性。比如，"古迹介绍行家"变成"行家介绍古迹"，"行家"具有施事性；"路灯维修电话"变成"电话维修路灯"，"电话"具有工具性。如果V前后两个N没有这样的关系，自然也不能互易。比如"路灯维修条例"，不能说成"条例维修路灯"。

"提纲拟定计划""计划拟定提纲""古迹介绍行家""路灯维修电话"等现象，更足以表明"对象N＋V"关系比较密切一些，在语义组合上是"对象N＋V｜＋管界N"。换句话说，从语义上的联系看，V先靠向对象N，然后一起同管界N发生关系。

· 341 ·

1.2 "对象 N＋V＋管界 N"的层次切分较为特殊。在切分中，V 既可靠前，又可靠后。

1.2.1 V 靠前切分。切分为"对象 N＋V｜＋管界 N"。这时"对象 N＋V"是受事性主谓短语，作"管界 N"的定语。在这种情况下，主要的音节组合模式有两个。

A. 基本组合模式："2＋2＋2"。

三个结构成分的音节都是 2，即对象 N 为 2，V 为 2，管界 N 也是 2，合成 6 个汉字。这是"对象 N＋V＋管界 N"最基本的音节组合模式。如前面提到的"军马饲养方法｜首长保卫人员｜古迹介绍行家｜中药收购店铺｜路灯维修电话"等等。

如上所述，在"NVN"三个结构成分中前两个成分"NV"结合更紧，那么，在各结构成分音节配置平衡的情况下，应该考虑"V 靠前切分"，即：2＋2｜＋2。否则，无法全面解释有关的现象。比如："军马饲养｜方法""首长保卫｜人员""路灯维修｜电话""中药收购｜店铺"。看个实例：

(2) 另外二爷还通晓罂粟种植技术，对烟土掺假的方法也很有研究。(龙凤伟《金龟》)

"罂粟种植技术"是"2＋2＋2"。孤立地看，似乎不是不能切分为"罂粟｜种植技术"，但是，全面地看，特别是比较"路灯维修电话"之类，把它切分为"罂粟种植｜技术"更为适宜。

B. 后 N 多音模式："2＋2＋3 (4)"。

前两个结构成分的音节都是 2，第三个结构成分的音节是 3 或 4。即对象 N 为 2，V 为 2，管界 N 则是 3 或 4。这时，由于管界 N 音节较多，需要"V 靠前切分"，即：2＋2｜＋3 (4)。在这种情况下，切分结果跟语义组合层次也是一致的。例如：

蔬菜批发｜总公司

物价调控｜委员会

古迹介绍｜专家组

花木管理｜临时工　　(管界 N 为 3 音节)

NVN造名结构及其NV｜VN简省形式

军马饲养｜有效办法
现场保护｜第二方案
海鲜供销｜有限公司
地产开发｜股份公司　　（管界N为4音节）

有一种特殊情况：管界N只有2个音节，但对象N和V缩略成为2个音节，即：1+1+2。这时，由于前两个结构成分音节减少，因而仍然是"后N多音模式"。切分结果也跟语义组合层次相一致。比如：

（3）福建加强技改力度。（中央电视台1993年9月20日晚《新闻联播》）

技改｜力度＝技术改革｜力度＝改革技术的｜力度。"技改"是个缩略语。同为类的例子：

工调｜方案（工调＝工资调整＝调整工资）
体检｜手续（体检＝身体检查＝检查身体）
环保｜工作（环保＝环境保护＝保护环境）
房管｜小组（房管＝住房管理＝管理住房）

1.2.2 V靠后切分。切分为"对象N＋｜V＋管界N"。这时"对象N"作"V＋管界N"的定语，"V＋管界N"本身又是个定名结构。在这种情况下，主要的音节组合模式有两个。

A. 前N多音模式："4＋2＋2"等。

前一个结构成分的音节为4，后两个结构成分的音节都是2。即对象N为4，V和管界N都是2。这时，由于前边的对象N音节较多，念起来要在对象N后边停顿，因此需要"V靠后切分"。在这种情况下，层次切分迁就音节组合，切分结果跟语义组合层次不一致。例如：

生产过程｜控制系统　　乡镇企业｜发展规划
国货精品｜展销活动　　美中贸易｜发展协会
化工产品｜开发公司　　第三产业｜普查工作

这里，V是管界N的定语，对象N又是"V＋管界N"的定语。如"控制"是"系统"的定语，"生产过程"是"控制系统"的定语。

对象N音节越多，越能显示切分时V后靠管界N的偏向性。

· 343 ·

比如：

第七届全国运动会参赛有功人员｜表彰大会

从语义组合上说，"表彰"的对象是"第七届全国运动会参赛有功人员"，"大会"是"表彰第七届全国运动会参赛有功人员"的"大会"。但是，由于对象 N 音节过多，在层次上不应切分为"第七届全国运动会参赛有功人员表彰｜大会"。

B. 后 N 单音节模式："2＋2＋1"等。

前两个结构成分的音节都是 2，后一个结构成分的音节为 1，即对象 N 和 V 都是 2，管界 N 是 1。这时，只有一个音节的管界 N 独立性较差，也需要"V 靠后切分"。切分结果，跟语义组合层次也不一致。例如：

债务｜偿还期　　军马｜饲养法
产品｜介绍单　　废品｜收购站
手续｜办理处　　环境｜保护组

对象 N 音节越多，越能显示切分时 V 靠向管界 N 的合理性。比如：

国家一级文物｜保护点
国际化工商品｜展示会

从语义组合上说，"保护"的对象是"国家一级文物"，"点"是"保护国家一级文物"的"点"。但是，"点"的独立性差，在层次上不应切分为"国家一级文物保护｜点"。"国际化工商品展示会"情况相同。

从上可知，"对象 N＋V＋管界 N"的层次切分具有可变性。具体如何切分，往往受前后两个 N 的音节长度的影响。比较：

奥运申办｜国家　　　　　（V"申办"前靠）
奥运申办｜代表团　　　　（V"申办"前靠）
2000 年奥运会｜申办国家　（V"申办"后靠）
2000 年奥运会｜申办国　　（V"申办"后靠）

1.3 "对象 N＋V＋管界 N"中"的"的插入。

"对象 N＋V＋管界 N"格式可以插入"的"字。有两个位置：a

NVN造名结构及其NV|VN简省形式

位置和 b 位置。a 位置在"对象 N"和"V＋管界 N"之间，b 位置在"对象 N＋V"和"管界 N"之间。插入情况，大体有三种。

1.3.1 a、b 位置皆可。

这是"2＋2＋2"六字组合的一般情况。如：

军马饲养方法→a. 军马的饲养方法 b. 军马饲养的方法

机票购买手续→a. 机票的购买手续 b. 机票购买的手续

计划拟定提纲→a. 计划的拟定提纲 b. 计划拟定的提纲

不过，如果全面观察六字组合格式就可以知道，b 说法更为自然。比如"古迹介绍行家""中药收购店铺""路灯维修电话"，说"古迹的介绍行家""中药的收购店铺""路灯的维修电话"不是绝对不行，但说"古迹介绍的行家""中药收购的店铺""路灯维修的电话"更为自然。

1.3.2 只插入在 a 位置。

A. 表意的原因。

若"的"出现在 b 位置会引起原意的变化，使"对象 N＋V"变化为"施事 N＋V"，"的"只出现在 a 位置。如：

首长保卫人员→首长的保卫人员（＋）首长保卫的人员（－）

研究生指导教师→研究生的指导教师（＋）研究生指导的教师（－）

打工仔看管头目→打工仔的看管头目（＋）打工仔看管的头目（－）

B. 音节的原因。

一方面，管界 N 如果只有一个音节，"的"不可能出现于 b 位置。如：

产品介绍单→产品的介绍单（＋）产品介绍的单（－）

中药材收购店→中药材的收购店（＋）中药材收购的店（－）

另一方面，对象 N 如果音节较多，"的"一般出现在 a 位置，否则比较拗口。如：

国家级著名专家优待意见

· 345 ·

→国家级著名专家的优待意见（＋）

国家级著名专家优待的意见（？）

全运会参赛有功人员表彰大会

→全运会参赛有功人员的表彰大会（＋）

全运会参赛有功人员表彰的大会（？）

1.3.3 只插入在 b 位置。

这主要是音节上的原因。在"2＋2＋3（4）"的音节组合模式中，"的"一般出现于 b 位置。如：

古迹介绍专家组

→古迹的介绍专家组（－）古迹介绍的专家组（＋）

蔬菜批发总公司

→蔬菜的批发总公司（？）蔬菜批发的总公司（＋）

现场保护第二方案

→现场的保护第二方案（－）现场保护的第二方案（＋）

军马饲养有效办法

→军马的饲养有效办法（？）军马饲养的有效办法（＋）

在"1＋1＋2"的缩略式组合中，a 位置实际上已经消失，"的"自然只能出现在 b 位置。如：

体检手续→体检的手续

环保工作→环保的工作

语言运用中，常见"对象 N＋V＋管界 N"插入"的"的现象。例如：

(4) 作为昆虫研究的学者，长期在空气清新景色怡人的山野跑，可谓得益匪浅。（佳云《蝉蜕》）

(5) 县里有一批人才引进的名额，她要不要替丈夫争取一下呢？（殷慧芳《四季飘香》）

"昆虫研究的学者""人才引进的名额"，"的"插入 b 位置。

(6) 他埋头在三年承包计划的编制工作中……（施益民《户口》）

(7) 那个调查报告就是苦树坑村林业发展的调查报告。(阙迪伟《一曲未了》)

"三年承包计划的编制工作""苦树坑村林业发展的调查报告","的"插入 a 位置。

从语用价值看,"对象 N+V+管界 N"专名性很强,如果插入"的",不管插入在哪个位置,都会使专名性消失,或者使专名性大为削弱。正因如此,专名性特别强的"对象 N+V+管界 N"不能勉强插入"的"。如:"职业介绍所",固然不能说"职业介绍的所",也一般不说"职业的介绍所"。

2 "对象 N+V"

2.0 "对象 N+V"有时在"对象 N+V+管界 N"中出现,有时独用。"对象 N+V"独用,便成为 NV 简省形式。

2.1 "V+对象 N"和"对象 N+V"。

"V+对象 N",以 V 前 N 后的排列配置方式组成动宾结构。这类动宾结构中的宾语,是常规宾语。有两种:一种是 V 动作以 N 为直接支配对象,N 是直接对象宾语,如"看电影""审阅论文";另一种是 V 动作以 N 为追求的目标,动作的目的是引出或造成 N 事物,N 是表示目标的间接对象宾语,如"拍电影""撰写论文"[①]。

汉语动宾关系非常复杂,不过,复杂情况主要发生在单音动词和宾语之间。双音动词和名词之间,一般都只是"V+对象 N",即一般都只是动词带直接对象宾语或间接对象宾语(目标宾语)。比较:

单音 V: 双音 V:
[直接对象]写人物(+)   描写人物(+)
[直接对象]写心情(+)   抒写心情(+)
[间接对象]写论文(+)   撰写论文(+)
[间接对象]写教材(+)   编写教材(+)
[间接对象]写小说(+)   写作小说(+)

[间接对象] 写匾额（＋）　　　书写匾额（＋）
[工具] 写毛笔（＋）　　　　书写毛笔（－）
[处所] 写黑板（＋）　　　　书写黑板（－）
[模式] 写颜体（＋）　　　　书写颜体（？）

　　单音及物动词"写"，既可以带对象宾语和目标宾语，也可以带工具宾语、处所宾语、模式宾语等；双音及物动词"描写、抒写、撰写、编写、写作、书写"等，却只能带直接对象宾语或目标宾语，不能带或不好带表示工具、处所、模式等的宾语。

　　"对象N＋V"是"V＋对象N"动宾结构在"NVN造名结构"中的语序异变。换句话说，"V＋对象N"动宾结构并非在任何情况下都保持其原形，在"对象N＋V＋管界N"的造名结构中会出现"管界N＋V"的异变现象。比方，"国家保护野生动物"，这是一般述说，"保护野生动物"是"V＋对象N"动宾结构；"国家野生动物保护委员会"，这是一个专名，其中的"野生动物保护"是"对象N＋V"受事性主谓结构。

2.2 "对象N＋V"的形成原因。

　　"V＋对象N"动宾结构在"对象N＋V＋管界N"中发生语序异变，形成"对象N＋V"，既有结构方面的原因，也有语用方面的原因。

2.2.1 结构原因：出现管界词语。

　　在"V＋对象N"的后边一旦出现作为管界词语的N，"V＋对象N"就容易发生"对象N＋V"的语序异变。比如，"批发蔬菜""介绍产品"都是动宾结构，它们后面如果出现"公司、市场、站、处"和"要点、图片、书单"等管界词语，就很容易向"蔬菜批发""产品介绍"变易。看例子：

　　（8）（他）骑了三轮车去城南吉祥村的蔬菜批发市场……（贾平凹《废都》）

　　（9）产品介绍单就雪片似的在那边人头上飞……（贾平凹《废都》）

　　上例用了"蔬菜批发市场"和"产品介绍单"。再比较：

NVN 造名结构及其 NV｜VN 简省形式

(10) 这次是国家公安部的一个领导来西安检查工作。(贾平凹《废都》)

(11) 这次是国家公安部的一个领导来西安主持制定工作检查条例。

"检查工作"是动宾，用在"条例"前边成了"工作检查"。

(12)（为了枪弹的丢失,）路上就制作好了查找方案：一是保护现场，二是封锁消息。(阎连科《夏日落》)

(13)（为了枪弹的丢失,）路上就制作好了查找方案：一是现场保护方案，二是消息封锁方案。

"保护现场"和"封锁消息"是动宾，用在"方案"前边成了"现场保护"和"消息封锁"。

应该指出：

第一，"V＋对象 N"向"对象 N＋V"变易时，对象 N 有简化倾向。或者是词语有所减缩，或者是词语使用概括性说法。例如：

(14) 我代表老年人保障协会，保障老年人的利益。(陆文夫《享福》)

(15) 要是把这样名贵的宝剑，卖给一个收购废铜烂铁的废品收购站，不是太自轻自贱了吗？(从维熙《空巢》)

例 (14)，"保障老年人的利益"是动宾结构，在"老年人保障协会"中只用了"老年人保障"的减缩说法；例 (15)，"收购废铜烂铁"是动宾结构，在"废品收购站"中却用了表示上位概念的说法"废品"。

第二，向"对象 N＋V"变易的"V＋对象 N"，V 必须是双音节的，单音节的不行。例如：

买票　　　买票手续　　　票买手续（一）
买机票　　买机票的手续　　机票买手续（一）
购买机票　购买机票的手续　机票购买手续（＋）

"买票、买机票"中的"买"都是单音节，不能易序为 NV 跟管界 N 组合。

第三，向"对象 N＋V"变易的"V＋对象 N"，可能是个大小套合的二重性动宾结构。例如：

外汇收支管理条例

外汇收支　　　→收支外汇　　　（动＋宾）

外汇收支管理　→管理收支外汇　（动＋宾［动＋宾］）

电脑使用学习手册

电脑使用　　　→使用电脑　　　（动＋宾）

电脑使用学习　→学习使用电脑　（动＋宾［动＋宾］）

这里，"对象N＋V＋管界N"中的V，所指向的对象实际上包含两个层次："对象N＋V"是"对象（对象N＋V）＋V"，而原形"V＋对象N"则是"V＋对象（V＋对象N）"。看个实际用例：

（16）若是让农民知道你老曲只是个应应景的酸文人……你老曲又如何完成工作，如何撰写林业发展调查报告？（阙迪伟《一曲未了》）

上例的"林业发展调查报告"，相当于"调查发展林业的报告"，其中的"调查发展林业"是二重性动宾结构。

2.2.2　语用原因：构造特定名目。

在"V＋对象N"后边出现管界N的时候，"V＋对象N"是保持原形，还是变易成为"对象N＋V"，说到底，是由于语用的需要。"V＋对象N（的）＋管界N"和"对象N＋V＋管界N"相比较，后者更富于书面语色彩，显得比较文雅庄重，因而利于用来作为一个名目。

（17）……赡养老人的问题是个经济问题，应该由我来负责。（陆文夫《享福》）

（18）等两年吧，按优待知识分子的政策，满二十年工龄就可以……（赵德发《蝙蝠之恋》）

这两例都是一般地述说情况。其中的"赡养老人的问题""优待知识分子的政策"，如果说成"老人赡养问题""知识分子优待政策"，就成了一个经过了凝炼的名目。

2.3　"对象N＋V"的独用。

"对象N＋V＋管界N"可以不出现管界N，只出现"对象N＋

NVN 造名结构及其 NV｜VN 简省形式

V",形成语表上"对象 N+V"独用的格局。对于"对象 N+V+管界 N"来说,独用"对象 N+V"是 NV 简省形式,且仍然被包含在"造名境域"之中,管界 N 采取零形式的表示方法。比如:

(19)"你犯错误了?""没有。人家说是正常的临时工清退。……"(赵德发《蝙蝠之恋》)

"临时工清退"是"对象 N+V",相当于"临时工清退活动"。对于"临时工清退"来说,"活动"是零形式管界 N。又如:

  问题讨论 法律学习 介词研究 方言调查 民俗考察
  古籍整理 新书介绍 敌情汇报 往事回忆 校史撰写
  肺病治疗 天花预防 茶叶制作 名酒酿造 蜈蚣饲养
  芹菜栽培 彩电保护 天线安装 钟表修理 课文分析

这些"对象 N+V"后边都可以出现"活动""方法"之类管界 N。如:"问题讨论"相当于"问题讨论活动","彩电保护"相当于"彩电保护方法","古籍整理"相当于"古籍整理活动"或"古籍整理方法"。

独用的"对象 N+V"既然相当于"对象 N+V+管界 N",它们自然可以成为造名单位,具有名词化倾向。正因如此,它们很容易用来作书名、文章名等等[②]。如"蜈蚣饲养"可以用来作为一本小册子的名称,"介词研究"可以用来作为一篇文章的名称,"问题讨论"可以用来作为一个专栏的名称。当然,在用来作为书名之类的时候,它们仍然包含零形式管界 N:蜈蚣饲养=蜈蚣饲养方法;介词研究=介词研究论文;问题讨论=问题讨论专栏。

值得注意的是:"对象 N+V"出现在"对象 N+V+管界 N"里头时,是受事性主谓结构;当它独立使用的时候,特别是在用来作为书名、文章名等的时候,有向偏正结构偏转的倾向,在整体功能上相当接近于名词性短语。

3 "V+管界 N"

3.0 "V+管界 N"有时在"对象 N+V+管界 N"中出现,有时独用。"V＋管界 N"独用形式，是 VN 简省形式。

3.1 "V＋管界 N"的独用。

一个"对象 N＋V＋管界 N"结构，如果不出现对象 N，只出现"V＋管界 N"，便形成语表上的 VN 简省形式。跟独用的"对象 N＋V"一样，独用的"V＋管界 N"实际上仍然被包含在"造名境域"之中。不同之处在于，"对象 N＋V"以管界 N 为零形式，"V＋管界 N"则以"对象 N"为零形式。对于"对象 N＋V＋管界 N"来说，"V＋管界 N"隐匿了 V 的逻辑宾语。例如：

(20) 朱先生重新回到白鹿书院，组织起来一个九人县志编撰小组，自任总撰。另八位编撰人员全是他斟酌再三筛选的才富八斗的饱学之士……（陈忠实《白鹿原》）

"县志编撰小组"是"对象 N＋V＋管界 N"。"编撰人员"等于"县志编撰人员"，但语表上只出现"V＋管界 N"，对象 N"县志"采取零形式。就表意而言，"编撰人员"是个隐匿着逻辑宾语"县志"的结构。

独用的"V＋管界 N"中 V 指向什么对象，或者说零形式"对象 N"是什么，"V＋管界 N"本身有时能提供一些信息，有时不能。这可以分四种情况来说。

3.1.1 V 能提供信息。例如：

(21) 我是印刷机器？（贾平凹《废都》）

(22) 凭你的经营才干，我们搞个影业公司……（佳云《蝉蜕》）

"印刷机器""经营才干"都是"V＋管界 N"。"印刷"的一定是书籍、文件、图表之类；"经营"的一定是商业或商业性事业。同类的例子：建筑材料（"建筑"的对象是房屋之类）｜救济物资（"救济"的对象是灾民、难民或穷人）｜审讯结论（"审讯"的对象是罪犯或同类性质的人）｜演出大厅（"演出"的对象是文艺节目之类）｜写作技巧（"写作"的对象是论文、小说之类）。

3.1.2 管界 N 能提供信息。例如：

(23) 指导教师身教言教，师生关系融洽和谐。（王玉章《努

NVN 造名结构及其 NV | VN 简省形式

力在博士考中培养拔尖人才》）

"指导教师"是"V+管界 N"。"指导"的是什么人，"指导"本身看不出来，信息由"教师"提供。由于管界 N 是"教师"，这就规定了指导的对象是学生。当然，所指学生是研究生，进修生等高层次的学生，不是泛指任何学生。正因如此，可以说"研究生指导教师""进修生指导教师"，却不能说"学生指导教师"。同类的例子：领导政党（"领导"的对象跟"政党"有关：各党派领导政党）｜支援部队（"支援"的对象跟"部队"有关：被困友军支援部队）｜辅助教材（"辅助"的对象跟"教材"有关：《现代汉语》辅导教材）。

3.1.3 V 和管界 N 都能提供信息。例如：

（24）在销售价格上，他几乎是把 W 公司顶到了墙角。（佳云《蝉蜕》）

"销售价格"是"V+管界 N"，相当于"产品销售价格"。"销售"表明以商品为对象，"价格"的对象属于商品的范围。再看两个例子：

（25）北京拍卖市场，经常举办拍卖活动。（《人民政协报》1993 年 9 月 23 日）

（26）……赔偿条件是够苛刻的。在谈判中，她根据赫斯的意见提出这种赔偿金额，对方竟没有一般的讨价还价，立即答应了。（佳云《蝉蜕》）

例（25）出现两个"V+管界 N"："拍卖市场"和"拍卖活动"，相当于"物品拍卖市场"和"物品拍卖活动"。V 的隐匿逻辑宾语是用金钱购买的物品之类。"拍卖活动"，"活动"不提供有关信息，"拍卖"才提供有关信息；"拍卖市场"，"拍卖"和"市场"都提供有关信息。例（26）也出现两个"V+管界 N"："赔偿条件"和"赔偿金额"，相当于"经济损失赔偿条件"和"经济损失赔偿金额"。V 的隐匿逻辑宾语是经济损失之类。"赔偿条件"，"条件"不提供有关信息，只有"赔偿"提供有关信息；"赔偿金额"，"赔偿"和"金额"都提供有关信息。

同类的例子：主治大夫（"主治"和"大夫"都提供有关"病"的

信息：心脏病主治大夫）｜吹奏乐器（"吹奏"和"乐器"都提供有关乐曲的信息：古曲吹奏乐器）｜演唱晚会（"演唱"和"晚会"都提供有关歌舞的信息：新潮歌曲晚会）。

3.1.4 V 和管界 N 都不能提供信息。例如：

指挥人员　指导中心　学习资料　考察报告
咨询单位　分析方法　限制措施　使用条件

"指挥"什么？哪个方面的"人员"？"指挥人员"本身未提供任何信息。其他类推。

3 个音节的"V＋管界 N"，提供信息的情况跟 4 个音节的相同。比如：

饲养员——V"饲养"提供信息。"饲养"的对象是牛、马之类：军马饲养员。

指挥官——N"官"提供信息。隐匿的 N 是部队士兵。指挥乐队的人不叫指挥官，指挥士兵作战的军官才叫指挥官：部队指挥官。

运输车——V 和 N 都提供信息。运输的对象是人或物，车装载的也是人或物：士兵运输车｜原木运输车。

说明书——"说明"什么？"书"的内容是什么？V 和 N 都不提供信息。

总的说来，在许多情况下从"V＋管界 N"本身可以推知零形式对象 N 之所指，不过，所推知的对象一般比较笼统，并不是确指性的。

3.2 "V＋管界 N"的语境。

"V＋管界"本身不管是否提供有关对象 N 的信息，它所隐匿的对象，即零形式对象 N 之所指，在特定语境中一般都会有所显示。换一个角度讲，正由于有关语境已经显示了对象 N，为了避免重复，说"对象 N＋V＋管界 N"时就需要隐去对象 N。

对象 N 的语境显示，主要有两种。

3.2.1 篇章语境显示。

所隐匿的对象 N，就一部书或一篇文章而言，是清楚的。例如：

（27）庄之蝶因严重失眠导致了写作能力的丧失……（贾平凹

NVN造名结构及其NV|VN简省形式

《废都》)

(28) 我指的是你们收货方的化验手段出了问题。(佳云《蝉蜕》)

从《废都》一书可知,"写作能力"相当于"文学作品写作能力"。庄之蝶是作家,他写作的不会是科学研究方面的论文。从《蝉蜕》一文可知,"化验手段"相当于"化工产品化验手段"。此文写的是涉及"乙基纤维素"这种化工产品的事。又如:

(29) 省高级人民法院果真在七天后批发了最后的审判结果……(贾平凹《废都》)

(30) ……贺电特别提到了推销工作的可贵努力,点名赞扬了桑仪。(佳云《蝉蜕》)

(31) 那边送来的检查报告也是通过法律程序……(佳云《蝉蜕》)

"审判结果""推销工作""查验报告"所隐匿的对象N,在《废都》《蝉蜕》里也有清楚的交代。

3.2.2 语句语境显示。

所隐匿的对象N,在语句的上文有了显示。单句、复句和句群的例子各举一个:

(32) 白鹿原人幽默的天性得到了一次绝好的表演机会。(陈忠实《白鹿原》)

(33) 在这种极度的努力之下,主体工程总算如期完成了,然而安装费用却大大超过了预算。(莫然《风从东方来》)

(34) 把田福贤推上百鹿村的戏楼是白鹿原农民运动发展的最高峰。会址仍然选用白鹿村祠堂前的戏楼。鹿兆鹏主持这场非同寻常的斗争大会。(陈忠实《白鹿原》)

"表演机会"相当于"幽默天性表演机会",对象N"幽默天性"见于同一单句中前面的主语;"安装费用"相当于"主体工程安装费用",对象N"主体工程"见于同一复句中前一分句;"斗争大会"相当于"田福贤斗争大会",对象N"田福贤"见于同一句群中的第一个句子。

355

3.3 "V+管界 N"和"对象 N+V"。

同是"对象 N+V+管界 N"的简省形式,"V+管界 N"和"对象 N+V"也有不同之处。

第一,就特指专名性而言,"V+管界 N"弱于"对象 N+V"。

这取决于 N 的性质。对象 N 和管界 N 相比较,一般都是对象 N 指具体一些的事物,管界 N 指概括一些的事物。正因如此,"V+管界 N"尽管还是表示一个名目,但由于未出现对象 N,特指专名性就相对减弱了。比较:

句型研究项目:你们的句型研究项目进行得怎么样?
句型研究:你们的句型研究进行得怎么样?
研究项目:你们的研究项目进行得怎么样?

从语表上看,"句型研究项目""句型研究"都具有特指专名性,"研究项目"却具有较大的泛指性。在这一点上,"对象 N+V"更接近于"对象 N+V+管界 N"。

第二,就短语名词性而言,"V+管界 N"强于"对象 N+V"。

这取决于 V 和 N 的位置。"V+管界 N",V 在前,N 居后,是一般的名词结构;"对象 N+V",N 在前,V 居后,尽管整个儿有名词化倾向,但又仍然带有一些动词性。正因如此,"对象 N+V"一般都能出现在"进行"后边,而"V+管界 N"却绝大多数不能出现在"进行"后边。比较:

句型研究工作:　进行句型研究(+)　进行研究工作(+)
民俗考察活动:　进行民俗考察(+)　进行考察活动(+)
茶叶制作方法:　进行茶叶制作(+)　进行制作方法(-)
天线安装要领:　进行天线安装(+)　进行安装要领(-)
钟表修理费用:　进行钟表修理(+)　进行修理费用(-)

管界 N 可以使用这样那样的名词。当"V+管界 N"是"V+工作"或"V+活动"的时候,才可以出现在"进行"后边。在这一点上,"V+对象 N"更接近于"对象 N+V+管界 N"。

第三,就句子成分充当能力而言,"V+管界 N"强于"对象 N+V"。

NVN 造名结构及其 NV｜VN 简省形式

这取决于"对象 N＋V"本来的句法功能。"V＋管界 N"和"对象 N＋V"都可以充当主语和宾语,但"V＋管界 N"可以作管界 N 以外名词的定语,"对象 N＋V"则不能。这是因为,"对象 N＋V"本来就是"管界 N"的定语,它的后边不大可能出现不属于管界 N 的名词。看两个例子:

(35) 他当着我的面拨通了一家翻译公司的电话。(莫然《风从东方来》)

(36) 不管你们在日本有过多少安装工作的经验……你们不听我们的听谁的?!(莫然《风从东方来》)

"翻译公司""安装工作"都是"V＋管界 N",它们分别充当了"电话""经验"的定语。"对象 N＋V"没有这样的用法。在这一点上,"V＋管界 N"更接近于"对象 N＋V＋管界 N"。

4 结语

4.1 "对象 N＋V＋管界 N"是现代汉语里很值得注意的一类结构。作用上,它组造出一种特定名目;结构上,它包括对象 N、及物动词 V 和管界 N 三个部分;语义关系上,V 以对象 N 为逻辑宾语,二者关系更为密切,后边的管界 N 起的是划定界域的作用。

4.2 "对象 N＋V＋管界 N"这一结构本身的语义关系,不完全决定对这一结构的层次切分。由于受到前后两个 N 在音节上长短配置有所不同的影响,对这一结构的层次切分存在"V 靠前切分"和"V 靠后切分"两种情况。相应地,如果需要在这一结构中插入"的"字,也可以有两个位置,或者在 N 和 VN 之间,或者在 NV 和 N 之间。

4.3 "对象 N＋V"是动宾结构"V＋对象 N"在 NVN 结构中为了满足"造名"的语用需要而发生的一种变异。"对象 N＋V"有时独用,成为 NVN 结构的一个简省形式。出现在 NVN 结构中时,"对象 N＋V"如果被切分到一块,便是受事性主谓关系;独用时,"对象 N＋V"实际上隐匿着管界 N,有名词化倾向。

4.4 "V+管界 N"是 NVN 结构的另一个简省形式。这一形式实际上隐匿着对象 N。对象 N 之所指,"V+管界 N"本身有时可以提供某种较为笼统的信息,而明晰信息的提供,则依赖于语境的显示。由于"V+管界 N"隐匿了对象 N,语表上就出现及物动词直接修饰名词的特殊模式。

4.5 从"对象 N+V+管界 N"这一结构及其简省形式,还可以看到:同一个动词,如果名词的排列配置状况有所不同,句法格局也会有所不同。比方说:

    收购药材   ——动宾结构

    收购原则   ——偏正结构

    药材收购原则 ——偏正结构

    原则收购药材 ——(一)

    药材收购店铺 ——偏正结构

    店铺收购药材 ——主谓结构

这类现象,从一个侧面反映了汉语里"名词定格"的事实[③]。

注释:

[①] 邢福义:《汉语里宾语代入现象之观察》,《世界汉语教学》1991 年第 2 期,第 76~77 页。

[②] 可参看尹世超:《说标题动词及相关的标题格式》,《中国语文》1993 年第 4 期,第 260 页。

[③] 关于"名词定格"问题,笔者曾在《现代汉语语法问题的两个三角的研究》一文中论及。文载华萍:《语言教学与研究》1991 年第 3 期,第 21~37 页。

(原载《语言研究》1994 年第 2 期)

南味"好"字句

南味"好"字句

前言

程度副词的使用,往往能使话语带上地方风味。比较三个句子:

(1) 你家阿梅很精灵,很能干,做事情很认真。

(2) 你家阿梅特精灵,特能干,做事情特认真。

(3) 你家阿梅好精灵,好能干,做事情好认真。

第一句用"很",这是普通话里最一般的说法。第二句用"特",这是京味说法,近年来在北京一带,特别是在青年人口里,使用频率很高。第三句用"好",这是南味说法,南方人,包括广东、海南、香港、台湾等地的人,很爱用。

"好"是个使用频率很高的字。据《汉字信息字典》,"好"字字级为 1,频级为 1,频序为 0099[①]。由此推知,"好"字句的使用频率,其位序当在 100 位之内。

本文研究南味"好"字句,主要依据《梁实秋·韩菁清情书选》[②]。梁实秋出生于北京,后在台湾生活多年;韩菁清原籍湖北黄陂,生于江西庐山,七岁随父迁居上海,后在香港、台湾生活多年。在一个地方生活的人,不会不接受该地方话语的影响。《梁实秋·韩菁清情书选》224 页就有这么一个"注":"韩菁清在香港生活多年,所以常用香港报纸上登载的广东方言字。这些字梁实秋不认得,笑她为'造字专家'。后来,连梁实秋也用起这些'怪'字来……"

包含"好 X"的句子都是"好"字句。本文讨论的南味"好"字句,只是"好"字句中有南味的一部分。文中例句末尾括号里的注明，A代表梁实秋，B代表韩菁清，数字代表《梁实秋·韩菁清情书选》的页码。

1 "好X"的结构

1.0 南味"好"字句中的"好X"，其基本构造是"好＋AP"。

1.1 关于"好"

"好"是程度副词，可以用"很"去替换。例如：

(4) 你的"大心"在墙上对着我喷射着温暖！我好开心。(A177)

(5) 我的家是一个空虚的家，这个城市也好冷落！(B52)

(6) 谢妈妈这几天好痛苦……(B174)

"好开心｜好冷落｜好痛苦"可以替换为"很开心｜很冷落｜很痛苦"。

用了"好"字的句子，如果"好"不是程度副词，或者虽是程度副词但不能替换为"很"，那么，就不是南味"好"字句。例如：

(7) 我们应该有个"好意头""好预兆"，说些"吉祥"的话。(B191)

(8) 我要等拿到支票才好动身……(A193)

(9) 好好保重，努力加餐，补足睡眠。(B24)

(10) 有时我出去探视好几次……(A244)

前三例的"好"不是程度副词；后一例的"好"虽然是程度副词，但不能用"很"去替换。

1.2 关于X

X是AP。包括：(1) 形容词；(2) 其他形容词性词语：或者是功能跟形容词相同的心理动词结构，或者是"不A""不是NP"等否定结构。例如：

(11) 新年前后都好冷，时常下雨。(B180)

(12) 这几天来脸总是热的，心总是跳得好快……(B224)

南味"好"字句

"好"后边的"冷""快"都是形容词。

(13) 我好想念你。(B106)

(14) 我清晨五时即醒,不知你睡得如何,我好惦记你。(A25页)

(15) 秋,我好明白你疼我超过一切的人……(B81)

(16) 目前我什么人都不想见,好怕听人家的建议和小意见。(B265)

"好"后边的"想念你""惦记你""明白……""怕……"都是心理动词结构。

(17) ……我也好不自然。(B186)

(18) ……我一个人静下来的时候,好不是味道!(B71)

(19) 现在是搞得风风雨雨的,使我好下不了台!(B109)

上例都包含有"好+否定结构"。

1.3 三点说明

1.3.1 南味"好"字句不采用"好生→AP""好不→AP"的结构。

(20) 尤其知道你有病……令人好生难过。(A229)

(21) 看到你如怨如泣满纸凄楚的辞句……好不心酸难过!(B242)

前一例是"好生→难过",后一例是"好不→心酸难过"。"好难过""好心酸难过"是南味说法,"好生难过""好不心酸难过"是常见于近代白话作品中的带点古味的说法。梁、韩二人,一个是大文学家,一个很有文学素养,他们笔下既有南味说法又有古味说法,这是不足为怪的。

"好不心酸难过"跟"好心酸难过"同义,不是"好→不心酸难过"。比较:

(22) 累你多受一星期的洋罪,我好难过,好心痛,好不舒服!(B189)

(23) 我愿意爱你,像你爱我,好真,好诚,好纯,好不平凡!(B35)

这里的"好不舒服｜好不平凡",不等于说"好舒服｜好平凡",即不是"好(不)→舒服｜好(不)→平凡",而是"好→不舒服｜好→不平凡"。

1.3.2 南味"好"字句中的"好",其分布范围小于"很"。

且别说"很"可以作补语,程度副词"好"不能作补语;且别说"很"前边可以出现"不",程度副词"好"前边不能出现"不":

很舒服→舒服得很　　　好舒服→舒服得好(×)
很舒服→不很舒服　　　好舒服→不好舒服(×)

就拿"很 X"格式来说,X 中可以包含数量词,这表明"很"可以用来对情况作量的评估,而"好 X"中的"好"只用于程度咏叹,它后边的 X 是一般排斥数量词的。比较:

这个人很有钱!　　　这个人好有钱!
这个人很有几个钱!　　这个人好有几个钱!(×)

可见,不是所有用"很"的地方都可以改说成"好"。上文用"很"来类比"好"的词性,只是因为"很"是最有代表性的一个程度副词。其实,准确点说,在分布范围上跟"好"大致相当的,是"非常"或"特别",而不是"很"。

1.3.3 在结构上可以互换的"好 X"和"很 X",在语用价值上有所不同。

"好 X"跟已然事实相联系。这个结构一般不在假设或推断的语境使用。比较:

如果天气很热,你还让他干这干那,他自然很不耐烦。
如果天气好热,你还让他干这干那,他自然好不耐烦。(?)

上例里"很热"出现于假设语境,"很不耐烦"出现于推断语境,它们都不好改说"好 X"。再看这两个例子:

(24)(这几天好冷,好冷,地上有冰。)爱,你屋里若是太冷,要多穿衣服……(A157)

(25)那间小房,小得可怜,如何能挂上几张照片?而且要盖满墙,那就很滑稽,你不怕人笑么?(B180)

南味"好"字句

前一例是假设语境,可以把"太"改为"很",说成"你屋里若是很冷";但"太"和"很"都不能改为"好",不能说成"你屋里若是好冷"。后一例是推断语境,句子里用了"那就很滑稽",不好说成"那就好滑稽"。

"好 X"有很强的咏叹情味。在述说事实的场合,如果述说者用的是"很 X",那么,便是重在对事情作纯客观的反映;如果述说者用的是"好 X",那么,便带上明显的主观情绪。例如:

(26) 替你求的三签,都很吉利……(B173)

(27) 陈之藩教授和夫人都是很难得的知己……(B174)

上例用"很吉利""很难得",重在反映事实。如果改说成"好吉利""好难得",话语就带上较强的心理色彩。

(28) 现在我从各方面得来的消息,才知此人好阴险。(B214)

上例用"好阴险",既反映了客观事实,又表明了主观情绪。

2 "好 X"的功能

2.0 南味"好"字句中的"好 X",基本功能是充当谓语,有时也充当补语、定语等。

2.1 充当谓语

若以"我"为主语,谓语"好 X"多强调自我感觉。例如:

(29) 33 号信收到,我好快乐。(A174)

(30) 我拥有你,我好满足。(B81)

(31) 信写得长,情亦长,我好开心。(B86)

(32) 秋,我好乖。我是你最乖的孩子,你不要担心我。(B79)

"好快乐""好满足""好开心""好乖"直接作谓语,都是自我感觉的咏叹。

若以"你""他""它"等为主语,"好 X"多表示品评议论。例如:

(33) 爱,你总是这样调皮。你好可爱!(A64)

(34) 爱,你好周到,过阴年还寄卡给我。(A183)

"好可爱""好周到"对"你"作评议性咏叹。

(35) 你的信纸背面全是树叶,红的绿的黄的,好好看……(A150)

(36) 顶尖大碗的冬菇,整块的大冬菇,好吓人!(A172)

"好好看""好吓人"对属于第三人称的事物作评议性咏叹。

(37) 这屋里好静,到处都是你的照片……(A38)

(38) 菁清,我这里好冷……(A67)

(39) 今晚好冷……(B59)

"好静""好冷"对属于第三人称的处所时间作评议性咏叹。

"好 X"有时见于连谓式,充当第二谓语。例如:

(40)(小胖子说……你的声音哑了!)我听了好心酸……(A45)

(41) 我约束自己好严,(希望你将来嘉奖,好吗?)(B81)

"好心酸""好严"都是第二谓语。这类以"好 X"为第二谓语的连谓式,表示"在什么时候怎么样"或"在哪个方面怎么样"的意思。

2.2 充当补语、定语或状语

"好 X"作补语,用在"V 得"之后。例如:

(42) 字写得好难看……(B59)

(43) 信件走得好慢……(A47)

(44)(屋里)弄得好脏乱!(B103)

作补语的"好 X"实际上具有谓语的性质。只要去掉"V 得","好 X"就可以转化为谓语:字好难看∣信件好慢∣屋里好脏乱。

"好 X"作定语,有的带"的",有的不带"的"。如:

(45) 谢妈妈做了好多菜,(与谢伯伯二人专程请我……)(B121)

(46)……同去谢家吃了一顿好丰富的晚饭。(B121)

前一例,"好多"作"菜"的定语,不带"的";后一例,"好丰富"作"晚饭"的定语,带"的"。

"好 X"偶尔作状语,不带"的"。如:

南味"好"字句

(47) 昨天打蜡的好早来,好迟才走……(B165)

这里,"好早""好迟"分别作"来"和"走"的状语。

3 "好"字句的复现

3.0 南片话语中,"好"字句有很高的复现率。"好"字句的南味感觉,在很大程度上是因为复现之频繁而得到加强的。

"好"字句的复现,主要有隔用性复现和叠用性复现。

3.1 隔用性复现

甲、乙"好"字句在别的句子的间隔中复现。隔用的"好"字句有时 X 同形,这是一种同词隔用;有时 X 异形,这是一种换词隔用。例如:

(48) 虽然今天只有两封信,但是内容好丰富,信写得长,情亦长,我好开心。(B86)

(49) 我好幸运,"一旦选在君王侧","六宫粉黛无颜色"的那种感觉使我好满足。(B149)

上例分别复现两个"好"字句,它们都是"好 X"换词隔用。

(50) 我想听你无缘无故地对我大声吼叫,好可爱。我想看你吃大块的不去根的冬菇,好可爱。我想被你推出门外,因为你要换衣服,好可爱。我想痴痴地望着你披了大衣大摇大摆地走向厨房去,好可爱。我想在一旁观看你在厨房里炒菜乱成一团,一时找不到锅铲,又一时抓不到锅盖,好可爱。我想和你挤在计程车里,手拉着手,相视而笑,好可爱。(A178~179)

上例复现六个"好"字句,它们是"好 X"同词隔用。

3.2 叠用性复现

甲、乙"好 X"重叠复现,或者甲、乙"好"字句重叠复现。有时 X 同形,这是同词叠用;有时 X 异形,这是换词叠用。例如:

(51) 你知道么,我是好痴好痴的一个人。(A192)

(52) 这几天我都睡不好,好烦好烦。(A245)

(53) 你若是哀伤，将使我好难受好难受！(A100)

上例甲、乙"好 X"同词叠用。

(54) 这一个月里我过得好愉快好踏实……(B32)

(55) 你屡次来信……我看了好受感动，好舒服，好开心。(A189)

(56) 好高兴，好感动，也好伤心，这是我读了快信后的心情。(B115)

上例甲、乙"好 X"换词叠用。

(57) 你这两天血压平复没有？眼睛还红肿不？我好心痛，我好着急。(A93)

(58) 我好快乐，我好幸运，我好骄傲！(A34)

(59) 你抱着小黑兔，它好幸运，我好嫉妒。(A197)

上例甲、乙"好"字句换词叠用。各例里每个"好 X"都有主语。前两例主语相同，都是"我"；后一例主语不同，分别是"它"和"我"。

不管是同词叠用还是换词叠用，"好"字有时只出现一次：

(60) 再过四个钟头我们又可以晤对了，我好快乐，快乐，快乐！(A31)

(61) 你好伟大、不凡、可爱、诚朴、仁慈、高超。(我想这是我内心的话。)(B251)

前一例，一个"好"字后边同词叠用；后一例，一个"好"字后边换词叠用。

有时，叠用复现和隔用复现结合使用。例如：

(62) 这屋里好静，到处都是你的照片，你以前的照片，我看了好喜欢，好爱，好心酸，好惆怅，好遗憾，好痛苦！(A38)

(63) 这大心上的图案好丰满，好充实，好绚烂，好热闹，一看就知道是你选的，我好喜欢！(A164)

前一例，先出现一个"好 X"，略有间隔之后又出现一串"好 X"；后一例，先出现一串"好 X"，略有间隔之后又出现一个"好 X"。

南味"好"字句

4 "好"字句和书面语

4.0 南味"好"字句是活跃在口语里的句式。在书面语作品中,一般只出现在交谈式的口语性语境之中。在书面语色彩较浓的语境,特别是在文言味较强的情况下,一般不使用南味"好"字句。

4.1 《梁实秋·韩菁清情书选》的考察

《梁实秋·韩菁清情书选》一书,除开"情诗"和"韩菁清小品",主要有以下七个类型,使用南味"好"字句的情况有所不同。

4.1.1 婚前梁、韩之间的信件。——"情书"一百多封,南味"好"字句十分活跃。

4.1.2 婚后不在一起时梁给韩的信。——"家书"一百多封,南味"好"字句仍使用,但有逐渐减少的趋势。

4.1.3 梁给友人和后辈的信。——给顾一樵信一封(51页),给浦家麟信一封(55页),给韩光沪信两封(488~489页),附在《梁实秋·韩菁清情书选》中有关地方。前两封文言味较强,后两封虽然不大用文言词语,但书面语色彩较强。这四封信里未出现南味"好"字句。

4.1.4 《清秋副刊》。——附在梁给韩的几封信的后边。梁给韩的信中说:"新添《清秋副刊》一栏,系逐日杂记报刊时事,专为我的小娃一人阅览消遣而写。"共八则,见253~254页,257~258页,260~261页,262~263页。有文言味,书面语色彩较浓,未出现南味"好"字句。

4.1.5 《闲愁琐记》。——1979年10月24日—27日,韩赴香港,时间很短,梁写下《闲愁琐记》,代作给韩的书信。共三则,见461~464页。用了少量文言词语,书面语色彩较浓,未出现南味"好"字句。

4.1.6 梁预先写好的遗嘱。——共两份,见523~525页。用郑重的口气写成,后一份基本上是文言文,未出现南味"好"字句。

4.1.7 韩悼念梁的文字。——共两篇,一篇写于1988年5月7日,一篇写于同年8月2日,见526~533页。两篇文字全用跟梁对话的口气。当时韩心情悲痛,笔下很带感情,出现了南味"好"字句。如：

(64) 你总是爱坐在我身边欣赏我吃，边吃边聊……我好感谢你陪伴我，虽是小事一桩，使我好感动，且终生难忘！(B526)

(65) 我好想念你，真的好想念好想念你……(B526)

(66) 十四楼为你预备一个好雅致的书房，可是你啊，却有"惧高症"……(B531)

4.2 《二十年目睹之怪现状》的考察

为了了解南味"好"字句在近代白话文作品中的使用情况，笔者特意考察了《二十年目睹之怪现状》③一书。

《二十年目睹之怪现状》是写于清末的一部小说，基本上是白话文，也有较多的文言因素。作者是吴沃尧，字小允，又字茧人，后来改字趼人。他是广东南海县人，因住在佛山，别号我佛山人。

经过考察，可以知道：

4.2.1 吴沃尧比较注意方言现象。《二十年目睹之怪现状》一书中，他常常直接或间接就方言现象发点议论，或者通过人物之口说点带方言的话，有点卖弄方言知识的味道。略举几例：

(67) 这里上海有一句土话，叫甚么"书毒头"，就是此边说的"书呆子"的意思。(160页)

(68) 忽然内进里跑出一个广东人来……他要和我说上海话，说这一块洋钱是哑子，又说得不正，便说成一个"俄基"了。(431~432页)

(69) 我自从到香港以来，只听见人说金仔（粤人呼金元为金仔），却还没有见过。(449页)

(70) ……那铜烟锅儿（粤人谓之烟斗，苏、沪间谓之烟筒头），恰恰打在头上，把头打破了，流出血来，直向脸上淌下来。(545页)

(71) 你咛来了（你咛，京都土语，尊称人也。发音时唯用一"咛"字，盖藏而不露者。或曰："你老人家"四字之转音也，理或然欤）！(577页)

南味"好"字句

(72) 督办便道:"请吃汤。"那女子又掩着口,笑了一会道:"我们湖北汤是喝的,不是吃的。"……恰好当差取到一百吊钱票子,总理便交给姑娘的老子……姑娘老子陪笑道:"谢你家。再请高升点,你家。你家不在乎此,你家。"(401~409页)

4.2.2 吴沃尧是广东佛山人,在他的笔下难免带出一些南味说法。如果说,他有意模仿方言说法时,只限于词汇现象和语音现象,那么,他无意中带出南味说法时,所涉及的现象就属于语法问题或跟语法问题有关了。例如:

(73) 在路上有遇见甚么人没有?(127~128页)

(74) 这两天你看报来没有?(158页)

(75) 不知这犯人有生下孩子没有?(376页)

上例都是跟"不没有VP"相当的"有VP没有"。"有没有VP"是带南味的目前十分流行的说法④。

(76) 你今天和他谈天,有说起他儿子的事么?(516页)

(77) 自别后,他一封信也未曾有来过。(360页)

上例都是"有VP"。一例用于疑问句,一例用于陈述句。这类说法,现在的港台作品中很常见⑤。

(78) 你的书,被我毁了。买了多少钱,我照价赔还就是。(476页)

(79) 这几件东西,我看着买了二十多元钱……(451页)

"买了+多少钱"之类的动宾搭配,也常见于现在的港台作家的笔下⑥。普通话里不这么说。

(80) 他前几天不错是出差去了……(16页)

(81) 人呢,不错是多着;但是谁有这等热心,肯鉴我的冤枉。(57页)

句子中间用"不错"作插说,是现在可以常常在港台电视剧人物对话中听到的带南味说法。

(82) 请你吃茶吃酒……(380页)

(83) 几年不见,你也长得这么高大了!(58页)

369

上例也是南方人的说法。普通话里，该说"喝茶喝茶""几年没看见"。

4.2.3 《二十年目睹之怪现状》一书，只出现几个符合南味说法结构条件的"好"字句。即：

（84）我暗想这件事好奇怪……（434页）

（85）你好会占便宜！（679页）

（86）好很心！（688页）（"很心"，原文如此。）

（87）天啊！我的命好苦啊！爸爸啊！你撇得我好苦啊！（715页）

（88）老爷好古怪！（785页）

（89）好利嘴！（谁家的继母不是娘！）（852页）

这些"好"字句全出现于说话环境。例（84）虽是"暗想"，但等于"心里说"。《二十年目睹之怪现状》是一部五十多万字的小说，这几个"好"字句是分散地出现的，是有意识地搜索才发现的。

5 结束语

5.1 南味"好"字句在结构上包含"好＋AP"，即程度副词"好"修饰形容词或其他形容词性词语。"好＋AP"通常充当谓语，有时充当补语或定语，偶尔充当状语。"好＋AP"能充当主语，也一般不能充当宾语。只有动词是"觉得、感到"之类的时候，"好＋AP"才可以出现在宾语的位置上。如："我觉得好闷！"

5.2 广东、海南、香港、台湾一带的人，包括长期在那一带生活而在言语上受到影响的人，都爱用"好"字句，而且话语中常常复现"好AP"。"好AP"的复现，有时是隔用复现，有时是叠用复现，有时是隔用复现和叠用复现相结合。

5.3 "好AP"只是造成南味"好"字句的结构上的必要条件。没有"好AP"，不可能构成南味"好"字句，但是有时如果只是孤零零地用了一个"好AP"，不一定能给人以特殊的南味感觉。冰心《空巢》中有这样的叙述：

(90)老梁抽出一本《白香山诗集》来,放在桌上,回头笑对我说:"好香!在美国的我家里,就永远闻不到这种味道。"(《1980年全国优秀短篇小说评选获奖作品集》,上海文艺出版社1981年版,337页)

"好香!"——这是"好+AP"。但在《空巢》这篇七千字左右的短篇小说里,仅仅出现这么一句,它并没有使读者觉得一定是广东人或港台人在说话。生活中,常有这样的情况:一个人在脱离危险后会来这么一句:"好险!"仅仅是孤立的这么一句,也很难说它一定就是南味的。可见,"好"字句的南味感觉还取决于"好AP"的复现率。换句话说,"好AP"的复现,才是强化"好"字句南味感觉的语用上的充足条件。

5.4 南味"好"字句是口语句式,南方人使用这种句式,是在"交心谈心"和"发表感慨"的场合。这种句式,或者表明自我感觉,或者表明对他人或事物的评议,都带有说话人的主观情绪。在书面语色彩较浓的文字里,特别是在文言味较强的文字里,不用这种句式。即使在南方人的口头叙述中,如果只是对事实作纯客观的反映,说话人不动感情,也不用这种句式。

注释:

①上海交通大学汉字编码组、上海汉语拼音文字研究组:《汉字信息字典》,科学出版社1988年版,第795页。

②叶永烈选编:《梁实秋·韩菁清情书选》,上海人民出版社1991年版。

③吴趼人:《二十年目睹之怪现状》,人民文学出版社1978年版。

④⑤邢福义:《"有没有VP"疑问句式》,《语法问题发掘集》,湖北教育出版社1992年版。

⑥比如,香港陈浩泉《选美前后》:"喂,买了多少钱?"(《花城》1985年,第1期,第192页)"六百元。别的店子你一定买不到这个价钱!"(《花城》1985年第1期,第192页)

(原载《华中师范大学学报》1995年第1期)

否定形式和语境对否定度量的规约

本文以普通话的三个词为基点,联系武汉话和海南黄流话,对"否定"问题作些考察。武汉是笔者工作、生活了41年的地方;海南省乐东县黄流乡是笔者的出生地,笔者离开黄流外出读书时17岁。海南黄流话属海南闽方言的琼南小片。为了说明问题,本文还稍微涉及其他一些方言。

本文的考察,包括两个方面。一个方面是普通话和不同方言在否定形式上的差异性,一个方面是普通话和不同方言在否定度量上的共同点。前者是语法问题,后者是语用问题。

一 否定形式

普通话和方言,方言和方言,它们之间的语法差异有一个重要的方面,就是否定形式。这一点,把普通话、武汉话和海南黄流话作为三个视点来视察,就可以略有所见。

(一)否定形式本身有所不同

要是以普通话的"不""没""无"作为比较基点,可以看到:

普通话	武汉话	海南黄流话
不 没 无	不 没得 冒 [mau^{53}] 喵 [miou^{42}]	否 [vo^2]

先说普通话。在"不、没、无"中,"不"是副词。"没"兼属副词和动词:跟动词组合时是副词,如"没看见";跟名词组合时是动

否定形式和语境对否定度量的规约

词,如"没看法"。"没"的双音形式是"没有"。"没有"也兼属副词和动词:在"没有看见"里是副词,在"没有看法"里是动词。"无"是动词,跟名词组合,如"无条件"。这是个文言词,书面语色彩较浓,但口头上不是绝对不会出现。比如:"我无条件服从分配。"

再说武汉话。武汉话里,可以跟"不""没"相应的否定形式有四个。

一是"不",副词。值得注意的是:不能说"不有",这跟普通话相同;但可以用"有不有"提问(你有不有这本书?),这跟普通话不同。看个记录到书面语中的用例:

(1) 我听大哥说你起了一个心思,要打灶分家,有不有这回事?(汉剧《打灶神》)

这里出现了"有不有"。

二是"没得",动词。武汉话里,"没"单独不成词。

三是[mau⁵³],借用个汉字,记为"冇"。说武汉话时用"冇",似乎有黄陂话的味道(黄陂县靠近汉口),但现在青年人中间用得相当普遍。

四是[miou⁴²],借用个汉字,记为"喵"。

"冇"和"喵"都是副词,相当于普通话的副词"没"。从使用现状看,在句尾出现时二者可以自由替换,但在句中出现时,更多地用"冇"。如:写冇写?扫冇扫地?告冇告诉他这件事?它们如果用作动词,必须加"得":"冇得""喵得"。武汉话里没有文言性的"无",碰到"无"的时候,得改用"没得""冇得"之类。比如:无条件→没得条件|无不兴高采烈→没得哪个人不兴高采烈。当然,武汉人口头上也常说"无聊""无赖",不过,这里的"无"显然是跟随合成词一起进入武汉方言的。

再说海南黄流话。海南黄流话里,否定形式只有一个[vo²],借个汉字,记为"否"。说"不去"时,用"否";说"没听到"时,用"否";说"没人"时,用"否";说"无条件"时,也用"否"。有个情况稍微特殊:在问句句尾,固然可以说"否"[vo²],但也常常说成

[vei]，可记为"非"，念得很轻，大概是"否"的弱化形式。如：吃饭非？（吃饭没有？）

由于"不"是特别常用的字，海南黄流人在书写时常常无意中用"不"代替"否"，写出"不有""不听到"之类形式。即使是文化水平较高的人，由于"不"和"没"口头上读音相同，因而在书面上使用"不"和"没"时也可能不那么准确。例如：

(2) 最近听说海南师院已设立美术班，师资还<u>不</u>完全配够。(一位专科大学毕业生的信)

(3) 我就要高考了，因测试成绩不理想，恐怕<u>没</u>能入选。(一位高中毕业生的信)

总之，跟普通话的"不""没""无"相比较，武汉话的否定形式既少了，又多了：没有"无"，这是少了；"不""没得""冇""喵"都在使用，这是多了。至于海南黄流话，其否定形式只有一个"否"，绝对少于普通话。

(二) 包含否定形式的句法构造有所不同

武汉话和海南黄流话，都有一些不同于普通话的包含否定形式的句法结构。

比如，武汉话里有如下说法：

a. 我送来修的车子修<u>冇</u>修好？
去年我们种的葡萄结<u>冇</u>结果？

等于说：我送来修的车子修好没有？去年我们种的葡萄结果没有？在"修冇修好"之类正反叠用形式中，要用"冇"，不用"没"。

b. 小明<u>是不是</u>在看书<u>在</u>？
好大的风啊。窗户<u>是不是</u>开倒<u>在</u>？

等于说：小明是不是在看书？窗户是不是开着？"是不是"的正反叠用形式跟普通话相同，可是句末得附加上一个"在"。这样，才是地道的武汉话。

c. 多<u>不</u>多煮点饭啊？（今天多了一个人。）
你们快<u>不</u>快点走啊？（要下雨了！）

否定形式和语境对否定度量的规约

等于说：要不要多煮点饭啊？要不要快点走啊？"多不多"这样的正反叠用形式跟普通话相同，但是"多不多""快不快点"用到 VP 前头作状语，便形成比较特殊的句法构造。

  d. 你去了三峡的冇？（那里满好玩的。）
   你去过三峡的冇？（那里满好玩的。）
   你去过了三峡的冇？（那里满好玩的。）

等于说：你去了三峡没有？你去过三峡没有？你去过了三峡没有？否定词"冇"用在句末，前边还出现"的"，从而形成了"V 过了……的冇"的特殊的时态表述框架。用这个表述框架提问，武汉味才足。

再比如，海南黄流话里有如下说法：

  a. 问：吃饱非？答：否饱在。
   问：他回来了非？答：否回在。

等于说：吃饱没有？还没吃饱。他回来了没有？还没回来。问句里，用弱化的否定词形式；答句里，动词前边用否定词"否"，动词后边（句子末尾）用"在"，构成"否 VP 在"的时态表述框架。"在"的说话音是 [du^5]（吸气），表示情况还在持续，是个近似时态助词性质的语法单位。可以认为，"否 VP 在"的表述框架，是对海南黄流话里缺乏"没 VP"的表述框架的补偿。

"否 VP 在"的表述框架，依赖上文语境，其中的谓词可以隐去。于是，便出现"否在"的简省说法。例如：[问] 吃饱非？[答] 合在。[问] 他回来了非？[答] 否在。同类的例子：[问] 吃了非？[答]（否吃在。→）否在。[问] 写完非？[答]（否完在。→）否在。[问] 到了非？[答]（否到在。→）否在。

  b. 问：医生给你的药片，还有在吗？
   肯定式回答：还有在。
   否定式回答：还否了在。（＝还有在。）

用肯定式回答和用否定式回答是同一个意思。由于问句里出现"还"，答句里也相应出现"还"。答句里，不管是肯定式的"还……在"，还是否定式的"还否……在"，都由于句末出现"在"，使表述方

375

式不同于普通话。值得注意的是：这里的"否了在"不能简省为"否在"。这是因为，作为上文的问句，没有出现"否"所否定的谓词，换句话说，没有提供简省的条件。

以上所举的两个方言的现象表明，否定形式进入句法结构，很能反映方言特色。否定形式用在结构中间时状况如何，特别是否定形式用在结构末尾时状况如何，怎样同别的形式构成表述框架，都是值得深入研究的课题。

二 语境对否定度量的规约

否定形式的作用在于否定。然而，否定度量如何，到底是全然否定，还是有保留地否定，不能只看形式本身，也不能只看包含否定形式的句法结构本身。不理解这一点，就不能正确理解和运用语言。比较：

(4) 有钱人结亲讲穿戴。
　　我爹没钱不能买。（歌剧《白毛女》唱词）
(5) 有钱人结亲讲穿戴。
　　我爹钱少不能买。（芭蕾舞剧《白毛女》唱词）

新中国成立初期拍摄的歌剧《白毛女》，唱词中用"没钱"；"文革"期间拍摄的芭蕾舞剧《白毛女》，改成了"钱少"。之所以这么改，肯定是因为后边有这样的唱词："扯上了二尺红头绳，对着镜子扎起来。"修改者的逻辑是：既然没钱，怎么能买红头绳？既然能买红头绳，怎么能说"没钱"？这样的推论似乎很有道理，但是，对于语言运用来说，这是一种简单的形式逻辑推论，其可靠性是成问题的。

在语言表述系统中，语言符号不等于数目字。"没""不""无"，可能是零，也可能是少量或者数目不够。有个同是用了"没钱"的例子。电视剧《都市放牛》中，男青年南瓜和女青年喜妹从农村到大城市干杂活。南瓜买了一件很便宜的小礼物送给喜妹，喜妹看不上眼，赌气地说她想要金的、银的，又说："对面就是商店，你去给我买雀巢

否定形式和语境对否定度量的规约

咖啡!"南瓜恳求道:"喜妹,你知道我没钱!"显然,这里的"没钱"也是钱少、钱不够的意思,喜妹一听就懂,绝不会咬文嚼字地反问南瓜:既然你没钱,怎么每餐有饭吃?又怎么能买小礼品?要是南瓜恳求道:"喜妹,你知道我钱少!"这反而很不自然。再看下面一些例子:

〈"没"类〉 去跳舞?我没衣服!——并非什么衣服也没有。不然,身上穿什么?

很静很静,什么声音也没有。——事实上,不可能什么声音也没有。

〈"不"类〉 这东西不值钱,你将就着用吧!——能用,就不可能一分钱也不值。

一上午,他都坐着不动。——只要是个活人,就不可能绝对不动。

〈"无"类〉 都怪我无能!——指的是没有足够的能耐,不是说任何能耐都没有。

现在,我已无所求!——起码的温饱,总会有要求吧?

语言表述系统,由多方面的因素所构成。语言符号本身是一个方面的因素,语言符号所在的语境也是一个方面的因素。使用否定形式,其否定度量是受语境制约的。《白毛女》中,由于受到"有钱人结亲讲穿戴"的语境制约,说"我爹没钱",就等于说"我爹没钱买衣服首饰";《都市放牛》中,由于受到"你去给我买雀巢咖啡"的语境制约,说"我没钱",就等于说"我没钱买雀巢咖啡"。这类说法十分普遍。比如:"我没钱买房子",是说"我没买房子的钱",并不意味着没有可以租房子的钱。

语境对否定度量的规约方式,多种多样。大体说,有两种情况。其一,起规约作用的是显性因素,即出现在上下文中的相关词语或句子。比方"没钱"接受"买衣服、首饰"或"买雀巢咖啡"的规约。其二,起规约作用的是隐性因素,包括心理预设、情绪氛围、势态夸张等等。例如:

(6) 石洞门口还挂着帘子。无疑,这里住着工人。……"屋里怎么<u>没有人</u>哪?"我一边说,一边抖着大衣和帽子上的雪。坐在那里(指门口)的小孩扭转头,眼睛忽闪忽闪地说:"叔叔!我不是个人?"(杜鹏程《夜走灵官峡》,初中语文课本第二册)

"我"在心底里所预设的人,是成了工人的大人,而不是坐在石洞门口的那个七八岁的小家伙。说"没有人",符合说话人的心理预设。当然,小孩毕竟也是人,因此小家伙的反问尽管不能解答"我"的疑问,却也使"我"无法反驳,引得"我"欣喜地捧着他的脸说:"小鬼!你机灵得很哟!"

对于不同语言和不同方言来说,语言应用的理论问题是具有共性的。就所用的否定形式而言,武汉话和海南黄流话显然不同于普通话;然而,就否定度量的语境规约而言,武汉话也好,海南黄流话也好,都跟普通话毫无二致。例如:

<u>没钱</u> → <u>冇得钱</u> → <u>否钱</u>

<u>无话可说</u> → <u>冇得话可说</u> → <u>否话可说</u>

显然,否定度量的语境规约,并不因否定形式的不同而不同。

看些见于书面语的实际用例:

(7) 蔡　九:当时我说……我说队里情愿养个五保户,不愿出个暴发户。

　　林十娘:<u>冇得法</u>,为了巴结你,我赶紧跑到厨房去煮溏心蛋你吃。

(汉剧《蔡九赔鸭》)

(8) 林十娘:蔡队长,你今天到我屋里来还有么事?

　　蔡　九:<u>冇得么事</u>,主要是为了实现党的工作着重点的转移,顾全大局朝前看,"拆墙"来的。

(汉剧《蔡九赔鸭》)

这是武汉话的说法。前一例,"冇得法"并非全然冇得法,赶紧煮溏心蛋给蔡九吃实际上也是一个"法"。后一例,"冇得么事"并非全然冇得么事,来"拆墙"难道不是一件事?可见,"冇得法"也好,

否定形式和语境对否定度量的规约

"冇得么事"也好,它们的否定度量在上例里都是受到特定语境的显性因素的规约的。再看一个例子:

(9) 黄流妹<u>不</u>离苦担,苦担<u>不</u>离肩上担,日出赶行到日落,肩上<u>不</u>离苦担萝。(蔡明康《黄流扁担》所录民歌)

这是记录旧社会黄流劳动妇女苦难生活的一首民歌。其中的否定词"不"念[vo²],即本文所借用的"否"字。其中的"不离"是势态夸张,因为事实上不可能总是"不离",最起码在睡觉时或坐下来休息时是得离开的。这就是说,"不离"的否定度量受到特定语境的隐性因素的规约。

三 本文后缀

汉语语法的特点,需要从诸多方面加以发掘,否定形式就是极为重要的一个方面。如果一方面对普通话的否定形式及其所在的句法结构作深入的研究,另一方面又对各个方言里的有关现象有充分的了解,那么,汉语语法研究必定能取得突破性的进展。

在汉语的众多方言中,否定形式的差异,以及包含否定形式的句法结构的差异,绝对不是三两个方言存在的现象。

就否定形式而言,张振兴《漳平方言研究》中列举副词时就特别指出,在福建漳平方言里,有个"未曾未",相当于普通话的"未曾"。作为一个副词,"未曾未"的建构引人注意。

就包含否定形式的句法结构而言,情况更是千变万化。特选择四种方言,分别列出两三个例子,以供参考。四种方言中,两种是闽方言(上文提到的海南方言属闽方言),另外两种是湖北方言(上文提到的武汉市属湖北省)。

  a. 福建漳平方言

  疑问句　许本册有厚<u>无</u>?(这本书厚不厚?)

     桌球仔去买有<u>无</u>?(乒乓球买到了吗?)

     伊有讲了<u>未</u>?(他还没有讲完吗?)

陈述句　我无有食。（我还没吃。）
　　　　桌球仔买有，篮球买无。（乒乓球买到了，篮球没有买到。）

b. 福建永春方言

疑问句　汝泉州去着无？（你去过泉州没有？）
　　　　昨日汝去看电影无？（昨天你去看电影没有？）
陈述句　伊有读书，我无读书。（他读过书，我没读过书。）
　　　　新米真无煮。（新米不经煮，一煮就烂。）

c. 湖北蒲圻方言

气不过（很生气）　气他不过（很生他的气）
喜不过（很喜欢）　想他不过（很想他）

d. 湖北阳新方言

我能得出去不？（我能不能出去？）
请你帮下忙行得不？（请你帮下忙行不行？）

假若把视线移向更多的方言，自然还可以看到更多的事实。比如：

a. 湖南长沙方言

连不做一点事。（连一点事也不做。）
连不能干一点。（一点儿也不能干。）

b. 陕西西安方言

你去来吗没有？（你去了没有？）
你去呀不？（你去不去？）

c. 宁夏银川方言

我连你不说了。（我不跟你说了。）
辣子罢甚种得稠了。（辣子不要种得太稠了。"罢"是否定词。）

否定形式及其所在句法结构的差异，肯定具有语言类型学的意义。可惜因为研究不够，还无法提出任何结论性的东西。

当然，任何否定形式都要出现在特定的语境之中，否定形式所负载的内容，总要受到特定语境的规约。这一点，普通话和方言、方言和方言没有什么不同。不管是研究普通话、研究方言，还是研究双语双方言现象,如果关心一下语用问题,把种种语法事实放到动态的具有内在规律性的语言运用体系中来考察,认识也许可以有所深化。至于方言里的种种具体句式,比如武汉话里的"VP了NP的冇""VP过NP的冇""VP过了NP的冇"等,它们的语用价值何在,它们的微妙差别何在,如果能够细致地描写出来,并且揭示出有关的规律,自然可以提高研究成果的实用价值,加强研究成果的理论意义。

参考文献

  [1] 赵葵欣. 武汉方言的是非问和反复问句 [D]. 武汉:华中师范大学,1995.

  [2] 张振兴. 漳平方言研究 [M]. 北京:中国社会科学出版社,1992.

  [3] 林连通,陈章太. 永春方言志 [M]. 北京:语文出版社,1989.

  [4] 陈有恒. 蒲圻方言 [M]. 武汉:华中师范大学出版社,1989.

  [5] 李荣,鲍厚星,崔振华,等. 长沙方言词典 [M]. 南京:江苏教育出版社,1993.

  [6] 王军虎.《西安方言词典》引论 [J]. 方言,1995 (2):81-93.

  [7] 李树俨,张安生.《银川方言词典》引论 [J]. 方言,1995 (2):94-106.

  [8] 邢福义. 从语言不是数字说起 [J]. 语言文字应用,1995 (3):21-23.

(原载《世界汉语教学》1995年第3期,略有修补)

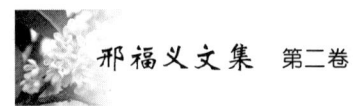

方位结构"X里"和"X中"

引言

X分别加上方位词"里"和"中",构成"X里"和"X中"。一般以为二者互等。比如吕叔湘先生在《方位词使用情况的初步考察》一文中,两次使用了"里(中)"这样的表述。

实际上,它们有同有异。

许多时候,"X里"和"X中"的确表意相同,可以互相替换。比如:

心里(+) → 心中(+)

庄子里(+) → 庄子中(+)

但是,它们又各有特殊性,许多时候不能或不大能自由地互相替换。比如:

夜里(+) →夜中(−)　　空中(+) → 空里(−)

科里(+) →科中(−)　　途中(+) → 途里(−)

规律性何在? 这是本文所关心的问题。全文分三大部分:1. "X里";2. "X中";3. 交叉点和倾向性。文章末尾有个综说。

1　"X里"

X后边的方位词"里",通常指方所、时间或事物的"内里",意即里头。心里,是心里头;庄子里,是庄子里头。这个意义的"里",

方位结构"X里"和"X中"

跟"中"相通。

但是,有三种意义,只适合于用"里",不适合或不怎么适合用"中"。

1.1 等同义。

X由NP充当。NP里和NP,意义等同。

在这种情况下,"里"意义较虚,只起指点方位的语法作用,没有实在的词汇意义。不管是表示方所的,还是表示人物或时间的,"里"都不能换成"中"。请看以下各组例子:

a. 四下里=四下;云端里=云端。

(1) 她把灯拉灭,任幽暗从四下里辗压而来。(张永琛《走夜海》)

(2) 我们年轻的时候实际上是在云端里生活,而你们这一代是实实在在站在大地上。(唐镇《秋意渐浓》)

"四下里"也说"四下",是四处的意思,《现代汉语词典》有解释。"云端里"即"云端"。不能说成"四下中",也不大能说成"云端中"。

b. 内心里=内心;心底里=心底。

(3) 她内心里受到极严峻的危机四伏的压迫。(梁晓声《激杀》)

(4) 庄晓敏心底里生发一团兴奋和惶恐的迷雾……(谢志斌《扶贫》)

"内心里"即"内心","心底里"即"心底",不能说成"内心中""心底中"。

c. 背地里=背地;私下里=私下;两下里=两下。

(5) 背地里常喊他小支书……(柳建伟《都市里的生产队》)

(6) 林子都越平静,他私下里就越发毛……(梅毅《赫尔辛基的逃亡》)

(7) 赵二张才两下里,互相攀扯……两下皆属疑指……(张石山《血晨》)

"背地里"即"背地","私下里"即"私下",不能说成"背地中""私下中"。"两下里"也说"两下",是双方的意思,《现代汉语词典》有解释,不能说成"两下中"。

d. 平日里＝平日；整日里＝整日；每日里＝每日。

(8) 也怪,平日里瞧着一个比一个能撒野,这会儿却都拘束了。(张永琛《走夜海》)

(9) 整日里县上各部门头头脑脑一口一个庄县长地叫着……(谢志斌《扶贫》)

(10) 小胡是个聪明人,很快就发现这每日里流水般的各种文件上有文章可做。(谢志斌《扶贫》)

"平日里"即"平日",不能说成"平日中"。余类推。

e. 地里＝庄稼地；山里＝山区；夜里＝夜间。

(11) 我和陶还同时问了一声:"我爹呢?"妈说在地里。(岳恒寿《跪乳》)

(12) 山里的风俗,男人去当上门女婿是丢人败兴的事……(张宇《迷恋猜测》)

(13) 只有在夜里,他才能慢慢地体会到事情的严重性。(张欣《致命的邂逅》)

上例的NP是单音词。"地里"指自家的庄稼地,不能说成"地中"。"山里"相当于"山区",不能说成"山中"。(张三来自山区,尽管他的户口在城里,他也可以说:"我是山里人。"同样,李四来自城镇,尽管他的户口已转到农村,他也可以说:"我是城里人。")"夜里"即"夜间",它们都是"夜"。这一点,可参看《现代汉语词典》的解释:

夜　　从天黑到天亮的一段时间。
夜里　从天黑到天亮的一段时间。
夜间　夜里。

正因为是等同义用法,"夜里"不能说成"夜中"。

方位结构"X 里"和"X 中"

1.2 指代义。

X 由 NP 充当。"X 里"不是单纯表示方所,而是用来指代跟某种方所相关的特定社会单位,单位领导,或单位成员。"里"也不能换成"中"。比如:

<u>村里</u>有几口水塘。(+)   <u>村中</u>有几口水塘。(+)

<u>村里</u>不准我外出。(+)   <u>村中</u>不准我外出。(-)

<u>村里</u>都同情我们。(+)   <u>村中</u>都同情我们。(-)

前一例,"村里"是村子里头的意思,可以说成"村中"。中间一例,"村里"指村级掌权单位或单位负责人,不能说成"村中"。后一例,"村里"指村里人,也不能说成"村中"。看几个实际用例:

(14) <u>司里</u>决定派庄建敏参加<u>部里</u>的扶贫工作组……(谢志斌《扶贫》)

(15) 这次<u>县里</u>下了决心,资金问题也迎刃而解,<u>乡里村里</u>该主动组织大干一场了。(谢志斌《扶贫》)

(16) 这女人一死,惊动了<u>山里</u>。(张宇《迷恋猜测》)

(17) 刚开春……<u>乡里</u>的吴干部就到天头岗村,落实<u>村里</u>奔小康的事。(韦晓光《村办厂》)

前一例,"司里、部里"指作为政府部门的特定单位;第二例,"县里、乡里、村里"指县政府领导、乡政府领导和村委会领导;第三例,"山里"指山区的人;后一例,"乡里"指乡级领导单位,"村里"指村里的人。

"省、县、乡、镇、村、部、司、厅、局、院、系、处、厂、车间",以及上面提到的"科",这类名词都可以带上"里",用于指代义。这是口头语体的说法,带有模糊性。比方:

(18) 住上了<u>厂里</u>分配的一套两居室住宅……(梁晓声《激杀》)

(19) 好歹副镇长在<u>县里</u>有些根基,许多人冒险说情,才保住性命。(陈世旭《镇长之死》)

"厂里"模糊地指代厂级领导,也许只是房产科的负责人;"县里"

模糊地指代县级领导部门，也许还包括县城的有势力、有影响的单位和人物。

1.3 划界义。

X 由 NP 充当。说"NP 里"，是以某事物为界线，划定跟"外"相对的"里"。"里"也不能换成"中"。比如：

张三站在<u>大门里</u>，盯着在外面劈柴的李四。（＋）
张三站在<u>大门中</u>，盯着在外面劈柴的李四。（？）

"大门"是划界的事物。"大门里"是指以大门为参照物的院子里头或房屋里头，不能说成"大门中"。再看两个例子：

(20) 她猛一抬头，发现<u>窗外</u>已经漆黑一片，而<u>窗里</u>却明亮如昼。（王安忆《我爱比尔》）

(21) 她一只腿在<u>墙里</u>，一只腿在<u>墙外</u>，与骑马一模一样。（晓苏《五里铺》）

"窗外""窗里"相对，是指以窗子为参照物划分出来的房子外面和房子里头，"窗里"不能说成"窗中"。同样，"墙里""墙外"相对，是指以墙为参照物划分出来的园子里头和园子外面，"墙里"不能说成"墙中"。

这类"X 里"数量有限。其中的 X，限于窗、墙、门、门坎、竹帘之类。

2　"X 中"

X 后边的方位词"中"，通常表示方所、时间或事物的"内中"，也是里头的意思。心中，即心里头；庄子中，即庄子里头。这样的"中"，跟"里"相通。

但是，有三种意义，一般只适合用"中"，不适合或不怎么适合用"里"。

2.1 活动义。

X 表示某种行为活动，包含有时间性。典型的 X，由 VP 充当。

方位结构"X 里"和"X 中"

例如：

(22) 谈判中他发现，秋萍……不相上下。(殷慧芬《纪念》)

(23) 赵二张才本来都是原告……深入审理中又都成为互相指认的疑犯……(张石山《血晨》)

"谈判"是一个动词，"深入审理"是一个动词结构。"谈判中"，不说"谈判里"；"深入审理中"，不说"深入审理里"。

观察相关现象，可以知道：

第一，"VP 中"往往可以说成"VP 过程中"。在说成"VP 过程中"时，X 由 VP 变成 NP，但这样的 NP 仍然包含行为活动的时间性。例如：

谈判中，他发现了不少问题。

→ 谈判过程中，他发现了不少问题。

深入审理中，他们又都成为著名人物。

→ 深入审理过程中，他们又都成为著名人物。

有的词语，从语法功能上说，属于 NP，但包含有时间移位的因素，在语义上同 VP 相通。这样的词语，如果跟"里、中"组合，选择"中"，而不选择"里"。例如：

运动中，他很积极。

"文革"中，他在农场劳动。

"十年浩劫"中，他吃了不少苦。

第二，"VP 中"前边经常出现介词。通常出现"在"，形成介词结构"在 VP 中"。例如：

谈判中，他发现了不少问题。

→ 在谈判中，他发现了不少问题。

深入审理中，他们又都成为著名人物。

→ 在深入审理中，他们又都成为著名人物。

实际语言运用中，"在 VP 中"有时见于句首。这时，"在"可以隐去。如：

(24) 在调查中我们发现，评估目前已经流动出来的农民工是

否想回去,以及能否回得去,是一个相当复杂的问题。(孙立平《中国民工潮 城市能承受多大的冲击》)

(25) 在鸡鸣犬吠中,小胡钻进屋旁雾露迷离的竹林里……(谢志斌《扶贫》)

这两例,也可以只说:调查中我们发现……|鸡鸣犬吠中,小胡钻进……

更常见的,是"在VP中"用在句子里主语和谓语之间。这时,"在"字一般见于语表。例如:

(26) 双腿在行走中,明显地带一点内罗圈。(高建群《马镫革》)

(27) 鬼子哨兵在搏斗中一直没有叫喊……(张宇《迷恋猜测》)

(28) 我们在学习中常常需要了解历史人物,也需要查找当代各行各业的代表性人物,所以人物传记工具书是常用工具书中的重要部分。(戚志芬《自学的好帮手——工具书》)

这三例中的"在",或者不能简省,或者简省以后结构不如原句明晰。但是,如果把"在VP中"移到主语前边,"在"就可以隐去:

行走中,双腿明显地带一点内罗圈。

搏斗中,鬼子哨兵一直没有叫喊。

学习中,我们常常需要了解历史人物。

"VP中"前边有时也可以出现"从",形成"从VP中"。例如:

(29) 从交谈中我了解到,A. 泰戈尔博士1950年在北大学成归国后……致力于中国文化的传播。(赵守辉《泰戈尔之孙的中国情结》)

上例"从交谈中"见于句首,"从"也可以简省:交谈中我了解到……

第三,一般情况下,"在VP中/从VP中"是介词结构,"VP中"是体词性方位结构。VP前边有时还可以带上定语,形成"定心结构+中"的格局。例如:

方位结构"X里"和"X中"

(在)谈判中,他发现了不少问题。

→(在)旷日持久的谈判中,他发现了不少问题。

(在)深入审理中,他们又都成为著名人物。

→(在)案件的深入审理中,他们又都成为著名人物。

"定心结构+中"是明显的体词性方位结构。不过,它仍然含有动态的"过程"意义。看几个实际用例:

(30)他们一起合作,在和德国 AM 公司的谈判中,迫使这个举世闻名的机床制造公司……在价格上连续六次让步。(殷慧芬《纪念》)

(31)在那急促的奔驰中,马会累得大汗淋漓……(高建群《马镫革》)

(32)时间就在这样的埋头苦作中过去了……(王安忆《我爱比尔》)

前一例,动词"谈判"前边出现定语"和德国 AM 公司的";中间一例,动词"奔驰"前边出现定语"那""急促的";后一例,动词结构"埋头苦作"前边出现定语"这样的"。

第四,"在 VP 中"有时不是介词结构:"在"不是介词,"VP 中"具有特殊性。例如:

撤军问题正在谈判中。

这个案子还在深入审理中。

在这类句子里,"(正/还)在"和"中"前后呼应,共同表示"当前持续"的时态。"在"是时间副词,前边常用"正"或"还";VP 充当句子的谓语中心,前边不可能出现定语;"中"是个近似时态助词的成分,"VP 中"不是一般的方位结构。看这几个例子:

(33)目前这个计划正在进行中。(钟道新《都市视窗 95》)

(34)也难怪,两个年轻人正在热恋中。(王洪江《大漠风情》)

(35)大爷是狼……何况此刻正在暴怒中。(陈铁军《大爷》)

所说的事，以"目前"为时间定位。在说话时，行为正在持续之中。"在 VP 中"和"在 VP 着"存在相通之处。比如：

(36) 但是，风暴在酝酿着。暴风骤雨的前夜，总是格外宁静。(冷梦《黄河大移民》)

上例也可以说成"风暴在酝酿中"。用"中"，似乎比用"着"更强调当前持续。

在这类句子里，"在 VP 中"用在句末。如果后边续上动词结构，情况就会发生变化。比较：

我军还在转移中。
我军还在转移中扔掉了好些笨重用品。

前一例，意思是我军"目前"在转移，"在……中"表示时态；后一例，"在转移中"作状语，是介词结构，可以说成"在半个多月的转移中"之类，不一定指"目前"发生的事。再看这个例子：

(37) 他还在行走中，不时地停下来，抬头望天，好像能望出什么似的。(高建群《马镫革》)

"(还)在行走中"可以说成"(还)在举步艰难的行走(过程)中"之类，是后边的动词结构的状语，说的是过去的事。如果只说："他还在行走中"，其中的"在……中"便是强调当前时态的了。

第五，VP 后边并不绝对排斥"里"。相反，在某个特定的结构中，VP 后边用"里"而不用"中"。例如：

(38) 如今这小子竟然有胆回国，只能往死里整治他。(梅毅《赫尔辛基的逃亡》)

"死"肯定是动词。"死里"不能说成"死中"。人们常说"死里逃生"，也不大说"死中逃生"。但是，"死里"指的是一种"境地"，没有"过程"的含义；再说，"死里"不能出现在句首。

2.2 状态义。

X 表示某种状态，包含有延展性和可变性。典型的 X，由 AP 充当。例如：

(39) 麻黑中我看见陶的泪眼贴在门上……(岳恒寿《跪乳》)

方位结构"X里"和"X中"

(40) 模糊中，她看见一片广袤的丘陵地带，矗立着柏树的隐约的身影。（王安忆《我爱比尔》）

"麻黑""模糊"都是形容词。"麻黑中"，不能说成"麻黑里"；"模糊中"，不能说成"模糊里"。

观察相关现象，可以知道：

第一，"AP 中"反映性状境况，表示"AP 境况中""AP 状态中"之类意思。

所用的形容词，或者表示光线色觉，或者表示境况氛围，或者表示心理状态、神志状态等。上面两例，表示光线色觉。又如：

(41) 会议室的气氛肃穆中略显紧张。（东方明等《特种国防部件失窃案》）

(42) 危急中向前一扑，发掌向范中恩小肚打去。（金庸《书剑恩仇录》）

上面两例，表示境况氛围。又如：

(43) 惶恐中，母亲把蚂蚱放飞了。（岳恒寿《跪乳》）

(44) 惶惑中，我看见了枣树上贴着的大白纸，看见了街门上贴着的整幅的大白纸。（岳恒寿《跪乳》）

上面两例，表示心理状态。

(45) 我怀抱大爷，一路狂奔，星夜赶到县城，狂乱中猛砸小曼的宿舍门。（陈铁军《大爷》）

(46) 昏迷中也不知过了多少时候，突然眼前一亮……（金庸《书剑恩仇录》）

上面两例，表示神志状态。

不管是哪种情况，都具有延展性和可变性。有"延展"，就有"过程"。从这一点看，"AP 中"和"VP 中"存在相通之处。

有的词语是 NP，但有状态义，"NP 中"在表意上相当于"AP 中"。例如：

(47) 在这个姿式中，马的全身都调动起来了……（高建群《马镫革》）

"姿式"是某种状态,也有延展性和可变性。不能说成"在这个姿式里"。

第二,"AP中"前边,有时能出现介词"在",形成介词结构"在AP中",但有时不大能出现介词"在"。比较:

混乱中,她看见有人倒下了。

→ 在混乱中,她看见有人倒下了。(+)

模糊中,她看见有人倒下了。

→ 在模糊中,她看见有人倒下了。(?)

凡是能用"在"的,都能说成"人物处在××状态之中",如可以说"人物处在混乱状态之中";凡是不大能用"在"的,都不大能说成"人物处在××状态之中",如不大能说成"人物处在模糊状态之中"。下面是两个用了"在"的例子:

(48)孔原没有马上回答,他在沉默中思考。(杨昭仁《破获"湘江案"》)

(49)妈在悲哀中又充满了神圣而自信的光芒。(岳恒寿《跪乳》)

"AP中"前边有时也出现"从",形成介词结构"从AP中"。从可能性说,能用"在"的就能用"从",只是语境有所不同。下面是两个用了"从"的例子:

(50)就是这种农人式的辛苦劳作,……也将她从懒散中拯救出来。(王安忆《我爱比尔》)

(51)我不知第几次从昏迷中醒来,发现自己已被打得了无人形。(陈铁军《大爷》)

第三,"AP中"是体词性方位结构。AP可以带上定语,形成"定心结构+中"的格局。不过,"定心结构+中"通常不大单用,前边一般出现介词"在"或"从"。例如:

(52)在最初的慌乱中,李和平神奇地把鬼子哨兵的三八式长枪踢下了城墙。(张宇《迷恋猜测》)

(53)一个中午,我走进88医院,在一片肃穆中沿着长长的

方位结构"X里"和"X中"

床铺寻找……（岳恒寿《跪乳》）

（54）我常常强制自己，从那种北方忧郁中拔身出来，思考自己，分析自己。（高建群《马镫革》）

有时，AP 是单音节形容词，"AP 中"是四字格里的两个字。这时，由于音节的关系，"AP 中"前边不用介词。例如：

（55）在市中心有处闹中取静的大宅院……（钟道新《都市视窗95》）

（56）比尔忙中偷闲地走过来……（王安忆《我爱比尔》）

前一例里有四字格"闹中取静"，后一例里有四字格"忙中偷闲"。

第四，AP 后边有时也可以用"里"，说成"AP 里"。不过，"AP 里"不用在句首，一般用在句子末尾，而且可以改说成"AP 中"。例如：

（57）水草扔下这句话就转身进了里屋，把大家剩在了尴尬里。（张宇《迷恋猜测》）

（58）曲先生起床后走出去，……把水草一个人剩在了白天的孤独里。（张宇《迷恋猜测》）

（59）情人生活在偶然里，……而夫妻生活在必然里……（张宇《迷恋猜测》）

上例"AP 里"都用在句末，都能说成"AP 中"。

此外，一些固定性说法里，固然可以用"中"，但也往往用"里"。如：

忙中偷闲 —— 忙里偷闲

黑中透红 —— 黑里透红

2.3 无限义。

X 是 NP，表示范围无限的事物。

典型现象有两个。一个是"空中"。例如：

（60）飞扬的马蹄，把残雪和泥土抛到高高的空中去。（高建群《马镫革》）

（61）马的尾巴，在空中甩来甩去，扑打着蚊蚋。（高建群

《马镫革》)

在心理感觉上,"空"没有边缘。"空中"不能说成"空里"。

另一个是"途中"。例如:

(62) 赵二张才果然都在奔赴太原的途中。(张石山《血晨》)

(63) 乞讨千里寻找红军的途中,曾吃过老百姓的一种炒面。(肖思科等《功德上将李聚奎》)

在心理感觉上,"途"的延伸是无限的。"途中"不能说成"途里"。

3 交叉点和倾向性

"X里"和"X中"的用法有交叉。在交叉点上,选用"X里",还是选用"X中",有一定的倾向性。

3.1 交叉点。

"里"有"内里"义,"中"有"内中"义,都是"里头"的意思。这一共同意义,形成"X里"和"X中"的交叉点。作图表示:

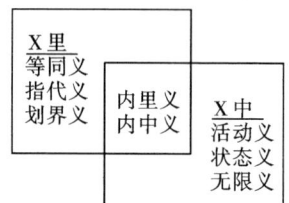

在交叉点上能够跟"里/中"组合的X,词性上一般是NP,表意上有的本来具有方所性,有的则本来指一般事物,或者指某个时间。比如:

  洞   洞里   洞中
  教室   教室里   教室中

"洞""教室"本来存在方所性的一面。它们指明方所范围,后边的"里/中"表示"内里/内中"的意义。

  书   书里   书中
  镜子   镜子里   镜子中

方位结构"X里"和"X中"

"书""镜子"本来是一般事物名词,但它们跟"里/中"组合之后,接受"里/中"规约,也表明方所范围,而"里/中"则指明是"内里/内中"。

假日　　　假日里　　假日中
那一年　　那一年里　那一年中

"假日""那一年"代表某个时间段。它们跟"里/中"组合,便被规约为时间观念上的方所范围,而"里/中"则指示某个时段的"内里/内中"。

人们往往在同一意义上使用"NP里"和"NP中"。例如:

(64)他把阿三抱在怀里……(王安忆《我爱比尔》)

(65)阿旦……把寒池紧紧搂在怀中。(张欣《致命的邂逅》)

(66)于是大家纷纷起身,收拾手里的活计,然后争先恐后地往外走。(王安忆《我爱比尔》)

(67)……干活的人,都停下手中的活儿,站在那里,大声喝彩。(高建群《马镫革》)

前两例"怀里"和"怀中",后两例"手里"和"手中",所处语法环境基本相同,可以互相替换。

同一个作者在同一篇作品中,甚至在同一篇作品的同一页上,有时使用了同义的"NP里"和"NP中"。这更可以说明,这两个同义形式的选用,有时有相当大的灵活性和随意性。例如:

(68)杜拉拉……在家里织毛衣……(张欣《致命的邂逅》)

(69)杜拉拉……在家中和丈夫共进晚餐……(张欣《致命的邂逅》)

上例"家里"和"家中",见于同一篇作品。

(70)他心里最怵的便是对面这位肖玲……(梅毅《赫尔辛基的逃亡》)

(71)他心中还蕴含着一丝微妙的希望……(梅毅《赫尔辛基的逃亡》)

(72)肖玲……根本不把这个外事科长放在眼里。(梅毅《赫

尔辛基的逃亡》)

(73) 徐名杜……眼中寒光凛凛，命令的意味很浓。（梅毅《赫尔辛基的逃亡》)

上例"心里"和"心中"，"眼里"和"眼中"，不但见于同一篇作品，而且见于同一页。

(74) 有从楼中跑出的人，惊惶地讲述他们的所见所闻……谁都说不明白到底是哪里着的火。反正，他们从楼里跑出来了，拾了一条小命，已属万幸了。（聂鑫森《工友二题》）

(75) 据黄碧天所知，"学习班"中大有能人。现在周总理显然想启用"学习班"里的能人了。（东方明等《特种国防部件失窃案》）

上例"楼中"和"楼里"，"'学习班'中"和"'学习班'里"，不仅见于同一篇作品的同一页，而且见于同一个自然段。

3.2 倾向性。

在交叉点上，"里"和"中"的使用频率并不完全一致。或者说，它们在不同情况下的使用机会并不均等。如果把"NP 里/中"的 NP 分为空间类和非空间类来进行考察，那么可以发现，"里、中"的使用存在倾向性。

比较地说，空间 NP 后边，用"里"的时候居多。空间性越强，范围越确定，越容易比较自然地出现"里"。比如梅毅《赫尔辛基的逃亡》中的几个例子：

(76) 一辈子在这银行里也别想出头了。(146 页)

(77) 让你尝尝监牢里的滋味！(157 页)

(78) 从抽屉里拿出一挂……珍珠项链。(156 页)

非空间 NP 后边，不一定不用"里"，但两种情况下通常用"中"。其一，NP 是集合名词，代表由一定数量个体集合而成的人物。比如"美人"，一般说"美人中（的美人）"，不怎么说"美人里"。其二，NP 是比较抽象的名词。越是抽象，越倾向于用"中"。比如"理想"，一般说"理想中（的接班人）"，不怎么说"理想里"。再看《赫尔辛基方位结构"X 里"和"X 中"

的逃亡》中的几个例子:

(79) 小林呐……是行内科长中最重要的外事科长。(154 页)

(80) 自我崇拜是人潜意识中一个不可摆脱的症结。(155 页)

(81) 至此,他表情和语气中却已失去了往日应酬上司和同事那种温和感。(169 页)

在连续性语句中,如果"NP 里""NP 中"同时出现,那么,"中"偏向于跟事物性较强的词语组合,"里"偏向于跟方所性较强的词语组合。比如:

(82) 他从冰中取出两块冰块,一块放进嘴里。(梅毅《赫尔辛基的逃亡》)

(83) 四月是香港的阴雨季节,启德机场笼罩在蒙蒙细雨中。潮湿闷热的候机大厅里,流动着各种肤色的人。(杨昭仁《破获"湘江案"》)

有的时候,X 可以是代词或数量词。作为体词,它们一般相当于事物 NP,因此通常跟"中"组合。例如:

(84) 他们中有人喝醉酒了……(高建群《马镫革》)

(85) 她们中不乏出色的令人心动的……(殷慧芬《纪念》)

(86) 后来她在一幢老式公寓里找到了房子,是一套中的一间。(王安忆《我爱比尔》)

前两例,"他们、她们"指人,用"中";后一例,"公寓"方所性强,用"里";"一套"强调数量,不重方所,用"中"。

关于倾向性,还有两点需要注意:

第一,语体色彩。

如果需要对书面语和口语色彩有所选择,"中"倾向于书面语色彩,"里"倾向于口语色彩。比如"眼"和"目"同义,后者是书面语词。一般说"目中",不大说"目里"。

由于"里"倾向于口语色彩,因而在实际语言运用中,"X 里"的使用频率要大于"X 中"。比如"眼里""眼中"尽管都可以说,但在日常生活中,在普通的交谈场合,通常是说"眼里"。又如"手里"和

"手中","家里"和"家中","心里"和"心中",尽管都能说,但使用得更多的是"手里""家里""心里"。(参看 4.5)

组合上的语体选择,有的是强制性的。例如:

(87)"九重天俱乐部"是富豪者的天下……只要交得起会费,就是<u>此中</u>的会员。(聂鑫珠《工友二题》)

"此"是书面语词,后面用"中",不能用"里"。

一些采用"X 里/中"形式的合成词,反映了结构成分语体选择的强制性。"这、那、哪"是普通口语词,选择"里":这里,那里,哪里;"其、之"是书面语词,选择"中":其中,之中。

第二,写作中的词面变异。

如果在一句话中有两处需要使用"里"或"中",那么,为了取得较好的表达效果,词面上往往有所变异:一处用"里",一处用"中"。在这种情况下,范围较大的 X 后边用"中",范围较小的 X 后边用"里"。例如:

(88)简和她的儿子住在那套<u>房子中</u>那个很窄小的<u>厨房里</u>。(赵玫《偿还》)

"房子中"的"厨房里",词面有变化。说成"房子中"的"厨房中",或者"房子里"的"厨房里",都显得呆板。又如:

(89)何小茗默默地盯着<u>盘中</u>的菜,吃自己<u>碗里</u>的饭。(唐镇《秋意渐浓》)

"盘中"和"碗里"分别出现在前后分句。"盘"和"碗"之间本来没有实体上范围大小的关系,但盘装菜,指向大家;碗盛饭,只指向自己。从这个意义上说,盘的使用范围要比碗大。因此,说"盘中",说"碗里"。如果都用"里",或都用"中",也嫌呆板。

4 综说

4.1 框架简明,隐性关系丰富复杂,这是汉语语法的带普遍性的现象。"X 里"和"X 中"也是如此。它们有同有异,不是绝对的同义

方位结构"X 里"和"X 中"

结构。

4.2 从语里关系看,"X 里"和"X 中"都可以用来表示特定方所、时间或事物的里头。这是使用频率最高的一种意义。此外,有的意义只适合用"X 里",即等同义、指代义和划界义;有的意义一般只适合用"X 中",即活动义、状态义和无限义。这就是说,"X 里"和"X 中"的语义辖域既有交叉,又有差别。

4.3 在语表形式上,"X 里/中"的 X 通常是 NP,即以名词为代表的词语;有时也可以是 VP 或 AP,即以动词或形容词为代表的词语。"X 里"一般只表现为"NP 里";"X 中"则既可以表现为"NP 中",也可以表现为"VP 中"和"AP 中"。从这一点看,"X 中"的分布范围大于"X 里"。

4.4 在实际运用上,"X 里"和"X 中"的语义辖域固然有交叉,但它们各有倾向性。比方,"X 里"倾向于空间性方所,"X 中"倾向于集合性或抽象性事物(以及活动和状态)。当然,倾向性毕竟只是倾向性。总的说来,由于"里"更加口语化,当 X 是 NP 时,"X 里"更为活跃,使用频率要比"X 中"大得多。

4.5 笔者观察了近二十篇中篇小说,十多篇短篇小说以及十多篇其他文体的文章。所见的"X 里"和"X 中",都能印证本文的描述。比方,张欣《此情不再》中的"X 里"和"X 中"(数字表明使用次数,只出现一次的不加数字):

【X 里】
家里 7 手里 5 心里 5 梦里
<u>坐在黑暗里</u>
眼 9 嘴里 2 锅里 怀里 兜里
厅里 村里 客厅里 2 餐厅里
抽屉里 2 电梯里 2 钱包里 院子里
书房里 镜子里 医院里 床垫里
背囊里 厨房里 卧室里 病房里
诊室里 托盘里 酒柜里 衣柜里

【X 中】
家中 手中 心中 梦中
<u>突然在黑暗中</u>问道
心目中 2 故事中
夜色中 想象中 记忆中
物质欲中

· 399 ·

大船里　公司里　人流里　夜幕里
会议室里　牡丹厅里　微波炉里
阎王殿里　女人的恨里

内心里　心底里（等同义）　　调演中　工作中（活动义）
科里2　县里（指代义）　　　痛苦中2　无意中（状态义）
门里（划界义）　　　　　　　闹中求静
　　　　　　　　　　　　　　客气中夹着生分

《此情不再》是中篇小说，三万多字，见《小说月报》1996年第6期。以这篇小说为例，是信手拈来的，不是带着观点特意挑选的。

主要参考文献

[1] 中国社科院语言研究所. 现代汉语词典 [M]. 北京：商务印书馆，1994.

[2] 吴之翰. 方位词使用情况的初步考察 [J]. 中国语文，1963（3）：206-210.

[3] 吕叔湘. 汉语语法论文集 [M]. 增订本. 北京：商务印书馆，1984.

[4] 邢福义，李向农，储泽祥. 时间方所 [M] // 语法问题思索集. 北京：北京语言学院出版社，1995.

（原载《世界汉语教学》1996年第4期，略有改动）

"很淑女"之类说法语言文化背景的思考

本文讨论"很淑女"之类带有特殊性的"很＋名词"的说法。文章把香港作家和内地作家笔下出现的语言事实联系起来讨论问题，从语言和文化两个层面发表笔者的见解。文章包括四个部分：第一部分摆出一些事实，第二部分进行语言背景的思考，第三部分进行文化背景的思考，第四部分归结全文的基本意思。

1

"很淑女"之类说法，结构上以"很＋名词"为代表。

这类结构由两个部分构成：前一部分是程度词，包括"很、最、太、更、够、真、非常、特别、比较"等副词，有时也用指点程度的代词"这么、那么"；后一部分是名词。

在香港作家的笔下，"很＋名词"一类说法时有发现。例如：

（1）悭细<u>很淑女</u>地啜饮高脚杯中的白酒。（［香港］施叔青《香港的故事》）

（2）这种事你最内行，应付英国人你<u>最本事</u>。（［香港］亦舒《香雪海》）

（3）这样答问题，<u>太公式</u>了吧！（［香港］陈浩泉《选美前后》）

上例里出现了"很淑女""最本事""太公式"。

"很＋名词"一类说法中，名词部分有时是一个名词短语。例如：

（4）殷法能兴高采烈地拿起了杜晚晴的手，<u>很绅士风度</u>地吻

了下去。（［香港］梁凤仪《花帜》）

（5）没有想过葛懿德的容貌如此俊秀，五官简直精美，<u>很女中丈夫</u>，不怒而威。（［香港］梁凤仪《九重恩怨》）

（6）慕天，这儿的清晨，烟雾弥漫，<u>更诗情画意</u>，你若能来跟我共进早餐的话，就是太好了，我们还有很多很多话要说。（［香港］梁凤仪《醉江尘》）

上例里出现了"很绅士风度""很女中丈夫""很诗情画意"。其中受"很"修饰的名词短语，前两个是偏正式，后一个是联合式。

跟改革开放以前相比较，在内地作家的笔下，近十多年来这类说法有上涨的趋势。略举几例：

（7）其实我平时没<u>这么绅士</u>。（池莉《绿水长流》）

（8）朋友们根本不相信他在车队<u>那么牛皮</u>。（红柯《奔马》）

（9）我又见到了昨夜招待我的那位西藏小伙。……他告诉我，他曾经到北京、上海学习过。他长就一张<u>很西藏</u>的忠厚的脸。（余纯顺《走出阿里》）

（10）谢霓说，那图案<u>非常现代</u>！（徐小斌《对一个精神病患者的调查》）

上例里出现了"这么绅士""那么牛皮""很西藏""非常现代"。

2

"很X"结构槽，是形成"很淑女"之类说法的语言背景。

2.1 一般地说，"很X"是形容词性结构槽，"很＋名词"是形容词性的说法。

在句法结构中，"很＋名词"之类通常用作定语、谓语、状语或补语。这正是形容词或形容词短语惯常分布的状况。比较下面例子中的"很现代"：

这是一幢<u>很现代</u>的小洋楼。　　　　　（定语）

这幢小洋楼<u>很现代</u>！　　　　　　　　（谓语）

"很淑女"之类说法语言文化背景的思考

小洋楼很现代地展示了大款的富有。　（状语）

他把客厅布置得很现代！　　　　　　（补语）

由于"很+名词"是形容词性的，因而可以跟典型的"很+形容词"并列使用。例如：

(11) 萧城立马赶到，很潇洒很英雄很男子气地跃入水中，将男孩救起。（少鸿《触摸忧伤》）

这里，"很男子气"跟"很潇洒""很英雄"并列，共同用在状语的位置上。这么并列使用的语词，在性质上不可能不具有共性。

除了本文末尾特别提到的"最前线、最高峰"一类情况，一个典型的名词，当它受"很"类词修饰时，总是出现在形容词惯常分布的定、谓、状、补的位置上。反之，如果它出现在名词惯常分布的主、宾位置上，它就不能受"很"等的修饰。例如：

(12) 放眼望去，绅士淑女们衣冠楚楚……（〔香港〕陈浩泉《选美前后》）

(13) 原来以为早到了，大厅里却已尽是衣履风流的绅士淑女……（〔香港〕施叔青《香港的故事》）

前一例，"绅士淑女们"是主语；后一例，"绅士淑女"是宾语。在这种位置上，"绅士"也好，"淑女"也好，都绝对不能加上"很"字。

2.2 "很X"一类结构槽只是有限地接纳名词。

进入"很X"一类结构槽的名词，可以指人，可以指事物，可以指方所，可以指时间。应该说，有相当大的覆盖面。例如：

很淑女　　　（指人名词）

很牛皮　　　（事物名词）

很西藏　　　（方所名词）

很现代　　　（时间名词）

然而，事实上，为"很X"一类结构槽所接纳的名词，是受到特定语义条件的限制的。这就是，该名词能够从气质、作风、样式、气味、势态等方面，反映出说话人的某种特异感受。一个说话人，假若他对"淑女"的表现有特异感受，那么，看到某女士在言谈上符合他的感受时，他可以说"很淑女"；看到某女士在举止风度上符合他的感受时，他也可以说"很淑女"。同样，一个说话人，假若他对"香港"的情况有特异的感受，那么，看到符合他特异感受的衣着，他可以说"很香港"；看到符合他特异感受的发型，他也可以说"很香港"。

四个方面的名词，按受限制程度的大小，可以这么排列：

时间名词 ＞ 指人名词和方所名词 ＞ 事物名词

时间名词所受限制最大。这是因为，这个那个时间不大容易给人以独特的感受。目前只看到一个"很现代"。在特定情况下，"很未来""很上古"也许可以说，但"很今天｜很明年｜很星期日"不行。

指人名词和方所名词所受限制次之。指人名词，除了上例里出现的"淑女、绅士、贵族、女中丈夫"等等，即使是"女人"之类，只要是强调特异感受，也可以加"很"；方所名词，除了上例里出现的"香港、西藏"，在特定情况下，"国际、中国、美国、日本、上海、海南"之类不一定不能加"很"。例如：

（14）对你我不会这么市侩的，我们是朋友呀！（［香港］陈浩泉《选美前后》）

（15）四婶也像别的村妇一样，很女人地挨男人的打然后委屈得哭一场……（李肇正《小女子》）

上例 X 是指人名词。不仅出现了"这么市侩"的说法，而且出现了"很女人"的说法。

（16）普兰的边贸市场分东风桥头市场和唐嘎市场两部分。唐嘎市场也被远近的人们叫做"国际市场"。其实，东风桥头市场也有点儿"国际"，而且很"中国"。（余纯顺《走出阿里》）

上例 X 是方所名词。例子里出现了"有点儿'国际'""很'中国'"。

事物名词所受限制稍宽。特别是带上"气、味、腔、调、样、性、主义、风度"等的名词或名词短语，比较容易加"很"。比如上面例子里出现的"很绅士风度""很男子气"。又如：

(17)"蜜丝赵也漂亮。""不过穿得很小家子气。"([香港]亦舒《独身女人》)

(18)她叹息了。轻柔地、很母性地把姚茫搅入自己的怀里。([香港]施叔青《香港的故事》)

(19)李艺知道自己这样问太学生味,但又由不住要这样想。(王炬《正义的迷踪》)

(20)总之,简珍不是上大学的料。简珍很唯物主义,就不在功课上下苦功,一天到晚盘算着如何当老板。(李肇正《小女子》)

上例里出现了"很小家子气""很母性""太学生味""很唯物主义"。

2.3 典型名词进入"很 X"结构槽,是名词活用为形容词,属于"词性活用"现象。

从语义看,典型名词进入这类结构,用的不是本然意义,而是一种临时赋予的"异感"意义。比如"西藏",本然意义是中国的一个自治区,然而,在说"很西藏"的时候,却或者指跟西藏有关的某种气质,或者指跟西藏有关的某种相貌,或者指跟西藏有关的某种装饰,如此等等,都临时带上了跟形容词意义相通的意义。诚然,这类结构中的名词实际上已经不是一般意义上的名词。

从书面表达的方式看,为了突出强调用法的特殊性,人们往往给这个名词加上个引号。比如上面的例子中出现过"有点儿'国际'"和"很'中国'",其中的"国际"和"中国"都特意加引号。又如上面的例子中出现过"很西藏""非常现代",下面的例子中"西藏""现代"就加上了引号:

(21)嘎珍在"内地班"读过书……她比较"现代"和务实。(余纯顺《走出阿里》)

(22)她一开始就不同我说藏语。十分惊诧,女人的直觉为什么总是如此敏锐,尽管此时我已经很"西藏"。(余纯顺《走出阿里》)

再看几个例子:

(23) 她那个前度男朋友也真"狼胎",把她害成这个样子!([香港]陈浩泉《选美前后》)

(24) 这些都是很"感情"的话,她平日搬运得非常熟练,竟不必现查"大全"了。(茅盾《夏夜一点钟》)

(25) 这个连长太"军阀"了!年纪不大,脾气可不小!(曲波《山呼海啸》)

上例的"狼胎""感情""军阀",尽管有的出自香港作家笔下,有的出自内地作家笔下,但全都加了引号。后两例是修辞学家倪宝元在《词语的锤炼》一书中讲"词语的活用"时所用的例子。该书指出,这是由于表达的需要,凭借上下文的条件而临时转变词性,把名词活用为形容词。语用学家于根元在《副+名》一文中也从修辞角度论及同类现象。

2.4 跟"词性活用"相关联的是"词性裂变"。

进入这类结构的名词,一旦用多了,就习以为常,临时的"异感"意义就会转向固定的特征意义,结果便出现词性裂变现象,使一个形式在原来名词词性的基础上裂变出形容词词性。这样,一个形式就兼有名词和形容词两个词性:在名词结构槽出现时是名词,在形容词结构槽出现时是形容词。

比如"科学",《现代汉语词典》解释为:①反映自然、社会、思维等的客观规律的分科和知识体系。②合乎科学的:这种方法不~|革命精神和~态度相结合。——前一种"科学"是名词,后一种"科学"是形容词。又如"艺术",《现代汉语词典》解释为:①用形象来反映现实但比现实有典型性的社会意识形态,包括文学、绘画、雕塑、建筑、音乐、舞蹈、戏剧、电影、曲艺等。②指富有创造性的方式、方法:领导~。③形象独特而美观的:这棵松树的样子挺~。——前两种"艺术"是名词,后一种"艺术"是形容词。在实际语言运用中,诸如此类的现象不少。比如:他的精神很好。(名词)|他走起路来很精神。(形容词)|要讲究卫生!(名词)|这种东西太不卫生!(形容词)。看下面的实际用例:

(26) 你一定有一份很<u>理想</u>的职业……（［香港］陈浩泉《选美前后》）

(27) 像马莎这样也就够<u>风光</u>的了……（［香港］陈浩泉《选美前后》）

(28) 热情的小于永远也不能理解世界上居然还有这样一对极其<u>规律</u>的夫妻。（肖可凡《最后一个工人》）

"理想""风光""规律"通常用作名词，但上例的"理想""风光""规律"都是形容词。

诸如此类的现象实际上还在发展。比如"新潮"，意即新的潮流，是名词性的，但形容词用法多起来了：

(29) 美华的衣着很<u>新潮</u>……（［香港］陈浩泉《选美前后》）

(30) 黄小姐这地方布置得很——呃，很<u>新潮</u>。（［香港］施叔青《香港的故事》）

上例的"新潮"受"很"修饰，固然是形容词；下例的"新潮"尽管不受"很"修饰，但由于受到整个句法结构的规约，也显示为形容词：

(31) 驾车的是一个头发烫得弯弯曲曲、戴着一副太阳镜的<u>新潮</u>青年。（［香港］陈浩泉《选美前后》）

(32) 翠娟已日趋时髦、<u>新潮</u>……（［香港］陈浩泉《选美前后》）

2.5 从"词性活用"到"词性裂变"是一个发展过程，在这个发展过程中自然会存在混沌状态。这就决定了，进入这类结构槽的名词可能介于二者之间，属于模糊现象。比如：

(33) 太<u>儿戏</u>，不行。（［香港］亦舒《香雪海》）

(34) 若干社会福利与慈善建设，他都以低姿态，做实质贡献，而又很<u>技巧</u>地横手向公众透露他的参与，因而赢得了相当多的好评。（［香港］梁凤仪《醉江尘》）

(35) 她太<u>教条</u>了，全盘接受了学校老师灌输给她的理论，以为凡事只要努力奋进便能成功。（徐蕙照《折桂》）

(36) 张和生则批评电视剧肤浅,编者主观的东西太多,而且审美观念太传统。(梁晴《索坦》)

(37) 她的书非常悲观,非常灰色,偶然有一道彩虹出现,也是昙花一现。([香港]亦舒《香雪海》)

这里的"儿戏""技巧""教条""传统""灰色"是名词的活用呢,还是已经成了形容词呢,似乎难于做斩钉截铁的论断。这是正常现象。事物之间往往不能一刀两断,何况是处于发展过程中的事物!

有一点可以肯定:不管是"词性活用",还是"词性裂变",凡是名词进入"很X"一类结构槽,该名词在特定的结构槽中都已经形容词化了。还有一点值得注意:名词的形容词化,不一定出现在"很X"结构槽。换句话讲,"很X"固然是形容词结构槽,但不是唯一的形容词结构槽。比方,"AAX"(形容词+形容词+X)之类,就也是形容词结构槽。一个名词,只要作为X进入这样的结构槽,也会被强制转化成为形容词。例如:

(38) 下去前个个文绉绉的,幼稚而书生,不出半年,再回县里办事,人也野了,话也粗了……(刘益令《仕途》)

名词"书生"由于同形容词"幼稚"构成并列结构而形容词化。这里的"书生"如果不认为是名词活用为形容词,而认为它还是通常意义上的名词,那么,就会引出名词可以无条件地跟形容词并列,共同作谓语等成分的结论。这显然是不合理的解释。再看几个同类的例子:

(39) 他爽朗、健谈,有时也风趣,而且,对女人表现得细心,体贴,有绅士风度。([香港]陈浩泉《选美前后》)

(40) 那间主人房内的浴室,叫杨慕天看呆了,比电视里头的布景还要辉煌架势十倍。([香港]梁凤仪《醉江尘》)

(41) 就算是罗尚智了,也不过是一句两句说得小家子气而刻薄的话……([香港]梁凤仪《醉江尘》)

这里,"爽朗、健谈,有时也风趣""辉煌架势(十倍)"出现在谓语位置上,"小家子气而刻薄"出现在补语位置上。它们都是并列结

"很淑女"之类说法语言文化背景的思考

构,其中"风趣"和"爽朗、健谈"并列,"架势"和"辉煌"并列,"小家子气"和"刻薄"并列,它们也是名词以形容词身份同一般形容词并列使用的。

3

具有特定文化素养的人,及其对物体属性的特异感受,是形成"很淑女"之类说法的文化背景。

3.1 人们对特异感受的表达,建立在特定文化素养的基础之上。这类"很+名词"的说法是一种语言艺术,反映了说汉语的人特定的"知识"涵养。

甲看到乙多愁善感,往往对花落泪,于是责备地说:"你呀,怎么这么林黛玉啊?"或者对丙、丁议论说:"乙这个人,太林黛玉了!"能这么说话的甲,一定读过《红楼梦》;听者,不管是乙还是丙或丁,也一定(或被甲认为)读过《红楼梦》。此外,乙大概可以肯定是一个年轻的姑娘。再看下面的例子:

(42)我现在开始弄瓷器,很时髦、很贵族的玩意儿,不过其中学问多多。([香港]施叔青《香港的故事》)

(43)"你曾来过这儿?"我回望杜青云,问。
"是的。很久以前。我跟我的第一个女朋友。"
"很诗情画意。"
([香港]梁凤仪《千堆雪》)

对"贵族"一无所知,不可能采用"很贵族"的言辞;不知道"诗情画意"为何物,不可能发出"很诗情画意"的感慨。从一个纯朴的山区农民口里,可以听到"很木头",却绝对听不到"很贵族"和"很诗情画意"。

3.2 不同的社会背景,影响人们的语言运用。香港作家笔下的"很+X"一类说法,在某种程度上反映了香港独特的文化现象。这一点,可以联系"绅士""淑女"和有关现象来略加解说。

"淑女"是古代汉语的词,在普通话词汇中已经消亡。正因如此,《现代汉语词典》中只对"淑"字作简单解释,而不立"淑女"的词条。也正因如此,《辞源》才立"淑女"的词条,解释为:"贤良的女子。《诗·周南·关雎》:'窈窕淑女,君子好逑。'传:'淑,善。'言女德之幽闲静贞。"

"绅士"不是古代汉语的词。因此《辞源》不收"绅士",只收"绅衿"。对"绅衿"所作的解释是:"泛指地方上有地位权势的人。绅,指有官职或中科举而退居在乡的人;衿,青衿,学中生员所穿,指生员。《儒林外史》四:'汤父母到任的那日,敝处阖县绅衿,公搭了一个彩棚,在十里牌迎接。'"在中国的广阔土地上,"绅士"一词只在1949年以前的近现代用过一段时间。1949年之后,在普通话词汇中,这个词基本上已经消亡。因此,《现代汉语词典》尽管立了"绅士"的词条,但只作了这样的解释:"指旧时地方上有势力、有功名的人,一般是地主或退职官僚。"

《辞海》里的词,古今兼收。因此《辞海》里"淑女""绅士"都有。对"淑女"的解释是:"美好的女子。"所举的例子,还是《诗经》中的。对"绅士"的解释是:"旧时指地方上有势力的地主或退职的官僚,参见'绅衿'。"解释"绅衿",也用《儒林外史》中的例子。

总之,"淑女"也好,"绅士"也好,对于20世纪50年代到改革开放时期以前的普通话词汇来说,最多只是留下了历史的陈迹。然而,在香港作家作品中,它们的使用频率却仍然比较高。这是由香港特有的人文背景所决定的。

一方面,作为英国的殖民地,香港深受英国文化的影响。以"绅士"来说,电视连续剧《乱世香港》中,有个人物何贵堂,就千方百计想当个"太平绅士"。因为有"绅士"这个名词,才会有"很绅士"的活用说法。再看这个例子:

(44)吊山车<u>很摩登</u>。杜晚晴笑着攀登,独个儿霸坐一辆。([香港]梁凤仪《花帜》)

英语里的 modern,用汉字写出来就成为"摩登"。普通话里,名

词"现代"和兼属名词与形容词的"时髦",都跟这个词意义相当。"吊山车很摩登",既可以说成"吊山车很时髦",也可以说成"吊山车很现代"。

另一方面,香港本来就是中国的领土,生活在香港的中国作家有着天然的中国文化根基。1949年以后,香港跟内地的语言接触基本中断,香港的汉语书面语中很自然地保留着许多文言词语和成语典故。因为保留有"淑女"这个词,才会有"很淑女"的活用说法。再看这个例子:

(45) 她说:"我喜欢古筝的声音,非常古典,非常高山流水。"（[香港] 严沁《无怨》）

有中国文化素养的人都知道,"高山流水"包含着《列子·汤问》中伯牙和钟子期之间的一段美好的故事,用来比喻知心、知己或曲调高雅。这里把"高山流水"用于"非常X"结构,融入了汉民族的文化蕴含。

3.3 不同的地方风味,同样影响人们的语言运用。

地方风味,包括社会风情。举例说:

(46) 我怎么没留心过女性的衣裳呢?原来陈小姐今晚穿得十分性感。（[香港] 东瑞《夜香港》）

(47) 目下许多红星都在拍彻底的"写真集",穿三点式已变得十分小儿科了……（[香港] 东瑞《夜香港》）

"十分性感"也好,"穿三点式"变得"十分小儿科"也好,都在一定程度上反映了一种社会风情。跟内地相比较,特别是跟改革开放前的内地相比较,显得香港的风情跟内地存在差异。

地方风味,还包括话语的方言韵味。例如:

(48) 你别这么长气好吗?（[香港] 陈浩泉《选美前后》）

(49) 汪小姐,你别这么劳气……（[香港] 陈浩泉《选美前后》）

"这么长气""这么劳气"带有浓郁的"南味",表明这么说话的人是在粤方言环境中生活的人。

3.4 人际关系的发展，促进了"很淑女"之类说法的发展。

"很 X"是现代汉语的结构槽，"很+名词"是现代汉语里有特定语用价值的说法。这就意味着，在现代汉语里，这种用法本来就有。上面所举的例子中，茅盾笔下的"很感情"，曲波笔下的"很军阀"，就是证据。

至于具体组装"很 X"结构槽，或者说，把什么样的名词装进 X 的位置，由于人际关系的发展，内地与香港之间是相互影响的。这反映了语言运用的相互撞击与交融。

一方面，内地的说法对香港有影响。比方"下三烂（下三滥）"，是北方话里的说法。李行健主编的《河北方言词汇》中收了"下三烂"，指出使用于唐县、石家庄、天津等地。由于笔者手头资料不足，目前还弄不清这个词在全国的详细分布情况，但是可以肯定，我的家乡方言海南黄流闽方言中没有。查饶秉才等主编的《广州话方言词典》，张维耿主编的《客家话方言词典》中，也未发现这个词。

"下三烂（下三滥）"指不光彩的事或不成器的人。这样的名词，裂变出形容词的用法是很自然的。因此，"很下三烂""特别下三烂"都常说。香港作家笔下，也有同类说法：

（50）想想真荒谬，这是哪一门的营生？……真上不了台盘，<u>多么下三滥</u>。（［香港］亦舒《香雪海》）

对于香港人的惯常用语来说，这样的说法显然不是"土生土长"的。

另一方面，改革开放以来，香港说法对内地有影响。乍一听，容易产生一个感觉，似乎"很贵族、很淑女"等是"新潮"格式。其实，格式或"槽"是原有的，具体的词汇装配才显出"新潮"意味。比方说，从香港作家笔下可以看到"十分性感"（例46），近年来在内地作家笔下也可以看到同类说法：

（51）猫王是<u>那样性感</u>那样迷人，唉，他是我永远得不到的偶像呀！（陈惠如《女人的童话》）

上例见于《特区文学》，例子里用了"那样性感"。这类"时尚"

"很淑女"之类说法语言文化背景的思考

说法的使用,跟改革开放以后接触香港一带的说法不无关系。由于深圳同香港有更多的接触,《特区文学》上更多地出现这类说法就不足为奇了。再举几例:

(52) 那天潘可在电话里<u>很人情</u>地说:兄弟你的栖身之所现在仍未解决吧?(陈惠如《女人的童话》)

(53) 我这儿还有名家的画,都不能<u>太高价</u>……(王小妮《热的时候》)

(54) 那时候人们还是不大想得开,观念上还<u>比较传统</u>,过年嘛,就得热热闹闹……(张波《特区不浪漫》)

4

本文的基本意思,可以归结为以下几点:

4.1 尽管存在"很淑女"之类说法,但在通常情况下副词不修饰名词,这仍然是现代汉语里的一般规律。大家知道,"阿Q"是鲁迅作品中的人物,有时也可以听到这样的说法:"这个人很阿Q!"有时还可以看到这样的用法:

(55) 严航笑道:"你真能<u>阿Q自己</u>。"(方方《行云流水》)

在"这个人很阿Q"里,"阿Q"是名词临时用作形容词;在"你真能阿Q自己"里,"阿Q"是名词临时用作动词。"阿Q"受"很"修饰,"阿Q"带宾语,都是特殊现象。

4.2 "很X"是营造形容词的优化结构槽。一个名词,如果偶尔进入这个结构槽,便只是名词的活用现象;如果经常进入这个结构槽,跟"异感"意义发生经常性联系,就会出现词性裂变现象,即在名词的基础上裂变出形容词。

名词、动词和形容词是三大实词,最容易产生新词。但应注意一个事实:李行健等主编的《新词新语词典》汇集和收录了1949年以来现代汉语中出现的新词和新语5300余条,其中的单词,名词和动词特别多,形容词却只有一个"过硬"。由此可知,名词和动词一般是通过结构上新的组合来产生新词，而形容词却一般是在原有形式的基础上通过词性裂变来增加新的用法。"很 X"结构槽，正是特别容易引发旧词词性裂变，从而营造出形容词的重要语法框架。

4.3 汉语语法系统，是小句中枢语法系统。笔者在《小句中枢说》一文中曾经指出：在由各类各级语法实体所构成的汉语语法系统中，小句居于中枢地位。由于汉语的词缺乏形态变化，语法系统中的词只有在小句的控制约束之下才能明确显示其语法特性和语法职能，才能发挥特定的语法作用。"入句显类"和"入句变类"，都是词性句规约的重要表现。"很 X"正是对形容词词性句规约的一种句法结构槽。当然，"入句显类"和"入句变类"之间，不存在明晰的界限；相反，二者之间存在相当广阔的混沌模糊的中间地带。

4.4 社会的发展，促使语言文字应用的活跃；语言文字应用的活跃，引发语言的不断演变。由于人文因素的干预，结果就出现了语言的文化蕴含。"很淑女"之类说法的使用，一方面固然有语言的背景，另一方面也有社会人文的背景。

4.5 严格地说，"很 X"之类结构槽一般是形容词词性的，极少数却可以是名词性的。比如：最前线，最底层，最高峰，最低谷。这类结构槽，在意义上指称方所，在功能上往往用于宾语部分，所用的程度副词一般是"最"。看个实际用例：

（56）歌舞厅营业达到<u>最高潮</u>的时候，乐声震耳欲聋……（梁晴《索坦》）

上例里，"最高潮"指称方所，作"达到"的宾语。

指称方所的"最 X"，语义上、句法功能上都容易辨别，因而不会对"很"类词通常修饰形容词的一般规律发生严重的干扰。

主要参考文献

[1] 中国社会科学院语言研究所词典编辑室. 现代汉语词典 [M]. 北京：商务印书馆，1994.

[2] 倪宝元. 词语的锤炼 [M]. 兰州：甘肃人民出版社，1981.

[3] 广东、广西、湖南、河南辞源修订组. 辞源 [M]. 修订本. 北京：商务印

书馆，1981.

[4] 辞海编辑委员会. 辞海 [M]. 缩印本. 上海：上海出版社，1980.

[5] 李行健. 河北方言词汇 [M]. 北京：商务印书馆，1995.

[6] 李行健，等. 新词新语词典 [M]. 北京：语文出版社，1989.

[7] 饶秉才，等. 广州话方言词典 [M]. 北京：商务印书馆，1981.

[8] 张维耿. 客家话方言词典 [M]. 广州：广东人民出版社，1995.

[9] 于根元. 副+名 [J]. 语文建设，1991 (1)：19-22.

[10] 邢福义. 关于副词修饰名词 [J]. 中国语文，1962 (5)：215-217.

[11] 邢福义. 小句中枢说 [J]. 中国语文，1995 (6)：420-428.

（原载《语言研究》1997年第2期）

V 为双音节的 "V 在了 N" 格式

0 前言

本文讨论"（把希望）寄托在了孩子身上"这一类 V 为双音节的"V 在了 N"格式。V 代表动词语，N 代表方所名词语。这是一类曾经被语法学家怀疑的格式；能否成立，是语言文字应用上多年存在的问题。文章分四个部分展开：1. 写作背景；2. 现象跟踪；3. V 的结构和"了"的使用；4. 数量的多少和格式的合法。最后有个结束语。

1 写作背景

最早提到"V 在了 N"格式的是丁声树等（1961）。其所著《现代汉语语法讲话》第七章举出了老舍作品中的两个例子：吃完饭，他躺在了炕上。｜她本人可是埋在了城外。

20 世纪 80 年代以来，范继淹（1982）、蒋平（1983 和 1984）、廖礼平（1984）、朱德熙（1987）、邢福义（1985 和 1997）、董晓敏（1997）都对这类现象作了论述。其中，董晓敏（1997）的考察最为细致深入。但是，董晓敏讨论的"V 在了 N"，基本上只涉及了单音节动词。这一格式中的 V，可以不可以是双音节的？范继淹（1982）认为"V（双音）在了 N"不规范。他在《论介词短语"在＋处所"》中指出："扔在了床上｜倒在了地上｜摔在了地上｜掉在了地下——即使合乎规范，适用范围也有限，双音节动词没有这种形式（＊围绕在了四

周│＊寄存在了车站)。"朱德熙（1987）认为这种"V（双音）在了N"不合法。他在《现代汉语语法研究的对象是什么?》中指出："合法的句式的出现频率不一定都很高，不过不合法的句式的出现频率一定极低。下边举一个实例来说。有的文章提出，双音节动词跟单音节动词一样也能造成'V在了＋处所'的句式。……这种句式口语里没有，书面语里也极为罕见。文章里一共引了十二个例子，其中倒有八个集中在两位作者的两篇作品里，如上文所引。仅仅凭这十来个例子恐怕还不足以证明由双音节动词组成的'V在了＋处所词'的句式已经在书面语里站住脚了。"

本文在上述背景下集中讨论"V在了N"格式中使用双音节动词语的情况。"动词语"的提法，意味着V通常是一个动词，但有时也可能是一个动词短语。

2 事实跟踪

范继淹先生的文章发表于1982年，离现在已有十五年；朱德熙先生的文章发表于1987年，离现在也已有十年。事实表明，近年来"V在了N"格式中使用双音节动词语的现象不是越来越罕见，而是越来越多了。

2.1 各种文学刊物，凡是笔者看到的，都发现有这类事实。请先看十三个例子：

（1）自己木已成舟，壮心不死，便把希望寄托在了孩子身上。（蒋法武《矿东村0号》）

（2）这个正在井台上摇辘轳的老头儿，把刚刚提上来的一筲水泼洒在了地上……（郑万隆《那寂静的山谷》）

（3）她调皮地将头侧了过来，长长的秀发披散在了肩膀的一边。（王金年《韧》）

（4）多日来，他失去的最宝贵的东西，突然间又降临在了他的面前……（林希《琴师》）

417

(5) 逝去的白鹤被封闭在了湖里,空中的白鹤却决不会再朝这里飞。(陈吉容《星星索》)

(6) 我只把她的尸体保存在了这里。(王秋海《梦里寻她千百度》)

(7) ……管理连长又已经树桩般挺立在了丁一知面前……(何继青《彼岸》)

(8) 张子慈让老伴拿上东西追出去扔放在了楼门口……(孙春平《放飞的希望》)

(9) ……雪峰突然显现在了我的眼前。(余纯顺《走出阿里》)

(10) 那前后两年里的苦难悲怆,都已熔铸在了他的生命中。(赵淇《苍茫组歌》)

(11) 不一会儿女乘务员便领着两个肥头大身、扛着大包小包的男人进来,分别驻扎在了两个铺位的上方。(徐坤《如梦如烟》)

(12) ……取了自己的衣衫,往那树枝一搭,把那牙苗遮盖在了一片荫凉里。(阎连科《年月日》)

(13) 最不应该发生的事情偏偏发生在了他身上。(陈铁军《老杂碎》)

这十三个例子分别出自蒋法武、郑万隆、王金年、林希、陈吉容、王秋海、何继青、孙春平、余纯顺、赵淇、徐坤、阎连科、陈铁军十三位作者的笔下,分别见于《当代》《十月》《小说家》《红岩》《花城》《啄木鸟》《时代文学》《上海文学》《小说界》《大家》《解放军文艺》《收获》《莽原》十三种刊物。十三个例子按时间顺序排列,全都是在范继淹先生文章发表之后出现的;其中十个是在朱德熙先生的文章写成之后出现的。下面还有更多的例子,是见于20世纪90年代作品的。

2.2 这类事实的某些具体说法,有时在不同作者的作品中复现。例如:

(14) 他下意识地半欠起身子,目光集中在了家季的身上。

V为双音节的"V在了N"格式

(林希《琴师》)(凡是上例已注明的刊物名称期数都用"一"代表,下同)

(15) 大家互相看了看,然后把目光刷刷地<u>集中在了</u>老汉身上。(厉夏、方金《古船·女人和网》)

上例"集中在了"在两位作者的两种作品中复现。又如,下例"出现在了"在四位作者的四种作品中复现:

(16) 但第二天那竹签儿却又<u>出现在了</u>小墩子的旧铅笔盒里。(刘心武《小墩子》)

(17) 花妞儿,突然<u>出现在了</u>她的身边。(厉夏、方金《古船·女人和网》)

(18) 此时,……令我一见便怦然心跳的"鬼湖"便<u>出现在了</u>我的眼前。(余纯顺《走出阿里》)

(19) 那个疯子谁也没有料到又<u>出现在了</u>城里……(贾平凹《制造声音》)

同样的说法在不同作者的笔下复现,反映了作者们对这类说法的认同。相同说法在同一作者的笔下复现,自然不足为怪。例如:

(20) 此时,静卧在雪山之间、藏族人民心目中的"圣湖"蓦地<u>展现在了</u>我的眼前。(余纯顺《走出阿里》)

(21) 蓦地,喜玛拉雅、冈底斯以及静卧在它们之间的美丽之湖公珠错,就这样不容置疑地<u>展现在了</u>我的眼前。(余纯顺《走出阿里》)

2.3 这类事实进入了口头广播用语。比如,中央电视台《新闻联播》节目中,李修平广播重要新闻时这么说:

(22) 物价涨幅也<u>控制在了</u>百分之×之内。(1997年1月2日晚中央电视台《新闻联播》,×所代表的具体数字当时未听清。)

中央电视台《新闻联播》节目中播音员说的是标准普通话,这为大家所公认,他们的口头用语具有不可低估的影响力。事实上,"控制在了"的说法从李修平的口头上说出来,听起来觉得很自然,并不感到别扭。

419

2.4 这类说法可以进入论说性文章。林焘先生《北京市郊阴阳平调值的转化》一文曾使用"V在了"的说法:"总的趋势是连调变读<u>走在了</u>单字调转化的前面。"(《中国语文》1991年第1期) 其中的动词是单音节的。笔者试图做个"小实验",模仿林先生的写法写了两个句子,分别用了单音节和双音节的动词:

(23) 结论既生发于事实又验证于事实,这是《分析录》的又一特色。作者的双脚,牢牢地<u>扎在了</u>现代汉语语法事实的泥土之中。(邢福义《〈汉语层次分析录〉序》)

(24) 用平易质朴的文字来表述学术见解,这是《分析录》的第四个特色。集子中的文章,深入而浅出,把作者的思考与结论透明地<u>展现在了</u>读者的面前。读者欢迎这样的文章。(邢福义《〈汉语层次分析录〉序》)

相信读者阅读起来不会认为这里有什么语法错误。

2.5 这类说法的使用者在地域上有广泛的覆盖面。

统观本文前边和后边所举的全部例子,可以知道下列人士使用了"V(双音)在了N"格式:周大新(山东)|赵德发(山东)|余纯顺(上海)|方方(南京)|张抗抗(浙江)|季宇(安徽—江苏)|赵淇(广州—江西)|何继青(广州—南京)|邢福义(武汉—海南)|李荣德(湖北)|阎连科(河南)|林旷德(河南)|刘心武(四川)|贾平凹(陕西)|郑万隆(黑龙江)|梁晓声(黑龙江—山东)|徐坤(辽宁)|林希(河北)|王矩(河北)|孙春平(河北)|陈铁军(北京)|李修平(中央电视台)|蒋法武(?)|晓剑(?)|王秋海(?)|晓白(?)|陈吉容(?)|王金年(?)|万方(?)|厉夏(?)|方金(?)|张弛(?)。这里出现了三十二个名字,粗略地按照东南西北中的地点线索作了排列。有的人长期在甲地方工作,籍贯是乙地方,注明为"甲—乙",如"安徽—江苏";有的不知是什么地方人和在什么地方工作,暂且打个问号。如果选择代表地点,以首都北京代表中,以上海、广州、陕西、黑龙江分别代表东南西北,可以显示出这么一个很直观的分布简图:

V 为双音节的"V 在了 N"格式

```
        黑龙江
          |
陕西 ― 北京 ― 上海
          |
         广州
```

假若包括蒋平（1983 和 1984）用例中举出的张廷竹、路遥等人，人数就更多。通过这个分布简图可以知道，这类说法的使用者不仅人数不少，而且散布在我国幅员广阔的国土上。

3 V 的结构和"了"的使用

本部分讨论 V 的结构情况和"了"的使用条件。

3.1 V 的结构

"V 在了 N"格式中的双音节 V，其内部结构并不单纯。仅就笔者已经看到的而言，就包括了以下多种形式：

第一，联合式。"V 在了 N"格式中使用的双音节动词，大多数是联合式。上面所举例子的双音节动词，绝大多数都是联合式的。例如：

（25）……于连夹在手指尖的烟卷也<u>掉落在了</u>地上。（季宇《县长朱四与高田事件》）

（26）……一圈干叶中，有一滴绿色砰的一下<u>闯撞在了</u>他的目光上。（阎连科《年月日》）

（27）她觉得，她的灵魂<u>依附在了</u>这个永远不会倒下的躯体上。（晓剑等《世界》）

（28）她全身的力量<u>聚集在了</u>她胸中的一点。（万方《杀人》）

联合式动词的两个语素，都跟 N 存在语义联系。其中，有的两个语素可以分化开来分别进入"V 在了 N"格式，造成同义或近义的说法：掉落在了地上→掉在了地上｜落在了地上。有的不能这么办：控制在了百分之×之内→ * 控在了百分之×之内｜ * 制在了百分之×之内。这跟所用语素在现代汉语里能否独用有关。

第二，后补式。后补式V，在"V在了N"格式中的使用频率比联合式低得多，但不是个别现象。如例（4）"降临在了他的面前"，"降临"是后补式。又如：

(29) 你想活着你今夜就离开这儿，随便躲到哪儿，三日五日后回来，我也就饿死在了这儿。（阎连科《年月日》）

(30) 张善子闻言大醒，突地双腿一软，跪倒在了秀才面前……（张弛《天书》）

(31) 不料刚站起迈了一步，一阵带着金星的眩晕就猛扑过来，一下子把他按倒在了地上。（周大新《向上的台阶》）

"降临"和这三例的"饿死""跪倒""按倒"都由"动＋动"构成。下例的结构情况稍有不同：

(32) 他的全部身心已经浸透在了一种大言无声的自我陶醉中。（张弛《天书》）

(33) 高人云这时刻才开始回想他怎么样就轻易软倒在了街上。（方方《行流水》）

这两例的"浸透""软倒"也是后补式，但"浸透"更像是"动＋形"，"软倒"更像是"形＋动"。

从跟N之间的语义联系看，如果把构成后补式的两个语素记为a、b，可以分析出三种情况：1) a、b和N都有可组合的联系。如：跪倒在了秀才面前→跪在了秀才面前，倒在了秀才面前｜按倒在了地上→按在了地上，倒在了地上。2) 只有a跟N有可组合的联系。如：浸透在了自我陶醉中→浸在了自我陶醉中（＊透在了自我陶醉中）｜降临在了她的面前→降在了她的面前（＊临在了她的面前）。3) 只有b跟N有可组合的联系。如：饿死在了这儿→死在了这儿（＊饿在了这儿）｜软倒在了街上→倒在了街上（＊软在了街上）。

第三，偏正式。偏正式V，在"V在了N"格式中的使用频率跟后补式大体相同。例如：

(34) 他已把讲稿熟记在了心里……（周大新《向上的台阶》）

(35) 于是一大团怒气就郁积在了做爹做妈的心里。（周大新

V 为双音节的"V 在了 N"格式

《向上的台阶》)

(36) 先爷……猛一下<u>顿立在了</u>面前。(阎连科《年月日》)

(37) 盲狗……又回来<u>死守在了</u>那棵玉蜀黍下。(阎连科《年月日》)

(38) 无奈,他只好像个病弱的老豹子一样颓然坐倒,<u>半卧在了</u>路边。(赵德发《选个姓金的进村委》)

从语义关系看,如果把构成偏正式的两个语素记为 ab,那么可以跟 N 发生组合关系的是第二个语素 b。比方:熟记在了心里→记在了心里 | 郁积在了做爹做妈的心里→积在了做爹做妈的心里 | 顿立在了面前→站(=立)在了面前 | 死守在了那棵玉蜀黍下→守在了那棵玉蜀黍下("死在了那棵玉蜀黍下"可以说,但这个"死"同"死守"中的"死"语义不同) | 半卧在了路边→卧在了路边。

有的双音节 V,似乎更像是连动式。不过,也许仍然可以理解为偏正式。例如:

(39) 有一样东西雪花一样<u>飘打在了</u>先爷脸上。(阎连科《年月日》)

(40) 焦干的黑色的穗缨,被手一碰,就花谢般<u>断落在了</u>草间。(阎连科《年月日》)

"飘打在了先爷脸上"是"飘来打在了先爷脸上","飘"和"打"之间有连动关系;不过如果把"飘"看成"打"的方式或状况,似乎也可以勉强归入偏正式。同样,"断落在了草间"是"断开落在了草间","断"和"落"之间有连动关系;不过如果把"断"看成"落"的情态或状况,似乎也可以勉强归入偏正式。

第四,动宾式和主谓式。有的双音节 V 是动宾式,有的双音节 V 是主谓式。各发现一例:

(41) 学校由牛屎村迁建到这儿,……黄支书老赖<u>拍板在了</u>自己村……(李荣德、林旷德《天上一朵带雨的云》)

(42) 他一下便软瘫地蹲下来,……连身上唯一的白布裤衩都<u>汗粘在了</u>大腿上。(阎连科《年月日》)

上例里,"拍板"显然是个动宾式,"汗粘"显然是个主谓式。

3.2 关于"了"的使用

"V 在了 N"格式中,动词不管是单音节的还是双音节的,"了"的使用情况具有一致性。这里,只结合 V 为双音节的用例,粗略地解说为什么有时说成"V 在了 N",什么时候不能或不大能说成"V 在了 N"。

第一,加"了",是为了强调行为已经定位实现。例如:

(43) 全部耙耧人都把存好的玉蜀黍种子拿出来,赶在雨前把秋庄稼<u>点种在了</u>土地里。(阎连科《年月日》)

(44) 人怎么就难得燃烧起来呢?那个引发爆炸的药捻儿究竟<u>萎缩在了</u>哪里?(徐坤《如梦如烟》)

前一例,陈述行为定位实现于"土地里",后一例询问行为定位实现于"哪里"。加个"了"字,对行为的已经实现具有强调作用。

有时,说的是想象的事,但可以想象已经实现,因而也可以加"了"。比如例(27)"你……三日五日后回来,我也就饿死在了这里"。

第二,如果行为尚未实现,而且词面上出现"可以、将要"之类未然性词语,那么就不能加"了"。

动结式动词语包含完结意义,但是,从跟客观事实的联系看,它所表示的行为不一定都是已经实现的。比方"推倒"包含完结意义,但说"他一用劲,木桩就会被推倒"时,"推倒"的行为尚未实现。"V 在 (N)"情况一样,"V 在"表示一种定位完结的意义,但如果行为尚未实现,并且为"可以、将要"之类词语所标明,是不能加"了"的。例如:

(45) 他只消把盲狗领到地里,那田里的鼠窝便<u>可以</u>一个不漏地<u>出现在</u>先爷的锄下边。(阎连科《年月日》)

前面的"可以"表明事情只具有可能性,因而后面不能说成"出现在了"。

第三,即使行为实现,但如果行为游移,跟 N 的联系缺乏定位性,不大能加"了"。就是说,N 所表示的方位处所应该是相对确定的,而

V 为双音节的"V 在了 N"格式

不是泛指性的。即使是用疑问代词"哪里",也是求代某个确定的方位处所。看下面的例子:

(46) 狗便沿着来路往梁上走,先爷跟在它身后,热乎乎的脚步声,像枯焦的几枚树叶打着旋儿<u>飘落在</u>烈日中。(阎连科《年月日》)

这一例,不好说成"飘落在了烈日中"。这是因为,对于泛指性的"烈日中"来说,"飘落"的行为是游移的,不定位的。

范继淹先生所说的"寄存在了车站",完全可以成立;至于"围绕在了四周",孤零零地说出来不大能成立,这正是由于"围绕"和"四周"的联系具有较大的泛指性,定位性不强。

第四,"V 在了 N"总是居于句末,有煞句作用。它或者出现在整个句子的末尾,或者出现在一个分句的末尾,如果出现在句子中间,即使行为已经实现,而且具有定位性,也通常不加"了"。例如:

(47) 解放后,他的这种经历深受政府器重,先是<u>安排在</u>民政部门工作……(陈铁军《老杂碎》)

(48) 不管怎么说,都只得和这个打锣的<u>勾搭在</u>一起做了家贼。(陈铁军《老杂碎》)

上例"安排在""勾结在"用于句中,后边还分别续上"工作""做了家贼"。在这种情况下,不用"了"。

4 数量的多少和格式的合法

本部分讨论如何看待"V(双音)在了 N"格式用例数量多少,如何评估这一格式是否合法。

4.1 关于多少

上述事实表明了"V(双音)在了 N"格式的用例数量和使用者数量都不能算少。通过长期的跟踪观察,还可以得到一个结论:这类格式的使用是开放的,而不是封闭的。谁肯花时间再看上若干本《小说月报》或《中篇小说选刊》,一定又可以找到更多新的用例,从而举出更多使用者的名字。

从双音节 V 内部的结构方式上看,也不能算少。上面已经列出了联合式、后补式、偏正式(包括连动式)、动宾式和主谓式。有的格式只看到一个例子,但不是不能类推。比方,这样的说法完全可以成立:"敌人终于整天龟缩在了碉堡里。"这里的"龟缩"便是主谓式。

也许可以这么辩驳:不管怎么说,V 为双音节的"V 在了 N",还是罕见的。有的文章里可能看不到一个用例,有的文章里可能只看到个别用例,有的文章里顶多也只看到几个用例,绝对不会超过十个!

对于 V 为双音节的"V 在了 N"格式来说,这样的评说是不公平的。事物的比较,必须放在同等级、同类项的水平线上来进行。评估"V 在了 N"的使用数量,最具有可比性的格式应该是"V 到了 N"。根据董晓敏(1997)的统计,V 是单音节时,"V 在了 N"的使用频率接近于"V 到了 N",而远高于"V 给了 N""V 向了 N"。V 是双音节时,情况如何?请看对两篇小说所作的统计:

作者	作品	字数	V 在了 N	V 到了 N
陈铁军	《老杂碎》	约 2.5 万	2 例	3 例
阎连科	《年月日》	约 5 万	9 例	1 例

陈铁军《老杂碎》(《中篇小说选刊》1997 年第 4 期)中,"V(双音)到了 N"共出现三次:挽送到了(125 页)、物化到了(126 页)、运用到了(127 页),比"V(双音)在了 N"多一次;阎连科《年月日》(《小说月报》1997 年第 4 期)中,"V(双音)到了 N"只出现一次:消失到了(14 页),比"V(双音)在了 N"少八次。这个小统计也许不能说明太多的问题。但是,至少可以由此知道,"V(双音)到了 N"和"V(双音)在了 N"在使用频率上互有高低。如果说"V(双音)在了 N"是罕见的,那么"V(双音)到了 N"同样也是罕见的。然而,有谁怀疑过"V(双音)到了 N"的合法性?

4.2 关于合法

"V 结+了"是现代汉语的强势格式。("结"代表 V 后结果性补语成分。动宾格式也是强势格式,笔者 1997 年已经论及。)一个结构,

V 为双音节的"V 在了 N"格式

只要是动结式的,需要时就十分自然地加上"了"字。比如:看见了,站住了,推翻了,打倒了。

"V 在了 (N)"格式衍生于"V 结了 (N)"格式。由于受到"V 结+了"这个强势格式的影响,介词"在"和"到、给、向"只要用到动词后边,便很容易附向动词,成为结果性后补成分,于是"V 介 N"便很容易转化为"V 结(准动)了 N"。这就是说,"V 在了 (N)"格式建构在"V 结了 (N)"格式的基础之上,有强势格式的背景,得到强势格式的有力支撑。比如:

  撒在大海 → 撒在了大海
  撒到大海 → 撒到了大海
  撒向大海 → 撒向了大海
  撒给大海 → 撒给了大海

如果说不用"了"时"在"和"到、向、给"还可以看作介词,或者说还存在介词和后附准动词两种可能性,那么,用了"了"之后它们便不再以介词的身份介引后边的名词给前边的动词,而是完全附向动词,以准动词的身份跟动词组合成了动补结构。

一个语法格式一旦成立,便具有强烈的类化力。正因如此,"V 在了 (N)"格式在使用中逐渐得到了发展。其类化轨迹为:

首先,V 是单音节的既可成立,类推使用起来,V 是双音节的也会跟着出现。比如:

  掉到了地上 落到了地上 → 掉落到了地上
  掉在了地上 落在了地上 → 掉落在了地上

其次,V 是双音节的既可成立,类推使用起来,V 本身也就允许出现多种结构,包括动结式结构。当 V 是动结式结构时,"V 在"成了更大的多层次动结式结构,即 V 为动结,"V 在"又是动结。比如:

  跪在了他的面前 → 跪倒在了他的面前
  吊在了大榕树上 → 吊死在了大榕树上

再次,V 是双音节的既可成立,类推使用起来,V 本身也就允许出现多音节的复杂现象。看实际用例:

Ⅰ."（双音 V＋双音 V）＋在＋了"。

（49）我真喜欢北大荒的豆油……好像把一个秋天成熟的谷草玉米和豆子，统统都<u>压缩收藏在了</u>这里，调出了这样深沉明洁丰富的金黄色。（张抗抗《永不忏悔》）

上例先用两个双音节动词"压缩收藏"，然后再用"在了"。这是"V 在了 N"中 V 的扩展。

Ⅱ."（V 在＋V 在）＋了"。

（50）于是女作家们在坐累了的时候就索性<u>躺在或趴在了床上</u>，这一点儿也不妨碍大家的聊天和侃。（晓白《学校轶事》）

（51）有一种理论，认为新写实主义作家把自己都<u>隐藏在或者叫做埋没在了</u>自己作品里。……（晓白《学校轶事》）

前一例，先用"躺在""趴在"，再用"了"。其中的"躺"和"趴"都是单音节的；后一例，先用"隐藏在"和"埋没在"，再用"了"，其中的"隐藏"和"埋没"都是双音节的。这是"V 在了 N"中"V 在"的扩展。

上述的类化轨迹是合乎逻辑的，其合法性是很难怀疑的。应该注意的是，"V 在了 N"格式的发展，离不开语言应用的实际需要。具体点说，是因为它具有"V 到了 N"等其他格式所不能取代的作用。看下面这个例子：

（52）那时候各有自己的管区，就像现在的片儿警一样，一般都不愿意在自己管区发生倒毙事件，……所以这个警察一看田三儿快不行了，第一个反应就是赶紧扶住他，一边和颜悦色地鼓励他"再坚持一会儿"，一边把他挽送到了别的警察的管区里。恰巧另一管区的警察也发现了这一情况，满脸堆笑地迎上来，又将他挽送了回来。田三儿，一代著名的吃家儿，就这么被两个警察挽来挽去，最后饿死在了双方管区的交接处。（陈铁军《老杂碎》）

上例前面用"挽送到了"，后面用"饿死在了"，修辞上讲究了对称性。由于情况已经实现，都用"了"字作了强调；由于语义上存在"移位"和"定位"的细微差别，前者需要用"到"，后者则需要用

"在",二者不能互换。可知,"V(双音)在了N"有时是不可取代的。这正是这一格式可以取得合法化地位的语用根据。

5 结束语

口语是书面语的基础,但是书面语并非口语的简单复制,而是有其自身的发展规律。句法格式的规律性类推衍生,便是书面语发展的重要轨迹之一。口语里本来没有"V在了N",老舍写《骆驼祥子》时使用这一格式,应是从"V到了N"之类推衍而来。后来,特别是近十多年来,这一格式按其自身规律进一步推衍,于是发展成了一个跟"V到了N"等平行同用的颇有生命力的格式。

据张寿康(1979),"现代汉语"的最后形成是在五四运动时期(1917—1921)。考察"V在了N"在书面语中的使用情况,不能只看20世纪至40年代的作家作品。那些年代的作品,离五四运动毕竟只有二三十年;而八九十年代的作家作品,则离五四运动已有七八十年了。改革开放以来,汉语书面语语法格式的发展很值得注意。就"V在了N"格式而言,是更多地见于新时期中青年作家作品的。

书面语能不能影响口语?"V(单音)在了N"的说法,经常可以在电视里各种球赛的口头解说中听到;"V(双音)在了N"的说法,也在李修平的口头广播中出现了。当然,这类现象并不是真正的口语,但无论如何毕竟是从人们口头上说出来的,起码跟口语沾了点边。这是不是表明书面语对口语可以有所"浸润"?口语和书面语之间是只有单向影响的关系呢,还是彼此间可以有双向影响?这两问题很值得进一步探讨。

参考文献

[1] 丁声树,等.现代汉语语法讲话[M].北京:商务印书馆,1961.

[2] 朱德熙.现代汉语语法研究的对象是什么?[J].中国语文,1987(5):321-329.

[3] 范继淹.论介词短语"在+处所"[C]// 范继淹语言学论文集.北京:

语文出版社,1986.

[4] 蒋平. 关于"V在了N"格式的类化问题[J]. 汉语学习,1983 (5): 11-14,28.

[5] 蒋平. 再谈"V在了N"格式[J]. 汉语学习,1984 (5):56-58.

[6] 廖礼平. 关于"V在了N"格式的使用的考察[J]. 汉语学习,1984 (1):50-53.

[7] 董晓敏."V在了N"结构新探[J]. 华中师范大学学报,1997 (3):103-108.

[8] 张寿康. 五四运动与现代汉语的最后形成[J]. 中国语文,1979 (4):243-246.

[9] 邢福义. 谈谈语法规范化的问题[J]. 文字改革,1985 (6):32-33.

[10] 邢福义. 汉语语法学[M]. 长春:东北师范大学出版社,1997.

(原载《语言文字应用》1997年第4期,略有改动)

【D组】

汉语复句格式对复句语义关系的反制约

0 前言

复句格式，指凭借特定关系词语构成的"有标复句"句式；语义关系，指由复句格式所标明的语义关系。比如"因为……所以……"和"虽然……但是……"是复句格式，因果、逆转是它们所标明的语义关系。

复句语义关系具有二重性：既反映客观实际，又反映主观视点。客观实际和主观视点有时重合，有时则不完全等同，而不管二者是否等同，在对复句格式的选用中，起主导作用的是主观视点。

应该看到，复句格式为复句语义关系所制约，包括受到主观视点的直接制约和客观实际的间接制约；但是，还应该看到，复句格式一旦形成，就会对复句语义关系进行反制约，格式所标明的语义关系中就直接反映了格式选用者的主观视点。

本文主要列举主观视点和客观实际不完全等同的种种现象，说明格式对关系的反制约作用和一些突出表现，评说复句格式和复句语义关系二者之间的联系。

1 虚和实

1.0 现代汉语的复句句式，有的是典型的虚拟句式，有的是典型的据实句式。虚拟或据实，主要看前分句。比如"即使p，（但）也q"和"虽然p，但（也）q"，pq之间都有逆转关系，但前者是虚拟性逆转，后者是据实性逆转。又如"如果p，就q"和"既然p，就q"，pq之间都有推论关系，但前者是虚拟性推论，后者是据实性推论。如果联系客观实际来观察句式上标明的虚和实，我们可以发现，有的时候跟句式上所标明的虚和实并不完全一致。

1.1 在虚拟句式中，p主观上虚拟为真，客观上不一定非真。

例证一："即使p，也q"句式在大多数情况下，"即使"后边的p确实是假设，即主观上虚拟为真，客观上实际非真。比如："即使把他碎尸万段，也解不了我心里的愤恨。"实际上并未把他碎尸万段。然而，有的时候，p却是实际上已经发生的事实。比如：

（1）那几年<u>即使</u>天天挨饿，我<u>也</u>没叫过一声苦。

去掉"即使"，意思未变："那几年天天挨饿，我也没叫过一声苦。"相当于："那几年<u>虽然</u>天天挨饿，我<u>也</u>没叫过一声苦。"再看几例：

（2）那时，他们很少交谈。<u>即使</u>交谈，<u>也</u>只是工作上的联系，干干巴巴，三言两语。（张洁《祖母绿》）

（3）其实，牛福对儿子管教极为严格，<u>即使</u>在三年经济困难时期，市场上买不到煤油，牛福<u>也</u>不惜高价弄几升，不让儿子闲着。（程贤章、廖红球《彩色的大地》）

（4）聊到兴头，福生解了棉袄，只穿了一件高领毛衣。……<u>即使</u>隔着毛衣，<u>也</u>可以看出，他的胸肌和臂肌都很发达。（南翔、丽霞《四个放飞的女人》）

（5）她不是不知道，李姗现在绝不会构成对她的任何实际威胁，<u>即使</u>如此，她<u>也</u>不能善罢甘休。（柯云路《一个系统工程学家的遭遇》）

这些例子里，"即使"后边的p都是事实。"即使"起着化实为虚的作用，反映了说话人以实当虚的主观视点。显然，这些例里的虚拟性让步转折关系，是由"即使……也……"的格式所赋予的，或者说，

是由这一特定格式所规定的。笔者曾写《现代汉语的"即使"实言句》一文,比较全面地讨论过有关的现象①。

"纵然、就是"等跟"即使"相当,它们后边的 p 有时在实际上也是事实:

(6) 沈必理道:"好吃不好吃,姑且不论,但是吃了下去人人都平安大吉,却是真的。"常挂珠道:"<u>纵然</u>平安大吉,<u>也</u>不见得这个和尚就是好人。"(金庸《卧龙记》)

(7) 这老爷子脾气很古怪,<u>就是</u>到了这步田地,<u>也</u>依旧自说自划,绝对不愿意别人违拗自己的意思。(苏叔阳《故土》)

例证二:"只要 p,就 q"句式

"只要"也是标示虚拟的关系词。它虚拟 p 作为实现某种结果的特定条件。一般地说,"只要"后边的 p 是假设,但有时却是事实。比较:

<u>只要</u>你说出是谁,我<u>就</u>不再追究!

请坐请坐,<u>只要</u>你来了,我<u>就</u>不着急了!

前一例"你说出是谁"是假设,后一例"你来了"是已然事实。

"只要"后边的 p 是假设还是事实,往往需要根据特定的语境来确定。比如,同是"只要他表示同意,事情就好办了":

A 甲 他同意吗?

乙 他还没表态。

甲 唉,<u>只要</u>他表示同意,事情<u>就</u>好办了!

B 甲 他同意吗?

乙 他同意。

甲 好,<u>只要</u>他表示同意,事情<u>就</u>好办了!

A 组里"他表示同意"是假设,B 组里"他表示同意"是事实。可见,作为条件推断句,"只要他表示同意,事情就好办了"的共性是"只要……就……"格式所赋予的。特别是 B 组里的虚拟性条件推断关系,完全取决于"只要……就……"格式的规约。如果不用"只要",或者把"只要"改为"既然",关系中的虚拟性就会消失,就会改变成为别的关系。下边是几个实际用例:

(8) 他想，这索尼年纪虽老，只要有他在，鳌拜便张狂不起来。(二月河《康熙大帝》)

(9)（义父）目光倏地一转，盯在岳小玉的脸上道："你害怕不害怕？"岳小玉立刻摇头不迭，道："不害怕，不害怕！只要义父在咱们身边，就算千军万马杀将过来，咱们也是兵来将挡，水来土掩！"(金庸《卧龙记》)

(10) 他……是不懂姑娘的心，还是巧妙的拒绝？拒绝吧，一千次，一万次，只要你活着，只要你还没结婚，我就要用爱心拥抱你，用爱情的炮焰熔化你。(苏叔阳《故土》)

从语境可知，说话人明知 p 是事实，加上"只要"，是借用虚拟句式以实当虚，达到突出强调所说条件的目的②。

例证三："如果 p，就 q"句式

这是最典型的虚拟句式。然而，即使是这种虚拟句式，句式上所标明的虚跟客观实际的虚也没有绝对的必然的联系。从以下三点可以得到证明。

第一，承实推断

甲 他去吗？

乙 他不去。

甲 哎呀，如果他不去，事情就不好办了！

单看"如果他不去，事情就不好办了"，会以为是虚拟，这是因为关系的虚拟性已为"如果……就……"格式所规定。然而，从上例的语境可知，"他不去"却是事实，前边也可以用"既然"。

第二，假言对照

在"如果……就……"句式中对照两种事实，以 p 证 q。句式规定 pq 之间的假设与结论的关系，事实上它们之间并不存在这种关系。"如果"后边常带"说"字，但也有不带的：

(11) 如果说万青青像一棵茁壮的小树，她则像小树上一根细细的枝桠。(陆北威《年轻人》)

(12) 对于一个知识分子来说，如果字如其人，那么书房也如

汉语复句格式对复句语义关系的反制约

其人。(德兰《求》)

第三，假言铺垫

有的"如果 p，就 q"句式是借假设分句来诱发结果分句，以便落实说话人的某种结论。假设分句是铺垫的东西，起提醒对方的作用。

(13) 如果我没有认错的话，您就是著名记者陆琴方同志。(张笑天《公开的内参》)

(14) 书记假如不健忘，应当记得两年前他上电大引起的一场风波。(张抗抗《在丘陵和湖畔，有一个人……》)

例(13)等于说"我想我没认错，您就是……"，例(14)等于说"我想书记不会健忘，他应当记得……"。原句的假设与结论的关系，为"如果……就……"之类格式所决定。

1.2 在据实句式中，p 主观上实言为真，客观上不一定确真。

例证一："既然 p，就 q"句式

"既然"具有对事实的规定性。有的 p，孤立地看，不一定是实，但一旦进入"既然……"的框架，便被容认为实。试观察以下两种现象：

第一，据测推断

推断之所据，是带主观色彩的估测，跟客观事实不能划等号。比如：

  A 甲 你去做做他的工作，好不好？
    乙 我猜想，他对这类事情可能兴趣不大。
    甲 好吧，既然他未必肯去，我们就别邀请他了。
  B 甲 我看今天是不行了。
    乙 要是明天有可能呢？
    甲 既然明天有可能，我们就再等一天吧！

推断的根据仅仅来自主观的估测，实际上具有假设性。以 B 来说，乙用"要是"，甲也可以用"要是"。但甲选用"既然"，这是通过据实句式来表明在主观视点上已经以虚当实。再看一例：

(15) 保长肯定受了许长生的贿，……既然这样，他决不会肯

卸面子。(陆涛声《庆生伢的财运》)

"这样"指"保长肯定受了许长生的贿",这只是一种估测。不用"如果",而用"既然",这就化虚为实了。

第二,质疑性推断

姑且容认某个说法、某种情况为事实,通过推论对其真实性表示怀疑甚至否定。例如:

(16) 我常常自问:<u>既然</u>爸爸是"坏蛋",<u>那么</u>,什么样的人才是好人呢?

(17) 我惊愕地望着她:<u>既然</u>这几年她真的有了属于她的星座,她为什么不拒绝调来这个农场呢?

这两例的据实性也是句式所规定的。如果改用假设句式,据实性就会消失:

(18) 我常常自问:<u>如果</u>爸爸是"坏蛋",<u>那么</u>,什么样的人才是好人呢?

(19) 我惊愕地望着她:<u>如果</u>这几年她真的有了属于她的星座,她为什么不拒绝调来这个农场呢?

例证二:"虽然p,但q"句式

这是典型的据实句式。它"先承认甲之为事实,接下去说乙事不因甲事而不成立"[③]。但是,实际上,p有时带有或然性。一种带有或然性的情况,是表述为"虚"还是表述为"实",特定句式的规约性起着关键的作用。比较:

A 甲 我的建议会怎么样?
　　乙 有可能遭到否决。
　　甲 即使有可能遭到否决,我还是要提出来。
B 甲 我的建议会怎么样?
　　乙 有可能遭到否决。
　　甲 <u>虽然</u>有可能遭到否决,我还是要提出来。

带或然性的"有可能遭到否决",若进入"即使……"的格式框架,是被作为虚拟的情况来强调;但一进入"虽然……"的格式框架,

汉语复句格式对复句语义关系的反制约

便被规约为事实，表明说话人在视点已把"有可能"本身当成事实，这样，"或然"便被转化成了"实然"。

2 顺和逆

2.0 现代汉语的复句句式，从前后分句之间的关系看，有的表示逆转关系，有的不表示逆转关系。本文管前一类叫逆转句式，管后一类叫顺列句式。比如"虽然 p，但 q""即使 p，也 q"等是逆转句式，"既然 p，就 q""既 p，又 q"等是顺列句式。如果联系客观实际的顺和逆来观察，也可以发现，有的时候跟句式上所标明的顺和逆并不完全一致。

2.1 在顺列句式中，p 与 q 间主观上表述为顺，客观上未必全顺。
例证一：并列句式中隐含逆转
　　一面挥着手巾，一面高声呼喊。
　　一面笑脸相迎，一面暗暗诅咒。
"一面 p，一面 q"是典型的并列句式。前一例，句式上标示为并列关系，实际上也是典型的并列关系。后一例，句式上标示为并列关系，实际上却还隐含着逆转关系。后一例可改用逆转句式，可以加上"但、却"之类关系词。

差不多各类并列句式都有类似的情况。说话人采用并列句式，是由于表述时特别看重两种情况的并存，而不想强调出两种情况之间的逆转关系。例如：
"又 p，又 q"：

（20）又想买首饰，又声明没有钱，这是什么意思？（蒋子龙《子午流注》）

（21）崔贤对张希亮是七分提防，三分敬重。又靠这座山，又躲着山上的荆棘。（王中才《龙凤砚》）
"既 p，又 q"：

（22）我很矛盾，既想与她结婚，又怕与她结婚。（刘建农

437

《妻很美》)

(23) 哪个单位出个先进人物，<u>既</u>是那个单位的光荣，<u>又</u>是那个单位的包袱。(郑万隆《红灯黄灯绿灯》)

"既 p，也 q"：

(24) 我<u>既</u>不想赞美这种近乎荒唐的姻缘，<u>也</u>不愿在此时此刻用激烈的言词破坏她的心境。(王恒信《少女三岔路》)

(25) 美国<u>既</u>可以说好客，<u>也</u>可以说不好客，它<u>既</u>不欢迎人来，<u>也</u>不反对人来。(钟道新《超导》)

例证二：递进句式中隐含逆转

　　他<u>不但</u>能够把你捧上去，<u>而且</u>能够让你任要职。
　　他<u>不但</u>能够把你捧上去，<u>而且</u>能够把你拉下来。

"不但 p，而且 q"是典型的递进句式。前一例，句式上标示为递进关系，实际上也是典型的递进关系。后一例，句式上标示为递进关系，实际上却还隐含着逆转关系。后一例的 pq 关系，可换个表述方法："他能够把你捧上去，<u>但又</u>能够把你拉下来。"这就成为逆转句。再看下面这个例子：

(26) 小白同志，你看我这个团中央书记处书记，<u>不但</u>做促进工作，<u>还</u>做你的"促退"工作。(从维熙《黄金岁月》)

前后分句实际上隐含着逆转关系：我的职责是做促进工作，现在却做你的"促退"工作。｜我做大家的促进工作，却做你的"促退"工作。说话人选用"不但……还……"的格式，是想幽默地强调出工作范围的扩大，而不想强调出 pq 之间的逆转关系。

例证三：假设推断句式中隐含逆转

　　<u>如果</u>你是牛郎，我<u>就</u>是织女！
　　<u>如果</u>你是老虎，我<u>就</u>是武松！

"如果 p，就 q"用来标示假设与推断之间的关系。一般地说，其 p 与 q 关系实际上是相承的，而不是相逆的。但是，如果利用"如果……就……"格式来造成假言对照，对照的 p 与 q 之间在实际上存在两种情况：有的是一般的并列关系，有的却具有逆转性。这两例，去掉

"如果……就……","你是牛郎,我是织女"是一般的并列关系,"你是老虎,我是武松"却隐含逆转关系,可以说成"你是老虎,我却是武松!"再看这个例子:

(27) <u>如果说</u>《新星》主要还是一部传统现实主义作品<u>的话</u>,<u>那么</u>《夜与昼》已经吸收了当代文学的最新成果,把"现实主义"现代化了。(徐明旭《论〈新星〉〈夜与昼〉的政治、文化价值》)

假设推断的关系是由"如果说……的话,那么……"这一句式所赋予的。p与q之间实际上隐含着逆转关系,可以采用逆转句式来表达:

(28)《新星》主要还是一部传统现实主义作品,《夜与昼》<u>却</u>已经吸收了当代文学最新成果,把"现实主义"现代化了。

2.2 在逆转句式中,p与q间主观上确认为逆,客观上未必全逆。

例证一:逆转句式中隐含并列

她比根林聪明,根林却比她成熟。

她比根林聪明,根林比她成熟。

前一例采用逆转句式,但如果抽掉逆转标志"却",成为后一例,pq之间的关系便可以理解为并列。

并列项之间具有一定的相互对待的差异性。由于说话人表述时特别看重这种差异性,于是才采用逆转句式来加以强调。下边是几个实际用例:

(29) 两个年轻女子站在一起,执着手,一个如出水芙蓉,一个<u>却</u>艳如桃花,引得路人不时侧目而视。(殷慧芬、楼耀福《亚韵》)

(30) 我<u>虽</u>是君,他<u>可是</u>师,师道尊严,你道朕连这个都不知么?(二月河《康熙大帝》)

(31) 醋坛里有一只本已干枯了的五色蛤蟆,<u>虽然</u>比拳头还细小,<u>但却</u>相貌丑恶,令人一看就想呕吐。(金庸《卧龙记》)

去掉这些例子中的逆转标志,剩下"一个如出水芙蓉,一个艳如桃花","我是君,他是师","比拳头还细小,相貌丑恶",前后项既是并存的,又是相对的。说话人采用逆转句式,强调其相对待的一面,是主观视点在起作用。

例证二：逆转句式中隐含递进

这孩子智力超人，但却谦虚谨慎。

这孩子不仅智力超人，而且谦虚谨慎。

前一例用逆转句式，但若去掉逆转标志"但却"，添上递进标志"不仅……而且……"，便成为后一例，即递进句式。

采用逆转句式，是表述者着眼于 p 与 q 的对立性；采用递进句式，是表述者着眼于 p 与 q 的并存性和级层性。这就是说，p 与 q 之间的关系，从客观实际看，并非同逆转句式存在着必然的联系，并非一定得用逆转句式来表述才行。再举几例：

（32）洪承畴……虽然立了极大功劳，却一向小心翼翼。（二月河《康熙大帝》）

（33）他摇了摇头，心中疑窦丛生，却又百思不得其解。（二月河《康熙大帝》）

（34）肥娘道："对于整件事情，你们所知道的究竟有多少？"方孟海摇摇头，道："所知不多，但却紊乱得很。"（金庸《卧龙记》）

这几例都可以改用递进句式："立了极大功劳，而且一向小心翼翼"，"心中疑窦丛生，而且百思不得其解"，"所知不多，而且紊乱得很"。

例证三：逆转句式中隐含因果

要赚就要赚大的，但是不能随便露底。

要赚就要赚大的，因此不能随便露底。

前一例用逆转句式，后一例用因果句式。这表明，p 与 q 在句式上可以反映为逆转关系，也可以反映为因果关系。这也表明，从客观实际看，p 与 q 的关系是顺逆不定的。

究竟选用逆转句式还是选用因果句式，决定于说话人的心态和受心态所影响的视点。前一例用逆转句式，是因为说话人特别看重：必须注意保密。后一例用因果句式，是因为说话人特别看重：必须注意计划的周密，行动的稳妥。再观察下边这个例子：

(35) 她希望逢着一个可以把一切献给自己的男人，<u>但</u>她<u>却</u>不能轻易把自己交付给他。（苏叔阳《故土》）

这个例子也可以说成：

(36) 她希望逢着一个可以把一切献给自己的男人，<u>因此</u>她还不能轻易把自己交付给他。

例 (35) 和 (36) 句式不同，反映的心态和视点也不同。比较：

(37) 她希望逢着一个可以把一切献给自己的男人，<u>但是</u>，她虽然认为他是这样的男人，<u>却</u>不能轻易地把自己交付给他。

(38) 她希望逢着一个可以把一切献给自己的男人，但是，她还不能肯定他是不是这样的男人，<u>因此</u>，她还不能轻易地把自己交付给他。

把例 (37) 中加着重号的词语删除，就成为例 (35)；把例 (38) 中加着重号的词语删除，就成为例 (36)。可见，例 (35) 用逆转句式，是在表述者看来，"她"已经倾向于信任"他"；例 (36) 用因果句式，是在表述者看来，"她"还不信任"他"。

3 概观

上面从虚实、顺逆两个角度所作的描写，反映了复句格式所规约的关系跟客观存在的关系之间的微妙联系。如果对这种微妙联系作进一步的概括，还可以得到以下几点认识。

Ⅰ. 客观实际 "是 A 非 B"，句式上 "化 A 为 B"。

虚拟句式的化实为虚，据实句式的化虚为实，都可以作这样的概括。

Ⅱ. 客观实际 "可 A 可 B"，句式上 "显 A 隐 B"。

顺列句式的显顺隐逆，逆转句式的显逆隐顺，都可以作这样的概括。

这里，必须指出：句式上所显示的 A 和可能有的实际关系上所隐含的 B，不一定全是一"顺"一"逆"。例如：

(39) 大量的青年医务人员，既缺乏必要的业务知识，又常常没事可做，终日闲散……（苏叔阳《故土》）

去掉"既……又……"，剩下"大量的青年医务人员，缺乏必要的业务知识，常常没事可做……"，可以理解为因果关系，可以添加"由于……因而……"。这就是说，"缺乏必要的业务知识"和"常常没事可做"，从客观实际看，可以认为是并存的两种情况，也可以认为具有因果关系。表述者采用"既……又……"，这是显并列，隐因果。并列和因果，都是非逆转的。

(40) 周老掌门胸襟豁达，而且对门户之见看得很开脱，他极力主张原谅慕容青烟。（金庸《卧龙记》）

去掉"而且"，剩下"周老掌门胸襟豁达，对门户之见看得很开脱……"，可以理解为因果关系，可以添加"因此"。这就是说，"胸襟豁达"和"对门户之见看得很开脱"，从客观实际看，可以认为具有级层性，也可以认为具有因果关系。表述者采用"……而且……"，这是显递进，隐因果。"递进"和"因果"，也是非逆转的。

Ⅲ．客观实际"可 A 可 B"，句式上"既 A 又 B"。

这是在讨论虚实、顺逆问题的基础上需要补说的一种情况。一般复句句式只标示一种关系，所反映的主观视点都是"单视点"。不管是句式上的"化 A 为 B"还是"显 A 隐 B"，都表明说话人在标示关系时有所抉择。但是，有的时候，句式上却可以 A B 并现，同时标示出两种关系。这时，复句的语义关系为复句句式的合用形式所规约，反映了说话人的"双视点"。请看下面的语言事实。

"并列＋逆转"：

(41) 爸爸使用了否决权。既可以击溃嚣张的邪恶，但也时时扼杀了正义和真理。（王恒信《少女三岔路》）

(42) 人们一边有高声的牢骚，低声的叹息，却也一边埋头向前。（苏叔阳《故土》）

"据实推断＋逆转"：

(43) 既然不是活他自己的命，为什么却叫活命费？（金庸《卧龙记》）

(44) 既（然）是朝廷命官，而且官衔又是这么大，何以却会置身于此？（金庸《卧龙记》）

"假设推断＋逆转"：

(45) 假如这张脸上曾有过一些美的东西的话，今天却已经荡然无存了。（周梅森《小镇》）

(46) 如果说是工作作风问题，可我又觉得不尽然。（张明明《青山遮不住》）

"无条件推断＋逆转"：

(47) 不论他把我想成什么样，但我不能无休止地享受他赤诚的痛苦给我的甜蜜。（刘建农《妻很美》）

(48) 唉，父亲，你心里明白，无论历史的脚步走得多么迟缓艰难，可它终究还是前进着。（吴基民《爱的祭奠》）

"条件倚变＋逆转"：

(49) 火车越近南京，我却越感到情怯。（陈白尘《云梦断忆》）

(50) 这人也怪！人家越冷淡他，他却越亲热。（徐绍武《孀居》）

4 总评

复句格式和复句语义关系二者之间的联系，可以从制约和反制约两个不同的走向来评说。

就制约的走向说：复句格式反映复句语义关系，制约于复句语义关系。

在具有二重性的复句语义关系里，客观实际是基础，提供构成语义关系的素材，主观视点是指针，决定对语义关系的抉择。对于复句格式的形成来说，主观视点是第一位的起主导作用的东西，而客观实际则是第二位的被主观视点所牵引的东西。不这么理解，无法解释这样的事实：当说话人决定采取"即使p，也q"虚拟句式的时候，他已不管p在实际上是否真虚，纵然并非真虚，他也可以凭主观视点化实为虚；相反，当说话人决定采取"既然p，就q"据实句式的时候，他已不管p在实际上是否已成事实，哪怕只有可能性，他也可以凭主观视点化虚为实。可以认为，主观视点直接决定复句格式，客观实际通过主观视点影响复句格式，反过来说，复句格式直接反映主观视点，间接反映客观实际。

就反制约的走向说：复句格式标明复句语义关系，反制约于复句语义关系。

作为复句格式反映的对象，复句语义关系具有多可性。从客观实际看，甲乙两种事物之间可以只有一种关系，也可能存在多种关系；从主观视点看，对甲乙两事物间关系的观察，可以有时视点在虚，有时视点在实，有时视点在顺，有时视点在逆，有时视点在此，有时视点在彼。然而，不管怎样，复句格式一旦形成，它就明确地限定了它所标明的关系。换句话说，说话人采取哪一个视点，通过视点反映出事物间的哪一种关系，都被特定格式确定了下来，标明了出来。如果说，复句格式形成之前，关系可以是游移不定的，那么，复句格式形成之后，关系便是被框定了的。面对某一复句格式，人们只注意到作为格式框架的标志，并由标志判断框架所框内容的关系。比如看到一个"即使p，也q"的句子，人们只凭"即使……也……"断定为虚拟句，至于p与q之间实际上的虚实联系，除非是语法学家和特殊的爱好者，是不会深入查究的。

本文讨论复句格式对复句语义关系的反制约的问题，仅仅涉及主观视点和客观实际不完全等同的一部分现象。对这一问题从更多的角度进行探讨，还需要再下功夫。

注释：

[1]邢福义：《现代汉语的"即使"实言句》，《第一届国际汉语教学讨论会论文选》，北京语言学院出版社1986年版。

② 换个语境，上述各例中的 p 便是虚拟的。即句式上标示为虚，实际上也是虚。如例（8）说成："如果索尼还在，就好了。只要……"

③ 吕叔湘著：《中国文法要略》，商务印书馆 1956 年版，第 436 页。

④ 笔者对有关现象都作过专题性的阐述。参看拙著《复句与关系词语》，黑龙江人民出版社 1985 年版；《语法问题探讨集》，湖北教育出版社 1986 年版。

（原载《中国语文》1991 年第 1 期）

现代汉语转折句式

本文从不同侧面讨论现代汉语转折句式。讨论范围，限于以"但、却"为代表性标记的转折类复句句式[①]。

1 常规和异合

对于转折句式，既要注意其常规形式，又要注意其异合形式。

1.1 常规形式

所谓常规形式，指用"虽然……但／却……"之类转折词来标明语义关系的形式。这是转折句的一般形式、基本形式、关系单一形式。作为转折句式，已为各种论著和教科书所论及。

"虽然……但／却……"之类转折词，包含两类标记：

a."但／却"类转折关系的直接显示标记。这类标记用于将转的乙分句，直接表明乙分句对甲分句有转折关系。同类的还有"可是、然而、不过"等。

b."虽然"类转折关系的间接提示标记。这类标记用于受转的甲分句，间接提示乙分句对甲分句有转折关系。同类的还有"尽管"。

在这两类标记中，a类"但、却"等是典型转折词，活动能量大，对各种复句句式具有很强的嵌入转化力；b类"虽然、尽管"在跟"但、却"之类呼应使用的时候，才包括在转折词的范围之内，它们本身则是让步词，而且它们的活动范围一般限于常规转折句。但是，不管怎样，这两类标记都足可构成转折句的常规形式。同时使用"虽然／尽管"和"但／却"，或者单独使用作为典型转折词的"但／却"，固然都足够标明转折句，即使是单独使用"虽然/尽管"，也是足够标明转折的。例如：

我虽笨，但也晓得应该分清是非。
我很笨，但也晓得应该分清是非。
我虽然笨，也晓得应该分清是非。
我晓得应该分清是非，虽然我笨。

这四个转折复句，分别用了"虽……但……"，"……但……"，"虽……（也）……"，"……虽然……"。它们或者标记不完全相同，或者甲分句和乙分句的排列次序不完全一样，但是，相对于异合形式而言，它们采用的都是常规形式。

1.2 异合形式

所谓异合形式，指转折句式和非转折句式或者一般转折句式和非一般转折句式结合构成的形式。异合形式的形成，是由于"但/却"嵌入非转折句式或非一般转折句式，造成了"转折＋非转折"或"一般转折＋非一般转折"的特殊状况。

先说"转折＋非转折"。

"转折＋非转折"，这是由"但/却"嵌入非转折句式构成的异合形式。并列句式、递近句式、假设句式、条件倚变句式、推论因果句式等，有时都可以嵌入"但/却"。

〔例1〕既 p，又 q。＋但（却）
　　　＝既 p，但（却）又 q。

如：既想照顾他，又怕别人风言风语。→既想照顾他，但又怕别人风言风语。｜既想照顾他，却又怕别人风言风语。

〔例2〕既 p，也 q。＋但（却）
　　　＝既 p，但（却）也 q。

如：既有天伦之乐，也有纠纷烦恼。→既有天伦之乐，但也有纠纷烦恼。｜既有天伦之乐，却也有纠纷烦恼。

〔例3〕一面 p，一面 q。＋但（却）
　　　＝一面 p，但一面却 q。

如：一面摆酒接待，一面派人报告警察局。→一面摆酒接待，一面却派人报告警察局。｜一面摆酒接待，但一面又派人报告警察局。

〔例4〕一方面 p，另一方面 q。＋但（却）

　　　＝一方面 p，但另一方面 q。

如：一方面承认我有才干，另一方面又说我不能重用。→一方面承认我有才干，但另一方面又说我不能重用。｜一方面承认我有才干，另一方面却又说我不能重用。

〔例5〕一边 p，一边 q。＋但（却）

　　　＝一边 p，但（却）一边 q。

如：一边不停地说恭喜，一边随时准备拔出手枪。→一边不停地说恭喜，但一边随时准备拔出手枪。｜一边不停地说恭喜，却一边随时准备拔出手枪。｜一边不停地说恭喜，一边却随时准备拔出手枪。

〔例6〕不但不 p，而且（反而）q。＋却

　　　＝不但不 p，却（反而）q。

如：不但不害怕，而且（反而）显得更加执拗了。→不但不害怕，却（反而）显得更加执拗了。

〔例7〕如果说 p，那么 q。＋却

　　　＝如果说 p，那么却 q。

如：如果说过去还有点糊涂，那么，今天已经是完全清醒了。→如果说过去还有点糊涂，那么，今天却已经是完全清醒了。

〔例8〕越 p，越 q。＋却

　　　＝越 p，却越 q。

如：声音越低，越有威慑力。→声音越低，却越有威慑力。

〔例9〕既然 p，(就) q。＋却

　　　＝既然 p，却 q。

如：既然解决不了问题，就不要累死累活地干了。→既然解决不了问题，为什么还要累死累活地干呢？→既然解决不了问题，为什么却还要累死累活地干呢？

再说"一般转折＋非一般转折"。

"一般转折＋非一般转折",这是由"但/却"嵌入非一般转折句式构成的异合形式。虚拟性让步句、忍让性让步句和无条件让步句,有时也可以嵌入"但/却"。

〔例10〕即使 p,也 q。＋但(却)
=即使 p,但(却)也 q。

如:即使自己有很多好的意见,也应该听听大家的意见。→即使自己有很多好的意见,但是也应该听听大家的意见。

〔例11〕宁可 p,也 q。＋但(却)
=宁可 p,但(却)也 q。

如:宁可慢些,也要好些!→宁可慢些,但要好些!｜宁可慢些,却要好些!

〔例12〕无论 p,都 q。＋但(却)
=无论 p,但(却)(都)q。

如:无论他们怎么造谣中伤,都影响不了我老爸的形象!｜无论他们怎么造谣中伤,但都影响不了我老爸的形象!｜无论他们怎么造谣中伤,却都影响不了我老爸的形象!

应该指出:"即使 p,也 q""宁可 p,也 q""无论 p,都 q"都是一般人不认为是转折句的非一般转折句。尽管它们内部的转折情况、转折程度比较复杂微妙,但从总体上看,它们跟"虽然 p,但 q"(容认性让步句)都属"让步句",而让步句里总是包含有这样那样的转折性的。这一点,笔者有过专论[②]。

2 语表和语里

语表指显露在外的可见的语言形式,语里指隐含在内的不可见的语义关系。为了加深对转折句式的认识,有必要观察其语表和语里。

2.1 从句式的成立看语表和语里

转折句式的成立,取决于事物间存在转折关系的逻辑基础。具体点说,取决于事物间具有违逆性、对立性或差异性,并且取决于所用句式和逻辑基础的对应性。

如果缺乏转折关系的逻辑基础,转折句式不能成立。例如:

*(1) 这样极可珍贵的作品,虽只剩了很不完整的一段,但是很可惜。(《光明日报》1956年9月16日)

*(2) 这种教育方式虽则是受"刘介梅的今昔对比展览会"的启发,但在上海却得到了推广。(《中国青年报》1957年10月24日)

这两个例子都引自中国语文杂志社编《语文短评选辑》③。"……只剩了很不完整的一段"和"是很可惜的"之间,"这种教育方式是受……启发"和"在上海得到了推广"之间,都不存在逆转的关系。因此,上两例都是病句。应删去造成转折句式的"虽(虽则)……但/却……"。

如果缺乏相应的转折关系的逻辑基础,所用的转折句式也不能成立。比较:

(3) 有三个人坐下来抱在一起想暖和一下,但他们再也没有站起来。

*(4) 有三个人虽然坐下来抱在一起想暖和一下,但他们再也没有站起来。

例(3)用"……但……",能成立。"坐下来……"和"再也没有站起来"之间有逆转关系。例(4)用"虽然……但……",不能成立。在构成基础上,"虽然……但……"句式受到很大的限制。这一句式的构成基础是因果违逆的关系。如:因为黑夜笼罩着他,所以我看不到他脸上的忧伤。(因果相承。)虽然黑夜笼罩着他,但我仍然看到了他脸上的忧伤。(因果违逆。)甲事与乙事之间如果根本不存在因果违逆的关系,就不能用"虽然……但……"。"坐下来……想暖和一下"和"再也没有站起来"之间显然不存在跟"虽然……但……"句式相应的因果违逆的逻辑基础。

异合形式,有时能成立,有时不能成立,这同样为逻辑基础所决定。以"无论p,但(都)q"之类异合形式来说,从逻辑基础上考察其 p 与 q 关系，可以知道：

第一，p 与 q 之间有时"因果违逆"。这时，可以采用"无论……（都）……"之类形式加上"但/却"之类转折词的异合形式。如：

(5) 唉，父亲，你心里明白，无论历史的脚步走得多么迟缓艰难，可它终究还是在前进着。（吴基民《爱的祭奠》）

(6) 无论过去我自己的生活有多少波折，它们（红泥塑像）却始终安然无损。（遇罗锦《天使》）

(7) 珊姐！……不管我在社会上看到多少阴郁的、可憎的事情，但只要想到你，心地便纯真了。（鲍昌《槐荫庭院》）

上例分别用了"无论……可……""无论……却……""不管……但……"。在构成基础上，上例跟"虽然……但……"相通，只要改动"多么、多少"之类特定词语，就可以向"虽然……但……"转变：虽然历史的脚步走得特别迟缓艰难，可它终究还是在前进着。｜虽然过去我自己的生活有很多波折，它们却始终安然无损。｜虽然我在社会上看到过许多阴郁的、可憎的事情，但只要想到你，心地便纯真了。这就是上例具有因果违逆的逻辑基础。

第二，p 与 q 之间有时"部分因果违逆"。这时，如果需要特别强调 q 对 p 的各个方面都一概否定或一概肯定，借以突出表明全盘否定或全盘肯定的态度，可以在"无论……（都）……"之类形式的基础上特意加"但"，形成异合形式。如：

(8) 不管你是不是指我，但不许你这样说！（绍六《镶金边的彩云》）

(9) 甭管团支部是不是个有用的衙门，但毕竟是个衙门！（你怎么敢把它当成你家的仓库！）（毛志成《大门道的主人》）

"是指我"，当然不许你这样说；但是，即使不是指我，也不许你这样说！"是有用的衙门"，当然是个名副其实的衙门；但是，即使"不是有用的衙门"，它也还是个衙门！可见，(8)(9)两例 p 与 q 之间存在局部性转折关系。这两例用"但"，仍然有相应的逻辑基础。

第三，p 与 q 间有时完全不存在因果违逆的关系。这时，不能采用

"无论……但/却……（都）……"之类异合形式。例如：

(10) 假使这佛手原种系遗传突变所造成，无论截枝引种，还是采籽育苗，都能使之繁衍新种。（袁和平《佛手》）

这里不能加上"但/却"之类。因为，"截枝引种"也好，"采籽育苗"也好，在"系遗传突变所造成"的前提下，引出"繁衍新种"的结果都具有必然性[④]。

2.2 从句式的选用看语表和语里

转折句式的选用，取决于句式选用者在主观视点上对转折关系的抉择。

笔者曾经指出：复句语义关系具有二重性，既反映客观实际，又反映主观视点。客观实际和主观视点有时重合，有时不完全等同。在对复句格式的选用中，起主导作用的是主观视点。可以认为，复句格式直接反映主观视点，间接反映客观实际[⑤]。人们对转折句式的选用，也是如此。这一句式的成立固然决定于客观上存在的这样那样的转折关系，但人们在表述问题时是否选用转折句式，选用什么样的转折句式，却是为表述者的主观视点所决定的。

首先，语里隐含有转折关系，但表述者并不重视，语表上可以不标明为转折句式。如：

(11) 他不但能够把你捧上去，而且能够把你拉下来。

(12) 又想买首饰，又声明没有钱，（这是什么意思？）（蒋子龙《子午流注》）

(13) 如果说年青的一代有着更多的勇敢，那么父亲一代则有着更多的成熟。（叶小帆《一九七八年〈花城〉中篇小说评述》）

例(11)标明为递进句式。如果表述者重视隐含的对立性转折关系，也可以标明为转折关系：他能够把你捧上去，但又能够把你拉下来。例(12)标明为并列句式。如果表述者重视隐含的违逆性转折关系，也可以标明为转折句式：想买首饰，却声明没有钱，（这是什么意思？）例(13)标明为假设句式。如果表述者重视隐含的差异性转折关系，也可以标明为转折句式：年青的一代有着更多的勇敢，父亲一代

现代汉语转折句式

却有着更多的成熟。

其次,表述者重视语里的转折关系,语表上可以特意标明为转折句式。如:

(14)(两个年轻女子站在一起,执着手,)一个如出水芙蓉,一个却艳如桃花,(引得路人不时侧目而视)。(殷慧芬《亚韵》)

(15)我虽是君,他可是师!(师道尊严,你道朕连这个都不知么?)(二月河《康熙大帝》)

上两例完全可以采用并列的说法:一个如出水芙蓉,一个艳如桃花。|我是君,他是师。表述者特别重视前后项之间相对待的一面,采用了转折句式,这显然是主观视点在起作用。又如:

(16)洪承畴……虽然立了很大的功劳,却一向小心翼翼。(二月河《康熙大帝》)

(17)方孟海摇摇头,道:"所知不多,但却紊乱得很。"(金庸《卧龙记》)

上两例全都可以改用递进句式:立了很大功劳,而且一向小心翼翼。|所知不多,而且紊乱得很。表述者不用递进句式而用转折句式,是特别重视前后项之间隐含的违逆性,这当然也是主观视点在起作用。

再次,表述者同时重视语里的两种关系,语表上便显示为异合句式。如:

(18)爸爸使用了否决权,既可以击溃嚣张的邪恶,但也时时扼杀了正义和真理。(王恒信《少女三岔路》)

(19)假如这张脸上曾有过一些美的东西的话,今天却已经荡然无存了。(周梅森《小镇》)

(20)美容院既(然)能将她旧日粗糙的皮肤改换得如同张纸般细腻,却为什么没能除去她隔着厚厚的仿貂大衣和羊毛围巾仍然张牙舞爪地向我袭来的那股酸腥味?(张抗抗《永不忏悔》)

例(18)用"既……但也……",语表显示了"并列+转折"的异合;例(19)用"假如……却……",语表里显示了"假设推断+转折"的异合;例(20)用"既然……却……",语表显示了"据实推断+

453

转折"的异合。

假如把语里包含的两种关系记为 X 和 Y，那么，语表上有时隐 X 显 Y 或者隐 Y 显 X，有时则可以 X 和 Y 同显。前者反映表述者在句式选用上的"单视点"，后者反映表述者在句式选用上的"双视点"。

3 语表和语值

语值指语言形式的语用价值。辨察转折句式的语用价值，是深入认识转折句式的又一个角度。

3.1 从常规形式看语表和语值

首先，构成基础相同，用转折句式跟不用转折句式有不同的语值。比较：

> 第一炮一定要打响，必须认真准备。
> 第一炮一定要打响，因此，必须认真准备。
> 第一炮一定要打响，但是，必须认真准备。

第一句不用句式标记，前后项之间是隐性因果关系。第二句用"因此"构成因果句式，前后项之间因果关系成了显性的。第三句用"但是"构成转折句式，把前后项之间可能有的因果关系强制成了转折关系。前两句是顺势推导，揭示事物间的因果联系，强调了"认真准备"是"打响"的必要条件。第三句是逆势论证，语势上一有转折，话语便带上明显的提醒性和警告性，不仅表明了"认真准备"是"打响"的必要条件，而且特别强调了"否则就会受到挫折"之类的逆反性结果。再比较：

> (21) 她希望逢着一个可以把一切献给自己的男人，因此她不能轻易把自己交付给他。
>
> (22) 她希望逢着一个可以把一切献给自己的男人，但她却不能轻易把自己交付给他。（苏叔阳《故土》）

例(21)等于说："她希望逢着一个可以把一切献给自己的男人，但是她还不能肯定他是不是这样的男人，因此，她不能轻易把自己交

付给他。"用"因此"构成因果句式,表明表述者认为"她"还不信任"他"。例(22)等于说:"她希望逢着一个可以把一切献给自己的男人,但是,她虽然感到他可能是这样的男人,却还不能轻易地把自己交付给他。"用"但、却"构成转折句式,含意跟上一例相反,表明表述者认为"她"已经倾向于信任"他",只是还没有达到"把自己交付给他"的程度罢了。

其次,构成基础相同,用甲转折句式和用乙转折句式有不同的语用价值。比较:

(23)你做得对,但是不应该吵架。

(24)你做得对,只是不应该吵架。(姜滇《清水湾,淡水湾》)

"……但是……"口气偏严,是直捅捅地批评"吵架";"……只是……"口气宽,是宽容而委婉地批评"吵架"。可以说,"但是"强调事物间具有转折性,而"只是"则既表明事物间具有转折性又表明这种转折性是一种有限的转折。凡是用"只是"的转折句,都表明从某个方面某个角度或在某种程度上对前分句作有限的修补,后分句都可以带上表示有限语气的"罢了"或"就是了"。如:你做得对,只是不应该吵架罢了。┃你做得对,只是不应该吵架就是了。再比较:

(25)张为已经五十几,但是李正才有二十六。(他们之间可以"代沟"呀!)

(26)虽然张为已经五十几,但是李正才有二十六。(他们那个班子可是有后劲的呀!)

例(25)用"……但是……",强调张为和李正年龄差距过大。这里不能加上"虽然"。例(26)用"虽然……但是……",强调乙事的成立不以甲事的成立为原因,等于说:虽然张为已经五十几,但不是致命的足以影响全局的问题,因为李正才有二十六,这决定了他们那个班子还是有后劲的。可以说,"但是"是直截了当地强调事物间具有转折性,而"虽然……但是……"则是通过先让步后转折的语势强调出事物间因果逆转的关系。"虽然……但是……"句式对于因果逆转关系是具有强制性的。再看这个例子：

(27) 张为喜欢跳舞，但是李正喜欢看电影，所以星期六他们不会在一起。

假如张为和李正只是一般的同班同学，彼此间不存在谁影响谁、谁牵制谁、谁迁就谁的问题，那么，"但是"意在强调他们兴趣不同，不能加上"虽然"。然而，这样的说法也能成立：

(28) 虽然张为喜欢跳舞，但是李正喜欢看电影，所以星期六他们不会在一起。

有意思的是，经过"虽然……但是……"的强制，张为和李正不是夫妻，便是有着不寻常的关系。这一句式指示出：尽管张为和李正有着足以互相影响的关系，但是在星期六参加文娱活动时实际上张为影响不了李正，李正也影响不了张为。

3.2 从异合形式看语表和语值

首先，构成基础相同，用异合句式跟用非转折句式有不同的语值。比较：

(29) 如果说张为是猛虎，那么，李正就是雄鹰！
(30) 如果说张为是猛虎，那么，李正却是雄鹰！

例(29)用"如果说……那么……"的假设句式，在对照中比较张为和李正，二人同时肯定：各有优势，都强悍非凡。例(30)用"如果说……那么却……"的"假设＋转折"的异合句式，其中的"却"字强烈地反映了表述者的主观意识：猛虎和雄鹰固然都极强悍，但猛虎只能在地上奔突，雄鹰却能搏击长空。可以说，例(29)只是或者基本上是"张李同赞"，例(30)则是重在"抑张扬李"了。再比较：

(31) 日子越红火，他心里越感到不安。
(32) 日子越红火，他心里却越感到不安。

例(31)用"越……越……"的条件倚变句式。"日子越红火"表示一个无限变异的条件或依据，"他心里越感到不安"表示一个无限变异的结果。例(32)用"越……却越……"的"条件倚变＋转折"的异合形式。其中的"却"字强调出条件与结果之间的转折性,从而明确地显示了条件与结果之间的倚变关系是一种"异态倚变"。

条件与结果之间的倚变关系有"常态倚变"和"异态倚变"两种情况。从某一条件出发,倚变的结果符合正常情况,结果跟条件顺承,这是常态倚变。如:"越爱她,越希望她得到幸福。"从某一条件出发,倚变的结果不符合正常情况,结果跟条件相悖,这是异态倚变。如:"越骂他,他越高兴。"

凡是"异态倚变",都可以加转折词"却"。不加"却",异态是隐含的,"越……越……"只指示出事物间的倚变关系;用了"却",异态就显现了出来,"越……却越……"不仅指示出事物间的倚变关系,而且指示出这种倚变关系是异态的。在实际语言运用中,人们往往采用这一句式来强调倚变的异态:

(33) 他这人也怪!人家越冷淡他,他却越亲热。(徐绍武《孀居》)

(34) 真奇怪,时间愈长,你在我想象中却离我越近。(关鸿《寄远方》)

(35) 人的感情实在是个复杂的函数,我愈是躲避袁野,心里却愈是更多地想到他。(奚青《天涯孤旅》)

其次,构成基础相同,用异合形式跟用非一般转折句式有不同的语值。比较:

(36) 他宁愿承担舆论和道德的谴责,也不能眼睁睁地葬送自己和莲莲未来的幸福。

(37) 他宁愿承担舆论和道德的谴责,但不能眼睁睁地葬送自己和莲莲未来的幸福。(张弦《银杏树》)

"宁可、宁愿"之类是表示忍让之词,"宁可……也……"之类句式是忍让性让步句式。有让步就有转折,但这一句式里通常不用转折词,只是强调在有所忍让的前提下作出抉择。有时,加上转折词,这是为了取得突现转折性的语用效果。比较上面两例可知,后一例里由于用了"但",显得特别强调了后分句的逆反性,显得特别突出了对

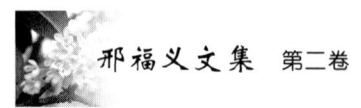

"舆论和道德"的反抗心理。再比较:

(38) (如果她承袭了这笔财产,)即使是合法的,也不光彩。

(39) (如果她承袭了这笔财产,)即使是合法的,但也不光彩。(姜滇《清水湾,淡水湾》)

"即使、就算"之类是虚让之词,"即使……也……"之类句式是虚拟性让步句式。这一句式里有时加上转折词,可以取得两个方面的语用效果。一方面,突现后分句对前分句的转折性,特别强调了后分句提出的结论对前分句提出的虚拟情况的逆反甚至否定。如例(39),显然比(39)多了一层转折关系的特别强调。另一方面,加上转折词有的时候还在结构上具有划清转折界限的作用。如:

(40) (我猜想:)即使在这风雪迷茫的黑夜,工人、工人的妻子和工人的孩子,谁也看不清谁,可是他们一定能感觉到相互间深切的鼓舞和期待。(杜鹏程《夜走灵官峡》)

(41) 就算这话不假,可南边是南边,翰林府是翰林府,天南地北的,哪能拉到一根弦上?(王笠耘《春儿姑娘》)

前一例,"即使"引出的分句较长,结构比较复杂。后一例,"就算"引出的分句虽然比较简单,"可"后边的分句却相当复杂。这两例里的转折词,既强调了转折的关系,又划分出转折的界限。

4 研究和教学

以上的讨论,给转折句式的研究和转折句式的教学提供了一些新的线索。这一部分,直接就研究和教学的问题简括地谈谈笔者的想法。

4.1 关于研究

研究转折句式,应该特别重视两个方面的问题。

其一,加强"表—里—值"的三角研究。

语表形式、语里意义和语用价值三者形成一个三角,它们可以分别叫 A 角、B 角和 C 角。

对转折句式,往往有必要分三步进行考察。第一步考察 A 角:抓住以"但、却"为代表的形式标记,弄清转折句式可能有的种种常规形式和这样那样的异合形式。第二步考察 A—B 角:由表察里,由里看表,在表里之间多线索多层次地反复验证其对应关系,弄清转折句式形成的逻辑根据、一般规律和特定条件。第三步考察(B—)A—C 角:语里相同而语表互异,必有不同的语用价值。弄清同义形式的不同语值,从表达和理解的应用侧面深化对转折句式的认识。笔者认为,表里值三角研究可以把转折句式的研究推向纵深。

其二,努力做到三个"充分"。

三个"充分",一是观察充分,二是描写充分,三是解释充分。首先,要对转折句式有充分的观察。应该尽可能地在广阔的视野中建立观察事物的视点。用"但、却"类转折词检验全部现代汉语复句句式,测试各种复句句式对"但/却"之类的正副反应,是观察充分的重要做法。其次,要对转折句式有充分的描写。应该在题目限定的范围之内通过描写尽可能地把各种规律特别是隐蔽的规律反映出来。小题大做,这是描写充分的重要做法。再次,要对转折句式有充分的解释。应该在从微观上进行观察和描写的基础之上,从宏观上对语法事实作出理论上的解释。解释的目的在于揭示语法事实的本质属性和本质面貌,解释的充分不是表现为"多"和"细",而是表现为"深"和"准",能够深化人们的认识。比方,转折句式中的"但、却"类转折词,从静态上看,即从句式形成的结果看,它们的作用全是对于转折关系的"标明",但从动态上看,即从句式形成的过程看,它们的转折作用则有"显示""强化"和"转化"等区别。显然,从理论上解释清楚"但、却"类转折词的静态作用和动态作用,可以加深对于转折句式的认识⑥。至于文章怎么做,是先解释再求证,还是先描写再解释,这要由题目的性质和要求来决定。

三个"充分"是深入研究的要求,表里值三角研究院深入研究的思路,二者是互补互证互为条件的。

4.2 关于教学

教学转折句式,应该特别重视两个方面的问题。

其一，避免片面性

从定义出发，画地为牢，把典型的转折句式孤立起来，以为只有在典型的转折句式中才能用"但、却"类转折词，这是教学中常见的片面性毛病。这种毛病不仅影响学生对转折句式的全面而深入的了解，甚至造成了教学中自相矛盾的状况。

举个典型的例子：

初中课本《语文》第六期（人民教育出版社1980年第2版）27—28页有一篇讲语法知识的短文《多重复句》，文中说："应该注意正确使用关联词，注意关联词的前后呼应不要出现配搭上的错误。"所举的病例中有这么一个："我们在学习上即使取得了一定的成绩，但这仅仅是第一步，决不能自满。"文中解释道："应把'即使'改为'虽然'，才能与'但'呼应，表示转折关系。"

确实，这个例子中用"虽然"比用"即使"合适，因为所说的是已然事实，不是虚拟情况，也没有必要"化实为虚"加以强调。如果把意思稍加改动，说成："即使我们在学习上取得了很大的成绩，但是，这仅仅是第一步，决不能自满！"这是完全可以的。可见，问题不出在"即使"和"但"不能同现这一点上。课本把"即使……也……"归入假设句，认为"即使……也……"与表示转折关系的"但"不能共容，这就有片面性了。

同是这一册课本，就在上述语法知识短文后边，69—72页有一篇范文，是鲁迅的《"友邦惊诧"论》，其中有这么一句：

即使所举的罪状是真的罢，但这些事情，是无论那一个"友邦"也都有的，他们的维持他们的"秩序"的监狱，就撕掉了他们的"文明"的面具。

这里不就是"即使……但……"吗？难道这也是病句？

在高中第三册中，还有一篇范文，是鲁迅的《"丧家的""资本家的乏走狗"》，其中也有这么一句：

即使无人豢养，饿的精瘦，变成野狗了，但还是遇见所有的阔人都驯良，遇见所有的穷人都在狂吠的，不过这时它就愈不明

现代汉语转折句式

白谁是主子了。

这里也是用了"即使……但……"的。

其二，避免表面性

完全停留在"一般""有时"这样的解说上面，不能帮助学生弄清楚"一般"之外的"特殊"是什么样子，"有时"到底是什么时候，有什么条件，这是教学中常见的表面性毛病。

笔者发表过有关复句研究的一些论著，又先后主编过全国卫星电视教育教材《现代汉语》（高等教育出版社，1986年，北京），全国高等师范院校本科教材《现代汉语》（高等教育出版社，1991年，北京）。据笔者的体会，要避免表面性的毛病，就转折句式的教学法而言，最重要的是及时把有关的研究成果运用于教学，并且善于启发诱导学生去掌握规律性的东西。比如：

如果你是牛郎，我就是织女！

如果你是老虎，我就是武松！

乍一看，这两例没什么不同，然而，前一例不能说成："如果你是牛郎，我却是织女"，而后一例却可以说成"如果你是老虎，我却是武松"。可见，"如果"假设句有的不能进入转折词"却"，有的可以进入转折词"却"。那么，什么样的"如果"假设句可以进入转折词"却"呢？在全国高等师范院校本科教材《现代汉语》中，笔者试图引导学生把语表形式和语里意义结合起来进行验证。验证的过程大体上是：

```
                "如果"假设句
               /            \
"如果说"假设句（＋）一般"如果"假设句（－）    ……1
              /      \
           比较（＋）   解注（－）              ……2
           /      \
        逆比（＋）   顺比（－）                  ……3
        /    \
     对立（＋）差异（＋）                        ……4
```

· 461 ·

第 1 步观察到：只有"如果说……那么……"的假设句中才能进入"却"。（有的只用"如果"，但可以加上"说"。）第 2 步观察到：只有表示比较的"如果说"假设句才能进入"却"。第 3 步观察到：只有表示逆比的"如果说"假设句才能进入"却"。第 4 步观察到：在表示逆比的"如果说"假设句中，不管是对立性的还是差异性的，都可以进入"却"。总之，通过验证，找出了"却"进入假设句的条件[⑦]。

笔者以为，由于受到教学时间、研究水平、学生的接受能力等方面的限制，教学中不可能每一个问题都讲得很深很透。但是，不管怎样，根据具体情况讲清一两个问题，以点带面，致力于提高学生的思辨能力，教学效果会更好一些。

5 结束语

转折句式和跟转折有关的种种问题，不是一两篇文章能够讲清楚的，也不是短期内所能全部回答的。到目前为止，笔者对许多问题仍然感到困惑。比方，以常规形式来说，"……但……"和"……却……"在句式的构造和句意的表达上到底有什么不同？到底能归纳出多少有关的规律？又比方，以异合形式来说，"无论……都……"在特定条件下可以进入"但、却"，然而，"但、却"和"都"的隐现情况有没有规律可寻？各种"无论……都……"句式对"但"和"却"有没有不同的反应？再比方，以语值来说，考察种种转折句式的语用价值有什么样的原则？规律性的东西何在？诸如此类的问题还很多。所有这些问题，必须通过长期而深入细致的专题研究，并且必须通过众多学者的共同努力，才有可能得到解决。

注释：

[①]转折类复句包括"单纯转折句""让步转折句"和"假言逆转句"。假言逆转句，指的是"（因为/除非/要么）……否则……"之类复印句。可参看邢福义主编：《现代汉语》，高等教育出版社 1991 年版。本文不涉及假言逆转句。

[②]邢福义：《让步句的考察》，《汉语研究》第一辑，南开大学出版社 1986 年

版；又邢福义：《复句与关系词语》，黑龙江人民出版社 1985 年版。

③中国语文杂志社编：《语文短评选辑》，中国书局 1959 年版，第 103～104 页。

④邢福义：《"但"类词和"无论 p，都 q"句式》，《中国语文》1984 年第 4 期，第 248 页。

⑤邢福义：《汉语复句格式对复句语义关系的反制约》，《中国语文》1991 年第 1 期，第 1 页。

⑥关于关系词语的静态作用和动态作用，参看邢福义著：《语法问题探讨集》，湖北教育出版社 1986 年版，第 280～285 页。

⑦邢福义主编：《现代汉语》，高等教育出版社 1991 年版，第 437～440 页。

（原载《世界汉语教学》1992 年第 2 期）

汉语复句与单句的对立和纠结

前言

本文讨论现代汉语里复句与单句的对立和纠结。文章分四个部分展开：1. 本文的"句"认定；2. 典型单句；3. 典型复句；4. 纠结现象。

长期以来，人们为现代汉语的单复句界限问题所困扰，企图找到把二者一刀两断的标准。本文意在反映和解释复句与单句之间既有对立又有纠结的事实，表述笔者关于复句研究的一些思考。

笔者从中国通用的中学语文课本中选择课文8篇（记叙文5篇，论说文3篇），作了粗略的统计。下面是8篇课文的有关数据：

课文	句子数量	典型单句	典型复句	纠结现象
彭荆风《驿路梨花》	97	43 (44+％)[①]	16 (16+％)	38 (39+％)
刘坚《草地晚餐》	102	32 (31+％)	26 (25+％)	44 (43+％)
老舍《小麻雀》	59	9 (15+％)	21 (35+％)	29 (49+％)
杨朔《荔枝蜜》	72	26 (36+％)	22 (30+％)	24 (33+％)
杨朔《香山红叶》	79	25 (31+％)	25 (31+％)	29 (36+％)
胡绳《想和做》	50	10 (20％)	13 (26％)	27 (54％)

续表

课文	句子数量	典型单句	典型复句	纠结现象
吴晗《谈骨气》	36	11 (30+%)	9 (25%)	16 (44+%)
语文知识《观察和记叙》	62	17 (27+%)	20 (32+%)	25 (40+%)

1 本文的"句"认定

1.1 "句"

本文对"句"的认定,遵从"点号标句"的从众性原则。标句的点号,最有代表性的是句号,其次是问号和感叹号。

凡是"句",都具有表述性,都能够表达一个相对完整的意思,这一点是大家都会同意的。然而,在语流中,"句"的辖域到何处为止,应该在哪里点断,各人的处理有时有所不同。这就是说,各人对"句"的认定有时不完全一致。实际使用的标句点号,反映使用者对"句"的认定。假若某个认定是被赞同的或无异议的,这个认定便是可接受的。中学语文课文,其中的标句点号至少已为三个方面的人所认可:第一,课文的作者。如《小麻雀》的作者是老舍。第二,课本编者。本文所用课文的编者是人民教育出版社中学语文编辑室。第三,课本使用者。包括数以亿计的中学教师和中学生。因此,课文的标句点号已经在很大程度上反映了句认定的从众性原则,已经在实践中受过了检验。

经常听到这样的说法:应该记录实际话语,然后确定句子。这一主张绝对正确。问题是,记录实际话语之后,确定句子之时,总得给个符号:要么是已经通用的符号,要么是另造符号。不管句如何断,断句之后给个什么形式的符号,都只代表话语记录者一个人的认识,可接受性比中学课文要差。

当然,不能任何时候都凭标句点号来认定句子。有的人不会用标点,一大段话后边才用一个句号;有的人写作有意不用标点,老长老长一段话后边才打一个句号。本文根据标句点号认定句子,是限定在语文课本的课文这一范围之内。

就语文课本的课文说,我们只是尊重它在句认定上的选择,却并不认为它的选择是唯一的只能如此的选择。这是因为,人们"句"认定的差异决定了句子和标句点号的联系存在一定的灵活性,不一定"必须这样"。比如:

(1) 草地上野菜并不多,寻了个把钟头,每个人才弄到一小把。(刘坚《草地晚餐》)

上例用一个句号标明一个句子。假如增加一个句号:"草地上野菜并不多。寻了个把钟头,每个人才弄到一把。"这也没什么不可以。

(2) 病号中有个是党校二连连长,发高烧已经两天了,一点食物也没沾牙。可是他宁愿自己多忍受点艰苦,也不愿吃掉自己敬爱的首长的稀粥。(刘坚《草地晚餐》)

上例用两个句号标明两个句子。要是减少一个句号:"病号中有个是党校二连连长,发高烧已经两天了,一点食物也没沾牙,可是他宁愿自己多忍受点艰苦,也不愿吃掉自己敬爱的首长的稀粥。"这也没什么不可以。

还应该指出:通常情况下一个问号或感叹号往往标明一个句子。比较:

a	b
他当局长了?	他?当局长了?
车票拿出来!	车票!拿出来!
(a 是一句)	(b 是两句)

不过,在两种情况下,尽管用了问号或感叹号,本文也不算为句:(A)"是……呢?还是……呢?"前一问号不标句。因为"是……呢?"(不含疑问代词)不能单独提问,不表示一句终了的语气。如果换"呢"为"吗",则算两句:"是……吗?还是……呢?"(B)感叹语、呼应语、象声语,如果不是独用,而是在语流中伴随别的句子出现,那么,尽管用感叹号,也算独立成分,不算句。因为如果算句,许多事实解释不了。例如:"就在这一刹那,砰!砰!又是两枪。"(任斌武

《开顶风船的角色》）不能说其中的"砰！砰！"是两句。

1.2 "外套句"和"提引句"

本文在统计句子数量时，认定两类特殊句子："外套句"和"提引句"。

1.2.1 关于"外套句"

"外套句"是用于外层，套住转述性话语的句子。

外套句尾部用"说"类动词。如：

（3）老人严肃地说："我感谢你们盖了这间小草房。"（彭荆风《驿路梨花》）

（4）吃完饭，他笑着燃起一袋旱烟，说："我是给主人家送粮食来的。"（彭荆风《驿路梨花》）

"老人严肃地说"，"吃完饭，他笑着燃起一袋旱烟，说"，是外套句。

"说"类动词是外套句的"外套词"。语音上，它的后边有明显停顿；书面标示上，当它出现在套内句子前边时，通常用冒号，只有出现在套内句子后边时，才用句号。比如：

"我感谢你们盖了这间小草房。"老人严肃地说。

"说"类动词以套内句子为逻辑宾语。书面上，作为逻辑宾语的套内句子加上引号，标明是引述的内容。从总体上看，套内句子无法分析或不好分析为一个句子里的结构宾语。这主要表现在：

一方面，套内句子可以是两个或好几个句子。比如：

（5）瑶族老人又说："过路人受到照料，都很感激，也都尽力把用了的柴、米补上，好让后来人方便。我这次是专门送粮食来的。"（彭荆风《驿路梨花》）

套内句子有两个。再增加几个甚至十多二十个，完全可以。

另一方面，套内句子即使只是一个单句，也容易被子外套句所插离。例如：

（6）"你——"叔公指着他的鼻子说，"到底想干什么？"

前套内和后套内合起来才成为一句。不好说一个宾语掰开来分置

· 467 ·

于前套内和后套内。

简短的外套句似乎可以算作特殊成分"插说语"。问题在于外套句可以很长很复杂,绝对不能把所有外套句统统认为是句子的特殊成分。事实上,外套句和套内句代表两个不同层面的述说:外套句是直述,属 A 人称;套内句是转述,属 B 人称。最好的办法是分别算"句",而用特殊眼光看待套句。不然,碰到这样的现象无法处理:

(7) 岳灵珊探他鼻下,虽然呼吸微弱,仍有气息,叹了口气,向陆大有道:"我赶着回去,要是天光时回不到庙里,爹爹妈妈可要急死了。你劝劝大师哥,要他无论如何要听我的话,修习这紫霞密芨。别……别辜负了我……"说到这里,脸上一红,道:"我这一夜奔波的辛苦。"(金庸《笑傲江湖》)

上例,显然不能把作为"外套"的语言形式全都算作插说语,但是另一方面,又不能把用于"套内"的语言形式全都算作宾语。

1.2.2 关于"提引句"

"提引句"是用于前头,提引出转述性话语的句子。

提引句里用"这样"之类指别词,或者用"一段话"之类称说语。它们同后边的转述性话语之间有复指关系。例如:

(8) 同学们读过的《一面》,这样写鲁迅的外貌特征:
....

(9) 我们再看《从百草园到三味书屋》叙述雪地捕鸟的一段话:
....

(10) 下面是一位同学写的一则题目叫做《笑》的"观察日记":
....

上三例全见于《观察和记叙》。前一例用了指别词"这样",后两例用了称说语"一段话""一则……观察日记"。

提引句是直述,所引话语是转述,它们也是人称不同的属于不同层面的述说。语音上,提引句和转述性话语之间有明显停顿。书面标示上，提引句也不同于一般句子，它的后边通常用冒号。

提引句的成立，是由于跟转述句相对待。由于转述性话语是一句、几句甚至很多句，而相对待的提引性话语又不能认为是插说成分，因而就不能不认为是一个"提引句"。有一种形式很像提引句，其实不是。如：

我只想要他的一样东西：那支黑钢笔！

尽管"一样东西"是称说语，但"那支黑钢笔"不是另一人称的述说，不成为一句，它只是为"一样东西"所称说的外位成分。后边的"那支黑钢笔"既然不成为转述句，前边的"我只想要他的一样东西"也就不成为提引句。

2 典型单句

典型单句是单核句。

句子往往都有结构核和结构层。对结构核来说，结构层就是包核层：前边的结构层是前包核层，后边的结构层是后包核层。参看邢福义(1983)。一个句子，如果只有一外结构核，不管有无结构层，有多少结构层，都是单句。

就核的性质说，典型单句包括动核单句，形核单句，名核单句。此外，还有一种拟声句。拟声句是叹词或象声词单独使用而形成的句子，情况简单，不必讨论。

2.1 动核单句

动核单句是一种以动词为核的单句。使用频率最大。

(11)"同意！"（刘坚《草地晚餐》）

这是一个无结构层的动核单句。如果加上结构层，不管加多少，仍然是单句：

  同意这个建议！   （加后包核层）
  完全同意这个建议！   （再加前包核层）
  我们完全同意这个建议！   （再加前包核层）

经过交换意见，我们完全同意这个建议！（再加前包核层）

在动核单句里，作为结构核的动词是组织的核心，但是句子类型和句法模式的确立却取决于结构层的性质及其排列配置。

快要放假了！

大学放假了！

前一句，前加的结构层是副词，形成"状语＋述语"的句法格局，即通常所说的"无主句"或"非主谓句"；后一句，前加的结构层是名词，形成"主语＋述语"的句法格局，即通常所说的"主谓句"。

客来了！

来客了！

前一句，名词"客"是前包核层，形成"主谓句"；后一句，名词"客"是后包核层，形成"无主句"或"非主谓句"。

月光流进了屋里。

屋里流进了月光。

前一句，处所名词"屋里"居后，事物名词"月光"居前，形成施事性主动宾句；后一句，事物名词"月光"居后，处所名词"屋里"居前，形成通常所说的存现句。

支票给他！

给他支票！

前一句，事物名词"支票"居前，形成受事性主动宾句；后一句，"支票"居后，作为第二个后包核层，形成双宾语句。

判断句的结构核是判断动词"是"。包含一个判断动词"是"的句子，不管短与长，简单与复杂，都是单句。例如：

（12）主人家是谁？（彭荆风《驿路梨花》）

（13）万寿山，佛香阁，不过是些点缀的盆景。（杨朔《香山红叶》）

（14）荔枝蜜的特点是成色纯，养分多。（杨朔《荔枝蜜》）

动核单句里有时出现助动词"能够、应该、要"之类。助动词起辅助性作用，在助动词和动词同时出现时，动词是结构核，助动词是结构层。如：

(15) 想和做怎样才能够联结起来呢？（胡绳《想和做》）

(16) 不要谢我们！（彭荆风《驿路梨花》）

动核单句，包括判断句，句末有时出现语气词。语气词是语气层，不是一般的结构层，它们的出现一般不会造成单句同复句的纠葛。如例 (15) 的"呢"。又如：

(17) 这样好蜜，不怕什么东西来糟蹋么？（杨朔《荔枝蜜》）

(18) 老总，你就尝尝吧。（刘坚《草地晚餐》）

动核单句，包括判断句，句首、句末或句中有时出现插说语、呼语、感叹语等独立成分。独立成分位置游离，也不是一般的结构层，它们的出现也不会造成单句同复句的纠葛。如例 (18) 的"老总"。又如：

(19) 快看，有人家了。（彭荆风《驿路梨花》）

(20) 不用说，我指的是那位老向导。（杨朔《香山红叶》）

(21) 老人家，你真会开玩笑！（彭荆风《驿路梨花》）

"快看""不用说""老人家"都是独立成分。

2.2 形核单句

形核单句是一种以形容词为核的单句。使用频率次于动核单句。

(22) "好！"（刘坚《草地晚餐》）

这是一个无结构层的形核单句。如果加上结构层，不管加多少，仍然是单句。

好极了！	（加后包核层）
确实好极了！	（再加前包核层）
天气确实好极了！	（再加前包核层）
这一向天气确实好极了！	（再加前包核层）

在形核单句里，形容词是组织的核心，是述语，整个句子的结构模式也往往取决于结构层的性质及其排列配置。一般说来，后包核层是补语，前包核层是状语或主语。如：

(23) 大家激动得不知说什么好。（刘坚《草地晚餐》）

(24) 满树浅黄色的小花，并不出众。（杨朔《荔枝蜜》）

(25) 今天我朱至诚非常激动！（廖时香《乐胆》）

例（23）是"主＋（核＋补）"。例（24）是"主＋（状＋核）"。例（25）是"状＋（主＋〔状＋核〕）"。

动词和形容词都是谓词。形核单句和动核单句"同质"，它们都是谓核单句。

2.3 名核单句

名核单句是一种以名词为核的单句。性质较为特殊，使用频率又次于核单句。

(26) 牦牛！（刘坚《草地晚餐》）

这是一个无结构层的名核单句。名词核前边可加上定语结构层，后边还可加上语气层。如：

好壮的牦牛！

好壮的牦牛啊！

下面几个都是名核单句：

(27) 梨花呢？（彭荆风《驿路梨花》）

(28) 多好的梨花呵！（彭荆风《驿路梨花》）

(29) 好清静的去处啊！（杨朔《香山红叶》）

前一例，"核＋语气"；后两例，"（定＋核）＋语气"。

有的名核单句，名词核前边加定语层，再前边还加主语层。如：

牧场一片水。

这本书多少钱？

语流中，名核单句和非名核单句可以交替出现。例如：

(30) 星光下黑影幢幢的城墙。

灰色箭楼的剪影。

勇士伏在白马上，白马像一支响箭射入黑暗。

清脆而节奏急促的马蹄声从银幕上划过，由近而远。

马蹄声响彻始终。

马蹄声保存在记忆里达半个世纪。

一位白衣少女像被大风吹落的花瓣儿。
像一片高空落叶，从城楼上飘然而下。
白雪的大地。
一片红光。
（张斌《蔷薇花瓣儿》）

上例里前两句和后两句都是名核单句。

名核单句有时是"呼语"。呼语在单独出现时才算"句"，在随着别的句子出现时只算"独立成分"。比较：

老先生！　　　　　　　　　（名核单句）
老先生，车要开了！　　　　（独立成分）

一般名核单句，即非呼语名核单句，前头也可以出现独立成分。如：

(31) 看，梨花！（《驿路梨花》）（前现插说语）
　　　哎呀，梨花！　　　　　　（前现感叹语）
　　　先生，梨花！　　　　　　（前现呼语）

名核单句和动核单句不同质。名核单句的成立，以前后不出现可以形成某种结构关系的谓词为条件。如果一个名词的前边出现动词，形成动宾关系，那么，动词便成为结构核，名词便成为结构层；同样，如果一个名词的后边出现动词或形容词，形成主谓关系，那么，动词或形容词便成为结构核，名词便成为结构层。比如：

看，有梨花！　　　　　　　（动核单句）
看，梨花开了！　　　　　　（动核单句）
看，梨花多么美！　　　　　（形核单句）

3　典型复句

典型复句是核同质、有核距、无共同包核层的多核句。

凡是复句都一定是多核句。它由两个或几个分句所组成，包含两个或几个结构核，每个分句都是"含核单位"。典型的复句，还要有三个附加条件:一是核同质;二是有核距;三是无共同包核层。

3.1 核同质

核同质,指两个或几个结构核具有相同的性质。常见的,是每个分句的结构核都是谓词性的。即:

A. "动核+动核"

(32) 一个哈尼小姑娘都能为群众着想,我们真应该向她学习。(彭荆风《驿路梨花》)

(33) 偏偏我来得不是时候,荔枝刚开花。(杨朔《荔枝蜜》)

(34) 蜜蜂是画家的爱物,我却总不大喜欢。(杨朔《荔枝蜜》)

B. "形核+形核"

(35) 自然是伟大的,然而人类更伟大。(茅盾《风景谈》)

(36) 湖面明净如镜,水清见底。(碧野《天山景物记》)

(37) 今晚却很好,虽然月光也还是淡淡的。(朱自清《荷塘月色》)

C. "动核+形核"或"形核+动核"

(38) 路边的红树叶子还没红,所以我们都没注意。(杨朔《香山红叶》)

(39) 地势一高,气也清爽,人才爱来。(杨朔《香山红叶》)

(40) 要是红透了,太阳一照,那颜色该有多浓。(杨朔《香山红叶》)

有的时候,各个分句的结构核也可以都是名词,即"名核+名核"。由于核的性质保持一致,各个分句的身分都不可怀疑,因而整个句子的复句身份也是比较清楚的。如:

(41) 蓝天,远树,金黄色的麦浪。(《中国语文》用例)

(42) 好席子,白洋淀席!(孙犁《荷花淀》)

(43) 啊,那么使人心醉的绚丽灿烂的秋色,多么令人兴奋的欣欣向荣的景象啊!(峻青《秋色赋》)

3.2 有核距

汉语复句与单句的对立和纠结

有核距,是含核单位与含核单位之间有比较明显的音读距离,或者说,分句与分句之间有比较明显的语音停顿。书面上,一般用逗号表示,有时也用分号、冒号等表示。

"核距"从另一个角度保证典型复句的确立。看这个例子:

(44) 正说着,门被推开了。(彭荆风《驿路梨花》)

这个复句,分句"(大家)正说着(关于屋子主人的事)"和分句"门被推开了"之间有表明核距的比较明显的语音停顿。如果说成:

正说着门被推开了。

两个含核单位之间的明显停顿一被取消,句子的"复句形象"就模糊了起来。再看一些例子:

是你当家,还是我当家?
→是你当家还是我当家?
一停电,他就往广场上跑。
→一停电他就往广场上跑。
他垮了,你又有什么好处?
→他垮了你又有什么好处?
无论如何,我们不能向敌人屈服!
→无论如何我们不能向敌人屈服!
天气再好,你也别想走!
→天气再好你也别想走!

只要"核距"不存在,复句的典型性就成了问题,人们在断定句子的单复句归属时就犹豫起来了。

3.3 无共同包核层

无共同包核层,是说每个结构核都有自己的包核层,不存在"共层"的现象。

"无共层"又从另一个侧面保证典型复句的确立。因为,不存在共层现象,就表明不存在共同充当一个什么成分的问题,也就表明各含核单位在结构上都是独立自主的。

有的复句,其分句都是一般主谓句。各主谓分句的"核"无"共

· 475 ·

层"。

(45)(于是)我的希望回来了,小鸟总还是没有死。(老舍《小麻雀》)

(46)大丈夫的这种种行为,表现出了英雄气概,我们今天就叫做骨气。(吴晗《谈骨气》)

"回来"和"死"这两个结构核,"表现"和"叫做"这两个结构核,都各有自己的结构层。

有的复句,其分句都是存现句。各存现分句的"核"无"共层"。

(47)这里有梨树,前边就有人家。(彭荆风《驿路梨花》)

(48)突然下起暴雨,不一会窑前挂起了瀑布。

两例各有两个分句,都是存现句。"有"和"有","下"和"挂",都各有自己的结构层。

有的复句,其分句分别是一般主谓句和存现句。它们的核无"共层"。

(49)我们正在劳动,突然梨树丛中闪出了一群哈尼小姑娘。(彭荆风《驿路梨花》)

(50)要下雨了,大家动作快点儿!

"劳动"和"闪出","下"和"快",各有各的结构层。

有的复句,其分句都是名核句。各名核无"共层"。

(51)小巷深处,钱莉莉家。(柯岩《仅次于上帝的人》)

(52)多么熟悉的山路,多么难忘的生活!(谭谈《小路遥遥》)

"深处"和"家","山路"和"生活",各有自己的结构层。

有的时候,构成复句的分句明显地简省了某些词语。补出简省词语,便可以看到不同的"核"各有自己的"层"。如:

(53)说,是谁的?

(54)一翻身边带的报纸,原来是重阳的第二日。(杨朔《香山红叶》)

前一例等于说:"你说,这东西是谁的?"后一例等于说:"我一翻身边带的报纸,今天原来是重阳的第二日。"

有的时候,构成复句的分句之中相对应的层次采用词语复称的形式。有了词语复称的形式,就满足了不同的"核"各有自己的"层"的条件。比如:

(55) 李自成本不是刚愎自用的人,他对于明室的待遇也非常宽大。(郭沫若《甲申三百年祭》)

(56) 我看得呆了,我仿佛看见了民族的精神化石而为他们两个。(茅盾《风景谈》)

假若前一例不出现复称"李自成"的"他",后一例不出现第二个"我","李自成"和第一个"我"就都成为后边两个结构核单位共同的"层",换句话说,就会产生"共层"现象。

4 纠结现象

纠结现象是单句和复句在界限上互有瓜葛的现象。

跟单核的典型单句相对而言,纠结现象是多核的;跟多核的典型复句相对而言,纠结现象的突出表现是核异质,无核距,有共同结构层,加特定关系标记。

4.1 核异质

核异质,指两个或几个结构核具有不同的性质:有的是谓词核,有的是名词核。

在通常情况下,名词结构和谓词结构同现,名词结构容易成为"层"。有时,名词结构和谓词结构同现,名词结构不是"层":出现在前边时不是主语层或状语层,出现在后边时不是宾语层或补语层。它本身成了一个具有表述性的含核单位。这就形成了谓核分句和名核分句组成复句的特殊的"核异质"现象。基本情况是:

A. "名核分句+谓核分句"

(57) 高高的梯田,山上有了绿意。(梁信《从奴隶到将军》)

(58) 半月春风,草绿了,桃花打苞了。(谢璞《二月兰》)

(59) 几盘野味，半杯麦酒，老人家的话来了……（杨朔《香山红叶》）

(60) 那么远的距离，又顶着风，一千多人三个小时就赶到了古镇。（克扬、戈基《连心锁》）

B. "谓核分句＋名核分句"

(61) 进入办公室，一片算盘声。（柯岩《仅次于上帝的人》）

(62) 有的主张谈，有的主张打，一片乱哄哄的喊叫声。（张行《武陵山下》）

(63) 白色梨花开满枝头，多么美丽的一片梨树林呵！（彭荆风《驿路梨花》）

(64) 那江心有几只小船在浮动，一忽儿小船被推在浪尖上，一忽儿又埋在浪头下，好大的风浪啊！（李心田《闪闪的红星》）

有的时候，名核分句用在中间，前后两头都是谓核分句。如：

(65) 闪电划出一个惊叹号，一声闷雷，大雨来了。（钟道新《超导》）

上例有三个分句，中间的"一声闷雷"是名核分句。

有的时候，名核分句带"了"。"了"表明情况已有推移，事物已有变化。"了"有完成一个表述的作用，同时也有标注分句性质的作用。如：

大学生了，弟妹的事要多关心一点！（因果）

大学生了，衣服还穿得这么邋遢！（转折）

弟妹的事要多关心一点，大学生了！（因果项换位）

衣服还穿得这么邋遢，大学生了！（转折项换位）

名核分句的确立，以它不可能是动核结构里的一个结构层为前提，同时，它本身具有表述性，跟动核分句之间存在因果、转折、连贯、并列、解证等复句关系。比较：

三天暴雨，毁了鸟窝。

三天暴雨，大河涨水了。

前一例，"三天暴雨"是"毁坏了鸟窝"的主语层，它不成为分句;后一例,"三天暴雨"不可能是"大河涨水了"的主语层或状语层,它表示"下了三天暴雨"的意思,是因,"大河涨水了"是果。

4.2 无核距

无核距,指含核单位与含核单位之间没有明显的音读距离,书面上直接联结,不加逗号之类符号。

"无核距"的语言事实,大体说有三类:

4.2.1 紧缩式联结

这类联结,把表述复句关系的语言形式紧缩在一起说出来。有的用关系词语,如"才""就""再……也……""越……越……"等等;有的不用关系词语,是两个或几个含核单位直接联结。不管用不用关系词语,大部分都可以比较自然地拉开音读距离,转化为有核距的说法。例如:

(66) 无私才能无畏。(肖育轩《心声》)

(67) 不让你请罪就美了你!(陈建功《丹凤眼》)

(68) 怕看又不能不看。(叶圣陶《稻草人》)

(69) 你为难我更为难。(贺敬之《白毛女》歌词)

(70) 不受气你哭什么?(杨朔《春子姑娘》)

(71) 闺女大了咱管不了。(赵树理《小二黑结婚》)

例 (66) →无私,才能无畏。其他各例类推。

这类紧缩形成可以看作"准备句"。作为"准备句",如果跟别的分句组成复句,它只算一个分句。比如:

(72) 要去你一个人去,你们是好朋友,我才不管他们怎么想呢。(王朔、魏人《青春无悔》)

上例算三个分句。"要去你一个人去"是一个分句,不算两个分句。

4.2.2 连动式兼语式联结

这类联结,核与核之间有连动关系或兼语关系。即通常所说的连动句或兼语句。如:

(73) 我们推门进去。(彭荆风《驿路梨花》)

(74) 伤员听了大笑起来。(罗旋《红线记》)

(75) 我没让她进门。(王朔、魏人《青春无悔》)

(76) 养蜂人老梁领我走进"大厦"。(杨朔《荔枝蜜》)

这类形式大家都会划归单句。不过,如果中间插入音距,就会产生纠结现象。如例(74),若说成"伤员听了,大笑起来",这就靠向复句。

4.2.3 并列式联结

这类联结,核与核之间是并列关系。有的用"和"类表并列的连词,有的直接联结。例如:

(77) 对女儿,他似乎比我更疼惜和金贵。(黄虹宾《竹篱笆》)

(78) 赤裸的手白皙而柔软。(哲夫《长牙齿的土地》)

(79) 谁大吵大闹?

(80) 厨房宽敞明亮。(朱崇山《紫荆花》)

这类形式大家都会判定为单句。不过,不用"和"类连词的,如果中间插入音距,容易靠向复句。含核单位越复杂,加音距后越容易靠向复句。如:

我们要吃喝!

→我们要吃,要喝!

我们要吃饭,要喝水!

4.3 有共同包核层

有共同包核层,是说结构核和结构核或含核单位和含核单位具有共同的包核层,即存在"共层"的现象。比如:

(81) 我们走累了,决定在这里过夜。(彭荆风《驿路梨花》)

(82) 我们还要善于观察,养成良好的观察习惯。(语文知识《观察和记叙》)

(83) 这天夜里,我做了个奇怪的梦,梦见自己变成一只小蜜蜂。(杨朔《荔枝蜜》)

例(81)是"我们〈A,B〉"。AB有共同的主语层。例(82)是

汉语复句与单句的对立和纠结

"我们还要〈A，B〉"。AB 既有共同的状语层，又有共同的主语层。例(83)是"这天夜里，我〈A，B〉"。AB 既有共同的主语层，又有共同的状语层。

核同质，有核距，但有共层，这是使得单复句难于划界的重要现象。这样的现象是划归单句还是划归复句，只能权衡利弊，有所抉择。比较地说，一律算作单句比一律算作复句会碰到更多的麻烦。

首先，AB 后边可以接上 CDE…：〈A，B，C，D，E…〉。假如有这么个表述：这天夜里，我做了个梦，梦见……，梦见……，还梦见……，惊醒后……这就很难说是一个单句。勉强说是单句，单句的结构就太复杂了。

其次，AB 本身都可以复杂化：〈A1A2A3，B1B2B3〉。例如：

(84) 我们瞧不起前一种人，说他们是"空想家"，可是往往赞美后一种人，说他们能够"埋头苦干"。(胡绳《想和做》)

上例是 A1A2＋B1B2。从理论上说完全可以扩展到很复杂的程度。这就很难说整个儿构成一个单句。

再次，AB 可以分置于主语前后。例如：

(85) 想到这里，我觉得很难过。(老舍《小麻雀》)

如果算是单句，"想到这里，觉得很难过"便是一个谓语。然而，一个谓语分为两半，分置主语前后，这样的说法会给对单句结构的解释带来新的问题。

全面地看，凡是多核的句子，如果核同质、有核距，即使有共同包核层，教学中可以一律划归复句。当然，这只是为了避免教学的混乱而采取的人为的规定，单复句相互纠结的客观事实是抹煞不了的。

4.4 加特定关系标志

加特定关系标志，指在句子中加上标明因果、假设、条件、转折等复句关系的"因为……所以……""如果……就……""只有……才……""虽然……但是……"等词语。

复句关系标志和复句没有绝对的必然的联系。有的句子，用了某种标志，反映出某种复句关系，但在结构上只是单句。如：

（86）只有杨新，才对代销店与施工队的关系感兴趣。（贺寒星《高空跳板》）

（87）无论文臣武将，都不得接近。（梁信《赤壁之战》）

（88）他那瘦削的脸上，即使在心情不好时，也表现出一种深思熟虑的神态。（王宝成《海中金》）

上面三例分别用了"只有……才……""无论……都……""即使……也……"，但都不是复句，而是单句。

有的关系词语，如"虽然……但是……""因为……所以……""如果……就……"，不会出现大家公认的单句之中，但它们所关联的两个含核单位可以有"共层"。例如：

（89）作者虽说只见过鲁迅"一面"，但观察得非常细致。（语文知识《观察和记叙》）

（90）爹爹倘若挂念着我，便不该对恒山派下手。（金庸《笑傲江湖》）

上面两例的"作者""爹爹"都是"共层"。因此，即使用了"虽说……但……""倘若……便……"这样的关系词语，也不能保证句子在单复句的界限上不存在纠葛。

研究复句必须重视关系词语。研究关系词语，对于弄清复句内在联系、确立复句关系类别，至关重要。但是，关系词语只能表明某个句子"可能是"复句，却不能表明"一定是"复句。某些单句里也可以用复句关系词语，反映事物间潜在的复句关系，这更增加了单复句划界问题的纷乱。在辨别单复句的时候，应该明确关系词语的作用。

5 结语

5.1 观察复句与单句的对立和纠结，统计有关的数据，首先在手续上碰到"句认定"的问题。本文的作法是：第一，在句子的长短辖域上，遵从"点号标句"的从众性原则，根据中学语文课文已然的句认定，统计句子的数量。第二，用特殊眼光看待特殊问题，在确认一

般的句子的同时，还从述说中"直述"和"转述"的特殊关系上确认了两类特殊的句子，即"外套句"和"提引句"。

5.2 单句和复句的对立表现为典型单句和典型复句的对立。典型的单句一定是单核句。不管包核层有多少，各个包核层多么复杂，都是动核单句、形核单句，或名核单句。典型的复句一定是有条件的多核句。首先，必须是多核的；其次，必须符合核同质、有核距、无共同包核层这三个附加条件。

5.3 复句同单句的具体的纠结现象是复杂多样，很难无遗漏地一一罗列。但是，归总起来说，不外乎四种情况。一是多核而核异质；二是多核而无核距；三是多核而有共同的包核层；四是用了特定的关系词语。多核现象，不同于典型的单句，但不一定不是单句；核异质、无核距、有共层的现象，不同于典型的复句，但不一定不是复句。再加上使用特定关系词语的句子可单可复，就使复句同单句的纠结互缠达到相当严重的程度。

5.4 单复句之间存在"剪不断理还乱"的纠结现象，这是客观事实。在8篇课文所提供的数据里，纠结现象最多的达百分之五十四强，最少的也达百分之三十三强，大多数都在百分之四十以上，都超过典型单句和典型复句的平均数。显然，要想在二者之间划出一条"泾渭分明"的界限，这是徒劳无功的努力。在笔者看来，教学中关于单复句的区分，可以作出硬性的"霸道"的规定，但从学术上研究复句问题，不应该沉溺到"划界"问题里头，而应该集中精力对复句自身的规律性从各个方面进行深入的挖掘，作出有利于深刻认识复句的描写和解释。打个比方："老年"同"中年"是有区别的，但是，它们的明确界限在哪里？与其花精力讨论老年同中年的划界，不如多花精力讨论老年人的种种问题，包括生理、心理、生活、保健等等方面的问题。

注释：

① 原文如此，后同。

参考文献

[1] 郭中平. 单句复句的划界问题 [J]. 中国语文，1957（4）：1-9.

[2] 刘世儒. 试论汉语单句复句的区分标准 [J]. 中国语文，1957（5）：21-25.

[3] 邢福义. 论定名结构充当分句 [J]. 中国语文，1979（1）：23-29.

[4] 邢福义. 论现代汉语句型系统 [C] // 吕叔湘. 语法研究和探索（一）. 北京：北京大学出版社，1983.

[5] 邢福义. 说"NP 了"句式 [J]. 语文研究，1984（3）：21-26.

[6] 邢福义. 复句与关系词语 [M]. 哈尔滨：黑龙江人民出版社，1985.

（原载《世界汉语教学》1993 年第 1 期。曾在 1992 年 6 月新加坡第一届国际汉语语言学会议上宣读。）

《红楼梦》中的"因p，因q"

分析《红楼梦》前80回的语言，发现有一种说法："因p，因q。"一般是复句，p代表原因，q代表结果或跟结果意义有关的后续行为。数量不多，只有十来个例句，但情况特殊，值得注意。

这种"因……因……"，是因果关联格式。呼应使用的两个"因"，前一个标因，后一个标果。例如：

(1) 贾母<u>因</u>见月至中天，比先越发精彩可爱，<u>因</u>说："如今好月，不可不闻笛。"（红76回，862页）

(2) 那时天色将晚，（宝玉）<u>因</u>见袭人去了，却有三四个丫鬟伺候，此时并无呼唤之事，<u>因</u>说道："你们且去玩玩，等我叫时再来。"（红34回，352页）

这两例，"因见到什么"，说的是原因；"因说些什么"，说的是结果。

大家知道，古代汉语里，连词"因"有两种标示作用：其一，标示原因，相当于"因为"，一般用于复句前分句，有时也用于句群的表因部分；其二，标示结果或行为的后续，相当于"因此／于是"，一般用于复句后分句，有时也用于句群的表果部分或表示后续行为的部分。《古汉语简明词典》在"因"下面共列举义项十一条，其中关于连词的有两条，即："［连］因此，于是。虎～喜，计之曰：'技只此耳！'～跳踉大阚，断其喉，尽其肉，乃去（《黔之驴》）。""［连］因为。～造玉清宫，伐山取材，方有人见之（《雁荡山》）。"①现代汉语里，连词"因"消失表示"因此／于是"意思的用法，它只用于复句或句群的表因部分，表示"因为"的意思。这就是说，作为复句或句群的关系标记，

"因"在古代汉语里既是原因标又是结果标,而在现代汉语里却专职为原因标。《现代汉语词典》在"因"下面所列举的义项中就只有"因为"条,不再列出"因此/于是"[2]。

《红楼梦》里,标因"因"和标果"因"全都常用。笔者对作家出版社1955年出版的《红楼梦》中的"因"作过统计。根据《红楼梦八十回校字记》[3],《红楼梦》的各种版本在"因"字的使用上没有多大的差别。因此,不管采用哪一种版本,都不影响对《红楼梦》里"因"字用法的观察。

在本书采用的版本里,前80回共出现连词"因"1211次。其中,标因"因"出现563次,标果"因"出现648次。标果"因",相当于"因此"和相当于"于是"的有时不好互换,但往往很难划清。据笔者的不很精确的统计,相当于"因此"的"因"(标果"因$_1$")出现266次,相当于或大体相当于"于是"的"因"(标果"因$_2$")出现382次。看下表:

	叙述	对话	诗词祭文信札	标题	合计
标因"因"	353	185	23	2	563
标果"因$_1$"	246	20	0	0	266
标果"因$_2$"	381	1	0	0	382

在一般情况下,《红楼梦》里"因p"和"因q"出现在不同的复句或句群里头。然而,有的时候,它们却组合在一起,互相呼应,因果相承,形成了"因""因"同表而异里的"因p,因q"因果句式。

观察"因p,因q"的说法,可以得到以下几点认识。

第一,"因p,因q"说法里,p的核心动词常用"见"类动词,q的核心动词常用"说"类动词。换句话说,"因见……因说……"的说法,特别容易形成"因p,因q"。如例(1)、(2),p里都用"见",q里分别用"说"和"说道"。又如:

(3) 因见尤氏进来,不似方才和蔼,只呆呆的坐着,李纨因问道:"你来过了,可吃些东西?只怕饿了?"(红75回,848页)

《红楼梦》中的"因p,因q"

(4)(宝玉)因低头看见许多凤仙石榴等各色落花锦重重的落了一地,因叹道:"这是他心里生了气,也不收拾这花儿来了。……"(红27回,280页)

例(3)、(4),p里分别用"见"和"看见",q里分别用"问道"和"叹道"。

当然,情况不完全如此。有时也可以只在q里出现"说"类动词,而在p里不出现"见"类动词。例如:

(5)我因要赶着打完了这结子,没工夫和他们瞎闹,因哄他说:"……我要在这里静坐一坐,养一养神。"(红64回,716页)

(6)因此时薛姨妈李婶娘都在座,邢夫人及尤氏等也都过来请安,还未过去,贾母因向王夫人等说:"……今日你们都在这里,都是经过妯娌姑嫂的,还有他这么想得到的没有?"(红52回,562页)

这两例里表因部分都不出现"见"或"看见"之类。

有时,还可以p里q里都不出现"见"类动词和"说"类动词。例如:

(7)因闻得梨香院的十二个女孩儿中有个小旦龄官唱的最好,因出了角门来找……(红36回,381页)

(8)因他生于末世,父母祖宗根基已尽,人口衰丧,只剩得他一身一口,在家乡无益,因进京求取功名,再整基业。(红1回,6页)

这两例,表果部分既未出现"说"类动词,表因部分也未出现"见"类动词。

第二,"因p,因q"的说法,从语表形式看,p和q的因果联系可能是直接的,也可能是非直接的。不过,非直接的因果关系可以改造成为直接的因果关系。

有时,p单纯表示q的原因,跟q之间存在直接的因果联系。这有两种情况:

1. p只有一个分句,直接表示q的原因。如例(4),p只有一个

· 487 ·

分句"(因)低头看见许多凤仙石榴等各色落花锦重重的落了一地",它自然是"因叹道……"的直接原因;又如例(7),p 只有"(因)闻得梨香院的十二个女孩儿中有个小旦龄官唱的最好"这么一个分句,它自然是"因出了角门来找……"的直接原因。

2. p 尽管包含两个或几个分句,但"因"后第一分句和第二、第三分句之间不存在因果关系,它们合起来共同表示 q 的原因。如例(6),p 包含三个分句:"薛姨妈李婶娘都在座","邢夫人及尤氏等也都过来请安","还未过去",相互间没有因果联系,它们共同表示"贾母因向王夫人等说……"的原因。

有时,p 本身包含因果关系。即 p 包含两个或几个分句,标因"因"后边的一个分句和另一个分句之间存在因果联系。在这种情况下,从语表上看,p 和 q 的因果关系是间接的。但是,即使如此,如果对 p 的分句进行删除或调整,仍然可以形成 pq 之间语表上的直接因果关系。例如:

(9)(宝钗)<u>因</u>见席上有鸡,便猜着他是用"鸡窗""鸡人"二典了,<u>因</u>射了一个"埘"字。(红62回,688~689页)

上例"见席上有鸡"和"便猜着……了"已存在因果关系。作为结果,"因射了……字"对"因见席上有鸡"来说具有间接性。可是,只要对表因部分包含的分句有所删除,就可以得到语表上直接发生因果关系的"因 p,因 q":

<u>因</u>见席上有鸡,<u>因</u>射了一个"埘"字。

<u>因</u>猜着他是用"鸡窗""鸡人"二典,<u>因</u>射了一个"埘"字。

又如:

(10)(黛玉)<u>因</u>见宝玉构思太苦,走到案前,知宝玉只少"杏帘在望"一首,<u>因</u>叫他抄录前三首,却自己吟了一律,写在纸条上,掷向宝玉跟前。(红18回,181页)

上例"见宝玉构思太苦""走到案前""知宝玉只少……一首"之间已存在连续性的因果联系。就语表来说,"因叫他……"只是"因见宝玉构思太苦"的间接结果。可是,只要对表因部分包含的分句有所

《红楼梦》中的"因p,因q"

删除,还是可以得到语表上直接发生因果关系的"因p,因q":

因见宝玉构思太苦,因叫他抄录前三首,却自己吟了一律,掷向宝玉跟前。

因知宝玉只少"杏帘在望"一律,因叫他抄录前三首,却自己吟了一律……

再如:

(11)(赖嬷嬷)因看见周瑞家的,便想起一事来,因说道:"可是还有一句话问奶奶:这周嫂子的儿子,犯了什么不是,撵了他不用?"(红45回,485页)

上例"因看见周瑞家的"和"便想起一事来"有因果联系,就语表而言,"因"既已同"便"呼应,它同后一个"因"的呼应就隔了一层。然而,如果把表因部分的分句在构造上略加调整,便又可以得到语表上发生因果关系的"因p,因q":

赖嬷嬷因看见周瑞家的后想起一事,因说道:"可是还有一句话问奶奶……"

第三,"因p,因q"的说法,不是《红楼梦》所独有的偶发的现象。其他白话文作品里也有,比如成书时间早些的《儒林外史》④和晚些的《儿女英雄传》⑤。各举一例:

(12)公孙居丧二载,因看见两个表叔半世豪举,落得一场扫兴,因把这做名的心也看淡了,诗话也不刷印送人了。(《儒林外史》13回,164页~165页)

(13)(小人)因看了看作官的尚且这等有冤没处诉,何况我们百姓?想了想,还是当强盗的好,因投奔山上落草。(《儿女英雄传》11回,160页)

这两例前一个"因"都相当于"因为",后一个"因"都相当于"因此"。前一例,"因p"和"因q"在语表上直接发生因果关系;后一例,"因p"和"因q"在语表上似乎不发生直接的因果关系,但可以经过略加删改使之成为直接的因果关系:

小人因看了看作官的尚且这等有冤没处诉,更甭说我们百姓,因奔山上落草。

应该指出：《红楼梦》里，跟"因p，因q"近似的说法还有"因为p，因q"和"为p，因q"。例如：

(14)（老太太昨日还说要来呢,）因为晚上看见宝玉兄弟吃桃儿，他老人家又嘴搀，吃了大半个，五更天时候，就一连起来两次，今日早晨，略觉身上倦些。因叫我回大爷，今日断不能来了。（红11回，108页）

(15) 我不过为找人找不着，因问你；你既去了，也不是什么大事，谁又把你叫进来？（红71回，804页）

前一例是"因为……因……"，后一例是"为……因……"。

其他白话文作品，比如时间晚些的《二十年目睹之怪现状》⑥，也有这样的现象。例如：

(16) 我因为他是制台的幕友，不便怠慢他，因对来人说："我本来今日要回家，就请下午到舍去谈谈。"（《二十年目睹之怪现状》5回，37页）

(17) 我因为没有话好说，因请问他贵府在那里。（又37回，281页）

这两例都是"因为……因……"。

诚然，"因p，因q"说法，以及近类的"因为p，因q""为p，因q"说法，出现于白话叙述的语境，属于白话说法。但是，由于用了标果"因"，又明显带有不同于现代汉语说法的"古味"。语言的发展不是顿变的。诸如此类的特殊说法，笔者以为，可以看作是古代汉语和现代汉语在过渡转换时段上产生的"混合"现象。

注释：

① 史东：《简明古汉语词典》，云南人民出版社1985年版，第577页。

② 中国科学院语言研究所：《现代汉语词典》，商务印书馆1973年版，第1224页。

③ 俞平伯校订、王惜时参校：《红楼梦八十回校字记》，人民文学出版社1993年版。

《红楼梦》中的"因 p，因 q"

④吴敬梓：《儒林外史》，人民文学出版社 1978 年版，第 164 页～165 页。
⑤文康：《儿女英雄传》，上海书店 1981 年版，第 160 页。
⑥吴趼人：《二十年目睹之怪现状》，人民文学出版社 1978 年版，第 37 页、第 281 页。

（原载《湖北大学学报》1993 年第 4 期）

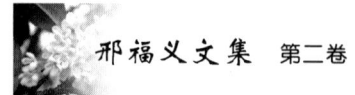

"更"字复句

前言

"更"字复句,指用"更"字标示递进关系的复句句式。"更"是程度副词,在"更"字复句中,它既表示程度,修饰 VP/AP,又标示关系,表明 A 与 B 之间具有递进关系。

学者们没有专门讨论过"更"字复句。有关现代汉语复句的论著,有的只在举例中出现个别"更"字复句①,有的只在讲关系词语时点到"更"字,但举例中没出现"更"字复句②,有的完全不涉及"更"字复句③。

一 "A,更 B"

单纯的"更"字复句,采取"A,更 B"的形式。即句式中只在前后分句之间出现标示递进关系的"更"字,前分句不出现别的关系词语。"更"总是紧靠后分句的 VP/AP。如果后分句出现主语,那么,它用在主语后边。例如:

(1) 我爱北京,我更爱今天的北京。(老舍《我爱新北京》)

(2) 他的手术……动作轻快准确,缝合的技术更是全院少见的。(苏叔阳《故土》)

(3) 一路上,他不说不笑,更不吵不闹,真让人别扭!(浩然《晚霞在燃烧》)

"更"字复句

(4) ……没有困难,更谈不上痛苦。(高放《爱情与陷阱》)

(5) 发现一篇好作品不容易,培养一个作者更不容易。(牛雅杰《编辑日记》)

以上五例,实际上代表"更"字复句在语义关系上的五种情况。语义关系不同,可能有的非单纯形式也不一样。关于非单纯形式,从下一部分起将分别描述。

不管内部情况如何,"更"字复句呈现出如下的特点:

(一)"更"字联结前后关系项,前关系项和后关系项在一个复句里同现

如例(1)"更"字联结前关系项"我爱北京"和后关系项"我爱今天的北京";例(2)"更"字联结前关系项"动作轻快准确"和后关系项"缝合的技术是全院少见的"。

句子里,要是不同时出现"更"字的前后关系项,不可能构成"更"字复句。例如:

(6) 在太阳难得照耀的地方,也有花有草,更需要温暖。(胡丹《啊!摇钱树》)

"更"后边出现"需要温暖",但前边没出现可以成为关系项的语句,因而不构成"更"字复句。如果这么说:

(7) 在太阳难得照耀的地方,也有花有草,需要水分,更需要温暖。

"更"字有了前后关系项"需要水分"和"需要温暖",这才构成"更"字复句。

联结前项与后项的"更"只能有一个。如果每项都带有"更",也不构成"更"字复句。如:

(8) 在太阳难得照耀的地方,也有花有草,更需要温暖,更需要细心照料。

这不是"更"字复句。只有这么说:

(9) 在太阳难得照耀的地方,也有花有草,需要温暖,更需要细心照料。

这才是"更"字复句。"更"用在"需要温暖"和"需要细心照料"这两个关系项之间强调递进关系。

(二)用"更"联结的前后关系项，在语义上具有类同性，在形式上具有一定的对称性

如例(3)的"不说不笑"和"不吵不闹"，例(4)的"没有困难"和"谈不上痛苦"。

一般地说，前后项要么都用肯定形式，要么都用否定形式。如例(1)、(2)都用肯定形式，例(3)、(4)、(5)都用否定形式。有时，一项用肯定形式，一项用否定形式，但在语义上它们还是类同的。如：

(10) 要尽量少激动，更不要过于疲劳。(苏叔阳《故土》)

(11) 我不想听他唠叨，更担心这雨没完没了。(浩然《晚霞在燃烧》)

例(10)前项肯定，后项否定。但按基本意思，既相当于"不要太激动，更不要过于疲劳"，也相当于"要尽量少激动，更要尽量避免过于疲劳"。例(11)前项否定，后项肯定。但前项中的"不想"和后项中的"担心"都可以换成"怕"："我怕听他唠叨，更怕这雨没完没了。"

如果"更"字前后找不到两个具有类同性和对称性的语言形式，不可能是"更"字复句。如：

(12) 她这么一说，我更不能入梦了。(魏雅华《本案不公开审判》)

这不是"更"字复句。

(三)"更"字关联的两个语言形式，必须在句法上都成为分句

如前面所举的"更"字复句，前后项都具有分句的资格。

如果"更"字关联的两个语言形式并非成为分句，即使它们具有类同性和对称性，也不是"更"字复句。如：

(13) 本来是多眼白的眼睛，现在更白得怕人。(陈伯坚《香港姑娘》)

"更"字关联"本来是多眼白"和"现在白得怕人"，但前者只是

"眼睛"的定语，不是分句。只有这么说，才成为"更"字复句：

(14) 眼睛本来多眼白，现在<u>更</u>白得怕人。

有时，"更"字复句可以通过成分共用的办法凝缩成单句：

(15)《辞海》中没有对"正常"<u>更</u>没有对"正常人"的诠解。（沈善增《正常人》）

上例没有两个分句，因而不是"更"字复句。当然，它可以恢复成为"更"字复句：

(16)《辞海》中没有对"正常"的诠解，<u>更</u>没有对"正常人"的诠解。

有时，"更"字关联的两个语言形式分别出现在句群里的上句和下句：

(17) 闯王听了，也很感动。周围的将士<u>更</u>是感动，有人知道此人活不成了，不禁感动得流出了眼泪。（姚雪垠《李自成》）

这是个句群，"闯王感动"和"周围的将士感动"不是一个复句里的前后分句。当然如果这么说，便可以形成"更"字复句：

(18) 闯王听了很感动，周围的将士<u>更</u>是感动。

单纯的"更"字复句，是只用"更"字标示递进关系的复句，是在形式上跟非单纯形式相对而言的。就复句的结构说，有的单纯"更"字复句可以是多重复句，在结构上并不单纯。例如：

(19) 洪承畴第一次看见蒙古的男子舞蹈，感到很有刚健猛锐之气，但他并不喜爱；满洲的舞蹈有的类似跳神，有的模拟狩猎，他认为未脱游牧之风，<u>更</u>不喜欢。（姚雪垠《李自成》）

这是多重复句，"更"字标示了第一层次的递进关系："……并不喜爱；｜……更不喜欢。"

一个多重的"更"字复句，其组成部分可以又是"更"字复句。如：

(20) 有人同情慧梅，<u>更</u>担心慧梅嫁给袁时中可能苦恼终身，都不免落泪，红娘子和姑娘们<u>更</u>是忍不住泣不成声。（姚雪垠《李自成》）

上例两个"更"字处在不同的层次之上。"有人……不免落泪"和"红娘子和姑娘们更是忍不住泣不成声"构成"更"字复句;"(有人)同情慧梅"和"更担心慧梅嫁给袁时中可能苦恼终身"也构成作为多重复句里一个组成部分的"更"字复句。

在"更"字复句里,有时用双音的"更加":

(21) 他不能再忍受六十了,六十五或七十他<u>更加</u>无法面对!(依达《给你温柔》)

二 "不但 A,更 B"

前分句出现"不但",构成"不但 A,更 B"的格式。这是"更"字复句的一种非单纯形式。

"不但"是预递词,"更"是承递词,它们结合使用,递进的级层由低到高,由轻到重,由小到大,或者由浅到深,全都一清二楚。这是一种传承型递进句式,也是一种典型的递进句式。例如:

(22) 那时,<u>不但</u>亏了自己,<u>更</u>亏了自己的先母。(马金萍《同时出现的三个妻子》)

(23) 施正月<u>不但</u>刀快,暗器<u>更</u>快,(连我们唐门最精于使用暗器的唐干裘也不敢轻视他。)(金庸《卧龙记》)

"不但"也常说成"不仅":

(24) 她……<u>不仅</u>抚摸到他的形体,<u>更</u>能触摸到他的灵魂。(绍六《女性的陷落》)

有时也说成"不光":

(25) 自己愿意用一些干部子弟,<u>不光</u>是为了用他们的"才",<u>更</u>是用他们的"能"。他们能疏通上层联系,打通四面八方的关节。(柯云路《衰与荣》)

有了"不但"之类,若把后分句的"更"改为"也",仍然成为递进复句。这是因为预递词"不但"之类已经造成递进语势,决定了前后分句之间一定形成递进关系。但是,"更"字能特别强调出程度更高

"更"字复句

的意思,因而在语义上具有不能取代的作用。比较:

   不但刀快,暗器也快。

   不但刀快,暗器更快。

同是递进复句,前者只强调出事物范围的扩大,后者则既强调出事物范围的扩大,又强调出动作速度的差异。

"不但……更……"之类后边,还可以续上"甚至……",形成"不但A,更B,甚至C"的三级递进句式。如:

(26)人在生活中,<u>不仅仅</u>需要优裕和安适以及种种的物质上的满足,<u>更</u>需要精神上的一些冲击、一些警策、一些温暖、一些感染、一些慰藉和一些鼓舞,<u>甚至</u>还需要一点眼泪和一点战栗。(郑万隆《明天,再见!》)

在这种说法中,"甚至……"一项有进一步补足语意的作用。

单纯的"更"字复句,有的可以向"不但A,更B"的格式转化。转化的条件是A与B之间具有由低到高的级层关系。如例(2),可以说成:

(27)他的手术<u>不仅</u>轻快准确,缝合的技术<u>更</u>是全院少见的。

再看下面的例子:

(28)庄韬回到自己家了,西院二号,两间靠厕所的西房。阴,潮,臭。刚才硬着头皮钻进院,现在<u>更</u>硬着头皮钻进家。(柯云路《衰与荣》)

(29)你用不着懊丧,<u>更</u>没必要失去对美好前程追求的信心和勇气。(浩然《晚霞在燃烧》)

(30)(更难得的,就是)慕容青烟毫不保留地把改良了的本门招式重新撰写记下,<u>更</u>将之归还给本门。(金庸《卧龙记》)

上面三例可以分别说成:"不仅刚才硬着头皮……,现在更硬着头皮……","你不仅用不着……,更没必要……","慕容青烟不仅毫不保留地……,更将之……"。

递进级层的高低,往往反映客观存在的实际情况,反映事物间客观存在的逻辑联系,不能随便颠倒。如例(28),由于家里又阴又潮又臭,"家"不如"院",因此不能说成"(不仅)现在硬着头皮钻进家,刚才更硬着头皮钻进院"。例(29),特别是例(30),前后项也不能对调。但是,有的时候,递进级层的高低只反映表述者的主观视点,取决于表述者的心态或看法。在这种情况下,前后项不一定不能颠倒。比较:

不仅有必要学法语,更有必要学德语!

不仅有必要学德语,更有必要学法语!

前一例反映表述者特别强调学德语,后一例反映表述者特别强调学法语。再看这个例子:

(31)白天明那时还小,闹不清"方登"和"方达"是不是一个外国字,<u>更</u>不知道"亨利·方达"是谁。(苏叔阳《故土》)

这一例固然可以说成"不仅闹不清……,更不知道……",也不一定不能说成:

(32)白天明那时还小,(不仅)不知道"亨利·方达"是谁,<u>更</u>闹不清"方登"和"方达"是不是一个外国字。

把"A,更 B"说成"不但 A,更 B",有时需要去掉个别词语。如:

(33)你当着老队长的面,可不能流露这样的情绪,<u>更</u>不能用这种词儿。(浩然《晚霞在燃烧》)

要加上"不但/不仅",需去掉"可":

(34)你当着老队长的面,<u>不仅</u>不能流露这样的情绪,<u>更</u>不能用这样的词儿。

三 "既 A,更 B"

前分句出现"既",构成"既 A,更 B"的格式。这是"更"字复句的另一种非单纯形式。

"既"和"又/也"结合使用,标示并列关系。"既"和"更"结合使用,便标示出并列中有递进,表明在列举的两个方面的情况中着意

"更"字复句

强调突出第二个方面。这是一种突举型递进句式。例如:

(35) 它既不是上海数量最多的民房,更不是水准最高的住宅。(沈善增《正常人》)

(36) 咱们要找的既不是牛,更不是猪,(而是两匹好马。)(金庸《卧龙记》)

上面两例的"更"可以改成"也":"既不是……民房,也不是……住宅","既不是牛,也不是猪"。但一旦改掉"更"字,分句间的递进关系便随之消失。

"既A,更B"有时可以说成"不但A,更B"。但前分句用"既",更能表明A是一个方面,而B是另一个方面。如:

(37) 对偏正式的合成词,既要了解两个字的意义,以帮助我们掌握词义,更要了解整个词的意义,不能只从字面上去了解。(初中语文课本第一册《双音的合成词》)

这个例子也可以说成"不仅要了解两个字的意义……更要了解整个词的意义……"。不过,前分句用"不仅"跟前分句用"既"相比较,后者更强调了"了解两个字的意义"代表一个方面的要求。可以说,既强调多面,又突出一面,这是"既A,更B"这种特殊递进句式的特殊作用。

单纯的"更"字复句,有的可以向"既A,更B"的格式转化。转化的条件是A与B之间具有两面并存的关系。如例(3),可以说成:

(38) 一路上,他既不说不笑,更不吵不闹,真让人别扭!

再看几例:

(39) 是爱,还是恨?是爱,更是恨!(胡丹《啊,摇钱树》)

(40) 她的声调很怪,不是密云口音,更不是北京的口音。(浩然《晚霞在燃烧》)

(41) 安适之毕竟是安适之,不是白天明,更不是你毛手毛脚的秦国祥。(苏叔阳《故土》)

例(39)→"既是爱,更是恨。"例(40)→"既不是密云口音,更不是北京的口音。"例(41)→"既不是白天明,更不是你毛手毛脚

499

的秦国祥。"

"既……又……"和"更……"可以结合使用,形成"既……又……更……"。例如:

(42)刘邦在垓下大战取得全胜之后,率领亲随巡视战场,<u>既</u>有天下初定的得意,<u>又</u>有一生征战的回忆,<u>更</u>有满目疮痍的感慨。(公衡《水巷琵琶声》)

(43)突然杀出一个程咬金,以致功败垂成,<u>既</u>杀不了人,<u>又</u>夺不了玉山羊,<u>更</u>要狼狈逃回平阳城去。(金庸《卧龙记》)

"既……也……"和"更……"也可以结合使用,形成"既……也……更……"。例如:

(44)说她是工农兵大学生,她的出身,<u>既</u>不是工人,<u>也</u>不是农民,<u>更</u>不是当兵的。(顾笑言《洪峰穿过峡谷》)

(45)这小子当年在批斗会上<u>既</u>不打人,<u>也</u>不骂人,<u>更</u>不让你坐"喷气式",(但他……往往问得你满头冒汗。)(熙高《假如生活能倒流》)

"既……又……更……"和"既……也……更……"都表明在列举三个方面的情况中着意强调突出第三个方面。"既……又……"和"既……也……"都是并列关系,"既……又……"或"既……也……"同"更"之间是递进关系。采用"既……又/也……更……"的说法,复句的"列中有递"的突举性特别清楚。

单纯的"更"字复句中,"更"字前边如果出现并列的两个分句,一般都可以自然地添补为"既……又/也……更……":

(46)没有一个人劝解他,没有一个人开导他,<u>更</u>没有一个人用什么办法把他那愤愤不满的情绪改变分毫。(浩然《晚霞在燃烧》)

(47)她绝不愿向任何人陈述痛苦,不需要别人的同情,<u>更</u>不愿让人把自己看成受害的弱者。(苏叔阳《故土》)

例(46)→"既没有……又/也没有……更没有……"。例(47)→"既(绝)不愿……又/也不需要……,更不愿……"。

"更"字复句

"更"字前边并列的两个分句之间有时已出现"也"字。在这种情况下,第一分句更可以自然地添加"既"字。如:

(48)……有人用梯子爬上了大相国寺的大雄宝殿屋脊,也有人登上了钟楼和鼓楼,更有几个力气大一些的年轻人爬上了铁塔的第二层。(姚雪垠《李自成》)

(49)我不代表上帝,也不代表神明,更不代表什么奇迹。(苏叔阳《故土》)

例(48)→"既有人……也有人……更有几个力气大的年轻人……"。例(49)→"既不代表……也不代表……更不代表……"。

"既……也……更……"和"既……又……更……"也有区别,主要表现在"也……"是并列的弱项,有补说的作用,"又……"是并列的强项,有强调的作用①。从"既……也……"到"更……",是补说之后作突举性的强调;从"既……又……"到"更……",是强调之后再作突举性的强调。比较:

(50)苏阿姨既是出色的医生,也是出色的护士,更是不可挑剔的出色的妻子!

(51)苏阿姨既是出色的医生,又是出色的护士,更是不可挑剔的出色的妻子!

"也是出色的护士"是补说的一层意思,语意弱些;"又是出色的护士"是另起的一层意思,语意强些。再比较:

(52)这些年,既有喜悦,也有辛酸,更有说不清道不明的惆怅。

(53)这些年,既有喜悦,又有辛酸,更有说不清道不明的惆怅。

"又有辛酸"显然比"也有辛酸"在语意上重一些。

四 "尚且A,更B"

前分句出现"尚且",构成"尚且A,更B"的格式。这是"更"

字复句的第三种非单纯形式。

跟顺向推进的"不但A,更B"相比较,"尚且A,更B"是逆向逼进。这一句式,以A反逼B,强调A的成立决定了B更能成立。这是一种反逼型递进句式。在这一句式里,"更"字标示出反逼关系中B比A更进了一层。例如:

(54) 我阅读唐诗宋词尚且有困难,诗经、楚辞就更看不懂了。(吕叔湘《现代汉语八百词》)

(55) 阿Q尚且能不师自通叫"二十年后又是一个",我江锋更不能蔫头蔫脑掉架丢脑!(安文江《雾迷复旦园》)

(56) (政策和策略是党的生命,这可是马虎不得的呀!……)常言道:人命关天。人的命尚且关天,党的生命那可更要关的大罗!(喻清新《张驴儿和他的驴》)

"尚且……更……"可以说成"连X也……更……"。如:

(57) 我站在茫茫的雨中,连一个马蹄子印也找不到,更说不准她具体是什么时候走的,是我临睡之前,还是我睡了以后?(郑万隆《明天,再见!》)

(58) 我连爹爹是谁也不知道,奶奶是谁更加不知道……(金庸《鹿鼎记》)

例(57) → "一个马蹄子印尚且找不到,更说不准……",例(58) → "爹爹是谁尚且不知道,奶奶是谁更……"。

下面的说法里,"纵是(=即使是)×也"相当于"连×也",用让步语气对×加以强调:

(59) 顺治在五台山出家,康熙瞒得极紧,纵是至亲的建宁公主也不让知道,群臣自然更加不知。(金庸《鹿鼎记》)

例(59) → "连至亲的建宁公主也不让知道……" → "至亲的建宁公主尚且不让知道……"。

"尚且……更……"又可以说成"连×都……更……"。如:

(60) 阿珂连父母都不认,我这老公自然更加不认了。(金庸《鹿鼎记》)

"更"字复句

(61) <u>连</u>我<u>都</u>没想到,你<u>更</u>没想到,(我们的老队长竟然让你这一篇话说得抿不住嘴地乐!)(浩然《晚霞在燃烧》)

例 (60) → "父母尚且不认,我这老公自然更……",例 (61) → "我尚且没想到,你更……"。

省去"连","×都……更……"仍然相当于"尚且……更……"。如:

(62) 我<u>都</u>不怕,你们<u>更加</u>不用怕。(金庸《鹿鼎记》)

例 (62) → "连我都不怕……" → "我尚且不怕……"。

采用"尚且……更……"形式的复句,后分句可以不出现"更"所修饰的 VP / AP。在这种情况下,如果要保留"更"字,有两个办法:

第一,整个复句采取"尚且……更何况……"的形式。如例 (54) → "我阅读唐诗宋词尚且有困难,更何况诗经楚辞?"又如:

(63) 据我所知,就连北大那几位死去的名教授的书画古玩<u>尚且</u>在劫难逃,<u>更何况</u>苏伯伯那区区几柜书呢?(达理《卖书》)

"何况"前边可以不用"更",但用了"更"更有强调进了一层的作用。有时可以看到"(尚且)……何况……更何况……"的说法,这是三级逼进的说法,其中"更"字的强调作用十分明显:

(64) 结婚?谈何容易。现在黄花闺女还嫁不出去,<u>何况</u>她这离婚的四十岁的女人,<u>更何况</u>她还有一个儿子。(张洁《方舟》)

第二,整个复句采取"尚且……更别说……"的形式。如例 (54) → "我阅读唐诗宋词尚且有困难,更别说诗经楚辞了!"又如:

(65) ……他连科室那几个坐办公室的姑娘<u>都</u>分不清楚,<u>更别说</u>别的姑娘。(程乃珊《蓝屋》)

"更不必说/更不要说/更不用说"跟"更别说"相当:

(66) 见面<u>尚且</u>怕,<u>更不必说</u>敢有托付了。(鲁迅《为了忘却的纪念》)

(67) 丁山河连一个在外搞工作的亲戚都没有,<u>更不用说</u>有职有权人的关系,(所以他绝无脱离农村的后门可走!)(浩然《晚霞

在燃烧》)

只要后分句出现了"更别说"之类词语,即使前分句不出现"尚且"之类,也一定构成反逼型递进句:

(68) 这个余春生,从来就反对她到漠县来,<u>更不要说</u>到回水岗这样的山区了。(陈伯坚《香港姑娘》)

上例等于说"连她到漠县都(从来就)反对……"。

一部分单纯的"更"字复句,可以转化为反逼型递进句。转化的条件是 A 对 B 具有反逼性,AB 之间存在"由于 A,自然更 B"的蕴含关系。如例(4),可以说成"困难尚且没有,痛苦(自然)更谈不上",或"连困难都没有,(自然)更谈不上痛苦"。又如:

(69) 友谊不是爱情,同情<u>更</u>不等于爱情。(苏叔阳《故土》)

(70) 咱们(是光知道改革的好处),不理解改革的难处,<u>更</u>体会不到阻力有多大。(郑万隆《明天,再见!》)

例(69)→"友谊<u>尚且</u>不是爱情,同情自然<u>更</u>不等于爱情!"例(70)→"咱们<u>连</u>改革的难处都不理解,自然<u>更</u>体会不到阻力有多大。"

"由于 A,自然更 B"的蕴含关系,决定了反逼型递进句和因果推断句相通。以 A 反逼 B,实际上也就是由 A 推断 B,即根据 A 的真,推断出 B 的真。正因如此,凡是"尚且……更……"递进句都能变化为"既然……(那么)就……"推断句。如例(55),可以变化为:

(71) 阿 Q 既然能不师自通叫"二十年后又是一个",那么,我江锋就<u>更</u>不能蔫头蔫脑掉架丢脑!

例(71),由于复句里出现了"既然……(那么)就……"的句式标志,这个复句就成了推断复句,而不再是递进复句。再比较:

(72) 刘毛妹都还没有能入党,她小陶自然<u>更</u>不能马上入党。

(73) 既然刘毛妹都还没有能入党,那她就<u>更</u>……(徐怀中《西线轶事》)

例(72)用"都……更……"标明关系,是返逼型递进句;例(74)加上"既然……那就……",使递进关系相对隐退,成了一般的因果推断句。再看一例:

(74) 师叔既然不知,我们更加不知了。(金庸《鹿鼎记》)

这里用"既然",这个复句被标示为因果推断句。如果把"既然"换为"尚且",就变成反逼型递进句:

(75) 师叔尚且不知,我们更加不知了。

五 "固然A,更B"

前分句出现"固然",形成"固然A,更B"的格式。这是"更"字复句的第四种非单纯形式。

在这一句式中,"固然"用于前分句,表示确认,衬托后分句;后分句通过"更"把意思推进一层,强调出程度更高的另一情况。这是一种确认型递进句式⑤。例如:

(76) 下头儿固然不可过于冒犯,上头儿更不能得罪。(苏叔阳《故土》)

(77) 灰衣人的轻功姿势固然美妙,他用伞子杀人的招式更是好看。(金庸《卧龙记》)

"自然"也是确认之辞,"固然"往往可以说成"自然"。如例(76)→"下头儿自然不可过于冒犯……"。又如:

(78) 爱情自然令人销魂,权力更令人向往。(宋安莉《绿梦》)

这里的"自然"可以换成"固然"。

先确认后递进,这是这一句式在语义关系上的共性。从前项与后项之间隐含的关系看,这一句式内部也有差异。

最常见的,是AB之间隐含程度不同的转折性。有的,可以说成"虽然……但/却……",如(76)→"下头儿虽然不可过于冒犯,上头儿却更不能得罪";有的,"固然"不能改为"虽然",但后分句可以加"但/却",如(77)→"灰衣人的轻功姿势固然美妙,他用伞子杀的招式却更是好看"。又如:

(79) 此言一出,白衣尼固然一愕,躲在床后的韦小宝更是大

吃一惊。(金庸《鹿鼎记》)

(80) 韦小宝固然愁眉苦脸,陆先生更加惴惴不安。(金庸《鹿鼎记》)

上两例的"固然"都不能改为"虽然",但"更/更加"前边仍然可以加"却"。

分句间不用转折词时,"更"起承递作用,整个复句在语势上是递进的。如果分句间出现转折词,那么,转折关系就显现了出来,递进关系就相对隐退了。出现了转折词的复句,不管是"虽然……但/却更……"还是"固然……但/却更……",都应分析为让步句,属转折类复句。看下面的例子:

(81) 这周围八百里的梁山泊,这被压迫者的"圣地"的梁山泊,固然需要一双铁臂膊,却更需要一颗伟大的头脑。(茅盾《豹子头林冲》)

(82) 天恨帮固然厉害,但血花宫的潜力更加不可轻侮。(金庸《卧龙记》)

这两例是让步句。只有删除"但/却",才能成为确认型递进句,才能算是"更"字复句:例 (81) → "这被压迫者的'圣地'梁山泊,固然需要一双铁臂膊,更需要一颗伟大的头脑。"例 (82) → "天恨帮固然厉害,血花宫的潜力更加不可轻侮。"再看两例:

(83) 唐二十四少爷虽然不喜欢杀人,但更不喜欢看见自己欣赏的人被杀。(金庸《卧龙记》)

(84) 西门慕名轻功虽然不弱,但公孙我剑这一下急攻更是锋利无匹。(金庸《卧龙记》)

上面两例采用"虽然……但……"的框架,更是典型的让步句式。只有去掉"虽然……但……",使转折关系隐退,才可以成为单纯的"更"字复句:例 (83) → "唐二十四少爷不喜欢杀人,更不喜欢看见自己欣赏的人被杀。"例 (84) → "西门慕名轻功不弱,公孙我剑这一下急攻更是锋厉无匹。"

单纯的"更"字复句,有的可以向确认型递进句转化,并且可以

进一步向让步句转化。转化的条件，是AB两项在相互比较中存在程度差异的对立性。如例（4）→"发现一篇好作品固然不容易，培养一个作者更不容易。"→"发现一篇好作品固然不容易，但培养一个作者却更不容易。"又如：

(85) 看来我不太了解吴尘，吴尘更不了解我。（刘建农《妻很美》）

(86)（这一年我在香港的个人遭际，三哥那一封封热情中夹着冷嘲的信，都使我感到，）祖国需要我，我更需要祖国啊！（陈伯坚《香港小姐》）

例（85）→"我固然不太了解吴尘，吴尘更不了解我。"→"我固然不太了解吴尘，吴尘却更不了解我。"例（86）→"祖国固然需要我，我更需要祖国！"→"祖国固然需要我，我却更需要祖国！"

比较地说，这类单纯的"更"字复句只显示递进关系，分句间的转折性是完全隐蔽的；一旦加上"固然"，成为确认型递进句，尽管总的语势是递进的，但转折性已略有显现；如果再加上"但/却"，明确标示转折关系，那么整个复句便成了让步转折句了。

确认型递进句，AB之间也有不隐含转折性的。这有两种情况：

第一，AB之间是一般性的顺向递进关系，即由低到高的递进关系。"固然……更……"可以改说成"不仅……更……"。例如：

(87) 此去山西五台山，这条路固然从未走过，前途更是一人不识。（金庸《鹿鼎记》）

上例也可以说成"这条路不仅从未走过，前途更是一人不识"。之所以不用"不仅"而用"固然"，是为了加强确认的语气。

第二，AB之间是反逼性递进关系，即以A反逼B，由A断定B。"固然……更……"可以改说成"尚且……更……"。例如：

(88)（茅兄身上有伤，显不出真功夫。）老朽打赢了固然没什么光彩，打输了更是没脸见人。（金庸《鹿鼎记》）

上例也可以说成"老朽打赢了尚且没什么光彩，打输了更是没脸见人"。之所以不用"尚且"而用"固然"，也是为了加强确认的语气。

顺带指出：一般以为，由"固然"引出的复句，前后分句之间总是含有转折性[⑥]。从上面的两种情况可知，事实并非完全如此。下面的例子可以作为补证：

(89) 两位施主年纪轻轻，武功如此了得，老衲<u>固然</u>见所未见，<u>而且</u>是闻所未闻，少年英雄，真了不起，了不起！（金庸《鹿鼎记》）

(90) 韦小宝平时说话，出口便是粗话，"他妈的"三字片刻不离口，但讲到沐英平云南的故事，学的是说书先生的口吻，粗话<u>固然</u>一句没有，偶然<u>还</u>来几句或通或不通的成语。（金庸《鹿鼎记》）

(91) 这一来，庄家全家<u>固然</u>逮入京中，<u>连</u>杭州将军松魁、浙江巡抚朱昌祚以下所有大小官员，<u>也</u>都革职查办。（金庸《鹿鼎记》）

从"固然……"分句到后面的分句，或者程度更深，或者级别更高，或者范围更大，显然都是递进关系，而不是转折关系。

六　结束语

（一）现代汉语的"更"字复句，呈现为多种形式。如表：

"更"字复句	
单纯"更"字复句	非单纯"更"字复句
A，更 B。	不但 A，更 B。 既 A，更 B。 尚且 A，更 B。 固然 A，更 B。

（二）单纯"更"字复句和非单纯"更"字复句在语义关系上有相通之处，但是，单纯"更"字复句的语义关系比较复杂，非单纯"更"字复句语义关系的总和小于单纯"更"字复句语义关系的总和。本文第一部分开头列举五个例句，代表"A，更 B"的语义关系的五种情

况。后四种，可以分别转化为"不但 A，更 B""既 A，更 B""尚且 A，更 B""固然 A，更 B"，唯独第一种，套不上任何合用的非单纯形式：

> 我爱北京，我更爱今天的北京。
> →＊我不但爱北京，我更爱今天的北京。
> →＊我既爱北京，我更爱今天的北京。
> →＊北京我尚且爱，今天的北京我更爱。
> →＊我固然爱北京，我更爱今天的北京。

这类单纯"更"字复句，语义关系上的特点是 A 包容 B，A 中有 B。用"更"表示递进，是为了从中强调突出 B。这是一类包容性递进句，前分句加不上跟递进有关的关系词。同类的例子：

> （92）我害怕回忆十年动乱的岁月，<u>更</u>害怕回忆 1967 年夏季的那段时间。

> （93）我无法忘怀家乡的一切，<u>更</u>无法忘怀家乡的那条小河。

（三）"更"是副词，跟"而且、但是、所以"之类连词不一样，并非在任何情况下都起到表示复句关系（或句群关系）的作用。其他副词，如："都／还／也／就"等等，在不同程度上也有类似的情况。研究"更"字在什么情况下兼作关系词语，明确"更"字兼作关系词语时一定出现前后关系项，并且前后关系项具有一定的特点，这对于研究其他兼作关系词语的副词，具有一定的启示性。

注释：

① 如黎锦熙、刘世儒著：《联合词组和联合复句》，新知识出版社 1958 年版；刘月华等著：《实用现代汉语语法》，外语教学与研究出版社 1983 年版。

② 如胡裕树主编：《现代汉语》，上海教育出版社 1981 年版。

③ 如张志公主编：《汉语知识》，人民教育出版社 1979 年版。又，黄伯荣、廖序东主编：《现代汉语》（甘肃人民出版社 1983 年版）只提到"更不用说、更不必说"，不涉及单独用"更"字的复句。

④ "既……也……"和"既……又……"的比较，可参看邢福义著：《复句与关系词语》，黑龙江人民出版社 1985 年版，第 74～75 页。

⑤ "固然"表示确认，参看吕叔湘主编：《现代汉语八百词》，商务印书馆 1980 年版，第 206～207 页。

⑥ 参看吕叔湘主编：《现代汉语八百词》，商务印书馆 1980 年版，第 206～207 页；北京大学中文系 1955、1957 级语言班著：《现代汉语虚词例释》，商务印书馆 1982 年版，第 216 页。

主要参考文献

[1] 吕叔湘. 中国文法要略（合订本）[M]. 北京：商务印书馆，1956.

[2] 吕叔湘. 现代汉语八百词 [M]. 北京：商务印书馆，1980.

[3] 北京大学中文系 1955、1957 级语言班. 现代汉语虚词例释 [M]. 北京：商务印书馆，1982.

[4] 胡裕树. 现代汉语（修订本）[M]. 上海：上海教育出版社，1981.

[5] 张志公. 现代汉语（中册）[M]. 北京：人民教育出版社，1981.

[6] 邢福义. 复句与关系词语 [M]. 哈尔滨：黑龙江人民出版社，1985.

（原载《中国语言学报》第 5 期，商务印书馆 1995 年版）

"却"字和"既然"句

"却"字和"既然"句

导言

"既然"句是推断式因果复句。在语表形式上,以"既然……那么(/就)……"为代表性形式标志,"既然"有时简作"既";在语里关系上,以事实作为理由或根据,推断事物间的因果联系。

"既然"句中一般不能出现转折词"却"。比如:

既然他有能力,那么应该重用他!(+)

既然他有能力,那么却应该重用他!(一)

既然他没能力,那么不应重用他!(+)

既然他没能力,那么却不应重用他!(一)

但是,"却"字有时进入了"既然"句。p q 构成复句,"既然"用于前分句 p,"却"用于后分句 q。比如:

既然他有能力,那么为什么却不重用他呢?

既然他没能力,那么为什么却重用了他呢?

在实际语言运用中,有时可以见到"既然……却……"的说法。例如:

(1)(十二岁的马夫,甚至不明白,)妈妈既然有过一个开着桂花的美丽的家,却为什么要搬到这破烂拥挤的小杂院来居住。(范小天《桂花掩映的女人》)

(2)美容院既(然)能将她旧日粗糙的皮肤改换得如同纸张般细腻,却为什么没能除去她隔着厚厚的貂皮短大衣和羊毛围巾

仍然张牙舞爪地向我袭来的那股酸腥味?(张抗抗《永不忏悔》)

"却"字什么时候可以进入"既然"句?规律性何在?语用价值如何?本文一层一层地分析现象,探求规律。

一 "既然"断因句

"却"字的使用,首先要排除"既然"断因句。

一般以为,理由总是跟原因相联系,结论总是跟结果相联系。其实不然。有时,理由不一定就是原因,结论不一定就是结果。比较:

既然奖金这么多,报名的人一定不少。

既然报名的人这么多,奖金一定不少。

奖金多是原因,报名的人不少是结果。前一例,理由即原因,结论即结果;后一例,理由却是结果,结论却是原因。

凡是"既然"句,前分句都表示理由或根据,后分句都表示结论或断语。从前后分句跟原因、结果的关系看,又可以分为两类:一类是"既然"断果句。以已然原因为根据,推断结果,理由和原因、结论和结果相一致。另一类是"既然"断因句。以已然结果为根据,推断原因。理由指结果,而不是指原因;结论指原因,而不是指结果。看几个实际用例:

(3)市委既然点名要我们注意祁时飞,就一定掌握了情况。(邢凤藻《阳台居士》)

(4)市委既然指示我们注意,那肯定是有问题。(邢凤藻《阳台居士》)

(5)你既然来找我,就是相信我。(金速《新月》)

(6)她既然能使你爱,总还有她好的地方。(李国文《花园街5号》)

上面四例都是由果断因。由于后分句跟原因相联系,往往可以添加上"一定是因为"之类关系标志。例如:

市委既然点名要我们注意祁时飞,就一定是因为掌握了情况。

市委既然指示我们注意,那肯定是因为有问题。

你既然来找我,就一定是因为相信我。

她既然能使你爱,一定是因为还有她好的地方。

实际语言运用中,确实存在"既然……是因为……"的说法。比如,下面这个例子里,后分句用了"因为":

(7) 我既然请你看,就是因为不怕你看。(顾笑言《漂在湖面的倒影》)

用了"因为",从语表上强调出后分句所探求的是原因性结论。如果不用"因为",结论的原因性便是隐性的:我既然请你看,就是不怕你看。

"既然"断因句,后分句有时用"可见",借以强调由某种结果可以推知某种原因。例如:

(8) 既然他那么小心翼翼地翻身,可见他不愿她知道他睡不着,不愿她知道他在想心事。(张洁《祖母绿》)

用了"可见",仍然可以添加"是因为"之类:既然他那么小心翼翼地翻身,可见是因为他不愿她知道他睡不着……

"既然"断因句不存在容纳"却"字的语义条件,绝对排斥"却"字。

二 "既然"断果句

"却"字的使用,还要排除"既然"断果句的固有形式。

"既然"断果句,其固有形式包括 AB 两个语义段,B 是 A 的顺承结果。AB 之间,不可能出现"却"。例如:

(9) 既然放权,就不要管他们的那些权限以内的事情。(王泽群《一天二十四小时》)

(10) 姐夫既然做主,这事就算成了。(孙健忠《城角》)

上两例都是正常情况下使用的"既然"断果句。前后分句之间的顺承语义关系,排斥"却"字。

在"既然"断果句的固有形式的基础上，句子可以有所延展，构成逆转性延展形式。即 AB 后边，续上第三个语义段"非 B"。如果把固有形式表示为"既然 A，那么 B"，那么，延展形式就可以表示为"既然 A，那么 B，可是却非 B"。在延展形式中，非 B 是 A 的逆接结果，表意同 B 恰相对立。有了延展形式，才会有"却"字的使用。比如：

既然他有能力①，那么应该重用他②！
既然他有能力①，那么应该重用他②，可是你却不重用他③！
→ 既然他有能力①，那么你为什么却不重用他呢③？
既然他没能力①，那么不应重用他②！
既然他没能力①，那么不应重用他②，可是你却重用他③！
→ 既然他没能力①，那么为什么却重用他呢③？
既然奖金这么多①，那么报名的人一定不少②。
既然奖金这么多①，那么报名的人一定不少②，可是实际上却很少③。
→ 既然奖金这么多①，那么报名的人为什么却很少呢③？

观察上面的现象，可以知道：

第一，"既然……却……"由延展形式压合而成。延展形式本来包含三个语义段，压合之后只剩下第一个和第三个（A＋非 B），第二个（B）被压缩掉了。比方：

（11）既然是军人，就应该死在战场上。（孙健忠《城角》）

这里出现"A＋B"，是固有形式。后边可以续上"非 B"：

既然是军人，就应该死在战场上，可是他却枪声一响就逃跑了！

这里出现"A＋B＋非 B"，是逆转性延展形式。其中的 B 可以被压缩掉：

既然是军人，为什么却枪声一响就逃跑了呢？

这里只出现"A＋非 B"，是压合形式。

第二，如果用 p q 分别代表"既然"句的前后分句，那么，就断果

"却"字和"既然"句

句而言，p q 之间便存在两种关系：一是本然情况下的顺承关系，二是压合之后的逆接关系。即：

既然 p＋那么 q。
—— ① 既然 A＋那么 B。
—— ② 既然 A＋那么非 B。

试比较：

(12) 既然李秋打来电话，我们就不能置之不理！（陈冲《不自然的黑色》）

(13) 既然李秋打来电话，你为什么却置之不理呢？

乍一看，这两例都是"既然 p，那么 q"。然而，前者是"既然 A，那么 B"，不存在逆接关系；后者是"既然 A，那么非 B"，包含逆接关系。

压合形式所包含的逆接关系，正是转折词"却"进入"既然"句的逻辑基础和语义条件。换句话讲，只有具备这样的逻辑基础和语义条件，才能形成"既然……却……"的句式。

三 "为什么"

"既然"句压合形式不是 A－非 B 的简单相加。从语表上看，后分句要求出现"为什么"，形成问句，末尾往往还出现"呢"字。比较：

既然他有能力，那么应该重用他，可是你却不重用他！
→既然他有能力，那么你却不重用他！（一）
→既然他有能力，那么你为什么却不重用他呢？（＋）

上例表明，直接把 A 和非 B 压合在一起，站不住；加上"为什么"，在语表形式上把非 B 段略加改造，就站得住了。看个实际用例：

(14) 既然这故事这样有魅力，那他应该多说、多多地说才是，可他偏偏只说两个。（沈善增《正常人》）

上例 A 段、B 段、非 B 段都出现。简单地减除 B 段还不行；减除了 B 段，还得在非 B 段添加"为什么（呢）"：

既然这故事这样有魅力，那么他却偏偏只说两个。（一）

既然这故事这样有魅力，那么他为什么却偏偏只说两个呢？（十）

值得进一步注意的是：

（一）"为什么"往往可以用到整个复句的前头。这时，"既然"一词隐去，"那么"一词也不出现。例如：

既然这故事这样有魅力，那么他为什么却偏偏只说两个呢？

→ 为什么这故事这样有魅力，他却偏偏只说两个呢？

实际语言运用中，有时可以看到"为什么"见于前头的用法：

（15）为什么事实已大白于天下，事情却得不到妥善、有效和及时的处理呢？（卢跃刚《讨个"说法"》）

这一句也可以变换为：既然事实已大白于天下，事情却为什么得不到妥善、有效和及时的处理呢？

（二）在"既然……，为什么……呢"的复句中，"为什么……呢"可以是逆接的非 B 段，也可以是顺承的 B 段。换句话说，"为什么……呢"不一定就是非 B 段，因而不一定可以用转折词"却"。这取决于"为什么"所造成的问句，是议论可能性的"反问"，还是针对现实性的"诘问"。

在"既然 A，那么 B，可是却非 B"的语义结构中，顺承结果 B 指尚未实现的理应如此的结果，逆接结果非 B 指已成事实的不应如此的结果。"为什么"如果用于反问，在表意上属于 B 段；如果用于诘问，在表意上才属于非 B 段。比较：

既然你想考大学，明年为什么不试试呢？

既然你想考大学，为什么这么不用功呢？

前一例，"明年为什么不试试呢"是反问，议论可能性，"试试"尚未成为事实，等于说"明年应该试试"，意思跟 A 顺承，加不上"却"字，不好说："既然你想考大学，明年为什么却不试试呢？"后一例，"为什么这么不用功呢"是诘问，"这么不用功"已成为事实，意思跟 A 逆接。这种针对事实的诘问里，才可以自然地添加上"却"字："既然你想考大学，为什么却这么不用功呢？"

"却"字和"既然"句

"为什么……呢"到底是表示反问还是表示诘问,往往受到具体语境的制约,因而往往需要在具体语境中辨别。比方,同是"既然他身体不好,为什么还打搅他呢":

别去找他!既然他身体不好,为什么又打搅他呢?

是你不对!既然他身体不好,为什么又打搅他呢?

前一例是反问,以他身体不好为理由,提出不应该又去打搅他。后一例是诘问,以他身体不好为理由,责怪"你"作了又一次打搅他的事。后一例可以自然地添加"却"。

实际语言运用中,常见"既然"句后分句用"为什么"来表示反问的现象:

(16)既然人类的智慧可以制造机器,制造政策,那么他们为什么不能造就更多回城的正大光明的理由呢?(邓贤《中国知青梦》)

(17)(我琢磨既然有第一条鱼来咬钩,就必定有第二条,)既然有第二条,我为什么不把这第二条钩上来呢?(程鹰《神钓》)

这两例的后分句都是反问,都表示跟 A 顺承的 B。前一例等于说:……他们就能够造就更多回城的正大光明的理由;后一例等于说:……我就可以把这第二条也钓上来。这种表示可能性的反问语境,不用"却"。

实际语言运用中,也常见"既然"句后分句用"为什么"来表示诘问的现象:

(18)你既然来这里寻我唱歌,我已唱了四首,你为什么连一首也不回?(孙健忠《醉乡》)

(19)顾城既然很爱谢烨,为什么又要杀死她?(顾城杀妻后为什么又要自杀?)(王书灵《激流岛血案之谜》)

这两例的后分句都是诘问,都表示跟 A 逆接的非 B,所说的事都已成为事实。前一例,实际上压缩掉了 B 段"你就应该回我的歌";后一例,实际上压缩掉了 B 段"他就应该保护她"。这两例都没用"却",但全都可以说成"为什么却"。

四 "却"字位置和"为什么"的类同形式

在"既然……却……"句式中,"却"字有两个位置,"为什么"可以替换为其他类同形式。

(一)"却"字位置

"却"字可以出现在"为什么"的前边或后边。比如例(1)(2)都是"却为什么",但都能说成"为什么却"。又如:

(20) 既然一点也不好吃,为什么却不断地吃?(金庸《卧龙记》)

上例是"为什么却",但也可以说成"却为什么":既然一点也不好吃,却为什么不断地吃?

顺便指出:逆接的后分句有时用转折词"可"。"可"的位置,只能是后分句句首。例如:

(21) 既然寻你的姑娘这么多,可你为什么偏偏跟我过不去?(申跃中《清水河畔一盏灯》)

"可"见于句首,它和"为什么"之间隔了个主语"你"。

(二)"为什么"的类同形式

"为什么"有时可以说成"为何""何以""怎么"等。用"为何""何以",文言色彩较重,只见于模仿近代白话语体的小说里。举几个实际用例:

(22) 你既(然)要报仇,这也是好汉的本分,却为何使这下贱诡计?(白羽《十二金钱镖》)

(23) 你既(然)知我这脑神丹的灵效,却何以大胆吞服?(金庸《笑傲江湖》)

(24) 你自己既(然)不愿意死,却怎么去杀人呢?(金庸《天龙八部》)

前一例是"既(然)……却为何……",中间一例是"既(然)……却何以……",后一例是"既(然)……却怎么……"。

"却"字和"既然"句

"却"字,也可以出现在"为何、何以、怎么"的前边或后边。比如上例是"却何以",下例是"何以却":

(25) 既然师父没事,何以却有烦恼?(金庸《卧龙记》)

五　语值辨察

在以上讨论的基础上,还有必要知道这类句式的语用价值。

通过考察,可以知道:

(一)"为什么"之类,为这类句式造成了对已然事实的无疑而诘问,并为"却"字的插入准备了必要的结构条件;再加"却",可以特别突出事实之间的逆反性,从而特别强调结果怪异,不合常理。比较:

　　既然吃饭都成问题,还买衣服?

　　既然吃饭都成问题,为什么还买衣服?

　　既然吃饭都成问题,却为什么还买衣服?

在特定场合,为了满足表述的需要,突出对反常事实的诘问,可以加上强化转折语势的"却"。比如:

(26) 但是,我既然做了错事,为什么还要错上加错,去欺骗组织,欺骗人们呢?(石国仕《战俘》)

"错上加错"已成事实,我是在进行反省和自责。只要有强调的必要,就可以说成"却为什么"或"为什么却"。

(二)"却为什么"之类强调结果怪异,不合常理,是为了强烈地表示出某种主观情绪:或者有所责怪,或者感到惊奇。例如:

　　既然人家没惹你,你为什么却总是惹人家?(有所责怪)

　　既然不是海南人,你为什么却会讲海南话?(感到惊奇)

责怪有心理偏向的不同。例如:

　　既然打人不对,为什么却老是打人?(偏向鄙弃)

　　既然还在咳嗽,为什么却又来加班?(偏向爱护)

责怪还有口气轻重的不同。例如:

　　既然没有道理,却为什么还耍无赖?(口气较重)

· 519 ·

既然写不出来，却为什么还要硬写？（口气较轻）

到底是责怪还是惊奇，责怪的心理偏向如何，责怪的口气怎么样，这取决于不同内容和不同语境。

（三）"却为什么"之类强调结果怪异，不合常理，有时还有"反证疑据"的作用，即导致对作为根据的 X 产生怀疑。这样，在论辩中就容易形成二难推理，使对方处于"二难"困境。比如：

既然读过大学，为什么却认不得几个字？

要么确实读过大学。做为一个读过大学的人，认不得几个字岂不是莫大讽刺？要么读过大学并非事实。那么，岂不是欺世盗名说假话？

既然那么穷，为什么却天天有肉吃？

要么确实是穷。那么，天天有肉吃是不是有小偷小摸或其他不正当的行为？要么穷不是事实。那么，起码是装穷不老实！

六　小结

（一）"既然……却……"是一种标志复现现象。标志复现现象，既说明复句句式在语表形式上具有多样性，也反映复句句式在语义关系上具有多样性。

（二）"既然……却……"的前后分句 p 与 q，不是顺承的 A—B 关系，而是逆接的 A—非 B 关系。这种句式由"既然 A，那么 B，实际上却非 B"压合而成，逆接关系是"却"字进入"既然"句语义上的必要条件。

（三）"既然……却……"的后分句采用"为什么……（呢）"的形式。"却"字在"为什么"前后活动。"为什么"可以说成"为何、何以、怎么"等，都用于针对事实的诘问。"为什么"之类是"却"字进入"既然"句结构上的必要条件，但不是充足条件。如果"为什么"之类用于反问，构成的是一般的"既然"句。

（四）"既然……却……"有特定的语用价值。要言之，主要强调结果怪异，不合常理；有时还用来反证，使根据发生动摇。

"却"字和"既然"句

主要参考文献

    [1] 张志公. 汉语知识 [M]. 北京：人民教育出版社，1979.

    [2] 汪国胜. "既然"句的前提及推论形式 [J]. 荆州师专学报，1994（1）：44-46.

    [3] 邢福义. 复句与关系词语 [M]. 哈尔滨：黑龙江人民出版社，1985.

（原载《汉语学习》1996年第6期。选入本书第一组的《语法研究中"两个三角"的验证》一文，在"'小三角'的事实验证·语值验察"部分，较为详细地采用了本文的说法；但是，本文发表在前，这里仍然作为单篇列出，是想反映写作的原本状态。）

关系词"一边"的配对与单用

0 前言

语法书里,讲复句的并列式时,总要列出"一边……一边……"。给人的印象是:只要出现表示并列关系的"一边",就一定是配对的。事实并非如此。关系词"一边"的使用,实际上构成了三种形式:

a式:一边 p,一边 q。
b式:∅p,一边 q。
c式:一边 p,∅q。

a式是配对形式,b式是后单用形式,c式是前单用形式。例如:

他们<u>一边</u>挥着鲜花,<u>一边</u>飞也似地冲了过去。
他们挥着鲜花,<u>一边</u>飞也似地冲了过去。
<u>一边</u>挥着鲜花,他们飞也似地冲了过去。

《现代汉语词典》《现代汉语八百词》《现代汉语虚词例释》和《现代汉语虚词词典》都提到过 b 式现象,只举了一两个例子,都没有提及 c 式。拙著《复句与关系词语》abc 三式都曾提到,但未做深入的讨论。

本文主要讨论 b 式和 c 式。文中,p q 分别代表"一边"所关联的前项和后项,∅代表"一边"的空位,S 和 O 分别代表主语和宾语,V 代表动词或动词结构。"一边"有时是方所名词,如"搁在那<u>一边</u>",不在讨论的范围。

关系词"一边"的配对与单用

1 配对和单用

观察几组小统计，思考相关的若干问题，可以对"一边"的配对和单用获得大致的了解。

1.1 A组小统计

作者·作品	a式	b式	c式	总计
不光《闯西南》	1	0	0	1
陈染《无处告别》	1	0	0	1
池莉《你是一条河》	2	0	0	2
刘震云《一地鸡毛》	3	0	0	3
龙凤伟《石门夜话》	3	0	0	3
阿城《棋王》	5	0	0	5

这组小统计中，只出现a式，即"一边"的配对形式。

值得注意的是：

第一，查遍80年代人民教育出版社编辑出版的小学语文课本1—6册，发现"一边……一边……"27例，未发现b式c式用法；又查遍初中语文课本1—6册，发现"一边……一边……"24例，也未发现b式c式用法。这说明，a式确实是常规形式。

第二，即使是配对的"一边……一边……"，在一些作品中也找不到。比如王蒙的《坚硬的稀粥》，百合的《哭泣的色彩》，廉声的《夜色狰狞》，余秋雨的《西湖梦》。这说明，关系词"一边"的使用频率虽然比较高，但它不是无处不在的。

第三，"一边"在书面上有时写成"一边儿"；"一边"的使用有时不限于两个，可以说成"一边……一边……一边……"。如：

(1) 打手势或者画画儿要用手，手就不能同时做别的事，说话用嘴，可以<u>一边儿</u>说话，<u>一边儿</u>劳动。(初中《语文》第六册)

(2) 我<u>一边</u>说，<u>一边</u>写，<u>一边</u>注意她用的信封。(田柯《流水

落花儿》）

1.2 B组小统计

作者·作品	a式	b式	c式	总计
蒋春光《教工之家》	10	8	0	18
王朔《一点正经没有》	8	1	0	9
白帆《寂寞的太太们》	6	1	0	7
莫怀戚《陪都旧事》	5	2	0	7

这组小统计中，不仅出现a式，而且出现b式，即"一边"的后单用形式。

值得注意的是：

第一，从总体上看，b式的出现频率低于a式。但是，这不是绝对的。比如，王朔的《一点正经没有》，a式8例，b式1例；他的另一篇作品《顽主》，a式仅1例，b式却2例。又如，严怪愚《痤牛记》，a式仅1例，b式却有5例。

第二，也有只出现b式的情况，尽管这种情况并不多见。如：

作者·作品	a式	b式	c式	总计
何玉茹《怕之门》	0	1	0	1
蒋韵《现场逃逸》	0	3	0	3

1.3 C组小统计

作者·作品	a式	b式	c式	总计
张欣《仅有爱情是不能结婚的》	2	1	1	4
莫伸《危情》	5	1	6	12
二月河《雍正皇帝·九王夺嫡》	44	13	52	109

这组小统计中，既出现a式和b式，也出现c式，即"一边"的前单用形式。

值得注意的是：

第一，从总体上看，a式占有明显的优势，使用c式的作品很少；但是，上面的数字表明，在少数作品中c式的使用频率并不低，有的

关系词"一边"的配对与单用

接近a式,有的高于a式。

第二,经过长期的考察,可以知道:使用b式的作品要多于使用c式的作品。不过,就具体的作品而言,c式的使用可能多于b式。在某些作品里,只发现a式和c式,但没有发现b式。如:

作者・作品	a式	b式	c式	总计
陈冲《无反馈快速跟踪》	3	0	1	4
王笠耘《春儿姑娘》	3	0	1	4

第三,80年代人民教育出版社编辑出版的高中语文课本中,关系词"一边"的使用频率很低。第二册中,未发现a式b式,却发现c式一例:

(3)蓬头,赤脚,<u>一边</u>扣着钮扣,几个还没睡醒的"懒虫"从楼上冲下来了。(夏衍《包身工》)

这是"一边p,∅q"格式,等于说:蓬头,赤脚,几个还没睡醒的"懒虫"<u>一边</u>扣着钮扣,<u>一边</u>从楼上冲下来了。

"一边"abc三式共存并用的现象,在近代著名的白话文作品中就已存在。比如,曹雪芹《红楼梦》第一回到第八十回,使用关系词"一边"的例子共6个,顺序为:

(4)<u>一边</u>说,<u>一边</u>催他穿了衣服,同鸳鸯往前面来见贾母。

(5)不言卜家大妇,且说贾芸赌气离了母舅家门,一径回归旧路,心下正自烦恼,<u>一边</u>想<u>一边</u>低头只管走,不想一头就碰在一个醉汉身上,把贾芸唬了一跳。

(6)<u>一边</u>说,<u>一边</u>将一个锦匣举起来。

(7)史湘云<u>一边</u>摇着扇子,笑道:"自然你能会宾接客,老爷才叫你出去呢。"

(8)李纨收过,<u>一边</u>吩咐内库上人说:"等太太回来看了再收。"

(9)<u>一边</u>想,<u>一边</u>便走过来蹲下笑道:"你在这里作什么呢?"

6个例子中,abc三式的比例为4:1:1。即a式4个(例4、5、6、9),b式1个(例8),c式1个(例7)。这个比例,恰好也是现代汉语里 abc 三式使用的基本状况。

2 b 式：∅p，一边 q

"一边"的后单用形式，后项出现"一边"，前项留有"一边"的空位，形成∅p。把语义和结构两个方面结合起来看，∅p 大体可以概括为三种。

2.1 第一种是在续式

p 表示行为在续，常采用"S－V 着 ［O］"的形式。这一形式的∅p 后边，很容易接上后项"一边 q"。比较：

大娘笑（不带"着"），一边连连点头。（?）

大娘笑着（带"着"），一边连连点头。（＋）

检测同类现象和相关现象，可以知道：

第一，前项 p 用了"V 着 ［O］"，明显表示行为在续，可以为后项 q 使用表示同时并发的"一边"准备语义条件。看实际用例：

（10）（小禄……手里拿着个洗干净的萝卜，）利落地切着，一边笑说："你们福气！我打量借不来米呢……"（二月河《雍正皇帝·九王夺嫡》）

（11）我在心里诅咒着他的肥胖，一边轻盈地躲闪着街上的行人和车辆。（何玉茹《怕之门》）

前一例 p 里出现"V 着"，等于说：一边利落地切着，一边笑说：……；后一例 p 里出现"V 着 O"，等于说：一边诅咒着他的肥胖，一边轻盈地躲闪着街上的行人和车辆。

如果前项 p 是动词连用，可以说成"V 着 ［O］＋V 着 ［O］"，或者"V 着 ［O］＋V ［O］"。例如：

（12）老板（见他前言不搭后语，满口柴胡，极怕生事，只好着意周旋，）捧着香茶，拧着热毛巾侍候着，一边逗他说话出酒气："爷不知道？今儿法场出事了，刀下留人！"（二月河《雍正皇帝·九王夺嫡》）

关系词"一边"的配对与单用

上例p里用了三个"着"字,形成了"V着O+V着O+V着"。又如:

(13)"市委领导同志"满面红光地微笑着向群众致意,<u>一边</u>把麦克风递给杨重:"活该,谁让你们把麦克风给我让我讲话的。"(王朔《顽主》)

(14)他只是咧着大嘴呵呵笑,<u>一边</u>招手:"上来,你上来。"(王朔《一点正经没有》)

这两例p里都只用一个"着"字,分别形成了"V着+V"和"V着O+V"。

第二,前项p形式上是"V〔O〕",但留有"着"的空位,可以补说成"V着〔O〕"。这时,前项p仍然明显表示行为在续,为后项q提供使用"一边V"的语义条件。如:

(15)有没来得及拖下去的伤兵,在冒着烟的焦炭中爬动,<u>一边</u>咬牙切齿地骂着:"狗娘养的,丢老子在这里呀?!"(邓一光《遍地菽麦》)

(16)她蹲在窗台上擦玻璃,<u>一边</u>还哼着小曲儿。(莫怀戚《陪都旧事》)

(17)小白人掩嘴笑个不停,<u>一边</u>热烈地和冯小刚握手,"舒坦了舒坦了,从未有过的舒坦"。(王朔《你不是俗人》)

这三例的前项都可以添加"着",说成"V着""V着O""V着V":有没来得及拖下去的伤兵,在冒着烟的焦炭中爬动着,<u>一边</u>咬牙切齿地骂……|她蹲在窗台上擦着玻璃,<u>一边</u>还哼着小曲儿。|小白人掩着嘴笑个不停,<u>一边</u>热烈地和冯小刚握手。

有的时候,前项p里出现时间副词"正/正在",这就相当于出现"着"了。如:

(18)中午,司马婉卓正在煤气灶上炒菜,<u>一边</u>收听着收音机里的长篇小说连播节目。(莫伸《危情》)

2.2 第二种是过程式

前项p表示行为过程,常出现趋向动词,形成"V趋"的形式。

这一形式的Øp后边，也很容易接上"一边q（V）"。比较：

  大娘吃完饺子（不含"趋"），一边乐呵呵地笑。（？）
  大娘端出饺子（含"出"），一边乐呵呵地笑。（＋）

检测同类现象和相关现象，可以知道：

第一，前项p用了"V趋"，可以表示行为的一个过程，从而为后项q使用同时并发的"一边"准备语义条件。至于后项"一边V"在过程的哪个点上发生，则相对模糊，只能根据具体语境来意会。比如：

（19）叫老易的兵（就松弛下来，）慢慢走回方才自己睡的地方，坐下，一边故作大方地说："也就是大肉炖萝卜了，什么好东西……"（邓一光《遍地菽麦》）

（20）事已至此，刘国璋也只得收起自己的种种奇思异想，一边观察别人怎么当的班主任。（蒋春光《教工之家》）

前一例，前项用"走回"，表示了地点位移的一个过程，后项的行为似乎是发生在过程的末端；后一例，前项用"收起"，表示了时间位移的一个过程，后项的行为似乎是贯穿于过程的始终。

第二，前项p有时既用趋向动词，又配合使用某些具有方向意义的介词。这时，更能明显地表示行为位移的过程。如：

（21）秀秀娘忙不迭地到灶间去烧菜，一边叫道："秀子！秀子！"（礼平《小站的黄昏》）

（22）"我给你看看去。"老太太站起来，往厨房走，一边对于观说，"你好长时间没来了。"（王朔《顽主》）

前一例，前项用了"到灶间去"，这是"介词短语＋V（趋）"。后一例，先用"站起来"，这是"V趋"，再用"往厨房走"，这是"介词短语＋V"。

所谓具有方向意义的介词，包括"往、朝、向、到、给"等。有的时候，形式上只出现"介词短语＋V"，但可以补出趋向动词，或者可以变换出趋向动词。比如例（22）"往厨房走"，可以说成"往厨房走去"。又如：

（23）他摇摇晃晃朝工棚里面走，一边回头瞪着小满。（苏童

关系词"一边"的配对与单用

《食指是有用的》)

(24) 文峰（用手拂一下已经很整齐的分头,）往旁边挪挪屁股，给姑娘让座，一边又凑近了，轻言细语和她说话。（蒋春光《教工之家》）

前一例，可以说成"朝工棚里面走去"；后一例，等于说"往旁边挪开屁股"。

不过，如果介词出现在 V 的后边，便占据趋向动词的位置。在这种情况下，自然不能再补出趋向动词。比如：大家奔向大海，一边高声欢呼。｜他把钱还给我，一边不停地说谢谢。

第三，前项 p 中有时出现"了"，"V 趋"说成"V 趋了"或"V 了趋"。如：大娘端出了面条，一边乐呵呵地笑。（V 趋了）｜小魁站了起来，一边向我眨眼睛。(V 了趋) 并用"了"和趋向动词，既强调行为的实现，又强调状态的延展。看两个实例：

(25) "我们全家都是用的这种箕块。"说完，那学生就把头低了下去，一边用脚尖在地上划拉。（蒋春光《教工之家》）

(26) 当下三人在门口解装，一个麻脸伙计早提着灯迎了出来，一边帮着卸骡子……（二月河《雍正皇帝·九王夺嫡》）

这两例表明，"低"和"迎"的行为已经实现，但"低下去"和"迎出来"的状态仍在延展。正因如此，后边才能接上"一边 q"。

2.3 第三种是说引式

前项 p 表示人物说话，V 用"说"类动词。这一形式的 ∅p 后边，也很容易接上"一边 q（V）"。如：

她说："别走！"一边拉住他的手。

"来人呀！"她大声叫喊，一边顺手捡起一块砖头。

检测同类现象和相关现象，可以知道：

第一，前项 p 用特定形式交代什么人说什么话。特定形式包括两个要素，一个是"S 说"，一个是"……"（直接引语：所说的话）。后项使用"一边……"，是强调在人物嘴里说话的同时手脚或内心也在活动。至于后项的行为活动到底在说话的哪个时点发生，也是相对模糊的。比如：

（27）我说："还要莫斗人，不吃人家的麦子和小菜，懂了没有？"一边还轻轻地在他头上拍了一巴掌。（严怪愚《痤牛记》）

（28）黄丽的哥哥很忠于职守地说："好的，我等你考虑。"一边摸出烟，点燃火，很有架势地吸起来。（蒋春光《教工之家》）

上例只是强调嘴和手的活动同时并发，但很难说清楚二者相互重合的时间长度。

第二，"说"类动词包括"说、骂、喊、问、回答、吩咐"等等。它们不带"着"，不带趋向动词，但可以带上"一句、一声"之类宾语。如：

（29）他没听清楚她说什么，他问，"什么？"一边向前探着身子。（蒋韵《现场逃逸》）

上例前项用"问"，可以说成"问一句"。又如：

（30）胡石大乐，他笑得喷饭，他大骂一声，操！一边把呼机举到林则眼前。（蒋韵《现场逃逸》）

上例前项用"骂"，带有"一声"。

第三，直接引语"………"有时不是用在"S说"的后面，而是用到了"S说"的前面。这样，前项p和后项q就直接连在了一起。例如：

（31）"我来给我儿子，寄……寄一点钱。"他回答，一边把手从衣襟里抽出来，掌心里有一个小纸包，包得严严实实。（张抗抗《白罂粟》）

上例直接引语用在"S说"的前面。书面上，直接引语通常要加引号，但如果关系清楚明确，引号也可以略去。如例（30）的"操"，未加引号。又如：

（32）现在你先等一会儿。我会付双倍的等候费。老安慷慨地说，一边盘算着。（张抗抗《银河》）

这里，"S说"前面出现了一个未加引号的直接引语："现在你先等一会儿。我会付双倍的等候费。"

关系词"一边"的配对与单用

3 c式：一边p，∅q

"一边"的前单用形式，前项出现"一边"，后项留有"一边"的空位，形成∅q。bc两式相比较，∅q跟∅p有同有异。

3.1 ∅q跟∅p有相同之处：∅q也常常使用在续式、过程式和说引式

例如：

　　一边跑，他脑子里不停地转着念头。

　　一边看，他不由自主地流下了眼泪。

　　他一边朝前走，口中答道："我不在乎！"

观察同类现象和相关现象，可以知道：

第一，∅q有时是在续式，常用"着"字。在续的涵义，使得∅q容易成为"一边p"的后项。不过，使用条件要比∅p严格。例如：

　　（33）（胤禛）一边说，苦笑着摇了摇头……（二月河《雍正皇帝·九王夺嫡》）

　　（34）金玉泽一边命人给邬思道打水取换洗衣服，自坐着吃茶，（出了半天神方叹道：……）（二月河《雍正皇帝·九王夺嫡》）

上两例出现"着"。不过，单说"苦笑着""自坐着"不行，后边还得出现"摇了摇头""吃茶"之类。否则，就得用上"仍然""还在"一类词语，如：胤禛一边说，仍然苦笑着。｜金玉泽一边命人给邬思道打水取换洗衣服，仍然坐着。看这个例子：

　　（35）（他们走进餐厅。）一边走，方亮的心里仍在不停地翻腾。（陈冲《无反馈快速跟踪》）

上例未用"着"，但用了表示在续的"仍在"，而且仍然可以补上"着"字：一边走，方亮的心里仍在不停地翻腾着。

第二，∅q有时是过程式，常用趋向动词。过程的涵义，也使得∅q容易成为"一边p"的后项。比如"一边挥着鲜花，他们飞也似的冲

531

了过去",后项用了"过去",表示了空间移位的过程。又如:

(36)"……你不是说,你特别喜欢花吗?"<u>一边</u>说,双手恭恭敬敬地把花献上。(莫伸《危情》)

(37)(晓燕叫智雄切萝卜,自己在一旁择豆角。)<u>一边</u>择,冷不丁笑了出来,(智雄道:"什么事这么好笑?")(张欣《仅有爱情是不能结婚的》)

前一例用了趋向动词"上",表示了空间移位的过程;后一例用了趋向动词"出来",表示了时间移位的过程。

第三,Øq有时是说引式,使用"说+直接引语"的形式。这一形式,也使得Øq容易成为"一边p"的后项。《红楼梦》里就有这一形式(例7)。又如:

(38)刘燮<u>一边</u>笑着给刘文运斟酒,说道:"脸都叫踢白了!……"(二月河《雍正皇帝·九王夺嫡》)

(39)戴铎<u>一边</u>想,笑道:"就是四爷这话!……"(二月河《雍正皇帝·九王夺嫡》)

这两例用了"说道""笑道"和直接引语。例中的"说"类词语,都是两个音节的。如果只用一个音节的"说"类动词,前后还必须出现别的语言成分。看这个例子:

(40)(于是司马婉卓看见了他胳膊上的受伤处,那里正汩汩地冒着血。)她(急忙上前扶住胳膊,)<u>一边</u>采取措施止血,顺口问了句:"怎么伤成这样?"(莫伸《危情》)

这里,"问"的前后出现了"顺口"和"了句";不然,就得说成"问道":她一边采取措施止血,问道:"怎么伤成这样?"

3.2 Øq又有异于Øp之处。这就是:Øq还可以使用"已"字式、"突然"式和"内心"式

例如:

一边吆喝,他已采取了守势。

一边表演,他突然变了花样。

一边朝里走,我内心越来越不安。

关系词"一边"的配对与单用

观察同类现象和相关现象，可以知道：

第一，∅q 有时是"已"字式。句中出现"已"类词语。它强调还没等到 p 行为不再持续，q 行为就已产生并延展。b 式的∅p，不能用"已"字式。比如可以说"一边吆喝，他已采取了守势"，却不大能说"他已采取了守势，一边 q"。看几个实际用例：

（41）胤禩……一边寻思，口中已转了风："这事情不单要从字迹上想……"（二月河《雍正皇帝·九王夺嫡》）

（42）（康熙又转脸对张廷玉道："你拟旨……"张廷玉素以行文敏捷办事迅速著称。）康熙一边说，他已在打腹稿。（二月河《雍正皇帝·九王夺嫡》）

（43）戴铎一边说，胤禛已经移步往前走……（二月河《雍正皇帝·九王夺嫡》）

（44）（邬思道）一边说，已经进了店……（二月河《雍正皇帝·九王夺嫡》）

例（41）（42），后项用"已"；例（43）（44），后项用"已经"。

有时，用不用"已"，对充当后项的小句能否站稳大有影响。比如：

（45）"那好，我们现在要查房了，如果你没有什么事，我们就不陪你了。"一边说着，司马婉卓迅速准备好各种器具，和李惠芬一起出门了。（莫伸《危情》）

这一例，可以只说："一边说着，司马婉卓和李惠芬一起出门了。"（后项用"出"，是过程式。）但如果只说："一边说着，司马婉卓迅速准备好各种器具。"句子站不稳。然而，如果加个"已"，情况便有所不同："一边说着，司马婉卓已迅速准备好各种器具。"这一来，句子便可以站稳了。

第二，∅q 有时是"突然"式。句中出现"突然"一类词语。它强调 p 行为尚在持续，突然出现了 q 行为。b 式的∅p，不能用"突然"式。比如可以说"一边表演，他突然变了花样"，却不大能说"他突然变了花样，一边 q"。同类的例子：

533

一边斟酒,她突然给我丢了一个眼色。

一边往前带球,他突然抽筋倒在地上。

一边和谈,他们突然发动了进攻。

有时,用不用"突然",对充当后项的小句能否站稳大有影响。例如:

(46)只听两个道人低声谈论,对明日比武之约似乎胜算在握,一面解衣上炕,突然皮清玄叫了起来:"啊,被窝中湿漉漉的是甚么?啊,好臭,姬师兄,你这么懒,在被窝中拉尿?"(金庸《神雕侠侣》)

上例前项用"一面",相当于"一边"。后项用"突然",既表明行为的突发,又有"稳句"的作用:只说"两个道人一面解衣上炕,皮清玄叫了起来",句子站得不怎么稳。可见,有时后项尽管已经出现"起来"之类趋向动词,但还需要出现"突然"。

第三,Øq 有时是"内心"式。句中常用"内心、心里、心下"之类词语。它强调跟随着在续的 p 行为,内心里有什么感知或有什么活动。在笔者所掌握的用例中,尚未见到 b 式的Øp 是"内心"式的。比方,可以说"一边朝里走,我内心越来越不安",但还不知道有没有"我内心越来越不安,一边 q"之类的说法。又如:

(47)令狐冲一面运功,心下暗自奇怪:"怎地雪花落在脸上,竟然不消融?"(金庸《笑傲江湖》)

上例后项用了"心下",前项的"一面"相当于"一边"。

有时,这类说法没有出现"内心"一类词语,但实际上隐含有这类词语。例如:

(48)(司马婉卓缓缓地转过身,走出去。)一边走,她感到自己的脚步很沉重,几乎有一种抬不起来的感觉。(莫伸《危情》)

(49)我一边说着,思前想后,也忍不住冒泪花儿了。(王笠耘《春儿姑娘》)

这两例等于说:一边走,她内心里感到……|我一边说着,内心里思前想后……

关系词"一边"的配对与单用

3.3 从主语出现的位置看，c 式和 b 式也有不同

b 式"Øp，一边 q"中，后项前头不出现主语；而 c 式"一边 p，Øq"中，却有时出现主语，形成"一边 p，SØq"的说法。上面已有不少这样的例子。又如：

(50) "……知识分子当我的大哥，我服！"一边说，他端起杯子，豪气十足地："……来，干杯！"（莫伸《危情》）

这一例，S"他"用在了后项前边。

S 用在后项，可以起划界的作用，更清楚地表明 p 和 q 是相对的两个行为。再看两例：

(51) "王主任，你看见他来了吗？在哪儿看见的？"一边说，她侧过脸，拼命向王维力使眼色。（莫伸《危情》）

(52) 胤禛也点点头道："先生说的是，这字神韵不足。"一边说，二人随着戴铎进来。（二月河《雍正皇帝·九王夺嫡》）

这两例，主语"她"和"二人"固然可以用在前项，但用到后项之后，形成"一边 V，SV"，而不是"S 一边 V，V"，因而更能突现后项。

4 结语

第一，在关系词"一边"的使用中，a 式"一边 p，一边 q"是常规形式，而 b 式"Øp，一边 q"和 c 式"一边 p，Øq"是简省形式。作为常规形式，a 式不仅 p 和 q 都没有受到 bc 两式那样的限制，而且"一边……一边……"常常紧缩，中间不需逗开，并且还可以说成"边 p 边 q"或"边 p 边 q 边 r"。如：一边作一边学（老舍《茶馆》）（→边做边学）｜春儿边听边问边叹气（王笠耘《春儿姑娘》），这是 bc 两式所没有的现象。

第二，b 式"Øp，一边 q"，Øp 在语义上和结构上有特定的要求。这就是：常常使用在续式、过程式和说引式。凡是"一边 p 一边 q"的形式，只要 p 符合特定要求，"一边"便可以隐去。例如：

(53) 他<u>一边</u>用浴巾擦着身子，<u>一边</u>心不在焉地回答佩如的故意搭讪。(徐坤《如烟如梦》)

(54) 队长就<u>一边</u>往兵的面前走，<u>一边</u>脸上堆起讨好的笑来。(邓一光《遍地菽麦》)

前一例的 p 属于在续式，后一例的 p 属于过程式，这两例可以分别说成：他用浴巾擦着身子，<u>一边</u>心不在焉地回答佩如的故意搭讪。｜队长就往兵的面前走（去），<u>一边</u>脸上堆起讨好的笑来。

有时隐去"一边"会导致划界关系的变动，应从实际需要出发决定采取什么形式。比如：

(55) 那两条牧羊犬总是在牦牛四周来回跑动，<u>一边</u>警惕地观察着四野，<u>一边</u>帮主人监视着牦牛以及有可能掉下来的货物。(余纯顺《走出阿里》)

上例有三个分句，用 a 式"一边……一边……"，表明 2 分句与 3 分句之间具有同时并发关系。如果删除前一个"一边"，说成："那两条牧羊犬总是Ø在牦牛四周来回跑动，警惕地观察着四野，<u>一边</u>帮主人监视着牦牛以及有可能掉下来的货物。"这就成为 b 式，划界关系有了变动：1、2 分句与 3 分句之间具有同时并发关系。

第三，c 式"一边 p，Øq"在语义上和结构上也有特定的要求。这就是，Øq 既常使用在续式、过程式和说引式，还可以使用"已"字式、"突然"式和"内心"式。凡是"一边 p 一边 q"的形式，只要 q 符合特定要求，"一边"便可以隐去。例如：

(56) 此刻，他<u>一边</u>小口小口地抿酒，<u>一边</u>睁大眼睛往远处看。(陶纯《乡语》)

上例的 q 属于在续式，可以加"着"。隐去后项的"一边"，可以说成：此刻，他<u>一边</u>小口小口地抿酒，睁大（着）眼睛往远处看（着）。

有时隐去"一边"会导致划界关系的变动，应从实际需要出发决定选用什么形式。比如：

(57) "可是！"秀秀娘也慢搭搭拐过来，<u>一边</u>将锥尖儿在头皮

关系词"一边"的配对与单用

上磨磨，使劲儿在鞋底子上扎一锥子，然后挑出麻线的头儿来，缠在手指上，吱地一声拉出好长，一边说："比那淑贞，她可是差了天地！"（礼平《小站的黄昏》）

上例在组合上包括三个部分，用a式"一边……一边……"，表明2部分与3部分之间具有同时并发关系。如果删除后一个"一边"，并不成为b式，而成为c式，原来用于前项的"一边"变为用于后项，等于说：秀秀娘也（一边）慢搭搭拐过来，一边将锥尖儿在头皮上磨磨……说，"比那淑贞，她可是差了天地！"

第四，bc两式的选用，都有其语用上的原因。

之所以选用b式，既是顺势叙述的需要，又是显示关系的需要。看这个例子：

（58）……林则从抽屉里取出现金，交给了她，一边庄重地说："夫人，愿我们不断发展我们两国之间的贸易关系。"（蒋韵《现场逃逸》）

前项不用"一边"，是顺着上文说了下来，叙述上显得语流贯通；后项用"一边"，是特意强调行为的同时并发，而不想表述为先后连贯的关系。

当Øp是"S说＋直接引语"时，为了语流的贯通，并且为了避免前后两个"一边"相距过远，前项的"一边"也宜于略去。

之所以选用c式，既是显示关系的需要，又是句法变化的需要。看这个例子：

（59）周用诚几步到门口，扶着哭得泪人似的七十四进来，一边让他坐了，说道："你先别伤心，……"（二月河《雍正皇帝·九王夺嫡》）

插入"一边"，是为了预示后面将有同时并发关系的语势，而不想表述成为一般的连贯关系；后项不用"一边"，是为了使句式略有变化，免得总是那么"有板有眼"。

第五，现代汉语里，关系词语的配对使用格式相当多。然而，跟"一边"的情况一样，配对现象和单用现象共存并用，具有一定的普遍性。研究清楚各种各样配对格式的单用状态，对于复句研究的深入来说，是十分麻烦却又是十分必要的事。

主要参考文献

[1] 中国社科院语言研究所. 现代汉语词典［M］. 修订本. 北京：商务印书馆，1996.

[2] 吕叔湘. 现代汉语八百词［M］. 北京：商务印书馆，1980.

[3] 北京大学中文系 1955、1957 级语言班. 现代汉语虚词例释［M］. 北京：商务印书馆，1982.

[4] 武克忠. 现代汉语虚词词典［M］，杭州：浙江教育出版社，1992.

[5] 邢福义. 复句与关系词语［M］. 哈尔滨：黑龙江人民出版社，1985.

（原载《世界汉语教学》1998 年第 4 期）

 复句

复句

一　复句和单句

复句是跟单句相对的概念。研究复句,不能避开复句同单句的区别问题。

1957年,《中国语文》上开展过一场单复句划界问题的讨论;1989年,《中国语文》编辑部在《汉语研究四十年》一文中又提到"单复句的划界"的问题,认为是"还需要进行全面深入的研究"的问题之一[①]。

客观世界中,甲事物同乙事物之间往往没有绝对明确的界限。事实上,复句与单句之间既有对立,又有纠结。从科学研究上说,必须回答也只能回答怎样对立和怎样纠结这样的问题。

(一)复句与单句的对立,表现为典型单句和典型复句的对立

典型单句是单核句。

句子往往都有结构核和结构层。对结构核来说,结构层就是包核层:前面的结构层是前包核层,后面的结构层是后包核层[②]。

一个句子,如果只有一个结构核,不管有无结构层,有多少结构层,都是单句。就核的性质说,典型单句包括动核单句,形核单句,名核单句。此外,还有一种拟声句,是叹词或象声词单独使用而形成的句子,情况简单。

动核单句是一种以动词为核的单句。使用频率最高。如:同意!这是一个无结构层的动核单句。如果加上结构层,不管加多少,仍然

是单句：同意这个建议！（加后包核层）完全同意这个建议！（再加前包核层）我们完全同意这个建议！（再加前包核层）经过交换意见，我们完全同意这个建议！（再加前包核层）

形核单句是一种以形容词为核的单句。使用频率次于动核单句。如：好！这是一个无结构层的形核单句。如果加上结构层，不管加多少，仍然是单句：好极了！（加后包核层）确实好极了！（再加前包核层）天气确实好极了！（再加前包核层）这一向天气确实好极了！（再加前包核层）

名核单句是一种以名词为核的单句。性质较为特殊，使用频率又次于形核单句。如：牦牛！这是一个无结构层的名核单句。名词核前边可加上定语结构层，后边还可加上语气层。如：好壮的牦牛啊！名核单句和动核形核单句不同质。名核句的成立，以前后不出现可以形成某种结构关系的谓词为条件。如果一个名词的前边出现动词，形成动宾关系，那么，动词便成为结构核，名词便成为结构层；同样，如果一个名词的后边出现动词或形容词，形成主谓关系，那么，动词或形容词便成为结构核，名词便成为结构层。比如：有牦牛！（动核单句）牦牛真好看！（形核单句）

典型复句是核同质、有核距、无共同包核层的多核句。

凡是复句都一定是多核句。它由两个或几个分句所组成，包含两个或几个结构核，每个分句都是"含核单位"。典型的复句，还要有三个附加条件：一是核同质；二是有核距；三是无共同包核层。

核同质，指两个或几个结构核具有相同的性质。常见的是每个分句的结构核都是谓词性的。即：A."动核＋动核"。如：蜜蜂是画家的爱物，我却总不大喜欢。B."形核＋形核"。如：今晚却很好，虽然月光也还是淡淡的。C."动核＋形核"或"形核＋动核"。如：路边的红树叶子还没红，所以我们都没注意。有的时候，各个分句的结构核也可以都是名词，即"名核＋名核"。由于核的性质保持一致，各个分句的身份都不可怀疑，因而整个句子的复句身份也是比较清楚的。如：蓝天，远树，金黄色的麦浪。

有核距，是含核单位与含核单位之间有比较明显的音读距离，或者说，分句与分句之间有比较明显的语音停顿。书面上，一般用逗号表示，有时也用分号、冒号等表示。"核距"，从另一个角度保证典型复句的确立。比如：正说着，门被推开了。这个复句，分句"（大家）正说着（关于屋子主人的事）"和分句"门被推开了"之间有表明核距的比较明显的语音停顿。如果说成"正说着门被推开了"，两个含核单位之间的明显停顿被取消，"核距"不再存在，句子的"复句形象"就模糊了起来。

无共同包核层，是说每个结构核都有自己的包核层，不存在"共层"的现象。"无共层"，又从另一侧面保证典型复句的确立。因为，不存在共层现象，就表明不存在共同充当一个什么成分的问题，也就表明各含核单位在结构上都是独立自足的。比如：我的希望回来了，小鸟总还没有死。"回来"和"死"这两个结构核各有自己的结构层。又如：这里有梨树，前边就有人家。"有"和"有"这两个结构核各有自己的结构层。再如：多么熟悉的山路，多么难忘的生活！"山路"和"生活"这两个名词核也各有自己的结构层。

（二）复句同单句的纠结，有多方面的表现

跟单核的典型单句相对而言，纠结现象是多核的。跟多核的典型复句相对而言，纠结现象的突出表现有四个方面：核异质；无核距；有共同结构层；加特定关系标记。

核异质，指两个或几个结构核具有不同的性质：有的是谓词核，有的是名词核。

在通常情况下，名词结构和谓词结构同现，名词结构容易成为"层"。有时，名词结构和谓词结构同现，名词结构不是"层"：出现在前边时不是主语层或状语层，出现在后边时不是宾语层或补语层。它本身成了一个具有表述性的含核单位。这就形成了谓核分句和名核分句组成复句的特殊的"核异质"现象⑤。基本情况是：A."名核分句＋谓核分句"。如：高高的梯田，山上有了绿意。B."谓核分句＋名核分句"。如：进入办公室，一片算盘声。名核分句的确立，以它不可能是动核结构里的一个结构层为前提，同时，它本身具有表述性，跟动核分句之间存在因果、转折、连贯、并列、解证等复句关系。比较：

(1) 三天暴雨，毁坏了鸟窝。

(2) 三天暴雨，大河涨水了。

前一例，"三天暴雨"是"毁坏了鸟窝"的主语层，它不成为分句；后一例，"三天暴雨"不可能是"大河涨水了"主语层或状语层，它表示"下了三天暴雨"的意思，是因，"大河涨水了"是果。

无核距，指含核单位与含核单位之间没有明显的音读距离，书面上直接联结，不加逗号之类符号。

"无核距"的语言事实，大体说有三类：1. 紧缩式联结。这类联结，把表述复句关系的语言形式紧缩在一起说出来。有的用关系词语，有的是两个或几个含核单位直接联结，大部分都可以比较自然地拉开音读距离，转化为有核距的说法。如：无私才能无畏。（→无私，才能无畏。）这类紧缩形式可以看作"准单句"。如果跟别的分句组成复句，它只算一个分句。比如：要去你一个人去，你们是好朋友，我才不管他们怎么想呢。这一例算三个分句。"要去你一个人去"是一个分句，不算两个分句。2. 连动式兼语式联结。这类联结，核与核之间有连动关系或兼语关系。即通常所说的连动句或兼语句。如：伤员听了大笑起来。这类形式大家都会划归单句。不过，如果中间插入音距，就会产生纠结现象。如：伤员听了，大笑起来。3. 并列式联结。这类联结，核与核之间是并列关系。有的用"和"类表并列的连词，有的直接联结。如：对女儿，他似乎比我更疼惜和金贵。这类形式大家都会判为单句。不过，不用"和"类连词的，如果中间插入音距，容易靠向复句。含核单位越复杂，加音距后越容易靠向复句。如：我们要吃要喝！→我们要吃饭，要喝水！

有共同包核层，是说结构核之间或含核单位之间具有共同的包核层，即存在"共层"的现象。如：我们走累了，决定在这里过夜。我们还要善于观察，养成良好的观察习惯。前一例是"我们〈A，B〉"。AB 有共同的主语层。后一例是"我们还要〈A，B〉"。AB 既有共同的状语层，又有共同的主语层。核同质，有核距，但有共层，这是使得单复句难于划界的重要现象。教学中，这样的现象是划归单句还是划归复句，只能权衡利弊，有所抉择。比较地说，一律算作单句比一律算作复句会碰到更多的麻烦。当然，教学中为了避免教学的混乱可以作出人为的规定，但单复句相互纠结的客观事实是抹煞不了的。

加特定关系标志，指在句子中加上标明因果、假设、条件、转折等复句关系的词语。复句关系标志和复句没有绝对的必然的联系。有的句子，用了某种标志，反映出某种复句关系，但在结构上只是单句。如：只有他，才对代销店与施工队的关系感兴趣。有的关系词语，如"虽然……但是……"，不会出现在大家公认的单句之中，但它们所关联的两个含核单位可以有"共层"，这就不能保证句子在单复句的界限上不存在纠葛。如：作者虽说只见过鲁迅"一面"，但观察得非常细致。这一例里"作者"是"共层"。研究复句必须重视关系词语，但应该注意，关系词语只能表明某个句子"可能是"复句，却不能表明"一定是"复句。某些单句里也可以用复句关系词语，反映事物间潜在的复句关系，这更增加了单复句划界问题的纷乱。

单复句之间存在"剪不断理还乱"的纠结现象，这是客观事实。从学术上研究复句问题，不应该沉溺到"划界"问题里头。打个比方："老年"同"中年"是有区别的，但是，它们的明确界限在哪里？与其花精力讨论老年同中年的划界，不如多花精力讨论老年人的种种问题，包括生理、心理、生活、保健等等方面的问题[①]。

二　复句关系词语和复句关系类别

复句关系词语，指复句里用来联结分句标明分句关系的词语。复句的关系类别，指从分句间相互关系的角度划分出来的复句类别。不管是关系词语还是关系类别，都需要通过研究来深化认识。

（一）关于复句关系词语，需要考察其范围和作用

复句关系词语的范围，很难作十分明确的划定。

复句关系词语是根据联结分句、标明结构关系、形成复句句式的共同特点组合起来的一些词语，没有十分明确的标准，因而也没有十分明确的范围。大体说来，有四种：第一，分句连词。它们连接分句，不充当句子成分。如"因为、所以、虽然、但是、不但、而且"等等。第二，关联副词。它们一般既起关联作用，又在句子里充当状语。如"就、又、也、还"等等。第三，助词"的话"。这个词用在假设分句末尾，标明分句与分句之间具有假设和结果的关系。第四，超词形式。它们本身已不是一个词。如"如果说、若不是、不但不、总而言之"等等。有的超词形式，如"不但不"，是跨语法单位的非完整形式："不但不 A，反而 B"，按层次关系，不是"不但不/A，反而 B"，而是"不但/不 A，反而 B"。总起来看，关系词语在词类系统中不属于固定的类，可以是连词、副词或别类的词；在语法单位中不处于固定的级，可以是词、短语或跨语法单位的非完整形式；在造句功用上不具有划一性，可以是纯粹标明复句关系的语法成分，也可以在标明关系的同时兼作某个句子成分。划定关系词语的范围，可宽可严。严和宽的条件和处理的结果如何，若能作出细致的描绘，对复句研究的深入将是一个比较大的贡献。

复句关系词语的作用，需要从静态和动态两个角度去考察。

从静态的角度看，即从关系词语的运用结果看，关系词语的作用是标明复句关系。如"因为……所以……"标明因果关系，"虽然……但是……"标明容认性让步转折关系，"即使……也……"标明虚拟性让步转折关系。

从动态的角度看，即从关系词语的运用过程看，对于隐性的逻辑基础来说，关系词语的作用是显示、转化或复现。所谓显示，是说：两个分句之间本来隐含某种关系，人们运用表示这种关系的关系词语显示了这种关系。如：虽然当时处境十分困难，但他仍然坚持天天写作。这是用表示容认性让步转折关系的关系词语直接显示客观存在的这种关系。所谓转化，是说：关系词语所标明的关系对本来存在的关系有所转化。如可以化实为虚：即使当时处境十分困难，他也天天坚

持写作。所谓复现,是说:分句与分句之间本来隐含两种关系,人们在复句中同时运用两种关系词语复现了这两种关系。如:人们一边有高声的牢骚,低声的叹息,却也一边埋头向前。又如:假如这张脸上曾有过一些美的东西的话,今天却已经荡然无存了。

为了深入地而不是表面地了解复句现象,有必要同时从静态结果和动态过程两个角度对关系词语的作用作深入的考察和精细的描写。

(二)关于复句关系类别,需要明确其分类原则和要求

复句分类,从关系出发,用标志控制——这是原则。

"关系",指分句与分句之间的相互关系。"标志",指联结分句标示相互关系的关系词语。

为什么要用标志来控制关系?一方面,关系属于隐含的语义范畴,理解起来有灵活性,而标志则是客观存在的形式实体,不会因人而异,因而可以成为客观标准。另一方面,关系和标志并非简单对应,只有抓住标志,让关系接受标志的控制,才能从语法上对复句的类别作出合理的判断。比如:

他既可以把你推上去,也可以把你拉下来。

他可以把你推上去,但又可以把你拉下来。

他不但可以把你推上去,而且可以把你拉下来。

这几例说的都是"他可以把你推上去"和"他可以把你拉下来"的关系。然而,它们分别是并列句、转折句和递进句。

怎样用标志来控制?首先,在关系上明确"关系聚合"和"关系聚合点"。任何一个复句关系类,都是关系的聚合。母类是子类关系的聚合,类越大关系越复杂,反之类越小关系越单纯。每个聚合都有"聚合点"。把类差排除掉,求出类同点,就可以得到"聚合点"。比如因果类复句,排除其差异性,剩下因果关系的共性,这就是聚合点。其次,在形式上明确"点标志"和"标志群"。"标志"包括它的义同形式、类同形式。代表性标志是表明关系聚合点的最一般最常用的形式,是"点标志";义同形式、类同形式围绕点标志形成一个关系相同、相通或相近的群体,这就是"标志群"。比如"因为……所以……"

是因果类复句的点标记,"既然……就……""如果……就……"等等是标志群。再次,根据聚合和聚合点、点标志和标志群来判别具体句类句式的归属。这是一种演绎的过程。即:凡属于 A 类聚合和 A 类标志群的句式,都划归 A 类复句。

复句分类,所据原则必须具有同一性和彻底性,所得结果必须具有切实性和全面性——这是要求。

同一性,指所持原则、所据标准始终如一,不任意变动。比如这样的分类:因为下雨,不能出发。(因果)虽然下雨,也能出发。(转折)如果下雨,不能出发。(假设)即使下雨,也能出发。(假设)这里有时根据分句之间的顺逆关系来判别类属,有时又根据前分句是否表示假设来判别类属。其实,如果根据前一标准,"如果"句、"即使"句不应该同类,因为它们一顺一逆;如果根据后一标准,"因为"句、"虽然"句不应该不同类,因为它们的前分句都不表示假设。可见这样的分类不符合同一性要求。

彻底性,指所持原则所据标准能贯彻到所有复句,不能顾此失彼。比较地说,根据分句间相互关系来判别类属,比根据前分句是否表示假设来判别类属要合理。因为,对所有复句来说,前者能贯彻到底;后者却不行,它对某些复句不起判别作用,如并列、递进、选择等复句,既可以是"假设+假设",又可以是"事实+事实"的。

切实性,指分类结果切合语言事实。不然,就可能是分类原则和标准有问题。比如通常把"即使"句叫作假设句,这容易造成错觉,使人以为用"即使"引出的事都是尚未成为事实的假设。其实,有的时候"即使……也……"只是化实为虚,并不是直接显示假设。如前面提到的"即使当时处境十分困难,我也天天坚持写作",这是化实为虚的说法,客观上是已经成了事实的。

全面性,指分类结果能统括所有事实,没有重大遗漏。不然,分类系统所据的原则和标准可能有问题。如:幸亏他力气小,否则你跑不了。|可惜你力气小,否则他跑不了。|只因我力气小,否则他跑不了。这样的复句如果在分类系统中找不到位置,分类系统就有缺陷。

复句

"原则"和"要求"毕竟还是理论上的东西。怎样才能得到理想的分类系统,这需要作深入细致的研究工作。笔者把复句划分为因果类复句、并列类复句和转折类复句三大类,然后分别列出若干小类,这反映了笔者在这个问题上的思考⑤。

三 复句的语表、语里和语值

研究复句,既需要探讨界限、分类这样的"大"问题,更需要深入探讨一个一个具体的"小"问题。不管是研究什么样的问题,都需要有宽展的研究思路和有效的研究方法。这里,需要强调的是对复句现象的多角度验证。其基本内容是"语表—语里—语值"三个角度的验证。

(一) 正确认识复句句式的表里关系

一方面,复句句式的成立取决于事物间客观存在的逻辑基础。从这一方面看,语表为语里所制约。比如:

(3) 这孩子十分聪明,可是身体不好。

(4) *这孩子不但十分聪明,而且身体不好。

例(3)用转折句式,能成立,因为语里存在转折关系的逻辑基础。例(4)用递进句式,不能成立,因为语里不存在递进关系的逻辑基础。

(5) 有三个人坐下来抱在一起想暖和一下,但他们再也没有站起来。

(6) *有三个人虽然坐下来抱在一起想暖和一下,但他们再也没有站起来。

例(5)用单纯转折句式,能成立,因为语里存在对立性转折关系。例(6)用容认性让步转折句式,不能成立,因为在语里存在因果违逆的逻辑基础时语表才能采用这种句式,而"坐下来想暖和一下"和"再也没有站起来"之间不存在因果违逆的逻辑基础。

(7) 他承认我有才干,但又说我不能重用。

(8) 他一方面承认我有才干，另一方面又说我不能重用。

(9) 他一方面承认我有才干，但另一方面又说我不能重用。

例 (7) 用单纯转折句式，能成立，因为语里存在违逆性转折关系。例 (8) 用并列句式，也能成立，因为语里存在两面并存关系。例 (9) 采用"并列＋转折"的异合形式，复现两种关系，也能成立，因为语里同时存在这两种逻辑关系。

另一方面，复句句式的选用取决于说话人在主观视点上对某种关系的抉择。从这一方面看，语里对语表的制约不是绝对的，语表对语里是可以进行反制约的。比如：

(10) 我常常自问：如果爸爸是"坏蛋"，那么，什么人才是好人呢？

(11) 我常常自问：既然爸爸是"坏蛋"，那么，什么人才是好人呢？

例 (10) 用假设句式，(11) 用推断句式，都能成立。用"如果"，是直接显示所说的事只是假设。"既然"具有对事实的规定性，用"既然"是"化虚为实"，姑且容认某个说法某种情况为事实，然后通过推断对其真实性表示怀疑甚至否定。说话人到底采用哪个句式，取决于说话人的心态和视点。

(12) 这孩子智力超人，但却谦虚谨慎。

(13) 这孩子不仅智力超人，而且谦虚谨慎。

例 (12) 用转折句式，例 (13) 用递进句式，都能成立。采用转折句式，是着眼于前后项之间的对立性；采用递进句式，是着眼于前后两项的并存性和级层性。说话时采用哪种句式，为说话人的心态和视点所决定。

(14) 要赚就要赚大的，但是不能随便露底。

(15) 要赚就要赚大的，因此不能随便露底。

例 (14) 句用转折句式，例 (15) 用因果句式，都能成立。采用转折句式，是因为说话人特别看重：必须注意保密；采用因果句式，是因为说话人特别看重：必须注意计划的周密和行动的稳妥。究竟采用哪种句式,同样取决于说话人的心态和视点。

笔者曾经指出:复句语义关系具有二重性,既反映客观实际,又反映主观视点。客观实际和主观视点有时重合,有时不完全等同。在对复句格式的选用中,起主导作用的是主观观点。复句格式一旦形成,便框定复句语义关系,反制约于复句语义关系⑥。

语表语里相互关系的验证,是发掘复句规律最基本的验证。不同的复句句式,在表里关系上存在复杂多样的联系。研究复句句式时,应该着力于有表察里,由里究表,在表里相互制约关系上反复验证,求取规律性的东西,揭示出它们各自的特点。

(二)加强复句句式的语值辨察

研究复句句式,在表里验证的基础上,有必要进行语值辨察。只有这样,对所研究的复句句式才获得完整的认识。比如:

(16)如果说张为是猛虎,李正却是雄鹰!

(比较:如果说张为是猛虎,李正就是雄鹰!)

"如果说p,却是q"是"假设+转折"的异合句式。通过表里验证,可以弄清楚转折词"却"进入假设句的条件和规律,但是,为什么要用这种异合句式呢?它有什么特殊的价值呢?有必要回答这个问题。经考察,可以知道:"如果张为是猛虎,李正就是雄鹰"是单纯假设句,在比较中对照张为和李正,二人同时肯定:各有优势,都强悍非凡。"如果说张为是猛虎,李正却是雄鹰"里却添加了一个"却"字。这个"却"字,强烈地反映了表述者的主观意识:猛虎和雄鹰固然都极强悍,但猛虎只能在地上奔突,雄鹰却能搏击云天。可以说,不用"却"时基本上是"张李同赞",用了"却"则是重在"抑张扬李"了⑦。再如:

(17)要不是有他帮助,我就不会有今天了。

(比较:幸亏有他帮助,否则我就不会有今天了。

又比较:因为有他帮助,我才能有今天。)

"要不是p,就q"这一句式,可以向"幸亏p,否则q"句式、"因为p,才q"句式变换。但是,这一句式具有别的句式所不能替代的语用价值。首先，这一句式可以用来反证释因，加强句子的容量和论证性。它"假设不是因为p"出发，经过推断，回转来归结到对否定的否定，即肯定，从而指明正是"因为p"。它包含一个比较完整的间接证明，用的是假言反证法。其次，这一句式可以用来反证强调，突出甲事物对乙事物的关键性影响，往往还可以强调突出事情的特异性。比方："要不是生病，我一辈子也别想吃到你做的饭。"生病是坏事，然而却引出了意想不到的好结果。这里用反证的办法，把生病做为值得庆幸的事情来强调，很好地表达了说话人的思想活动和心情。如果说成"因为生病，我才吃到了你做的饭"，显然平淡无奇；如果说成"幸亏生病，否则我就吃不到你做的饭了"，这就很不自然。

语里同义，语表异形，求其语值。这是研究复句句式时应该注意的问题。

四　结束语

上面，只是粗线条地谈了有关复句研究的几个方面的问题。做研究，写论文，贵在"小题大作"。不管研究哪个方面的问题，都需要深入发掘语法事实，小题大作，由小见大。抓住一个问题，做深做透，然后作串连性追踪，一个题目一个题目地做下去，这样才有可能系统而深入地揭示规律的方方面面。不然，研究工作就可能永远浮在表面上。

注释：

① 《中国语文》编辑部：《汉语研究四十年》，《中国语文》1989年第5期，第321页。

② 邢福义：《论现代汉语句型系统》，《语法研究和探索》（一），北京大学出版社1983年版。

③ 邢福义：《论定名结构充当分句》，《中国语文》1979年第1期，第23页。

④ 关于复句与单句的对立和纠结的具体论述，参看邢福义：《现代汉语复句与单句的对立和纠结》，《世界汉语教学》1993年第1期，第19页。

⑤参看邢福义：《复句的分类》，见《句型和动词》，语文出版社1987年版；邢福义：《语法问题发掘集》，湖北教育出版社1992年版。又参看邢福义：《复句与关系词语》，黑龙江人民出版社1985年版。又参看邢福义主编：《现代汉语》，高等教育出版社1991年版。

⑥邢福义：《汉语复句格式对复句语义关系的反制约》，《中国语文》1991年第1期，第1页。

⑦邢福义：《现代汉语转折句式》，《世界汉语教学》1992年第2期，第86页。

（原载马庆株编《语法研究入门》，商务印书馆1999年版）

选择问的句群形式

0 前言

0.1 本文对问句句群的确定

凡是问句句群,第一问都能独自成立,即在删除后边的问话之后能够独立成为一个问句。换言之,如果第一问是能够自立的一个问句,那么,只要后边续上一问或二问、三问……便构成句群:X?(一个问句)→X? Y? →X? Y? Z?(问句句群)

"X(?)"和"Y?"连用,如果"X"不是一个问句(没有作为一个问句的语表形式),或者"X?"不能脱离后边的问句"Y?"独自成为一个问句,那么,连用的"X(?)"和"Y?"一般是复句,它们不构成句群。

0.2 本文对选择问句群的确定

凡是选择问句群,问句间一定存在选择关系。选择关系的典型形式标记是"或者|还是"。关系标记有时显现;不显现时,可以补加。即:X?(或者|还是)Y?

构成选择问句群的各个问句,都是选肢问句。几个问句连用,如果排斥"或者|还是"的进入,它们不构成选择问句群;几个问句连用,如果只有其中一部分接纳"或者|还是"的进入,那么,只有那一部分构成选择问句群。

0.3 本文对选择问句群形式的确定

选择问句的句群形式,一方面表现在采用什么样的关系标记,另

选择问的句群形式

一方面表现在前后问句各采用什么样的语气类型。语气类型的形式标记是"吗"和"呢"。语气标记有时显现；不显现时，可以补加。

根据语气类型的排列组合状况，结合选肢问句之间所用的关系标记，本文把选择问句群形式简括为四类："一吗一吗"问；"一吗一呢"问；"一呢一呢"问；"一呢一吗"问。前两类是常用的选择问句群，后两类是不常用的构造比较特殊的选择问句群。

1 "一吗一吗"问

1.0 代表形式："X吗？或者Y吗？"

举例：需要打针吗？或者，需要吃点药吗？｜他完成任务了吗？或者，他家里出了急事吗？｜这幅画是你画的吗？或者，是别人送给你的吗？

1.1 语气标记上，"一吗一吗"问以选肢问句能带"吗"为特征。看两个实际用例：

（1）（你现在说的六维空间……）你能用什么方式描述吗？或者，你能用数学方式表示吗？（柯云路《大气功师》）

上例，每个选肢问句都带"吗"。

（2）（他听着她半是泪语的饮泣低诉，该说什么呢？）把别人的不幸引为自己的自豪吗？居高临下的怜悯以示自己的博大吗？或者不着边际的劝慰一番，显出自己的豁达和大度（吗）？（章世添《关于一个爱情故事的报告》）

（3）（她为什么老是叫松？）难道她与松相识吗？或是与松有什么情缘（吗）？（姜贻斌《窑祭》）

这两例，前选肢问句带"吗"，后一个选肢问句不带。

"吗"有时写作"么"：

（4）是风太师叔么？是不戒大师么？是田伯光么？是绿竹翁么？（可是似乎都不像。）（金庸《笑傲江湖》）

更多的情况是不出现"吗"，可以认为，各选肢问句句末都留有可

以加上"吗"字的空位。例如:

(5)(等人是最心烦的,怎么还不来呢?)工厂里走不开?自行车的气门芯被人拔了?路上出了麻烦?(章世添《关于一个爱情故事的报告》)

(6)(是什么问题?)贪污?受贿?违法?偷税?走私?(不知道,一点消息都没有。)(张欣《不要问我从哪里来》)

前一例可以说成:……吗?……吗?……吗?后一例可以说成:……吗?……吗?……吗?……吗?……吗?

1.2 关系标记上,"一吗一吗"问以选肢问句之间能用"或者"为特征。看两个实际用例:

(7)(那个大窟窿怎么办?)把它填掉?或者重新灌水,造一座人工湖?(姜滇《摄生草》)

(8)(在西湖的飞虹桥上,袁大乃那疑惑的眼睛里,说出了什么?)说她遇到了熟人?说她厌恶划船?说她看见船的晃动,引起心理上的作用,以致晕眩起来?或者说她遇到了过去七个中某个恋人?(唉,男人的心思呀!)(郭庆生《不落的星辰》)

上两例都用了"或者"。而且,各问句末尾可以加"吗"。

"或者"有时不出现。可以认为,问句间留有可以加上"或者"的空位。比如:

(9)(第一天,没见到哥哥的影子。第二天又没见到。)出差了吗?病了吗?(……第三天傍晚,他依然装作散步的样子,在广东路口徘徊。)(杨旭《流星》)

(10)(她不知道自己这是怎么了,为什么会为这粗鲁的汉子所吸引,为什么会愿意看见这魁梧的蓝胡子。)是因为他具有男性的魅力,像个保护女性的骑士?是因为他怪异的言谈?是因为他复杂、苦难的生活?(这一切自己还简直一点都不了解呀!)(苏叔阳《婚礼集》)

前一例可以说成:病了吗,或者,出差了吗?后一例可以说成:是因为……(吗)?是因为……(吗)?或者,是因为……(吗)?

选择问的句群形式

除了"或者","一吗一吗"问的选肢问句之间有时还可以用"否则、要不、再不"之类词语①。如:

(11) 难道要把这个可爱又可怜的小男孩儿送到孤儿院去?再不,送到哪个需要孩子的家庭里?(苏叔阳《婚礼集》)

(12) 难道她疯了?要么就是发了财?再不然就是做太太?(他看了看她的脸,小心翼翼地问:"刘,刘小姐,出了什么事呀?")(孙砺《都市的骚动》)

副词"又"通常不表示选择关系,但有时却用在具有选择关系的两个选肢问句之间,可以改为"或者"。如:

(13) 难道听到的讯息竟然不确?又难道辽人故意安排这诱敌之计,教我们上当?(金庸《天龙八部》)

(14) 莫非是田伯光?又莫非是不戒和尚?(金庸《笑傲江湖》)

2 "一吗一呢"问

2.0 代表形式:"X吗?还是Y呢?"

举例:需要打针吗?还是只需要吃点药呢?|他完成任务了吗?还是他家里出了急事呢?|这幅画是你画的吗?还是别人送给你的呢?

2.1 语气标记上,"一吗一呢"问以前后选肢问句能够分别带上"吗""呢"为特征。看两个实际用例:

(15) 他的亲人都逃出来了吗?还是死在集中营了(呢)?(程乃珊《银行家》)

(16) 是到现在也不肯原谅他么?还是柔情万缕,至今不能斩断(呢)?(李建《梦幻世界的罪恶》)

事实上,"吗""呢"很少同现。如上例,都只在前选肢问句出现"吗"或"么"。但是,"还是"对后选肢"呢"问句起强制作用。只要后选肢问句前头用了"还是",句末就只能加上"呢",不能加上"吗"。

有时"吗"和"呢"都不出现,但可以分别补加。例如:

(17) 你疯了(吗)?还是真的老糊涂了(呢)?(苏叔阳《故土》)

(18)(就是通邮,你将在信中写些什么呢?)忏悔,请他宽宥(吗)?还是同意他的看法,使三人的痛苦变成两人的幸福、一人的痛苦(呢)?(沈石溪《战争和女人》)

2.2 关系标记上,"一吗一呢"问以前后选肢之间用"还是"为特征。"还是"必须用,不然不能构成"一吗一呢"问。

从语表上看,如果"吗"和"呢"都不出现,那么"一吗一呢"问的形式就只是:"X?还是Y?"如:

(19) 自己的感觉对?还是陆世峰的判断对?(黎峰《"四·二四"疑案》)

这一例等于说:自己的感觉对吗?还是陆世峰的判断对(呢)?

"X?还是Y?"的前选肢问句似乎也可以加"呢"。如果这么理解,就成为"一呢一呢"问。然后,全面地看,"X?还是Y?"偏向于"一吗一呢"。

首先,"X?还是Y?"前选肢问句任何时候都可以加"吗",却不是任何时候都可以加"呢"。比方前选肢问句用了"难道",句末就不能加"呢"。如:

(20)(你……怎么跑到一家弥散着铜臭味儿的公司做起事来了?)难道是为了证实你能挣钱,与动物有区别?还是为了攒下足够的钱将来去买精神文明?(王秋海《梦里寻她千百度》)

上例只能说成"难道……吗?还是……呢?"不能说成"难道……呢?还是……呢?"

其次,不管是否出现"难道","X?还是Y?"任何时候都可让前选肢问句自立成为一个单句,并且加上"吗"。这表明,"X?"和"X吗?"类同。如:

(21) 是她的研究有了新的进展?还是碰见了难以处理的问题,就此借故脱身而去?(康焕龙《裸露的世界》)

可以只问:"是……有了新的进展?"等于问:"是……有了新的进展吗?"

第三,从表意上看,"X?还是 Y?"的前选肢问句往往是主问,后选肢问句往往是从问,从问对主问起追补作用,语用价值相当于"X?还是 Y?"。如:

(22)(唉!为什么呢?)为钱?还是就想当一次总经理玩玩?(孙砺《都市的骚动》)

"为钱"是说话人首先关心的问题。转念间,作了否定的回答,才通过"还是"追补另外一个问题。追补的问题可以不说出来,只用个"还是……":

(23)(艳薇,你今天怎么了?)昨夜出了什么事?还是……(高尔品《风流误》)

必须指出,书面上有时见到:"(是)X 呢?还是 Y(呢)?"这不是句群选择问,而是复句选择问。这时,"X 呢?"只是一个分句,语气上有待于同后边分句结合成为复句,它本身不能自立成为一个单句。比如:

(24)那您说,是小队分红好呢?还是单干好?(史铁生《插队的故事》)

单说"是小队分红好呢?"站不住。

3 "一呢一呢""一呢一吗"问

3.0 代表形式:"X 呢?或者 Y 呢?""X 呢?或者 Y 吗?"

举例:要不要打针呢?或者,要不要吃药呢? ∣ 吃川菜还是吃湘菜呢?或者,是不是换换口味? ‖ 要不要打针呢?或者,先吃点药可以吗? ∣ 吃川菜还是吃湘菜呢?或者,川菜湘菜都来点吗?

3.1 "一呢一呢"问是在句内选择问的基础上构成的句群选择问。如:

(25)(然而又一想,贸然提出这要求会让宾馆方面作何感想

呢?）会不会以为自己太矫情（呢）？或者，会不会以为自己在责难宾馆（呢）？（苏叔阳《婚礼集》）

上例的前后选肢问句都是句内正反选择问。

句内选择问句有两类：一是列项选择问，用"是……还是……"表示；二是正反选择问，用"V不V"的形式表示。"一呢一呢"句群选择问的构成，有两种情况：

A．前选肢是列项选择问，后选肢是正反选择问。如：

想念数学系还是想念物理系？或者，能不能考虑一下计算机系？

他太太喜欢听戏还是喜欢抹牌？或者，有没有什么特殊的爱好？

B．前后选肢问句都是正反选择问。如：

你能不能找他谈谈？或者，能不能马上给他打个电话？她喜欢不喜欢小孩？或者，喜欢不喜欢小猫小狗什么的？

B种情况有个省略说法：如果前后选肢中的"V不V"词面相同，后选肢中的"V不V"可以省去。例如：

（26）真的，到底有没有上帝？或者老天爷？（苏叔阳《婚礼集》）

（27）眼前的棕是不是也像桂一样，先前曾被恶女人掐坏了呢？或者干脆就是个天生的不行呢？（姜贻斌《窑祭》）

前一例等于说：到底有没有上帝？或者有没有老天爷？后一例等于说：是不是也像桂一样……呢？或者是不是干脆就（是）天生的不行呢？

"一呢一呢"问里一般都出现关系标记"或者"。有时也可用"否则"一类词语。特别是在商量祈求性质的选择问句群里，用"否则、不然"之类十分自然。如：你能不能找他谈谈？不然的话，能不能马上给他打个电话？

"一呢一呢"问的前后选肢都可以带上"呢"，但"呢"一般不见于语表。不过，如果承接上文连用几个省去了"V不V"的具有选择

选择问的句群形式

关系的名词问句,那么,每个名词问句都带"呢",问句间不用"或者"。例如:

(28)(喜欢当工程师吗?不。)作家呢?画家呢?音乐家呢?(不。不。不。)(柯云路《衰与荣》)

上例等于说:喜欢不喜欢当作家呢?或者,喜欢不喜欢当画家呢?或者,喜欢不喜欢当音乐家呢?

在一种情况下,"—呢—呢"问的两个选肢本身都不是句内选择问,这就是:连用两个"如果……呢",比如:

(29)好,退一步,如果那个洋人要了她,和她结婚了呢?或再嫁个海外华人、港商、台湾老头呢?(柯岩《仅次于上帝的人》)

上例等于说:如果那个洋人要了她……呢?或者,如果再嫁个……台湾老头呢?

3.2 "—呢—吗"问也是在句内选择问的基础上构成的句群选择问。它的前选肢问句,是句内列项选择问或句内正反选择问。各举一例:

(30)(为什么……那样激动不安呢?)是他讨厌那些潇洒的小鸟还是厌恶古典的音乐(呢)?或者,这二者都与他生活中某件痛苦的往事相关(吗)?(苏叔阳《婚礼集》)

(31)他会不会连夜赶回又走掉(呢)?或许他压根儿就没有去大陆(吗)?(王秋海《梦里寻她千百度》)

前选肢是列项选择问时,后选肢问句有两个类型:A.另列型。在前选肢所列两项之外再列出追补的第三项。如:是他干的还是他弟弟干的?或者,是他哥哥?B.总合型。对前选肢所列两项作加合性断定,得出追补的第三项,如例(31)。又如:去上海还是去广州?或者,上海广州都去?

前选肢是正反选择问时,后选肢问句有两个类型:A.回避型。避开前选肢所提的正反两种可能,追补第三种可能。如:接不接受他的建议?或者,干脆不表态?B.偏向型。后选肢偏向于同前选肢中的肯定方面构成选择关系,而同前选肢中的否定方面则只有假设推断的关系。如例（31）。又如：他是不是有病才没来？或者，他根本就没原谅我？（a. 他是有病才没来？或者，他根本就没原谅我？b. 如果他不是有病才没来，那么就是他根本没原谅我。）

实际语言运用中，"—呢—吗"问在语表上一般不出现"呢"和"吗"。不过，由于前选肢是"是……还是……"列项问、"V不V"正反问，只能用"呢"，后选肢是是非问，只能用"吗"。比如：喝茶还是喝咖啡？或者，两样都来一点？→喝茶还是喝咖啡呢？或者，两样都来一点吗？

在关系标记上，"—呢"和"—吗"之间通常用"或者"，不过有时也可以用"否则、不然"之一类。比如：签不签字呢？或者，听听大家的意见再说吗？→签不签字呢？要不然，听听大家的意见再说吗？

4 综合评述

4.0 句群不是严格的语法单位，句群问题在很大程度上属于篇章语法问题[②]。但是，研究句群，对于更好地认识语法事实大有好处。

对选择问的研究，一般只限于句内选择问。事实上，句群选择问尽管跟句内选择问相通，可以直接或间接问句内选择问转化，但它又有好些值得注意的地方。

4.1 句群选择问，形式上具有多样性。

跟句内选择问比较而言，句群选择问的形式是多种多样的。单句选择问，一般都是"V不V"正反选择问，"—呢"问；复句选择问，总是"是……还是……"列项选择问，"—呢—呢"问。而句群选择问，则包括"—吗—吗""—吗—呢""—呢—呢""—呢—吗"四种形式。它们都是句内选择问的扩张形式。在四种形式中"—吗—吗"问、"—吗—呢"问、"—呢—吗"问是句内选择问所没有的；而且，"—呢—呢"问、"—呢—吗"问，还是建立在句内选择问的基础上的套合性选择问。

选择问的句群形式

形式上的灵活多样,使句群选择问比句内选择问具有更大的能量和功力。

4.2 作为篇章语法现象,句群选择问中、"—吗—吗"问的选项之间具有离散性,即各选项问句可以不紧相连接,中间插入别的句子。这主要有三种情况。

其一,在自问自答的语流中,各选项问句的后边分别插入答句。例如:

(32)(为什么会这么热闹?)是弟弟永虎结婚办喜事?不可能!他才二十岁,"天安门事件"时因骂江青被关进了监狱,去年初出狱后一直没找到工作。妹妹结婚做回门酒?更不可能,半年前她还说过要报考音乐学院,也没有男朋友。(石国仕《战俘》)

其二,在连续发问的语流中,选项问句后边插入非选项问句。非选项问句是对选取肢问句的补问,起解释或否定的作用。如:

(33)(仇人都死光了,我的仇都报了。我却到哪里去?)回大辽吗?去干什么?去雁门关外去隐居么?去干什么?带了峰儿浪迹天涯、四海飘流么?为了什么?(金庸《天龙八部》)

其三,在直述引述相结合的语流中,直述性话语插在引述性选肢问句之间。例如:

(34)"……又不带晓芙出去逛逛,走走?"她凝望着他:"或者——又要我帮忙陪着晓芙,你好去看汤恩慈?"(严沁《谁伴风行》)

"—吗—吗"问可以离析,使这类选择问句群各选项可以在篇章中形成网络,既能充分表达意思,又能加强话语的波浪。

4.3 常用的句群选择问,包括"—吗—吗""—吗—呢"问,在构成上常见多个 NP 问句连用的现象。

属于"—吗—吗"问的,如:

(35)(这个通风报信的家伙是谁呢?)矿警孙四?监工刘八?送饭的高老头?井口大勾老驼背?(都像,都不像。)(周梅

森《军歌》)

(36)(哪种类型的精神神经症?)焦虑型?分离型?恐怖型?强迫型?抑郁型?性格型?疲劳型?疑病型?转换型?(九种类型,她算哪种?)(柯云路《衰与荣》)

有的时候,"一吗一吗"问的 NP 选肢也可以离析,分别出现答句。如:

(37)(那么找谁呢?)鲁迅先生?自己不是文学家。斯大林?不知道冥冥之中有没有国界……(苏叔阳《婚礼集》)

属于"一吗一呢"问的,如:

(38)(究竟是什么拖住了他?)无字碑?大雁塔?还是秦代兵马俑?(杨贵云《陕南的天,中国的天》)

(39)(说,对方是什么人?)流氓学生?小倒?还是胡同串子?(柯岩《仅次于上帝的人》)

多项 NP "一吗一呢" 问中,"还是"后边的 NP 可以不出现,书面上用省略号表示还可列项。如:

(40)(需要我帮什么忙?)房子?家具?家用电器?还是……(孙砺《都市的骚动》)

多个 NP 问句的连用,可以使选肢问句的构造更加简便和灵活。

4.4 句群选择问,在表意的着重点上跟句内选择问有所不同。

句群选择问重个体,是一人一问或一物一问,强调对人或事物一个个地分别查询检查;句内选择问重总体,是数人一问或数物一问,强调从总体中选择个体。比如:

(41)(到底出去想求什么?)改变命运?挣一笔钱?还是想出去嫁一个人?(戚小彬《外面的世界》)

这是"一吗一呢"句群选择问。每个选肢都带上疑问语气,是对每个选择项都一一作了揣摩。若改用句内选择问,说成"是想改变命运,挣一笔钱,还是想出去嫁一个人?"这就显得对每件事情的决定性意义没有那样一一加以强调。

由于句群选择问形式多样,组织灵活,富于变化,表达上又有特定的语用价值,这类问句在实际语言运用中相当活跃是十分自然的。

注释:

①"否则"之类有时可以表示选择关系。参看邢福义:《试论"A,否则B"句式》,《中国语文》1983年第6期,第419页。

②邢福义主编《现代汉语》(高等教育出版社1991年版)把"句群"归入"篇章语法"。

(原载《汉语学习》1993年第6期)

选择问句群与前引特指问的同指性双层加合

0 导言

0.1 本文是《选择问的句群形式》一文的续篇,讨论现代汉语里"选择问句群"与"前引特指问"的同指性双层加合现象。比如:

怎么办?(A)今天邮寄吗?或者,明天托人带走吗?(B)

B 层是选择问句群,A 层是前引特指问。AB 两层加合同指:问的都是方式。

0.2 选择问句群,指由两个或几个问句构成的具有选择关系的句群。构成选择问句群的每个问句,都是选肢问句。选肢问句与选肢问句之间,有时出现或者可以加上"或者、还是"之类选择标。笔者写过《选择问的句群形式》一文,文中描写了选择问句群的四种形式:a. "—吗—吗"问;b. "—吗—呢"问;c. "—呢—呢"问;d. "—呢—吗"问①。上例 B 层选择问句群是"—吗—吗"问。又如:

怎么办?(A)今天邮寄吗?还是明天托人带走呢?(B)

怎么办?(A)是不是今天邮寄呢?或者,要不要明天托人带走呢?(B)

怎么办?(A)是不是今天邮寄呢?或者,明天托人带走可以吗?(B)

B 层选择问句群分别是"—吗—呢"问,"—呢—呢"问,"—呢—吗"问。

0.3 前引特指问,指在前头出现并且引出后头同指性选择问句群

选择问句群与前引特指问的同指性双层加合

的特指问。前引特指问一定包含疑问代词，一般是单句。对于后头选择问句群来说，前头的特指问是前引问；跟前引问相对，后头的选择问句群便是回应问。前引问和回应问语义内容基本相同，只是前者偏重于概括，后者偏重于实指，二者之间具有疑问程度的层级性，因此，两类疑问形式的加合，就内容而言，是一种"同指性双层加合"。

0.4 本文重在考察和描写"前引特指问＋回应选择问句群"的关系类型。AB加合中，选择问句群的 a 式、b 式、c 式、d 式都可以出现于 B 层，因此本文不再严格区分选择问句群的不同形式。另外，特指问后边的回应问，既可以是选择问句群形式，也可以是选择问复句形式。本文所用的语料只限于选择问句群形式，但涉及的关系类型可以覆盖选择问复句形式。

0.5 除了"导言"和"结语"，全文包括三个部分：人物问双层加合；原因问双层加合和结果问双层加合；目的问双层加合和方式问双层加合。

1 人物问双层加合

1.0 AB两层都问人或事物。代表形式：

X 的是谁/什么？(A) ｜ X 的是 B1？B2？(B)

1.1 A层问句用"谁"或"什么"，B层问句各项出现相对应的指人词语或指物词语，这就形成"人物问双层加合"。例如：

(1) 他恨谁？(A) 恨陆非？恨姐姐？(B)（王秋海《梦里寻她千百度》）

(2) 是想惩罚谁呢？(A) 惩罚他？还是惩罚我？(B)（夏真、王毅《黑冰》）

上两例指人词语和"谁"相对应。例(1)等于说：他恨的是谁？他恨的是陆非？(还)是姐姐？例(2)等于说：想惩罚的是谁？想惩罚的是他？还是我？

(3) 当初如果自己去当了县长秘书，现在会什么模样呢？(A)

一个土里土气的乡长,一个年轻气盛的局长?或者也像陈海一样,当上了一个令人羡慕的县长?(B)(丁德文《微醉的周末》)

(4)谈什么呢?(A)谈往事?谈那个该诅咒的大戒严之夜?谈黄土,谈八月的风和八月的太阳?(B)(杨贵云《陕南的天,中国的天》)

上两例指物词语和"什么"相对应。例(3)等于说:现在会是什么?会是乡长或局长?或者会是县长?例(4)等于说:要谈的是什么?要谈的是往事?是那个该诅咒的大戒严之夜?(或者)是黄土,是八月的风和八月的太阳?

跟"谁"对应的指人词语,一定是名词或名词结构;跟"什么"对应的指物词语,"却"既可以是名词性的,也可以是非名词性的。这是因为,具体的人或物固然可以对应于"什么",某种行为或某种情况也可以对应于"什么"。例如:

(5)在西湖的飞虹桥上,袁大乃那疑惑的眼睛里,说出了什么?(A)说她遇到了熟人?说她厌恶划船?说她看见船的晃动,引起心理上的作用,以致晕眩起来?或者说她遇到了过去七个中某个恋人?(B)(郭庆生《不落的星辰》)

这里对应于"什么"的,是述说情况的几个主谓结构:"她遇到了熟人""她厌恶划船""她……晕眩起来""她遇到了……恋人"。

跟"什么"对应的指物词语,一般是直接回应,能代入"什么"的位置,但有时只是一种间接回应,不能代入"什么"的位置。这种现象表明,A层问句和B层问句的配合在词语使用上具有灵活性。例如:

(6)需要我帮什么忙?(A)房子?家具?家用电器?还是……(B)(孙砺《都市的骚动》)

这一例,B层各项只指明相关的事物或情况,它们都不能直接代入"什么"的位置。如不能说:帮房子忙?帮家具忙?帮家用电器忙?若改为直接回应,A层就要说成:需要我帮忙弄到什么?……(=需要我帮忙弄到的是什么?……)

除了"谁"和"什么",A层有时用"哪"构成特指问。"哪"或者相当于"什么地方",往往说成"哪里"或"哪儿";或者大体相当于"什么样",如"哪个"大体相当于"什么样的一个"。可以认为,"哪"问句从属于"什么"问句。例如:

(7) 来接应暴动的,是哪一支游击队?(A)是共产党乔锦程?还是那个何化岩?(B)(周梅森《军歌》)

(8) 哪种类型的精神病?(A)焦虑型?分离型?恐怖型?强迫型?抑郁型?性格型?疲劳型?疑病型?转换型?(B)九种类型,她算哪种?(柯云路《衰与荣》)

1.2 汉语句法重意合,简省形式较多。在人物问加合中,B层问句常常采用简省形式。即:删除跟A层问句重复的成分,只出现跟"谁、什么"等相对应的词语。

如果"谁、什么"充当宾语,B层各问句常删除带宾语的VP。VP前边如果还有别的成分,自然也一起删除。比如:惩罚谁呢?惩罚他?还是惩罚我?→惩罚谁呢?他?还是我?|她看到的是什么呢?是高能量的气团?是尧臼的阴神?是灵魂?→她看到的是什么呢?高能量的气团?尧臼的阴神?灵魂?

看实际用例:

(9) 这个通风报信的家伙会是谁呢?(A)矿警孙四?监工刘八?送饭的高老头?井口大勾老驼背?(B)都像,都不像。(周梅森《军歌》)

(10) 你联想到了什么?(A)大海?湖泊?高山?森林?(B)

例(9)B=是矿警孙四?是监工刘八?是送饭的高老头?(或者)是井口大勾老驼背?例(10)B=联想到了大海?联想到了湖泊?联想到了高山?(或者)联想到了森林?

如果"谁、什么"充当主语,B层各问句一般删除做谓语的VP。比如:谁拿走了公文袋呢?唐历拿走了公文袋?还是薛梅拿走了公文袋?→谁拿走了公文袋呢?唐历?还是薛梅?|什么是他最需要的呢?冰箱是他最需要的吗?还是彩电是他最需要的呢?→什么是他最需要

的呢？冰箱吗？还是彩电呢？

看实际用例：

（11）那么，究竟是谁帮了她的忙呢？（A）安主任？莫秘书？（B）似乎都不可能。（陈海萍《红土》）

（12）究竟是什么拖住了他？（A）无字碑？大雁塔？还是秦代兵马俑？（B）（杨贵云《陕南的天，中国的天》）

例（11）B＝安主任帮了她的忙吗？（或者）莫秘书帮了她的忙吗？例（12）B＝无字碑拖住了他？大雁塔拖住了他？还是秦代兵马俑拖住了他？

如果"谁、什么"充当定语，B层各问句一般删除中心语和跟整个定心结构发生关系的成分；如果"谁、什么"充当介词后置成分，B层各问句往往删除介词和跟整个介词结构发生关系的成分。比如：谁的技术最好呢？李明的技术最好？还是张强的技术最好？→谁的技术最好呢？李明？还是张强？（A里"谁"充当定语）｜你到底按什么办事？按上级文件办事？按经理意见办事？还是按你个人的想法办事？→你到底按什么办事？上级文件？经理意见？还是你个人的想法？（A里"什么"充当介词后置成分）。

看实际用例：

（13）是什么问题？（A）贪污？违法？偷税？走私？（B）不知道，一点消息都没有。（张欣《不要问我从哪里来》）

（14）剩下的最后的酒，我跟谁干？（A）唐明华？姜丽萍？薛梅？孙秀君？（B）……不，我还是跟我爹干吧……（牛伯成《水杯，就在床上》）

例（13）B＝是贪污问题？是违法问题？是偷税问题？（或者）是走私问题？例（14）B＝跟唐明华干？跟姜丽萍干？跟薛梅干？（或者）跟孙秀君干？

值得注意的是：

第一，由于跟"什么"对应的词语不一定是名词语，A层问句若用"什么"，B层各问句删除复用成分之后留下的词语可以是名词语，

选择问句群与前引特指问的同指性双层加合

也可以是非名词语。例如:

(15) 老两口除了这些,还说什么呢?通货膨胀?分配不公?腐败现象?(郭庆生《不落的星辰》)

(16) "我现在最需要什么?"动手术?生命?时间?爱情?女人?乐观的情绪?(柯云路《衰与荣》)

前一例,B层里只有"腐败现象"是名词语,前边的"通货膨胀""分配不公"都是主谓结构。后一例,B层里"生命""时间""爱情""女人""乐观的情绪"是名词语,前边的"动手术"是动宾结构。

第二,B层问句里删除复用成分后出现的主谓结构之类非名词语,结构简短,而且跟A层问句里"什么"的对应关系显豁明确。如果关系不明,容易引起误解,复用成分不能随便删除。比如例(5),不能随便删除"说":

*(17) 在西湖的飞虹桥上,袁大乃那疑惑的眼睛里,说出了什么?她遇到了熟人?她厌恶划船?她看见船的晃动,引起心理上的作用,以致晕眩起来?或者她遇到了过去七个中某个恋人?

这样的说法或者关系不明,或者容易变动例(5)原意。

第三,"什么人"相当于"谁"。A层问句若用"什么人",B层问句便用跟"什么人"整个儿相对应的名词语。如:

(18) 说,对方是什么人?(A)流氓学生?小倒?还是胡同串子?(B)(柯岩《仅次于上帝的人》)

"流氓学生""小倒""胡同串子"都不是只跟"什么"相对应,而是跟"什么人"整个儿相对应。

2 原因问双层加合和结果问双层加合

2.0 AB两层或者都问原因,或者都问结果。代表形式:

怎么了?(A)|是因为B1?B2?(B)

会怎样?(A)|结果是B1?B2?(B)

2.1 A层问句用"怎么了"之类,B层问句各项进一步追问原因,这就形成"原因问双层加合"。例如：

(19) 艳薇，你今天怎么了？(A) 昨晚出了什么事？还是……(B)（高尔品《风流误》）

这里 AB 两层连问原因。A 层针对事实问原因，B 层进一步探问造成事实的具体原因。B 层前头可以加上"是因为"。

"怎么了"经常说成"怎么啦"：

(20) 她在瑟瑟发抖。天气并不冷，这是怎么啦？(A) 是紧张的等待，还是等待的紧张？或者，对不堪回首的岁月的恐惧？走投无路，前来依附别人时的凄惶与羞怯？(B)（章世添《关于一个爱情故事的报告》）

"怎么啦"和"怎么了"等义。

句末用"呢"或者可以自由出现"呢"，这是特指问句的常态。但是，作为特指问句，"怎么了"后边通常不用"呢"。不是绝对不能用，但用上了反而觉得不大自然。

至于"怎么啦"，实际上是"怎么了啊"，后边不能再出现"呢"。

"怎么了"偶尔只说"怎么"：

(21) 这位宋夫人怎么？(A) 是人老了变得迷糊？或本就如此？(B)（严沁《无怨》）

上例"怎么"等于"怎么了"。

"为什么"也经常用于 A 层问句询问原因。通常采用"为什么＋(S) VP"的结构形式，其中的 VP 表示某种行为活动。句末常用"呢"。例如：

(22) 为什么两次了，他一听见天鹅和那首温柔的乐曲就那样激动不安呢？(A) 是他讨厌那些潇洒的水鸟还是厌恶古典的音乐？或者，这二者都与他生活中的某件痛苦的往事相关？(B)（苏叔阳《婚礼集》）

上例 A 层用"为什么……呢"。

用"怎么了"，重在问造成事实的原因；用"为什么"，则重在问行为活动的理由或根据。比较：

文章不能发表,为什么?内容错误?质量不行?还是有人作梗?(+)

文章不能发表,怎么了?内容错误?质量不行?还是有人作梗?(?)

针对"文章不能发表",有必要追问理由或根据。用"为什么",切合问题主旨。若用"怎么了",显得不很顺当。再看这个例子:

(23)她为什么老是叫松?(A)难道她与松相识吗?或者与松有什么情缘?(B)(姜贻斌《窑祭》)

这里 A 层用"为什么 VP",问的是理由。若改成"她怎么了",寻思性较强,追问理由的意味相对减弱。

"怎么了"和"为什么"有时在 A 层问句结合使用。这时,既探问造成事实的原因,又寻问行为活动的理据。比如:

(24)她不知道自己这是怎么了,为什么会为这粗鲁的汉子所吸引,为什么会愿意看见这魁梧的蓝胡子。(A)是因为他具有男性的魅力,像个保护女性的骑士?是因为他怪异的言谈?是因为他复杂、苦难的生活?(B)这一切自己还简直一点都不了解呀!(苏叔阳《婚礼集》)

上例 A 层包含三个特指问:一个"怎么啦",两个"为什么 VP"。前者等于问"怎么成了这个样子",是直指事实的一般性提问;后者等于问"为什么会成了这个样子",更重视事实背后的理据,是带思辨性的提问。

"怎么了"和"为什么 VP 呢"可以采取凝缩性结合,成为"怎么 VP 呢"。如:怎么啦?为什么会为这粗鲁的汉子所吸引呢?→ 怎么会为这粗鲁的汉子所吸引呢?又如:

(25)等人是最心烦的,怎么还不来呢?(A)工厂里走不开?自行车的气门芯被人拔了?路上出了麻烦?(B)不不,自己坐在这个角落里,他寻得到吗?(章世添《关于一个爱情故事的报告》)

怎么还不来呢?=怎么了?为什么还不来呢?

"原因问双层加合"里,B 层各问句前头的原因标"是因为"有时见于语表。如例（24）。又如：

(26) 更可怕的是，她对他的爱情消失得干干净净，而且还不知不觉地牵连了她对儿子的感情。（为什么呢？）(A) 是因为儿子活脱脱的像他？还是因为儿子的出生本来就是多余的？(B)（陆星儿《夏天太冷》）

2.2 A层问句用"会怎样"之类，B层问句各项进一步探问结果，这就形成"结果问双层加合"。例如：

(27) 问题是，这一点柔弱的嫩芽将来会怎样？(A) 会有充足的阳光？会有适合它生长的沃土？还是将遭到风刀冰剑的袭击而被连根拔掉？(B)（竹林《没有热量的萤光》）

这里AB两层连问结果。A层针对事实问结果，B层进一步探问可能出现的具体结果。

A层问句如果不用"会怎样"，也可以改写为带"会怎样"之类的语句。比如：

(28) 然而又一想，贸然提出这要求会让宾馆作何感想呢？(A) 会不会以为自己太矫情？或者，会不会以为自己在责难宾馆？(B)（苏叔阳《婚礼集》）

上例A层可以改写为："然而又一想，贸然提出这要求宾馆会怎样呢？"

作为对"会怎样"问结果的回应，B层问句不仅带有"将会""能够"之类推断性词语，而且前头可以加上"结果（是）"或"（其）结果"，予以强调。如上面两例，例（27）B层问句带"会"或带"将"，前头可以加个"结果"；例（28）B层问句带"会不会"，前头也可以加个"结果"。再看这个例子：

(29) 前边的命运会是怎样的呢？会对自己的人生有什么重大的改变和多么重大的影响呢？(A) 是福？还是祸？是柳暗花明？还是山穷水尽？(B)（梁晓声《婉的大学》）

上例可以改写为：前边的命运会是怎样的呢？……其结果，是福？还是祸？是柳暗花明？还是山穷水尽？

选择问句群与前引特指问的同指性双层加合

原因和结果相互依存,二者还可以相互转化。同样形式的一个选择问句群,可以问原因,也可以问结果,这取决于前引问的内容。如果前引问是特指问,用"怎么了"之类,或者留有"怎么了"之类的空位,那么,接下来的选择问句群便问原因,可以添加"是因为"之类标志;如果前引问是特指问,用"会怎样"之类,或者留有"会怎样"之类的空位,那么,接下来的选择问句群便问结果,可以添加"结果会"之类标志。比如:

为什么改变做法?(A)得不到上级的支持?遭到大家的反对?(B)

改变做法会怎样?(A)得不到上级的支持?遭到大家的反对?(B)

两例的B层都是:"得不到上级的支持?遭到大家的反对?"由于A层特指问的不同,前一例是原因问双层加合,B层可以加"是因为";后一例是结果问双层加合,B层可以加"结果会"。

在特定语境中,"会怎样"之类可以不出现,但明确地留有它的空位。如:

(30)我还要请教您,照目前情况发展下去,【 】(A)我们企业有没有可能起死回生?或者,根本就只能宣布破产?(B)

在空位里,可以自然补出"将会怎样?"

有一类选择问句群,由两个或几个"如果"假设句构成,即:"如果……呢?(或者)如果……呢?"一定问结果。用了这类选择问句群,"会怎样"之类不大能成为它的前引问。"会怎样"之类要是现于语表,一般不居前,只居后。换句话说,遇到这类选择问句群,"会怎样"之类通常不成为前引问,反而会成为回应问。这是结果问双层加合的特殊模式。比如:

如果他不理你呢?或者,如果有人故意让你难堪呢?你会怎样?(+)

你会怎样?如果他不理你呢?或者,如果有人故意让你难堪呢?(?)

· 573 ·

前一例很自然,后一例不大好说。再看个例子:

(31) 好,再退一步说,如果那个洋人要了她,和她结婚了呢?或再嫁个海外华人、港商、台湾老头呢?【 】(柯岩《仅次于上帝的人》)

上例空位里能补出"你将会怎么样"。空位居后,补出"你将会怎么样",便成为回应问。

3 目的问双层加合和方式问双层加合

3.0 AB 两层或者都问目的,或者都问方式。代表形式:

为了什么?(A) |是为了 B1?是为了 B2? (B)
怎么办?(A) |办法是 B1?B2? (B)

3.1 A 层问句用"为了什么"之类,B 层问句各项进一步追问目的,这就形成"目的问双层加合"。例如:

(32) 到底为了什么?(A) 为了提职称?为了弄点外快?还是为了满足你那可悲的虚荣心?(B)

这里 AB 两层连问目的。A 层针对事实问目的,B 层进一步探问采取行动的具体目的。

形式上,回应 A 层"为了什么",B 层用"为了……为了……还是为了……"。

"为了什么"可以只说"为什么"。目的和原因相通。"所要达到的目的,实际上也是需要采取某种行动的原因。"②正因如此,原因问固然可以用"为什么""怎么 VP",目的问也可以用"为什么""怎么 VP"。例如:

(33) 唉!为什么呢?(A) 为钱?还是就想当一次总经理玩玩?(B)(孙砺《都市的骚动》)

上例 A 层用"为什么呢"。B 层第一问出现"为(了)";第二问用"想",可以改成"为了"。

目的问双层加合同原因问双层加合的区别,主要决定于语里关系。

但是,语表形式上也有反映。

一方面,如果是目的问双层加合,A层可以说成或者可以改写成"为了什么"。比方例(33),A层用"为什么呢",可以说成:"为了什么呢?"又如:

(34) 你是历史研究生……怎么跑到一家弥散着铜臭味儿的公司做起事来了?(A)难道是为了证明你能挣钱,与动物有区别?还是为了攒下足够的钱将来去买精神文明?(B)(王秋海《梦里寻她千百度》)

这一例,B层用"是为了……还是为了……",明显问目的。A层用"怎么VP",可以改写为"为了什么":

(35) 你是历史研究生,却跑到一家弥散着铜臭味儿的公司做起事来了,到底是为了什么呢?(A)难道是为了证明你能挣钱,与动物有区别?还是为了攒下足够的钱将来去买精神文明?

另一方面,如果是目的问双层加合,B层各问句经常用"(是)为了",或者出现"想要"之类意欲性词语。如果没有"为了""想要"之类,可以直接添加,或者通过改写让它出现。如(34)(35)B层两个问句都用"为了……还是为了……",(33)B层两个问句用"为……还是就想……"。又如:

(36) 到底出去想求什么?(A)改变命运?挣一笔钱?还是想出去嫁一个人?(B)(戚小彬《外面的世界》)

这一例,可以改写为:

(37) 出去到底为了什么?(A)为了改变命运?为了挣一笔钱?还是想出去嫁一个人?(B)

有的时候,A层问句包含"为什么",B层问句有的问原因,有的问目的。这是原因问双层加合和目的问双层加合的混用。这种混用说法,具有表意双重性。例如:

(38) 到底为什么一定要坚持出去,有多少成形的理由?……(A)也许是失意?也许是迷茫?也许是受到诱惑?也许是为了钱?(B)(戚小彬《外面的世界》)

(39) 可他为什么要退出去？（A）他真的不关心侦破工作的进展？（或者只是）为了表现出"不关心"？（黎峰《"四·二四"疑案》）

例（38），B层有四个问句。前三个是原因问：也许是（因为）失意……？第四个是目的问：也许是为了钱？例（39），B层有两个问句。第一个是原因问：是因为他真的不关心……？第二个是目的问：或者只是为了……？

3.2 A层问句用"怎么办"之类，B层问句各项进一步探问方式，这就形成"方式问双层加合"。例如：

(40) 那个大窟窿怎么办？（A）把它填掉？或者重新灌水，造一座人工湖？（B）事实是不可能的。（姜滇《摄生草》）

这里AB两层连问方式。A层针对事实问方式，B层进一步探问行为的具体方式。形式上，回应A层"怎么办"，B层可以加上"办法是"。实际语言运用中，"办法是"或"其办法"之类词语一般隐而不现。

"怎么办"是"怎么VP"的代表形式。跟"怎么"相当的，有"怎样""如何"等；能够代入VP位置的，可以是表示各种具体行为活动的动词性词语。例如：

(41) 附上一张照片，我问你，你怎样处置？（A）是否照往常一样："丢啦，从阳台上丢下去啦！"（?）抑是塞在那乱七八糟的抽屉里？或是放在玻璃板下大家都容易看到的地方？（B）（叶永烈《梁实秋·韩菁清情书选》）

A层"怎样处置"可以说成"怎么办"。B层前头，留有"其办法"之类的空位。

"怎么办"是一般性的方式提问，"办"字泛指任何行为活动；"怎么"之类后边如果代入表示具体行为活动的动词性词语，A层的"怎么VP"便成为具体性的方式提问，能够具体表明说话人针对什么样的行为活动探问可能采取什么样的方式。比较上举三例，可以知道。再看一例：

(42) 她难以设想过去的年月里秦小虎如何隐匿了这些画。(A) 他是躲在神秘的洞穴里创作的吗？还是隐藏在人们找不到的小阁楼上？(B)（张廷竹《远土已黄，近草更绿》）

这里，A层包含特指问"秦小虎如何隐匿了这些画"。比较"怎么办"，"如何隐匿了这些画"自然更能具体表达说话人的求答要求，更能向听话人提供相对明确的信息。

有时，A层出现一个"怎么VP"的变化形式。即："怎么＋V＋O＋了"，删除V，简省为"怎么＋O＋了"。在这个简省格式里，"怎么"占据动词位置，成了带宾动代词。比较：

(43) 学校怎么处理他了？(A) 记了过？要他做检查？还是开除了他？(B)

(44) 学校怎么他了？(A) 记了过？要他做检查？还是开除了他？(B)

"怎么处理他了"－"处理"＝"怎么他了"。删除的动词，一般都表示对受事客体O不怎么有利的行为活动。再看这个例子：

(45) 我们怎么你了？(A) 打你了？骂你了？给你戴手铐了？(B) 不过问问你嘛！（苏叔阳《婚礼集》）

"我们怎么你了？"＝"我们怎么对待你了？""怎么"后边可以补出动词"对待"。

对于受事客体"你"来说，这里的"对待"偏向于指不愉快、不如意的行为活动。

有时，A层出现一个含"什么"的问句，这是一种人物问。但是，B层明显问方式，A层的人物问可以比较自然地改为方式问。例如：

(46) 他听着她半是眼泪的饮泣低诉，该说什么呢？(A) 把别人的不幸引为自己的自豪吗？居高临下的怜悯以示自己的博大吗？或者不着边际的劝慰一番显出自己的豁达和大度？(B) 他不是这种人，也没有这样的优越。（章世添《关于一个爱情故事的报告》）

上例A层本是人物问。如果B层回应"什么"，A层和B层这么配合："该说什么呢？(A) 说她不幸？说大家怜悯她？说我对她仍然有好感？（B）"这是人物问双层加合。

但是，一方面，上例 B 层各项不是"说"的内容，对"什么"没有回应。"把别人的不幸引为自己的自豪"也好，"居高临下的怜悯以示自己的博大"也好，"不着边际的劝慰一番显出自己的豁达和大度"也好，都不是所"说"的话，而是说话的方式方法。

另一方面，A 层问句可以自然地改写为方式问："听着她半是眼泪的饮泣低诉，该怎么说呢？（＝该怎么办呢？）"因此，可以认为，上例是方式问双层加合的变形，是语言运用中灵活配置词语的结果。

4 结语

4.1 以特指问句为前引问，以选择问句群为回应问，可以构成疑问形式的同指性双层加合现象。这是一种属于篇章语法的现象。吕叔湘先生《汉语语法分析问题》指出："句和句之间的联系，段和段之间的联系，往往也应用语法手段（主要是虚词）；但是除此之外还有其他手段，如偶句，排句，问答等等；还常常只依靠意义上的连贯，没有形式标志。"③这是吕先生对汉语篇章语法所做的基本论断。到底汉语篇章语法的具体面貌是个什么样子，其规律性应该如何揭示，其体系性如何描绘，都有待于通过许许多多实际现象的考察，不断地深化认识。

4.2 由特指问句和选择问句群构成的疑问形式同指性双层加合现象，有不同的关系类型。本文描写了五种，它们各有特定的语表特征。即：

[关系类型]　　　　[代表形式]

①人物问加合　　X 的是谁/什么？（A）｜ X 的是 B1？是 B2？（B）

②原因问加合　　怎么了？（A）｜ 是因为 B1？B2？（B）

③结果问加合　　会怎样？（A）｜ 结果是 B1？B2？（B）

④目的问加合　　为了什么？（A）｜ 是为了 B1？是为了 B2？（B）

⑤方式问加合　　怎么办？（A）｜ 办法是 B1？B2？（B）

4.3 疑问形式同指性双层加合现象的各个关系类型，既有个性，

选择问句群与前引特指问的同指性双层加合

又有共性。其共性表现为：同指性，断定性，层级性。

所谓同指性，是说 A 层问句和 B 层问句意向相同。它们要么都问事情所涉及的人或事物，要么都问情况发生的前因或后果，要么都问行为活动的目的或方式。

所谓断定性，是说 B 层问句对 A 层问句有所断定。从语里关系看，B 层问句各项是针对 A 层问句中由疑问代词所反映的疑问焦点的断定；从语表形式看，B 层问句前头可以出现包含判断词的"是"字结构："X 的是""是因为（＝原因是）""结果是""是为了（＝目的是）""办法是"。

所谓层级性，是说从 A 层到 B 层在求答意欲上推进了一个层级。对于问话人来说，排除反问和出题考问等特殊情况，就一般情况而言，A 层特指问无主观意向，是"无底问"，是泛指性的；B 层的选择问则有主观意向，尽管对于客观事实仍然是疑问，但作为对 A 层特指问的回应，已经具有实指性，并非完全"无底"，在很大程度上成了一种"估测问"。即使是反问和出题考问，虽然 AB 都是无疑而问，但 AB 加合同样反映认知的层级性。比如：

[甲指责乙:] 我怎么你了？（A）没让你吃喝？还是逼你干重活了？(B)

[教师考学生:] 这是个什么词？（A）副词？介词？还是连词？(B)

前一例是反问，后一例是出题考问。不管是反问还是出题考问，在对客观事物的指示上 B 层问题都是 A 层问题的具体化。

4.4 疑问形式的同指性双层加合现象，实际上是一种同指性双层求答现象。如果回答所提的问题，便会出现后续答句。即：

前引问句（A）＋回应问句（B）＋后续答句（C）

后续答句有种种情况。有的肯定，有的否定，有的既不肯定也不否定。例如：

你要什么？（A）要自行车？要电子琴？(B) 要什么都行！(C)

你要什么？（A）要自行车？要电子琴？(B) 你别做梦了！(C)

你要什么?(A)要自行车?要电子琴?(B)过几天再说!(C)

后续答句,不管在内容上还是在形式上,都相当复杂。有时,后续答句分别出现在回应问句的各个选肢后边。例如:

(47)为什么会这么热闹? (A)是弟弟永虎结婚办喜事?(B1)不可能!……(C1)是妹妹晓琴结婚做回门酒?(B2)更不可能。……(C2)(石国仕《战俘》)

(48)现在面对这一圈儿凶残的家伙,怎么办呢?(A)冲上去拼搏吗?(B1)这可不是和人武打,……(C1)那么,溜进帐篷去吗?(B2)这无疑是把这一堆不幸的死者作为一席盛宴摆在野兽面前。(C2)(文兰《转弯处发生车祸》)

两例 B1 B2 后边分别续上 C1 C2。前一例,成了原因问双层加合的扩充形式;后一例,成了方式问双层的加合扩充形式。

如果联系后续答句来详细考察有关现象,需要另写文章。

注释:

①邢福义:《选择问的句群形式》,《汉语学习》1993 年第 6 期,第 1~7 页。
②邢福义:《复句与关系词语》,黑龙江人民出版社 1995 年版,第 64~65 页。
③吕叔湘:《汉语语法分析问题》,商务印书馆 1979 年版,第 29 页。

(原载日本《中国语研究》第 37 期,株式会社白帝社 1995 年版,略有改动)

毛泽东语言运用的群众性原则

【E组】

毛泽东语言运用的群众性原则

  毛泽东同志历来重视群众和群众路线，强调一切为了群众，把为广大群众谋利益当作行动的最高准则。毛泽东同志的语言理论和语言实践，鲜明地体现了语言运用的群众性原则。本文对毛泽东语言运用的群众性原则作初步的探讨（关于语言实践的用例，全部引自《在延安文艺座谈会上的讲话》）。

一　简明易懂原则

  简明易懂原则是毛泽东关于语言运用的第一个群众性原则。只有简明易懂，群众才能接受。
  毛泽东关于简明易懂原则的论述是相当多的。比如，在《党委会的工作方法》中指出："讲话、演说、写文章和写决议案，都应当简明扼要。"在《反对党八股》中，一方面指出党八股的第一条罪状是"空话连篇，言之无物"，抨击那些空空洞洞又臭又长的文章"就是下决心不要群众看"；另一方面又指出：长而空不好，短而空也不好。他既批评语言表达的不鲜明、不中肯，指出有的文章、演说是"甲乙丙丁，开中药铺"，"一篇文章充满了这些符号，不提出问题，不分析问题，不解决问题，不表示赞成什么，反对什么，说来说去还是一个中药铺"，"这个开中药铺的方法，实在是一种最低级、最幼稚、最庸俗的方法"，还有的人"'下笔千言，离题万里'，仿佛象个才子，实则到处害人"。他又批评了造句的冗赘和语词的生造，在《反对党八股》的后一部分里引用了鲁迅的话"不生造除自己之外，谁也不懂的形容词之类"，指出："我们'生造'的东西太多了，总之是'谁也不懂'。句法有长到五十个字一句的，其中堆满了'谁也不懂的形容词之类'。"《在延安文艺座谈会上的讲话》中，他还批评有的文艺工作者不熟悉人民的语言，"他们的作品不但显得语言无味，而且里面常常夹着一些生造出来的和人民的语言相对立的不三不四的词句"。

毛泽东同志论述简明易懂原则总是站在人民群众的立场上处处为人民群众着想的，并且进而从无产阶级的战斗风格的高度来认识这个问题："我们党所进行的一切宣传工作，都应当是生动的，鲜明的，尖锐的，毫不吞吞吐吐。这是我们革命无产阶级应有的战斗风格。我们要教育人民认识真理，要动员人民起来为解放自己而斗争，就需要这种战斗的风格。"(《对晋绥日报编辑人员的谈话》)

毛泽东的语言运用实践了他自己提出的简明易懂原则。从《在延安文艺座谈会上的讲话》中可以看到毛泽东运用语言简明易懂的常见方式：(一)简短句式。简短句式能使表达简明、清晰、节奏感强，还可收到强调语义的效果。例如："他们的抗战，我们是赞成的；如果有成绩，我们也是赞扬的。但是如果抗战不积极，我们就应该批评。"应该注意的是，毛泽东在运用简短句式时往往同长句交织使用，使语言错落有致。(二)解说句式。解说句式的运用，可以直接解决难于理解或应当如何理解的词句，以使得文章简明易懂。有定义式解说，如："文艺是为地主阶级的，这是封建主义的文艺。"有阐释式解说，如文章最后引出鲁迅的两句诗。对其中的"千夫"（就是说敌人）、"孺子"（就是指无产阶级和人民大众）等加以阐释使明确其含义。有特指式解说，即撇开该词的一般含义，根据内容表达的需要给予解释，让人们明确在这里的特指意义，如："英雄无用武之地，就是说，你的一套大道理，群众不赏识。在群众面前把你的资格摆得越老，越象个'英雄'，越要出卖这一套，群众就越不买你的账。"(三)比照句式。这一句式，把两个相反或相对的事物放在一起说，二者对比对照，把问题清楚地揭示出来。如："知识分子的衣服，别人的我可以穿，以为是干

毛泽东语言运用的群众性原则

净的；工人农民的衣服，我就不愿意穿，以为是脏的。"再如："我们说的马克思主义，是要在群众生活群众斗争里实际发生作用的活的马克思主义，不是口头上的马克思主义。"（四）发问句式。有选择问句式，如："歌颂呢，还是暴露呢？"有设问句式，如："现在的事实是什么？事实就是：……"再如"延座讲话"这篇著作结论的第一部分开头就用了一个设问句："我们的文艺是为什么人的？"有反问句式，如："这难道不是文艺史上的事实吗？"（五）例说句式。这种句式常是举出一个具体的事例来说明深奥的道理，使之简明易懂。如："存在决定意识，就是阶级斗争和民族斗争的客观现实决定我们的思想感情。"有时是使概括的内容具体化。如："……他们的萌芽状态的文艺（墙报、壁画、民歌、民间故事等）。"有的举例用以证明。如："文艺是为帝国主义者的，周作人、张资平这批人就是这样。"毛泽东著作中简明易懂的表达方式当然不只这些，这里只是举例。

二　喜闻乐见原则

喜闻乐见是毛泽东关于语言运用的第二个群众性原则。只有喜闻乐见，群众才乐于接受。

《反对党八股》一文指出："洋八股必须废止，空洞抽象的调头必须少唱，教条主义必须休息，而代之以新鲜活泼的、为中国老百姓所喜闻乐见的中国作风和中国气派。"这段话转引自《中国共产党在民族战争中的地位》一文，可见毛泽东对这个问题多次申述，以引起大家的足够重视。这里强调的、所需要的是新鲜活泼的、为中国老百姓喜闻乐见的中国作风和中国气派。否则，就如同毛泽东同志批评党八股的第四条罪状那样："语言无味，面目可憎，象个瘪三"，"他们的宣传，乏味得很；他们的文章就没有多少人喜欢看；他们的演说，也没有多少人喜欢听。""这样，群众又怎么会乐于接受呢？我们的宣传目的又怎么能达到呢！"毛泽东同志再一次指出："必须抛弃党八股，采取生动活泼新鲜有力的马克思列宁主义的文风。"群众喜闻乐见的传统形式是可以继承的,"但这些旧形式到了我们手里,给了改造,加进了新内容,也就变成革命的为人民服务的东西了"(《在延安文艺座谈会上的讲话》)。创造新形式,同样也要为群众所欢迎。毛泽东在《同音乐工作者的谈话》中提出艺术上应该"标新立异","但是,应该为群众所欢迎的标新立异"。对文化艺术是这样,对语言的表达形式也是这样。这些关于喜闻乐见的论述,都体现了鲜明的群众性原则。

  毛泽东语言运用的实践多方面体现了这一原则。还是以《在延安文艺座谈会上的讲话》为例来说。(一)俗词俗语的运用。这使群众感到亲切自然。如:"面孔""负担""小放牛""下等人""不三不四""半斤八两""一半对一半""肩不能挑手不能提"等等。(二)口语化句子的运用。这使群众感到亲近贴心。如:"只有做群众的学生才能做群众的先生";"最干净的还是工人农民,尽管他们手是黑的,脚上有牛屎","他们想:什么无产阶级思想,还不是那一套?"(三)对偶句和排比句的运用。这使群众听来顺耳,乐于接受。对偶句式,如:"我们的提高,是在普及基础上的提高;我们的普及,是在提高指导下的普及。"较多的是在长句内部采用对偶句式,如:"我们的要求则是政治和艺术的统一,内容和形式的统一,革命的政治内容和尽可能完美的艺术形式的统一。"排比句式运用很多,常以短句形式出现。如:"对于工农兵群众,则缺乏接近,缺乏了解,缺乏研究,缺乏知心朋友,不善于描写他们。"又如:"……而不是引导他们和自己一道去接近工农兵群众,去参加工农兵群众的实际斗争,去表现工农兵群众,去教育工农兵群众。"(四)多样性比喻的运用。这使群众易于理解,从而更好地领悟深刻的哲理。如把人民中的缺点、落后的思想,比作斗争中的"负担""包袱",要求帮助他们摆脱,使他们能够大踏步地前进。再如讲到动机和效果的关系时,以医生看病作比,"一个人做事只凭动机,不问效果,等于一个医生只顾开药方,病人吃死了多少他是不管的"。以上所述只是毛泽东著作中群众喜闻乐见的语言形式中的一部分,也是举例性的,比如幽默风趣等等。正是运用这些群众喜闻乐见的语言形式,成为革命的政治内容在群众中广泛地推行下去的一个重要原因。

毛泽东语言运用的群众性原则

三 开放吸收原则

开放吸收是毛泽东关于语言运用的第三个群众性原则。语言表达不是自我封闭，而是多渠道地吸收，以丰富文章的表现力。只有开放吸收，群众才能深入而准确地理解。

《在延安文艺座谈会上的讲话》中指出："要打成一片，就应当认真学习群众的语言。如果连群众的语言都有许多不懂，还讲什么文艺创造呢？"又指出："我们决不可拒绝继承和借鉴古人和外国人，哪怕是封建阶级和资产阶级的东西。"这里具体地表现出了毛泽东的开放吸收原则。在语言方面，《反对党八股》中从三个方面论述了开放吸收："第一，要向人民群众学习语言。人民的语汇是很丰富的，生动活泼的，表现实际生活的。我们很多人没有学好语言，所以我们在写文章做演说时没有几句生动活泼切实有力的话，只有死板的几条筋，象瘪三一样，瘦得难看，不象一个健康的人。""第二，要从外国语言中吸收我们所需要的成分。我们不是硬搬或滥用外国语言，是要吸收外国语言中的好东西，于我们适用的东西。……我们还要多多吸收外国的新鲜东西，不但吸收他们的进步道理，而且要吸收他们的新鲜用语。""第三，我们还要学习古人语言中有生命的东西。由于我们没有努力学习语言，古人语言中许多还有生气的东西我们就没有充分地合理地利用。当然我们坚决反对去用已经死了的语汇和典故，这是确定了的，但是好的仍然有用的东西还是应该继承。"毛泽东同志一再强调："语言这东西，不是随便可以学好的，非下苦功不可。"对于不肯下苦功去学习语言的干部，毛泽东同志指出："群众就不欢迎他们枯燥无味的宣传，我们也不需要这样蹩脚的不中用的宣传家。"

毛泽东语言运用的实践成为执行这一原则的楷模。上一部分已经举出了吸取人民群众的语汇、语句、语体风格等用例，下面举出《在延安文艺座谈会上的讲话》中吸收古人语言的例子和外国语言成分的例子。

运用古语的，如讲普及与提高时，吸收了《宋玉对楚王问》中的"阳春白雪"和"下里巴人"，前者为高雅歌曲，后者为民间歌曲，都是战国时代的楚国歌曲，毛泽东用来表示要把普及与提高统一起来。在谈到学习鲁迅的榜样做无产阶级和人民大众的"牛"时，用上了诸葛亮《出师表》中的话"鞠躬尽瘁，死而后已"，表示为革命事业献出一切力量，直到死为止的高尚精神和品德。文章最后引用了鲁迅《自嘲》诗中的两句"横眉冷对千夫指，俯首甘为孺子牛"，指出"应该成为我们的座右铭"。"座右铭"是训戒文字的一种。毛泽东在这篇著作中用"座右铭"非常准确。这样说也是对鲁迅诗的态度与评价。这篇著作中还用了一些文言虚词，构成了有文言色彩的句式，如："一切危害人民群众的黑暗势力必须暴露之，一切人民的革命斗争必须歌颂之。"再如："这里有文野之分，高低之分，快慢之分。"

在吸收外国语言成分方面，著作中多次用"干部"一词，毛泽东《反对党八股》中指出了"这'干部'两个字，就是从外国学来的"。这个词来源于日语，日语则是意译法语的。日语用古汉语词去翻译印欧语的词语，汉语原意自然发生变化，近代现代汉语又作为新词借用回来，这类情况较多，现在我们几乎不觉得是外来借词了，已经融进了汉语之中。如："改造""封建""侵略""政治""主义""自由""思想""代表""理论""悲观"等等；这篇著作中还用有音译词的，如"法西斯""托洛茨基"。文中还直接引用列宁的话即无产阶级的文学艺术是整个革命机器中的"齿轮和螺钉"。"五四"时期，由于受欧语的影响，汉语的长句增多，且日趋复杂化，使思想表达精细、完整。试举几个方面：（一）定语的复杂化。著作中有例："它决定地要破坏那些封建的、资产阶级的、小资产阶级的、自由主义的、个人主义的、虚无主义的、为艺术而艺术的、贵族式的、颓废的、悲观的、以及其他种种非人民大众非无产阶级的创作情绪。"有时将一个中心语的修饰语分说，将这一个中心语重复出现，分别置于单个修饰语之后，以起到强调的作用，如："为什么人的问题，是一个根本的问题，原则的问题。"（二）多个动词管一个宾语，这篇著作中有例："他们在斗争中已经改造或正在改造自己。"又例:"马克思主义只能包括而不能代替文艺创作中的现实主义。"(三)多个助动词共一个中心动词,例:"文艺作品中反映出来的生活都可以而且应该比普通的实际生活更高,更强烈,更有集中性,更典型,更理想,因此就更带普遍性。"(四)宾语的复杂化,如:"我们所写的东西,应该是使他们团结,使他们进步,使他们同心同德,向前奋斗,去掉落后的东西,发扬革命的东西,而决不是相反。"还有如多重复句的运用等等,这些吸取的西洋句法在著作中的运用,丰富了文句的精密度和表现力。

以上对三个群众性原则分别从表达方式方面举例性的试作说明,当然这只不过是管窥蠡测,还有待于深入研究。

四　结语

毛泽东同志是伟大的无产阶级革命家、战略家和理论家,卓越的诗人。在语言理论的建树和语言运用的实践上,也是一代宗师。他的著作不仅是不朽的历史文献,也是现代文的典范作品。不论是哪个方面,都需要我们去广泛而深入地、长时间认真地、系统地进行研究。

毛泽东著述,站在群众的立场上,以考虑群众、宣传群众为基本点,这是他的群众路线的思想在语言研究和运用方面的反映,是由伟大的革命家和人民的领袖决定的。

毛泽东语言运用的三个群众性原则:简明易懂原则、喜闻乐见原则、开放吸收原则,是我们在学习毛泽东的语言理论和语言实践方面的一点儿体会,只是提出问题,抛砖引玉,以就教于各位专家和广大读者。

(原载《理论月刊》1992年第5期,与卢卓群合作)

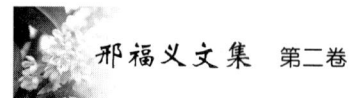

关于毛泽东著作语言的分析

一

毛泽东关于语言运用的理论，比较集中地反映在《反对党八股》这篇文章里，此外还散见于《新民主主义论》《中国工人发刊词》《改造我们的学习》《在延安文艺座谈会上的讲话》《论联合政府》《〈合作社的政治工作〉一文的按语》等文章。

综观毛泽东语言运用的理论，可以鲜明地看到以下三点。

（一）毛泽东强调运用现代的语言，尊重现实中的语种

《新民主主义论》一文在论及五四运动时指出："那时，以共产党的《向导周报》，国民党的上海《民国日报》及各地报纸为阵地，曾经共同……提倡了以反帝反封建为内容的新文学和白话文。"《反对党八股》里又指出："五四运动时期，一班新人物反对文言文，提倡白话文，反对旧教条，提倡科学和民主，这些都是很对的。"这里的"白话文"是同"文言文"相对的概念，指的是现代汉语共同语的书面语。这两段论述，肯定了现代汉语共同语作为书面规范用语的地位。

中国是一个多民族国家，除了汉民族的语言，还有许多少数民族的语言。汉语和其他民族语言都是现实中存在着和被使用着的语言，都应该受到尊重。《论联合政府》一文在论及少数民族问题时指出："他们的言语、文字、风俗、习惯和宗教信仰，应被尊重。"这里，"言语"列为第一位，作为记录语言的符号的"文字"列为第二位，这充分反映毛泽东对语言文字运用问题的重视，也充分表明了毛泽东在

关于毛泽东著作语言的分析

"双语""多语"问题上的正确主张。

（二）毛泽东强调运用贴近群众的语言，讲求语言运用的群众效应

"语言必须接近民众"——这是毛泽东在《新民主主义论》中提出的一个响亮的口号。从用语人的语言和接受语言信息的群众二者之间的关系说，要使语言接近群众，所用的语言就必须是贴近群众的语言。

贴近群众的语言，第一个表现是：言之易懂。毛泽东特别重视言语的通俗易懂。

《反对党八股》中，反复引用季米特洛夫的话，要求"说群众懂的话""始终要想到使每个普通工人都懂得"。在给《合作社的政治工作》一文所下的按语中，又对"文字也好，使人一看就懂"的文章大加赞赏，把它当做"写得很好"的文章向各地各单位大力"推荐"。

"懂"的反面，自然是"难懂"。这是毛泽东一贯批评的。《中国工人发刊词》中，要求报纸的语言切忌"令人看不懂"。《反对党八股》中指出："我们'生造'的东西太多了，总之是'谁也不懂'。句法有长到四五十个字一句的，其中堆满了'谁也不懂的形容词之类'。"在《合作社的政治工作》的按语中，又特别对那些"晦涩难懂"的作品提出了批评，说它们使人感到"头痛"。

贴近群众的语言，又一个表现是：言之有物。毛泽东特别重视言语内容的"真切"。

《改造我们的学习》中批评某些人："或作讲演，则甲乙丙丁、一二三四的一大串；或作文章，则夸夸其谈的一大篇。无实事求是之意，有哗众取宠之心。"《反对党八股》中更是大声疾呼"空洞抽象的调头必须少唱"；"我们应当禁绝一切空话"，把"空话连篇，言之无物"列为第一条罪状，把"装腔作势，借以吓人"列为第二条罪状，把"甲乙丙丁，开中药铺"列为第五条罪状，批评说空话，批评不老实，批评"不提出问题，不分析问题，不解决问题，不表示赞成什么，反对什么"。《反对党八股》中还特别指出，长而空不好，短而空也不好，"我们反对的是空话连篇言之无物的八股调，不是说任何东西都以短为好"。

贴近群众的语言，再一个表现是：言之有味。毛泽东特别重视言语的"味道"。

《中国工人发刊词》中，希望这个报纸"多载些生动的文字，切忌死板、老套，令人看不懂，没味道，不起劲"。《反对党八股》中把"语言无味，像个瘪三"列为第四条罪状，说是"面目可憎"。《在延安文艺座谈会上的讲话》中，批评某些作家"对于人民群众的丰富的生动的语言，缺乏充分的知识"，其作品"显得语言无味"。在《合作社的政治工作》一文的按语中，又批评某些人"不讲究文法修辞"，写文章"不生动，不形象，使人看了头痛"。

跟语言无味相对立的是语言新鲜活泼生动形象。毛泽东的主张，可以用《反对党八股》里的一个判断来概括，这就是："新鲜活泼的、为中国老百姓所喜闻乐见的中国作风和中国气派。"

毫无疑问，通俗易懂、真切自然、新鲜活泼的语言，必定是可以收到最佳的群众效应的语言。毛泽东在《反对党八股》一文中告诫大家"写文章做演说……是专为影响人的"，就是要求大家讲究语言运用的群众效应。

（三）毛泽东强调下苦功学习语言，多渠道地学习和丰富语言

学好语言，是用好语言的前提条件。怎样才能学好语言？

一方面，要下苦功学。这一点，《反对党八股》里说得十分明确而肯定："为什么语言要学，并且要用很大的力气去学呢？因为语言这东西，不是随便可以学好的，非下苦功不可。"

另一方面，要多渠道地学。这一点，《反对党八股》里用了相当大的篇幅来进行阐述。毛泽东指出："第一，要向人民群众学习语言"；"第二，要从外国语言中吸收我们所需要的东西"；"第三，我们还要学习古人语言中有生命的东西"。毛泽东对这三条的分析，很讲究分寸。在这三条中，第一条是最基本的，无条件的，而后面两条则分别附加上了"我们所需要的""有生命的"的修饰语。这三条，不仅是个人学习语言的渠道，而且也是整个现代汉民族共同语丰富和发展的渠道。在这里，毛泽东触及了语言发展的重大课题。

关于毛泽东著作语言的分析

总起来看,毛泽东关于语言运用的理论,既涉及语言系统问题,又涉及语用效应问题,还涉及语言能力问题。具体点说,就是:使用现代汉民族共同语的语言系统,力求取得最佳的语用效应,努力提高语言使用者掌握语言和运用语言的能力。

二

毛泽东著作的语言,是毛泽东语言运用理论的具体实践的成品。

下面,从毛泽东的三篇著作中各摘引一段,略加解说。摘引的原则是:第一,内容上有类同性。三段文字都是关于调查研究听取意见的。第二,时间上有代表性。三篇文章,分别写于20世纪30年代初期、40年代初期和60年代初期,能看到毛泽东运用语言的一贯性。

(一)《反对本本主义》(1930年5月)

你对于那个问题不能解决么?那末,你就去调查那个问题的现状和它的历史吧!你完完全全调查明白了,你对那个问题就有解决的办法了。一切结论产生于调查情况的末尾,而不是在它的先头。只有蠢人,才是他一个人,或者邀集一堆人,不作调查,而只是冥思苦索地"想办法","打主意"。须知这是一定不能想出什么好办法,打出什么好主意的。换一句话说,他一定要产生错办法和错主意。

这段论说,在总体上用的是庄重严肃的现代汉语书面语体。然而,却有各种渠道的语言因素穿插其间。第一,口语性语言因素。比如开头连用"你……你……你……你……",指的不只是作为第二人称的一个听话人,而是泛指所有的人。这样活用人称代词"你",口语里常常听到。第二,文言性语言因素。比如"冥思苦索",这是文言用语;"须知……",这也是文言说法。第三,新兴的语言因素。比如,"他一个人"是名词短语,"邀集一堆人"是动词短语,它们却共同指向后边的"不作调查,而只是……"。这是一种"五四"以后兴起的"成分共用"的句法。此外,这段文字一开头就来一个设问,末尾又通过"换

一句话说"造成解证句法,都增强了语言的波澜。

(二)《〈农村调查〉的序言和跋》(1941年3月、4月)

一般地说,中国幼稚的资产阶级还没有来得及也永远不可能替我们预备关于社会情况的较完备的甚至起码的材料,如同欧美日本的资产阶级那样,所以我们自己非做搜集材料的工作不可。特殊地说,实际工作者须随时去了解变化着的情况,这是任何国家的共产党也不能依靠别人预备的。所以,一切实际工作者必须向下作调查。对于只懂得理论不懂得实际情况的人,这种调查工作尤有必要,否则就不能将理论和实际相联系。"没有调查就没有发言权",这句话,虽然曾经被人讥为"狭隘经验论"的,我却至今不悔;我仍然坚持没有调查是不可能有发言权的。有许多人,"下车伊始",就哇喇哇喇地发议论,提意见,这也批评,那也指责,其实这种人十个有十个要失败。因为这种议论或批评,不过是无知妄说。

这段论说,总体上同样是庄重严肃的现代汉语书面语体,然而同样穿插有各种渠道的语言因素。第一,口语性语言因素。比如"哇喇哇喇地发议论,提意见","十个有十个要失败",这是群众口头上常有的说法。第二,文言性语言因素。比如"下车伊始",这是文言用语;"须随时""尤有必要""至今不悔""无知妄说",这是文言味很强的说法。第三,新兴的语言因素。比如,"还没有来得及也永远不可能"共同指向"替我们预备……材料",这是使用"五四"以后兴起的"成分共用"的句法。此外,"一般地说……特殊地说……"的篇章组造,"所以""否则""不但""因为"等词语的关系标示,起到了增强论说的严密性的作用。

(三)《在扩大的中央工作会议上的讲话》(1962年1月30日)

另外有一个人叫刘邦,就是汉高祖,他比较能够采纳各种不同的意见。有个知识分子叫郦食其,去见刘邦。初一报,说是读书人,孔夫子这一派的。回答说,现在军事时期,不见儒生。这个郦食其就发了火,他向管门房的人说,你给我滚进去报告,老

关于毛泽东著作语言的分析

子是高阳酒徒,不是儒生。管门房的人进去照样报告了一遍。好,请。请了进去,刘邦正在洗脚,连忙起来欢迎。……刘邦是在封建时代被历史家称为"豁达大度,从谏如流"的英雄人物。刘邦同项羽打了好几年仗,结果刘邦胜了,项羽败了,不是偶然的。我们现在有些第一书记,连封建时代的刘邦都不如,倒有点像项羽。这些同志如果不改,最后要垮台的。不是有一出戏叫《霸王别姬》吗?这些同志如果总是不改,难免有一天要"别姬"就是了。

在总体上,这段论说用的仍然是现代汉语的庄重严肃的书面语体。不过,口语性语言因素和文言性语言因素都十分活跃。首先是口语性语言因素。比如"发了火""你给我滚进去报告""老子""好,请"等等,都在群众口头上常常可以听到。其次是文言性语言因素。比如"高阳酒徒",这是文言用语;"豁达大度,从谏如流"更是文言的说法。此外,恰到好处地来个反问:"不是有一出戏叫《霸王别姬》吗?"增强了语言的波澜。特别是断断续续地出现的富于幽默感的语句,例如"有个知识分子叫郦食其……孔夫子这一派的""现在军事时期,不见儒生""刘邦正在洗脚,连忙起来欢迎"。"这些同志如果总是不改,难免有一天要'别姬'就是了",更使议论妙趣横生,味道十足。

总而言之,毛泽东运用语言,善于利用来自各种渠道的语言因素,善于充分调动各种语言表达手段。毛泽东著作的语言,既是严肃说理的典雅庄重的现代汉语书面语言,又显得通俗流畅,活泼生动,富于风趣。他的语言运用的实践,贯彻了他的语言运用的主张。

三

对于现代汉语来说,毛泽东著作的语言是一个高能广角镜。通过它,可以发现和探讨许许多多足以深化对现代汉语的理解的重要现象。以第二部分里提到的"成分共用句法"为例。

如果把成分共用句法的基本构造列成"A1+A2→B"这个公式,

那么 A1+A2 可以叫做共指成分，B 可以叫做承用成分。

第二部分里提到两个例子：

（1）只有蠢人，才是他一个人，或者邀集一堆人，不作调查，而是冥思苦索地"想办法"，"打主意"。（毛泽东《反对本本主义》）

（2）中国的幼稚的资产阶级还没有来得及也永远不可能替我们预备关于社会情况的比较完备的甚至起码的材料……（毛泽东《〈农村调查〉的序言和跋》）

"他一个人，或者邀集一堆人"是 A1+A2，"不作调查，而是……"是 B；"还没有来得及也不可能"是 A1+A2，"替我们预备……"是 B。

粗略观察一下毛泽东著作中的语言，就可以发现，光是共指成分 A1+A2，就有种种类型。

（3）游击区能够和必须进行军民的大规模的生产运动，一切问题都解决了。（毛泽东《游击区也能够进行生产》）

这一例，共指成分"能够和必须"是"助动词+助动词"。

（4）他们就不愿和不能彻底推翻帝国主义，更加不愿和更加不能彻底推翻封建势力。（毛泽东《新民主主义论》）

这一例，共指成分"不愿和不能"是"助动结构否定式+助动结构否定式"。上面提到的例（2），其中的"还没有来得及也永远不可能"情况有点类似，但又有所不同：A2"永远不可能"虽然是助动结构否定式，A1"还没有来得及"却是一般的动词结构，尽管它跟助动结构在意义上有相通之处。

（5）小资产阶级出身的人们总是经过种种方法，也经过文学艺术的方法，顽强地表现他们自己，宣传他们自己的主张……（毛泽东《在延安文艺座谈会上的讲话》）

这一例，"经过种种方法，也经过文学艺术的方法"是两个介词结构，状语通过"也"的关联而形成共指成分。

（6）这些同志……听了或看了主观主义的东西也不想一想，也不发议论。（毛泽东《整顿党的作风》）

关于毛泽东著作语言的分析

上面一例，共指成分"听了或者看了"是"述语动词＋述语动词"。

（7）马克思主义看重理论，正是，也仅仅是，因为它能够指导行动。（毛泽东《实践论》）

上面一例，共指成分"正是，也仅仅是"也出现于述语部分，但从 A1 到 A2 是重复动词并增加状语。

（8）党更加布尔塞克化，党就能，党也才能更正确地处理党的政治路线，更正确地处理关于统一战线问题和武装斗争问题。（毛泽东《〈共产党人〉发刊词》）

这一例，共指成分是"党就能，党也才能"，A1 和 A2 都是结构上需要补足的"主语＋谓语"。

此外，例（1）的情况又有不同：对承用成分"不作调查，而只是……"来说，共指成分中的 A1"他一个人"是主语，A2"邀集一堆人"却是个属于动词短语的动宾结构，只有其中的"一堆人"跟承用成分之间可能存在主谓关系。

成分共用句法可以增强语言表达的经济凝炼。这种句法进入现代汉语书面语，并且得到发展，跟"五四"以后翻译外语作品有关。从上面所举的十多个例子，就可以看到，毛泽东著作中出现的成分共用句法现象是丰富多彩的。那么，这种成分共用句法和一般的语词并列句法在语表形式上有什么区别？这种句法在语里意义上有什么特点？共指成分有哪些类型？承用成分有哪些情况？共指成分和承用成分之间的关系如何？所有这些问题，如果透过毛著语言这个"点"来观察现代汉语书面语整个"面"，肯定是很有价值的。

再以"和""同"二词的用法为例。

在《毛泽东选集》第五卷最后几篇文章写作前后的那段时间，语法学界有过一个结论性的说法，这就是："和""同"已有明确的分工，"和"用作连词，"同"用作介词。

的确，"和""同"是有分工，这对增强语言的表意能力大有好处。但是，它们的分工是否就是连词和介词的明确分工？

以"和"来说,在《毛选》第五卷,在不跟"同"同时出现时,可以是连词,也可以是介词,例如:

(9) 这个辩论,要在农村中间展开,也要在城市中间展开,使各方面的工作,工作的速度和质量,都能够和总路线规定的任务相适应……(毛泽东《农业合作化的一场辩论和当前的阶级斗争》)

这里有两个"和"。前一个"和"是连词,"速度和质量"是并列结构;后一个"和"是介词,"和总路线规定的任务"是介词结构,出现在"都能够"的后边。

以"同"来说,在《毛选》第五卷中,在不跟"和"同时出现时,固然通常用作介词,但有时也可以是连词。例如:

(10) 任何时候,好同坏,善同恶,美同丑这样的对立,总会有的。(毛泽东《在中国共产党全国宣传工作会议上的讲话》)

这里出现三个"同",全都用作连词。"好同坏""善同恶""美同丑"全都是并列结构。

以"和""同"同现的情况来说,在《毛选》第五卷中,如果"和""同"同时出现在一个句子里头,那么,它们就有分工了。

分工之一,是"和"作连词,"同"作介词。例如:

(11) 建社工作和整社工作都要同在乡村中的建党建团工作和整党整团工作密切地相结合。(毛泽东《关于农业合作化的问题》)

"建社工作和整社工作""建党建团工作和整党整团工作"都是并列结构,其中的"和"是连词;"同……工作"是介词结构,其中的"同"是介词。

分工之二,是"和""同"都作连词,但"同"连接的是两个对立的方面,"和"连接的是一个方面内部并列的各项。例如:

(12) 如果我们不能在大约三个五年计划的时期内基本上解决合作化的问题,……我们就不能解决年年增长的商品粮食和工业原料的需要同现时主要农作物一般产量很低之间的矛盾……(毛泽东《关于农业合作化的问题》)

关于毛泽东著作语言的分析

上例的"和"与"同"都是连词。"年年增长的……需要"是矛盾的一个方面,"现时……一般产量很低"是矛盾的另一个方面,"同"用在二者之间起连接作用;在"年年增长的……需要"内部,"商品粮食""工业原料"是一般的并列项,"和"用在二者之间起连接作用。

从五十年代到现在,已经过去了将近四十年。然而,在报纸上,在小说里,在其他书面语作品中,都未看到"和""同"二词有连词用法和介词用法的绝对的分工。那么,通常用作连词的"和",在用作介词的时候,是否受到某些条件的限制?有没有特殊的作用?通常用作介词的"同",在用作连词的时候,是否受到某些条件的限制?有没有特殊的作用?在"和""同"二词同时出现的时候,它们的分工怎样描写才更科学、更准确?它们的分工,除了结构关系上的原因,还有没有修辞上的原因?诸如此类的问题,透过毛著语言这个"点"来观察现代汉语整个"面",可以得到富于启示的结论。这对于更好地认识有关的规律,对于更好地促进汉语规范化的工作,都是很有意义的。

研究任何时代的书面语言,专书的研究都是十分必要的。因为,专书可以作穷尽的或相对穷尽的研究,如果把一个时代各种有代表性的专书的语言都研究清楚了,那么,在减去各专书中各个作者的个人因素(包括方言因素和偶发因素)之后,加合拢来就可以得到对这个时代书面语言的清楚的认识。应该承认,现代汉语书面语言的面貌到底如何,到目前为止,大家的认识还处在似乎清楚又感到朦胧的阶段。比方,任何现代汉语教科书上都说:"以典范的现代白话文著作为语法规范",可是,到底"典范的现代白话文著作"所提供的"语法规范"是什么样子?毛泽东的著作,鲁迅、茅盾、巴金、老舍等作家的作品,各有个人因素,到底哪些东西是带普遍性的可以作为"语法规范"的东西?这些带普遍性的东西各有什么样的具体规律?它们表明了现代汉语语法具有什么样的特点?这些问题,如果不对各人的专书进行深入的研究,是回答不好的。由于毛泽东著作的语言在现代汉语书面语里最有代表性,因此,研究毛泽东著作的语言,从各个方面各个角度进行论析,对于研究好我国现代专书的语言,无疑可以起到突破性的带动作用。当然，这是一项复杂而艰难的工程，完成这项工程，需要较长的时间，需要坚持不懈的努力，需要不断地探索和改进研究方法，尤其是，需要众多的高明学者的参与。

参考文献

  [1] 北京师范学院中文系现代汉语教研组. 五四以来书面语言的变迁和发展[M]. 北京：商务印书馆，1959.

  [2] 邢福义. 从《毛泽东选集》第五卷看"和""同"二词的词性[M]//邢福义. 语法问题探讨集，武汉：湖北教育出版社，1986.

（原载《语言文字应用》1993年第2期）

关于"一个星期的第一天"

关于"一个星期的第一天"

高等师范院校本科教材《现代汉语》，高等教育出版社1991年5月出版。在此书的原稿上，在讲"语用"问题时，曾经这么表述：

话语在特定的交际情景中具有两大显著的特点：一是语意具体化，二是产生言外之意。例如：

今天是星期天。

离开特定的交际情景，上例只能表达"说话人说这句话的当天是一个星期七天中的第一天"的意思。但是，如果丈夫曾答应在1990年3月4日这个星期天帮助妻子做点家务，星期天到了，丈夫却一个劲地在那儿看电视，于是妻子有点生气了，说"今天是星期天"，那么，一方面，"今天"是指1990年3月4日，具体化了；另一方面，妻子的意思并不仅仅告诉丈夫这一天是什么日子，她可能是在责备丈夫说话不算数……或是有其他言外之意。

为了"星期天""是一个星期七天中的第一天"这个判断，高等教育出版社两位编辑争了起来。一位说不对，第一天应该是星期一；一位说对，第一天就是星期天。1990年8月，在出席第三届国际汉语教学讨论会期间，我抽空去了一趟高教社，听到了这个争论，便说："好，干脆把'一'改为'某'。"于是，在正式印出来的本子上成了"说话人说这句话的当天是一个星期七天中的某一天"[1]。

显然，"某"字缓解了在这个具体说法上的争论，但问题却仍然存在：到底"星期天"所指的是一个星期的开始一天还是末尾一天？

在实际语言运用中，"星期天"或"星期日"实际上有两种时点指称意义。一种是国际常用义，指开始的那一天。中国各地各单位每年印制不少年历，每一个星期都是把"星期日"排在最前边，并且分别对上英语相应的词，这是用的国际常用义。另一种是中国习惯义，指末尾的那一天。各个地方的电视台所印制的电视节目表，是向各地区各阶层的群众预告一星期的电视节目的，"星期日"总是排在最后边，这是用的中国习惯义。《现代汉语词典》曾这样解释"星期日"："星期六的第二天，我国习惯上认为本星期最末的一天，西洋各国一般认为下星期开始的一天，一般定为休息日。也说星期天，简称星期。"②

比较地说，"星期天"的中国习惯义是中国广大群众最经常使用的意义。这一意义特别容易为群众所接受，大概有两个方面的原因：

(1) 心理方面的原因

忙了一段之后需要歇一下，辛苦了六天之后需要歇一天。劳作是休息的先行条件或原因，休息是劳作的后续结果或酬答。这就是人们把定为休息日的星期天当作一星期末尾一天的心理原因。看这个例子：

我们厂长忙着呢，今天是他的星期七，他从来不过星期天。

（管金福《闯出困境》）

这里，"星期天"和"星期七"指称同一时点。由于该休息而没休息，因此把"星期天"改说成"星期七"。"星期七"显然是一个星期七天中的最后一天。在一般人的心理状态上，这一天本是紧张工作了六天之后不应该再继续紧张工作的日子！说话人以这一心理状态为话语的前提，强调"我们厂长"事业心实在太强了！

(2) 语言表述系统方面的原因

汉语里，不管是表示基数还是表示时日次序，"一、二、三、四、五、六"的数词表述系统都起作用。比较：

	基数	月份	星期几
英语	One	January	Monday
	Two	February	Tuesday
	Three	March	Wednesday
	Four	April	Thursday
	Five	May	Friday

关于"一个星期的第一天"

	Six	June	Saturday
汉语	一	一月	星期一
	二	二月	星期二
	三	三月	星期三
	四	四月	星期四
	五	五月	星期五
	六	六月	星期六

汉语数词表述系统的类同性和整体性使说汉语的人具有共同的意念:"一"是基数的起点,也是各种次第的开头。正因如此,人们总潜意识地以为星期一是一个星期的第一天,而顺着次序算下来就会得出一个"星期七"。看这个例子:

我不是"咪家",但也不能太放任,学生嘛!怎能由星期一玩到星期七。(香港岑凯伦《爱情帖》)

上例"由……到……"清楚地反映出"一→七"的顺序和起止。

中国习惯义实际上是所有炎黄子孙在心理上和语言习惯上所共通的涵义。香港是深受英语影响的地方,但香港作家岑凯伦的笔下却出现"星期七"的说法,这便是很好的证明。须要指出的是:"星期七"的说法在语用上具有特殊的价值,可以使所说的话显得"俏皮",有风趣,在具体的语境中还往往特别强调了某种意义。比如:

张香莲却拜托公社秘书给她男人打了电话,问他能不能把几个"星期七"搁到一起过,回来帮帮镰,帮帮锄,这大概不会使一个穿着四个兜蓝布褂褂的人失了身分。(张一弓《赵镢头的遗嘱》)

张香莲农忙季节没有休息时间,对她那当了干部的丈夫有埋怨情绪。按她心里头的想法,"星期天"应该是"星期七",丈夫应该回来帮帮忙才是。上例如果说成"问他能不能把几个'星期天'搁到一起过",味道就没有这么足。

既然有"星期七",就可以再延伸出"星期八"。例如:

A:你哪天办事?

B：八月初八星期八。

A：什么是星期八？

B：星期日过去就是星期八。三个"八"图吉利。

（冯巩等《相声·婚丧嫁娶》）

上例是相声语言，"星期八"的说法显得诙谐有趣。

注释：

①邢福义主编：《现代汉语》，高等教育出版社1991年版，第451页。

②中国科学院语言研究所词典编辑室编：《现代汉语词典》，商务印书馆1973年版，第1146页。

（原载香港《普通话》1992年第2期）

汉语语法教学与测试的若干问题

前言

本文讨论汉语语法教学与测试的若干问题。具体说，是讨论现代汉语共同语语法即普通话语法教学与测试中四个既有实践性又带理论性的问题。即：方言与普通话；非法与合法；一般与特殊；偏误与切境。

一　方言与普通话

普通话与方言的区别，直觉性最强的是语音，其次是词汇，直觉性最小而隐蔽性却最大的则是语法。对方言区学生和有关人士进行普通话的教学与测试，语法方面的问题应该重视。

笔者是海南人，家在乐东县黄流乡，17岁离家，19岁起在武汉学习和工作，至今已有40余年。家乡人说的黄流话，属海南闽方言。每次回家乡，用黄流话跟乡亲交谈，都对语法问题的不可忽视深有所感。举个例子。甲问："他回来了没有？"乙答："还没回来。"｜"还没有。"如果说成黄流话，便成为：甲问："他回来了非？"乙答："否回在。"｜"否在"。黄流话的答句里，动词前边用否定词"否"，动词后边、句子末尾用"在"，"在"的说话音是［du⁵］（吸气），表示情况还在持续，是个近似时态助词性质的语法单位。动词可以隐去，于是，便出现"否在"的简省说法。假若仅仅按普通话的说法用黄流的语音和词汇把"还没有（回）"说出来，仍然不成为地道的黄流话。诚然，语音、词汇和语法是三位一体的东西，它们共同形成一种语言或一种方言的特色。

　　1994年10月，国家普通话水平测试委员会成立，制定了《普通话水平测试大纲》。《测试大纲》把普通话和方言常见的语法差异归纳为29项，此外，量词和名词的搭配问题还另外列项。在所列29项语法差异中，有语序问题，如：你先走—你走先，你先洗—你洗先（普通话状语副词居动前，闽粤方言状语副词居动后）。有词形变化问题，如：都出去—出出去，都收起来—收收起来。（闽语厦门话单音动词重叠表示动作的周遍性，与普通话"都"相当。）有语法成分的使用问题，如：这件事我说过—这件事我有说，今天上午他来过—今天上午他有来。（普通话用"过"表示时态，放在动词后；闽语用"有"，放在动词前。）有句式组造问题，如：他比我高—他高过我，牛比猪大很多—牛大过猪很多。（粤语的不等式比较句常用"甲—形容词—过—乙"句式表达。）这些归纳，为语法教学与测试提供了线索。

　　这里，需要特别强调以下几点。

（一）下功夫全面描写本地区方言说法

　　方言语法具有个性，不同方言跟普通话的语法差异各有不同。我家乡的"否在"，在闽方言以外的方言里不存在。苏州方言中代词有近指、中指、远指的区别，这在普通话和许多方言里就没有。作家公刘在小说《先有蛋，后有鸡》（《收获》1984年第6期）中让人物用"山西北路农村"的说法说话，把"每天"说成"天每"，这也是独特的。

　　针对不同地区的不同方言，编写关于普通话教学与测试的书籍，力求全面反映本地区方言语法的状况，这不仅有利于普通话的教学与测试工作，而且有利于推进语言研究事业。笔者手边有两本书，一本是颜逸明主编《普通话水平测试指要》，一本是刘兴策主编《普通话训练与测试指要》，前者更多地反映上海话和江浙吴语的情况，后者更多地反映湖北方言的情况。编者们做了很有意义的工作。当然，要全面描写出本地区的方言语法现象，必须"下功夫"，必须做艰苦的调查研究工作。

（二）避免绝对化地解说方言说法

要准确地解说普通话和方言说法的差别，教学与测试中应注意避免绝对化的结论。

以不等式比较句来说，"甲高过乙"之类通常是方言说法，但是，吕叔湘主编《现代汉语八百词》讲"过"时就举出了这样的例子：向日葵已经长得高过人头了。｜技术革新的浪潮一浪高过一浪。这是普通话说法，等于说：向日葵（已经长得）比人头高了。｜技术革新的浪潮一浪比一浪高。类推起来，在强调事情的积极意义时，口头上采用这样的说法显得更顺："这小家伙强过我了！"可见，要把普通话和方言比较句的区别讲清楚，不能只给一个简单化的判断。

再以双宾语句式来说，指人宾语和指物宾语位序的不同，反映了普通话说法和方言说法的区别："给他苹果"（人—物），这是普通话说法；"给苹果他"（物—人），这是方言说法。然而，这也不是绝对的。当指物宾语很简短，指人宾语不是代词而是音节较多的名词或短语时，普通话里也有物前人后的位序排列。比如：送书失学儿童，寄钱孤寡老人。这种说法书面语色彩较浓，常见于报纸标题，如：×××致函克里斯顿｜×××复信俄罗斯总统。一般叙述中，有时也出现这种说法。如：

（1）房子租给了人家，大安的父母就用租金接济水生上了学。水莲父母也总给些粮食大安家，平素锅里碗里也就不那么分彼此的。（赵金禾《请你吃咸菜》）

"粮食"指物，"大安家"等于说"大安家的人"，指人。可知，要把普通话和方言双宾语格式的区别讲清楚，同样不能只做一个简单化的结论。

（三）在隐蔽层面上考察方言说法

语法学家讲普通话和方言语法的区别，一般只是在明显的层面上粗线条地罗列一些事实，诸如双宾语句、比字句、有字句等的不同。其实，更多的区别，是存在于隐蔽的层面上。

香港拍摄的电视连续剧《再见艳阳天》中，丁敏对贺生说了这么一句话：

(2) 二叔和秀巧在酒庄谈事情，我想没那么快回去。（电视剧《再见艳阳天》第74集）

听起来，感到"（我想）没那么快回去"带有"南味"。按普通话的说法，通常会说成："（我想）不会回去那么快。"这种"南味"说法的形成，是由于对行为（"回去"）的评说性成分（"那么快"）往前移位：回去那么快→那么快回去。但是，如果加个"就"字，说成"没那么快就回去"，便又成为典型的普通话说法了。香港作家陈浩泉的小说《选美前后》中有一句："不留下也不必这么快走呀……"（《花城》1985年第1期197页），香港作家严沁的小说《古屋》中有这么一句："柏先生，这么早走？"（北岳出版社1987年版2页）是同类说法。

方言说法中，跟普通话存在差异但又很难一句话讲清楚的这样那样的情况相当地多。在更细的线索上描写方言事实，在比较隐蔽的层次上考察方言说法，跟记录语音和记录词汇比较起来，是难度更大的工作。

(四) 用发展的观点对待方言说法

普通话和方言互有影响，互有浸润。有的方言说法，已为普通话所吸收。比如"有没有VP"问句句式，本为南方人特别是说粤方言的人所常用，近二三十年来却已经普遍使用开来。据笔者的考察，普通话从三个方面吸收了这一句式的用法：其一，问行为实现的经验性，相当于"是否曾经"，如："她有没有打过你？"其二，问行为实现的已然性，相当于"是否已经"，如："飞机有没有起飞？"其三，问行为实现的延续性，相当于"是否已经并且正在"，如："向后看看，警察有没有追上来？"总的说来，这一句式造成了一种行为实现的时态，具备原有的同义句式所不能完全替代的语用价值。比方，"是否VP"有时不能替代。如："张小姐有没有出去？"按原意，不能简单替代为"张小姐是否出去？"又比方，"VP没有"有时不好替代。如："你有没有发觉，有一个人一直在跟踪我们……？"由于VP长度大、结构复杂，用"有没有VP"比用"VP没有"显得明快。

凡是有特定作用而原有的普通话说法不能完全替代的方言格式，都存在为普通话所吸收的可能性。因此，必须用发展观点考察语言事实，这样才能更好地解释方言现象。

二 违律与合法

撇开方言与非方言的因素不说，任何人运用语言，在语法上都存在违律与合法的问题。这是检测语言能力的又一个重要方面。

所谓"违律"，即违反规律。违律说法，是有语法错误的说法。例如：

（3）一个人活在世上，无非是两个生活吧，社会生活和家庭生活。社会生活，主要是<u>有所事业</u>……（《花城》1985年第1期）

这一例犯了"词性误用"的语法错误。"事业"是名词，而"有所"后边应出现动词。再看两个例子：

（4）<u>无论</u>他们竭尽讨好、奉承之能事，老太依然如故。（《小说家》1987年第3期）

（5）现在他设计的草图竟被印制成十分粗糙的集邮品甚至是<u>工厂产品上</u>，在《著作权法》已公布多日的今天，他感到自己的权益已被严重侵犯。（《光明日报》1995年11月29日）

前一例犯了"构造缺项"的语法错误。用"无论"之类标示的无条件让步句，前分句具有任指性和选择性，构造上或者必须出现"谁、什么、怎样"等任指项（这时强调任指性，隐含选择性），或者必须出现或甲或乙的选择项（这时强调选择性，隐含任指性）。如果任指项和选择项都不出现，"无论……"的句式不能成立。应该改为："无论他们如何竭尽讨好、奉承之能事，老太依然如故。"不然，就应该把"无论"改为"虽然"或"尽管"："尽管他们竭尽讨好、奉承之能事，老太依然如故。"

后一例犯了"并列失应"的语法错误。按要求，凡是跟某个动词相对待的并列项,每一个都必须能跟那个动词相应合。上例里,"印制成"的后边出现了两个列举项,一个是"十分粗糙的集邮品",另一个是"(甚至是)工厂产品上"。我们可以说"被印制成十分粗糙的集邮品",却不能说"被印制成工厂产品上"。这句话,应该改为:"现在他设计的草图竟被印制成十分粗糙的集邮品,甚至被印制到工厂产品上。"否则,就应该删除"上"字,说成:"现在他设计的草图竟被印制成十分粗糙的集邮品,甚至是工厂产品的广告图案。"

跟"违律"相对的是"合法"。所谓"合法",即合乎法则。确认句式是否合乎法则,有两条重要原则:一条是规约性原则,一条是从众性原则。这两条原则往往互为因果。

先说规约性原则。凡是合乎语法的说法,一定受到特定规则的约束。我们可以说:吃饭,吃面条,吃饺子。意思是把饭、把面条、把饺子吃掉。我们又可以说:吃大碗,吃筷子。意思是用大碗、用筷子吃饭。我们还可以说:吃馆子,吃食堂。意思是在馆子、在食堂吃饭。诸如此类现象的形成,全都存在法则的规约。汉语里,动宾格式是优化格式。在通常情况下,动词所带的宾语是常规宾语,表示动作的对象或目标;有的时候,动词所带的宾语是非常规宾语,表示跟动词和常规宾语都有密切联系的事物。比如,"筷子"跟"吃"和"饭"都有联系,因此"筷子"可以代入"饭"的位置,说成"吃筷子";"馆子"跟"吃"和"饭"都有联系,因此"馆子"可以代入"饭"的位置,说成"吃馆子"。正如"打排球",这是常规说法。"二传手"跟"打"和"排球"都有联系,因此"二传手"可以代入"排球"的位置,说成"打二传手";"时间差"跟"打"和"排球"都有联系,因此"时间差"可以代入"排球"的位置,说成"打时间差"。

汉语语法结构在表意上大多具有兼容性,即在同样一个结构之中包容了这样那样的多种意义。从形式角度说,汉语语法结构又往往具有趋简性,即表示同样一种语义蕴含,既可以采用可能有的全量形式,也可以采用经过减缩的简化形式,但在实际语言运用中,只要有可能,人们往往会选择简化形式,使得结构形式在总体上显现出趋简性的倾向。比方动宾格式，从一个方面看，它可以兼容多种意义，从另一个方面看，它可以使复杂的意义实现形式的趋简。正因如此，不仅"吃筷子、吃馆子"能说，"吃校长"（＝让校长破财请客吃饭）也能说，甚至"吃厕所"也能说：

(6) <u>吃茅池儿</u>也许是这个世界上最下三烂的行当了，但这并不是说它因此就不需要先进的企业管理。（陈铁军《老杂碎》）

"茅池儿"就是厕所。"吃茅池儿"形式上是动宾，语义上却相当于"靠厕所吃饭"。由于合乎法则，这样的说法是无可非议的。

再说从众性原则。一个格式的合法，还取决于得到社会大众的认同。如果大家都那么用，就不应该判定为违律。比如转折词"但、却"之类，有的语法书把转折句的范围划得很窄，认为只能说"虽然……但（却）……"，不能说"即使……但（却）……"。事实上，在这样那样的条件下，"即使……""无论……""宁可……"等多种句式中都可以出现"但、却"，这一点笔者已有多篇文章作了阐述。如果从定义出发，画地为牢，容易对汉语教学、汉语训练、汉语测试产生消极的影响。

人民教育出版社1980年出版的初中课本《语文》第六册，有一篇讲语法知识的短文《多重复句》，强调"应该注意正确使用关联词"，所举的病例中有一个："即使……但……"。然而，在这一册课本中，作为范文的鲁迅杂文《"友邦惊诧"论》，以及同年出版的高中课本《语文》第三册中，作为范文的鲁迅杂文《"丧家的""资本家的乏走狗"》，都有这样的用法：

(7) <u>即使</u>所举的罪状是真的罢，<u>但</u>这些事情，是无论那一个"友邦"也都有的，他们的维持他们的"秩序"的监狱，就撕掉了他们的"文明"的面具。（鲁迅《"友邦惊诧"论》）

(8) <u>即使</u>无人豢养，饿的精瘦，变成野狗了，<u>但</u>还是遇见所有的阔人都驯良，遇见所有的穷人都狂吠的，不过这时它就愈不明白谁是主子了。（鲁迅《"丧家的""资本家的乏走狗"》）

这两个复句里都用了"即使……但……"。显然，不能说两篇范文中都出现了病句。进行汉语语法的教学与测试,在违律与合法的问题上要提高准确度,尽力避免"误判"。

三　一般与特殊

同是"合法"的格式,又存在一般与特殊的区别。它们是在不同层次上"合法":有的,在一般情况下合法,带普遍性;有的,在某种条件下合法,带特殊性。

以副词和名动形三大实词的组合现象来说,副词通常修饰动词或形容词,不能修饰名词,这是一条一般规律。如:"星期天一位游客在海边捡了几个贝壳。"这个句子里,"游客""贝壳""海边""星期天"都是名词,分别表示人、物、处所和时间。在一般情况下,它们不能受副词的修饰,如不能说:不游客—很游客｜不贝壳—很贝壳｜不海边—很海边｜不星期天—很星期天。但是,有的时候,副词也可以跟名词直接组合。比如下面两个格式:

处所＋净 X

今天＋才 X

前一格式里可以出现人物名词:海边净游客,海边净贝壳。这一格式,主语用处所词语,副词用"净",整个句子表示某一地点普遍存在着某种人或事物。后一格式里可以出现时间名词:今天才星期天!这一格式,主语用"今天、明天"等时间名词,副词是"才、已经、又"之类,副词后边是在周而复始的时间序列中表示某个时点的时间名词"星期天、星期一、初一、初二"等等。整个句子表示所说时间是个什么日子。可见,副词不一定不能跟名词组合,但要受到特殊规律的制约。

近年来,一种"很＋名词"的说法有上涨的趋势。如:很贵族｜很母性｜很香港｜很现代｜很诗情画意｜很高山流水。考察可知,这类"很＋名词"不是副词修饰名词的典型现象。首先,进入这类结构的名词受到特定语义条件的制约,必须具有"异感性",即能够从气质、作风、样式、气味、势态等等方面反映出说话人的某种特异感受。典型的名词一旦进入这种结构，便改变原来的语义。比方"香港"是一个地方，当说"很香港"时，则指的是相关的气质或作派。这跟"海边净贝壳""今天才星期天"等不同，那里面的"贝壳""星期天"等并未改变意义。其次，这类"很+名词"在性质上是形容词性的。它们不能用作主语和宾语，总是用作定语、谓语、状语或补语，分布在形容词或形容词短语惯常分布的位置之上，并且可以跟形容词短语并列使用。例如：

（9）马悦……做了一个很绅士的恭请动作。（徐坤《如烟如梦》）

这里"很绅士"做定语。假如说成："马悦很绅士地做了一个恭请动作。｜马悦的恭请动作做得很绅士。｜大家都说马悦很绅士。"那么，"很绅士"便分别做了状语、补语和谓语。假如说成："他很潇洒很绅士地邀请我跳舞。"那么，"很绅士"便在状语位置上跟典型的形容词短语"很潇洒"并列。就性质而言，在这一框架中出现的名词已经活用为形容词，属于"词性活用"现象。比如"绅士"，一旦进入"很 X"的框架，便不再指称有特定身份的人，而是形容某种风度态势，活用成了形容词。不仅如此，这个词还可以进入"曾经 X 过"的动词框架，活用成为动词：

（10）我永远也不会、不能、不敢相信我的叔祖父正爷曾经"绅士"过。（王泽群《正爷》）

有的词，兼属名词和形容词，那么，出现在名词惯常分布的位置上时是名词，出现在形容词惯常分布的位置上时是形容词。如：有理想（名词）｜很理想（形容词）。

对于汉语语法现象，不管是教学还是测试，把一般规律和特殊法则弄清楚都十分有必要。一方面，一般规律的描述要注意留有余地，不可用"一般"来抹煞掉"特殊"；另一方面，特殊法则的研究要大力加强，既要准确揭示特殊现象成立的条件，又不可用"特殊"混同于"一般"。

四　偏误与切境

如果把视野扩大到语用领域，语法问题的教学与测试还需要提到偏误与切境。

所谓"偏误"，是指发生偏差，造成失误。实际上，也是"违律"。以数量表述的例子来说："许多公关人员参加了普通话测试活动。""公关人员参加普通话测试活动的多起来了。"前一例，"许多"出现在主语部分；后一例，"多起来"出现在谓语部分。这两例都对。然而，"许多、不少"之类和"多起来、越来越多"之类相互排斥，不能在一个句子的主谓两个部分同时并见，这是一条法则。不遵守这条法则，就会出现偏误。比如，不能说："许多公关人员参加普通话测试活动的多起来了。"看个实际用例：

(11) 在抗战高潮中，许多革命作家和爱好文艺的青年从上海和全国各地来到延安和各个根据地的多起来了。（周立波《一个伟大文献的诞生》）

用"许多"，是静态地表述其多；用"多起来"，是动态地表述由少到多。此例应去掉"许多"。

所谓"切境"，是指切合语境，表意无误。一个说法是否有偏误，有时需要顾及语境，考虑语言应用的方方面面。还是以跟数量表述有关的例子来说。笔者曾经写过文章，对"我爹没钱"和"我爹钱少"作过比较和评析。40年代，贺敬之和丁毅执笔写作了歌剧《白毛女》，其中喜儿有这么两句唱词："有钱人结亲讲穿戴，我爹没钱不能买。扯上了二尺红头绳，对着镜子扎起来。"后来，拍成了黑白电影《白毛女》。"文革"期间，拍摄芭蕾舞剧《白毛女》，喜儿的唱词改为："有钱人结亲将穿戴，我爹钱少不能买。扯上了二尺红头绳，对着镜子扎起来。"芭蕾舞剧《白毛女》是当时的"样板戏"之一，唱词修改者特意把"没钱"改为"钱少"，显然是经过反复推敲的。怎么推敲？逻辑是：既然没钱，怎么能买红头绳？难道买红头绳不需要钱？然而，这

汉语语法教学与测试的若干问题

是简单化的形式逻辑推论，很容易对语言运用产生误导。语言不是数目字，说话不是做算术，词语间的关系往往不是"1+1=2"或"1-1=0"的关系，其涵义往往受到语境的制约。唱词的上一句是"有钱人结亲讲穿戴"，接下来才是"我爹没钱不能买"。有多少钱才算"有钱"？是不是一个子儿也没有才算"没钱"？这是相对模糊的。实际语言运用中，"没钱"往往就是钱少或钱不够的意思。"没钱买衣服首饰"，等于说没有买衣服首饰的钱，并不意味着连买二尺红头绳的钱也没有。笔者从新买到的一本《中篇小说选刊》中随意抽选了一篇，看着看着马上看到这样的例子：

(12) 老于说，这也是咱们的管线漏水，<u>没钱</u>修。（王立纯《一棵树，结俩梨》）

此例说的是一个制糖厂所处的困境。该糖厂每月只能给职工发百分之六十的工资。说"没钱"，是说没修管线的钱；如果一个子儿也没有，百分之六十的工资怎么发得出来？这里的"没钱"，无法直接替换为"钱少"或"钱不够"；如果说成"没那么多钱来修"，反而显得啰嗦。语言有自身的表述系统，"没钱"不是一个孤立的事实。语言表述系统中的"没""无""不"等，说的可能是"零"，但也不一定就是"零"。再看同一篇小说中的另外几个例子：

(13) 我对不起你，一个大男人<u>挣</u>不到钱，连个金项链都没给你买！（王立纯《一棵树，结俩梨》）

(14) 黄根富说，真没想到，你们糖厂这么卑鄙，还栽赃陷害！官珠的脸上飞起一片红霞来，一边系着扣子一边说，我们也是<u>没办法</u>，以革命的两手对付反革命的两手，你不仁我们也就只好不义了。（王立纯《一棵树，结俩梨》）

(15) 三个人……一个拉犁，一个扶犁，一个点种，很和谐很古朴的一个场面。田野里静默<u>无声</u>，但那犁仿佛划出了雷霆般的声响，须发皆白的老于岳父看得泪水晶莹的。（王立纯《一棵树，结俩梨》）

例 (13) 用了"不"。"挣不到钱"是指挣不到足够买金项链的钱，并不是连买米买菜的钱也没有。例（14）用了"没"。"没办法"是指没有令对方满意的办法，即还清债务，而不是真的任何办法也没有。难道那种耍赖的"对付"办法不是办法？例（15）用了"无"。"无声"是强调"静默"，绝对不是完全没有任何一点声响。若死抠字眼，就会提出责难：既然前面说"无声"，后面为什么又说有"雷霆般的声响"？

语言应用中的任何一个事实，都蕴含着语言应用的理论问题。把种种事实放到动态的具有内在规律性的语言应用体系中去考察，发掘并总结出相应的理论，能够增强对实际现象的解释力，加强教学与测试的科学性。

五　结束语

写作本文，主要目的在于强调，为了提高普通话语法的教学与测试的水平，应该处理好"方言与普通话""违律与合法""一般与特殊""偏误与切境"这四对关系。普通话和方言的语法差别，直觉性最小而隐蔽性却最大，有必要在二者的分析比较上狠下功夫。从语言的实际运用看，人们说话在语法上存在违律与合法的区别，二者都有规律可寻，要注意避免误判。同是"合法"的格式，又存在一般与特殊的区别，它们不是相互否定，而是为整个语法系统所共容。把视野扩大到语用领域，语法问题的教学与测试还应分清偏误与切境，以便科学地处理语法现象的实际应用问题。

教学与测试密切相关。抓好教学，搞好训练，测试工作才能取得良好的效果。教学与测试又跟研究工作密切相关。研究成果是教学与测试的"本钱"，只有搞好研究工作，才能有效地进行教学工作和测试工作。本文提出的四对关系，每一对都是需要分许许多多的专题来进行长期而艰苦的研究的。

教学也好，测试也好，自然要看对象，对于不同知识结构的人，自然要采取不同的办法，提出不同的要求。这一点，不言而喻，不必多说。

参考文献

[1] 吕叔湘. 现代汉语八百词 [M]. 北京：商务印书馆，1980.

[2] 方光焘. 论现代汉语语法研究的几个原则性问题 [C] // 王希杰，卞觉非，方华. 方光焘语言学论文集. 南京：江苏教育出版社，1986.

[3] 颜逸明. 普通话水平测试指要 [M]. 上海：华东师范大学出版社，1995.

[4] 刘兴策. 普通话训练与测试指要 [M]. 武汉：华中师范大学出版社，1997.

[5] 马真. 数量表达上的又一条规则 [M] // 《词语评改五百例》编辑组. 词语评改五百例. 北京：语文出版社，1984.

[6] 邢福义. 语法问题发掘集 [M]. 武汉：湖北教育出版社，1992.

[7] 邢福义. 语法问题思索集 [M]. 北京：北京语言学院出版社，1995.

[8] 邢福义. 从语言不是数字说起 [J]. 语言文字应用，1995 (3)：21-23.

[9] 邢福义. 否定形式和语境对否定度量的规约 [J]. 世界汉语教学，1995 (3)：5-11.

[10] 邢福义. 汉语语法结构的兼容性和趋简性 [J]. 世界汉语教学，1997 (3)：3-8.

（原载澳门理工学院《理工学报》1998年第1—2期）

关键在于怎么讲语法

我不想引起误解。这里所说的"语法",指的是现代汉语语法知识。

在中学语文教学中,有计划地讲授一定分量的语法知识,对学生对国家都有好处。就一般意义说,学生学习了语法知识,可以在一定程度上提高自觉地分析语言、理解语言和运用语言的能力,这有利于提高整个中华民族的文化素质。就特殊意义说,国家越是现代化,越需要研制具有人工智能的计算机,而要研制具有人工智能的计算机,不能脱离语法研究的有力配合。中国还是发展中国家,但高度发达的日子一定会到来。现在,从中学起就让学生接触语法这门科学,有利于从数以亿计的中学生中孕育出优秀的语法学家,为国家繁荣兴旺作贡献。

关键在于怎么讲。

我有三点意见:

第一,不要让学生面临整个语法体系。

不能没有一个语法教学体系,不然,就缺少一个大家共同遵守的具有纲领性的东西。但是,这个体系的内容不能一股脑全都倾泻到学生的面前。如果不讲则已,一讲就得方方面面全都涉及,其结果只会使学生茫然面对整个体系,没有哪一方面学得好一点,透一点,深一点。假若针对学生的年龄和智力发展的情况,只在某一阶段安排某一方面知识,重点突出,学以致用,也许可以取得较好的效果。比方:小学高年级,安排学习有关陈述句、疑问句、祈使句、感叹句的一些知识,结合讲点礼貌语言的运用;初中阶段,安排学生学习有关句子

的一部分知识,让学生了解句子是怎么构造的,是怎么复杂起来的,什么地方或在什么情况下容易出错,同时,结合讲讲此类知识,讲讲有关语境的问题;如此等等。

第二,不要让学生接受绝对化的语法规律。

语法规律有的具有较大的普遍性,有的则只能管住一部分的现象。即使是普遍性很强的规律,也往往不是绝对的,完全没有例外的。假如讲了一条语法规律之后,学生得到的认识是"只是这样,只能这样",而事实却并非如此,那么,所讲的语法规律就缺乏严格的科学性。比方,名词短语和名词的功能相同,这是就一般情况说的,并非任何时候都是这样。如"长时间的观察""长时间"是名词短语,在这里做状语,在功能上更接近形容词"长久"。再比方,前分句用"如果、假如"之类的复句,后分句一般不能用表示转折关系的关联词语。但这样的现象却能成立:"假如这张脸上曾有过一些美的东西的话,今天却已经荡然无存了。"(周梅森《小镇》,《花城》1983年第2期)特殊现象的成立必须具备特定的条件。语言事实中常有这样的情况:甲和乙在一般情况是对立的,界限是清楚的,但在特殊条件下却有可能相互渗透,相互转化。教学中,如果不仅让学生知道甲和乙的对立,而且引导他们去思考甲和乙之间可能相互渗透、相互转化的特殊条件,教学效果肯定是比较理想的;反之,如果只让学生知道甲和乙的对立,他们所接受的就只是僵死的知识,对提高他们的语言运用能力、识别正误能力和分析思考的能力都没有好处。那么,这么讲会不会大大增加语法教学的分量?不会。不是面面俱到,而是只抓住一部分有针对性的问题来讲解,从总体安排上看是不会增大分量的。

第三,不要让学生必须按一种答案去分析学术界尚有很多争论的事实。

近年来,中学生在期中考试、期末考试、升学考试等等之中都要做语法题。好些语法题要求学生分析极难分析的句子。经常有学生或教师拿这类问题来问我:"您看,该怎么分析?"我说:"不怕见笑,我也不知道该怎么分析才能符合标准的答案。因为有关的问题科学上尚有争论，不同的答案各有道理，我猜不到出题者心目中的答案到底是什么。"既然上课时讲了语法，考试时自然应该出些语法方面的题目，这是无可非议的。但是，重点应该放在检测学生的实际分析能力上面，应该放在培养学生的辨察事实、解决问题的能力上面，举个简单的例子："柜子里都是书，厚厚薄薄的书，箱子里都是礼服，长长短短的衣服。"（储金福《我是一个魔术师》，《钟山》1990年第5期）许多双音节形容词能按AABB的方式重叠，重叠以后有"很""相当"等意思。试问，上面的例子里"厚厚薄薄"和"长长短短"是不是双音节形容词的重叠？它们在结构上和意义上有什么特点？还能不能举出同类的例子若干个？考试时，给学生出这一类题目，是不是要比让学生判定一些本来就纠缠不清的现象好很多？

我以为，不要笼统地谈应该不应该"淡化语法"的问题。该淡化的淡化，该强化的强化，应当有甄别，有取舍。《中学教学语法系统提要》已经开始试行，这个教学语法体系并不完善，可以斟酌的地方还有很多，但它比前些年采用的《暂拟汉语教学语法系统》却已前进了一大步，现在特别需要解决的问题是：这个《提要》到底要怎么使用？课本里，应该着重反应《提要》里的哪些内容？教学中，到底怎么给学生讲？诸如此类的问题如果不解决，即使有个更好的教学语法体系，语法教学的效果也不会好。建议教育部门组织语法学家和有丰富经验的中学教师一起认真细致地讨论讨论，条件成熟之后开一次全国性的关于语法教学问题的讨论会，在此基础上制定出一个方案，就从小学到中学怎么讲语法的问题做个全面的部署。

（原载《语文学习》1991年第2期）